论坛拾贝

田厚钢 —— 著

人民日报出版社
北京

图书在版编目（CIP）数据

论坛拾贝/田厚钢著.－－北京:人民日报出版社,
2023.9

ISBN 978-7-5115-7965-2

Ⅰ.①论… Ⅱ.①田… Ⅲ.①新闻工作－中国－文集
Ⅳ.①G219.2-53

中国国家版本馆CIP数据核字(2023)第168167号

书　　名：论坛拾贝
　　　　　LUNTAN SHIBEI
作　　者：田厚钢

出 版 人：刘华新
责任编辑：曹　腾　高　亮
装帧设计：天翼文化

出版发行：人民日报出版社
社　　址：北京金台西路 2 号
邮政编码：100733
发行热线：（010）65369527　65369509　65369512　65369846
邮购热线：（010）65369530　65363527
编辑热线：（010）65369523
网　　址：www.peopledailypress.com
经　　销：新华书店
印　　刷：北京鑫益晖印刷有限公司
法律顾问：北京科宇律师事务所　010-83622312

开　　本：710mm×1000mm　　1/16
字　　数：514 千字
印　　张：37.5
版次印次：2024 年 1 月第 1 版　　2024 年 1 月第 1 次印刷

书　　号：ISBN 978-7-5115-7965-2
定　　价：99.00 元

序 言

学生最怕写议论文，记者最怵写言论。新闻名家有言：写言论是一种高层次的脑力劳动。窃以为写言论是最费脑汁的创作，综合素养要求高，必须坚持学习、持续充电，始终保持肚里有货、眼里有光，心肠要热、头脑要冷，观点要新、手把要快，才能见人所未见、言人所未言。

报人都说，新闻是"易碎品"，只有一天的生命；而新闻评论可以超越"一天"，有的虽时过境迁，其思想观点仍有顽强的生命力。

退休之后，过往的细节对我时有触动：

一位在机关工作的年青人说："我是看着你的评论长大的，上学时，对写议论文有用；参加公推公选副科级岗位时，对写申论有益。我找了一摞《半月谈》翻阅备考，又看到了你的文章！"

曾到一个村采访，镇里的副书记介绍："这是报社的田主任。"平时爱看报的村支书张口就说："啊！是写社论的吧！"他把言论都当成了社论，对"楷体文"还挺有认知的。

晚上孩子不愿做作业，说等到明天早起再做。这位与我相识的家长劝道：你田大大的文章都说了，一日之计不在于"晨"，而在于"昨晚"。

……

读者对作品有印象，再加上几个文友不时鼓动，结集出书的念头油然而生。虽说身在最基层，但撰写的言论有100多篇获奖，曾连续7年获江苏省报纸好新闻作品奖。《"大白话"讲活"大道理"》被中宣部、国家新闻出版总署评为二等奖，言论《"干头"与"奔头"》被作为山东省选调生考试

申论试题，《先进就是走在群众前面》被选入《加强党的先进性建设学习读本》，《有多大的锅，贴多大的饼》被收录《新农村建设简明读本》，《铜山县志》收录作者简介、获奖信息和代表作品……或许通过作品中的信息、细节，会知道些什么；透过思想观点，会明白些什么。

田厚钢

2021年10月1日

目 录
CONTENTS

上 卷

少来这样的"三部曲" ·························3

"0"号座位 ·····························3

住宿登记表上的"干"字 ·····················4

由一副老花镜想到的 ·······················4

牌上优先 ······························5

"挂一帅，破一阵"好 ······················5

一座"警世钟" ·························6

储钱罐不宜多存分币 ·······················6

消灭"工业空白村"有感 ····················7

不能只强调"短平快" ·····················7

"大锅药"也不能吃 ·······················8

年青司机，请你开慢点！ ····················9

"不满"与成才 ·························10

"走正道"与"不谋私" ····················11

尝尝被管的滋味 ·························12

让产品有个"出门证" ····················12

不妨学学人家的教训 ······················13

上管理高于上项目 ·······················14

不"争"者高 ·························14

有事快办 ·· 15

有感于孔繁森拉地排车 ·· 16

创名牌更要保名牌 ·· 17

"造福一方"与"造福后人" ······························· 18

为农服务贵在"实" ·· 19

"手要发抖" ·· 20

竞争要选高手 ·· 21

锻铸新型农民的"工程" ······································· 22

赞"订货评议制" ·· 23

"不怕吃苦"也是优势 ·· 23

让"下不为例"没有"例" ···································· 24

欣闻农民种田买专利 ·· 25

踢好"后三脚" ·· 26

好个"伯乐"奖 ·· 28

先办事,后收费 ··· 29

搬走门槛 ··· 29

"俺村的书记不能走"探秘 ···································· 30

为检察官点歌有感 ·· 31

谨防带"病"提拔 ·· 32

以发展促稳定 ·· 34

慢进也是退 ··· 35

把前任的"火"烧好 ··· 36

善于发动群众发展经济 ·· 38

提起创业"精气神" ··· 40

"要从提神起" ·· 40

"先别惊动老百姓" ··· 41

"重在揭短亮丑"有感 ·· 42

多听基层的"牢骚话" ……………………………………………… 43

小农桥演化大好事 ………………………………………………… 44

赞"只能根据事实下结论" ……………………………………… 46

"不能"与"不配" ………………………………………………… 47

莫忽视"小"事 …………………………………………………… 48

重在改变"农民形象" …………………………………………… 49

"老少不弯腰" …………………………………………………… 50

以三个"双赢"促农民增收 ……………………………………… 50

"贷款证"与"酵母粉" …………………………………………… 51

贵在"当天、当场、当时" ……………………………………… 52

勇气与底气 ………………………………………………………… 52

"不好卖"与"不够卖" …………………………………………… 53

再加上一句"不出事" …………………………………………… 54

贵在招商"选"资 ………………………………………………… 56

为民办事不要"结余" …………………………………………… 57

"人民群众亮红灯的不能过关" ………………………………… 58

让村民执掌理财章 ……………………………………………… 58

说"眼力" ………………………………………………………… 59

水到田头旺 ………………………………………………………… 60

让"下访"者有所得 ……………………………………………… 61

评优也是导向 ……………………………………………………… 62

让农民"二次受益" ……………………………………………… 63

与"促"共进 ……………………………………………………… 64

既要干成事又要"不出事" ……………………………………… 65

少"互走"　多"互助" …………………………………………… 67

送"温暖"更要送"路子" ………………………………………… 68

"逢节暴涨"成历史 ……………………………………………… 68

先进就是走在群众前面 ………………………………… 69

"兑了再签"好 ………………………………………… 71

以亲民爱民的实际行动"感动群众" …………………… 72

"看得出来"与"看不出来" ………………………… 72

一日无"工"心难安 ………………………………… 74

领导者当做"政策通" ……………………………… 74

"取得实效"与"群众满意" ………………………… 76

"往上攀"与"往下滑" ……………………………… 77

领导者应善于"踱方步" …………………………… 78

"准入证"与"准出证" ……………………………… 80

对查处不力者也要查处 ……………………………… 80

既看"笔记本"又看"成绩单" ……………………… 82

"不会作为"也为过 ………………………………… 84

"办厂"也要"办场" ………………………………… 85

考察干部 多看看离任后口碑 ……………………… 85

戒"伸手" 保操守 …………………………………… 86

"多懂一点"益处多 ………………………………… 87

烧好前任的"火" …………………………………… 87

致富能力 帮富素质 共富境界 ……………………… 89

力度 速度 程度 …………………………………… 91

农村先进性教育要在"富"字上做文章 …………… 92

新"官"之"火"如何烧? ………………………… 94

"奖"得其所 ………………………………………… 95

既造福一方,又造福后人 …………………………… 96

"在生活上别让群众看出来" ………………………… 98

领导者应"能共事" ………………………………… 100

"有多大的锅,贴多大的饼" ………………………… 103

加快发展要在"三名"上下功夫⋯⋯⋯⋯⋯⋯⋯⋯⋯ 104

以先进性打造"先导区"⋯⋯⋯⋯⋯⋯⋯⋯⋯⋯⋯⋯ 106

农村党建应多在"促"上下功夫⋯⋯⋯⋯⋯⋯⋯⋯⋯ 108

培育新农民　建设新农村⋯⋯⋯⋯⋯⋯⋯⋯⋯⋯⋯ 111

小趔趄能防摔大跤⋯⋯⋯⋯⋯⋯⋯⋯⋯⋯⋯⋯⋯⋯ 116

不能"提拔一个人　伤害一批人"⋯⋯⋯⋯⋯⋯⋯⋯ 117

盯着干　比着干　拼着干⋯⋯⋯⋯⋯⋯⋯⋯⋯⋯⋯ 118

赞"四在乡村"⋯⋯⋯⋯⋯⋯⋯⋯⋯⋯⋯⋯⋯⋯⋯⋯ 119

实现"率先"要一马当先⋯⋯⋯⋯⋯⋯⋯⋯⋯⋯⋯⋯ 120

举荐干部实施"问责制"好⋯⋯⋯⋯⋯⋯⋯⋯⋯⋯⋯ 121

"农民富　国家安"⋯⋯⋯⋯⋯⋯⋯⋯⋯⋯⋯⋯⋯⋯ 122

远离酒场⋯⋯⋯⋯⋯⋯⋯⋯⋯⋯⋯⋯⋯⋯⋯⋯⋯⋯ 123

做本职工作的"活字典"⋯⋯⋯⋯⋯⋯⋯⋯⋯⋯⋯⋯ 125

说调研⋯⋯⋯⋯⋯⋯⋯⋯⋯⋯⋯⋯⋯⋯⋯⋯⋯⋯⋯ 127

"安民"也是"富民"⋯⋯⋯⋯⋯⋯⋯⋯⋯⋯⋯⋯⋯⋯ 128

抓"节点"⋯⋯⋯⋯⋯⋯⋯⋯⋯⋯⋯⋯⋯⋯⋯⋯⋯⋯ 129

湖好出大鱼⋯⋯⋯⋯⋯⋯⋯⋯⋯⋯⋯⋯⋯⋯⋯⋯⋯ 130

从"要有茅以升的签名来保证"说起⋯⋯⋯⋯⋯⋯⋯ 131

也要"述学"⋯⋯⋯⋯⋯⋯⋯⋯⋯⋯⋯⋯⋯⋯⋯⋯⋯ 132

后任见效的事不能后干⋯⋯⋯⋯⋯⋯⋯⋯⋯⋯⋯⋯ 134

多思多虑益处多⋯⋯⋯⋯⋯⋯⋯⋯⋯⋯⋯⋯⋯⋯⋯ 136

值得提倡的"需要观"⋯⋯⋯⋯⋯⋯⋯⋯⋯⋯⋯⋯⋯ 137

保持本色　永不变色⋯⋯⋯⋯⋯⋯⋯⋯⋯⋯⋯⋯⋯ 138

"扬长避短"慎"补短"⋯⋯⋯⋯⋯⋯⋯⋯⋯⋯⋯⋯⋯ 140

提防多出来的亲友⋯⋯⋯⋯⋯⋯⋯⋯⋯⋯⋯⋯⋯⋯ 142

"学习是花　运用是果"⋯⋯⋯⋯⋯⋯⋯⋯⋯⋯⋯⋯ 143

人民为先　事业为大　发展为重⋯⋯⋯⋯⋯⋯⋯⋯ 144

听得进　记得住　用得上 ………………………………… 145

知足常"安" …………………………………………………… 146

祝您发"才" …………………………………………………… 148

说"经验"谈"认识" ………………………………………… 149

青年创业正当时 ……………………………………………… 150

"干头"与"奔头" …………………………………………… 151

发展需要"软实力" ………………………………………… 153

倡导"服务至上" …………………………………………… 154

说"踩点" …………………………………………………… 155

"总结"是成功之母 ………………………………………… 157

深造激发创造 ………………………………………………… 158

从"开镰"到"开机" ……………………………………… 159

让繁花硕果满赣鄱 …………………………………………… 160

让接受监督成为一种习惯 …………………………………… 161

简约是一种智慧与美德 ……………………………………… 162

护"命根子"　鼓"米袋子" ……………………………… 164

"软草能捆硬柴" …………………………………………… 165

"受理"更需"办理" ……………………………………… 167

既要解放思想　又要武装思想 ……………………………… 168

从"少了不好卖，多了不够卖"说起 ……………………… 169

让"教训"成为"教益" …………………………………… 170

牛年当做"拓荒牛" ………………………………………… 172

从远离"烂嘴角"看文明过年 ……………………………… 174

两位院士的"改行" ………………………………………… 175

有"油水"的地方易滑倒 …………………………………… 176

与竞争者拉开"安全距离" ………………………………… 178

党员干部要"懂得人民的心" ……………………………… 179

公推公选的干部应该感谢谁？ ⋯⋯⋯⋯⋯⋯⋯⋯⋯ 181

既要学以致用又要用以促学 ⋯⋯⋯⋯⋯⋯⋯⋯⋯ 183

以调查研究促进学习推动实践 ⋯⋯⋯⋯⋯⋯⋯⋯ 184

用"两只眼睛"读书 ⋯⋯⋯⋯⋯⋯⋯⋯⋯⋯⋯⋯ 186

管住嘴 迈开腿 ⋯⋯⋯⋯⋯⋯⋯⋯⋯⋯⋯⋯⋯⋯ 187

找问题 理思路 促整改 ⋯⋯⋯⋯⋯⋯⋯⋯⋯⋯ 189

只有"出众"才能"服众" ⋯⋯⋯⋯⋯⋯⋯⋯⋯⋯ 190

"机头报"与"滑碴饼" ⋯⋯⋯⋯⋯⋯⋯⋯⋯⋯⋯ 191

扶贫先扶"人" ⋯⋯⋯⋯⋯⋯⋯⋯⋯⋯⋯⋯⋯⋯⋯ 193

多一些脱稿发言 ⋯⋯⋯⋯⋯⋯⋯⋯⋯⋯⋯⋯⋯⋯ 194

村官待遇与群众满意度挂钩好 ⋯⋯⋯⋯⋯⋯⋯⋯ 195

"埋头"与"出头" ⋯⋯⋯⋯⋯⋯⋯⋯⋯⋯⋯⋯⋯ 196

宁丢"选票" 不要"传票" ⋯⋯⋯⋯⋯⋯⋯⋯⋯ 198

一年进八位 ⋯⋯⋯⋯⋯⋯⋯⋯⋯⋯⋯⋯⋯⋯⋯⋯ 199

多涵养"书香之家" ⋯⋯⋯⋯⋯⋯⋯⋯⋯⋯⋯⋯⋯ 201

多开"田头会" ⋯⋯⋯⋯⋯⋯⋯⋯⋯⋯⋯⋯⋯⋯⋯ 202

多干积蓄后劲的事 ⋯⋯⋯⋯⋯⋯⋯⋯⋯⋯⋯⋯⋯ 203

下基层提倡"三带三上" ⋯⋯⋯⋯⋯⋯⋯⋯⋯⋯⋯ 204

"先治坡后治窝" ⋯⋯⋯⋯⋯⋯⋯⋯⋯⋯⋯⋯⋯⋯ 206

第二批结束，只是一个"分号" ⋯⋯⋯⋯⋯⋯⋯⋯ 207

"考上大学"与"无一文盲" ⋯⋯⋯⋯⋯⋯⋯⋯⋯ 208

从"基层培养链"到"无限风光峰" ⋯⋯⋯⋯⋯⋯ 209

花香自有蝶来 ⋯⋯⋯⋯⋯⋯⋯⋯⋯⋯⋯⋯⋯⋯⋯ 211

科学发展上水平 ⋯⋯⋯⋯⋯⋯⋯⋯⋯⋯⋯⋯⋯⋯ 212

从"来者不拒"到"择优而选" ⋯⋯⋯⋯⋯⋯⋯⋯ 213

"两结合"才能"两促进" ⋯⋯⋯⋯⋯⋯⋯⋯⋯⋯ 214

"精气神"孕育"软实力" ⋯⋯⋯⋯⋯⋯⋯⋯⋯⋯ 215

干净干事　干事干净 ……………………………………………… 216

弯下的树枝结果多 ………………………………………………… 218

保一方平安　让百姓满意 ………………………………………… 220

创造来源于创新 …………………………………………………… 221

土地是"聚宝盆" …………………………………………………… 222

连续干不断线 ……………………………………………………… 222

"腹地"与"福地" …………………………………………………… 224

倡"三节"　过好节 ……………………………………………… 225

"带走剩菜"也是关爱 ……………………………………………… 227

不用一把"尺子"选才 ……………………………………………… 228

"接受监督"与"接受批评" ……………………………………… 229

"脱稿发言"多真言 ………………………………………………… 230

借市民慧眼看农民家园 …………………………………………… 231

从"低点"起飞 ……………………………………………………… 232

少一些"经验"　多一点"认识" ………………………………… 233

标杆抬高定目标 …………………………………………………… 236

从"好中选优"到"优中选适" …………………………………… 237

聘请"关注民生监督员"好 ……………………………………… 238

"拉套"胜过拉票 …………………………………………………… 239

多想想荐人之责 …………………………………………………… 241

"名片"就是竞争"入场券" ……………………………………… 242

增强荐人责任心　提高用人公信度 ……………………………… 243

成就事业与成就人才 ……………………………………………… 246

不用同一"标尺"考核好 ………………………………………… 247

离任交"家底清册"好 ……………………………………………… 249

发展水平与百姓感受 ……………………………………………… 249

八十年前的信念 …………………………………………………… 251

"创先"与"率先" ………………………………………………… 253

"感受"小康与"享受"小康 …………………………………… 254

网上晒"考卷"利于公众监督干部 …………………………… 255

选拔干部不能缺了"群众评委" ……………………………… 256

"领学"莫如"讲学" …………………………………………… 257

"农家书屋"孕育新生活新希望 ……………………………… 258

多干铺垫性工作 ………………………………………………… 260

人民群众是永远的评委 ………………………………………… 262

用心想事　用智谋事　用力干事 …………………………… 263

创新发展　转型发展　跨越发展 …………………………… 264

"把握住自己" …………………………………………………… 266

像杨善洲那样有所"擅长" …………………………………… 268

"农民书记"的清廉本色 ……………………………………… 270

落到"实处"与取得"实效" …………………………………… 271

"时代先锋"民为先 …………………………………………… 273

把群众放在心上 ………………………………………………… 274

切实选好人　真正用对人 …………………………………… 275

把学习作为一种精神追求 …………………………………… 277

搭好"渡人的梯" ……………………………………………… 279

农民致富需要"土方子" ……………………………………… 281

一日之计在于"昨晚" ………………………………………… 281

让人才早一点冒尖又何妨 …………………………………… 282

从"稳中求进"到"好中求快" ……………………………… 284

干不好岂能考得好？ …………………………………………… 285

发展是硬道理　"硬发展"没道理 ………………………… 287

破格与出格 ……………………………………………………… 289

"出场"与"加分" ……………………………………………… 290

"想大事 干小事 不插手具体事" ································ 292

新课 补课 复习课 ··· 293

善学习者善发展 ··· 295

让人民共享发展成果 ··· 296

勇于把成绩"归零" ··· 298

群众受益与干部受用 ··· 299

公信度与公认度 ··· 300

"满意答卷"要让谁满意? ·· 301

民有所呼 "会"有所应 ·· 303

"绿色项链"就是"金色项链" ·· 304

"九连增"到"多连升" ·· 305

招"高管" 须高招 ··· 306

"进退留转"话"流水" ·· 306

"知民度"与"民知度" ·· 308

"入心入脑"才能"武装头脑" ·· 309

群众家门口的活动贵在"真" ·· 310

多从群众"口碑"中了解干部 ·· 312

"红脸"不"恼脸" ··· 313

"事后问责"莫如"事前问事" ·· 314

"听群众讲"与"讲给群众听" ·· 316

"黑脸干部"群众喜欢 ·· 318

"预留空间"利长远 ··· 319

打造高端人才集聚区 ··· 321

"抬高标杆定目标" ··· 322

"把最美的风景还给市民" ·· 324

严以律己与严以律人 ··· 325

让创新成为发展"驱动力" ·· 327

干部有本事更要守本分 ······································· 329

由"裤子论"说到协调发展 ·································· 330

让"绿色化"发展更养眼 ···································· 332

以"外向度"构建开放新高度 ······························ 333

让共享成为发展"动力源" ·································· 335

"幸福企业"就是让员工幸福 ······························ 336

既要"听讲"　又要"自讲" ································· 338

责问过后须问责 ··· 339

学在深处　谋在新处　干在实处 ························· 341

不忘初心要"懂得人民的心" ······························ 343

倾力保护好"口粮田" ······································· 344

把项目作为促进发展的"要目" ···························· 346

贵在坚守"老本行" ··· 348

让群众办事顺畅些 ·· 350

勇当行业"领跑者" ··· 351

人人都有"金点子" ··· 352

从"两手动"到"两手硬" ··································· 354

负责任才能"富生态" ······································· 355

共产党人的"名言" ··· 357

走出去　天地宽 ··· 358

从"分享"到"共享" ······································· 360

改革是勇敢者的事业 ·· 361

从"做大"到"做强" ······································· 363

"幸福感"也是生产力 ······································ 365

"专注力"就是硬实力 ······································ 366

树人当培"苗" ·· 368

多创造"卖点" ·· 369

多创造"共享"价值 ································ 370

助力三农增"三力" ······························ 372

从工到匠释放"新能量" ························ 373

成长·成名·成功 ································· 374

有岗就有希望 ······································ 376

下　卷

不要把小报当"光荣榜" ························ 379

不能总是《大家谈》 ···························· 379

冬季未必皆"严寒" ····························· 380

《大家谈》不是《自家谈》 ················ 381

关于《读者来信》的通信 ···················· 381

采新闻与"摘瓜经" ····························· 382

莫让"活鱼"在自己手下溜掉 ············· 383

看腻了的"三段式" ····························· 384

不能给"杆子"让人爬 ························· 385

写七篇八篇不如改七遍八遍 ············· 386

别再让先进人物撕假条了 ···················· 387

赞"据稿设栏" ······································ 387

岂能"换靴换帽不换人" ···················· 388

"更正"岂能钻"中缝"？ ················· 389

选角度与变角度 ································· 390

采访本的启示 ······································ 391

外国人只会说"了不起"吗？ ············· 391

说"掂" ·· 393

总编辑要多动蓝笔 ····························· 394

两耳要闻"框"外事 ……………………………………… 395

别丢掉了"说明" ………………………………………… 396

不要迷信印刷符号 ……………………………………… 397

用尽"三心"写言论 …………………………………… 398

何必"代人受过" ……………………………………… 399

别把"活鱼"摔死再卖 ………………………………… 401

由假画破绽说到新闻细节 ……………………………… 402

善用"画外音" ………………………………………… 403

记者要常有问题在脑中 ………………………………… 404

报纸言论宣传小议 ……………………………………… 405

少拿"陪绑"的 ………………………………………… 406

深入基层　深入群众 …………………………………… 407

莫让读者"无所适从" ………………………………… 408

创牌子不是换牌子 ……………………………………… 409

带着牙刷牙膏下去 ……………………………………… 410

"非正式采访"也能发现好新闻 ……………………… 411

说"转载" ……………………………………………… 413

提倡记者写言论 ………………………………………… 414

编辑的代表作是什么 …………………………………… 415

"通讯员能写的记者不要抢写" ……………………… 416

穿"嫁衣"种种 ………………………………………… 417

如何克服记者的短期行为 ……………………………… 419

"以原稿为准"好 ……………………………………… 421

县市报人要当"评论记者" …………………………… 422

采访记什么 ……………………………………………… 424

让科技之"花"多结"果" …………………………… 425

不当"瘸腿编辑" ……………………………………… 427

我的入门之"道" ··· 429

"别指望编辑改稿" ······································· 431

改善"发稿环境" ··· 432

让"我"进评论 ··· 433

谁当首席编辑? ··· 436

迈好编辑的另一条腿 ····································· 438

说"评介" ··· 439

不要当"八小时记者" ··································· 441

多写评论 ··· 442

报纸不能"嫌贫爱富" ··································· 443

弃稿·毁稿·焚稿 ··· 444

写新闻可借鉴MTV ····································· 445

写完新闻配评论好 ······································· 446

百字短论上头条 ··· 447

附录一:尊重实践是关键所在 ························· 448

附录二:写短文应从自身做起 ························· 448

"现身说法"好! ··· 449

植根于群众之中 ··· 449

提倡"现编现配" ··· 451

卖报与卖稿 ··· 451

写好稿也是创收 ··· 452

有感"难"发 ··· 453

需要"淘汰率" ··· 454

"苛刻"的更正 ··· 455

别强拉"陪衬的" ··· 455

读市场报的"赤脚新闻" ······························· 456

一杯水胜过一张嘴 ······································· 457

"倚门等稿"的启示 …………………………………… 458

"误导"误人 …………………………………………… 459

一头钩着生活，一头钩着读者 ……………………… 460

斯诺准备了七十个题目 ……………………………… 461

有感于"千万不要改" ………………………………… 462

"呼配评论" …………………………………………… 463

"废稿堆"与选稿 ……………………………………… 464

需要"第三种校对" …………………………………… 465

"别委屈了稿子" ……………………………………… 466

推出记者 ……………………………………………… 467

大科学家的"小"问题 ………………………………… 467

科技之风扑面而来 …………………………………… 468

要写带"泥土味"的新闻 ……………………………… 470

老总别称老板 ………………………………………… 471

"富有"记者与资料箱 ………………………………… 472

话说"读者定位" ……………………………………… 473

"分数线不高"好 ……………………………………… 474

"新闻来源"与"新闻由头"不能缺 …………………… 475

谁当首席评论员？ …………………………………… 476

编辑要当"专栏作家" ………………………………… 477

有感于赵丽蓉的"怕" ………………………………… 480

半年上了三个头版头条 ……………………………… 481

先当好"问者" ………………………………………… 482

谁能"看完大样写社论"？ …………………………… 483

"单位"变小了 ………………………………………… 485

为"不在编的本报人员"撑腰 ………………………… 486

为何"墙内"新闻"墙外"报？ ………………………… 488

"条件"之外 ……………………………………………… 489

从主持到主笔 …………………………………………… 490

以"闪光点"增强评论的亮点 ………………………… 492

为何"新闻跟着记者跑" ……………………………… 493

"顾全大局奖" …………………………………………… 495

练就多看、深看、高看的眼力 ……………………… 496

赞培育"精品之母"的人 ……………………………… 498

WTO与"农贸市场" …………………………………… 499

乐为农民写评论 ………………………………………… 500

"新闻眼"莫近视 ………………………………………… 504

精加工·深加工·再加工 …………………………… 506

让稿件质量说话 ………………………………………… 510

从一幅图片看大众传播的社会功能 ………………… 511

贵在"我到" ……………………………………………… 514

在"独"字上下功夫 …………………………………… 516

"把自己写进去,把别人写出来" …………………… 516

"评无新意不出手" ……………………………………… 518

"记者的位置在一线" …………………………………… 521

可赞的"习惯" …………………………………………… 523

吃透"外头" ……………………………………………… 524

洪昭光"三个一"的启迪 ……………………………… 526

把同题文章作出不同来 ………………………………… 527

让编辑有荣誉感 ………………………………………… 531

《王杰,我们永远怀念您》发表之后 ……………… 532

高高举起党报的旗帜 …………………………………… 532

镶到镜框里的言论 ……………………………………… 533

别无意中"丢"了通讯员 ……………………………… 535

希望早点看到"新闻下落" ································· 535

感谢记者写出了一个活生生的许振超 ················· 536

杨利伟太空看见长城了吗？ ··························· 538

假如你有三个"筛子" ································· 539

发行量不是"商业秘密" ······························ 541

小言论"大"处理 ···································· 543

遇到人民日报编辑很幸运 ····························· 543

名记者常有"富"资料 ································· 544

既不重复别人　更不重复自己 ························· 546

记者当"行走"一生 ·································· 548

高明的选择 ··· 549

也说"恶补" ·· 551

与"谁"叫板？ ······································ 552

赞穆青的写作"冲动" ································ 554

用故事说话 ··· 556

案头稿件看变化 ····································· 558

感受"双十新闻"评选是一种享受 ····················· 559

"大白话"讲活"大道理" ······························ 561

评论员文章也能短下来 ······························· 564

新闻与"故事" ······································· 565

"踩"出来的新闻最出彩 ······························ 567

"徐州员工故事" ····································· 568

他上过"今日谈" ···································· 569

公职人员要写好公文 ································· 570

说"养稿" ··· 571

结缘35年，当过3个"角色" ························· 573

跋 ··· 577

上卷

少来这样的"三部曲"

近日，参加县里的一个经验交流会，大多数的发言都是"第一领导重视，第二措施得力，第三奖罚分明"一个调。空话、大话、套话自不必说，而且是照本宣读，形成了文章的"三部曲"。

这"三部曲"真可谓条理清晰、逻辑缜密，搬过来稍加点例子就会成为一块好文章。笔者并非反对这种文章的做法，可是，再好的菜吃多了总是要乏味的，你也用我也用就用滥了。

每个单位都有自己的具体情况，工作性质和生产方式也不大一样，为何写出来的文章套在任何单位都可以呢？况且，每个人的思维形式千差万别、写作方法也各有千秋，为何非套用这"三部曲"不成？笔者认为，之所以如此，主要原因就是缺少调查研究，懒于动脑。劝君不要人云亦云，在做文章上要常立新意。

（原载1985年9月22日《人民日报海外版》）

"0"号座位

近日乘汽车出差，购票后排队上车，对号入座，发现最前面的两个位子没人坐，走近一看，竟是"0"号。原来留此座位是供车站工作人员的亲朋好友和司机、售票员的熟人坐的，是"乘白车"的专座。

如此"0"号座位，确是新发明。有的虽未标明"0"号，但座位依然留着。怪不得乘客说："花钱买票的没座位，不花钱的有雅座。""0"号座位直接地反映了一个客运公司的风气。试想，你也捎带人，我也捎带人，谁没有亲朋好友。今日捎，明日捎，哪日不捎。如果每趟车只捎两个"乘白车"的话，一辆车、一个车队、一个公司，一年要捎多少"乘白车"者？国家、

集体要受多少损失？假如飞机也设"0"号座位，火车也设"0"号座位，电影院也设"0"号座位，假如……那将是一种什么样的局面呢？

（原载1986年1月7日《新华日报》）

住宿登记表上的"干"字

去年11月中旬，笔者有幸登东岳泰山，在玉皇顶住宿登记时，看到登记簿上"职业"一栏里，都是清一色的"干"字，连翻两张，竟找不到其他职业的人。再看"从何处来"一栏，天南海北，无处不有。

这清一色的"干"字说明什么呢？说明在我们的干部队伍中，用公款借参观、考察、取经等名义游山玩水的现象。当然，两张住宿登记表并不能说明全部问题，但是这也并非偶然。事实上，中央虽然三令五申，不准借公差公费外出游玩，可许多地方并没有认真执行。这玉皇顶住宿登记表上的"干"字，正是对这一现象的印证。

（原载1986年1月15日《大众日报》）

由一副老花镜想到的

前几天，在铜山县机关储蓄所，看到柜台上除放着墨水、蘸水笔等供储户使用外，还放着一副老花镜，专为老年人提供方便。

可是，有一些单位不是这样。如：有的服装商店没有试衣室，顾客想试穿衣服却找不到地方；有的饭店连个洗脸盆也没有，饭前饭后顾客想洗洗手都无办法；有的医院里没有板凳，让病号站着候诊……其实，改变这种状况并不需要费多少气力，也花不了几个钱。如果这些单位的职工心里装着群众，多为服务对象着想，问题是不难解决的。

（原载1986年8月28日《徐州日报》）

牌上优先

有个供销社于去年教师节时挂了几天"教师优先"的大牌子，却没有优先供应教师一点急需的商品。今年教师节前，这块牌子又悬于门前，问他们怎么个优先法？答曰："有钱就能买到东西，教师脸上又没贴帖。"

看来，又是"牌上优先"。现在不少单位善做这种表面文章，赶赶时髦，应付应付检查，并不真干实事。愿商业部门的同志别做这种表面文章，为教师、为顾客多办点实事。

（原载1986年9月12日《人民日报》）

"挂一帅，破一阵"好

有个乡在开展整党前，要成立乡整党办公室，有人建议由乡党委书记挂"帅"当主任。他推辞道："前几天我已挂了冬季农田基本建设的'帅'了，不能再挂了，还是'挂一帅，破一阵'吧"！此话很耐人寻味。

在开展一项新的工作时，有的单位和部门总习惯于先成立个班子，然后请主要负责同志挂个"帅"就算万事俱备了。似乎没有领导"挂帅"，工作就开展不起来。久而久之，一些领导干部有时手里托着好几个"帅印"。"帅"挂得多了，就没法脱身去"出征"，这种"挂帅"也就失掉了实际意义，甚至还会带来消极的后果。因为帅位占着，兵将岂敢越雷池半步？稍一行动，就要照例先请示，当决而不决也就容易失去宝贵的时机。有些事情老是拖着不办，大概也有这个因素。

一种是挂了几个帅，一个阵也破不了；一种是"挂一帅就破一阵"，谁优谁劣，不说自明。

（原载1986年11月27日《新华日报》）

一座"警世钟"

12月13日，徐州电化厂一座被命名为"警世钟"的雕塑落成了。这是该厂为记取去年12月14日因违反操作规程发生爆炸事故的教训而建造的。这座雕塑坐落在生产区大门旁，上有一镂空的金钟，指针停在事故发生时的7点58分上。它时刻提醒人们不要忘记那惊心的一刻。

发生了事故，当然是坏事，应追究肇事人的责任，但事故既已发生，就应当认真吸取教训，做好今后的安全工作。这个厂采用这样一种"亡羊补牢"的办法，不失为明智之举。有的单位对奖状、奖章、锦旗之类的荣誉万般珍惜；出了事故，却遮遮掩掩、讳莫如深，生怕张扬出去，给自己脸上抹黑。这大概是某些单位事故不断的一个重要原因。

（原载1986年12月30日《新华日报》）

储钱罐不宜多存分币

去粮店买米，找几块糖；去百货商店扯几尺布，也要找几块糖。若问为什么，都说是没有零钱找。

起初，笔者对"没有零钱找"这句话并不相信，认为是一些单位为了多卖货而耍的小花招。恰巧到几个朋友家，发现他们家中都有个储钱罐，有一家储存的硬币达18元之多，如果兑换给一个小吃部的话，满可以打发一天的买卖。这就难怪一些商店没有零钱找了。

家庭储存硬币，储蓄到一定数额，最好兑现成整钱，再存起来。否则的话，大家都把分币存起来，会影响货币的正常流通，给市场经营带来不必要的麻烦。

（原载1987年1月1日《徐州日报》）

消灭"工业空白村"有感

最近到一个多种经营搞得比较好的村，发现村委办公室门前堆积着从15公里以外运来的黄沙、石子。一问才知道，这是为了响应上级提出的"今年消灭工业空白村"的口号而新建的水泥制品厂。耳闻目睹，啼笑皆非。

为加快乡村工业发展的步伐，制定一个具体目标限期完成，其出发点是好的，搞得好，成绩自然也不会小。但是发展乡村的多种经营，都不能忘掉一个前提，那就是因地制宜，量力而行。像这个村，多种经营搞得已经不错，效益蛮好，可以说因地制宜发挥得很好，何必强求重打锣鼓另开张呢？况且自然条件不允许，既不靠山，又不靠水，一切原料全靠花钱买，这种既无必要条件，又缺乏管理经验，为一句口号就匆匆跨上马的工业项目，要想取得显著的经济效益，谈何容易。

提出"消灭工业空白村"的上级领导是不是有些形式主义的思想在作祟，姑且不论，但是作为上级领导对发展乡村工业要合理引导，使之水到渠成，注重实效，而不能在条件不具备的地方赶着鸭子上架，弄得不好，就会鸡飞蛋打。像这样为了应付"消灭工业空白村"的检查，逼得他堆上一堆黄沙、石子做样子，又何苦来？

（原载1987年6月3日《经济参考》）

不能只强调"短平快"

眼下在一些地方，一谈到乡镇企业如何上项目，有些同志马上就会说，上"短平快"的产品比较稳妥，其理由是这些项目市场紧缺，技术要求不高，上马下马都比较便当。其实，并非如此。

一般来说，乡镇企业的资金比较紧张，技术人才少，缺乏企业管理的经验，初创时期搞些"短平快"的项目来创家底，武装武装，万一失败了，损失也不大，还可以从中学点经验。但有些乡镇企业已有了一定的基础，也逐步走上了正轨，若再停留在搞一些"短平快"的项目上，岂不是"老虎吃蚂蚱"，实在不可取。

有位上了"短平快"产品项目的厂长，深有感触地说："'短平快'产品热得快，凉得也不慢，有时没等企业反应过来，就过时了。这不得不重打锣鼓另开张，也就是使前进中的小船冒着风险再掉一次头，企业的发展也就慢了几拍。"事实证明，要使乡镇企业不断发展，不拿出点相对稳定的"高精尖"的产品，创出点名牌，其结果是不可设想的。

总之，发展乡镇企业，在有一定规模之后，"高精尖"项目更不可忽视。上哪个项目，怎么上最适宜，那就要看自家的具体情况了。

（原载1987年9月26日《经济参考》）

"大锅药"也不能吃

某中型企业的一名工人，由于违反操作规程，出了一起质量事故，损失8000余元。厂部按有关规定，扣除这个所在车间150多名工人的当月奖金。职工们发牢骚道："现在'大锅饭'虽然不吃了，但'大锅药'还得吃。"所谓"大锅药"，即一人出错，大家跟着受罚，比喻为一人有病，却让大家都吃药。

随着经济体制改革的不断深入，"大锅饭"越来越没有市场。然而，吃"大锅药"的现象在一些单位和部门还时有所见，有些情况在评比先进中就会体现出来，一个单位各方面都不错，就因为有一个人触犯了刑律，先进单位也就没指望了。其实，这种一人生病大家都跟着吃药的做法，后果只会适得其反。有病的人，吃了药身体就会好起来；而身体好好的人再吃药，就会产生副作用。这一点恐怕是谁都清楚的。

让大家跟着吃"大锅药",其目的无非是为了让更多的人从中吸取教训。但不问病情、不找病根、不制定诊治的方案,不对职工实行安全生产的教育,严格岗位责任制,而只是让大伙喝了药了事。结果,就会职责不分、责任不明,对直接责任者来说,没有触到痛处,起不到处罚的作用;对无过者来讲,无错受罚,影响职工的生产积极性,收不到罚的效果。如此罚之,于事何补。况且,无病吃药,产生了抗药力,岂不为日后的"大锅药"又留下了引子。

(原载1987年11月24日《经济参考》《江苏杂文选》)

年青司机,请你开慢点!

在铜山县召开的依法整顿公路交通秩序宣传教育大会上,政法部门宣布逮捕、拘留15名交通事故肇事司机,当这些人被带到台前时,大家不由得感叹:怎么都是些小青年?听罢宣判后方才得知,他们中只有一人超过了40岁,其余14人都是二十来岁的小伙子。这年龄结构的15比14,虽然不能全面地说明问题,但不能不引起人们的深思。

事故为何偏偏找到青年司机头上?根据追踪调查分析即有所发现。一是多数青年司机缺乏良好的职业道德教育,安全行驶的观念淡薄,思想比较单纯,没有或很少考虑肇事后的严重后果。还有个别小青年错误地认为,万一出了点事故,公家或个人赔俩钱就私了了。再加上一些车管单位、企业的领导对安全重视不够,以致违章开车的现象时有发生,这给交通事故带来了潜在的隐患。二是青年司机爱开英雄车,你要是加速超过我,我也要猛踩油门赶到你的前头,互相追逐,各不相让,高速行驶。一遇到意外情况,便惊慌失措,刹车不迭,酿成惨祸。一份材料表明,违章高速超车事故的发生起数占了一定的比例。三是要钱不要命,一些企业搞承包了,为了多拿奖金,要

"多拉快跑"，司机没有足够的时间去休息，以致身体疲乏、精力分散而出车祸，这类事故中个体户的车所占的比例比较高。

当然，还有其他的原因。但青年司机肇事上升是不容忽视的问题，这十五分之十四就说明了这一点，具体采取什么措施，如何有效地去防患于未然，则是有关单位和青年司机切实到了正视问题的时候了。不过，眼下先忠告一句：年轻的司机，请你开慢点！

（原载1989年4月28日《交通安全报》）

"不满"与成才

有人对"不满"二字没有好感。不满者，不自足也。对现状不自满足，就会激发人们不断进取；对已有的成绩不自满足，就可使人们继续奋发，取得更大的成果。这有什么不好？

科学家爱因斯坦上小学时，有一次上劳作课，大家都按时交上了自己的作品，直到第二天，他才送来一只非常粗陋的小板凳。老师看后很不满意："世界上恐怕不会有比这更坏的小板凳了。""有的！"他说着立即从课桌下拿出两只小凳子，举起左手拿的说，"这是我第一次做的"；又举起右手拿的说，"这是我第二次做的。刚才交给您的是第三次做的"。正因为他对自己前两次做的小凳子不满，才有可能去做第三次。虽说这第三次还不尽如人意，可要比前两只强得多。由于爱因斯坦有科学道路上的这种"不满"精神，才对牛顿定律在天体运动研究方面不懈追求，经过无数次探索，终于创造了具有划时代意义的"相对论"。

同样，在当前改革开放的进程中，如果没有对社会所存在的弊端的不满意，就不可能下决心去改革；工作学习中，认识不了自己在某些方面的短处，就产生不了"不满"，也就会不思建树，自此为乐，原地踏步。由此看来，人才如果没有"不满"的心理，起码说缺少一种上进的动力。有人认为，常常想到不满，是促进人才成长的"催化剂"。鲁迅先生有言："不满是向上的车轮。"

"催化剂"也好，"车轮"也好，它总是伴随着不自满足的人们，在科学的道路上锲而不舍地不断进取。结论：成才，往往是以"不满"为前提的，舍弃了"不满"，也就自断了成才之路！

（原载1989年第6期《新闻与成才》）

"走正道"与"不谋私"

某县一位领导同志在一次廉政建设会议上，说了这样一段话："党员干部不能把党和人民给予的职权作为谋取个人私利的手段。对于这个问题，我的态度是，'我求人走正道，人求我不谋私'。"

好个"走正道"与"不谋私"！按说，我们做任何事情，都要按照党的原则、正常的渠道、一定的程序去办，这才是合乎情理的。那么，为什么还有一些人办事不走正道？究其原因，恐怕有两点：一是正道上不允许办的事情；二是弄虚作假，担心走正道被发觉而办不成的事情。所以，才会出现走歪门邪道的不良现象。既然走邪道，就是要你在原则上作些让步，在规章制度方面打些折扣，否则事情就不能办成。

另外，还有个"不谋私"的问题。这对一些党员干部来说，应高度警惕，因为你掌握一部分权力，人家有求于你，态度上要取悦于你，利益上要让着你，感情上要接近你。稍微一点不注意，就容易谋起私来，从一点一滴开始，胃口就会越来越大，从而走向犯罪。

平心而论，任何一个干部不可能没有点个人的事情，问题是该办的符合原则的，按正当的渠道、手续去办，这才称得上为人表率。另外，属于自己职权范围内的事，能办的，尽快办；不能办的，就是说情、送礼也不给办。只有这样，才能做到公事公办，不谋私利。

我们的党员干部，如果都能够做到"我求人走正道，人求我不谋私"，公道正派，秉公办事，全心全意为人民服务，党在人民群众中的威信就一定会高起来。

（原载1990年第4、5期合刊《徐州党建》）

尝尝被管的滋味

河北涞源县交警大队为改变管理方法和管理态度，让干警脱掉警服、交出工作证，以一个普通司机的身份，轮流到县运输公司跟班作业，"让管人的人先尝尝被管的滋味"，从而教育管理者依法管理，文明管理(见《人民日报》6月1日第5版)。此举令人叫好！

不少群众总抱怨一些单位和部门话难说、脸难看、事难办。可这些单位的某些同志还觉察不到、自认为干得蛮不错。到底如何？只要你换个位置试一试，就很容易体会到。涞源县交警大队就是基于这一点才这么做的，它至少有两大好处：一是通过走出去，可以更多地了解真实情况，学习同行管理的好经验，看一看他们是如何文明执勤的，又是怎样热情待人、秉公执法的；二是尝尝被管的滋味，体会一下个中苦衷，以便在今后的工作中，不断修正自己的不足，改变管理方法和工作态度，端正业务指导思想，提高管理艺术。

让交警开一段时间的车体验体验，受的教育或许比让他们参加几次会、听几场报告要深刻得多。其他管理部门和服务单位的同志，也不妨试一试。

（原载1990年8月1日《法制日报》）

让产品有个"出门证"

产品要打入国际市场，参与国际间的竞争，关键是产品要适应国际贸易的要求。由于国际标准的一致性、权威性，决定了采标产品市场的广泛性、国际性。企业所生产的产品只有通过采标，才能拿到产品直入国际市场的"出门证"。

在我国即将恢复关税和贸易总协定缔约国地位之际，采标工作更显示出重大和深远的意义。复关后我们如何迎接新的挑战，消除贸易中的技术壁垒，使我国的产品进入国际市场，同时又能够顶得住国外产品对内销产品的冲击，这都需要靠提高技术标准、提高产品质量来实现，这在很大程度上取决于采标工作。事实证明，产品质量是企业的生命，而高质量产品首先要有高水平的标准，采标是提高产品质量的有效途径。

希望各企业把采标工作纳入企业考核之中，促使我们的产品技术标准与国际标准早日接轨。

（原载1994年4月7日《徐州日报》）

不妨学学人家的教训

铜山县柳新乡股份合作制企业达84家，在全县乡镇企业中遥遥领先。这个乡的负责同志说："在推行股份合作制之前，我们组织有关人员到外地学习经验，同时又重点学习人家失败的教训。现在觉得学习并接受人家的教训比单纯学经验更实际、更可贵。"看来这不仅仅是个学习方法问题，更是一个思想观念转变的问题。

长期以来，我们已习惯于学习人家成功的经验，很少去学习并接受人家失败的教训，看到成功的时候多，瞅到问题的机会少，以致在学习经验的过程中走了不少弯路。事实证明，学习人家的教训就不会重蹈覆辙。人家已在那一方面栽了跟头，你还能再跟着栽吗？辩证地看这一问题，就会意识到学习人家的经验，知道应该做什么、怎么去做；学习人家的教训，则更明确不应该做什么、应避免哪方面的问题。这有什么不好？

一句话，学教训也是在学经验，不少经验是从多次失败的教训中积累起来的。我们外出参观、学习、"取经"，在请教人家经验的同时，不妨再问一问"在成功的路上，碰到过哪些波折，有没有教训让我们也吸取吸取？"这肯定会使我们的头脑更清醒些、心理上更踏实些。

（原载1994年5月16日《徐州日报》）

上管理高于上项目

从企业内部要产值、要效益，是一条投资少、见效快的途径。不是吗？铜山县柳新乡孙庄村加强对企业的管理，收到效益等于投资，说明上管理高于上项目。

一般来讲，经济效益增长依赖两条：一是大投入、大产出，一是抓管理、上水平。近几年，有些人只知上项目，忽视抓管理，就有失偏颇了。不少企业的项目效益不显著，并不是项目本身不好，而是内部管理没有跟上。同样的投入，有的企业仅有2倍的产出，而有的达10多倍。原因固然很多，也有些不可比的因素，但企业管理水平不同，则是重要原因之一。

向管理要产值，向管理要效益，是一篇永远做不完的大文章。管理好坏与经济效益成正比。经营管理好企业的生产，等于再上一个甚至几个新项目，何乐而不为呢？

（原载1994年8月21日《徐州日报》）

不"争"者高

有家在全国知名度很高的乡镇企业，多年来始终坚持"三个不上"：一是市场上目前正在走俏的产品不上，二是人家正在搞的不上，三是生产工艺

14

加工技术难度小的不上。避免与人竞争，产品始终走俏市场。"不竞争"这一独特的经营策略可谓技高一筹。

现在有一种"流行病"，一种新产品刚走俏，马上会出现"铺天盖地""一窝蜂"的现象。结果常常是产品出厂之日，就是市场饱和之时。大家都想在竞争中取胜，投入了不少的人力、财力、物力，但由于拥挤的跑道上互相碰撞，只能是争得精疲力尽，却没有得到什么益处。其实，社会需求是多方面、多层次的，而对同一产品的需求却是有限的。

退一步海阔天空，精明的竞争者总是把目光瞄在他人没有注意到的"真空地带"上，在竞争中善于"钻空子"、攻冷门，使自己的技术、产品成为某个行业或某个方面的"独家"。争人之所无，以"不争"而求争，取得占据市场的主动权，才是企业家取胜的竞争之道。

（1994年12月9日《中国乡镇企业报》）

有事快办

"给群众办事不仅要办实、办好，还要办快。"这是天津市市长在春节后第二天召开的市政府全体人员会议上讲的一句话。报上说，今年市政府确定为群众所办的20件实事，比往年提前了一个月。

近几年来，许多地方形成了每年为群众办若干件好事的风气，深得人民群众的拥护。可其中也有一些好事，由于各方面的原因，办得速度太慢，甚至拖上几年时间，不仅给群众的工作、生活造成诸多不便，也失信于民，把好事办出"副作用"了。当然，办任何事情，都可能遇到这样或那样的困难。但只要我们的干部真正地把群众的冷暖挂在心上，增强为群众办实事、办好事的紧迫感，不少困难就会迎刃而解。天津市每年为群众办20件实事，至今已持续13年了，难道他们就没有碰到点困难吗？

一年之计在于春。老百姓希望干部在新的一年里，抓住时机，尽可能加

快办事的效率，做到工作早打算，措施早落实，职责早明确，人员早行动。每一个干部只要想想，老百姓在望眼欲穿地盼着办与他们生活休戚相关的事时，就不难体会到"还要办快"这四个字的分量了。

（原载1995年3月24日《经济日报》）

有感于孔繁森拉地排车

一个地区的副专员，在家的每年正月十五晚上，都把地排车铺上厚厚的褥垫，拉着老母亲到城里的大街上看灯。他就是领导干部的楷模——孔繁森。能做到这一点，确实不易。凭他的身份地位，打个电话向家乡机关要辆轿车，或是向企业借辆汽车，都是"小事一桩"。可是，他硬是自己拉车让母亲去看灯，这就不是每个干部都能做到的。

或许有人会说，作为副专员拉地排车带老母亲观灯，未免有点掉价。可亲眼见到这一场景的聊城人，无不为他的至亲至孝产生敬意。时下，有个别职务比孔繁森低得多的干部让老婆孩子坐吉普车旅游都觉得掉价，叫他们弓着腰拉地排车，不是硬难为他们吗？孔繁森的孝是自己身心的付出，赢得的是人们的赞许；而另一些干部的"孝"则是建立在损公肥私、假公利己基础上的，得到的是群众鄙夷的眼光。拉地排车尽孝与让亲属坐小轿车的"孝"，是不能同日而语的。孔繁森拉地排车，打掉的是"官架子""官排场"，拉近了他与人民群众的距离。送母亲进城看灯，看起来小事一件，可是越是这种细微末节的小事，也就越能真实地反映出一个人的境界和风格。

人们都知道，一个连自己父母都不孝敬的人，对人民的爱就更谈不上了。孔繁森如果没有那种朴素的对母亲的孝，就不可能升华到对藏族同胞真诚的全部的爱，以至于献出了自己宝贵的生命。愿干部队伍中多一点孔繁森。

（原载1995年4月27日《新华日报》）

创名牌更要保名牌

企业历经艰辛创出了名牌产品，就容易赢得客户，占领市场，这是企业在市场经济条件下兴旺的根本所在。但在企业发展的路上只是个开头，如果稍有不慎，名牌就可能毁于一旦。因此，对一个企业来说，创名牌更要保名牌、护名牌，采取切实可行的措施，保住来之不易的名牌产品的声誉。

一是名牌也要不断创新、改造，不断地赋予新的内容，跟上时代潮流，反映新时代的风尚，要注意采用新技术、新材料、新工艺。在科学技术飞速发展的今天，不创新就会落伍，昨天的名牌也有可能成为明日的"黄"牌。许多名牌产品为何失去魅力？就是多年生产一贯制，满足不了人们的消费需求，到头来，名牌也会渐渐地被人叫不出名来。

二是要倍加珍惜名牌的声誉，不能高枕无忧，要一如既往地抓好产品质量，"萝卜快了也要洗泥"。行情看好的情况下，不要盲目地上规模、建分厂、搞联营，不要为了眼前的利益砸牌子。不少名牌就毁在联营的厂家上。"'民权'没有联营厂"，这条墙壁上广告民权葡萄酒厂从豫东做到千里之外的豫北，足见他们对自己信誉的重视，不贪图联营者的钱财，不糟蹋自己的名牌，确实把工作做到了家。

三是要学会运用法律手段保护自己的名牌产品，莫让"李鬼"坏了李逵的名声，维护厂家和消费者的利益。在经营中根据市场反馈的信息，对假冒商品予以追查打击，并鼓励消费者举报。世界市场占有率为47%的法国名牌商品，之所以保持畅销不衰的势头，与他们不惜花重金打击冒牌货不无关系，"卡地亚"集团每年耗资400万美元，用来追查打击冒牌货。

常言说得好，"创业难，守业更难"。同样，创名牌难，保名牌也不易。不少驰名产品由于主客观原因，刚一露头，就夭折了，着实令人惋惜。在美国有这样一句名言："倒了牌子的商品，想要东山再起，如同下台总统

期冀重返白宫一样绝无可能。"可见保名牌、护名牌尚有大量的工作需要我们去做。

（原载1995年5月18日《经济日报》）

"造福一方"与"造福后人"

河南省济源市投资1个亿建中等工业学校，人们对此议论纷纷："花那么多钱，可以建几个工厂啊！办学校几时才能见政绩？"

对此，市委书记高文焕说："我何尝不知道办几个厂，政绩出得早、看得见，办学来得慢，政绩是后任的？为官一任，既要造福一方，又要造福后人，要为经济的长远发展奠定基础，为后任创造条件。"好一个"造福后人"！

这几年，"为官一任，造福一方"成了许多干部群众的一句口头禅。这既是干部勉励自己的格言，也是群众对每一个干部的殷切期望。可以说，现在大多数干部尤其是一个地区、一个单位的主要领导干部，都想在"为官一任"期间，尽自己的最大努力，多为群众办些实事、好事，造福一方百姓，但真正能想到"如何造福后人"的干部却不是很多。为什么一些地方自然条件不错，就是发展不起来？原因固然很多，但与那里的干部缺乏"造福后人"的精神不无关系。其原因不外有三：一是有些干部缺乏"前人栽树，后人乘凉"的精神，没有为后任打基础、为后人造福的气度，不愿意干那些似乎与当前利益无关的事。二是干部调动频繁，自己都不知干到哪一天，不可能作出长远的规划，更谈不上一步一步地组织实施了，因而只能在短期内干些插锹见水的事。三是时下对干部的考评有欠科学的地方，大都是看任期内干了多少事，上了多少项目，产值、利税增长了多少。而对于干了多少基础工程、积蓄了多少后劲，则往往顾及得很少，甚至根本不顾及。

因此，很有必要在提倡"造福一方"的同时，强调"造福后人"，要求干部在"造福后人"的前提下，去"造福一方"。做到这一点，干部首先要有高文焕那种"要创党的政绩,不争个人政绩"的胸怀,不急功近利创政绩,不哗众取宠图热闹,不搞形式主义花架子,真抓实干,少说多干,多为本地的长远发展着想。其次,各级党委、政府要营造一种让干部集中精力想大事、干大业的环境,保持干部队伍,尤其是主要领导干部的相对稳定,可能的话,从时间上保证让其完成某一项牵动全局的大工程。不达目标,不予调离。最后,组织部门要研究出一种比较科学的考评、任用干部的方法,既要看任期内干了多少实事,又要看为今后做了哪些基础工作:既要看短期内的效益,又要看有没有长远的后劲,绝不能对搞短期行为、急功近利、不计后果的人提拔重用,更不能冷落那些做基础工作,为将来发展创造有利条件的干部。值得警惕的是,当前还有另一种所谓"造福一方"者。他们貌似"造福一方",实质是祸害后人。那就是不顾客观实际,以损害环境、资源、人民的健康为代价来发展经济。当时看,是多弄了几个钱;长远看,是砸了子孙的饭碗,断了后人发展的路子。

总之,"造福后人"是"造福一方"的升华,是干事业者更高层次的追求。没有"造福后人"之情,"造福一方"也仅是暂时的;光想着"造福一方",不顾及子孙后代,就不可能真的"造福一方"。

（原载1996年9月11日《光明日报》、8月14日《经济日报》）

为农服务贵在"实"

据《徐州日报》报道,铜山县大许乡农技站乐为群众致富忙,不争农民一分利,将签约合同外的甜菜种加价款6万余元,一分不留地发给售户。按理说,农技站按合同购买了种子,付了款就行了,后来的加价款是农技站净赚的。农技站将这笔钱留下也无可非议,但大许农技站首先想到自己是为农服务单位,应该让利于农民。这种高尚的风格,实在令人敬佩!

有些单位牌子挂得很响,名义上是为农服务,实际上是多打自己的小算

盘，看有利可图就干，没有油水就散，也不管对农民的作用和影响如何，甚至有些"农"字单位也坑农。要农民种植什么、养殖什么，一开始吹得天花乱坠，包购包销，保证收入多少多少云云。后来一看行情不好，不是压级压价，就是干脆不问了，伤透了农民的心。这与大许乡农技站把到手的钱让给农民，是多么鲜明的对照。

为农服务重在行动，不能停留在口头上，服务的效果如何，主要是看农民群众到底收入了多少钱，而不能看你这个单位或部门挣了多少钱。部门挣了大笔钱，而群众并没得到什么实惠，那就不能说是为农服务了。愿"农"字服务部门都来学学大许乡农技站。

（原载1996年10月13日《徐州日报》）

"手要发抖"

陈毅同志1949年在上海谈到干部的责任时说，打仗时要下命令，作战计划要你签字，许多指挥员签字时手就发抖，因为那关系着仗的胜负，涉及许多战士的生命，政府工作、经济工作同样如此，或颁布政策法令，或签订经济合同，有的时候真可谓字字重千钧。手不发抖，行吗？

"手要发抖"，意味着慎重、负责。大的方面来说，领导干部签发了一个报告、文件，意味着对其负领导责任；厂长经理签订了经济合同，就要履行合同中的职责和义务；科学家在评定一项新的发明创造时，总是要认认真真地签上自己的名字，表明对这项发明的认可；作家记者在作品上签上自己的大名，就要对读者、对社会负责任。从小的方面来讲，每个人遇到签名的时候太多了，打报告、填表格，甚至亲属治病做手术也需要签字，拿起笔来你总得要思索一番，斟酌再三。"手发抖"的同时，也是一个权衡利弊、深思熟虑、下定决心的过程。少了它，恐怕要出乱子的。

然而，也有一些"胆大"的人，就从未想过"手要发抖"这回事儿。

君不见他拿起笔来轻轻一挥,一纸三寸长的便条,就把国家控制的紧俏物资流入小集团或私人手中;一个"批示",可以置政策、原则于不顾,使违法行为畅通无阻;轻诺"同意"二字,有时竟会让国家集体蒙受百万、千万元的经济损失。昆明东方夜总会发生大火,经调查,该夜总会在未经当地消防部门审批的情况下,擅自投资1000万元人民币,进行豪华装修,其中还使用了大量的可燃、易燃等高分子化学装饰材料。竣工后,又未经消防部门的验收,仅凭市政府个别领导的条子,他们就开始了试营业。这写条子、签名的领导能逃脱了责任吗?假如这些人当初拿笔时手能抖一阵的话,头脑里就有机会想到责任、原则、纪律、道德、法律,考虑到可能出现的严重后果,就不至于轻易下笔。古装戏《恩仇记》里有这样一个情节:新科状元施子章,欲判其义姐夫邓丙如,义姐不依,不判呢,其妻不允,左右为难,拿笔的手不住地颤抖,好大一阵落不下笔来,似乎这才知道笔的重量。

　　"手要发抖",并不是要我们在工作中前怕狼、后怕虎,而是需要我们始终对工作认真慎重,尤其是当面对关系国家、集体、人民利益的重大问题时,不妨把拿笔的手举得再高一点,多思考一点儿,多抖一会儿!

(原载1997年3月25日《经济日报》)

竞争要选高手

　　杭州有家企业,为把产品打入市场,首先选择上海这个大市场。他们认为,只要产品能在上海这个大都市站住脚,再抢占其他市场就相对容易多了。

　　外国有句谚语:"兄弟是上帝安排的,朋友是自己选择的。"而选择竞争对手,比选择朋友更重要,不少知名的大企业集团已踏上寻求竞争对手的万里征途,广东健力宝"直捣"两乐(可口可乐、百事可乐)的大本营,山东青岛的双星鞋"西进"告捷,迅速地开辟美国等西方市场。

　　"同行是冤家",同时又是"亲家"。世界上有些驰名商标往往是相

得益彰地共存着，如"雀巢"与"麦氏"、"麦当劳"与"肯德基"、"柯达"与"富士"等，它们既是竞争对手，又是同闯市场的孪生兄弟。假如没有"柯达"，"富士"也许会黯然失色；反过来，如果没有"富士"，"柯达"也不可能时时存在危机感，进而不断地充实、完善自己。竞争把它们带入了互相斗争、互相促进，又互相依存、不断发展的境地。

既要"弄斧"，就得到鲁班门前。一个企业要想使自己再上一个台阶，就必须寻找高手较量，敢与强手打擂台。如果有一天，你的企业跻身于同行的前列了，不要忘记，那是许多竞争对手的功劳。选择对手，不是有意识地树敌，而是通过这种形式，学习高手的长处，强化企业的危机意识，激发企业只争朝夕的紧迫感。

（原载1997年4月16日《中国乡镇企业报》）

锻铸新型农民的"工程"

去年冬菜上市，10元买100斤大白菜，不少市民叹道：这下农民可吃亏了。实际上，1亩白菜收6000多斤，收入600多元，再加上其他季节的菜，亩收入近3000元，如此，谁还能说"亏"？更重要的是"菜篮子工程"已成为培养新型农民的一项工程。

刚开始种菜，由于菜质不高，销路不畅，农民怨市民太挑剔……慢慢地，农民终于懂了种菜要根据市场变化安排蔬菜生产，要想卖个好价，就得不断学习科技知识。一开始农民种大路菜还好说，若种点稀罕菜就有技术上的困难了。同是1亩地，大路菜收入千把元，要是建大棚种细菜，1万元也打不住，这10倍的差价在哪儿呢？关键在技术上。掌握了技术，种得好，收入高；没有技术，种不好，收入就低。为此，不少农民踊跃订阅科技报刊，购买科技书籍，在政府的引导下，自发地成立了各种蔬菜技术协会，指导农民种菜。江苏铜山县张集乡农民万荣臣3年前就开始写种菜日记，不仅记技术要领，而且记气候、市场变化等情况，为种植蔬菜建起了档案。他说："记3年种菜日记，掌握了技术，不少过去认为不可能种植的菜，现在都不在话下。"

目前，铜山县日光能温室已有18000栋，食用菌已发展到1亿袋，蔬菜总产72.6万吨，农民年收入的20%来自种植蔬菜。大量的事实表明："菜篮子工程"促进了农民向懂市场、学科技、会经营的现代化方向迈进。

（原载1998年1月13日《农民日报》）

赞"订货评议制"

今年年初，铜山县供电局决定实行10万元以上订货评议制，对主设备、重要物资、大宗货物订货，由材料、生技、安监、纪检、使用等部门人员组成的评议小组集体审核批准。2月28日，首宗25万元合成绝缘子订货合同，以背靠背议价的形式，最终与全国行业评比一二名的两厂家握手签约，同以往的订价相比节省资金4万多元。此举确实令人击节称赞。

市场经济体制的确立，为企业产供销各环节的协调提供了广阔的天地，也为不正当竞争的产生埋下了伏笔。造成种种问题的原因，关键是经营过程缺乏透明度。铜山供电局找准了症结，在这方面实行评议制，至少有三个好处：一是货物质量得到了保证；二是降低了成本，减少了开支；三是拆除了容易产生腐败和犯罪的温床。

（原载1998年7月6日《徐州日报》）

"不怕吃苦"也是优势

再就业明星、天津市44岁的纺织女工张慧英，下岗后凭着她那股子吃苦耐劳的精神，办起了托老所，干出了一番令人肃然起敬的光彩事业。对此，她接受记者采访时说，像我这样年纪的人，没有文凭、技术等优势，但我能

吃苦、能干。我认为"不怕吃苦"也是一种优势。

"不怕吃苦",说起来容易,做起来难;要求不高,达到难。改革开放以来,随着人民生活水平的提高,工作条件的改善和劳动强度的减轻,不少人逐渐形成了养尊处优的习惯,吃不得一点苦,累一点的工作不想干,脏一点的工作不愿干,"不体面"的工作不去干;就是下岗了再就业时还在考虑离家近点,条件好点,名声好听点,不出力或少出力,钱还要多拿点;若找不到这样的岗位,就埋怨社会不公平,认为是无业可就。事实上,"天生我材必有用"。每个人都有长处,如何扬长避短,则是能否发挥自身优势的关键所在。有的人看不到自己的长处,就很难发挥自身的优势;有的把"优势"仅仅理解为文凭、学历、技术,忽略了"精神"这一巨大动力的开发和运用。我们不妨观察一下,一边是那么多下岗工人找不到活干,一边又有那么多的民工活跃在城市的大街小巷。什么原因?他们所干的,正是有的下岗职工所不屑一顾或不愿干的比较苦、脏、累的工作,以对于不少类似的岗位,被众多"不怕吃苦"的人顶了去。

"不怕吃苦"是我党革命传统具体化的自然回归。"苦不苦,想想长征两万五;累不累,比比革命老前辈。"过去,在极其困难的条件下建设社会主义,需要千千万万个"不怕吃苦"的人艰苦奋斗,顽强拼搏;今天,在我们阔步走向世界、迈向21世纪的征途上,更需要大力弘扬"不怕吃苦"的精神,"只要不怕吃苦,哪儿都有饭吃"。这些再就业成功者们的肺腑之言,恰恰印证了"不怕吃苦"的优势是多么巨大,天地是多么广阔。

(原载1998年6月28日《徐州日报》、8月4日《光明日报》)

让"下不为例"没有"例"

据报载,新飞电器股份有限公司一位中层干部,因未执行购物招标规定被免职。公司老总态度坚决:"管理无人情,只要开一个口子,就管不住。"所以，招标规定执行8年，硬是一个"下不为例"都没有。

　　"下不为例"是这几年出现频率较高的词，可解释为"后不为例"，意思是只能通融这一次，以后不再以此为"例"。对有些同志的错误，我们处理起来往往搞"下不为例"，有时并不是在教育他，而是放纵他，对其他同志也不会有警示作用。不少单位部门制度定得很细致、很科学，措施也非常实在，可为什么就达不到预期的效果呢？主要是执行起来不严肃，抓起来不认真，突出地表现在搞"下不为例"。事实上，"下不为例"一开头，接踵而来的是没完没了的"下不为例"。

　　平心而论，嘴上说是"下不为例"的同时，其实是在破先"例"、留后"例"。"新飞"找准了问题的症结，以无"例"入手，不留一"例"让人效仿、攀比。所以，工作就畅通无阻，制度就令行禁止。

（原载1998年8月26日《中国乡镇企业报》）

欣闻农民种田买专利

　　铜山县伊庄乡关庄村几户农民合伙买专利，巧用科学嫁接法，葫芦秧上结西瓜。这种西瓜产量高，质优，含糖量高，且无籽，亩均收入比常规西瓜增加一倍多。

　　农民种田买专利，一是表现出了当代新型农民的风采。过去一提农民，在人们头脑中固有的形象是："捋着胳膊卷着腿，沾满泥浆带着水。"而现代农民冲破了千百年来传统观念的束缚，打破了旧的耕作方法，不仅向艰苦奋斗、勤劳节俭要效益，而且学会了向科技要效益，由过去的抢农技员这个"财神"变成了自己学着当"财神"，成为有知识、懂科技、善经营、会管理的一代新型农民。

　　农民种田买专利，二是体现了农民在市场经济体制下的市场观。要使我

们的农副产品占领市场，没有科技不行。从某种意义上说，每一项科研成果的问世，背后都蕴藏着无限的商机，有时运用、推广一项新科技，就等于打开了一个新市场。

农民种田买专利，三是展示了农民致富增收所开辟的一条新的捷径。地膜覆盖技术——"白色革命"的兴起，使亿万农民从科学种植中尝到了甜头；特种种植、特种养殖，使农民种养收入达到了空前的水平，有些甚至让农民自己都咂舌。许多农民觉得，"要想多得利，就得买专利"；要提高种田效益、稳产高产，必须常跑农科院。

农民种田买专利，是农民在生产经营上的一大跨越。一位乡党委书记曾对高收入农户做过调查研究：凡是在种植、养殖上取得成功、获得巨大效益的，无不与他们掌握、运用了新的科学知识和技术有关。一位伟人早就说过，农村是一个广阔的天地，在那里是可以大有作为的。昔日面朝黄土背朝天的农民，如今正握着科技这把金钥匙，去打开潜力巨大的取之不尽的宝藏。

（原载1998年11月24日《徐州日报》）

踢好"后三脚"

有位曾受过省委表彰的基层党委书记，近阶段工作的步子明显加快，对以往遗留的问题和"尾巴"正加紧清理。对此，这位书记解释说，根据年龄情况，工作岗位很可能要变动，他不能把他任上的矛盾和问题再推给下一届班子，要踢好这"后三脚"。笔者认为，这种踢好"后三脚"的精神很值得大力倡导。

踢好"后三脚"，往往可能是踢好"头三脚"的后话。现实中，大多数人都很注重踢好"头三脚"。一个干部要调到一个新的工作岗位了，领导往往要勉励："可要踢好'头三脚'啊！"亲朋好友也会叮嘱："要烧好上任'三把火'，尽快打开局面。"自己呢，常常琢磨的大多也是如何把"头三脚"踢好，才能稳住阵脚。总之，踢好"头三脚"常常是许多干部调到一个新岗位后最起码的要求。所以，不少人想方设法、竭尽全力地踢好"头三脚"，上级领导、基层干部、广大群众一开始大都看"头三脚"踢得怎么样，也往往以此来衡量干部的能力和水平。这"头三脚"可以说是大受重视了。

但是，做工作、干事业，仅仅靠踢好"头三脚"是不够的，大量的工作还在"头三脚"之后。可惜，一些人却没能意识到这一点，而且也不是所有的人都能真正踢好"后三脚"。现在，的确存在这样的现象：一些干部"头三脚"踢得蛮漂亮，可三脚之后，就没戏了，起码，也是没啥大戏、好戏了；有的干部"头三脚"踢的时间很长，不等再出新招，就要求换一换了；还有的干部"头三脚"踢了以后，当初的那种工作热情就开始下降了，甚至在重重矛盾中不得不"走人"。

我们常说，党的事业任重而道远，且有着很强的连续性，需要多少任干部带领群众共同努力才行，所以，我们需要"头三脚"，但仅有"头三脚"又是不够的，更需要踢好"后三脚"。

平心而论，"头三脚"踢起来相对容易一些。因为都不注重踢好"后三脚"，所以易留下不少踢好"头三脚"的条件：把上任没干好的事接着干好，遗留的问题尽快处理，激化的矛盾予以化解，工作上的失误加以纠正，等等。如果说踢好"头三脚"是为了开好头、起步好的话，那么，踢好"后三脚"则使我们所做的工作有始有终，且有圆满的结局；如果说踢好"头三脚"是为自己今后的工作打基础，尽快树立自身的形象值得赞扬的话，那么，踢好"后三脚"则是对党的事业负责到底的表现，也是为下一任的工作创造条件，这需要更高的思想境界，也更值得大力褒奖。踢好"后三脚"相比较而言，更不容易，要求也更高，社会也更需要。

老百姓有言："出水才看两腿泥。"群众最喜欢看结果，"头三脚"好比花，那么"后三脚"就是果。许多工作有了良好的开端，不一定有完美的结局，这无疑需要我们的干部树立大局意识、长远意识，多做艰苦细致的工

作，而踢好"后三脚"恰恰是要把工作做得到位、到家的表现。固然，踢好"头三脚"是能够给人一个好印象，而要在人们心中留下永久的印象，踢好"后三脚"更是关键所在。

（原载1999年8月24日《经济日报》、第10期《党的生活》）

好个"伯乐"奖

青岛市对11名在研制和推广应用科技成果方面贡献突出的人才，分别重奖15万元。同时，对他们所在单位的法人代表各奖5000元。明年还要对培养、支持获奖者的单位和应用成果单位的负责人，授予"伯乐"奖，奖金1万元，这不能不让人有耳目一新之感。

改革开放20多年的实践表明，发展经济，最有效的投入是科技，最重要的是人才。而要充分发挥科技人才的潜能，必须为其提供和营造施展才华的舞台和环境。这个舞台往往要靠领导者来搭建，良好的环境也要靠法人去营造。可以说领导者、法人的态度，都不同程度地左右和影响着科技人员。不是吗？有些欠发达的地区，有些不景气的企业，并不是缺少科技人员，而是缺乏让科技人员发挥聪明才智的机制和氛围，这恰恰与主要领导者没有当好"伯乐"有关。因此说，采取积极有效的措施，调动领导者、法人的积极性，选好"千里马"、培养"千里马"、用好"千里马"，为"千里马"驰骋创造条件，这恐怕是青岛市设"伯乐"奖的初衷。

设立"伯乐"奖，是非常明智之举，可以让众多幕后英雄的劳动得到政府和社会的认可。如果说重奖科技人员，可以激励一批科技人员出更多成果的话，那么，重奖"伯乐"的意义和效果至少和前者同等重要。

（原载2000年3月17日《大众日报》）

先办事，后收费

在改善投资软环境中，要建立新的规费收取制度，改变兴办项目先收费再办事、不缴费不办事的传统做法，除应上缴国家的规费外，实行先办事、后收费，办成事、再缴费，事不成、不收费的办法。

"先办事、后收费"会促进机关、部门转变工作作风，提高办事效率，把工作的着力点放在怎样去办事上，而不是盯在如何收费上，办事是第一位的。在具体运作中，机关工作人员就会竭力为投资者办一切该办的事，解决一切需要解决的问题。事办不成，费也收不了；同样，事办成，费也跑不了。它方便了投资者，省却了投资者不少的烦恼。不是吗？过去一提投资上项目，要先到各个部门盖图章，缴各种各样的费用，才能慢慢地办手续。否则就动不了工，开不了业。这样一来，先花掉了一笔钱不说，还耽误时间，容易错过发展的大好机遇。

"先办事，后收费"，尽管这"先""后"二字仅调整一下次序，但对有关单位和部门来说，这无疑提出了比较高的要求。对投资者而言，感受到的不仅是热情周到的服务和支持，而且是感情的拉近，更是软环境的优化。

（原载2000年5月26日《徐州日报》）

搬走门槛

铜山县为加大招商引资力度，专门召开投资软环境大会，提出了"县外就是外""人民币与美元都一样"的口号。群众普遍认为，这不仅把大门打开了，而且把门槛也搬走了，开放之路更畅通了。

按道理，敞开大门，就意味着伸开双臂，热情欢迎四面八方的客人。但在客人进来的时候，小小的门槛往往会绊人一个跟跄，也会令人不快。过

去建房屋，没有不安门槛的，而且门槛越高，显得主人越尊贵。但随着时光的流逝，门槛由高到低，由低到无。时下，假如一套房子里，每个门都装上哪怕高出地面一点点的门槛，都会使人觉得不自在。改革开放，发展经济，招商引资，聚贤纳才，同样是坎子越少越方便，道路越平坦越好。许多地方大的政策不错，但招商引资的结果千差万别，认真分析一下，即可看出，差就差在类似门槛的微小细节上。一是"好事多磨"。明明是简单履行一下手续就可办成的事，非让你跑上七八次。二是因研究"可行"而难行。人家来投资上项目，掏的是自己的钱，市场比你研究得透，可行不可行自会把握，何必你多虑！三是因"搭车收费"而加重负担。如此等等，使投资者举步维艰，困难重重。

搬走门槛，是敞开大门的延伸和继续，是为了更好地达到开放的目的。当然，时下敞开大门都能办到，但搬走门槛还有一定的难度，旧的思想观念，特别是一些部门的权益，已成为开放的阻力，使慕名前来者过槛如过关。但可以相信，随着改革的深入，再高再多再硬的门槛，都会被搬走，搬不走的，也会被踏平！

（原载2000年6月3日《徐州日报》、第11期《群众》）

"俺村的书记不能走"探秘

今年第3期《徐州党建》杂志刊发了长篇通讯《农村基层干部的榜样——宋平德》。说大彭镇侯楼村党支部书记宋平德要被提拔调走，村里260多人联名给县委写信，提出："俺村的书记不能走！"作为村支书，能干到这个份上，的确不容易。

"俺村的书记不能走"，是因为"宋平德真行"！一个干部，尤其是农村基层干部，能不能扑倒身子、全心全意为群众办实事、办好事，既是衡量他政绩的标准之一，也是能否得到群众拥护和欢迎的关键所在。不是吗？侯楼村的群众不无遗憾地说："书记要是早干十年，我们这个村早就是全县第一流的了。"一位40多年党龄的老党员说："你说你行，他说他行，究竟谁行？得干出成绩叫群众看看。实践证明，宋平德真行！"

"俺村的书记不能走"，是因为"宋平德有谋略、办法多"。在市场经济的新形势下，一个干部光能出力苦干还不行，还要会干加巧干。宋平德深知一将无能、累死三军的道理，害怕力不从心，经济搞不上去，对不起家乡父老。侯楼村1996年人均收入和人均集体收入的综合名次排列在全县第298位，1999年综合评比名次一下子跃到第98位。这也是对宋平德有谋略、办法多的最有力的注脚。

"俺村的书记不能走"，是因为"宋平德是个过日子的人"。这里有两种解释：一是艰苦创业，勤俭办一切事情；二是精打细算，细水长流。一个村也好，一个单位也好，实际上是一个大家庭，人们都希望当家人是个过日子的人。

（原载2000年第6期《徐州党建》）

为检察官点歌有感

日前看电视，偶见某单位全体职工为检察院反贪局两同志点歌数首，感谢检察官挖出了他们单位的"蛀虫"，惩治了腐败分子。歌声之后，让人久久回味，不禁有所感慨：反腐倡廉，不仅大快人心，而且很得人心，切实得到了广大群众的拥护。这是加大反腐败力度的根本所在。

一般来说，一个党员、一个干部乃至一个普普通通的群众，为人们办了类似铺路、架桥的好事，人们不仅要感谢他，还会记住他，这是很正常的事。随着社会的发展，好事的范围在扩大，过去往往认为兴利是办好事，现在可以说除弊同样是办好事。不然的话，两名检察官忠实地履行了他们的职责，做了他们应该做的工作，为何就受到了群众的称赞呢？根本原因就在

于，挖出了一个"蛀虫"，维护了成百上千甚至上万人的利益；惩治了一个腐败分子，救活了一个企业、单位，关系着一个地区的经济发展和社会稳定。这都与人民群众的切身利益息息相关，人们对此能无动于衷吗？历史上的包拯、海瑞之所以传颂千年，有口皆碑，主要是他们敢于为百姓撑腰，惩处了一批贪官、奸官，否则，"青天"的美名是不会给他们的。

近一个时期来，我们党反腐败的力度在不断加大，并充分利用成克杰、胡长青等重大典型案例来警示和教育广大党员干部，目的就是促使我们党的干部永远牢记党的宗旨，时刻保持清醒的头脑，自觉接受人民群众的监督，廉洁奉公，堂堂正正做人，踏踏实实做事。时下，个别腐败分子心理上存在这样一种误区，最怕上边风声紧，一有风吹草动，便惊慌失措。其实，老百姓最痛恨腐败。腐败不仅葬送了党的事业，而且极大地损害了人民群众的利益。这两年反腐倡廉的影视，诸如《生死抉择》等能受到人民群众的欢迎，就很说明这一点。

我们党的领导干部具有富民与安民同等的责任和义务，兴利与除弊并重。有些情况下，除弊比兴利的难度还要大，付出的精力还要多。造福一方，千方百计富民，会受到广大人民的称颂；治理一地，竭尽全力安民，更会受到绝大多数人的拥护。着眼于兴利，是促进发展的需要；致力于除弊，则是为了保持发展的健康长久。

（原载2001年第2期《徐州党建》）

谨防带"病"提拔

辽宁省委书记闻世震就慕绥新、马向东一案答《党员特刊》记者问时说："在干部的考察上，由于不深不细，使本来有问题，甚至有严重问题的人得到带病提拔。"不可否认，干部的带"病"上岗、带"病"提拔并非个别现象，在一些地方还相当严重，所造成的危害触目惊心，教训非常深刻，这不能不引起我们党员、干部，特别是领导干部的警惕和反思。

俗话说："官不差病人。"过去当官的都不派遣有病的人去办事。同样，如今在政治、经济、生活等方面患"病"的干部，更不能让其担任更高的职务，挑更重的担子。对有"病"的干部，要及早发现，及早治疗，才能及早地挽救过来。时下的问题是，有极少数干部自己"病"得不轻，就是硬撑着，还不承认有"病"，个别的还装着很"健康"似的，上级领导还一时发现不了，照样让其带"病"工作。令人不可思议的是，有的干部"病"越重，越能挑重担；问题越大越多，越会得到提拔重用。不是吗？有的乡镇书记被提拔为副县长，刚上个台阶，就跌下去了；有的"代县长""代市长"的"代"字刚去掉，"县长""市长"的职务紧接着就免掉了，随之是被"双规"、开除党籍，弄不好戴着手铐走上监狱大门的台阶，甚至要丢掉性命……这多么令人痛心和不解啊！

认真分析一下这类问题，不难发现，主要是这些干部缺乏自律意识，在以往原任上就违法乱纪，胡作非为，只不过在现任上败露了而已。也就是说，"病"重了早晚会发作，暴露得越晚，所造成的损失会越大。因此，带"病"提拔的现象如得不到有效遏制，后果不堪设想。一是"病"情加重。一个干部有多大的权力，就应负多大的责任。当然，用不好权也就能犯多大的罪。如果手里有一点点权力就肆无忌惮，那么，掌握了更大的权力，还不一手遮天、为所欲为？小"病"不治，最终会病入膏肓，直至丢掉性命。二是传染他人。一个干部，尤其是主要领导干部，带"病"工作，很容易把病毒、病菌传染给周围和身边的人，而且影响到众多部下。结果是上行下效，最终沆瀣一气，不仅带坏了班子，带坏了队伍，而且败坏了社会风气。三是损民害国。极少数干部对党和人民赋予的权力不珍惜、不自重，反过来又损害党和人民的利益，逐渐成了拜金主义、享乐主义的俘虏和社会主义大厦的蛀虫。应当看到，一些腐败干部削弱了党的战斗力，瓦解了凝聚力，破坏了生产力，最终成了人民的罪人。这种结局是党和人民不愿看到的，也不是他本人的初衷，但为时已晚。

带"病"上岗、带"病"提拔，原因尽管是多方面的，但与提拔他们的上级和领导者的失误不无关系。主要是识人不准，用人失察，监管不力，没有把好选人用人的政治关。其实，要真正按照"德才兼备，任人为贤"的原则选人，做到"知人善任"并不难，只要深入基层，倾听人民群众的意见和呼声，了解真实的情况，失察完全可以避免。另外，对干部的考察任用要实行责任追究制，这样就可以防止用人上的不正之风。事实说明，对干部的考察要科学全面，既要考察其工作圈，也要考察其生活圈、社交圈，并在拟提拔任用前向社会公示，有"病"的干部就很难躲过群众的眼睛。那么，带"病"的干部过不了"体检"关，也是一种警示教育，或因"病"去求医问药，把"病"彻底治好了，这对党和人民甚至其本人都有益处。避免、杜绝了带"病"的干部再上新台阶，我们就能为党和人民推荐、提拔、任用更多的健康向上的干部。

每一个党员、每一个干部都是为人民服务的，都是人民的公仆，自己要管好自己。眼下选人用人最实在的提法是："政治上靠得住，发展上有本事，群众信得过。"这三句话很值得回味，第一句、第三句就是要求干部作风过硬，不仅要"干事"，而且要"干净"，身体"健康"，清正廉洁，轻装上阵，才能全心全意为人民服务。

（原载2001年10月7日《法制日报》、2004年第5期《徐州宣传》，题为《警惕带"病"提拔》）

以发展促稳定

稳定，可以说是各级干部，特别是主要领导干部最关心、投入精力较多的问题，为官一任，既要造福一方，又要保一方平安。那么，如何确保一方的社会稳定呢？我认为，要通过发展经济、富民强县来促稳定。"以发展促稳定"，既是实践经验的总结，也是理论的升华。

首先，"以发展促稳定"是实践"三个代表"、与时俱进、不断创新的直接体现。发展是绝对的，稳定是相对的。经济欠发展，人民生活水平不提高，群众就会有怨言，各种矛盾就会出现，想稳定也稳定不了。

其次，"以发展促稳定"，是密切干群关系，树立干部形象，凝聚人心，提高战斗力的重要举措。一个单位、一个部门、一个地方发展速度的快慢，与领导班子有直接的关系。要发展经济，干部首先要多做工作，要出力流汗，不仅仅要出谋划策，科学论证，审时度势，还要组织、发动、带领群众一步一步地去实施。这个过程，既是联系群众、增强相互了解和沟通的过程，也是干部施展才华，增长才干，树立形象的过程。

最后，"以发展促稳定"，是实现富民强县，使人民安居乐业的重要前提。加快经济发展，是执政兴国的第一要务，经济的发展，为人们提供了雄厚的物质基础；社会的发展，在提高人民生活水平的同时，也提升了生活的档次。

"以发展促稳定"，是基层干部在长期实践中的一个创举，是解放思想、创造性地开展工作的表现。

（原载2002年11月11日《徐州日报》）

慢进也是退

一位县级领导同志在谈到进与退的关系时说："要关注周边县（市）发展格局的新变化，进一步增强加快发展的危机感和紧迫感，不进则退，慢进也是退。"这番话让人深思，特别是"慢进也是退"更让人警醒。

任何事物都是在不断发展变化的，发展是硬道理，也就是说要进取、要前进，原地踏步就要落伍。一个地区也好，一个单位也好，一个部门也好，都会有一个长远和近期的奋斗目标，时时刻刻都在向着这个目标奋进。可以这样说，实现每个目标的过程，也就是不断进取的过程，克服一个个困难，

解决一个个难题，就等于向前迈进了一大步。

时下的问题是，人们对"不进则退"认识比较到位，而对"慢进也是退"认识得就不那么深刻透彻了。"步子不大年年走，发展不快年年有""人家骑马我骑驴，后面还有步行的"等就是慢进心态的反映，这在一定程度上影响了发展的步伐，放慢了前进的速度。有些地方前些年曾经辉煌一时，现在则排不上号，要说他们没有出力、经济没有发展，实在是委屈了他们。但是他们这两年发展的步子小了，前进的速度慢了，长此以往，就难免被后来者远远地甩在后面。

慢进也是退，因为"慢"字，比人落后三分，因为"慢"字，就要拉开距离和档次，也正因为"慢"字，往往退到了后面。我们说增长5%是进，增长20%也是进，但前者的进与后者的进，就不仅仅是量的多少了。比如说，平均发展速度都在8%，你这个5%很可能算不上进。所以切实把握好"进"的度，才能确保进位争先，名次前提。最近，不少地方制定了全面建设小康社会的发展目标，就是确立了一个更高的参照物，以促使人们继续发扬与时俱进、惜时如金、只争朝夕的精神，力争加速度，推进大发展，实现新跨越。

（原载2003年第4期《群众》）

把前任的"火"烧好

人事部新任部长张柏林，在接受记者采访时坦率地说，他这个"新官"上任，首先要把前任的"火"烧好，把年初全国人事厅局长会议部署的各项任务尽快落到实处。我国是一个大国，一项政策真正得到落实，需要一个过程，不能政策还在路上，上面又改了。就人事人才工作来说，工作的延续性非常重要。把前任的"火"烧好，看起来很容易做到，可现实中真正能够做到、做好的并不多。

常言道，新官上任"三把火"。新官要有新思路、新举措、新气象。

这既是每一个干部的自我要求，又是广大人民群众的普遍愿望。时下的问题是，人们往往只看到它积极的一面，却忽视了它的负面影响。不少"新官"到一个地方、一个单位，都强调先烧好"三把火"、踢好"头三脚"，热衷于"重打锣鼓另开戏"，干自己的"工程"，创自己的政绩。那么，前任没有干完的工作就收不了尾，在建的项目就成了"半拉子"工程。有些地方实施的工程，主要领导一动，就流产了；宏伟的蓝图描绘一半，就撂在一边了。这就是因为后任不愿接着烧前任的"火"，造成了工作的严重脱节，损失往往不可估算。这一问题应引起高度重视。

把前任的"火"烧好，是保持各项工作延续性的关键。党的事业是永葆青春的，祖国的建设大业及各项工作需要承前启后，继往开来，不断进取，如"接力赛"，一棒接一棒传下去。应当看到，前任的工作，也是经过科学论证、领导班子集体决定的，并不是哪一个人的作为。就说人才培养吧，也不仅仅是一任的功夫和责任。特别是一些投资较高、牵动全局、关系未来的大决策、大项目、大工程，不可能一任、两任干部就能完成。假如都不愿烧前任的"火"，那要留多少"半拉子"工程啊！往后谁还愿搞百年大计、造福后代的长效工程？受影响的又岂止是经济？

把前任的"火"烧好，也是现任的政绩。许多地方这几年发展很快，经济上台阶，群众得实惠，领导受好评。主要经验就是几任干部齐奏一个调、同唱一出戏、咬准一个目标不动摇。其实，这就是后任不断地烧好前任的"火"，是多少任干部共同努力的结果，"火"自然会越烧越旺。过去，不少地方为办工厂、上项目、搞工程，集了资、贷了款。现在回过头来看，没有当初的贷款，就没有后来的项目，也没有眼下的税收，更没有今后的发展。所以，还好以前的"债"，把前任勾画的蓝图变成现实，这也是功不可没啊！

把前任的"火"烧好，更是思想境界崇高的表现。领导干部到一个新的岗位任职，人们寄予厚望，期待着有所作为，造福一方百姓。如果迟迟不烧"三把火"，会被误认为不想干事或能力有限，等等。作为"新官"本人，

也想尽快到位，进入角色，立马有大的作为，生怕人家说缺乏开拓精神，没有创新意识。这无疑需要我们的干部耐得住寂寞，保持低调宣传，高调工作，求真务实，以满腔的热情、实事求是的态度，正确对待前任的工作，并把它作为自己工作重心的一个组成部分，竭力画好、画圆句号。事实说明，把前任的"火"烧好，表现了现任干部胸怀大局、全局，心中装着长远目标，且不计个人得失，一切为了党的事业的精神风貌。

我们都是为了一个目标走到一起来了。每一任干部所做的工作，只是整个事业的一个阶段或一个环节，前要接好，后也要续好。相对于现任来说，将来你也是前任，同样渴望、感谢后任完成你未做好的工作。任何一个干部都想把事业干得有声有色，善始善终，一把"火"烧到底，为后人留下点什么。今天，我们把前任的"火"烧好；明天，下一任也会紧接着把"火"烧得更旺。这也是党和人民群众所希望看到的。

（原载2003年第7期《徐州党建》）

善于发动群众发展经济

尽管民间有"英雄莫问出处"的习惯，但人们对近年来崛起于市场经济舞台的浙江民企老板们仍然充满诸多好奇。前不久，浙江个私经济大会评出的非公企业100强，首次把浙商们的出身、年龄以及文凭等资料公之于众：鲁冠球——打铁匠，徐文荣——农民，南存辉——修鞋匠，胡成中——裁缝，楼忠福——建筑工人……这无疑说明：人民群众是经济发展的主体，发动群众才是发展经济的"第一要务"。

人民群众是历史的创造者，人民群众的力量是无穷的。在各个历史时期，办任何事情，群众只要发动起来了，就没有克服不了的困难。发展经济，富民强国，是最广大人民群众的迫切愿望和要求，他们对发展满腔热情。不可否认，在一些自然条件很不错的地方，这些年政策措施出台不少，各级干部费劲不小，可经济发展的步子为什么不快呢？认真分析一下就可以发现，那就是没有走群众路线，群众发展经济的积极性并没有真正调动起来，而只热衷于游离于群众之外的"大经济"。一是"首长经济"。项目领导跑，市场领导考察，人员领导管理，把经济命运系于少数人身上，人为因素过大，常常是只开花不结果。不少"半拉子"工程，大多缘于"首长经济"。二是"形象经济"。发展经济考虑的是人家能不能看得见、摸得着，仿佛这只是给上级、别人看的。时下一些地方好做先圈一块地，办市场、造商城、建什么园的大文章。往往是市场建起来了，没有人经营；商城盖好了，招不来业主。个别地方闲置多年的大市场、大商城不是被分割他用，就是推倒重来，实在是劳民伤财。三是"招商经济"。这本意是不错的，但时下却走进了一种误区，认为只要把商招来了，那就是完全自个的了，国内生产总值一下子就能增多少万，而对招商的后续工作则不过问了。如此等等，不一而足。实际上，任何项目、工程如果离开了群众的参与和支持，就可能半途而废。

对浙江老板们来说，当初的补皮鞋、弹棉花、挑货郎担就是他们创业的起点。而我们今天创业的起点要高得多，环境要好得多，这正是民企"二次创业"的大好时机。首先，要发动群众，激发群众创业的积极性，大力营造"想创业、敢创业、创大业"的浓厚氛围，叫响"谁创业谁光荣，谁发财谁光荣，谁发展谁光荣"的口号，使人人都参与到创业兴业中去。其次，要相信群众，珍惜群众的创业热情，领导干部、有关部门要多服务，少罚款；多设路标，少设路障；进一步打开"围墙"，降低市场准入"门槛"，全程服务，真正做到"有事您说话"，说了就能办。最后，要支持群众，依法保护群众创业的果实。保护创业者的利益，就是保护发展经济。

发展是第一要务，发动群众又是发展经济的"第一要务"。人民群众是创造一切财富的主力军，要体察民情，了解民意，集中民智，珍惜民力。要切实把创业兴业的群众当作财富，高看一眼，厚爱三分，从而激励全民创业，培育众多的大小老板。群众是真正的英雄，可以相信，人民群众的潜能

一旦发挥出来，就会释放出惊人的能量，创造出惊人的财富。

（原载2003年第10期《徐州党建》）

提起创业"精气神"

温州的最大资源是温州人，温州人最大的财富，是温州人的观念和精神。台州传统的"硬气"、勤劳和智慧的人文精神，给了台州人民创业的激情和动力。所以说，他们"能干常人不肯干的活，能吃常人不愿吃的苦，能赚别人看不起眼的钱"。这就是浙江人勇于创业、艰苦奋斗精神的直接体现。从某种意义上说，精神弥补了他们物质上的不足。

我们这里论自然条件，比温州、台州好多了，可论人的创业、兴业的精神，与人家差距很大。主要表现在，发展的意识不强，创业的劲头不足，老是提不起神来，眼睁睁地看着机遇错过。这也是我们经济发展步子不快、富裕程度不高的根源所在。

在新一轮经济大发展中，当务之急必须把培育干群的创业精神作为新时期徐州精神的灵魂，最要紧的是把"神"提起来，以蓬勃的朝气、昂扬的锐气，来建设我们美好的家园。

（原载2004年3月20日《徐州日报》）

"要从提神起"

省委书记在徐州考察时谈到，解放思想，抢抓机遇，要从提神起，要提整个徐州人的神、提徐州干部的神，这样才能增强加快发展的内生活力。"要从提神起"这句话，讲到了要害处。

人是要有一点精神的。有识之士认为，人的精神状态也是生产力，更是

40

一个地区软环境建设的着力点。它从某种程度上代表了一个地区干部的精神风貌，展示了一种新的形象。在一些经济较发达的城市，从人们办事都是一路小跑这种神态，就可看出人的精神了。反观我们自己，可以看到，有些地区的自然条件不错，发展的机遇也有，可为什么就是上不去呢？有些地方原先的整个状况与兄弟地区差不多，现在为什么差距不断拉大？归根到底，那就是人们的精神状态不佳。一是发展的精神不强，没有强烈的不断向上的拼搏精神，满足于小富即安，谈不上如何去发展。二是发展意识不浓，没有紧迫感，老觉得比上不足比下有余，喜欢纵比，越比越认为很不错了。三是发展的劲头不足，一碰到点困难，就打退堂鼓。

在生产力诸要素中，人是最活跃、最重要的因素，人的潜力、作用是最难以估量的。浙江温州市委书记李强说，温州的最大资源是温州人，温州人最大的财富是温州人的观念和精神。台州传统的"硬气"、勤劳和智慧的人文精神，给了台州人民创业的激情和动力。浙江人"能干常人不肯干的活，能吃常人不肯吃的苦，能赚别人看不起眼的钱"。这就是他们勇于创业、艰苦奋斗精神的直接体现。

一个民族，物质上不能贫困，精神上也不能贫困，只有物质、精神都富有，才能成为具有强大生命力、凝聚力和创造力的民族。当前，在"领导会招商、群众会创业"的新一轮经济大发展中，必须把培育创业精神作为首要，把"神"提起来，以蓬勃的朝气、昂扬的锐气去迎接新的挑战。

（原载2004年4月9日《徐州日报》）

"先别惊动老百姓"

4月20日，铜山县民政、卫生、残联等部门的负责同志，向县政府汇报参与以防治白内障为主的省"视觉第一中国行动"工作。他们打算从4月初开始发动，到10月施行手术。对此，县有关领导说："这是个大好事！但先别惊

动老百姓，因为时间跨度太长，中间又有两个农忙季节，还是先由民政、卫生部门及村干部摸摸底，做好充分准备，到时再集中精力一气呵成吧！"这个"先别惊动老百姓"的做法，难能可贵，值得倡导。

为老百姓办好事，还先不要去打扰、惊动百姓，这是以人为本、亲民爱民的体现。按过去多年的惯例，办这样的实事，要先大张旗鼓热闹一番，百姓从获取信息到得到益处，眼巴巴地要等上一段时间，有的好事硬是等"黄"了。不可否认，时下在一些地方惊动老百姓的事还真不少，什么考察、检查、评比、达标等，都要老百姓捧场、架势做表面文章。甚至一些"政绩工程""面子工程"，也经常地去折腾百姓，百姓能没有怨言吗？

好事要办好，不仅要快办，而且要不张扬地去办，才能练好"做"功，把心思全部都集中到办实事上。要不惊动老百姓，当然领导和机关、部门就要多忙点。以少部分人的忙，能让广大百姓腾出更多的时间和精力，去搞生产经营，岂不是好事？我们要知道，老百姓在不知不觉中得到实惠时最高兴！

（原载2004年4月21日《徐州日报》）

"重在揭短亮丑"有感

铜山县公安局在召开警风监督员公安行风评议座谈会邀请函上，列出座谈提纲10条，还特别注明：这次座谈会不谈成绩，重在揭短亮丑。笔者以为这个"特别注明"非常好！

多少年来，不少会议都形成了这样一种模式，讲形势都是大好，说问题和不足则一带而过。尤其是各类总结和汇报材料，更是表功的好载体。10000字的材料中，9800字谈成绩，百十字谈不足，还大多用"认识不够""抓得不紧""措施不力"等字眼，总之都是"改革中难以避免的问题"，致使存在的问题年年依旧，需解决的问题年年放在"议事日程"中。其根本原因是有的人最怕别人指出缺点。

俗话说："成绩不说跑不了，问题不谈改不了。"越顾忌问题，越回避矛盾，就越看不到自身的不足，也越不能主动去解决问题。其实，敢于正视问题，才是寻找做好工作的切入点和突破口的有效途径。铜山县公安局恳请警风监督员揭短亮丑，是为了发现问题、分析问题，从而解决问题，是积极向上、努力做好工作的表现。笔者相信，有这种精神状态，铜山县公安局一定会做出让人民群众满意的成绩。

（原载2004年5月12日《徐州日报》）

多听基层的"牢骚话"

5月8日，在铜山县驻村帮扶工作动员大会上，县委书记对队员们强调："希望选派的干部珍惜这次下村锻炼的机会，多听一些基层发的'牢骚话'，多办一些基层难办的事，通过换位思考，把符合群众愿望的服务作风带回机关。"

长时间以来，不少人对"牢骚话"有成见、有误解，总认为那是消极的、不负责任的自由议论。其实，静下心来听一听"牢骚话"，是大有益处的。首先，"牢骚话"里有隐情。基层干部和群众对有些单位、部门的做法有意见，但又不便直接汇报、反映，只能偶尔发发牢骚宣泄出来。其次，发牢骚是不得已的一种方式。出现问题，遇到困难，找不到地方解决，部门之间乱踢"皮球"，群众就会把气发出来。最后，把听"牢骚话"作为解决问题的突破口和切入点。问题早发现、早解决，群众的"牢骚话"会少得多。反之，对群众的疾苦置若罔闻，"牢骚话"就难以消除。

当然，听"牢骚话"要有度量和涵养，它没有讲成绩、唱赞歌的话好听。但只有通过"牢骚话"知道群众心里在想什么、有什么要求，才能考虑相应的解决办法。倘若听不进群众的"牢骚话"，问题发现不了，时间长了就容易激化矛盾，影响稳定。因此说，倡导干部注意听基层的"牢骚话"，

是知民心、重民意、解民难的有效途径。

（原载2004年5月24日《徐州日报》）

小农桥演化大好事

　　今年五一前夕，铜山县21座公益小农桥全部建成开通。这是铜山县委、县政府以农为本、情系农民、关注民生所实施的"民心工程"。广大农民拍手称快，说小农桥是"连心桥""富民桥"，是天天都能感受到的大好事。它的影响之深远是许多干群始料不及的，所产生的效果也是多年不曾有过的。

　　这21座小农桥，论规模，一个字——"小"，都是小石桥，其中石拱桥15座、板梁桥6座；论投资，一个字——"少"，总投资179万元，最高的一座拱桥12万元，最小的桥仅3万元；论效果，一个字——"实"，桥虽没有过多地装饰，也没有安装桥灯，可太实用了。在农民心里，它的价值超过任何桥。

　　去年10月，铜山县党政领导在下村调研时发现，全县有20多座农村危桥分布在马坡、何桥等16个镇，群众对此反映强烈。这些乡村小农桥大多建于20世纪七八十年代，当时的设计标准较低，施工水平不高，再加上年久失修，大部分成了塌桥、断桥、危桥、险桥。农民进田耕作要绕道，农副产品运出困难，农业机械进不了地。但往往因为桥"小"，一时难以引起干部的重视，也可能认为不是什么大项目，算不了什么政绩吧。可对"三农"来说，就不是小事了。当然，建大桥、修大路，作用大、气派大，能赢得民心，是政绩；可乡村的公益小农桥也联系着千家万户，同样是"民心工程"，也是政绩啊！

　　针对这种情况，基于这些认识，铜山县政府专门成立了小农桥项目建设领导小组，由县财政局、水利局制定方案，具体负责实施，并要求抓住秋冬雨水少的有利时机，尽快开工，务必于来年麦收前完成。两局又专门抽出2名副局长挂帅，组织工程技术人员对21座农村危桥的所处方位、原设计标准、损坏情况等逐一现场勘查，然后进行图纸设计，搞好改造投资预算。他们还从加强设计概算、施工预算入手，层层把关，做到投资目标清晰明确，工程预算科学合理，资金使用及时到位。在施工中承建人员坚持质量为本，突出有利农业生产、方便农民出行的特点，达到座座有特色，桥桥见实效。经有关部门验收后认为，这批小农桥工程进度快、质量高、实用性强。

小农桥项目建设，符合民意，深得民心，造福民众。棠张镇有大棚菜12000亩，蔬菜常年外运，运菜必经南大沟桥。以往该桥又窄又旧，破烂不堪，车辆过往不便，碰上下雨天还不太敢走或绕道走。该桥重新改造后，桥通路顺。菜农们争夸小农桥的建造为他们造了福，每次过桥都想多看两眼。黄集镇的黄东村、传楼村原先的两座桥人难通行、车子过不去，下地要绕几里路。现在桥修好了，农民抬脚就到。这两个村的农民就把这两座石桥分别称之为"连心桥""富民桥"。

原来看不起眼的小农桥建设，没想到引起了那么大的轰动，给县镇村干部以极大震撼，他们受到诸多启发，进一步明白了看似浅显、实际很深刻的道理。

第一，群众利益确实是无小事。当初，一说起小农桥，似乎不是多大的事。但它不仅关系农业生产，而且影响农民出行和农村发展，其作用应该说够大的了。时下，在为群众办实事、办好事，构建"民心工程"中，一些干部存在这样一种误区，似乎只有上大项目、花大力气，才能办大事，才是办好事；花的钱越多，办的事就越受群众欢迎。其实，许多情况下，并非如此。很多小事联系着千家万户，正像不到200万元建21座小农桥一样，一个县拿出这点钱不是多难的事，也牵扯不了领导多少精力，可它的直接受益者是近20万人啊！谁能说这是小事！

第二，群众天天感受到的事是大事。小农桥别看小，它的实用性最强，群众过往的次数最多，进地干活、赶集访友，非经过不可。不少群众反映，过去一到下雨下雪，就往学校跑，看着护着孩子过了险桥才能把心放下。这要牵扯到农民多少精力啊！今年麦收季节就可看出，大型收割机械全部能直

接开到地头，农民方便多了。一位交通局的干部感慨地说："投资几百万元、上千万元建的桥，群众往往感觉不到，一是认为那公路大桥是应该建的，二是一年不知能走过一次吧。"所以，群众天天感受到的事，也应该成为干部天天想着的事，也是我们工作的着力点和突破口。

第三，群众自己难以解决的问题是要事。还是以小农桥建设为例，一开始也有干部认为，小农桥建设农民受益，按照谁受益、谁投资的原则，应由农民自己集资修建。这也不是没有一定的道理。但铜山县的决策者们考虑到，现在不宜再让农民集资，我们光说支持、服务"三农"，就以此为具体行动，取信于民。由县里统一筹资、统一施工，不要惊动老百姓，省却了镇村干部不少精力，节省了不少费用。再说，小农桥遍布全县，村与村之间关联度很高，一个村的农民出钱修好了之后，又容易产生新的问题，如外村人过桥要收费，等等。把群众的困难预先妥善解决好，实际上就是替群众着想，也就找准了我们办事的出发点和落脚点。

总书记曾语重心长地说："群众利益无小事。"在具体工作中，就是要坚持把群众利益放在第一位。要时刻明白，许多情况下，当我们认为是大事的时候，群众可能觉得与他们关系不大；而当我们觉得是小事的时候，对农民来说，或许就是大事。大事与小事，应该用群众的眼光和标准来衡量，也就是说让群众说了算。所以，践行"三个代表"，做到求真务实，就必须眼睛向下，身子下移，工作重心下放，着眼于大多数群众切身利益的事，在搞大工程的同时，别把众多的"小"事忽略掉！

（原载2004年第5期《淮海文汇》）

赞"只能根据事实下结论"

我市有一位法医，从事法医工作10多年，办理1700多件鉴定无一错案。这源于他始终抱着"我只能根据事实下结论"的宗旨。

"我只能根据事实下结论",是对一个法律工作者的起码要求,也是其最高的追求。以事实为依据,就是实事求是,尊重客观规律,做出正确结论。法医尽管不参加案件的审理,但其鉴定结论影响着定案,关系着当事人的定罪和量刑,关系着案件的公正审判。可要做出公正的、科学的、经得起时间检验的结论,那就"只能根据事实下结论",而绝不能按照领导的意图、亲朋好友的意思下结论。

不可否认,"只能根据事实下结论",也常常面临着挑战。为什么对同一个案件,有时几家的鉴定结论却相差那么远,甚至相反呢?当然,对鉴定条件达不到要求,或技术水平跟不上的,偶尔出点偏差,尚可以理解。时下的问题是,有些鉴定结论脱离实际,漏洞百出,明眼人一下子就可看出其中带有明显的倾向性,这就不是鉴定者的能力问题了。

"我只能根据事实下结论",这种工作态度和工作作风很值得倡导。只要时时刻刻想到自己的鉴定结果关系到法律公正,就会以认真的态度,忠实于真实,客观而科学地做好每一件结论。

(原载2004年6月2日《徐州日报》)

"不能"与"不配"

"不能带头致富的不能当干部,自己富不能带领群众富的不配当干部。"这是近几年来铜山县结合农村工作实际,总的选配村级干部"不能"与"不配"的原则。可以说,它既切合实际,又便于操作,把新时期农村基层干部最主要的条件概括了。

农村富不富,关键在支部。支部书记及成员有没有清晰的发展思路,具备不具备致富的本领,就显得特别重要。有本领,就能够用其所长,发挥优势,走出一条率先发展的路子。人家信服你,说话才有人听,办事才有影响力。如果缺乏一技之长,干啥啥不会,抓手没有,底气不足,如何谈得上调

动大家的积极性？没有本领，很难当好最基层的干部。那么，光有本领，没有奉献精神和乐于助人的思想境界，一心想着自己发家致富，想不到村里的老少爷们及周围的群众，同样没有资格，也就是说不配当干部。

干部特别是农村基层干部是标杆，是领头雁，不仅仅有示范作用，也有引导作用，更有带动作用。现实中总结的"不能"与"不配"，其实是"一要靠得住，二要有本事"的比较具体、通俗的说法。当前，群众最迫切需要有创业、兴业本领和乐于奉献的致富带头人，"不能"与"不配"无形中就把这些给界定好了。

（原载2004年6月7日《徐州日报》、8月18日《江苏科技报》）

莫忽视"小"事

最近，由铜山县财政筹资179万元、水利部门组织施工的21座石拱、石板小公益农桥建成开通。农民拍手称快，说是"连心桥""富民桥"，是天天都能感受到的大好事。虽说是小农桥，可意义着实不小。

乡村小农桥大多建于20世纪七八十年代，由于年久失修，不少桥成了塌桥、断桥、险桥。农民进田耕作要绕道，农副产品运出困难，农业机械进不了地。就是因为这桥小，难以引起干部的重视。但对"三农"来说，就可不是小事。当然，建大桥、修大路，作用大、气派大，能赢得民心，是政绩；可乡村的小公益农桥，也联系着千家万户，同样是"民心工程"，也是政绩。"群众利益无小事"，小农桥就是群众利益，这不仅关系农业生产，而且影响农民出行和农村发展，时时刻刻会受到群众的关注，其事情应该说够大的了。

时下，在为群众办实事、办好事，构建"民心工程"中，有的干部存在这样一种误区，似乎只有上大项目、花大力气，才是办大事、办好事。其实，在许多情况下，并非都如此。正像百十万元建21座小农桥一样，一个县拿出这点钱不是多难的事，也牵扯不了领导多少精力，可它的直接受益者是近20万人啊！因此，愿各级干部眼睛向下，着眼于普通群众最切身利益的小事，在搞大工程的同时，别把众多的"小"事忽略掉！

（原载2004年6月7日《徐州日报》、第7期《农村工作通讯》，题为《小农桥不"小"》）

重在改变"农民形象"

下乡村采访调研，不少镇村干部提到，要从不断提高农民素质入手，逐步改变"农民形象"，"三农"中的其他"两农"问题也就迎刃而解了。此观点有一定道理。

以人为本，人的作用是第一位的，农村也不例外，哪个地方有能人、能人多，哪个地方就发展得快。农业、农村、农民问题，说到底就是个"农民"问题。改变"农民形象"，首先要提高农民的文化水平，争当新时期的新型农民。在人们的印象中，农业生产的技术含量较低，"庄稼活，不用学，人家咋着咱咋着"。现在，"不用学"显然不行了，学得不深不透也不行。其次是提高农民的专业技术水平，把农民变成工人。农民外出务工、搞劳务输出，是尽快增加收入的重要渠道。但光靠出卖劳动力，不仅找不到好点的工作，而且收入也少；如果能先接受培训，有针对性地学习技术，掌握一项本领，拿到一本证书，境况会大为改观。最后是提高农民的整体素质，把农民变成市民。要想富裕农民，就要先减少农民，让一些农民走出农村，向城镇集中，前提是要彻底摒弃过去那种愚昧、固执的观念，善于并勇于学习、接受新的东西，强化自我发展、自我壮大的能力。这既加快了城镇化的进程，也提高了农民的生活质量和品位。

（原载2004年6月10日《徐州日报》）

"老少不弯腰"

"黄金铺地，老少弯腰"，这是千百年流传下来的谚语，指的是麦收时节，不论男女老少都要下地抢割小麦。时下也是"黄金铺地"，却很少看到农民弯腰割麦了。仅以铜山县为例，1750台大型收割机穿梭于100万亩金黄色的麦地上，农民站在路边的树底下看着，小麦就流进口袋了。农民都说，农忙不忙了，农谚也要改改了。

从"老少不弯腰"中可以高兴地看出诸多新的气象来。一是农业机械代替了一把镰刀收割的手工式作业，农业现代化的威力凸显出来，一台收割机要顶多少人多少天的忙活，"三夏"时间缩短，受自然条件的制约减少。二是农民确实从繁重的体力劳动中解脱出来，对农民既是体力又是精神上的大解放。过去弯腰割麦，腰疼得要好多天才能缓过劲来，现在则在地头等着运小麦就行了。三是牵动全社会的精力少了。过去一到麦收，机关要下去帮农民收麦，学校放假让学生收割，工厂要调休支农，外出人员要急着赶回来，现在这些问题都不存在了。

（原载2004年6月14日《徐州日报》）

以三个"双赢"促农民增收

农民增收确实是个难题，它有许多综合因素在起作用。农民光靠自己的力量增收比较困难，重要的是要善于借多方之力，走合作之路，让农业与其他行业一起发展，也就是我们常说的"双赢"，才能使农民增收的路子更宽广，步子更扎实。

一是生产者与经营者的"双赢"。调整农业产业结构，最根本的落脚点，是要把生产者的农副产品卖出去；否则，怎么调整也没有效益。这无疑需要经营者的积极参与。二是农业与企业的"双赢"。企业特别是"农"字头企业,原材料来源于农业,离开了农业这块沃土,就生存不下去。同时,农副产品如果没有加工型企业做强大后盾,风险要大得多。三是农民与部门的"双赢"。部门因其服务而存在,农民因受服务而增收。农民与部门特别是农技、水利、农经、农资、信用社等涉农部门的携手合作,会加快农民增收步伐。在农民创业初始阶段,一般均是因地制宜,搞种养加,最缺少的就是技术、资金这两项。这个时候,相关部门结合自身优势,伸出手来拉一把,就可发展起来。

(原载2004年6月17日《徐州日报》)

"贷款证"与"酵母粉"

铜山信用联社加大对农户和农业生产的信贷投入,大力实施农户小额联保贷款工程,仅第一季度就放贷6亿多元。农民动情地说,俺们有了"贷款证",发展就有了"酵母粉"。

小额联保贷款工程对农民来说,确确实实起到了"酵母粉"和"及时雨"的作用,贷款手续简捷、方便、及时,为农民上项目、扩大再生产、增加经营收入创造了条件;对当地政府来说,这无疑是大力的支持和帮助,对因缺乏资金达不到预期效果的,有信用社的积极参与,问题就迎刃而解了;对农业生产来说,扶持一个项目,带动一片产业,致富一方百姓,稳定一方民心;对信用社自身来说,拓宽了服务渠道,留住了服务对象,信贷资金循环加快,信贷风险大大降低,资金效益明显提高,社会形象越来越好。

服务对象和群体是一个部门、一个单位的衣食父母,是自身发展壮大的基础。当前,特别是一些涉农部门和单位,更应以农为本,唱好农歌,支持民营,关注民生,依靠自身优势,结合业务特点,把"酵母粉"用到最需要的地方去,让其发挥更大的作用。

(原载2004年7月5日《徐州日报》)

贵在"当天、当场、当时"

建设服务型机关，最终体现在政府机关工作人员为基层群众想办事、能办事、会办事、办成事上。铜山工商局在办事窗口就推出了"当天、当场、当时"的服务新举措，这就把服务的整个过程和各个环节的要求更细化了一步。

当天的事当天办。在各种材料齐全的情况下，做到当天受理、当天审查、当天办结。当场办其实就是"现场办公"。受理所办事情后，当场给予审查；材料有问题的，当场解释清楚，当场改正、补充。当时办可以减少许多麻烦。所办事情符合程序，所报材料一目了然，不违规违法，就没有必要让人家"等一等再说"。当时办就是"有事快办""马上办""立即办"。

机关工作人员服务态度和水平如何，是群众感受出来的。如果我们对群众反映的事和要办的事，能够当天办、当场办、甚至当时就办好，那还有什么可说的呢？

（原载2004年8月6日《徐州日报》）

勇气与底气

铜山县委书记在干部会上谈到大力提高农村劳动力输出平台时说："要充分发挥我县职业教育较为发达的优势，加强劳动技能培训，提高他们的竞争力，使广大外出人员既有走出去的勇气，又有走出去的底气。"的确如此，许多情况下，光有勇气是远远不够的，还要具备扎实的底气。

想干事，想创业，有热情只是前提；能不能干好，自身素质才是关键。在徐州——无锡南北劳动力交流会上，招聘方有个共同的观点：能干活能出力的，家门口就有，没必要到外地招，主要是需要有技能、有特长、受过某项专业训练的劳动者。时下，在全民创业和勇于走出去的热潮中，不乏众多有勇气者，这是十分可贵的。但有些人往往因为没有一项专业技能做支撑，或不精于某一业，缺乏创业的本领，"底气"不足，就影响了成功的进程。

认真分析一下这几年我市劳务输出后的情况，就不难发现，收入多、条件好的岗位，多由一些有技能也就是有"底气"的人占着。能够成为技术骨干、进入白领阶层的人，那更是底气十足。这就要求我们在营造发展氛围、激发创业勇气的同时，要引导创业者加强自我学习、自我提升，在知识积累上、专业技能上或在某一方面"要有一手"，方能适应创业的需要。

"有勇有谋"方可成为英雄。一个人有勇气，是积极向上的表现，而有底气则是胸有成竹的反映。缺乏勇气，前怕狼、后怕虎，畏缩不前；没有底气，干啥啥不行，做啥啥不会，也难成功。所以说，既要有"初生牛犊不怕虎"的勇气，又要有"艺高人胆大"的本领，才能拿到成功的通行证。

（原载2004年8月23日《徐州日报》）

"不好卖"与"不够卖"

"少了不好卖，多了不够卖"——这是远近闻名的蔬菜专业村——铜山县黄集镇郓城村农民种植、经营蔬菜10多年的经验与教训的形象总结。它说明了这样一个道理：农副产品的种植，既要讲专业化、特色化，更要讲规模化。调整农业产业结构，要注意集中连片种植，以便形成主导产业、形成品牌、形成气候，增强市场竞争力。

"货多招远客。"如果产品优而规模小，货源就不好组织，也吸引不了大客户，反而难销。"多"与"少"是相对而言的，小范围一看，可能是多了；大一点范围再看，又少了。有人说有规模不一定有市场，但没有一定的规模就占领不了市场。近几年来，各地都提倡要发展一村一品、一镇一品的项目，其意义就在于把握好适度规模、合理布局的原则，去抢占市场份额。事实上，农业产业结构调整看起来是"种"的问题，其实调整的重点和难点

是"卖"的问题。

农业生产最大的困难就是产品销路难,也就是难在如何找市场上。随着交通、通信等基础设施的不断完善,全国统一的大市场已逐步形成。在这种情况下,产业结构究竟怎么调,不能仅从一个村、一个镇、一个县的范围内去考虑需求平衡,也不能仅仅局限于家门口的一点小市场。要放眼全国乃至世界这个大市场,才能意识到如果我们生产的规模太小了,那是满足不了大市场需求的。因此说,调整产业结构,必须充分发挥地区优势,扬长避短,着力提高产品品质和价值,逐步形成专业化、规模化、集约化的产业带、产业区。

凡是在早几年调整产业结构成功的,大都离不开"规模"二字,且名声在外,形成了基地连市场、基地连工厂的模式。每一个农副产品大市场的背后,都有一个甚至几个较大规模的生产基地。而这些基地的壮大,又反过来促进市场大发展。事实说明,有规模才能形成有形和无形的市场,才能为深加工、精加工和就地增值创造条件,才会有更高的综合效益。

(原载2004年8月26日《江苏经济报》)

再加上一句"不出事"

对选拔、任用干部的标准和要求,时下有个比较通俗、简单、易记的说法,这就是让那些"想干事、能干事、干成事"的人有位子、挑担子。一位领导同志对此补充道,现在光提"想干事、能干事、干成事"还不够,还要再加上一句"不出事",也就是不违法、不犯罪。这后加上的"不出事"三个字,加得及时,加得很好!它不仅使这一提法更全面、更科学、更准确,而且起到了提示、忠告和警戒作用。

"不出事",用老百姓的话说,就是"不出问题不腐败"。这对任何一个干部来讲,都是个不低的要求,是党和人民所期望的,也是亲朋好友,包括他本人的愿望。这几年,人们一直对"想干事、能干事、干成事"的干部厚爱三分，而且已逐步形成了共识。这是有一定社会根源的。想干事，表明忠诚于党的事业，心中装着人民群众，有一心一意干好工作的激情；能干事，有较高的政治素质和领导水平，具备一定的专业知识和认识问题、研究问题特别是解决问题的能力，善于创造性地开展工作；干成事，想干再加上能干、肯干、会干，就一定会达到预期的目的，也就是出成果、有政绩了。从某种意义上说，一个领导干部具备了"想干事、能干事、干成事"的条件，基本上可以胜任本职工作。

时下的问题是，有的干部想干事、能干事，也干成事了。但由于平时学习不够，放松了警惕；或经不起权、钱、色的诱惑，放纵了自己，结果却出事了。个别地方，是上了一批项目，倒下了一批干部。不是有"工程上马、干部落马"之说吗？教训深刻，令人痛心。因为一出事，往往会影响"想干事、能干事、干成事"的效果，背离了良好的初衷。

"不出事"，关键要看不出什么样的事。平心而论，在干事的过程中，要保证不出点问题，没有丁点儿闪失，那是不切合实际的。好比中学生做数学题，前几步做得还不错，可能一时不慎，甚至在誊数时马虎，整个结果就都错了。这种"出事"与贪官的"出事"有着本质上的区别，后者是知法犯法，贪赃枉法、卖法，谋取个人利益。当然，你要说出事的干部没有做一点有益的工作，也不符合实情。否则，就不可能走上一定的领导岗位，担任一定的职务。

一个干部，要时时刻刻想到"不出事"，这是一种自省，是对个人工作生活的不断反思。在干事中要保证"不出事"，就必须从起点做起，端正干事的态度和动机，时刻明确干事到底为了什么。踏踏实实地干好每件事，是自己的职责，是分内之事。工作有了成绩，是组织上的培养和群众的支持及同志们的帮助。这决不是骄傲的资本，更不是向党和人民讲价、伸手的砝码。思想端正了，觉悟提高了，心态放平了，位置找准了，就能够自觉地做到"少出事""不出事"。

（原载2004年第8期《徐州党建》）

贵在招商"选"资

市委书记不久前到铜山县调研时强调，当前要认真学习、贯彻、落实胡锦涛总书记视察江苏的重要讲话精神，牢固树立科学发展观，变过去的招商引资为招商"选"资，精选科技含量高、附加值高的项目，在促进经济可持续发展上下功夫。特别是招商"选"资这句话，具有前瞻性，很值得大力倡导。

招商引资，是这段时间出现频率较高的四个字。其中的一个"引"字，反映了单方面的迫切性和意愿性。有人理解为，见资金就吸纳，是项目就上马。其实，在许多情况下，招商引资活动应该是双向的，投资方与引资方是平等的，都需借对方之力，目的都是为了要效益、求发展。你要人家来投资，人家也要看你这个地方合适不合适，能不能投资，投资后的见效期是多长，回报率有多高。这些牵扯到投资环境中的诸多问题，地理、交通、资源、人文等条件不必说了，有的加工型企业甚至连电价都会考虑进去。可见投资者并不会轻易地把资金、项目送过来，让你随便引过去，他们自始至终都着眼于一个"选"字，且认认真真、反反复复地考察论证。

作为招商引资一方，不能一切为了"引"，也不宜什么条件都答应、什么要求都许诺，捡到篮子里就是菜。引资方更要注重"选"字，应该比投资方"选"得更认真、更慎重。项目进来了，污染也带来了，环境受到影响，不能去引，事先就要"选"掉；土地圈占了，投资强度不高，引资方得不到实惠，没有预见性地"选"准是要吃亏的；科技含量低、重复建设、能耗大、效益低、接纳不了劳动力，也要让其另"选"高就。现在我们最需要强化的就是这个"选"字，引资上项目应从现有企业、项目、产品的扩张、嫁接、提升上档入手，谋求更高层次上的合作，达到优势互补，扬长补短，共同发展。

招商"选"资，是一个互动过程，人家在"选"，你也要"选"；投资者追求的是更高的利益，引资者当然也要取得更多的回报。"选"比"引"需要多做工作，其中肯定有一定的淘汰率，这是资金、项目"优"化的必然。相互选择，就能够确保投资的科学性、准确性，做到引进一个成功一个。上马一个见效一个，合作一个双赢一个。这种结局应是投资者和引资者的首"选"。

（原载2004年9月9日《徐州日报》）

为民办事不要"结余"

　　江苏省铜山县新型农村合作医疗补助标准，从开始的25%~60%，提高到现在的30%~65%。原因是按原比例补助，年支出不到基金总额的90%，提高5个百分点后，可支出98%左右，最接近满支出。县里这样做，就是对惠及全县80多万农民的大事，要不遗余力，不"结余"。此举深受广大农民群众好评。

　　一般来说，我们办事情，都要量力而行，并希望有结余，应该说，这是上项目、办企业所追求的重要目标。但是，办群众性公益事业，就不能单纯看挣多少钱，有多少经济效益，而应当注重社会效益和政治影响力，否则就违背了良好的初衷。假如不提高5个百分点的补助标准，医疗基金确实是结余了，但没有最大限度地把党和政府的关怀送到群众手中，做了"埋伏"，打了折扣，有负党和人民的期望。

　　5个百分点，看起来是小事，其实意义不小，这关系到办事要讲究"度"的问题，凡是该花在老百姓身上的钱，一定要花够，这才是真正为民办事。

　　（原载2004年第19期《半月谈》、第11期《时事报告》、9月27日《徐州日报》）

"人民群众亮红灯的不能过关"

对我市开展的万人评议机关活动，人们最关注的是结果和效果：一是能有效地推动和促进机关工作作风的转变；二是真正按群众的意见办，对好的奖、差的罚。前几年，南京市在机关评议中，排在末位的两位局长丢了"乌纱帽"。对此，南京市委书记认为："我们要让人民群众满意，人民群众亮红灯的不能过关。"这就道出了评议的真谛所在。

我们的干部都是为人民服务的，所设置的各个职能部门也是为人民群众办事的。因此，作为这些部门、机关的工作人员，永远不能忘记我们是人民的公仆，人民群众是我们服务的主体。踏踏实实为党工作，勤勤恳恳为人民做事，是我们的根本。群众满意了，我们的工作就算做好了；群众有意见，说明我们的工作尚有不尽如人意的地方需要改进；群众不满意，意味着我们的工作没有做好，必须作深刻的反思，以此来不断提高人民群众的满意率。通过评议活动，还可以解决这样一个问题：对人民群众负责，也就是对上级机关和党组织负责；只有群众满意了，领导才会满意。

"人民群众亮红灯的不能过关。"在平时工作中，只要我们时刻牢记对人民负责、由人民做主、请人民评判、让人民满意，就很容易找准工作的着力点和落脚点，真抓实干，务求实效。这对我们的干部是好事，对人民群众是快事，对党的事业是幸事。

（原载2004年9月19日《徐州日报》）

让村民执掌理财章

村务公开，说白了主要是指村里的财务公开，这是村民自治中的一项重要内容。如何保证村财务等事项及时公开，江苏省铜山县的做法是，让村民直接参与村务活动的整个过程，执掌并用好理财章和作废章，真正做到民主理财。

一是成立民主理财小组，让村民参与理财的全过程。村民民主理财制度是民主自治管理的重要方面，经过村民推荐，一些政治素质较强、文化程度较高、有一定议事能力、具备一些财经常识并敢于讲真话、坚持原则的村民被选为村民主理财小组成员。理财小组成员为5～7人，不是党员、不是干部的群众代表比例必须大于35%，从而确保理财小组具有广泛的群众性。民主理财小组负责对本村集体的财务计划和各项财务管理制度进行监督、管理，有权随时检查、审核财务账目及相关的经济活动事项。

二是正确使用理财章和作废章。民主理财小组成员对全体村民负责，村民可以随时更换他们认为不合适的小组成员。因此，各成员都会尽心尽职。月底，大家坐在一起，集中对村内一切收支账目逐项审查，同时做好理财记录，最后由理财小组组长出具理财结论，填写民主理财登记表，各成员共同签章后，村会计方可入账。由于理财小组有最终否决不合理开支权，当场就可在不能入账的票据上盖作废章，取消那些不当开支。

三是有关部门及时指导、配合、监督，逐步使民主理财制度化。各村都应建立村务公开监督小组，要做到议事在先、公布在后，理财在先、公布在后，审计在先、公布在后。上级有关部门各司其职，各负其责，确保民主理财不断向科学化、规范化、制度化发展。县财政局及各财政所人员要经常深入村里检查指导，帮助各村会计人员科学理财，对专项资金该设立专户的设专户，该封闭运行的封闭运行，最大限度地管好用好集体资金，让老百姓放心。

（原载2004年11月15日《农民日报》）

说"眼力"

不少读者对徐州市公安局刑警支队副支队长刘丽涛事迹中的一个细节印

象极深：她只要到公共汽车上一站，一眼就能看出有没有小偷、哪一个是小偷。这就是刘丽涛不同寻常的"眼力"，简直让人佩服得不得了。

作为刑警，破案是硬道理。面对一个个刑事案件，能不能尽快拿下来，刑警的"眼力"起着至关重要的作用。眼力强，就可以迅速地确定侦察方向、选择突破口；眼力弱，很可能在原地或外围打转转。应当看到，时下一些犯罪分子作案手段比较凶残，作案方法比较诡秘，反侦察能力较强。这对我们的刑警提出了更高的要求。刑警不仅要赤胆忠心，还要像刘丽涛那样，练就一身过硬的本领，有勇有谋，才能与犯罪分子斗智斗勇，除恶务尽。

刘丽涛的"眼力"实际上就是自身功力、实力和能力的集中反映，不仅公安民警要具备，各行各业都需要向这方面努力，如领导干部要有辨才、识才的"眼力"，经济工作者要有洞察市场风云的"眼力"等等。

（原载2004年12月8日《徐州日报》）

水到田头旺

铜山县今年粮食生产喜获丰收，成为继1999年之后的第二个丰收年，也是1997年之后农民增收幅度最高的一年，达13.6%。享受到粮食直补、良种补贴、农机补贴和减负农业税这"三补一减"的农民说："今年关键是中央1号文件精神落实得好，水到田头旺。"

过去，农民对中央政策在个别地方落实得不到位，有个形象的说法，"水到田头干"。意思是说，上面的政策如甘泉，经过层层"截流"，到了农民田头的时候，已经没有多少水量了，有时仅仅是湿了一下地皮而已。这在一定程度上影响了党的方针、政策的贯彻落实，使农民感受不到其所带来的实惠，也挫伤了农民生产经营的积极性。今年中央政策之所以能落实到田头，主要是中央重视，各级干部确实把农业作为经济工作的重中之重。具体措施上环环紧扣，一着不让，使中央精神真正落到了实处。由于政策好、人努力、天帮忙，种粮的效益明显提高。

由水到田头干到水到田头旺，折射出各级干部对"三农"工作的高度关注，切实吃透、领会了中央的政策精神。事实上，党的方针、政策，只有真正地交到群众手中，化为人民群众的自觉行动，才能发挥它的作用，显示出强大的生命力。

（原载2004年12月16日《江苏经济报》、12月17日《徐州日报》，2005年第1期《时事报告》）

让"下访"者有所得

眼下，在个别地方，干部"下访"情况如何，一般不做考核，几乎与待遇、升迁关系不大。这就造成了一些干部蹲在机关、部门，靠打电话、听汇报、看材料开展工作。由于掌握不了第一手材料，摸不透基层的实情，就容易出现失误，这也是近年来个别地方群众"上访"不断的主要原因之一。因此，很有必要制订与之相适应的、行之有效的"下访"导向机制，要让"下访"者有所得。

一是思想上得到提高。要在思想上充分认识到，不是人家或上级硬要你"下访"，而是工作的性质需要你"下访"。我们所做的工作都是为人民服务的，需要服务的对象和要解决的问题都在基层。在建设社会主义新农村过程中，随时会出现不少新情况、新问题，要解决处理好，就必须深入到群众中，集群众的智慧，用群众的力量，才能让人民群众满意。"下访"多了，社情民意摸得准，胸中才有数，工作的目标才清晰。应该时刻明白，新的形势下，不"下访"就发现不了问题，更解决不了问题，工作就没有成效。

二是工作上得到收获。干部的工作重点在群众，"下访"是解决基层问题的"金钥匙"。据报载，江苏省铜山县实行"三三制"，一年中干部1/3的时间在机关，熟悉、掌握政策，做好上级安排的工作，并上情下达，下情上

达；1/3的时间下基层，进村入户搞调研，做个案剖析、专题研究，并写出一定分量的调研报告；1/3的时间学习、充实、提高，掌握新本领，运用新方法，迎接新挑战。事实说明，只要下去，就有所得、所获，就会增强与人民群众的感情，建立比较广泛的群众基础。这几年涌现出来的受人民群众尊敬的好干部，如牛玉儒等，没有一个不是心中装着群众、乐于"下访"与群众打成一片的。

三是待遇上得以体现。机关的出差费不能平均，对"下访"多的干部在经济补助上应有所倾斜。评选先进，要看他一年中下基层多少天。提拔重用，不妨到其蹲点的地方了解一下，重点听一听当地群众的意见。对不愿"下访"，和群众没有感情的干部，提拔时要打个问号。

干部常"下访"、不仅对做好党的工作有益处，对人民群众是好事，就是对干部自身来说，也是难得的实践、锻炼、提高的机会。如果我们的干部能够切实体会到这一点，"下访"也就逐步成为工作中的平常事了。

（原载2005年1月4日《农民日报》）

评优也是导向

每当岁末年初，不少单位都要忙着年终小结，搞评优选先进。事实上，评优也是导向，它直接影响到一个单位今后的工作。所以，务必要评出团结、评出干劲、评出风格、评出积极性来。

对于一年一度的评优，说好评也好评，说不好评也不好评。好评，只要出于公心，本着公开、公平、公正的原则，就没有评不好的。难评，抱着迁就、照顾、平衡的思想，就会顾此失彼，怎么也评不好，个别地方评优，往往掺杂着人际关系等诸多因素。其实，有些"优"是能直接看出来的，就没有必要再去评。如已量化的指标，按照完成情况排序就行了。平心而论，让真正出力流汗干工作、有成绩的人当先进，就会激励大家奋发进取、拼命工作；照顾了一般化的，会使干得好的人受委屈，不干工作的人更觉得无所谓；硬把后进者"评"上先进，不仅伤害了大家的心，而且会使今后的工作更被动。

评优的导向作用不可小看。完善的考核机制、科学的评优方法是促进工作的有效手段。所以，总结好一年的工作，考核好每个人的指标，评出工作过得硬、群众信得过、事业有成绩的先进，就是竖起了一个标杆，营造出一种人人创优争先的氛围。

（原载2005年1月4日《徐州日报》、1月5日《江苏电力报》）

让农民"二次受益"

去年，铜山县首次把涉农物资纳入政府采购范围。全县一年安排改水、小农桥、农路等支农项目预算支出2600万元，通过政府公开竞标采购，实际支付金额2300万元，节约的300万元又可给农民办更多的实事。铜山农民称之为"二次受益"。这种"二次受益"，是把好事办好、办彻底的具体表现。

按理说，为农民办事的资金，通过正常的渠道拨到有关单位就行了。但铜山县却想方设法让农民真正享受到党的政策所带来的实惠，而且跟踪问效，达到了锦上添花的效果。

现实中有许多好事可以做得更好些，让群众感受到更多的关爱，这无疑需要有让群众"二次受益"的精神，设身处地为群众着想。不可否认，时下有个别地方，钱也花了不少，力也没少出，事也办了，但群众还是有微词。那就是好事并没有真正办好，与群众的期望值有距离，甚至该努力达到的目标没有达到，能做得更好一点的没有接着做下去。

办好事也可举一反三，让农民"二次受益"，是对我们的干部提出的更高要求。办事不光要看当前，还要想着长远；不仅满足于办好一件事，还要立足办好与之相关的一些事。在人力、物力、财力等定数不变的情况

下，尽力让结果变得更好些。

（原载2005年1月19日《徐州日报》）

与"促"共进

所谓与"促"共进，是指你的发展可以促进我的发展，我的发展也可以促进你的发展。这就是说，发展并不是孤立的，是与上下左右及整个社会相联系的，是相辅相成的。内力当然起主要作用，但也离不开外力的配合和支撑。一个城市也好，一个地区也好，发展是受诸多方面因素影响的，既会相互促进，也能相互制约；既有优势互补和叠加，也有劣势共存和抵消。

这几年流行一个词叫"双赢"，按我们过去的思维，双方对弈，除非和局，非一输一赢不可，怎么会有"双赢"之说？这就不仅仅是一个观念上的问题了。"双赢"贵在对双方有利，能促进双方的共同发展。这几年铜山县奶牛业发展很快，就是因为有维维集团这个加工基地的大力"促"动；而随着龙头企业的不断壮大，又反过来"促"进奶牛业的大发展。到底是农业促进工业，还是工业促进农业？恐怕谁也说不清楚。但双方都明白，对方越好我也跟着好；对方不景气，我日子也不好过。

一般来讲，一个地方的工业发展，需要农业原材料做支撑，而产品出来后，又离不开农村这个大市场；同样，农业发展需要工业的再加工、深加工，又少不了工业提供农业机械等装备，它们是相互促进的。"三农"仅靠农村是解决不好的，还要各方面相互协调、相互促进、共同发展。所以说一个地区最理想的发展环境是，你的发展带动了周边地区的发展；而周边地区的发展，又反过来促进你加快发展速度，提高发展水平，最终达到相互促进、共同发展。

与"促"共进的道理，不仅表现在单位与地区之间，而且体现在人与人的相互关系上。有一位农民，听说某地培育出一种新的玉米，收成很好，于是千方百计买来一些种子。他的邻居们听说这个消息后，纷纷找到他询问种子的有关情况及出售种子的地方。这位农民害怕大家都种这样的玉米而失去竞争的优势，便拒绝回答。邻居们没办法，只好继续种原来的玉米。谁知到了收获的时候，这位农民的玉米并没有获得丰收，跟邻居家的玉米相比，也强不到哪里去。为了寻找原因，农民去请教一位专家。经专家分析研究，很快查出玉米减产的原因：他的优势玉米接受了邻居地里一般玉米的花粉。这是一个很简单的道理：收获总是相互促进的。我们都不是孤立地存在于社会之中，我们都需要给予和接受。许多情况下，支持、帮助别人，其实就是直接或间接地帮助我们自己。有句话就说得相当好："有钱大家赚，大家才能赚到钱。"

认真研究一下这几年发展比较慢的城市和地区，主客观原因固然很多，但其中与没有正确处理好与"促"共进的问题不无关系。个别地方的少数人还不同程度停留在像那位种新玉米农民的意识和观念上，光想着自己如何如何发展，不考虑周边地区发展的条件和利益，甚至排斥别人的发展，显然是缺少"促"动力的，也不可能有发展的后劲。

（原载2005年第1期《徐州宣传》）

既要干成事又要"不出事"

选人用人，是关系党和国家事业发展的大事，也是人民群众关注的重点。对选拔、任用干部的标准和要求，时下有一个比较通俗的说法，就是让那些"想干事、能干事、干成事"的人有位子。这是有道理的。不过，仅有"想干事、能干事、干成事"是不够的，还应当再加上一句"不出事"，也就是不违法、不犯罪。既干成事，又不出事，这才是真正的好干部。

"不出事"，用群众的话说，就是"不出问题不腐败"。这一看似简单的说法，实际并不简单。党员领导干部必须想干事、能干事、干成事，这是

基本职责；同时，干净地干事，干事而不出事，这也是起码要求。"政治上跟党走，经济上不伸手，生活上不丢丑"，就是这个要求的形象概括。"不出事"与"想干事、能干事、干成事"是相辅相成、不可或缺的。

近些年来，人们对领导干部应当"想干事、能干事、干成事"逐步形成了共识。这反映了人们谋发展、求发展的强烈愿望。一个干部想干事，表明他忠诚于党的事业，心中装着人民群众，有干好工作的愿望；能干事，表明他有较高的政治素质和领导水平，具备一定的专业知识和认识问题、研究问题、解决问题的能力；干成事，表明他能干、肯干、会干，能够出成果、出政绩。从某种意义上说，一个领导干部具备了"想干事、能干事、干成事"的条件，就基本上可以胜任本职工作。

时下的问题是，有的干部想干事、能干事，也干成了事，但由于平时学习不够，律己不严，经不住诱惑，结果却出了事。在个别地方，出现了上马一批项目、倒下一批干部甚至"前腐后继"的现象。这其中的教训是深刻的。因为一出事，必然会影响"想干事、能干事、干成事"的效果，背离良好的初衷。本来是想干点事，结果却坏了事，造成了恶劣的影响。应当说，一些被查处的腐败分子，其中也有当初"想干事、能干事、干成事"者，但由于他们在"想干事、能干事、干成事"的同时，没有做到"不出事"，结果是给党和人民的事业带来损失，自己也付出了沉重代价。

平心而论，在干事的过程中，要不出一点问题，没有丝毫闪失，那是不切合实际的。但是，这种"出事"与贪官的"出事"有着本质的区别。前者是由于条件限制而在工作探索中不可避免的；后者则属于以权谋私、贪赃枉法因而是党纪国法所不容的。当然，要说出事的干部没有做一点有益的工作，也不符合实情。因为如果不是这样，他不可能走上一定的领导岗位。原因在于这些人没能够始终牢记党的宗旨，始终把"不出事"放在心上。

我们党选拔领导干部的标准是德才兼备，德与才什么时候都不能偏废。一个干部时时刻刻想着"不出事"，这是一种自警自励，也是一种自尊自爱。既要干事、干成事，又要"不出事"，必须端正干事的态度和动机，真正明确为谁干事、怎么干事，进而踏踏实实地干好每件事。应当明白，工作有了成绩，是组织培养和群众支持的结果，这决不是骄傲的资本，更不是向党和人民伸手的砝码。只有思想端正了，心态放平了，才能自觉坚持"对上面不开口子，对同级不破例子，对亲友不顾面子，对身边人不留空子"，真正做到既干成事，又"不出事"。

（原载2005年1月24日《人民日报》）

少"互走"　多"互助"

春节前夕，是相互走动比较多的时期。合作单位要走动，友好单位要走访，挂钩互助单位也要走到。其实，关系不在于"互走"，而在于"互助"，应提倡少"互走"、多"互助"。事实上"互助"比"互走"好。

随着地区、单位、部门之间经济等合作的关系不断增加，相互之间的"互走"也越来越多，这本无可厚非。时下的问题是，"互走"太多、太滥、太集中，其中不少已变了味：有的是行公关之实，谋的是小团体利益；有的是私客公走，借机为个人以后办事铺路；还有的趁机搭车，观光游玩，捎带礼品；等等。这样的"互走"不仅徒添了对方的负担，而且造成了人力、财力的浪费，容易掺入一些不良的因素，结果只是热闹了一阵子而已。一般来说，良好的合作关系，贵在平时的"互助"，并不在于节前的一次"互走"，而在于日常工作中的相互理解、沟通和支持。眼下真正需要"走"的是贫困地区、要"访"的是弱势群体。

"互走"理应建立在"互助"基础上，没有"互助"，光"互走"恐怕也"走"不长。特别是当前的经济合作，相互交往已成平常之事，靠的是合同保证、诚信支撑和利益的共享。如果没有这种理性的"互助"做前提，光靠突击的"互走"是不能解决问题的！

（原载2005年2月4日《徐州日报》）

送"温暖"更要送"路子"

1月26日，江苏省铜山县领导到郑集镇沙楼村访贫问苦，为孙跃斌、李金永、李加彬、孙彦龙四家送去了棉被、面粉、食油、粉条等过节物品。同时，还组织村里的党员与困难户一起座谈，分析致贫原因，共同探讨致富路子，鼓励他们艰苦创业，争取尽快跳出困难户行列。这种既重慰问，又重探索发展思路和致富路子的做法，深受困难户欢迎。

问一问贫困户来年有什么打算，让党员、干部帮助他们选择好致富的路子，这是铜山县结合保持共产党员先进性教育活动，在春节慰问期间增加的一项新内容、新任务。干部每到一个贫困户家里，不是说几句客套话，把东西一放就走，而是把周围的党员叫在一起，共商发展大计。这样通过组织党员帮扶，自己振奋了精神，有了合适的致富项目，一部分贫困户改变贫困面貌就有了希望。

编后：逢年过节，各级领导雪中送炭，可以解一时之急，但难以从根本上解决问题。这无疑要求干部要做好慰问之后的文章，送"鱼"的同时，也不要忘记送"渔"。多关注困难户尽快走上小康之路，比单纯地送点物品的意义要大得多。这也是逐步减少困难户的治本之策。而引领群众尽快走上富裕之路，则是共产党员充分发挥先锋模范作用的具体体现。

（原载2005年2月19日《中国财经报》、2月6日《徐州日报》，题为《既送"鱼"，也送"渔"》）

"逢节暴涨"成历史

今年春节期间，笔者到所在城市各大农贸市场转了转，发现各种主要果品蔬菜等农副产品虽旺销，可价格平稳，过去那种"逢节暴涨"的现象不见了。这折射出人民群众生活各个方面所发生的巨大变化。

在过去相当长的时间里，主要农副产品价格"逢节暴涨"成为习惯。那时物品短缺，货源不足，往往奇货可居。平时人们大都舍不得吃的东西，只有节日才能问津，致使需求量剧增。所以，及早地备好年货，成了千家万户的自觉行为。随着人民生活水平的不断提高和商品的极大丰富，现在很少有人再张罗着集中大买年货了，因为平时吃的与过节没有什么两样。

"逢节暴涨"已成老皇历，这是社会诸多变化中一个集中的、有代表性的反映。用老百姓的话说，现在每天都像在过节，以往那种只有"逢节吃好""逢节穿好""逢节玩好"的事，如同价格的"逢节暴涨"样，恐怕很难再见到了。

(原载2005年2月24日《中国绿色时报》)

先进就是走在群众前面

正确理解和把握共产党员先进性的内涵，是扎实有效地开展保持共产党员先进性教育活动的重要前提。对此，《中共中央关于在全党开展以实践"三个代表"重要思想为主要内容的保持共产党员先进性教育活动的意见》作了深刻阐述。如何把中央要求同实际工作结合起来？一位老党员这样说："平时能看得出来，关键时能冲得出来，危难时能豁得出来。一句话，先进就是走在群众前面。"这话虽朴实无华，却形象深刻，发人深思。

我们党是中国工人阶级的先锋队，同时是中国人民和中华民族的先锋队。80多年来，党始终站在时代前列，团结和带领人民取得了革命、建设和改革的伟大胜利。这一历程，就是始终保持党的先进性的历程。党员来自群众，是中国工人阶级的有共产主义觉悟的先锋战士，又是劳动人民的普通一员。党员的先进性就在于努力走在群众前面，带领群众前进。在不同的时期，党员先进性的内涵有所差别，但其实质没有改变。战争年代冲锋在前、

不怕牺牲，建设时期吃苦在前、享受在后，强调的都是这样。今天，党所处的环境和所肩负的任务、党员队伍的状况都发生了重大变化，新的形势和任务对保持共产党员先进性提出了新的更高的要求。在这种情况下，党员先进性的具体内涵更加具有时代特征，表现方式更加丰富多样。党员先进与否，怎样评判？关键是看党员在思想、工作、作风等方面能否"走在群众前面"。

思想上先人一步。我们党是一个有着严密组织和严格纪律的马克思主义政党，党员的先进性首先体现在思想理论的先进上。党员对党的理论、路线、方针、政策要先于群众学好、学精。只有自己先吃透、先掌握，才能向群众讲充分、讲清楚，才能为群众带好头、作示范。如果认识和觉悟与普通群众一样高，甚至还不如群众，怎么能够体现先进性？然而，时下一些党员包括一些党员领导干部忽视理论学习和党性修养，思想觉悟在滑坡，影响了先进性的发挥，损害了党的形象。作为先锋队的一员，共产党员在任何时候、任何情况下，都应该走在时代前列，并以自己的先进形象宣传群众、教育群众、凝聚群众。正如群众所说的那样："党员走在前头，群众喜在心头。"

行动上奋勇争先。我们党是中国特色社会主义事业的领导核心，党所奋斗的一切都是为了实现好、维护好、发展好最广大人民的根本利益。"一名党员一面旗帜，一个支部一座堡垒。"在全面建设小康社会的征程中，党员应当争做排头兵，既有积极向上的热情，又有开拓创新的本领。比如，目前在一些地方的农村正在开展党员"双带工程"，即带头致富、带领群众致富。前一个"带"，强调党员应当具有致富的能力；后一个"带"，则强调党员应当具有乐于奉献、与群众共同富裕的精神。这就要求党员在行动上加倍努力、奋勇争先，通过"双带"活动，不仅自己致富，而且带领群众致富。假如一个党员工作上不求进取，事事落在群众的后面，先进性又从何谈起？

作风上率先垂范。在人民群众的心目中，党员的先进性是能够看得见、摸得着、感受得到的，它体现在为人民群众办实事、做好事、解难事上，也体现在工作、学习、生活等方面的作风上。在日常生活中，党员的一言一行都影响着周围的群众，一举一动都关系着党的形象。近些年来，我们党一再强调加强和改进党的作风建设，就是因为在一些党员干部中还存在事业心和责任感不强、思想作风不端正、工作作风不扎实、脱离群众的问题比较突出等现象。保持共产党员先进性，"走在群众前面"，自然要求广大党员"作风上进一步改进"，自觉实践"三个代表"重要思想，真正做到为民、务实、清廉。这样，党员的先锋模范作用和党组织的战斗堡垒作用才能得到进一步发挥，我们党的先进性才能得到进一步弘扬。

（原载2005年2月28日《人民日报》，选入《加强党的先进性建设读本》）

"兑了再签"好

2月24日，在铜山县卫生工作会上，该县按照去年年初与各卫生院签订的目标责任状，先兑现了综合目标、医政管理、疾病防控、妇幼保健等9个项目的奖金，然后签订新的责任书。各基层卫生院院长说是兑了高兴，签得乐意。

说到做到，不放空炮。有布置、有检查、有考评、有奖罚，才是一套完整的工作方法和步骤。特别是签的各种责任状，本身就是一项具有法律效力的行为，双方都应自觉履约，该兑现的必须兑现。然而，时下有的地方布置工作时条件乱许，可任务完成后谈兑现就难了。致使说过的话一阵风，签过的字不作数。这里可能有诸多原因，其结果是公信力受到影响。

履行诺言，兑现奖罚，是部门应尽之义务，也是一项工作的收尾，正所谓"言必信、行必果"。如果以往的签约迟迟得不到兑现，恐怕以后签新的也起不了多大的作用。

（原载2005年3月2日《徐州日报》）

以亲民爱民的实际行动"感动群众"

公安部一级英模任长霞，在局长的岗位上仅仅干了3年零3天。可她殉职后，有10多万人自发地为她送行。她为什么能受到人民群众的如此爱戴？郑州市公安局局长接受记者采访时提供了答案："因为她以自己亲民爱民的实际行动，感动了人民群众。"

凭着对党的忠诚、对人民的爱，任长霞无私无畏，率领人民警察打黑除恶，为人民创造了安居乐业的良好环境。正是她一心为民，先感动了群众，群众才把她当成了自己的亲人。有什么话想和她说，有什么困难敢于向她反映，有什么隐情和委屈愿意向她倾诉。这就是任长霞最广泛的群众基础、最无穷的民力支持。去年11月24日，铜山县警方破获了各级重视、各界关注的"3·21"系列强奸杀人案件。群众自发地来到县公安局，连续几天送锦旗、吹唢呐、放鞭炮，慰问人民警察。这也是因为他们的行为感动了群众。把"感动群众"作为我们始终追求的目标，就没有干不好的工作。群众的感动，不仅是对我们工作的认可，也是支持我们一往无前的不竭动力和精神支撑。

"感动群众"是个很高的要求。目前各级公安机关正在开展保持共产党员先进性教育，就是要求我们全体民警时刻牢记"三个代表"，心中装着群众，一切从人民的利益出发，全心全意为人民服务，这样做了群众在心里就会永远记着你！

（原载2005年3月23日《徐州日报》）

"看得出来"与"看不出来"

党员、党员干部在工作中，要让群众一眼就能看得出来，这是最基本的要求。但在日常生活里，最好让群众看不出来你是党员，特别是党员干部。

"看得出来"与"看不出来"相比，前者比较好做，后者真正做到不容易。这不仅需要更高的思想境界，还要在自身修养上下功夫，细微之处多注意。在保持共产党员先进性教育活动中，党员，尤其是党员干部，一定要特别注意自身的生活作风问题，不能表现出党员的优越性，不做特殊党员，平时生活中最好让群众"看不出来"。

我们党的性质、宗旨和肩负的历史使命，决定了艰苦奋斗的本色。党章规定，"党没有自己的特殊利益"，同时也规定，"党在任何时候都要把群众的利益放在第一位"。这就是说，共产党员在生活上绝没有什么特殊性可言，应当与广大人民群众同甘苦、共患难，始终保持吃苦在前、享乐在后的政治本色。"看不出来"，就是因为我们的党扎根在人民群众之中，同人民群众打成一片，保持了血肉联系，建立了最广泛的群众基础。党员是人民的服务员，也是人民的公仆，可生活上没有搞特殊、摆架子的理由。

但是，充分发挥党员的作用，永远保持党的先进性，时刻走在群众的前列，实现好、维护好、发展好最广大人民群众的根本利益，这不能不让人"看得出来"；在生活上艰苦朴素，作风上谦虚谨慎，对群众以诚相待，对家庭及身边人员严格要求，必然让人家"看不出来"。如果该看得出来的，而看不出来，不该看出来的，却能看出来了，就说明这个党员搞特殊化，脱离群众的问题相当严重了。刘少奇同志常说："国家困难，我们不能搞特殊；就是国家昌盛了，共产党员也不能搞特殊。"许多事实说明，共产党员一般不会栽在"看得出来"上，而是往往毁在"看不出来"上。这方面有许多教训值得记取。

在过去相当长的时间里，我们强调过多的是要让群众"看得出来"，而没有注意到让群众"看不出来"，致使一些党员、党员干部忽视了世界观的改造，远离了群众的监督。群众不光从工作上认识你，还通过工作之外评价你。所以说，只有把吃苦在前、享受在后作为共产党员的始终追求，才能融入群众之中，找准自己的位置，树立新形象，展示先进性，永远不变色。

（原载2005年5月8日《新华日报》、第2期《淮海文汇》）

一日无"工"心难安

省委、省政府在徐召开的沿东陇海线开发工作会一结束，铜山县就组织全县干部用了两天时间，观摩了22个镇的工业项目建设情况。在最后总结评议时，该县领导强调，对工业项目建设，要有一日无"工"心难安的意识，增强抓工业、上项目的紧迫感。意思是说，如果一天不谈工业、不签项目合同、没有项目开工剪彩，似乎心里就少了点什么。对工业的关切由此可见一斑。

全面建设小康社会，率先实现现代化，没有工业化作支撑是不行的。一些比较发达的地区，之所以发达，那就是"发"在工业上；东西部之间的差距，实际上也是"差"在工业上。对大多数地区来说，抓工业建设，就抓住了经济建设的"牛鼻子"。强市富民，做大做强县域经济板块，必须在工业经济上下功夫、求突破。省委领导多次谈到，苏北振兴之日，也就是工业化兴起之时。因此说，当前工业不仅是增长点，而且是增长极。对工业情有独钟，劳神费力，也在情理之中。

没有"工"就等于没有"功"，对工业的认识的确是到位了。后续的文章就是认真关注细节，除各项政策等支持、落实到位外，关键是要领导精力到位，时时刻刻把"工"字放在心上，用心去做，悉心运作，才能"工"到自然成。

（原载2005年5月23日《徐州日报》）

领导者当做"政策通"

"政策和策略是党的生命，各级领导同志务必充分注意，万万不可粗心大意。"毛泽东同志的这一论断，深刻揭示了掌握政策对于做好领导工作的极端重要性。它告诉人们，掌握政策是各级领导干部的基本功，各级领导干部应当努力成为名副其实的"政策通"。

确实，党的工作往往具有很强的政策性。把握不好政策，或者在贯彻政策中走了样，不仅做不好工作，而且会产生严重的后果，给党和人民的事业造成损失。一些人在工作上犯错误、走弯路，与在理解和把握政策上出现了偏差不无关系。因此，理解好、把握好、运用好政策，是做好工作的重要前提。信访工作就是一项政治性、政策性很强的工作。张云泉在江苏省泰州市信访局的岗位上默默工作20多年，处理了成千上万的信访案件，无一差错。其原因除了他有着坚定的党性、强烈的事业心和高度的责任感，还在于他对党的各项政策学习理解得好、把握运用得好。在群众送给他的诸如"张青天""铁头局长""政策通""铁嘴""流动党校"等多种朴实无华的称号中，"政策通"这个称呼就非常值得广大干部特别是各级领导干部学习。

时下，有些党员干部政策意识不强，对政策学习不够，有的甚至成了"政策盲"。他们对上门办事的群众，或者不分青红皂白，一概拒之门外；或者语焉不详，几句大话打发了事。对群众提出的一些要求，他们则要么麻木不仁，"事不关己，高高挂起"；要么不加分析，一味答应下来。其实，对于群众遇到的问题、提出的要求如何看待和处理，能不能解决和如何解决，并不是由个人说了算，而是看政策是否允许、条件是否具备。现实生活中还有一种情况就是，有的干部做工作的热情不能说不高，投入不能说不多，但实际效果却不明显，群众仍然有意见。这其中的一个重要原因，就是没有真正按党的政策办事。因此，做一个"政策通"，有利于正确履行职责，提高工作效率。

怎样才能做一个"政策通"呢？当然首先应当学习政策、吃透政策。对党员干部来说，政策就是开展工作的行为准则，工作水平如何在很大程度上取决于政策水平的高低。对党的各项政策学习得透彻、掌握得准确，可以增强处理问题的能力，工作起来就会游刃有余。学习政策，表面看是学习文件、读书看报，其实是补充营养、苦练内功。要让群众"问不住"，就需要勤于学习；要让困难"难不住"，就需要勇于探索。学习文件有时会是枯燥

的，但越是这样越要钻进去。对党的方针政策，要掌握精髓并熟记在胸，以便及时运用。

做"政策通"，还应当注重实践、勤于思考。党的政策是用来指导和推动党的工作的。掌握政策，并不仅仅是为了熟悉一些政策条文，也不能满足于"纸上谈兵"，而应着眼于运用政策去推动工作和事业的发展。当工作打不开局面时，当面对重重困难时，善于从政策中找方法，往往能够开辟新的天地。在工作中运用政策指导实践、解决问题，这本身就是一个学习政策、掌握政策的过程。学中干、干中学，会学习得更深入，感受得更深刻，掌握得更扎实。同时，随着经济社会的发展，政策也在不断调整和完善。只有勤于思考、善于总结，才能为完善政策和制定新的政策提供依据。做这样的"政策通"，有利于坚持科学执政、民主执政、依法执政，有利于推动党的工作的创新和发展。

（原载2005年6月15日《人民日报》，第7期《政策》转载）

"取得实效"与"群众满意"

对于保持共产党员先进性教育活动，中央领导多次强调"关键是要取得实效"，同时要求办成"群众满意工程"。前者是努力方向和工作重点，后者则是达到的目的和基本要求。

要取得实效，贵在"实"字当头。党员干部通过先进性教育活动，必须增强为民服务的意识，提高为民服务的本领。具体表现在：一是身子下移摸"实"情。到生产、生活的第一线，与群众坐在一条凳子上。不断密切与人民群众的感情，真正了解他们在想什么、盼什么、需要解决什么问题，才能谈得上如何准确地去破题、去努力。二是扑倒身子办"实"事。实事的范畴很广，帮助群众增收致富奔小康，是办实事；为群众排忧解难，是办实事；为群众主持公道、伸张正义，也是办实事。办实事不光要着眼于兴利，更要注意除弊，为人民群众营造良好的发展创业环境，使他们安居乐业。三是沉下身子求"实"效。花大还须果实多，不做"柳树开花——不结果"的事。讲实效，不能光讲眼前的短期效果，而且要多办一些打基础、增后劲、长远起作用的大事，讲长期效果。

要达到群众满意，贵在符合群众意愿。我们办事情、想问题，必须从群众观点出发。首先，要以群众的利益为最高利益，从群众的迫切需要做起。要善于问计于群众，集中民智，办事才会符合群众的意愿。其次，要始终站在群众的角度想问题、作决策，多做既要看得到，也要摸得到，更让群众深得其益的好事。最后，要善解群众之难。群众的难事、难题，正是党员干部高度关注的问题，也是我们工作的重心和需要下功夫的地方。事实说明，群众不满意的改了，群众希望的办了，群众的困难解决了，群众的满意度就高了。

（原载2005年6月19日《徐州日报》）

"往上攀"与"往下滑"

省委书记在徐州考察时反复强调："找一个进取的目标就要往上攀，找一个下坡的坐标系肯定就往下滑。"目标定位的重要性不言而喻。在我市开展的"学先进、争一流"活动中，就是要科学确立发展定位，向着更高的目标攀登。

"往上攀"，才会增强信心，缩小与先进地区的差距。当前区域发展竞争激烈，如果我们只满足于一般的发展速度、发展水平和发展目标，缺乏更高的定位和更宽的眼界，就有可能丧失机遇，拉大差距。只有参照系更大，目标更高，比赶的对象更强，才能产生激励效应，促进跨越式发展。这需要我们进一步解放思想，开阔视野，激发创新创优、进位争先的意识，激发不断超越、不断追逐更高目标的雄心壮志。

是"往上攀"，还是"往下滑"，往往取决于人的精神状态。有时仅仅

是观念上的点滴之差，时间上的分秒之误，措施上的细微之别。咬咬牙，努努力，坚持住，就能迈过一道"坎"；松松劲，喘口气，歇一歇，恐怕就会从"坡"上滑下来。所以，始终保持积极向上的精神状态，至关重要。

（原载2005年7月14日《徐州日报》）

领导者应善于"踱方步"

陈云同志在谈到领导方法时说过这样一句话："要拿出一定的时间'踱方步'，考虑战略性问题。"这里所说的"踱方步"，是一种形象的比喻，意思是指领导干部要开动脑筋，善于思考，更多地考虑和谋划一些关系全局的大事。这对于加强党的执政能力建设、不断提高各级领导干部的领导水平和执政水平，具有重要指导意义。

"思索使人伟大。"毛泽东同志曾经指出，领导工作的任务主要有两条：一是出主意，二是用干部。主意从哪里来？从根本上说，是从实践中来、从群众中来，但也离不开领导干部的思考和分析。没有思考，就没有智慧；没有思考能力的干部，就难以形成独立见解。从这个角度看，领导干部要出好主意，就应当重视和善于"踱方步"。特别是在工作遇到困难时或者事业发展的关口上，凡事应多问几个为什么，多想想前因后果，多掂量轻重缓急，这样才能把握全局、减少失误、获得主动。

我国正处于全面建设小康社会的关键时期，改革发展稳定的任务都很重，特别需要各级领导干部思大局、谋大事、创大业。国家和民族有战略和大局问题，一个地区、部门和单位也有自己的战略和大局问题。只有把战略和大局问题谋划好了，才能保证事业的持续快速协调健康发展。然而，有的领导干部不善于思考问题。忽视战略和大局，缺乏思考和分析，这也是一些地方形式主义、官僚主义和表面文章、盲目攀比现象滋长蔓延的重要原因。中央一再强调，领导干部要提高战略思维能力，具有世界眼光，其现实针对性就在于此。因此，各级领导干部应抽出时间、沉下心来"踱方步"，考虑战略性问题。当然，"踱方步"并不是主观臆想、闭门造车，而是在调查研究的基础上，思考实际工作的方向、寻找解决问题的对策。"踱方步"看起来是身体的运动，实际上是大脑的劳动，是一种随时随地的思考状态。

善于"踱方步"，有利于提高工作的效率。做工作要敢干、苦干，还要巧干。巧干，就是讲科学、重规律。"一次深思熟虑，胜过百次草率行动。"同一项工作，有多种思路和方法，破题后的文章千变万化，但能取得最佳效果的往往是那些把上级的方针政策与自身的具体实际紧密结合起来的思路和办法。而要做到这一点，就须善于"踱方步"，善于思考。思考得越深入，目标就越清晰，做起事来就越到位，越能产生事半功倍的效果。

善于"踱方步"，有利于减少工作中的失误。干任何事情，没有一点闪失是不可能的，但应努力避免和减少重大失误。比如，人们常说，决策的失误是最大的失误。那么，如何避免和减少决策中的失误呢？许多事实证明，领导者胸无大局，思想懒惰，就容易在决策中草率行事、造成失误；而如果事先多"踱方步"，多进行交换、比较、反复，就可以避免那些常识性的错误、低级的错误。陈毅同志当年曾说，每当作战命令要签字时，手都发抖，因为那关系到战斗的胜败和战士们的生命。手发抖是好事，它提醒领导者要深入思考、权衡利弊、慎重决断。

善于"踱方步"，有利于实现工作的创新。达尔文说：没有思考，就不会有好的和有创见的见解。时代在前进，社会在发展，工作需要不断创新。创新从哪里来？不少人说从实践中来，这固然不错，但不善于总结，不善于思考，创新往往会从眼皮底下溜走。创造性地做好工作，深入思考是关键。对于工作中的难题，有意识地"踱"到图书馆等地方进行学习研究，"踱"到专家学者面前虚心求教一番，"踱"到群众当中收集意见和建议，就可以想得深一些、透一些，从而拿出解决问题的新思路、新办法。

（原载2005年7月29日《人民日报》）

"准入证"与"准出证"

拥有32万亩设施菜、6万亩出口菜创汇基地、42.5万亩省级认证无公害农产品产地的铜山县,蔬菜生产安全达到了一个新的水平:完成了由市场"准入"到产地"准出"的重大变革,牵动千家万户的"菜篮子"可以放心地提了。

过去的蔬菜生产,大都先由销售地、批发地、农贸市场等抽检,然后发放"准入证"。发证单位往往与生产地不见面,仅凭临时的个别抽检,便一次定终身。实行"准出证",就是由生产地的政府主管部门、蔬菜合作社或专业协会颁发。菜农根据这些单位提供的市场信息,选择所种植的蔬菜品种;同时,在技术人员的指导下,把握用药时机,不用或少量使用低毒、对人体健康没有损害的药物。蔬菜生产的整个过程完全置于产地有关单位的指导和监督之下,再加上政府部门的定时、定期检测,菜农的自我约束,相互之间随时随地的督促,蔬菜的安全性提升了一个档次,大大增强了可靠性。

变"准入证"为"准出证",让有问题的菜"出"不了地,当然更不可能"入"市场,不会产生严重的后果。这就是由客地管理改为产地的动态监管,关口前移,从源头上保证蔬菜的生产安全,节省了管理和检验的成本,避免、杜绝蔬菜安全事件的发生,便于操作,也更为科学。这样一来,蔬菜的安全问题在产地"出"口的时候就解决了,那么,人们在入"口"时也就不必担心了。

（原载2005年8月13日《中国社会报》、8月1日《徐州日报》）

对查处不力者也要查处

新闻回放:据8月8日《人民日报》"关注行政执法责任制"栏目报道,

海南省琼海市市委、市政府对查处白石岭公园毁林案不力的琼海市森林公安分局局长、指导员给予就地免职处分，给予市林业局局长、嘉积镇副镇长、白石岭有关管护人员党内严重警告处分。白石岭案是海南省林业局挂牌重点督办的全省十大破坏森林资源案件之一，被毁的林地面积达2000多亩。

出现问题查问题，是一个地方、一个部门领导干部应尽的职责。如果对该查处的问题熟视无睹、不作为，实际上是在助长这种不法行为的发展。因此，查处"查处不力者"，追究其相应的责任，是促使问题解决的关键所在。

这几年，有些违规违法行为和不正之风之所以屡禁不止、不断蔓延，与一些干部对出现的问题处理不及时、查处不得力甚至放任自流有关。然而，对查处不力者的查处往往不容易。于是，有人说，时下杀鸡就得用宰牛刀。比如，查处一个科级干部，按说处里就决定了，可很多时候要惊动（厅）市、（部）省里，或由上级来督办。

仔细分析，这背后有着深刻的原因。一是有些领导干部抱着"多种花、少栽刺"的思想，不讲党性，不讲原则，做老好人，对问题不敢碰、不愿管；二是"兔子不吃窝边草"，对辖区内、系统中的问题，特别是部属、身边的人，碍于情面，下不了决心，出不了手；三是怕"拔出萝卜带出泥"，许多案件不是孤立的，相互之间有着剪不断、理不清的关系，动一个牵扯好几个，担心把自己搭进去。总之是光考虑自己的前程，抱着多一事不如少一事的态度，缺乏责任心和事业心。

谁主管、谁负责，该处理的问题不处理，或处理不公，就是失职，上级就必须问责，看看其中到底有什么"隐情"和"关节"。琼海市的做法好就好在，你不查处问题，就先查处你，看你还敢不敢"不作为"。

（原载2005年8月9日《人民日报》）

既看"笔记本"又看"成绩单"

在第二批保持共产党员先进性教育活动中，铜山县结合农村工作实际提出：学习的目的在于提高认识、运用于实践，县督导组下乡检查基层学教情况，要既看"笔记本"，又看"成绩单"；既看学习得如何，又看取得了哪些成果。这就把中央要求的"两不误、两促进"进一步具体化了。

开展保持共产党员先进性教育活动，在农村主要是加强基层组织建设，提高党员素质，增强党组织的创造力、凝聚力和战斗力，进一步激发党员的积极性，带领广大群众致富奔小康。如果说，第一批在县级机关开展的先进性教育活动重在"服务"和"廉政"的话；那么，第二批在农村开展的先进性教育活动则落实到"发展"和"富民"上。应当看到，近几年来，学习特别是理论学习，是基层党员干部一个相对薄弱的环节。因此，抓学习，强素质，促发展，应是贯穿学教活动的一条主线。也就是说，要真学、真干、真见效。通过学教活动，从而推动工作、促进发展，让人民群众得到实实在在的利益，才是最根本的目的。

看"笔记本"，主要是看一个党员是不是端正了学习态度，有没有及时参加学习讨论，是否按要求通读了有关文章、领会了有关精神，能不能学深、学透。经过一个阶段的集中学习、专题辅导，思想上有哪些收获，有没有新的启发和体会。自觉通读原文，随时做好笔记，体会深刻，认识提高，会进一步增强为民服务、乐于奉献的责任感，掌握带领群众发展经济的本领。时下有一种现象，有些人坐不住，静不下心来捧书本，学不进去。总认为不如干工作来得直接，学不学关系不大。其实，"磨刀不误砍柴工"，只有通过不断学习，眼界才能更开阔，思路更清晰，方法更得当，措施更科学，可以少走些弯路。记笔记、写心得是一种学习方法和形式，不是目的，更不是纯粹为了写多少篇、出多少字才算数。关键是要珍惜和抓住这次学习机会，多记自己的所学、所感、所悟，而不是东抄西凑两篇交差了事。通过对学习形式的严格要求，来增强学习效果，对于更好地贯彻落实党的路线方针政策，促进各项工作，全面建设小康社会，构建社会主义和谐社会有着十分重要的意义，切实做到党员经常受教育，群众长期得实惠。

看"成绩单"，关键是看一个地方在学教活动期间经济、社会是否得到快速、健康发展，问题能否得到妥善解决。参加先进性教育活动，工作不能耽误，发展不能受影响。如果因学习而分散了干工作、谋发展的精力，就违背了学教活动的初衷。这就要求学习的时间宜通盘考虑，合理安排，讲究学习实效，不过多占用工作、生产时间，更不耽误农时。通过学习，党员特别是党员干部提高了认识，调动了积极性，激发了带动群众谋发展的热情。同时，认真落实党的路线方针政策，多做理顺情绪、化解矛盾的事，不断改进工作中的不足，把广大党员群众的注意力进一步引导到促进改革、发展、稳定和社会主义现代化建设上来，必定会收到明显的效果。时下，许多党员在学习的同时开展"三走进"活动，即走进课堂、走进大棚、走进农户。通过政治理论、科学技术的学习，党员干部提高了帮助、指导农民致富的意识和技能，尽心尽力为群众做好事、办实事、解难事，就会交上一份优良的成绩单。学习的效果到底如何，一定程度上，从成绩单上不难看出来。

参加先进教育活动，笔记本要做好，成绩单要填好，从而防止和克服脱离中心工作搞教育活动，或以工作忙为由忽视教育活动的偏向。做好笔记，必须真正学有所思、学有所获、学有所长，深刻领会"三个代表"重要思想；而要出好的成绩，更需要把所学的理论用于指导实际工作，学以致用，扑倒身子，求真务实，奋发有为。如果学习没有钻进去，笔记做不好，觉悟提高不了，就缺乏工作的动力，恐怕成绩单上没有什么可填的；而为做笔记而做笔记，仅说在嘴上、记在本上，就是不落实到行动上，出不了成绩，更是不可取的。

"学习的目的全在于运用。"先进性教育活动要"取得实效"，应该刻苦学习，勤于思考，逐步提高，先把笔记本做好；而要"真正成为群众满意工程"，就必须集中精力搞建设，一心一意谋发展，全心全意为人民服务，

做出人民群众认可的成绩，才能把成绩单填好。

（原载2005年第9期《徐州宣传》、9月20日《徐州日报》、第11期《徐州党建》）

"不会作为"也为过

近日，新华社播发一条消息：兰州市实施"治庸"计划，梳理出18类干部"不作为、乱作为、不会作为"的平庸行为，现已有80名干部因此受到相应惩戒或组织处理。笔者认为，值得一提的是"不会作为"也是过。

对干部的"不作为、乱作为"行为，群众已有深刻认识而深恶痛绝。而对"不会作为"的干部，人们有时还不经意。其实这种行为的危害有很强的隐蔽性，并不比"不作为、乱作为"轻。试想，该办的事总是办不了、办不好，岂不贻误了发展之机？

"不会作为"乍看起来是能力问题，但背后却是思想作风、工作态度问题。分析一下这类"庸官"，就不难发现他们的共同"特点"：一是学习劲头不足。这类干部平时不注意理论和政策学习，把握不了大局、全局，对新问题拿不准、吃不透，老办法不能用，新办法没学会，因此"不会作为"。二是创新意识不强。平时办事只是搬文件、看批示，一遇到问题就束手无策，不能作为。三是服务水平不高。抱着"多一事不如少一事"的思想去"踢皮球"，"不愿作为"。如此等等，直接影响了经济和社会发展，也影响了政府机关的形象。

在其位就要谋其政、负其责。干部"不会作为"也要受到惩戒，这是件好事。它警示我们的一些干部，必须牢固树立为人民服务的意识，加强学习，掌握过硬本领，不断在岗位上"大有作为"。

（原载2005年10月15日《徐州日报》）

"办厂"也要"办场"

在上项目、促发展中,有些干部认为"厂"是"工"字头,而"场"是"农"字头,办厂比较时尚,办场有点土气,对招商引资上项目办工厂情有独钟,对发挥本地农副产品资源优势办农场却重视不够。应当看到,办厂直接富的是地方财政,是政绩;办场直接富的是一方百姓,也是政绩。

对农民来说,"场"与他们更接近,更有感情。与办厂相比,办场难度小、见效快。一个农户养百十只鸡,掌握了技术,增加了收入,就可以办个大一点的养鸡场。如果我们能用办厂的劲头来办场,加大扶持力度,富民强县的目标就一定会早日实现。

(原载2005年第10期《时事报告》)

考察干部　多看看离任后口碑

新闻回放:据《人民日报》11月1日第9版报道,山西襄汾县对拟任干部的考察,既看现工作岗位的业绩和群众的评价,还看其在前工作岗位留下的名声和口碑,看那里的群众是称赞还是责骂。

选任干部,将其离任后的口碑认真加以参考,体现了对民意的尊重,有利于科学、全面、准确地识才用才。

对干部的考察任用,是群众关心的热点问题。有些干部之所以"带病上岗""带病提拔",与对他们的考察失真、失实不无关系。干部考察需要全面地看、历史地看。要想让考察结果经得起事实和时间的检验,就要有科学、民主的制度做保障,全面了解群众意见和社会评价是其重要方面。测评在任的领导干部,群众难免有所顾虑,但测评离任、调任的干部,群众就比较容易说出心里话了,评价起来自然更客观。因此,听取群众意见,也该看

离任后的口碑。

政声人去后。多看离任后的口碑，可以更清楚地了解一个干部到底是干事还是"作秀"。有的干部真干事，可能当时会得罪一些人，但若干年后，所做的事发挥了作用，群众会念起他的好。如果简单地作定论，有时难免会委屈、伤害一些埋头干事的干部。而有些干部喜欢当老好人，谁都不想得罪，八面玲珑，不干实事，群众事后才明白是个没有作为的"太平官"。把民意测评延至离任之后，政绩评价的指标无疑会更全面，从而有效避免"花架子"被当成政绩，"潜绩"却被埋没。

（原载2005年11月8日《人民日报》、第6期《徐州政协》）

戒"伸手" 保操守

以"一不怕苦，二不怕死"而闻名的共产主义战士王杰，其家乡山东省金乡县县政府的每一间办公室，都悬挂着他"在荣誉上不伸手，在待遇上不伸手，在物质上不伸手"的"三不伸手"格言（见《人民日报》11月7日第4版）。其用意是时刻以英雄为榜样，严于律己，永远把人民利益摆在突出的位置。

陈毅元帅有言："手莫伸，伸手必被捉。"按说，"不伸手"是做人的基本操守，可时下，我们还有许多同志做不到这一点。有的人急功近利，想在荣誉上"伸手"；有的人热衷于跑官要官，想在待遇上再上个台阶；也有的人经不起权、钱、色的诱惑，追求享乐，放纵自己，贪污受贿，最终自己把自己葬送掉了。纵观一下这几年被查处的大大小小的腐败干部，就不难发现，他们有一个共同的特点："手伸得太长。"到头来，伸手者终被人民捉住。

有位离休安度晚年的老干部，一生就总结了三句话："政治上跟党走，经济上不伸手，生活上不丢丑。"这很值得我们学习与借鉴。

（原载2005年11月22日《徐州日报》）

"多懂一点"益处多

在"世界糖尿病日"活动期间,有医疗专家建议糖尿病患者"多懂一点,少吃一点,勤动一点,放松一点"。这"四个一点"对大多数人来说,都非常适宜。特别是"多懂一点",既切实可行,又让人受益多多。

改革开放以来,人民生活水平大幅度提高,而劳动强度大大减轻,因此一些富贵病患者不断增多。这其中不少病是"吃"出来的,也就是说吃得不科学。比如,合理安排一日三餐与暴饮暴食,饭前喝汤与饭后喝汤,上午吃水果与晚上吃水果,其效果大相径庭。如果我们平时能够知道这些,多加注意,就很容易改变一些生活陋习。

全民健康,必须全民参与。但大众对健康知识懂得太少,预防工作跟不上。尽管许多人在健康上投入的本钱不少,但效果却不甚理想。如果我们多注重健康知识的普及,人人争取"多懂一点",就可以少生病甚至不生病,健健康康地工作生活。这节省下来的又岂止是"钱"?

(原载2005年12月5日《徐州日报》)

烧好前任的"火"

俗话说:"新官上任三把火。"领导干部走上新的岗位,希望有一番作为、干出一些成绩,这是具有进取意识和开拓精神的表现。在新的岗位上,领导干部应该拿出切合实际的新思路、新举措,推动工作取得新进展,努力创造出符合人民群众愿望的新业绩。但是,切不可为了出政绩、树形象,置前任的努力和基础于不顾,热衷于一味求"新"求"变",凡事都"重打锣鼓另开张"。否则,就会影响事业的顺利发展,损害人民群众的利益。实践告诉我们,烧好前任的"火",咬定目标不放松,一任接着一任干,有助于

实现经济社会又快又好发展，不断实现好、维护好、发展好最广大人民的根本利益。

烧好前任的"火"，有利于保持工作的稳定性和连续性。社会主义现代化建设大业，需要一代又一代人承前启后、继往开来。领导干部更应树立战略思维和长远眼光，扎扎实实地干事创业，认认真真地为民谋利。在领导工作中，必须坚持民主集中制原则，对事关长远发展、事关群众切身利益的工作实行科学论证、集体决定，并切实抓好落实。特别是那些投资较大、牵动全局、关系未来的项目和工程，不可能短期内就完成，需要前后任的领导干部搞好"接力"。假如谁都不愿接着烧前任的"火"，"一个将军一个令"，无谓折腾，反复折腾，不仅无法保持工作的稳定性和连续性，而且容易劳民伤财，引发各种矛盾，影响社会稳定。

烧好前任的"火"，有利于创造经得起考验的政绩。领导干部必须树立正确的政绩观，努力创造经得起历史、实践和群众检验的政绩。然而，在现实生活中，有的领导干部为了快出政绩、多出政绩，喜欢抛开过去、另起炉灶，有的甚至不顾实际、不惜民力，大搞"形象工程""政绩工程"。在一些地方，主要领导一变动，原来描绘的"宏伟蓝图"往往就被撂在一边。产生这些问题，既有体制机制上的原因，也有领导干部思想认识出现偏差的原因。其实，领导干部要干成事、出政绩，关键在于求真务实、真抓实干。善于站在前人的肩膀上攀登，认真烧好前任的"火"，往往更有利于创造经得起历史、实践和群众检验的政绩。反之，搞短期行为，做表面文章，结果只能是事与愿违。

烧好前任的"火"，有利于实现经济社会又快又好地发展。发展是我们党执政兴国的第一要务，是最广大人民的根本利益所在。科学发展观强调坚持以人为本，强调全面、协调、可持续发展。贯彻落实科学发展观，要求各级领导干部坚持把最广大人民的根本利益放在首位，凡是为民造福的事就千方百计办好，凡是损害群众利益的事就坚决不办。实现发展，最怕的就是反复无常，搞重复建设，乱铺摊子。领导干部虽有前任、后任之分，但发展不能出现真空或断裂。每一任领导干部所做的工作，都只是整个事业的一个部分或一个环节。前任要奋发有为，努力为后任打好基础；后任要搞好"接力"，努力把前任的"火"烧好，推动事业实现更大的发展。只有领导干部齐奏一个调，同唱一出戏，一任接着一任地干，才能牢牢把握发展机遇，实现经济社会又快又好地发展，保证一代接一代地永续发展。

（原载2005年12月21日《人民日报》）

致富能力　帮富素质　共富境界

在农村党组织和党员中开展保持共产党员先进性教育活动，是加强党的先进性建设的重要举措，也是推进社会主义新农村建设的强大动力。要确保教育活动取得成效，就必须紧紧围绕实践"三个代表"重要思想这条主线，着力提高农村党员干部的致富能力、帮富素质、共富境界，进而切实增强农村基层党组织的创造力、凝聚力和战斗力，不断实现好、维护好、发展好最广大人民的根本利益。

全面建设小康社会的重点和难点都在农村，而"三农"工作中的一个突出问题是农民增收难。发展是我们党执政兴国的第一要务。发展问题体现到农村工作中，最重要的就是促进农民增收致富。能不能做到这一点，是衡量农村基层党组织和党员干部是否保持先进性的重要标准。许多地方的实践表明，"给钱给物，不如帮助建个好支部"。因此，在农村开展保持共产党员先进性教育活动，必须把提高农村党员干部的致富能力、帮富素质、共富境界作为一个重要环节，充分发挥农村党员干部在带领农民群众实现发展致富中的作用。

提高致富能力。党的先进性是通过党员的先锋模范作用来体现的。在新的历史时期，农村党员干部发挥先锋模范作用的一个重要方面，就是要有较强的发展致富能力。如果能力不够、本领不强，自己求富无门，又不能带领

群众致富，怎么能够体现先进性呢？保持共产党员先进性，要求广大农村党员干部不断提高实现发展致富的能力。因此，农村党员干部既要注意"充电扩能"，学习新知识、树立新观念、掌握新技能，又要注重实践探索，在搏击市场风浪、努力干事创业的过程中增长本领；既要带头致富，又要发挥示范、引导、标杆作用，带领群众致富。

提高帮富素质。党员来自人民群众，又是群众中的先进分子，必须踏踏实实地为人民群众办实事、谋福利。对农村党员干部来说，不仅要有致富的能力，还要有帮助群众致富的素质。群众想不到的事，党员干部不能不想；群众做不到的事，党员干部不能不做；群众不便管的事，党员干部不能不管。特别是在改革开放和发展社会主义市场经济的条件下，农民群众致富，既要靠自身努力，又离不开党员干部的帮扶。帮助群众致富，是党员干部的责任，也是保持先进性的重要体现。党员干部必须强化为群众服务的意识，时刻有帮助群众的真诚之心、热切之情、紧迫之感，把自己掌握的致富技能、方法、经验毫无保留地传授给周围群众，使他们尽快掌握致富本领。同时，还要"做给群众看，带领群众干"，不断提高出思路、出点子的水平，积极帮助群众解决在发展致富过程中遇到的困难和问题。

提高共富境界。实现共同富裕是社会主义的本质要求。实践党的宗旨，保持党员先进性，必须让全体人民都过上幸福生活。实现共同富裕，是党员干部的一种责任，也是一种境界。在许多地方，人们对"自己不会富，不能当干部；只顾自己富，不配当干部；带领大家富，才是好干部"已形成共识。这说明，具有共富境界、能够带领群众共同致富的党员干部才有魅力、才受欢迎。党员干部的使命就在于团结带领广大农民群众通过诚实劳动和合法经营富起来，并逐步实现共同富裕，让广大人民群众共享改革发展的成果。同时还要看到，共富是一个动态过程，富的标准会随着时代发展而不断变化。因此，决不能满足于"稍富即满""小富即安"，而要继续努力、不断进取，向着更高水平、更高标准的富裕生活迈进。

（原载2006年1月11日《人民日报》，选入《新农村建设简明读本》）

力度　速度　程度

国务院总理在《关于制定国民经济和社会发展第十一个五年规划建设的说明》中指出："必须把改革的力度、发展的速度和社会可以承受的程度统一起来，在社会稳定中推进改革与发展，通过改革和发展促进社会稳定。"贯彻落实科学发展观，加快社会主义现代化建设，构建和谐社会，当前乃至今后一个时期必须着力处理好力度、速度、程度之间的关系。

第一，改革力度要加大。改革是经济和社会发展的强大动力。社会前进的过程，是一个不断改革的过程，改革是贯穿经济、社会发展前进的一条主线。社会前进的过程，是一个不断改革的过程。通过改革来解决社会发展中出现的新矛盾、新问题，以促进更快、更健康地发展。改革力度的加大，实际上是改革的不断深化，向更深的层次推进。由于种种原因，一些地方虽然也改了，但改得不彻底、不到位，存在"夹生饭"。改革是一个循序渐进的过程，必须一步一步向纵深发展，这无疑需要加大力度；否则，就深不下去。

第二，发展速度要加快。全面落实科学发展观，坚持发展是硬道理，坚持抓好发展这个党执政兴国的第一要务，坚持以经济建设为中心，坚持用发展和改革的办法解决前进中的问题。中央《建议》中的"六个必须"中，第一个就是"必须保持经济平稳较快发展"。"快"，必须坚持科学发展观，因为科学发展观的本质是实现又好又快地发展。解决我国一切问题的关键在于发展。对我国的现代化建设来说，是要大发展、快发展，力争在最短的时间内缩小与发达国家之间的差距，全面进入小康社会。近几年，在一些地方正强化"不进则退""慢进也是退"的观念，就是对加快发展有了更深刻的认识。对如何加快发展速度，有人作了形象的比喻：一是要有好车，二是要有好的驾驶员，三是要有好的道路。清晰的发展思路，适宜的发展项目，切实有效的发展措施，对发展速度的加快起着非常重要的作用。当务之急要紧紧抓住发展的黄金时期，尽最大努力促发展。"发展是硬道理"，如果发展

慢了，这个道理恐怕"硬"不起来。因此，要把人的注意力集中到发展上来，聚精会神搞建设，一心一意谋发展。

第三，承受程度要加强。社会的承受程度是由经济基础和人们的心理素质来决定的。随着改革力度的加大，发展速度的加快，物质基础更加雄厚；同时，人们经过改革开放的洗礼，接受新事物、新观念的能力在加强，对改革的要求也会越来越高，这为继续加大改革的力度、加快发展的速度提供了更加有利的社会环境。要着力解决涉及人民群众切身利益的突出问题，使全体人民共享改革发展的成果，过上更加宽裕的小康生活。但也应看到，还有一些地方、一部分人没有享受到改革开放的成果，或享受得较少、较晚，相比较而言，承受力较弱。当前要注意的是，有些地方不顾客观条件，不顾人民群众的愿望，搞不切合实际的"大动作""大项目""大手笔"，甚至提出几十年不落后的口号，盲目求大、求洋、求快，结果欲速则不达。这样不仅当地财力不允许，增加群众的负担，而且易引发各种矛盾，影响社会稳定。增强社会的承受力，要妥善处理好三者之间的关系。社会承受力不强大多反映在各种矛盾上，而这些矛盾只有通过改革、发展来解决。

"大发展、小问题""小发展、大问题""不发展，就成问题"。增强人们的承受力，必须从大局着眼、小处着手。一是要尊重民意。得到群众的理解、支持，就没有克服不了的困难。二是集中民智。办任何事情，先要问计于群众，使改革发展的宏伟目标变为人民群众的自觉行动。三是珍惜民力。搞建设，上项目，必须量力而行，本着"有多大的锅才能贴多大的饼"的原则办事。

（原载2006年第2期《徐州宣传》）

农村先进性教育要在"富"字上做文章

在农村党组织和党员中开展保持共产党员先进性教育活动，必须紧紧围绕实践"三个代表"重要思想这条主线，把提高农村党员干部的致富能力、帮富素质、共富境界作为一个重要环节，充分发挥农村党员干部在带领农民群众实现发展致富中的作用。

党的先进性是通过党员的先锋模范作用来体现的。在新的历史时期，农村党员干部发挥先锋模范作用的一个重要方面，就是要有较强的发展致富能力。如果能力不够、本领不强，自己求富无门，又不能带领群众致富，怎么能够体现先进性呢？农村党员干部既要注意"充电扩能"，学习新知识、树立新观念、掌握新技能，又要注重实践探索，在搏击市场风浪、努力干事创业的过程中增长本领；既要带头致富，又要发挥示范、引导、标杆作用，带领群众致富。

党员来自人民群众，又是群众中的先进分子，必须踏踏实实地为人民群众办实事、谋福利。农村党员干部不仅要有致富的能力，还要有帮助群众致富的素质。群众想不到的事，党员干部不能不想；群众做不到的事，党员干部不能不做；群众不便管的事，党员干部不能不管。农民群众致富，既要靠自身努力，又离不开党员干部的帮扶。党员干部必须强化为群众服务的意识，时刻有帮助群众的真诚之心、热切之情、紧迫之感，把自己掌握的致富技能、方法、经验毫无保留地传授给周围群众，使他们尽快掌握致富本领。同时，还要"做给群众看、带领群众干"，不断提高出思路、出点子的水平，积极帮助群众解决在发展致富过程中遇到的困难和问题。

实现共同富裕是社会主义的本质要求，是党员干部的一种责任，也是一种境界。在许多地方，人们对"自己不会富，不能当干部；只顾自己富，不配当干部；带领大家富，才是好干部"已形成共识。这说明，具有共富境界、能够带领群众共同致富的党员干部才受欢迎。党员干部的使命就在于团结带领广大农民群众通过诚实劳动和合法经营富起来，并逐步实现共同富裕，让广大人民群众共享改革发展的成果。同时还要看到，共富是一个动态过程，富的标准会随着时代发展而不断变化。因此，决不能满足于"稍富即满""小富即安"，而要继续努力，不断进取，向着更高水平、更高标准的富裕生活迈进。

（原载2006年第2期《党的建设》）

新"官"之"火"如何烧？

常言道："新官上任三把火。"一位部级新领导上任却坦言，他这个"新官"上任，首先要烧好前任的"火"。当然，烧好前任的"火"有一个大前提，就是前任必须是像总书记在江苏考察时所强调的那样"多干群众急需的事，多干群众受益的事，多干打基础的事，多干长远起作用的事"，所作决策必须是把为民谋利作为目标，经过科学论证、领导班子集体决定的，并不是一个人的作为。在此前提下，必须以科学发展观为统领，树立远大志向，与时俱进地把"火"烧得更旺，把工作做得更好。

一项全局性、长远性正确决策的执行与实现，是一个漫长过程，前任在任期内不能完成，就须由后任持续贯彻下去。"新官"确实要有新思路、新举措、新气象，这既是每一个干部的自我要求，又是群众的普遍愿望。但如果每一个"新官"都要另起炉灶，新烧"三把火"，那就没有精力顾及前任未竟的事业，原有在建项目就会成为"半拉子"工程。一些投资巨大、牵动全局、关系未来的大决策、大项目、大工程，就会因此而造成巨大的损失。假如每一个新任都不愿烧前任的"火"，那些继往开来、造福后代且须接力的长效工程就根本无法实施。这应引起各级干部的高度重视。

树立正确的政绩观，也要求后任要烧好前任的"火"。有的干部由于存在片面的政绩观，喜欢重搭台子另唱戏，不顾客观实际，不珍惜民力，大搞突出自己的形象工程。其原因，一是认识和观念上有误区。不少干部功利心较重，期望值过高，恨不得自己什么事都办完。二是体制和机制上有问题。干部在任期内面临着一系列的考核、测评等，而这又牵扯到个人的升降去留和形象声誉，他们感到必须由自己独立创造政绩才行，尤其要出空前未有的政绩。在这种情况下，"重打锣鼓唱新戏"的事就屡屡发生。为解决这一问题，必须建立一整套科学合理的制度、标准和方法，形成科学的评价体系，全面准确地评价干部的工作成绩。既要看干部任期内的政绩，也要看与前后任的传承工作做得好不好，有没有因传承不好而给整个事业造成损失。

发展犹如田径场上的接力赛，后任必须接过、跑好前任的接力棒才能赢得整场比赛。虽然干部有前任、后任之分，而发展本身却必须遵循固有的规律连续进行才能赢得全过程。每一任领导都必须适应发展过程及其连续性的客观要求，继承前任，做好本任，善传后任。但在现实中，往往出现这样一种情况：主要领导一动，工程就要"重弄"，宏伟蓝图就要重画。群众对此戏言："张书记挖沟李书记埋，王书记推倒又重来。"由于后任不愿接着烧前任的"火"，不少地方和单位的发展不得不反复"重开新局"而受到严重影响。

烧好前任的"火"，更是落实科学发展观的要求。贯彻科学发展观，关键是要注重可持续发展，坚持走生产发展、生活富裕、生态良好的文明发展之路，保证一代接一代地永续发展。无论哪一任的项目，只要符合科学发展观的要求，就要坚持干下去。"灶凉了再烧费柴火。"发展最怕的就是反复无常，衔接不上，持续不了。应当认识到，领导者的一任只是发展过程中的一小段，所做的工作，也只是整个事业中的一小部分或一个环节。每一个新任领导干部都要换位思考，纵向地推己及人，辩证地认识到，假如自己任内的"火"未烧好，自己肯定希望后任接着烧好自己这一任的"火"。而自己对后任的希望，首先应当用于自己正确对待前任。如此，每一个新任都自觉地烧好前任之"火"，我们的事业才能薪尽火传，生生不息。

（原载2006年第2期《群众》）

"奖"得其所

2月底，铜山县拿出868万元重奖经济建设功臣，奖金总额为徐州市各县（市）区之最。大家普遍认为，"奖"得其所。有获奖者当场发誓："争取明年拿更高的奖项！"

学会用"奖",善于用"奖",是调动人们积极性、取信于民的最有效措施。"重赏之下,必有勇夫"虽是古话,但奖赏必定是对一个人成绩的肯定。正确地使用"奖",就能极大地激励人的上进心,把"奖"的作用发挥得淋漓尽致。如今,一些地方和单位却不会运用"奖"这个手段。有部门或个人虽然取得了突出的成绩,却始终与"奖"无缘,一定程度上挫伤了他们的积极性。华西村领头人吴仁宝获奖5000多万元,三元朱村党支部书记王乐义得奖40多万元,尽管他们把奖金都留给了集体,但他们毕竟是被重奖了。因为"奖"是对走在时代前列、做出重大成就者的认可和褒奖,也是对后进的鞭策和激励,其作用和意义是显而易见的。

为什么一些人不会用"奖"呢?一是不想奖,总认为功劳是自己的,对别人、属下没必要奖;二是不敢奖,得奖是个别人,而无奖者则是大多数,恐怕"摆不平";三是不愿奖,常用的借口是"没有钱",一句"以后再说"了事。该奖不奖的结果是,营造不了干事、创业、创新、创优的小环境,只能是人人混日子,工作被动,发展缓慢。

农民常说:"草驴叫驴不能一样钱。"干好干孬不能一个样。对优者不奖,是最大的不公。因此,对国家和人民作出贡献者实行重奖,是尊重知识、尊重人才、尊重创造的表现,这也是一种导向!

(原载2006年3月3日《江苏经济报》)

既造福一方,又造福后人

"为官一任,造福一方",这是一种颇为流行的说法。就一般意义上看,这种说法并没有什么不妥:领导干部到一地任职,希望有所作为,借此可以明志自励;广大群众也常常借此表达一种心情,盼望领导干部能够干出成绩,为民造福。但从更深一层意义上看,一个领导干部在"为官一任"的时间里,仅仅着眼于或者满足于"造福一方"还是不够的,应该在"造福一方”的同时，进一步做到“造福后人”。只有这样，才真正符合科学发展观和正确政绩观的要求。

党的干部是人民的公仆，必须努力干事创业，不断为人民群众带来实实在在的利益。这是党的性质和宗旨的要求，也是人民群众的期望。各级领导干部尤其是一个地区或部门的主要领导干部，“为官一任”就肩负着“造福一方”的责任，理应尽自己最大的努力，调动一切积极因素，推动工作和事业发展，多为群众办实事、做好事、解难事。坚持这样做，才能得到人民群众的拥护和支持。否则，在其位而不谋其政，就有负“人民公仆”的称号。

然而，现实生活中也有这样的情况：有些领导干部片面理解“造福一方”的含义，把它等同于“造福一时”，为了自己出政绩，往往忽视了“造福后人”，甚至不惜劳民伤财，干那些“吃祖宗饭，断子孙路”的事。比如，有的缺乏全局意识和长远眼光，为了局部利益和眼前利益，不惜以破坏环境和浪费资源为代价去追求一时的所谓发展；有的思想境界不高，缺乏为后任打基础、为发展积后劲的气度，不愿干那些没有显绩、与己无利的事；更有的打着“造福一方”的幌子，乱铺摊子，乱上项目，只求自己出政绩，至于群众是否能得到实惠则往往不予考虑。久而久之，“造福一方”变了味，负面影响越来越明显。

科学发展观强调坚持以人为本，强调全面、协调、可持续发展。贯彻落实科学发展观，要求各级领导干部必须树立正确政绩观，具有全局意识和长远眼光，切实把“造福一方”与“造福后人”有机统一起来，创造经得起实践、历史和群众检验的政绩，确保让发展的成果惠及全体人民，确保实现一代接一代永续发展。必须看到，人民群众的长远利益与眼前利益在根本上是一致的。“为官一任”当然要“造福一方”，但还要考虑“造福后人”。“造福后人”是“造福一方”的升华，是更高层次的追求。如果没有“造福后人”的追求，“造福一方”只能是暂时的；如果只想着眼前利益，不顾及子孙后代，就不可能实现真正的“造福一方”。

要使领导干部做到既“造福一方”又“造福后人”，一方面需要进行思

想教育，另一方面需要加强制度建设。应通过思想教育，使领导干部牢固树立全心全意为人民服务的思想和真心实意对人民负责的精神，切实做到权为民所用、情为民所系、利为民所谋，在各项工作中始终把人民群众的利益放在第一位，不急功近利创政绩，不哗众取宠争虚名，坚持认认真真干工作、扎扎实实谋发展。同时，应建立健全符合科学发展观和正确政绩观要求的干部考核任用制度体系。考核任用一个干部，既看任期内干了多少事情，又看付出了多大成本；既看现实取得的显绩，又看长远发展的潜力；既看指标数字增长，又看群众是否满意。对那些脚踏实地、默默无闻地干打基础的事、干长远起作用的事的干部，一定要给予褒奖和重用；而对那些为了个人名利、不顾客观实际和群众愿望去搞"形象工程""政绩工程"的干部，则一定要加以纠正和惩处。只有把思想教育和制度建设两方面的工作抓好了，才能保证各级领导干部集中精力想长远、干大事、创大业，切实做到既"造福一方"又"造福后人"。

(原载2006年03月15日《人民日报》、第1期《淮海文汇》、第2期《徐州政协》、第3期《徐州宣传》)

"在生活上别让群众看出来"

在开展保持共产党员先进性教育活动评议阶段，一位近50年党龄的老党员感慨地说："党员干部在工作中，要让群众一眼就能看得出来。但在生活上别让群众看出来你是党员特别是党员干部。"这番话使我思索了很长时间，切实感到，在工作上"让群众看出来"与在生活上"别让群众看出来"相比，前者比较好做，后者真正做到不容易。这不仅需要很高的思想境界，还要在自身修养上多下功夫，细微之处多注意。通过反复学习党章，使我进一步认识到，作为党员，一定要廉洁奉公，特别要注意倾听群众的意见，不断检讨自身的作风问题，决不能表现出党员的优越性，要让群众看不出特殊来。

我们党的性质、宗旨和肩负的历史使命，决定了共产党员应永葆艰苦奋斗的本色。党章明确规定了党员的义务："坚持党和人民的利益高于一切，个人利益服从党和人民的利益，吃苦在前，享受在后，克己奉公，多做贡献。"这就是说，共产党员在生活上绝没有什么特殊可言，应当与广大人民群众同甘苦、共患难，永远保持艰苦朴素的政治本色。方志敏烈士在《清贫》一文中写道："清贫、洁白朴素的生活，正是我们革命者能够战胜许多困难的地方。"解放战争期间，我们党在西柏坡简陋的小平房里，指挥了解放全中国的伟大战争。作为八路军总司令的朱德，看不出一点"大官"的派头，就连八路军总部驻地村子里的老百姓也都以为他是伙夫。后来看他年纪较长，不少人听他的招呼，就以为他是伙夫的头头。"在生活上别让群众看出来"，就是因为党员深深扎根于群众之中，同人民群众保持了血肉联系。党员、党员干部是人民的服务员和公仆，生活上决没有搞特殊、要享受、摆架子的理由。所以，群众从生活上看不出你是党员干部，应当是情理之中的事。

尽管现在人们的生活水平普遍提高了，但党的艰苦奋斗的作风不能丢，贪图享乐的思想不能有。在生活上要耐得住寂寞，经得起考验，抵得住诱惑，管得住小节，永葆党员的本色。不可否认，时下确有些党员干部，讲安逸、讲享受、讲名利，人们仅仅从生活作风上就能看出来：盛气凌人，官味十足，对群众缺乏感情；抽的是一支值半斤油的好烟，穿的是名牌，住的是高档楼房，坐的是高级轿车。但工作能力没有相应提高，工作成果可不怎么大。对此，有的群众说："过去骑自行车能解决的问题，现在坐小轿车有时竟解决不了。"有些党员、党员干部，由于个人修养不够，没有树立正确的世界观、人生观、价值观，斤斤计较个人名位，追逐权力，贪图享受，专横跋扈，脱离群众，做官当老爷。还有的则享受在前，吃苦在后，碰到困难就躲，一有荣誉就抢。这就完全违背了党章的规定。

在社会主义现代化建设中，党员充分发挥先锋模范作用，永远保持党的先进性，实现好、维护好、发展好最广大人民群众的根本利益，这不能不让人看出来；在生活上艰苦朴素，作风上谦虚谨慎，对群众以诚相待，对家

人及身边工作人员严格要求，不搞特殊，没有让人反感的地方，必然让人家看不出来。该看出来的，而看不出来；不该看出来的，却被看出来了，就说明这个党员搞特殊化、脱离群众的问题相当严重了。刘少奇同志说过："国家困难，我们不能搞特殊；就是国家昌盛了，共产党员也不能搞特殊。"许多事实说明，党员一般不会栽在工作的看出来上，往往毁在生活中的看出来上。有些人做出了与党章要求格格不入的事，硬是让群众看出来了，而且看得令人吃惊，离"出事"也就不远了。这方面有许多教训值得汲取。

学习党章，最主要的是强化党章意识，模范遵守党章，时时刻刻准确而完整地按照党章去做，不断规范自己的行为准则。在过去相当长的时间里，我们强调过多的是要让群众看出来，而没有注意到让群众看不出来，致使一些党员忽视了世界观的改造，远离了群众的监督。有的党员片面认为，只要工作上让群众看出来就行了，生活只是个人小节问题。其实，群众不光从工作上认识你，更重要的是，通过平常表现出来的生活作风评价你。所以说，只有牢记"两个务必"，始终把享受在群众之后作为共产党员的不懈追求，才能融入群众之中，找准自己的位置，树立新形象，展示先进性，永远不变色。

（原载2006年第6期《共产党员》）

领导者应"能共事"

一位中央领导同志在基层调研时强调："要把那些想干事、会干事、干成事而又能共事、不出事的人选入班子。""能共事"提得很及时，有很强的针对性。要求广大党员干部团结一致，善于与同志们共事，共谋发展大计，共创发展伟业，真正地为人民群众办好事、干实事、解难事。

毛泽东同志在《为人民服务》中谆谆教导："我们都是来自五湖四海，为了一个共同的革命目标，走到一起来了。"是党的崇高事业，把四面八方的同志凝聚到了一起。这就必须以"事业"为主线，集中精力，一心一意

"谋事"，才是根本所在。正因为共产党人时刻以人民利益为重，竭尽全力想干事、虚怀若谷"能共事"，才团结一切可以团结的力量，取得一个又一个胜利。今天，我们要继续发扬革命传统，以党的事业为重，讲原则、讲团结、讲合作，与大多数人"能共事"，齐心协力肩负起党和人民赋予的历史重任。

有些人认为，干部是否"能共事"，只是个人性格、处世态度问题。其实不然，它关系到团结问题，关系到事业成败问题。有些党员干部想干事的热情很高，要干事的劲头不小，但与人共事的能力不强。个别情况下，事没干成，矛盾却出来了，影响了经济和社会发展的进程。中央领导同志曾经指出："我们党内有一种人才智不错，但是说话态度生硬，架子摆得很大，以为这就是领导，其实这只能令人讨厌，脱离群众，使自己陷于孤立和困难的境地；另一种人，虽然本事不大，但是能够虚心合作，遇事共同商讨，工作作风扎实，事情处理得很好，也得到别人的尊重。"所以说，一个干部"能共事"与否，对事业的兴衰起着极其重要的作用。

"能共事"，是讲团结的基础。团结就是力量，团结就是胜利。领导者既要做增进团结的表率，又要做维护团结的模范。一个人的能力毕竟是有限的，如果远离了组织和集体，"独角戏"是唱不好的。群众好说："你就是满身都是铁，又能打多少钉？"所以，任何人都不能包打天下，需要上下左右、方方面面的配合和支持。国家最高科学技术奖获得者叶笃正，就把"一个人搞不成科研，要培养一个团队，大家一起做"作为"成功的秘诀"。集体的力量是无穷的，协作的动力是巨大的。尽管人与人分工不同，班子成员职责有别，但相互合作是必不可少的。做到"能共事"，最简单的办法是将心比心、换位思考，大事讲原则，小事讲风格。衡量一个干部办事的水平，主要看其协调能力强不强，能不能与人共好事，善不善于团结人。唯如此，才能形成合力，提高战斗力。

"能共事"，是干事业的保证。人常说："工作好做，关系难处。"这说明要真正共好事，并不那么容易。但共事是为了干事，为了成事，非处

好不可。陈云同志说："一个人有多少力量、多少时间？即使你的精力很强，'天下第一'，也要有天下第二、天下第三的人来帮助扶持，你才会成功。"时下有不少干部感叹，由于共事的氛围不理想，能有一半的精力用在干事上就不错了，大多数时间都在考虑平衡各种关系。有些事情一旦处理不当，极易带来消极因素，办事效果就会大打折扣。如果没有来自内部的阻力，减少了内耗，就能够轻装上阵，多出快出成果。这无疑要求我们，在任何时候、任何情况下，都要把党的事业摆在第一位，把心思多用在做事上，同心同德，优势互补，协同作战。只要大家心往一处想，劲往一处使，就能事业有成，硕果累累。

"能共事"，是求和谐的关键。每一个人都是社会的一员，不可能过着与世隔绝的生活，自然存在着与人相处共事的问题。干工作的切入点，也多是从与人打交道、与人共事开始的。因此，人对营造融洽的社会关系起决定性的作用。"天时不如地利，地利不如人和。"其中"人和"，说白了就是有与大伙共事的良好氛围，有好的人缘。做任何工作必须先着眼于人的和谐，以人为本，真诚相待，相互信任、相互支持、相互包容。人的主观能动性得到充分调动和发挥，就会把工作做得更好。"能共事"，领导干部一定要有宽广的胸怀，有容人之德，尊重人，关心人，激励人。要坚持多琢磨事，少琢磨人；多宽容，少计较；多友善，少敌对，合心、合力、合拍干事业，加快建设和谐社会。

胡锦涛总书记3月4日在看望政协委员时谈到了"八荣八耻"，强调要"以团结互助为荣、以损人利己为耻"。这为我们团结共事指明了方向。平心而论，大家能在一起共事是一种缘分，应格外珍惜。要想轰轰烈烈成就一番事业，必有良好的共事作基础。否则，就谈不上"会干事"，也很难说"干成事"。"能共事"承上启下，贯穿于"干成事"的全过程。实践证明，一个善于与人共事的干部，才是一个能团结大多数、创出大业绩的领导者。

（原载2006年第7期《徐州宣传》）

"有多大的锅，贴多大的饼"

建设社会主义新农村，是一件关乎全面建设小康社会和现代化建设全局的大事，也是一件合乎国情、顺乎民意的好事。怎样才能把这件大事办好、好事办实？中央一再强调，既要注重调动和发挥各方面的积极性、主动性、创造性，形成合力，尽力而为，又要坚持从实际出发，充分考虑农村的物力财力情况和群众的实际承受能力，量力而行。尽力而为、量力而行，用农民群众的话说，就是"有多大的锅，贴多大的饼"。这是各地在推进新农村建设中应当遵循的一个重要原则。

我国正处于并将长期处于社会主义初级阶段。人口多，底子薄，经济社会发展不平衡，是我国的基本国情。全面建设小康社会，实现社会主义现代化，最艰巨、最繁重的任务在农村。这在客观上决定了解决"三农"问题、建设新农村的长期性、复杂性、艰巨性。同时，新农村建设涉及农村经济、政治、文化、社会和党的建设的方方面面，是一项系统工程。我国幅员广阔，各地情况千差万别，建设新农村不可能有一个统一模式。这就需要通盘考虑、因地制宜，有计划、有步骤、有重点地加以推进。正确处理可能性与现实性的关系，既尽力而为，又量力而行，才能使新农村建设不断取得新的进展，给广大农民群众带来实实在在的利益。

尽力而为，就是要尽最大努力，下大力气、苦功夫。新农村等不来、靠不来，也要不来，只能通过艰苦奋斗干出来。越是复杂艰巨的任务，越是需要付出更多的辛劳、投入更多的力量，越是需要开拓创新、攻坚克难。那些基础较好的地方，应乘势而上，着力实现新的突破；那些条件较差的地区，也应迎难而上，尽快找到符合自身实际的发展路子。具体而言，需要做到三个"到位"。首先是认识到位。把思想认识统一到中央的决策和部署上来，充分认识建设新农村的重要性、必要性和紧迫性，明确目标方向，积极行动起来。其次是措施到位。拿出足够的时间和精力，深入思考分析本地的实际

情况以及可能遇到的矛盾和问题，研究提出推进新农村建设的思路对策、规划方案、方法措施。最后是工作到位。目标方向、思路方案等确定以后，就要认认真真抓落实，确保各项任务的完成。

量力而行，就是要坚持实事求是，防止脱离实际的蛮干。推进新农村建设，不下大力气、苦功夫不行，不尊重规律、讲求科学也不行。任何事物的发展都有其规律，新农村建设也是这样。坚持尊重规律、讲求科学，才能事半功倍，否则就会受到规律的惩罚，给事业带来损失。作为一项重大战略任务，推进新农村建设应当广泛听取广大农民群众的意见和建议，尊重自然规律、经济规律和社会发展规律，区分轻重缓急，突出建设重点，坚持"有多大的锅，贴多大的饼"。为此，应当做到以下几点：一是求真务实、注重实效。从农民群众最关心、要求最迫切，也最容易见效的事情做起，不急功近利，不急于求成，不搞短期行为，不搞"形象工程""政绩工程"。二是珍惜民力、勤俭创业。从农民群众的立场和角度想问题、办事情、做工作，体察民情、尊重民意、体恤民力，一时难以做到的事，不可硬上蛮干，不能为了追求所谓的"一步到位""轰动效应"而搞大拆大建，让群众饿肚子、背包袱。三是着眼长远、大胆探索。量力而行不是不作为，也不是慢作为，而是善于把握时机，顺势而动、乘势而上。由于客观条件不断变化，有些事今年条件不成熟而不能盲目上马，明年或许就水到渠成而需要抓紧抓好。所以，应当积极探索、勇于创新，决不让机遇从眼皮子底下溜掉。

（原载2006年7月31日《人民日报》）

加快发展要在"三名"上下功夫

一个民族要有骨气，一个人要有志气，一个地区要有名气。当今时代，名气就是形象，名气就是财富。一提苏州，大家就联想到园区、新区；对于杭州，有句话说得巧，"千里迢迢来杭州，半为西湖半为绸"。这就是两地的名片。对我县来说，外地都知道铜山有"维维"或"维维"在铜山。这说明发展是离不开"名"的，向"加快发展，实现跨越"的目标奋进，就必须强化"三名"意识，在"名"字上做文章、下功夫，那就是追求名次、创造名牌、打造名片。

追求名次，以位次前移促发展。不想拿冠军的运动员不能算是好运动员。争第一表面上看是争荣誉、要名利，实际上是通过这种竞争来提档升级。就县域经济来说，进入全国百强县就代表了一种实力；在县内如果某镇从二类镇跨入一类镇的行列，就表明其经济又上了一个大台阶。当然，追求名次，进位争先，要认清自我，扬长补短，将优势发挥到极致，走出适合自我发展的路子。同时要确定远学什么地区，近超什么单位；既要有长远目标，又要有近期步骤。要时刻明白，我们快发展，人家也正在提速，赶超既定目标，唯有咬住不放，盯住不松，锲而不舍，付出更多的精力才行。

创造名牌，以创新创优促发展。市场经济就是名牌经济。名牌的背后是科技、人才、规模、市场等的科学组合及优势发挥。谁拥有了名牌，谁就拥有了在经济发展中制胜的法宝。我县已拥有1个中国驰名商标、5个全国著名商标、6种省名牌产品。"享用商标品牌，振兴一方经济。"正因为铜山拥有了"维维"等品牌，为我们带来了有形无形的经济和社会效益。但总让人有一枝独秀之感，什么时候再出现第二个、第三个乃至更多的驰名品牌呢？青岛的大发展就得益于一个大的名牌群体：海尔、海信、双星、青啤等如群星璀璨。铜山的发展需要名牌，需要"铜山制造"，更需要"铜山创造"。创名牌是不断创新、创优、创造的过程，需要以人为本，引天下英才为我所用，同时要加大科技投入，倾力营造良好的"三创"环境。

打造名片，以独特形象促发展。名片是一个地区最简洁、最直观、最突出的反映。一张好的名片，其实就是一张通行证。有些地方的名片一两个字就让人印在脑海中，如"鞋都""花城""制造基地"等。现在一说天下第一村，都知道是华西村，这就是名片。在我们铜山，"维维"不必说了，新区被称为徐州的"南花园"，棠张的无公害蔬菜、胜阳的板材、汉王的生态

等也多以地方名片出现。客观地说，我们的名片还不够大、不够响，在一定的范围内影响小，知名度还不太高。目前我县拥有3万头奶牛，有牛奶加工基地，又环绕徐州这个大市场，做大做强奶业也会成为一张名片。软环境也是名片，所以，要着力"把铜山打造成为徐州乃至全国服务环境最佳地区"。

"有名就有利。"名次、名牌、名片三者是相辅相成的：名次靠前，可以成为名片，我县提出的"三先"，说穿了就是个争名次问题；创造了名牌，既能成名片，又可以促进名次前移；而名片又是名次、名牌在一个地区的综合反映。只要我们进一步解放思想、更新观念、乘势而上，坚持高水平谋划、高目标定位，始终以"名"为导向，一定会创造出铜山的新优势，实现又快又好发展。

（原载2006年第10期《徐州宣传》）

以先进性打造"先导区"

2006年11月26日至27日，中央党校与徐州市"建设社会主义新农村——铜山实践"高层论坛的成功举行，标志着铜山新农村建设走在了中等发达县前列，其做法、经验和实践为全国其他县（市、区）如何更好地建设新农村提供了很好的启示和借鉴。

有着5000年历史的铜山县，在新的历史时期经济社会发展已驶入快车道，三度步入"全国百强县"行列，主要经济总量位居徐州各县之首，被誉为"淮北领头羊"。按照中央新农村建设"20字方针"要求，铜山以"苏北率先、江北领先、全省争先"的气魄，立足县情，注重特色，充分发挥党组织的先锋带动作用，坚持统筹城乡发展，突出"产业支撑富民、环境提升文明、管理促进和谐"，抓典型，建示范，多元投入，全员参与，建设"民富、村美、风正"新农村，努力探索出了具有铜山特色的新农村建设之路，是为"铜山实践"。

一是培养新农民，共产党员争先创优。农民是建设新农村的主体。事业兴旺，关键在党，关键在人。铜山不断深化"三级联创"活动，突出抓好"农民培训工程"，培养造就一批思想观念新、生产技术好、既懂经营又会管理、既讲文明又讲科学的新型农民，使80%以上的农村青壮年党员成为建设新农村的带头人。同时，大力实施"四在乡村"党员带动工程，引导农村党员带动群众创业致富，实现"富在乡村"；带动群众学用科技，实现"学在乡村"；带动群众清洁家园，实现"美在乡村"；带动群众转变乡风，实现"和在乡村"。通过实施"四在乡村"党员带动工程，使全县80%以上的村级党组织"班子坚强有力、党员素质提高、工作机制完善、发展成效突出、农民群众满意"。

二是打造新产业，各类党组织率先实践。这是建设新农村的核心任务。"铜山实践"紧密结合铜山实际，始终把富民强县作为一切工作的出发点和落脚点，大力实施"以工业化致富农民，以城市化带动农村，以产业化提升农业"战略。运用工业化理念经营农业，加快发展现代农业和非农产业，推动农业和农村经济结构战略性调整，逐步提高农村生产力水平和农民收入水平。主动顺应农业龙头企业、专业市场、行业协会、中介组织、股份合作社等新兴经济组织快速发展新形势，县委按照"产业建支部、党员带头富、农民增收入"的思路，创新农村党组织设置模式和工作方式，新建了30多个产业协会、龙头企业、示范基地等非农产业党支部，新设了100多个丰产高效栽培、农产品营销等专业型党小组，达到党组织活动与党员、群众生产经营活动的有机结合，使农村基层组织建设始终充满生机与活力。

三是建设新村庄，村支部领先创建。这是新农村建设的关键环节。全县各地不断加强"双强""双带"型党员干部队伍建设，支持、引导广大村组干部和党员在带头致富的同时，做给群众看，带领群众干，走共同富裕之路。大力开展"清洁家园、清洁田园、清洁水源、创建文明示范户、创建生态示范村、创建卫生示范镇"活动，以推广新型民居为重点，改善农村人居环境，坚持规划先行，加大农村基础设施建设，逐步完善镇村公共服务

功能，帮助农民营造一个整洁、方便、和谐的生产生活环境。近年来，全县共建新型民居8000余户，其中一些示范村已有90%以上的群众住上了新型民居。倾力打造农民学习教育基地，全县每个行政村均建成一个"农民书屋"。目前全县已创建国家级文明镇1个，省级文明镇3个，省级文明村5个，市级文明镇、文明村各7个。

回眸过去，使我们鉴往知今；展望未来，让我们登高望远。未来5年，是铜山建设全面小康社会和社会主义新农村的决战期。县委书记在县第十二次党代会上指出：要"打造先进制造业基地，勇当率先发展排头兵，总体上实现全面小康，建设徐州南部主城区、苏北新农村建设先导区"。万里舒长卷，挥笔绘蓝图。县第十二次党代会绘就的宏伟蓝图已有良好开局，有市委、市政府的正确领导，有全县广大党员的大力引领，有百万人民的奋力拼搏，有党的先进性建设作保证，全面建成苏北新农村的"先导区"一定会指日可待，铜山的明天一定会更加美好。

（原载2006年《徐州党建·铜山专刊》卷首语，署名为本刊评论员）

农村党建应多在"促"上下功夫

先看两个数据：今年年初，县委、县政府确定了21个社会主义新农村建设示范村；在这些村中，"七一"受到县委表彰的先进基层党组织有13个，其余8个村支书中有4个被表彰为县优秀共产党员。这充分说明，建设社会主义新农村必须以加强党的基层组织建设作保证，而加强党的基层组织建设当前又必须以促进新农村建设为出发点和落脚点。既要在"建"字上动脑筋、想办法，又要在"促"字上下功夫、见成效。我县大力实施"以加强农村基层组织建设促进社会主义新农村建设，以新农村建设促进农村基层组织建设"的"双建互促"工程，其中的"互促"作用非常明显。这就不难看出，只有"双建"才能"互促"，"建"是前提，"促"是目的，是结果。

徐州市委学习中心组曾举办专题报告会，中国社会科学院研究员作了题为"科学发展观与徐州城市竞争力"的专题报告。结合徐州发展实际情况，研究人员提出了区域与核心、外资与本土、长期与短期、城市与乡村等9个与"促"共进的观点，使参加学习人员对科学发展观有了更深刻的认识："促"的文章值得研究、大有做头，特别是农村工作，"促"理应是重头戏。

"农村富不富，关键在支部。"这就是对以基层党组织建设促进农民致富奔小康的简洁概括。纵观一下近几年来我县农村党建工作所取得的成就，无不透露出"促"的轨迹和光彩：党建工作在发展中不断创新、与时俱进，展现出强大的活力。一是根据农时特点、阶段性工作重点，选择在田头地边等生产经营场所搞活动，把党组织建在支柱产业链上、经济发展链上，增强其在各种组织结构中的能动性和适应性，促进了农村经济组织的壮大与发展。二是注重"三培养"，即把致富能手培养成党员，把党员培养成致富能手，把党员中的致富能手培养成村组干部，努力使农村有劳动能力的党员成为带头致富、带领群众共同致富的时代先锋。三是以开展保持共产党员先进性教育活动为契机，不断加强基层组织建设，着力提高党组织的凝聚力和战斗力；同时，围绕20字方针，夯实农村工作基础，促进新农村建设向更高的层次迈进。

从理论层面来看，"双建互促"是一个相互促进、相互提升、共同进步的有机整体，不仅适应"社会主义新农村与新时期农村党组织建设"，而且对全社会，特别是经济发展实践中的每一个个体都起着很强的指导作用。可以这样说，"双建"上了一个台阶，"互促"的作用就会提高一个档次。随着"互促"的进一步深化，各项工作将达到一个新的水平。

所谓"互促"，是指基层组织建设促进新农村建设，新农村建设又促进基层组织建设。"发展是执政兴国的第一要务"，新农村建设第一项任务就是"生产发展"，落实到科学发展观上，那就是发展并不是孤立的，是与周围环境密切相关的。你的发展可以促进我的发展，我的发展也可以促进你的发展。发展是与上下左右及整个社会相联系的，是相辅相成的。内力当然起

主导作用，但也离不开外力的配合和支撑。一个镇村也好，一个地区也好，发展是受诸多因素影响的，既会相互促进，也能相互制约；既有优势互补和叠加，也有劣势共存和抵消。这几年流行一个词叫"双赢"，按我们过去的思维，双方对弈，除非和局，非一输一赢不可，怎么会有"双赢"之说？这就不仅仅是一个观念上的问题了。"双赢"贵在对双方有利，能促进双方的共同发展。这几年铜山县奶牛奶业发展迅速，就是因为有维维集团这个加工基地的大力"促"动；而随着龙头企业的不断壮大，又反过来"促"进奶牛业的大发展。到底是农业促进工业，还是工业促动农业？恐怕很难说清楚。但双方都明白，对方越好我也跟着好；对方不景气，我日子也不好过。一般来讲，一个地方的工业发展，需要农业原材料作支撑，而产品出来后，又离不开农村这个大市场；同样，农业发展需要工业的再加工、深加工，又少不了工业提供农业机械等装备，它们是相互促进的。社会主义新农村仅靠"三农"是建设不起来的，需要丰富的党建工作促进提高，要以城带乡、以工补农，各方面相互协调、相互促进、共同发展、共享成果。

"互促"的理论不仅适应党建工作与其他各方面的建设，而且适应人与人之间的相互关系。有一位农民，听说某地培育出一种新玉米，收成很好，于是千方百计买来一些种子。他的邻居们听说后，纷纷找到他询问种子的有关情况及出售种子的地方。这位农民害怕大家都种这样的玉米而他自己失去竞争的优势，便拒绝回答。邻居们没办法，只好继续种原来的玉米。谁知到了收获的时候，这位农民的玉米并没有获得丰收，跟邻居家的玉米相比，也强不到哪里去。为了寻找原因，农民去请教一位专家。经专家分析研究，很快查出玉米减产的原因：他的优势玉米接受了邻居地里一般玉米的花粉。这是一个很简单的道理：收获总是相互促进的。党的建设的收获也是相互的、全面的，不仅仅表现在经济上，而且涵盖社会生活的各个方面。我们都不是孤立地存在于社会之中，都需要给予和接受。许多情况下，支持、帮助别人，其实就是直接或间接地帮助我们自己。有句话就说得相当好："有钱大家赚，大家才能赚到钱。"可持续发展、协调发展、城乡统筹发展，其实就是在发展过程中要更加注意运用、发挥好"互促"的作用。当然，党建的促进作用是最主要的、最大的。

认真分析一下这几年发展比较慢的农村和地区，主客观原因固然很多，但其中与没有正确处理好"互促"问题不无关系。一个地方党的基层组织建设薄弱，经济社会发展就缓慢；而经济上不去，又会直接影响党的形象和建设。如果就党建而搞党建，那就会脱离实际，缺乏针对性。要"促"字当头，与当地的中心工作和发展实际紧密结合起来，注重让党建成果惠及更多的人民群众。我县不少先进村的实践说明，"双建"工作越主动，"互促"的动力就越强，发展的后劲就越足。可以相信，党建工作取得丰硕成果之时，也就是社会主义新农村建成之日。

（原载2006年《徐州党建·铜山专刊》）

培育新农民　建设新农村

建设社会主义新农村，必须努力提高广大农民的科学文化素质，培育一代新型农民。农民是新农村建设的主体，生产发展、生活宽裕、乡风文明、村容整洁、管理民主，哪一项都离不开农民的积极参与、建设、创造和推动，离不开农民整体素质的提高。作为拥有百万人口的农业大县，铜山县在近几年的农村发展实践中逐步认识到，培育新型农民的步伐，决定和影响着新农村建设的进程。只有农民整体素质不断提高，才能增强运用农业新技术、新品种的能力，才能提高市场竞争能力和增收致富本领，才能提高农民的文明程度。因此，在建设新农村中，必须坚持以人为本，始终抓住培育新型农民这个关键不放，充分发挥广大农民的聪明才智，调动他们的积极性和创造力，才能稳步推进新农村向前发展。

培养有文化、有技能的青年农民，为新农村建设积蓄后劲。多少年来，农村流行这样一句话："庄稼活，不用学，人家咋着咱咋着。"它一是说农

业没有什么科技含量，二是说从事农业生产没有什么作为。如今，这句话显然不行了。从事现代农业生产，没有文化或没有技能和专长，就掌握不了先进的农业生产技术，解决不了现代农业生产中出现的新问题，无法问津高效农业。那么，农业增产、农民增收、农村发展就成为一句空话。今天的青少年，就是明天新农村建设的主力军。抓好青少年培养，就是为未来"三农"发展打基础。为此，县委、县政府在2006年22号文件《关于社会主义新农村建设的五年实施规划》中明确提出："到2010年，基本实现县域义务教育均衡发展，中等职业教育和普通高中教育规模相等。"也就是说，要着力培养一代有理想、有道德、有文化、懂技术、会经营的新型农民。

"两基"教育推动。教育兴，才能百业兴。坚持"让铜山的每一位孩子都接受良好教育"，不断满足人民群众对优质教育的需求，全面提升"两基"教育发展水平，巩固提高义务教育成果，力争5年内进入全省先进行列。全县小学适龄儿童入学率、巩固率均达到100%；初中入学率、巩固率均达97%以上。大力发展普高教育，高中入学率达75%，高考录取总人数、万人上线率、本科上线率连续多年居全市第一。在铜山的所有地方，校舍是当地最好的建筑，校园已成为当地最美的花园，先后涌现出56所国家及省级重点、星级、示范和实验学校。铜山先后获全国"两基"工作先进县、全国基础教育先进县等荣誉。

"两后双百"拉动。2004年年初，县政府着手实施"两后双百"工程，即对农村未升学的初、高中毕业生100%进行职业技能培训，力争培训后100%就业或劳务输出。这有力地促进了铜山继续教育在创新中发展，办学规模逐年扩大，办学实力逐年增强，办学成果惠及百姓。全县已建成了3所国家级重点职中，1所省级重点职中，12所省级重点成人教育中心校；培植了2个省级、3个市级农科教结合示范基地，构建起为"三农"服务的新高地，一大批年轻的农业专业人才源源不断地投入新农村建设中。

"财神摇篮"带动。铜山农民赞誉职业教育是"财神摇篮"。"桃李遍田野，香飘千万家。"作为"全国职业技术教育先进县"的铜山县，始终坚持"立足当地、瞄准苏南、面向全国、走向国外"的教学和就业转移指导原则，并结出丰硕的成果。在本地就业的职高毕业生，许多人成了厂长、经理、个体老板，涌现出了一大批致富能手和农村科技户、示范户带头人，在促进农村经济发展，带领农民致富中发挥了重要作用。张集职中畜牧专业毕业生张家恒，回乡独立创业，建起了家畜家禽咨询部、千羽种鸡场、孵化场、面粉加工厂等，家产已达百万元，年收入10多万元。在上海外高桥保税区内的飞利浦液晶显示器厂，近半数以上的线长、质检员、培训员都是铜山籍的职高毕业生。

"政府买单"促动。县政府不断加大对农民培训的扶持力度，建立了农村劳动力培训专项资金，特别是对35岁至50岁的中年农民，采取"定单式"培训、"组织化"转移的办法，以学技能和专长为主，重点掌握实用型新技术，走出去或就地转移从事其他行业，从而增加农民的工资性收入。以农民学校、基层党校为依托，各地专门成立了农民培训机构，县财政对农民培训给予一定的补贴。为保证培训质量，经有关部门的综合资质评审，已认定了37个培训基地。培训长本领，出去挣票子、换脑子，回来创业兴业。培训基地已成为农民自我发展、自我提升的平台，不少农民称其为致富的"跳板"。

培育懂经营、会管理的当代农民，为新农村建设增强活力

有识之士认为，必须跳出农业抓农业，面向市场抓农业。而要做到这一点，亟待提高农民的市场意识、经营意识和科技意识。为此，铜山县采取多种措施，鼓励农民走出去，开阔眼界，更新观念，在市场风浪中摔打磨炼。早在2000年6月7日的《新华日报》，就刊登了《铜山新型农民好潇洒——买专利评职称搞发明》的文章，报道了铜山培育新型农民的尝试做法，受到了有关部门的注意。这也是铜山县开始培育新农民的雏形。

1.经纪人走四方。铜山以培养经纪人为手段，以销售农副产品为纽带，让农民在市场中经受锻炼和考验，既培养了一批能人，又增加了农业效益，提升了农业产业化水平。有关部门专门印发了《经纪人必读》小册子，发放

到每个经纪人手中，热情帮助农村经纪人解决实际问题。全县涌现出了"贩鸭大王""贩菜大王""倒蛋大王"等闻名省内外的个体经纪人大户100多个。现在全县已有1.9万人从事农副产品运销活动，其中4100多名从业人员领到了经纪人执业证书。目前，铜山经纪人活跃在全国各地，形成覆盖30多个大中城市的营销网络，把全县每年生产的近10亿公斤蔬菜、3亿袋食用菌、3000万公斤肉禽蛋奶、1500万公斤瓜果等农副产品销往全国各地。与此同时，农民经济合作组织如雨后春笋，全县有组织制度、有合作手段、有规模、有明显效益的"四有"农业专业合作经济组织达188个。

2.标准化促品牌。农民不仅学会按市场需求组织生产，而且根据需方要求运用新的模式生产高新产品，发展精品农业。现在，全县通过省级认证的无公害农产品29个、绿色食品4个；建设无公害农产品生产基地40多万亩，引进数百个优良品种和先进技术。各地每年在生产前有针对性地培训农民，引导其执行无公害农产品生产技术规程，严格按标准化生产，使更多的农民掌握一门乃至数门新的栽培技术、工艺和方法，提高了农业生产的档次和水平。由此也强化了铜山农民的品牌意识，农副产品商标越来越多，已有745个注册。农民说有了那张"纸"，东西好卖多了。政府适时提出"享用商标品牌，致富一方百姓"的思路，多方加以引导和支持。现在全县已拥有1个驰名商标、5个著名商标，6种产品被评为江苏省名牌产品。

3.当干部评职称。当年率先走出去的打工者，经过几年的学习、锻炼之后，思想解放了，眼界开阔了，本领增强了，也有了一定的积累，便不再满足于打工了，纷纷回乡建工厂、当老板、创大业。县委、县政府特别看重这些新型农民，大胆提拔重用，仅两年时间就有254名新农民被选为村干部，一大批有组织能力和协调能力的农民成了新农村建设的带头人。而另一些技术水平较高的农民"土专家"，则当起了顾问，成了农民致富的领路人，起到了典型示范和引导作用。2005年4月，县鸭鹅协会杨雪松等19人被评为农产品流通经纪人中级职称，在全省是第一批。据统计，目前全县有1100多名农民获得了技术职称。

培养有理想、有素养的新型农民，为新农村建设营造氛围

生产发展了，生活富裕了，并不代表农民的形象改变了、文明程度提高了。这些年有些地方有新房无新村，根本看不出新气象。农民千百年来形成的生活方式、生活习惯和一些陈规陋习，不是一朝一夕就能改变了的，需要花更多的功夫、下更大的力气。否则，新农村建设中的"乡村文明""管理民主"两项重要内容就很难达到，也影响其他项目的实施。铜山特别重视加强农村精神文明建设，运用社区文化阵地，丰富农民的文化生活，大力宣传优良传统和先进的现代意识，教育农民树立正确的道德观、价值观、婚育观、消费观，增强法规意识、创业意识、公德意识，逐步形成科学文明、勤俭持家、团结互助、诚实守信、安定有序、人与自然和谐相处、安居乐业的良好风尚。

让村民执掌理财章。民主理财，是村民自治和管理民主的关键，只有让村民真正掌握村财务的收支情况，才能谈得上完善村务公开和民主议事制度。铜山以此为抓手，在健全村党组织领导的充满活力的村民自治机制中，进一步让农民群众真正享有知情权、参与权、管理权、监督权。不断完善村民"一事一议"制度，引导农民自主开展农村公益性设施建设，切实维护农民的民主权利。"有话好好说，有事依法办"，大力加强农村法制建设，深入开展农村普法教育，增强农民的法制观念，提高农民依法行使权利和履行义务的自觉性。

让农民争创"文明村""文明户"。积极引导农民争创"文明村"、全面开展"十星级文明户"评选活动，以群众喜闻乐见的形式大力宣传和倡导"二十字"基本道德规范，广泛开展道德实践活动，努力形成学习先进、崇尚文明、弘扬美德的良好氛围。三堡镇潘楼村通过开展"十星级文明户"创建活动，增强了村民的荣誉观念，形成了户户"保星""争星"的氛围，村民的整体素质越来越高。1999年以来，这个村未发生一起刑事案件和上访事件。去年2月，铜山20多万在外务工农民第一次在家乡有了属于自己的荣

誉——县里评选表彰了首届"百名优秀务工者""十佳务工组织者"。

让农民争做诚信户。在着力培养建设新农村的带头人、农民技术员、农民企业家和能工巧匠队伍，使他们成为带领农民致富的骨干力量，提高农民创业致富的本领的同时，下大力气引导农民文明生产，合法经营，诚信致富。县文明办等部门开展以"八荣八耻"为主要内容的社会主义荣辱观教育活动，引导农民诚信做人、诚信做事。县有关部门为农民建立经济档案23.7万户，评出3万多信用户、90个信用村。

建设新农村，农民是主体。注重培育和造就新型农民，是建设社会主义新农村的重中之重。领会中央《建议》要求的"培养有文化、懂技术、会经营的新型农民，提高农民的整体素质"精神实质，就会在实际工作中切实做到以人为本，坚持发展为了人民，发展依靠人民，发展成果由人民共享，尽快把农村巨大的人口压力，逐步转化为人力资源的新优势，成为持续推动社会主义新农村建设的力量源泉。

（原载《科学社会主义"铜山实践"》，署名为铜山县委宣传部、文明办）

小趔趄能防摔大跤

新闻回放：本版"声音"栏目1月12日报道：江苏省委书记近日说，要建立有效机制，从权、钱、人等关键环节入手，做到干部小违纪时就有人管、有人抓。

俗话说："小趔趄能防摔大跤。"人的一生没点磕磕碰碰，不走点弯路，是不现实的。问题是如何正确对待。工作生活上出点小问题，注意总结经验，时刻警示自己，不是什么坏事，甚至是笔不小的财富。

时下有种错觉，对小违规、小违纪总认为是个人小节，容易被组织和个人忽略。其实，生活中大与小互相渗透、互相转化的辩证法有时表现得非常生动。一个"小趔趄"在日常生活中不过是微不足道的细节，有心人由此得到启发，加强修养，提高警惕，谨慎从事，避免了日后摔大跤。小祸既可以酿成大祸，小祸也可以避免大祸。让其酿成大祸者是愚蠢的，而避免大祸者则是聪明的。

小错得惩，大错不生。反腐败既要下大力气抓大案要案，也要查处案值低、情节轻、影响小的案件。因为小是起点，小是源头；没有当初的小，就难有日后的大。防微杜渐，必须从小处抓起，不放过苗头性、倾向性问题。多一些事前提醒、事中教育，就会少一些事后查处。

（原载2007年1月17日《人民日报》、第2期《徐州风纪》，题为"小绊可防跌大跤"）

不能"提拔一个人　伤害一批人"

对于公推公选处级干部，某省组织部部长撰文：过去选任干部常常会"提拔一个人，伤害一批人"。现实中，"提拔一个人，伤害一批人"，并非个别现象，应引起高度重视。如何选拔任用好干部，始终是这几年公众议论的焦点之一。"政治上信得过，发展上有本事，作风上过得硬"，是其最形象的说法。但具体执行起来不易把握，出入性较大，可操作性不强。如果再加上"群众信得过"，就比较准确科学、便于操作了。选人用人关系到党的事业继往开来、永葆青春。用人也是最大的导向，反映出领导及班子的水平。用老百姓的话说，"什么人就用什么样的人"、"看一个领导怎么样，从他喜好什么人、用什么人就能猜个八九不离十"。最可怕的是，如果所提拔的是"伤害一批人"的干部，那么，他再用起人来，恐怕就会"迫害一批人"了。这类教训不少。

古人云："用一贤人则贤者毕至，用一小人则小人竞进。"选人用人，务必要克服和避免"提拔一个人，伤害一批人"的现象。一是切实用制度选人。近几年来，中央先后出台了《深化干部人事制度改革纲要》《党政领导

干部选拔任用工作条例》等诸多文件，各地也都制定了相应的配套文件，对选拔任用干部的标准、条件、准则、责任、要求等都作了明确规定。只要严格执行，都能达到选好、用好人才的目的。时下的问题是，不少管用的制度并没有真正坚持，亟待不折不扣抓落实。正确看待所谓的"伯乐"选人，减少人为因素，最好到赛场上选马，让制度、规则发挥作用。靠制度选人，坚持公开、平等、竞争、择优的原则，使干部任用工作的各个阶段和环节逐步达到科学化、规范化、程序化、正常化。

二是真正走群众路线。选拔任用干部离不开群众的广泛参与和有效监督，对拟任的干部，要多听听社会公论，最好请群众来评判、决定。时下的跑官买官，怎么就没有一个是跑老百姓的？说明老百姓在其中所起的作用并不大，群众信得过信不过没关系，这是非常有害的倾向。选用干部，关键是看有没有群众基础，群众信任不信任，拥护不拥护，赞成不赞成。许多事实说明，群众通不过的干部，很难说是好干部。焦裕禄、孔繁森、任长霞、牛玉儒等人民公仆，哪一个不是群众口碑好且永远活在人民心中的干部？只有群众选择、认可的干部，才能有群众观念，从群众的角度看问题、想办法、办事情，始终把群众的利益放在首位；也只有得到群众的衷心拥护，才能带领群众创造出更大的业绩。

中央领导同志早就说过："善于发现人才，团结人才，使用人才，是领导者成熟的主要标志之一。"为了党的千秋伟业，为了国家的长治久安，也为了对一方百姓负责，就必须牢固树立科学的用人观，真正让"群众信得过"的干部有位子，做到"提拔一个人，激励一批人，造福一方人"。

（原载2005年第3期《徐州党建》）

盯着干　比着干　拼着干

近日，一位县领导在县里召开的会议上强调："各级各部门要切实加强组织领导，落实责任，始终保持良好的精神状态，盯着干、比着干、拼着干，全力开创经济工作新局面。"要将思路付诸行动，使蓝图变为现实，重在脚踏实地，贵在真抓实干。不干，说什么都是假的。

要锲而不舍盯着干。瞄准全年目标任务不动摇，加快发展不停步。目标就是导向，宏伟的目标令我们神往，但必须从现在干起，从脚下做起，一步一步地实干，才能不断地向目标迈进。尽管在干的过程中，可能出现这样那样的问题，但必须迎难而上，咬住目标不松劲。

要永不服输比着干。有比较才有鉴别，比中才能见高低。你快，我比你还快；你运行质量为良，我就要达到优；你在全县名次靠前，我要在全市有地位。比着干，就是我们常说的搞竞赛，要不甘人后。不仅要纵比，还要横比，纵比比速度，横比比差距，形成你争我赶、大干快上的发展氛围。

要不遗余力拼着干。人的潜力是巨大的，精神的力量也是巨大的。人民解放军千里跃进大别山时，提出了一句响亮的口号："狭路相逢勇者胜。"这就是敢于拼搏，敢于胜利。我们不能满足于跟上步、过得去、顺大溜，要快节奏、满负荷。许多情况下，拼一拼就会上一个大的台阶，跃上更高的发展平台。

"一万年太久，只争朝夕。""三干"就是要充分发挥"加快发展、实现跨越"的主动性和创造性，要挂出作战图，责任到人，步步紧逼，不留余地。要继续高扬加快发展大旗，全力推进新的跨越，以率先之志、创新之策、务实之风奔小康。

（原载2007年12月3日《徐州日报》）

赞"四在乡村"

铜山县在建设社会主义新农村中，实施"四在乡村"工程，即"引导农村党员带动群众创业致富，实现富在乡村；带动群众学用科技，实现学在

乡村；带动群众清洁家园，实现美在乡村；带动群众转变乡风，实现和在乡村"。这是对中央新农村建设"20字"方针的"铜山注解"，是造福千家万户的民心工程，值得赞赏。

富民是执政之要，民富是和谐之基。实施"四在乡村"党员带动工程突出"富、学、美、和"四个字，是铜山县组织建设的一个创新：一是党建工作得到"提升"。"四在乡村"工程对基层组织来说，是载体，是平台，也是抓手。它目标清晰，定位准确，内涵丰富，形象具体，时刻激励党员干部奋发有为。二是新农村建设得到"提速"。"四在乡村"的内容，切合实际，针对性、可操作性较强，容易形成"共建共享、共享共建"的动力、合力。三是人民生活水平、文明程度得到"提高"。"四在乡村"的每一个"在"都让广大人民群众直接受益，是实实在在的富民、利民、惠民项目。

我们相信，经过铜山县广大党员干部的共同努力，"四在乡村"之花，必将结出丰硕的实践之果！

（原载2007年4月2日《徐州日报》）

实现"率先"要一马当先

市委开展"又好又快奔小康、建设和谐新徐州"主题教育活动，就是要力争率先在苏北全面建成小康社会。"率先"是审时度势、科学谋划，立足当前、着眼长远，加快发展、进位争先的重大举措。我们一定要以此为契机，咬定目标，奋力拼搏，勇于争先，努力形成"人人思小康、齐心奔小康"的浓厚氛围，在"率先"的征程上一马当先。

一要提"神"，强化"先"的意识。"敢为天下先"，要从提神起。眼下，苏南有标兵，周边有追兵，这就要求增强发展的紧迫感和危机感，把心思用在干事业上，把精力花在谋发展上，始终保持昂扬向上、奋勇争先的精神状态。

二要提"速"，加快"先"的进程。发展只有保持快速稳健的速度，才能谈得上率先、领先、争先。当然，提速要有好的车子、好的驾驶员和好的道路。也就是说，要有好的机制、载体和良好的内外环境作支撑。同时大力营造鼓励人才干事业、支持人才干成事业、帮助人才干好事业的社会氛围。

三要提"高"，丰富"先"的内涵。高目标定位，高标准实施，高速度跨越；产品要高档次，产业要高效益，发展要高质量；办事要高水平，服务要高效率。要在创新、创优中增加科技含量，使发展的质量和水平处于领先位置，做到又快又好发展。

机不可失，时不我待。谁抢占了先机，领先一步，谁就掌握了发展的主动权。我们必须在各项工作中争第一、创一流、拿冠军，才能位次前移，名次前提，早日全面建成小康社会。

（原载2007年4月8日《徐州日报》）

举荐干部实施"问责制"好

据新华社报道，四川大邑县改革干部选任机制，实行"首提问责制"。规定，在干部选任中以首次推荐提名干部人选的主要领导或个人为"首提责任人"，对其推荐提名行为进行监督，出现问题，追究其责任。如出现违规推荐提名或推荐提名失误，将根据有关规定，追究"首提责任人"的责任，防止"感情提拔""带病提拔"。

在工作中出现失误，造成损失，要承担责任，此类问责如今并不鲜见。但因举荐干部出现问题、造成恶劣影响而受到处理的还不多见。事实上，举荐人只落"好处"、不担责任，是用人失察的根源之一。谁提名失误、谁接受问责，应该说是从源头上解决这方面问题的一个有效途径。

实行举荐问责，被举荐之人若出了问题，当初举荐的领导干部不仅没面子、难为情，而且要付出代价，承担后果。笔者由此认为，实行"首提问责

制"，有利于监督的关口前移，在干部选拔任用过程中，促使领导干部在"推荐提名"这个首要环节上就严格把关，从而有效地防止和克服"带病提拔"的不正之风。实行"首提问责制"，有利于强化领导干部对举荐工作的责任感，一方面可以保证领导干部举荐的确实是可举之人，一方面还可以促使其经常对所举之人进行指导监督，从而有效防止被举荐、提拔的干部出问题。

中央领导同志早就说过："善于发现人才，团结人才，使用人才，是领导者成熟的主要标志之一。"为了党的千秋伟业，为了国家的长治久安，也为了对一方百姓负责，领导干部必须时刻想着荐人之责，必须牢固树立科学的用人观，真正让政治上信得过、发展有本事、作风过硬、群众信任的干部脱颖而出，做到"提拔一个人，激励一批人，造福一方人"。

（原载2007年4月15日《中国纪检监察报》）

"农民富　国家安"

国务院总理在江西考察时强调，要始终把农业和农村工作摆在首位，"农民富，国家安"，这是个真理。农民最爱听这说到心窝里的话。

富民是执政之要，民富是和谐之基。农业、农村、农民发展一直是国民经济的重中之重，党和国家始终高度重视"三农"工作，特别是这几年农村政策越来越好，农民得到的实惠越来越多。但相比较而言，尚有一部分农民增收的步子还不够快，腰包还不太鼓，一定程度上影响着农村全面发展。

发展是首要，增收是关键。农民富了，一是可以扩大内需，拉动消费，促进其他业包括农业自身的发展。二是农民富了，才能早日全面进入小康社会。建设社会主义新农村，主要指标是农民的"生活宽裕"。农民手里没有钱，其他一切都无从谈起。当前，全面建成小康社会的重点和难点都在如何提高农民增收上，要通过因地制宜、扬长避短、发挥优势等，多渠道致富，多方法快富，多举措长富。要把政策更多地向农村倾斜，把投资更多地向农村转移，让农民切切实实富裕起来。三是农民富了，能够逐步提高生活质量和水准，提升文明程度。农村的经济基础雄厚了，就有条件、有能力办诸如公益事业等与农民密切相关的事，享受新时代的新生活。

"农民富，国家安"，简短的六个字，总理就把农业的战略地位描绘出来。只有农业安全稳固，农村安定繁荣，农民安居乐业，社会才能安定有序、和谐发展。

（原载2007年4月30日《徐州日报》）

远离酒场

一位事业上颇有建树的机关干部，在谈到为什么取得骄人的业绩时，他只说了四个字："远离酒场。"乍一听，似乎话不及意；细一想，却言之有理、意味深长。

马克思说，时间是能力等发展的地盘。时下，人们的各种应酬占用了大量时间，牵扯不少精力。特别是一些干部的饭局、酒场比过去多了，串场、打连场是常事。喝酒的由头不断出新，劝酒的名目五花八门。一场酒少则个把小时，长则三四个小时。有时把外商喝跑了，把自己人喝倒了。而喝了酒之后，考虑问题头重，讲起话来嘴硬，走道左右晃动，不少要办的事还是原封不动。

"人的灵魂在他的事业中。"真正的干事者，心思在工作上，乐趣在事业中，对其他的要求则简单得多。谈到酒场负担，大家都有同感：耽误时间，耗费精力，消磨意志，损害健康，助长了吃喝风，败坏了党风，污染了社会风气，但为什么屡禁不止呢？

这里面存在着一种误区：不偎酒场没人缘。信奉"感情是喝出来的"大有人在，尤其是不与领导喝酒，就缺少与上级零距离接触的机会，可能会直接影响个人进步。不摆酒场办不成事。有些该办的事，就是办得慢、办不

成，请有关人员喝两杯，事就办得挺顺溜。没有酒场难协调。邀请相关人员共同商讨解决某一问题，不能干坐喝茶嗑瓜子，一定要过饭时、上瓶酒。"协调就是喝醉"在一些地方并非假话。

因此，许多人不得不考虑，一旦远离了酒场，怕远离了同事朋友，怕人说不合时宜不入群，怕受到孤立等。酒场越来越多的原因远比想象的要复杂得多。但要说一点酒不沾，也怪难为情，前提是要有所节制，能推就推，能躲则躲，习惯成自然嘛。辩证地看，远离酒场弊少利多：

远离酒场，少了些应酬，多了些时间。要出成绩，必须耐得住寂寞，踏踏实实，静下心来干工作。做任何事情仅靠忙忙碌碌是不够的，需要付出精力、才干和智慧。只有保持清醒的头脑，时刻处在角色状态，才能形成独到见解，有主意、拿办法、出业绩。而只有"把喝咖啡的时间都利用上"，才能创造创新创优。

远离酒场，少了些浮躁，多了些务实。古罗马有谚："从不抛头露面的人能干成大事。"酒场是个小社会，官场规则、规矩不少，仅排坐次就颇费周折。但有一点是铁律：杯杯先敬当权者，盅盅先劝有钱人。有权有钱者成了众星拱月，让人觉得还是当官发财好，这时候不浮躁才怪哩，哪还有心思钻研业务？

远离酒场，少了些烦恼，多了些清静。酒场上说的多是应酬话及身不由己、言不由衷的话。明明很压抑，却要强装笑脸；明明酒已过量，还要醉后添杯。谈资多为官场隐秘，聊的多是荤段子。当然，也有喝不投机的，摔酒杯、掀桌子、吵骂打斗的事也时有发生。有时候喝一场酒，反而平添了不少心理负担。

远离酒场，少了些腐败，多了些廉洁。酒场常常是腐败的前台，先吃点、喝点、玩点，让你不知不觉地失小节。酒过三巡，有的官员被有意安排的女人拉下水，乘着酒兴干了酒后或酒之外的事。一些贪官就是在酒场上先败下阵来，成为金钱美色的俘虏。

针尖不能两头快，凡人难有分身术。去酒场多了，去现场调研自然就少了。带酒意的时间多了，清醒的时候就少了。袁隆平院士说他的愿望很简单："尽量减少社会活动，集中精力于科学研究，要躲起来做事。"人说吉林市委副秘书长陈淳，让他干什么都好说，就是请他吃饭难。可见他们都是远离酒场的典型。事实说明，想干点事，出点成果，有些作为，整天泡在酒场里是永远泡不出来的。

（原载2007年第5期《徐州政协》）

做本职工作的"活字典"

吉林省吉林市委副秘书长陈淳在协助市领导分管国企改革实践中，潜心钻研经济，熟练掌握政策，有效化解矛盾，攻破一个个难题，办成一件件实事，被人们誉为吉林市国企改革的"活字典"。

"活字典"之谓，不单指一个人的记性好，还意味其求知欲强，知识掌握得多，情况了解得多，含有"百事通""问不倒""难不住"之意。

正因为是"活字典"，每每临危受命，陈淳总是处惊不乱，处理复杂事件得心应手，解决棘手问题游刃有余。

也正因为是"活字典"，面对上访群众，他敢说："你们的事我保证负责到底！"群众也信赖他："我们听陈淳的，他要是说不该办，我们就不为难政府。"

"活字典"的称谓，凝聚着陈淳的心血、汗水和智慧，也是他身上众多亮点之一。各级领导干部应向陈淳学习，争做本职工作的"活字典"。

争做"活字典"，应有关注民生、深察民意之情。群众工作是各项工作的基础和重点，烦琐而复杂。必须扎根群众之中，倾听群众呼声，了解群众疾苦，把各方面群众的诉求记在脑海里，放在心坎上，付诸行动中，才能做好群众工作。陈淳把自己办公室电话、家庭电话和手机号码向群众公开，自然会增加不少麻烦、牵扯大量精力，而收到的却是千家万户的第一手材料，

是最真切的社情民意。正是有了这些沟通渠道，使"活字典"及时补充了大量信息，增加了新鲜内容。

争做"活字典"，应有努力学习、潜心研究之心。学习能力支撑着工作能力，工作能力的提高，大多得益于学习成果的转化。陈淳平时一发现上访人员拿着新文件，就立即让工作人员复印，随时随地学习的精神由此可见一斑。他的爱好之一就是看书写文章、思考问题，有多篇论文上了国家级刊物。他几乎参与了吉林市所有重点困难企业的改革攻坚工作，以自己扎实的理论、政策功底，把"死棋"变"活招"，把"活招"变"胜局"。

争做"活字典"，应有学以致用、大胆实践之志。作为吉林市有名的"专家型"领导干部，陈淳常说："碰到问题不要先说不行，而要研究怎么才能行。"人常说：不吃透"上头"，工作没准头；不吃透"下头"，工作没势头。作风扎实、注重调研的陈淳，善于学习、思考、总结，常常有自己的真知灼见，并解决了许多"老大难"问题。只有对政策吃得透、情况摸得准、思路理得清，工作起来才能成竹在胸。

争做"活字典"，应有坚持原则、敢于纠错之识。勤于调查研究，掌握真实情况，才能把握全局、看准问题，不仅有发言权，而且能正确决策。事实上，有独立见解，才能够坚持原则，敢于提出并坚持自己的看法和意见。有时领导都表态了，陈淳还要说反对的话。这种胆识，就源于他实事求是的精神、认真负责的态度和对情况的准确把握。陈淳认为，党员干部必须坚持真理，而纠正错误就是坚持真理。

大力弘扬求真务实精神，大兴求真务实之风，不了解情况做不好，情况掌握得不全面会出现偏差，这就要求各级领导干部必须争做"活字典"。只有这样，各级领导干部才能成为自己所从事领域的行家里手。

（原载2007年5月8日《江西日报》）

说调研

浙江百名市县委书记开展为期一周的蹲点调研，与农民同吃、同住、同劳动。听农民的心里话，想农民迫切的事；眼睛看的是点上，心里想的是面上。很多干部不无感慨："基层是一本永远读不完的书。"

调查研究，是领导干部的基本功，贯穿工作的每一个步骤和环节。洞悉民情，需要调研；探求真相，需要调研；科学决策，更需要调研。可以说，少了调研，话，说得没底气；事，办得不到位；问题，解决得不彻底。

善不善于调研，既是能力问题，也是态度问题，更是作风问题。著名社会学家费孝通每年150天搞调研，是"走一趟，写一篇"。"行走"调研成了他整个学术生命的"呼吸"与"阳光"，毕竟"纸上得来终觉浅，绝知此事要躬行"。

如今带着铺盖进农家住上十天半月调研的少了。调研能力不强、水平不高成了一些干部的"软肋"。

调研贵深。一竿子插到底，亲赴第一线、最前沿，调研方能深入。到厂矿，进车间班组，身上带点油灰味；去农村，进农家小院、到田间地头，脚上沾些泥土。只有"深"下去，才能摸上来第一手材料。否则，双脚就会"踩空"，头脑就会"发空"，问题就容易"抓空"。

调研的过程，是虚心向群众学习、请教的过程，既要讲好"普通话"，也要学点"方言"，当好群众的学生。多问计于群众，集中民智，就能够学在深处，谋在新处，干在实处。遇到困难，紧紧依靠群众，自然会有解决的办法、良策。

毛泽东在《反对本本主义》一文中说，调查就像"十月怀胎"，解决问题就像"一朝分娩"。调研并不是下去一趟，听听汇报、看看简报，写篇报告就完事了，而是要增强做好工作的预见性、创造性，功夫花在解决实际问题上。要透过现象认清本质，通过偶然发现必然，善于提出问题、分析问题、

研究问题，有真知灼见，敢于求真务实、坚持真理。

爱因斯坦说："只有你的眼睛能看见东西，那是不会发现什么的，还要你的心能思考才行。"坚持用科学观点和辩证法调研，既了解事，又明白理；既在工作上见成效，又在思想上有收获。学会独立思考，注意总结经验，丰富理论，不能为迎合、印证某些提法、观点，带着框框找例子、圆场子。

不了解情况不发言，没有调研不拍板。调查研究，看起来很吃力，但又是最实际、最快、最好的方法。它能够调动人的全部感官，通过"望、闻、问、切"等，获取原汁原味的材料。大兴求真务实之风，摸实情、讲实话、务实事、求实效，必须以深入细致的调研为起点。

"不吃透上头，工作没准头；不吃透下头，工作没势头。"如何吃透？调研去。

（原载2007年6月7日《人民日报》）

"安民"也是"富民"

铜山县公安局在努力构建大防控格局的基础上，打造农田治安绿网工程，把农村的巡逻重点放在田间地头的水电设施、家禽养殖基地、瓜果种植基地上，同时严厉打击制售假冒伪劣农资、侵农坑农等不法行为，为农民致富奔小康"保驾护航"。群众对此赞不绝口，称人民警察"安民"也是"富民"。

没有安定的社会环境什么事也办不成，任何人都希望有安全感，生活、工作在一个安全、有序、稳定的环境里。假如人身安全没有保障，财产不时受到侵害，是难以集中精力干事业、谋发展的，群众致富的步子就迈不大。人民警察"立警为公、执法为民"，适应时代发展要求，把工作重点放在基层，放在群众关注的事上，伸张正义，打黑除恶，就是为了确保人民群众沉下心来创业兴业，发家致富，促进社会健康发展。当然，人民群众会更加珍惜安定的社会环境，理解支持人民警察的工作。

构建和谐社会，必须切实提高驾驭社会安全局势的能力，以创建平安社会作基础；而平安社会的创建，离不开人民警察的艰苦努力和无私奉献。人民警察的职责在安民，也就是"保一方平安"。在新的形势下，人民生活、社会发展需要安定的环境，"富民"的同时不忘"安民"，同样，"安民"也就是"富民"。

（原载2007年6月13日《徐州日报》）

抓"节点"

近来，某市领导在调度工作时多次谈到抓"节点"问题。意思是说，要抓每一个时节的工作进展步骤，环环紧扣，跟上节奏，确保各项指标达到序时同步，力争超序时进度。强调"节点"，就是要强化时间、任务观念，增强加快发展的危机感和紧迫感，全力实现预定目标。

莎士比亚说："时间是无声的脚步，它不会因为我们有许多事情需要处理而稍停片刻。"传统农业就特别讲季节、讲节气。误了时间、季节，就误了农时。而在经济飞速发展的今天，时间就是机遇，时间就是效率，节点就是关键。如何从总体上把握时间、抓好每一个"节点"，对顺利实现目标尤为重要。一般来说，三月底有首季、开门红的节点；六月末有时间过半、任务过半的节点；十月下旬，就有大干一百天的节点。此外，还可以根据各个阶段不同任务的性质和特点，设置不同的节点，如开业多少周年、建成多少年大庆、创刊出版纪念日等，形成可操作性强的实施方案，从而衔接好每一个关节。

关注"节点"，主要是看目标进度是否与预定的时间相符，并以此为契机，盘点盘点，再点评点评，做到心中有数。众多节点关系进程、影响整体。指标超节点，应继续发扬光大；指标滞后于节点，要对标找差，争取在下一节点赶上。否则，在一个节点落伍，日后很可能个个节点被动。不进则退，慢进也是退，其实就是针对某一具体"节点"来说的。能够把握好"节

点"，是善于总结、勤于思考的表现，是智慧、战术，也是方法、艺术。两次获国际马拉松邀请赛冠军的日本选手山田本一，每次赛前他都要坐车把线路仔细看一遍，并把沿途比较醒目的标志画下来，如银行、大树、红房子等，比赛时他就以百米速度向第一目标冲刺，接着冲向第二目标，这样分几个"节点"就轻松地跑完了40多公里的赛程。

抓"节点"，可以进一步细化指标、分解任务、明晰序时、把握全局，便于及时检查、调度、调整。这既是立足当前拼搏，又是着眼长远奋进。增强"节点"意识，就是要求我们始终以时不我待、只争朝夕的精神，咬定目标，一着不让，步步紧逼，不达目的不罢休。

（原载2007年6月14日《徐州日报》）

湖好出大鱼

徐州市明珠——云龙湖又一次吸引了人们的眼球：6月13日下午，一条长1.4米、重百余斤的大青鱼被钓了上来。对此老百姓感叹："湖好出大鱼！"

城市中的淡水湖，能连续不断地出这么大的鱼，实属罕见。对此，市民最想知道的是，咱云龙湖咋就能长这么大的鱼呢？仔细一想，答案是现成的：近年来我市科学保护云龙湖及水域的生态环境，水质越来越好，真可谓"湖阔凭鱼游"。尤其是开展"四城同创"活动以来，彭城的天蓝了、水清了、山绿了、空气更新鲜了。这不仅使百万市民享受到了"生态徐州"建设的成果，而且人类的朋友也跟着受益，得以延年益寿。假如忽视生态建设，任其湖边污水横流，水质变坏，置一些网鱼、电鱼、炸鱼的行为不管，这鱼恐怕连5公斤都长不到的。

"麻雀窝引不来金凤凰。"由云龙湖出大鱼不由联想到：良好的生态环境，是人类乃至世间万物繁衍生息的基础；同样，良好的投资环境不仅是招商引资的重要条件，而且是其落地生根、枝繁叶茂、做大做强的根本。因此，要进一步营造宽松的创业兴业环境，让投资创业者大显身手，充分实现自身价值。那么，大项目、大企业、大企业家、大品牌的孕育便指日可待，经济和社会发展一定会"鲤鱼跳龙门"，实现大跨越。

（原载2007年6月16日《徐州日报》）

从"要有茅以升的签名来保证"说起

新华社"永远的丰碑"栏目曾介绍过我国著名桥梁专家茅以升。其中，有这样一个细节：1958年在北京修建人民大会堂的过程中，周恩来在审查工程设计方案时特别指出："要有茅以升的签名来保证。"茅以升以对党的工作极端负责的精神，对人民大会堂的工程设计方案作了全面审查和核算，最后郑重地签了名。

修建人民大会堂，非要著名科学家茅以升签名保证，反映出周恩来对科学的尊重、对科技工作者的信任、对重大决策的审慎态度。这种对工作讲科学、讲客观规律的认真态度值得我们学习。

当前，有极少数干部科学意识不强、科学素养不高，作决策、办事情、处理问题常常违背科学规律。在一些重大工程项目的决策、实施过程中，习惯于我行我素，而不征求科技专家的意见。一旦出了问题，往往以"集体决策"为托词，以"发展中的问题"为借口，甚至用"必须缴的学费"来搪塞。有的干部追求"政绩"心切，易头脑发热，靠拍胸脯打包票、靠拍脑袋作决策。一些"半拉子"工程、"豆腐渣"工程、"短命"工程，大多是违背科学精神和客观规律的产物。

科学技术是第一生产力。从一定程度上说，人类社会的发展依赖于科学技术的发展，推进社会主义现代化建设的根本动力在于科学技术的不断进步。正因为如此，中央领导同志多次强调，要使全社会真正形成讲科学、爱科学、学科学、用科学的良好风尚。讲科学，就是要求各级领导干部尊重科

学、尊重事实、尊重法则，严格按科学办事、按规律办事、按程序办事。

贯彻落实科学发展观，强调发展要讲科学、讲客观规律。"发展是硬道理"，但"硬发展"没道理。不顾自然条件，不讲科学规律，靠吃"祖宗饭"、砸"子孙碗"，以损害自然环境、人民健康和长远利益为代价换来的所谓"发展"，必将受到自然与科学的惩罚。因此，请科技专家签名保证工程设计方案的科学性，不是走形式，更不是作秀，是尊重科学规律，尊重客观实际，充分发挥科学技术在经济社会发展中的支撑、引领和保障作用。这既是对党和人民事业高度负责的表现，也是对科学的敬畏使然。

讲科学，首先要求各级领导干部发扬科学精神。只有发扬科学精神，崇尚科学、尊重科学、支持科技工作者，以科学发展观为统领，科学谋划、科学实施、科学发展，才不会干违背客观规律的事，才不会办让群众反感的事。其次，要不断提高科学素养。正如一位科学家所言，人借助于科学，就可纠正自然界的缺陷。领导干部只有不断学习科技新知识、补充"科技细胞"、汲取科技营养，才能争做某个领域的"行家里手"，才能更好地做好工作。最后，要提高科学决策的能力和水平。该让科技专家做主的事，自己就不要抢着"拍板"、硬着头皮"当家"。

"要有茅以升的签名来保证。"这句话提醒我们，在任何时候、任何情况下都应该讲科学，科学地处理一切问题。可以这样说，由科技专家签名保证的东西多了，我们才能少走弯路、少犯错误，才能尽量避免或减少损失，才能加快前进的步伐。这不仅仅是关系到某一项工程的事，而且是关系到整个社会和谐发展的大事。

（原载2007年6月18日《江西日报》）

也要"述学"

铜山县率先建立宣传干部"述学"制度，不仅指定每个阶段的重点学习内容、书目，而且将个人述学、群众评学、组织考学结合起来，以此来推动创建"学习型组织"、争做"学习型干部"活动的深入开展。

列宁曾告诫党内同志："我们一定要给自己提出这样的任务：第一，是学习；第二，是学习；第三，还是学习……"加强学习，既靠自觉，又靠制度。如同每年的"述职""述廉"一样，对干部进行"述学"，是学习贯彻落实中央领导同志提出的"勤奋好学、学以致用"等八个方面良好作风的重要举措，也是适应新形势的迫切要求。这对大兴学习之风、加强干部队伍作风建设，将会起到积极的促进作用。

学习应是干部工作的一项内容，也是党的建设的重要组成部分。尤其是在知识爆炸的今天，学习显得极为重要。庄稼有农时，人才有学时；误了农时影响一季，误了学习影响一生。一个人要跟上学习型社会的节拍，必须终身学习不停步。对于学习，有的人强调的多，真正学进去的少；有的人满足于"吃老本"，定位于"过得去"，总想用"旧船票"登新客船，结果只能是得过且过，无所作为。

学习是工作，也是硬任务。真正使学习落到实处、取得实效，需要"述学"制度保证。要把学习作为干部综合考评的重要内容之一，引导干部把实干与学习统一起来，以学促干，以干促学。"苦学方能智慧成海，善学方能事半功倍。"有关部门可根据上级精神和工作特点，结合经济社会发展状况，在考核干部学习时，看读了什么书、思考了什么问题、调研了哪些专题、解决了多少实际问题、有何心得体会及收获等。

学习开启智慧，学习成就事业。平时人们常羡慕一些干部工作能力强、办法多、水平高，其实这完全取决于其继续学习的本领强。对党的方针政策学得透彻，工作起来就得心应手；对相关法律法规了如指掌，处理问题就游刃有余；对各种新情况、新做法汲取得及时，干事就如鱼得水。

学习引领创新。创新的支撑力来自于学习能力，没有一定的知识积累和深入思考，创新只能是一句口号。"述学"就是对学习情况经常总结讲评，相互交流，促使其逐步养成自觉学习的习惯，从而激发敢于探索、勇于创新

的热情。因为创新与学习是一对亲密无间的情侣，科学上每一个"宝岛"的开拓、每一座"迷宫"的打开，无不是学习和创新的产儿。

"学则正，否则邪。"学习能使人走正道，否则就有可能步入歧途。学习能修身养性，使人的品德高尚。学习还可以提高自身素质，增强认知能力和辨别能力，可以少犯错误甚至不犯错误。大多数腐败分子在交代犯罪根源时，也都是归结为："平时学习不够。"学习的重要性可见一斑！

勤学，是有所前进的奠基石；勤思，是有所发现的催化剂。建立并形成"述学"机制，能有效促使干部不断学习新知识、掌握新技能，不断充实和完善自己，在各自的岗位上大显身手、有所建树、奉献社会。

（原载2007年6月29日《徐州日报》）

后任见效的事不能后干

实现科学发展，促进社会和谐，需要各级领导干部具有战略眼光和大局意识，大力弘扬求真务实精神，大兴求真务实之风，既立足当前、真抓实干，又着眼长远、精于谋划，一任接一任地干下去，努力实现经济社会又好又快发展。

经济社会的发展是持续不断、继往开来的过程，一个时期有一个时期的任务，一任干部有一任干部的职责。但是，一些事关全局的重大项目、重要工作，往往不是短时间就可以完成的，而需要一任甚至几任干部持续努力才能做好。这样的事情在现任领导干部的任期内可能见不到明显的成效，但从长远来看却是必须的，甚至是刻不容缓的。必须的事情，虽然短期内不能见到成效、无法显示政绩，但总得有人做开头起步的工作，为长远的发展打好基础。也就是说，后任见效的事不能后干。

在现实生活中，大多数领导干部是有战略眼光和大局意识的，他们既重视干好自己的"分内"工作，又重视为长远发展打基础。但也有少数领导干部患上了"短视症"，只盯着眼前利益，太看重任内政绩，渴望乘凉却不想栽树，热衷于搞"形象工程""政绩工程"。常见的现象是：一任一把号，各吹各的调，只求本届有政绩，不给下任留财富。有些自然条件很不错的地方，经济发展却落在别人的后头，就与当地的领导干部不愿干"后任见效的事"、习惯于重打锣鼓另开张不无关系。

为什么一些领导干部不愿干"后任见效的事"？说白了，就在于这样的事情不能"立竿见影"，不能马上出政绩。更进一步看，则是因为这些领导干部的发展观和政绩观出了问题，私心杂念作怪，背离了全心全意为人民服务的根本宗旨，缺乏对党和人民事业高度负责的精神。毫无疑问，如果各级领导干部都不愿干打基础、管长远的事，实现科学发展和促进社会和谐就会成为一句空话。应当看到，干事创业，加快发展，需要抢抓机遇。而机遇是稍纵即逝的，一旦错过就会贻害工作和事业。对那些"后任见效的事"，早干事半功倍，晚干事倍功半。如果主动干、及时干了，肯定能够增强发展的后劲；如果拖着不干，必然严重影响发展的进程。

解决一些领导干部不愿干"后任见效的事"这一问题，关键在于树立和落实科学发展观和正确政绩观。我们党的一切奋斗都是为了给人民谋利益，领导干部的根本职责是为人民群众办实事、做好事、解难事。只要是有利于广大人民群众的事，有利于一个地方持续发展的事，看准了就要积极主动地干、义无反顾地干，决不能因为是"后任见效的事"而消极懈怠、无所作为。领导干部作为党的事业的组织者、推动者，要有宽阔的眼界、宽阔的思路、宽阔的胸襟，要有务实的精神、务实的勇气、务实的作风，敢于、善于、乐于干那些"后任见效的事"。

当然，要让各级领导干部排除私心杂念、乐于干那些"后任见效的事"，还需要健全和完善干部政绩评价体系，对这样的领导干部不能亏待。一个地方要改变落后面貌，往往需要长期的艰苦奋斗；一个单位发展成就的取得，往往是一任或几任领导班子和领导干部共同努力的结果。因此，科学衡量一个领导干部的政绩，不仅要"往前看"，而且要"向后看"，看干了

多少打基础、管长远的事情。只有这样，才能激励各级领导干部愿意干那些"后任见效的事"，真正做到致力发展、造福于民。

（原载2007年7月2日《人民日报》）

多思多虑益处多

"一个能思考的人，才真正是一个力量无边的人。"我们看到有的人干工作讲章法、求创新，忙而有序，举重若轻，业绩丰厚。因为他们不满足于"两眼一睁、忙到熄灯"，而是常有问题在脑中，注重思考总结，因此干事情能抓到点子上、落到关节处。

毛泽东同志一贯倡导"多思"，他在《学习和时局》中说，凡事应该用脑筋好好想一想。俗话说："眉头一皱，计上心来。"就是说多想出智慧。

思考是劳动，而且是更重要的劳动。托尔斯泰认为："人因思索而忍受的煎熬，比之因别的事情而忍受的煎熬都大。"体力付出，易引人注意；脑力付出，易被人忽视。忙点具体的事，睡一觉疲劳即可消除；而思考一个问题，常被折磨得几天歇不过来。

思考是学习，而且是更重要的学习。冷静的思考力，是一切智慧的开端。勤于学习、善于思考，是许多成功者共有的品格。知识来自学习，见解出自经验，智慧出于思考。行动前思考，步步为营；行动后考虑，处处被动。具备思考的头脑，养成思考的习惯，才能学有所成、业有专攻、干有所获。文学家的"神来之笔"、军事指挥家的"出奇制胜"、科学发明家的"茅塞顿开"、思想战略家的"豁然贯通"等，无不是苦思冥想、绞尽脑汁的结果。

爱因斯坦说："学习知识要善于思考、思考、再思考，我就是靠这个学习方法成为科学家的。"同样是读书，同样搞研究，同样干工作，但收获不同。深究起来看，差别在善不善于思考上。对新知缺乏思考，就理解不深，掌握不牢。唯有用心思考，才能举一反三、融会贯通，把书本上的东西变成自己的学问。善思是掌握新知的钥匙。

把知识运用于实践，没有独立"思考"，恐怕难以对接。善思是知识付之于实践的桥梁。"思虑熟，则得事理。"破解现实中的难题，必须借助理性思考，孕育新的方法。思考，使理论自觉指导实践，实践不断丰富理论。

一个民族进步的灵魂在创新，一个国家兴旺发达的不竭动力也在创新。善思则是勇于创新的基石。苦苦思考，疑惑尽释；刻意探索，创新多多。我们常讲要苦干、实干加巧干。巧干，蕴含着创新，非深思熟虑不可得。要让创新的激情迸发、创新的源泉喷涌，就一刻也不能停止思考。凡事只要多动脑、多问几个为什么，处处是创新之地、天天是创新之时、人人是创新之人的世界，就会紧随"善思"而至。

（原载2007年7月23日《光明日报》、7月24日《徐州日报》）

值得提倡的"需要观"

中国工程院摄影测量与遥感专家刘先林院士在接受采访时曾说，人有低级需要和高级需要。生活上的事、钱的事、住房的事，都只是对人低级需要的满足；而科研能够做成功，成果在生产中运用，才是真正对人类高级需要的一种满足。刘院士的"需要观"，支撑着他的发明、创造，彰显着他的人格魅力。

需要，人人都有，且各种各样。刘先林的可贵之处在于他对两种"需要"有着准确的把握，对低级需要，是低些、低些再低些；对高级需要，总是高些高些、再高些。刘院士的"需要观"，就是"生活只求过得去，工作追求过得硬"。当前，大力学习、倡导这种"需要观"，意义深远。

古今中外有杰出贡献者，无不是对生活要求极其简单的人。因为他们迷恋于事业，难得有时间和精力享受生活，舍弃了很多人难以舍弃的东西。

"每一件财产都是绊脚石",这是科学巨匠爱因斯坦对待生活的格言。在许多科学家看来,无节制地提高、苛求低级需要,只会消磨人的意志,如同鸟翼系上黄金,那鸟便不能在天上翱翔。保持质朴的本色,才能不为低级需求所累,才能放开手脚干事业。刘先林的毛衣,今天正着穿,明天反着穿。他把自己的院士基金七八十万元,全用在了教育和硕士、博士的培养上。带"院士"字样的房间,是他和同事一起办公的地方,也是"工厂车间"、实验室。

"什么是创造?创造是为了满足高级需求。"刘先林坚守着对创造的深邃理解而潜心践行,把高级需要定位在研究的项目必须从国家需要出发。他创造了中国测绘界一个又一个奇迹,取得了一系列重大发明创造,多项成果填补国内空白,两次获国家科技进步一等奖。他在奉献社会的同时,也成就了自己的事业。

人的高级需要,是不断追求、不断创新的。"我们正享受他人发明带来的巨大益处,我们也必须乐于用自己的发明去为他人服务。"没有高级需要,社会就不能发展,人类就不能进步。追求高级需要,时刻响应祖国号召,以党和人民的需要为根本,充分发挥聪明才智,才能不断向着新的更高的目标探索攀登。

科学既是人类智慧的成果,又是创造物质福利的源泉。刘先林以最低的标准满足自己的低级需要,却创造出造福人类的重大科技成果。建设创新型国家,需要更多的像刘先林这样的科学家。

(原载2007年8月29日《光明日报》)

保持本色　永不变色

当前,我国已进入改革发展的关键时期,经济体制深刻变革,社会结构深刻变动,利益格局深刻调整,思想观念深刻变化。新的形势和任务提出了新要求，带来了新考验。对广大党员干部来说，应对挑战，经受考验，一个重要的方面就是正确把握"变"与"不变"的辩证关系：一方面，只有坚持与时俱进，转变观念，大胆创新，才能使自己的思想和行动跟上时代发展的步伐；另一方面，不管环境和条件如何变化，共产党员的本色不能变，只有保持本色、永不变色，才能赢得人民群众的信任和支持，承担起执政兴国的历史重任。

本色，即本来面目。共产党员的本色，就是共产党员应该具备的政治觉悟、道德品质与思想作风，它表现为清正廉洁、勤政为民，以身作则、艰苦朴素，吃苦在前、享受在后，克己奉公、多作贡献等。"沧海横流，方显英雄本色。"共产党员的本色，是在艰苦卓绝的革命战争时期磨砺而成的，是在波澜壮阔的建设和改革事业中发扬光大的，经过了历史和实践的检验，弥足珍贵。在新的历史时期，面对错综复杂的国内外环境，面对推动科学发展和促进社会和谐的艰巨任务，如何经受住来自各方面的考验，保持本色，永不变色，是每一个党员干部特别是领导干部需要认真思考和解决的重大问题。

保持本色，永不变色，应坚持立党为公、执政为民，聚精会神搞建设、一心一意谋发展。立党为公、执政为民是我们党的根本特征，发展是我们党执政兴国的第一要务。在新的历史条件下，紧紧抓住发展这个第一要务，全面推进社会主义经济、政治、文化、社会建设，实现好、维护好、发展好最广大人民的根本利益，是不断巩固党的执政地位、完成党的执政使命的关键所在。离开了发展，保持本色、永不变色就失去了依托和意义。当前，我国发展面临的机遇前所未有，面对的挑战也前所未有，既有很多有利条件，也有不少不利因素。我们只有切实增强聚精会神搞建设、一心一意谋发展的坚定性，坚持用时代发展的要求审视自己，以改革的精神加强和完善自己，不断研究新情况、解决新问题，清醒而又顽强地为实现党的历史使命而扎实奋斗、不懈奋斗，才能有效地把握机遇、迎接挑战，始终保持共产党员的本色和先进性。

保持本色，永不变色，应坚持权为民所用、情为民所系、利为民所谋，

始终保持同人民群众的血肉联系。我们党根基在人民、血脉在人民、力量在人民。心里装着群众，凡事想着群众，工作依靠群众，一切为了群众，始终保持同人民群众的血肉联系，是我们党始终保持先进性、永远立于不败之地的根本保证。共产党员的本色，在为人民群众诚心诚意办实事、尽心竭力解难事、坚持不懈做好事的实践中体现，在不断密切同人民群众的血肉联系的行动中保持。一个党员干部，如果宗旨意识淡薄，群众观念淡漠，思想上与群众隔膜，行动上与群众脱离，就会有变色的危险。永不脱离群众，与群众打成一片，察民情、知民意，不断从人民群众中汲取智慧和力量，既是保持本色、永不变色的需要，也是推进工作、促进发展的需要。

保持本色，永不变色，应坚持自重、自省、自警、自励，不断加强党性锻炼和道德修养。在长期执政的条件下，贪图安逸、不思进取的思想容易滋生，脱离群众、高高在上的问题容易出现；在经济社会不断发展的进程中，党员干部手中掌握的资源越来越多，面临的诱惑和考验也越来越多。在这种形势下，党员干部只有不断加强党性锻炼和道德修养，牢固树立科学的世界观、人生观、价值观和正确的权力观、地位观、利益观，坚持自重、自省、自警、自励，才能有效地防范各种腐朽思想的侵蚀，抵御形形色色的诱惑，始终保持共产党员的蓬勃朝气、昂扬锐气与浩然正气，做到志向不移、追求不改、本色不变。

（原载2007年9月7日《人民日报》）

"扬长避短"慎"补短"

成语"扬长避短"这些年被改成了"扬长补短"，"扬长避短"反而用得少了。这样改的初衷以为，避短是消极的，补短才是积极的。其实在许多情况下，避短才是明智的、科学的，而一味"补短"有时则是不冷静、欠科学的。

任何事物，都有其长，也有所短。"长"就是资源，就是优势；"短"就是不足，是劣势。发展经济，要立足资源，因地制宜，扬长是上策，避短是捷径。抓住"扬长"，做大做足做强文章，就会事半功倍。置优势于不顾"补短"，无异于捧着金碗讨饭。不计成本、不计代价硬"补短"，易产生副作用。

受大而全、小而全思想影响，一些地方忌讳"短"、容不得"短"的存在。片面追求"政绩工程"者也多从"短"处着手，不惜改变生态环境，搞短期行为，热衷于做插锹见水、立竿见影的事，往往是柳树开花——不结果。仅着眼于补短，于长无益。不可否认，有些"补短"可能会在一时一事上出彩，但对全局和长远发展却得不偿失。一是补不得。短是客观存在的、长期形成的自然产物，也是赋予人类的一种资源。有山还想有水，还要广阔平原，是不现实的。二是补不起。补短不是一句空话，需要大量人力、物力、财力，需要付出长期努力。三是补不了。有些短过去存在，现在存在，将来也一定会继续存在。要尊重规律，直面现实，决不能简单地靠人工再造所谓的"长"补"短"。

"补短"贵在正确认识短。一方面，短是相比较而言的，就看从什么角度鉴别，因为"垃圾都是放错地方的资源"。有些短正是长的衬托，有些长又是短的回归。偏远山区，交通不便，上不了工业项目，恰恰保护了原生态。对有些东西如果一时认识不了，在乱补中盲目毁掉，就会留下永久的遗憾。另一方面，短是动态的，是在不断变化的，是随着人们对事物的逐步认知而越来越深刻的。过去的短，今天变成了长；过去的长，今天反而成了短。过去一度把"消灭工业空白村"视为长，现在从资源利用、环境保护和设施共享等来综合评价，这种"村村点火、户户冒烟"的做法，无疑是"短视症"了。所以，补短必须找准穴位，把握时机，立足于能同时促进长的充分发挥上。

俗话说："针无两头尖，蔗无两头甜。"优势多多，劣势全无，是理想化的表现。光想着补短，就难以顾及扬长，捡了芝麻会丢了西瓜。如果把"补短"的精力用在"扬长"上，收效肯定要大得多。对于补，低水平重复是包

袄，高水平创新才是财富。检验补的效果，关键看是否坚持科学发展观，应走科技含量高、经济效益好、资源消耗低、环境污染少的新型工业化路子。

"尺有所短，寸有所长。"没有高山，就不可能有深谷。自然世界有长有短，长短相宜，优势互补，才构成丰富多彩的社会。发展经济是扬长避短，还是扬长补短，务必用科学、辩证的态度分析、研究、决策。

（原载2007年9月18日《徐州日报》，署名"田冈"）

提防多出来的亲友

前段时间，两位省领导谈到亲友问题。

一位新任省委书记为澄清越来越多的"七姑八姨"，在一次会上详细谈了自己的亲属情况后声明，官越做越大，亲戚也越来越多，今后我要办事会直接找你们，否则，谁做错事谁负责。

另一位省委书记在全省干部警示教育会上透露，近年来全省查处的领导干部贪污受贿案，大部分坏在亲友手里。他由此强调，讲亲情不能错位，重友情不能变味。

过去讲"贫居闹市无人问，富在深山有远亲"。时下是"官"在他乡"多"友亲。平头百姓时，门可罗雀；头戴乌纱日，车水马龙。可以说，"多"出来的亲友大多是冲着你手中的权力来的。

一些所谓亲友是怎样"多"出来的呢？一是攀，同一学校读过书，"一辈子同学三辈子亲"；当兵时尽管天南海北不相识，也能攀成战友。二是连，与你的亲戚的亲戚连着亲戚，与你的家庭成员的朋友连着八竿子打不着的关系。三是凑，籍贯是一县、一市甚至一省，都能凑成老乡。

谚云："劣马能把骑士抛下马鞍，坏朋友会把你出卖。"有些干部的确就毁于多出来的亲友：借你的光，谋不当之利；用你手中的权力，取不义之财；打着你的旗号，干不法之事。当然了，这其中少不了孝敬你、讨好你、吹捧你。久而久之，一些干部便被牵着鼻子走，堕落为不法分子的"保护伞"。

人世间最割舍不下的就是亲情、友情，但共产党人讲亲情、讲感情，更讲原则。彭德怀同志当年的"三条牢守"就很值得我们效法：第一自己不贪，第二不给人家送，第三敢把厚脸皮的熟人挡回去。这第三条，确实令一些别有用心的"亲友"望而却步。

西塞罗在《僧服披肩》中说："我终于看清了谁是真朋友，谁是假朋友，因为我现在再也没有赏罚的权力了。"的确如此，走红时朋友认识我们，遇到不幸时我们认识朋友。事实上，随着职位的变动而突然多出来的亲友，多是一些不速之客，不能不加以必要的提防。

（原载2007年第11期《党的生活·反腐倡廉版》）

"学习是花　运用是果"

眼下，一个学习宣传贯彻落实党的十七大精神的热潮正在全市兴起。一位党员说："学习是花，运用是果，十七大报告既是过去成果的总结，又是今后行动的指南。"此话很是有理。学习既要坚持理论联系实际，又要坚持学以致用、用以促学，进一步明确举什么旗、走什么路、以什么样的精神状态、朝着什么样的发展目标继续开拓奋进。

一是开好学习之"花"。徐特立先生说："学习是为着指导自己的行动。"学习宣传和全面贯彻落实党的十七大精神，是当前和今后一个时期首要的政治任务。必须营造浓厚的学习氛围，认认真真研读报告，原原本本学习文件，静下心来思考问题。通过读原文、谈体会、写读后感等方法，深刻领会科学发展观的科学内涵、精神实质和根本要求，坚持中国特色社会主义道路不动摇，把思想统一到党的十七大精神上来，把力量、智慧凝聚到实现党的十七大确定的各项任务上来。

二是结好运用之"果"。学习的目的在于运用，运用也是学习，而且是

更重要的学习。把用党的十七大精神武装头脑、指导实践、推动工作作为学习的出发点和落脚点，进一步明确本地区本单位的具体奋斗目标。要结合自身特点，创新发展思路，科学决策，统筹谋划，扎实努力，妥善处理改革发展过程中出现的新矛盾、新问题，着力解决人民群众最关心、最直接、最现实的利益问题，使发展成果更多体现到改善民生上。

"花大果实多。"学习促进工作，运用深化认识，实践增长才干。学习好是运用好的前提，运用好是学习好的体现和归宿。对党的十七大精神学习、领会得越透彻，思想就越亮堂，工作就越有成果，发展越又好又快。

（原载2007年11月19日《徐州日报》）

人民为先　事业为大　发展为重

一位领导同志从机关到基层任职后，经过一段时间的深入调研，在干部会上郑重强调，要大力倡导"人民为先、事业为大、发展为重"的"三为"精神，始终把人民群众利益放在第一位，集中精力干事业，一心一意谋发展，着力打造新农村建设先导区、全力推进社会主义和谐社会建设。

人民为先。中央领导同志多次强调："权为民所用，情为民所系，利为民所谋。"这无疑要求党员干部心中装着群众，切实把群众利益放在至高无上的位置。特别是处理事关群众切身利益的大事，要多倾听群众的意见和呼声，集中民智，符合民意，珍惜民力，时时刻刻、事事处处做到"民为先"。为群众诚心诚意办实事，尽心竭力解难事，坚持不懈做好事。当前要增强群众观念，带着感情、投入真情做群众工作。只有在感情上与群众相融，在思想上与群众共鸣，在行动上与群众合拍，才能站在群众角度考虑问题，倾全身之力，尽公仆之责，全心全意为人民服好务。因为"谁把群众装在心里，群众就把谁举过头顶"。

事业为大。是党的事业把我们凝聚在了一起，一个干部尤其是领导干部，一生而为之奋斗的是党和人民的事业。方志敏烈士说："我能舍弃一切，但是不能舍弃党，舍弃阶级，舍弃革命事业。"要创造一流成绩，成就一番伟业，必须有事业心、责任心、进取心和紧迫感。做到事业为大，必须充分认识到事业是根本，"人的灵魂表现在他的事业上"。当前，我们所干的事业就是早日达到全面小康、构建社会主义和谐社会。衡量一个干部的业绩，主要看他在其中发挥了什么作用，做出了多少贡献，群众认不认可。对一个干部来说，必须"干"字当先，干中求进，干出成绩。不干事业，干不好事业，说什么都是假的。

发展为重。发展是执政兴国的第一要务。离开了发展，一切无从说起；发展不快，就要被动。在《邓小平文选》中，"发展"这个词一共使用了1066次，不难看出"发展"在改革开放总设计师心中的位置。发展为重，就是要把它作为我们工作的重中之重和最大责任。进一步提高人民的物质和文化生活水平，要靠发展；提高一个地区的综合实力，要靠发展；全面建成小康社会，也要靠发展。就一个地方来说，增强区域竞争能力，进位争先，位次前移，都需要加快发展、实现跨越，勇当科学发展、和谐发展、率先发展的排头兵。

人民为先、事业为大、发展为重，是一个统一的整体。干事创业是为了发展，而发展又是为了人民。发扬"三为"精神，就是要时刻保持清醒的头脑，永远牢记什么为先、什么为大、什么为重。只有在实践中真为、敢为、善为，才能始终保持艰苦创业的志气，面对困难有豪情；始终保持敢于创新的勇气，面对事业有激情；始终保持争先创优的锐气，面对工作有热情。

（原载2007年第11期《徐州党建》、2009年7月1日《徐州日报》）

听得进 记得住 用得上

"我想发展致富，从十七大报告中能不能找到答案？"对于农民的提

问，铜山县宣讲团成员这样回答："你只要按照报告中'有文化、懂技术、会经营'这9个字去做，当新型农民，腰包一定会很快鼓起来。"如此通俗易懂的话语，让农民听得明明白白，记得真真切切。

从11月下旬开始，铜山县党的十七大精神宣讲团成员就进村入户、到田间地头向农民宣讲了100场。此前，县委要求每个成员既要讲"普通话"，也要说好"地方话"，多用鲜活生动的语言，让农民"听得进、记得住、用得上"。

一位科普作家曾断言："没有枯燥的科学，只有枯燥的叙述。"宣讲中国特色社会主义理论和科学发展观，应大力倡导清新的文风和生动活泼的语言，同时紧密联系当地实际，善于运用身边的典型事例或现身说法，会增强感染力，效果更好。比如，讲到共享改革发展的成果，民生得到改善和保障，用农民自编的"顺口溜"就形象地概括了。过去有的农民看不起病，因病致贫、因病返贫的不少，常常是"小病拖，大病挨，实在不行向医院抬，抬到医院再抬回来"。现在政府投资、财政补贴、大多数农民参加新型合作医疗，时下是"有病治、无病查，得了大病不用怕，合作医疗能救驾"。农民用自己的心声来反映就医上的变化，说服力不是长篇大论所能讲清楚的。

入耳才能入脑。任何丰富而深刻的思想理论，总是通过明白畅达的文字来传播的。让农民切实领会十七大精神的内涵，必须先让农民乐意听，能够记在心里，有强烈的感受，引起共鸣，才能谈得上如何进一步指导实践、发展经济、推动工作。

（原载2007年12月12日《徐州日报》，署名"田冈"）

知足常"安"

看了市纪委制作的警示教育专题片，大家对腐败的干部既痛恨，又痛心。不少同志认为，是贪欲使他们走上了犯罪之路。因此，要时刻绷紧廉洁从政这根弦，不断增强自律意识，深刻吸取教训，切实改进作风，筑牢拒腐防变防线。

人常说，知足常乐。在这个乐中，"安"就占据重要的位置。没有安，根本就谈不上乐。与乐相比，安更具有现实意义。

知足常乐，仅指个人对物质生活的心态，就看你如何去体会。古希腊有言："请用'知足'为你自己设防，因为'知足'是座坚不可摧的要塞。"而现实中有些人在物质生活上偏不知足，愣是找不出乐来。有的干部生活水准已很高了，用群众的话说"工资基本不动"，却照样贪赃枉法，追逐奢侈的生活，根源就在于不知足。

事实上，对于知足观，不同群体有着不同的反应，可以看出不同的知足观。这就看你从什么角度去衡量。比如，电视播出某贪官被查处的新闻时，一些干部感慨："党培养一个干部不容易，太可惜了！"一般人不解："有这么高的收入还不知足，捞那么多钱干啥？"下岗、务工者则不满："那么好的工作岗位，还不知道珍惜，真是作孽。"

知足是财富，是思想的财富，谁能得到这笔财富，谁就得到了幸福。在生活上，如果说知足一时乐不起来的话，那么，知足起码可以使自己及家庭过上安定的生活。

知足者心安，贪婪者悲哀。要保持一颗平常心，不为名利、物欲所动，对身外之物看轻、看淡；对不义之财不奢望、不伸手。否则，拿了不该拿的，收了不该收的，就会徒增心理负担，极易走上邪路。一有风吹草动，就会惊慌失措，这怎能安下心来呢？事实说明，一些腐败分子从贪污受贿的那一天起，心就从来没有平静过。

知足者平安。平安是福，大富大贵、大起大落并不是绝大多数人向往的生活状态。它对人的身心健康影响极大，往往会一下子击垮人的精神。说腐败分子寿命短，大多数是从其心理上的不健康来说的。一人"进去"，一家人不安生，沾亲带故的人都不安定。

知足者永安。人心不足蛇吞象，世事到头螳捕蝉。大多的不安来自私欲，不要幻想贪了无人知晓、"不捞白不捞"，吃了昧心食常常消化不良，

甚至会"过敏"留下后遗症。有的贪官尽管已离职退休，满以为这下可"软着陆"了，但法律照样放不过他，只要犯了事，难保永远的安全。

平安是金。只有平安的环境，经济社会才能发展进步；同样，对一个人来说，唯有拥有平安的生活氛围、安定的心态，才可以静下心来干工作，做出成绩，多出成果，走好人生的每一步，成为一个让家庭、亲朋、同事引以为荣的人。

（原载2008年1月19日《徐州日报》，署名"田冈"）

祝您发"才"

"祝新年快乐！"

"祝新年发财！"

这两句是春节期间使用率最高的话语，集中表现了人们相互之间的美好祝愿。在祝愿人们发家致富、安乐祥和的同时，不妨再道一声："祝您发'才'！"

国以才立，政以才治，业以才兴。人才是事业发展最宝贵的财富，当今的竞争，归根结底是人才的竞争。衡量一个地区竞争力的标准，既看其聚集财富的能力，更看其聚集人才的能力。

祝您发"才"主要有三层意思：一是指发奋成才，二是指发现人才，三是指发挥人才的作用。

如果您是青年人，中国特色社会主义宏伟大业提供了一展风采的大好机遇，务必发奋学习，努力工作，成为建设国家的栋梁之材。

如果您是中年人，在立足岗位建功立业的同时，还要肩负起培养下一代健康成长的责任和义务，使我们的国家人才辈出。

如果您是老同志，"新竹高于旧竹枝，全凭老干为扶持"。请多多言传身教，悉心指点，助推一大批年轻人早日成才。

如果您是企业的老板，应深谙"黄金累千，不如一贤"之道，大力营造人才高地，广纳贤才，企业才能以"才"发财。

如果您是领导干部，"智莫大于知人"，一定要在创新实践中识别人才、在创新活动中培育人才、在创新事业中凝聚人才，党的事业就会因"才"而兴旺发达……

（原载2008年2月25日《徐州日报》）

说"经验"谈"认识"

彭德怀将军在战场外还有不为人知的一面：对文件咬文嚼字，谨慎推敲，慎用"经验"。当看到每次战斗后的总结报告中有"几点经验一、二、三……"时，他总是严肃地批评："什么经验！仅仅是一次自己一点不成熟的初步感觉，就说成是经验，这不但误了自己，也可能误别人。"1948年1月，他就12次大规模战斗检讨成败得失，综合归纳了四点"认识"，却不用"经验"二字。

经验，是由实践得来的知识或技能；认识，是人们的头脑对客观世界的反映。真正的经验必须是千百件事反复证明准确的，不然就是狭隘的经验主义。

经验的形成，是一个不断认识、比较总结、反复验证的过程。当时的经验，现在未必适用；一地的经验，用在别的地方可能"水土不服"。

改革开放，建设有中国特色社会主义，没有现成的经验可学，只有在实践中艰辛探索，靠自己的认识大胆试、大胆闯，一步一步向前。

经验是思想的结果，思想是行动的结果。善于总结是好事，但不一定都能成经验，也应该有教训和失误。忽视经验，不好；依赖经验，也不好；盲从经验，就会被经验所误。

时下的问题是，所谓的"经验"太多、太滥，这"模式"那"样板"层出不穷。有些地方、有些人出不了业绩、出不来成果，却热衷于出经验。而

这类"经验"中，人为因素较多，主观成分较大，常常把多因一果说成是一因一果，甚至把一些肤浅的认识、感觉、体会都归纳为经验。

有些人一谈起经验，就眉飞色舞，认为上档次，有成就感；一说到认识，总觉得显示不出能力和水平来。一般来讲，既然成为经验，就可看作与"知识""理论"同等水平；而对认识呢，可留给别人思考的余地，有待进一步实践。

托尔斯泰说："认识真理的主要障碍不是谬误，而是似是而非的真理。"认识才是经验的前提，认识客观世界，是由浅入深、由表及里、逐步深入的过程，每前进一步，都是建立在更深入的实践基础之上。对同一事物的认识，仁者见仁、智者见智，高低不同、深浅有别。谁认识得透彻，谁就能够全面准确地认识事物本质、把握客观规律。就是我们自己实践总结的经验，再用于解决新的问题，如果没有新的认识，就会出问题。

把简单的事情考虑得复杂，可以发现新领域；把复杂的现象看得很简单，可以发现新规律。运用"经验"，可以少走弯路、节约时间，节省成本；提高"认识"，并不断赋予新的内涵，才能有所创新、有所进步。

多一些"经验"，就会使脑子变懒，习惯于按经验办事，不愿再思考探究。多一点"认识"，既要有自己的真知灼见，又要敢于怀疑，不盲从，不迷信，不唯上。经验是定论，而认识永远在进行时。

陈云说："经验的积累和弱点的克服是分不开的。"缺少教训的经验，是经不起检验的。经验谈多了，容易沾沾自喜；认识谈多了，则孜孜以求。只有主动认识、加深认识，才能提高认识、增加认识。

（原载2008年3月5日《徐州日报》，署名"田冈"）

青年创业正当时

团市委广泛开展"青年怀壮志，创业正当时"活动，实施"青工技能振兴计划",培养了6000多名青年高级工人和500多名青年技师;1600多名青年在"青春建功新农村"活动中成为致富带头人,涌现出了"全国十大杰出青年农民"丁养锐等创业典型,引领本地经济快速发展。

"全面奔小康,建设新徐州"的新目标、新使命,为我市广大青年成长成才、干事创业、施展才华提供了广阔的舞台。正如雨果所说:"青春是生命的春天。"青年当是创业最活跃的群体和生力军。

首先是知识充盈。青年人经过10多年的学习,才智已进入迸发、释放期。把理论知识尽快运用到实践中去,既能检验学习的效果,又可以通过社会实践锻炼和提升自己的业务水平和综合能力。而创业正是青年人凭知识、智慧和技能走向社会的新起点,迈好这一步,就会乘势而为,再上台阶。

其次是精力充沛。青年人朝气蓬勃,精力旺盛,有一股子锐气和闯劲,正是创业兴业的"黄金期",在创新创业谋发展中理应奋勇争先。青年无保守思想,不因循守旧,敢于突破框框,勇于创新,善于创造,能够大展青春风采,实现人生价值。

最后是干劲充足。接受新事物快、学习能力强、工作干劲足,是青年人的最大优势。青年处在知识和体力的爆发期,肯干肯学肯吃苦,能够迅速进入状态。远大的理想、宏伟的蓝图,经过艰苦创业,一步一个脚印地苦干、实干、巧干,一定会成为现实。

青年是人类的希望,未来属于青年。华罗庚认为:"青年人之所以可贵就在于会创造。"对青年人来说,现在的创业是基础,日后的创新是升华,将来的创造是使命。

(原载2008年3月31日《徐州日报》)

"干头"与"奔头"

今年,江苏省公务员招考拿出116个职位面向优秀村干部定向招录,自

2003年以来，该省采取"统筹协调、统分结合"模式，已从优秀村干部中招录了283名具有丰富基层工作经验的乡镇公务员。许多村干部说，我们越来越有"干头"了，也更有"奔头"了！

"村子好不好，关键在领导；农民富不富，关键在支部。"村级组织是各项工作开展的基础和事业发展的依靠，是党的方针政策真正落实的"最后一公里"，工作的着力点和落脚点大多在这里。农民要过上富足殷实的生活，离不开村干部的组织领导和带头示范；建设社会主义新农村、全面达到小康社会需要众多村干部的倾力奉献。选录村干部当公务员无疑有助于进一步加强基层工作。

长期以来，作为农村发展"领头雁"的村支书、村主任，常常被称为"泥腿子"干部。切实有效地解除困扰村干部生活保障和出路的后顾之忧，让他们充满希望、看到"奔头"，工作才有劲头和"干头"。江苏定向招录优秀村干部，不仅拓宽了干部选任的视野，而且优化了公务员队伍结构，激发了村干部专心致志、争先创优、献身"三农"的热情。

有"干头"，不只是针对基层工作，也是做任何工作都必须具备的精神状态，包括那些更多仍工作在农村的村干部。做任何工作，都需要有强烈的事业心、责任心，需要精业、敬业。支撑"干头"的是：通过不懈努力，取得优异成绩，实现自身价值，有良好的"奔头"和成果。假如没有"奔头"，"干头"是坚持不了多久的。"没有伟大的愿望，就没有伟大的天才"，希望在前头，行动有劲头，工作才会有"干头"。

"奔头"也是奋斗、进步目标的具体化，它能促使人们在进取中创造业绩，获取成果，享受快乐。正如鲁迅先生所说："倘若一定要问我青年应当向怎样的目标，那么，我只可以说出我为别人设计的话，就是：一要生存，二要温饱，三要发展。"不可否认，现实中有些领导只要求部属如何如何干工作，而对其个人生活等现实问题则考虑得不够，一旦提个人哪怕微小的要求，就被认为"思想落后"。这样只让人有"干头"，不考虑其有没有"奔头"，是难以点燃希望之火的，"干头"也会随着时间的推移而减弱。

有"干头"源于有"奔头"，有"奔头"促进有"干头"。让长期在生产一线艰苦奋斗、努力工作的优秀干部政治上有"奔头"，生活上有盼头，具有导向性的意义。真正重视、真情关怀、真心爱护基层干部，就应当多从制度、机制层面上予以考虑。热情肯定、格外珍惜基层干部有"干头"的精神，创造条件多为他们谋些"奔头"，就会使其在希望中工作，愉快而出彩，创新而有为。

（原载2008年4月16日《光明日报》、第3期《徐州党建》）

发展需要"软实力"

近日，读了《徐州日报》刊登的关于进一步解放思想的有关报道，觉得在徐州打一场思想解放的淮海战役，很有必要也相当迫切。

当前，对加快振兴徐州老工业基地和全民创业来讲，思想解放是场硬仗，其中不断学习、善于学习显得尤为重要。比如，收看了"温州人和温州精神"报告会，有一个地方让人久久难忘，说温州人过去是"白天当老板，夜里睡地板"，现在又加上了"晚上看黑板"。由此印证了"知识本身就是财富"的真理，不难看出浙商之所以持续发展的精神和动力所在。

创业当老板，做大做强企业，从数量、质量，到品牌、人才、企业文化的竞争，越来越需要知识的强劲支撑。随着事业的发展壮大，智慧和学习就显得尤为重要。说有的温州商人"没文化，有知识"，恰恰反映了他们学习力很强，有很高的创业智慧，善于捕捉信息，再加上独立思考、潜心实践及高效的运作，赚了文化知识转化的钱。

从创业到发展，最终赢在"软实力"上。富兰克林认为："知识投资收益最大。"增强"软实力"，一方面靠不断地充电，学中干、干中学，汲取新知识，掌握新本领；另一方面善于借外脑，聚天下英才为我所用。如果说"硬实力"是创业"筋骨肉"的话，那么，"软实力"则是发展的"精气神"。

马克思说："一个人有了知识，才能变得三头六臂。"口袋要想多装钱，脑袋必须多装东西，晚上不坚持"看黑板"，素质提不上去，钱就赚不来。这就是浙商勤劳、智慧的人文精神和时刻迸发的创业激情给我们的启迪。

（原载2008年4月26日《徐州日报》）

倡导"服务至上"

有位领导同志指出，现在政府的职能不仅仅是管理，更多的是服务。假如没有服务对象，又管理谁去？因此，机关部门一定要把"服务"放在第一位，牢固确立"服务至上"的理念，在服务中体现价值。

全心全意为人民服务是党的宗旨，干部是人民的服务员。服务是天职，服务是根本。因此，要始终以对党和人民事业高度负责的精神，解放思想，开拓创新，通过高效而优质的服务提升机关效能建设和廉洁创建水平。古人云："莅官之要，曰廉与勤。"为官既要干事，又要干净，才能服务好。一要勤政。坚持求真务实，少说多做，埋头苦干，把汗水洒在事业上、精力用在发展上、心思花在服务百姓上。有些工作不能老是处于"议事日程"，应多创造条件，及早进入"干事日程"，不为办不成事找借口，只为办成事想办法。二要廉政。不能一搞服务就讲条件，要人家有所表示；不能满足于不吃不喝、不拿不贪，也不积极去干事；更不能遇到问题绕道走，碰到困难"踢皮球"，解决不了实际问题。廉洁从政，就是依法行政，尽心尽力，公平高效，清清白白做人，干干净净做事。

服务也是生产力。衡量一个部门的工作绩效，主要看服务是否到位、服务对象是否满意。服务上水平，工作上档次，发展就会上台阶。

（原载2008年5月11日《中国纪检监察报》）

说"踩点"

上海市把每周四定为领导下基层的"调研日",要求求真务实、轻车简从,做到不预告、不踩点、不扰民、不搞层层陪同。其中"不踩点"正切中了时下之要害。

所谓踩点,即事先探路选点。用百姓的话说,就是"趟路"、"打前站"、做准备工作。踩点一是选地,关键要有"看相";二是选人,口头表达能力要强,能说到领导的心坎上;三是选景,要有标语、展板、文字材料,路两侧撒石灰印,插上红旗等。

踩点,实际上是提前选定要看的地方、内容、人物等;踩点者有指示,当地有布置,点上有安排,工作有准备,点的味道就做足了。

领导干部深入基层,本来是想撇开材料和汇报,亲自到现场看看,感受感受。但一经过踩点,往往听不到真话,看不到真景,摸不到真情。这也违背了调研者的初衷。一旦被点所惑,局限于被安排的点上,就很可能会导致获取的材料失实、形成的观点失真、作出的决策失误。

正因为有了踩点,"点"被凸显了,政策倾斜,多方关照,甚至吃"小灶"。如此这般,"点"的优点被放大,不足被弥补,矛盾被"屏蔽",问题被掩盖了。个别地方上访不断,就是因为领导对群众利益受损没有看见或视而不见。

为何要踩点?领导时间珍贵,调研的计划和行程的安排要紧凑、周密一些,尽可能让领导多看好的一面。同时要确保符合领导的口味,特别注意所提供的材料质量,能够丰富领导调研的主题和内容,达到锦上添花之效。

不少人认为踩点,上下都高兴。上级领导满眼新气象、新形势,碰不到难题,添不了麻烦,心情自然舒畅;下面政绩突出,给上级留下良好的印象,对以后升迁有益;点上更乐意,既争了光、架了势,又让领导"满载而归",往后定会格外关照。

俗话说："在你注视光明的星空时，请不要忘了屋里的蜡烛。"踩不踩点，直接体现干部作风。真心实意察实情、出实招、干实事、求实效，就不会刻意地先踩点；而一些热衷于讲排场、造声势、拿架摆谱者，不踩点还怕显不出效果来呢。

假如不踩点，对上对下来说，一时都不习惯，觉得不慎重、不稳妥，担心出现不和谐的插曲，怕扫领导的兴，影响当地的形象。所以，不少人不想在这方面下功夫、求圆满，毕竟这是脸面上的事。

不踩点，可以随时改变行程和目的地，一下子出现在群众面前，真实情况尽收眼底。尽管有些东西让领导看到了不雅，甚至脸上无光，但只有这样，才能最客观、最全面、最真实地反映事实情况，问题才能引起足够的重视。

不踩点，能够直面问题。发现问题是能力，解决问题是政绩。领导亲临一线，目的是发现问题、分析问题、解决问题；点上没问题，就谈不上分析、解决问题了。时下有多少问题是在点上调研时发现的？又有多少矛盾能够及时化解在点上？点上情况的一派大好不知麻痹了多少人、蒙蔽了多少领导。

我们抓工作习惯于以点带面、点面结合、广泛推开。但在思想认识上如果以点（指踩过的点）及面、以点带面的话，再匆忙下结论，就会面上抓问题、点上找经验，容易以偏概全，做成"夹生饭"。因此，仅看一个点是不够的，尤其要多看看没踩过的点，

"要留下自己的脚印，就不要跟着别人的足迹走。"只有不踩点，才可能到矛盾多的地方去；只有不踩点，才可能到最困难的地方去；也只有不踩点，才可能到工作打不开局面的地方去。调研最需要去的地方，应是工作的重点、难点所在，而不是一些被称为"盆景"的看点。

干部不下基层是官僚主义，下基层干不了实事是形式主义。不踩点的调研，才算得上是真正的调研，才能够带动整个干部作风的转变。唯有如此，民情才能及时畅达，民难才能有效解决，民智才能广泛吸收，从而使各项工作着眼点高、着重点准、着落点实。

（原载2008年第5期《徐州党建》）

"总结"是成功之母

前不久，参加了一次探路者拓展训练活动，对"失败是成功之母"这句名言有了更深层次的认识：失败唯有经过"总结"，才能成为成功之母。

每一个团队在诸如"破冰之旅""过沼泽"等拓展训练项目完成后，教官都当场予以点评、总结，肯定成绩，查找不足，指出方法。同时，鼓励学员谈感受、议启迪、论得失。大家普遍认为，如果可以重来，一定会做得更快、更好、更精彩。

契诃夫说："人的眼睛，在失败的时候，方才睁了开来。"失败也是财富，它让我们开阔视野，既看到成功的艰辛，又认识到失利的缘由，还丰富了人生。有的人在失败面前怨天尤人、一筹莫展、听天由命，这样的"失败"怎能成为成功之母呢？失败具有教导性，真正懂得思考的人，从失败和成功中会学得一样多。对于失败，只有高度重视，认真总结，分析透彻，找出症结，才能不重蹈覆辙，成为成功之母。

百姓有言："摔个跟头，长次见识。"在探索奋进路上，肯定要走点弯路、摔些跟头、交点学费。但这种付出不仅能使自己积累经验、增加阅历，而且能为他人、后来者指明方向、减少障碍。错误、教训乃至失败往往是通向成功之路的垫脚石。假如对失败引不起足够的警觉，甚至熟视无睹，找理由推脱，就会为再次的失败埋下伏笔。

"胜利和失败具有同等价值。"胜利时人容易头脑发昏，失败比成功更能给人教益。摔个跟头并不可怕，怕的是在同一个地方再次摔倒。如果对今日的失误不汲取经验，就可能演变为明天的失败。

列宁说过："不要怕承认失败，要从失败的经验中进行学习。"对不足、缺点、失败，要敢于亮出来，自觉接受监督。失误、失败固然不是成功，但此时能反躬自省，接受教训，信心百倍地重新开始，这本身就是成功的起点。一位领导曾深有感触地说，我们曾和某同事一起坐在台下看警示教

育片，如今不过一年，某同事却成了反面教材。根本原因就是没能够真正地从别人的失败中汲取教训。

一个进步快、有成就的人，不仅善于总结成功经验，而且勇于汲取失败的教训，特别是主动汲取他人的教训，不断鞭策、修正和提升自己。某交警部门把事故原因归为"三超"：大车是90%超载、超员，小车是90%超速。这个用鲜血和生命总结出来的"教训"，如果能注意汲取的话，可避免、减少多少事故啊！

戴尔·卡耐基认为："成功者与失败者之间的区别，常在于成功者能由错误中获益，并以不同的方式再尝试。"不少失败可以变为成功的转机，因此，分析失败的力度，要大于总结经验的力度；接受教训的态度，要比表决心更诚恳。而成功之母不仅仅是失败，必须是反复总结过的、能够上升为"经验"的失败。

积极勤奋的努力和不计失败的洒脱是成功的双翼。正如毛泽东所教导的那样："错误和挫折教训了我们，使我们比较地聪明起来了，我们的事情就办得好一些。"其实，失误提供的教训常常是正确的先导，失败留下的足迹往往是成功的路标，经过失败考验的人生，无疑是完整的人生。

（原载2008年7月10日《徐州日报》，署名"钢子"）

深造激发创造

据《徐州日报》报道，铜山县实施"百名企业家培训工程"，首批选送62名企业家到清华大学深造。企业家通过学习，不断激发创新热情和创造欲望，从而促进企业做大做强。这的确是战略之策、明智之举。

古人云："致天下之治者在人才，成天下之才者在教化。"深造，就是进一步学习以达到更高的程度；而创造则是想出新方法，建立新理论，做出新成果。创造源于深造，没有创造，就没有进步和发展。时下的竞争很大程度上是管理者水平、能力的竞争，是人才及创造力的竞争。一部三国史，实质就是一场人才争夺战：谁在人才上占优势，谁就会在竞争中占主动。

磨刀不误砍柴工。企业家的能力既表现在经营管理上，又体现在善于创新、勇于创造上。而支撑创新创造的是知识、见解、能力和魄力。这无疑要求企业家树立终身学习的观念，把知识学习和能力培训结合起来，夯实开拓创新的知识基础，提高应对竞争和挑战的能力。

"根本固者，华实必茂；源流深者，光澜必章。"不仅对企业家，就是对每一个人来说，学习是保持创新之树常青的源泉，创造是促进事业长盛不衰的动力。温州企业家就有着强烈的学习意识，"白天当老板、晚上看黑板"是他们学习进取的缩影。

知识产生力量，成就放出光彩。企业家只有经常补充营养、充电加油、提高素质、增强创造力，才能全面认识新情况、正确解决新问题、不断攀登新高峰。

（原载2008年8月24日《徐州日报》）

从"开镰"到"开机"

今年5月底下乡采访，问一分管农业的副镇长，何时大面积开镰？他笑着说，看来你真不了解农业了，现在哪还有说"开镰"的，都叫"开机"了。据了解，江苏铜山县目前拥有大型收割机械2000多台，今夏50多万亩小麦机械化收割率已达98%。不说"开镰"说"开机"，当在情理之中。

从"开镰"到"开机"，由拿镰刀割麦到驾驶机械收麦，反映出来的是千百年来传统农业生产方式的重大变革。以铜山县为例，农业机械总动力达71.5万千瓦，机械化综合作业水平达86%，拥有农机管理人员和专业技术人员5600人。今夏仅跨区作业外出机械就有1160台，农机跨区一季总收入8900万元。以往，每到"三夏"，真可谓"黄金铺地，老少弯腰"，是农民一年中

最繁忙劳累的时节。现在收麦时节，不少农民似乎成了看客。他们站在地头树荫下，拿着口袋等着装小麦，根本用不着"挥镰"与"弯腰"了。

与"开镰"相比，"开机"确实了不得。一是减轻了人的劳动强度，大批农民从繁重的体力劳动中解脱出来，精神得到大解放。二是加快了"三夏"进度，受天气等因素的制约少了；小麦的割、运、晒、打、晾的时间由个把月缩短到个把星期。三是牵动全社会的精力少了，过去一到收麦，学校、工厂放假，机关干部下乡，各行各业都围着"三夏"转、跟着忙活多少天的现象不见了。对此，农民都说是"托农机的福"！

从"开镰"到"开机"，这是一个历史性的变化，延续几千年的手工耕作方法，已逐步被先进的机械化所替代，农业生产的档次和水平产生了巨大的飞跃。正如"开机"一样，农业会越来越多地出现具有时代感的新名词、新术语，一些长期流传下来的农谚已过时或将改写，再按老皇历种地显然不行了。一部分手工农具，如木制大车、打场的石磙等将来只能在博物馆看到。这也是对我国农业加快实现现代化进程的有力注脚。

（原载2008年9月11日《农民日报》、2007年6月8日《徐州日报》、2005年6月18日《中国财经报》）

让繁花硕果满赣鄱

党中央决定，从2008年9月开始，用一年半左右的时间，在全党分批开展深入学习实践科学发展观活动。这是按照党的十七大精神，在新的历史起点上发展中国特色社会主义的一项重大战略部署。

学习实践科学发展观，是适应新形势、完成新任务、实现新发展的迫切要求。笔者认为，在此次活动中，学习是"花"，实践是"果"。既要坚持理论联系实际，又要坚持学有所悟、思有所得，学以致用、用有所成，不断提高科学发展的自觉性，增强科学发展的能力和本领，努力使深入学习实践科学发展观活动开花结果。

开好学习之"花"。开展深入学习实践科学发展观活动，进一步贯彻落实党的十七大精神，是当前和今后一个时期的一项重大政治任务。只有认认真真研读文件，原原本本吃透精神，静下心来思考问题，才能营造浓厚的学习氛围。通过通读原文、相互探讨、畅谈体会、写读后感等方式，深刻领会科学发展观的科学内涵、精神实质和根本要求，继续解放思想，改革创新，求真务实，把思想统一到科学发展观上来，把力量、智慧凝聚到实现党的十七大确定的目标任务上来。如果学习不认真、不刻苦，就不可能深刻领会科学发展观的精神实质，工作就难以进入好的状态，行动就难以准确到位，发展就会受到影响。

结好实践之"果"。用科学发展观武装头脑、指导实践、推动工作，这应成为深入进行学习实践活动的出发点和落脚点。落实科学发展观，应强调"突出实践特色"。也就是说，我们想问题、作决策、干工作要因地制宜、因时制宜，紧密结合自身特点和客观实际，扬长避短，创新思路，科学决策，统筹谋划，扎实努力，把人民群众最关心、最直接、最现实的利益问题切实解决好，让发展成果更多地体现在改善民生上。实践科学发展观，不仅要做打基础、利长远的事，还应有敢于直面困难和问题的勇气。须知，每战胜一次困难，解决一个问题，都是新的收获、新的成果。

开花须结果，花繁果实多。学习提高认识，实践增长才干。学习好是实践好的前提，实践好是学习好的体现和结果。我们对科学发展观学得越透彻，思想就越亮堂，实践就越有成果，发展就会更好更快。

（原载2008年10月18日《江西日报》）

让接受监督成为一种习惯

一位领导同志谈到从严治党、加强纪律性与廉洁从政时说，要正确认识

和对待监督，自觉接受来自组织和人民的监督，做到闻过则喜、有过则改，养成一种在监督之下工作和生活的习惯。果真如此践行，定会让我们的每一个干部受益匪浅。

大力倡导把自己置于人民群众监督之下工作和生活，并逐步形成习惯，这需要勇气和胆量，也是经验和智慧的体现。因为时下毕竟有的人对此可能会不高兴、不习惯、不适应，还有的误认为这是自己给自己出难题，自己给自己过不去。其实，对每一个干部来说，真正能够时时刻刻在人民群众的监督下工作和生活，最大的受益者还是自己本人。

首先，能够提高工作效率，避免失误。这会迫使你坚持不断学习，熟练而准确地掌握党和国家的方针政策，坚持原则不动摇，遵纪守法不含糊，不简单从事，不意气用事，公平、公正、公开地处理问题。平时想问题、作决策、办事情，会自觉主动听取来自各个方面的意见，多看看群众的"眼色"，变过去的事前、事后监督为事中或全过程的监督。防患于未然，就可以集中精力科学而高效地服务基层、服务群众、服务发展。

其次，能够廉洁从政，弘扬正气。我们一些干部之所以犯错误、犯罪，除了自身修养不够、免疫力不强外，主要还是缺乏有效的监督。特别是在生活圈里，大多游离在公众的视线之外，如果警惕性不高，稍有不慎，就容易走向邪路。群众常说，周围没有几双眼盯着你，干什么还不由着自个儿性子来？一旦远离了监督，任其向着错误的方向越滑越远，那就是"船到江心补漏迟"了。

一句话，监督就是爱护，监督就是帮助，监督就是幸福。

（原载2008年11月2日《中国纪检监察报》）

简约是一种智慧与美德

结合新时期青年工作特点，日前团市委专门下发文件，从精简会议、简化公文、提高效能、调查研究四方面十三个环节着手，大力倡导建设"简约共青团"。推崇简约工作理念，树立简约工作作风，提高工作效能，把广大团员青年的工作激情、科学精神和务实作风结合起来。这是一项具有现实意义的举措。

简约，即简要、集约之意。就是通过提高知识素养、增强工作能力、运用科学方法，将工作主题之外的枝节因素尽可能地予以剔除，化繁为简，把复杂的问题简单化、简单的问题条理化。古人云："大道至简。"说的就是这个道理。

"淡泊以明志，宁静而致远。"今天，知识更新加快，社会竞争激烈，交往应酬增多，危机感增强，心理压力加大，常常令人惆怅和迷惘。如何坚守自己的信念，从容应对现实生活，身轻目明地做好工作，在事业上有所作为？最明智的选择是，甘于寂寞，抛开私心杂念，放下心理包袱，知足而止步于简约生活。许多情况下，烦琐是由于把简单的问题复杂化，而聪明则是把复杂的问题简单化。

人们多向往轰轰烈烈地干事、多姿多彩地生活，但追求简约人生，却能让人终身受益。因为专心致志，效果会事半功倍；因为思路简明，能够认知事物本质，创新创造。

简约是一种新境界。追求简约者，心静如水，思维缜密，处事不惊，心无旁骛。不为表象所惑，不被物欲所役。不得者不强求，知足常乐，心性豁然，神清气爽。

简约是一种大智慧。把心思用在求知探索、创新进取上，一切变得简单清晰，目光超然。没有物欲烦恼、名利羁绊和世俗纷扰，新的工作理念会像火花四溅。懂得扬长避短，审时度势，有所为有所不为，简化人际关系，提高工作绩效，带来意想不到的精彩！

简约还是一种高品位。方志敏在狱中写道："清贫，洁白朴素的生活，正是我们革命者能够战胜许多困难的地方！"简约磨砺意志。有钱而不奢侈，简约而不简单，在追名逐利、心性浮躁的浊流中，可以定住心神，抵住

诱惑，是优雅、平淡和自由，张扬着智慧、理性之光。

（原载2008年11月6日《徐州日报》）

护"命根子" 鼓"米袋子"

党的十七届三中全会给亿万农民带来了福音：既让百姓们吃了"定心丸"，又送给农民诸多"真金白银"般的实惠。这使我们更有激情、责任和义务保护"命根子"，鼓起"米袋子"。

土地是农民的"命根子"，是农业生产、农村发展的基础；粮食是百姓温饱之源、经济发展之要、社会稳定之本。只有切实保护好耕地，才能有效保证粮食生产。

民以食为天。中央做提出推进农村改革发展的五条重大原则，第一条就是"必须巩固和加强农业基础地位，始终把解决好十几亿人口吃饭问题作为治国安邦的头等大事"。中央领导倾情关注"三农"特别是粮食生产，胡锦涛总书记到农村考察，总是与农民群众同饮一井水、同吃一桌饭、同坐一席炕，亲切叮嘱"千方百计争取农业好收成"；温家宝总理的办公桌上有三张表，第一张就是全国的粮价表。历史经验证明，粮价涨，百价涨；粮满仓，天下安。

政策法规保"命根子"。水泥地上长不出庄稼，一定要强化危机意识，始终绷紧保护耕地这根弦，珍惜利用好每一寸土地，既要考虑致富一方，又想着造福后人。毕竟我们用不到世界9%的耕地，养活世界近21%的人口。要在全社会形成共识：谁侵占、毁坏粮田，谁就是砸大家的饭碗、断子孙的生路。要把粮食生产放在现代农业建设的首位，严格划定永久基本农田，确保基本农田总量不减、用途不变。同时要把各方粮食生产积极性调动起来，逐步实现粮食增产、农民增收、财力增强。

强农惠农固"命根子"。《中共中央关于推进农村改革发展若干重大问题的决定》明确要求，健全农业补贴制度，扩大范围，提高标准，完善办法，特别要支持增粮增收，逐年较大幅度增加农民种粮补贴。可以相信，多种粮、种好粮的农民，每年获得的补贴还将较大幅度增长，农资价格上涨给农民带来的负担有望得到弥补，"谷贱伤农"现象有望得以缓解。这一切，必定会调动农民种粮、地方抓粮的积极性，确保种粮面积不减少，粮食自给能力和储存调运水平不下降，农业基础更加稳固。

科学技术护"命根子"。改革开放30年来，越来越多的农民深谙"农业发展的根本出路在科技进步"，扁担挑不出新农村，锄头挖不出现代化。必须坚持科技兴农，健全完善农业科技创新和农业技术推广体系，有效促进粮食增产。要大力普及农业生产知识，积极选用优良品种，自觉运用先进耕作技术，提高粮食单位产量。在惠农的同时，不断加大"育农"力度，着力培养有文化、懂技术、会经营的新型农民。

手中有粮，心中不慌。而手中有粮的前提是，手中必须有地。只有按照科学发展观的要求和中央精神悉心保护好耕地，才能有条件、有能力种好粮食。而鼓起的"米袋子"，正是我们安下心来、踏踏实实建设社会主义美好明天的基石和底气。

（原载2008年11月10日《徐州日报》）

"软草能捆硬柴"

铜山县把11月、12月作为"企业服务月"，旨在为企业"解困、扶持、服务"。县领导分工负责、联系服务122家企业，真心实意帮助企业解决发展中遇到的困难和问题。群众把开展"企业服务月"活动称为"软草能捆硬柴"。

"软草能捆硬柴"，是说软环境影响硬环境。作为中心城市，徐州交通和区位优势明显，创业条件优越，硬环境并不逊于许多发达地区，但软环境还需进一步提升。软环境的不足，一定程度上影响着硬环境潜能的释放。

一方面软环境能促进硬环境充分发挥作用，弥补硬环境的不足，达到相辅相成、共同促进发展之目的；另一方面则会制约硬环境，抵消硬环境的功效。我们必须把握住积极影响，防止走向反面。

"软草能捆硬柴"，是说软环境不软。软环境并不局限于脸好看、门好进、事好办，或者土地便宜点、税收少一点等政策优惠，它还包括人们的思想观念、综合素质，政府的科学运作、法制健全、工作高效和诚实守信等。软功实做，软功做实，其释放出的能量不亚于硬件建设，甚至能够超越。

"软草能捆硬柴"，是说软环境要硬抓。建设软环境，并不是开几个会、发几个文件就能立竿见影，同样需要大投入、硬举措。相较之下，软环境建设不像硬环境投入那样看得见、摸得着、见效快，它是一个长期孕育的过程、春风化雨的过程。我们可以通过开展各种检查、评议、奖惩等硬措施，使软环境建设逐步达到"四量"："你投资我铺路"的胆量，"你有难我帮助"的气量，"你赚钱我保护"的度量，"你发财我发展"的雅量。

不少地方把软环境建设称为"环境革命"，我们现在最缺的就是细致到位的软功、持之以恒的软功。当前，国际金融危机严重冲击下，企业经营步履艰难，当务之急是要鼓足信心勇气，积极应对，变危机为契机，化挑战为机遇。特别是政府部门，更应立足"解难题、送服务、促发展"，以"软"补"硬"、以"软"促"硬"，积极为企业发展构筑良好的服务环境，创造更多机遇。

机遇总是偏爱适宜的软环境。眼下，狠抓软环境建设，正是大力提高外向度、增强区域竞争力的迫切需要，也是帮助企业渡过难关、健康发展的必要手段。让我们从"项目你来定，手续我来办"入手，以"有情有义、诚实诚信、开明开放、创业创新"的新时期新徐州的精神风貌，来捆好企业乃至全市经济发展这担"硬柴"。

（原载2008年12月5日《徐州日报》）

"受理"更需"办理"

日前，铜山县政府将"行政审批中心"更名为"便民服务中心"，由过去的审批项目为主，转变为以方便基层、服务群众为中心，着力改善民生、关注民瘼。30个政府部门和8个中介机构在中心设立了办事窗口，可集中办理202个项目，群众不出大厅就可以把事情办好。县领导在考察时要求，各部门对窗口要充分授权，确保窗口既能"受理"，又能"办理"，彻底杜绝"两头办"现象。这话真正捅到了要害处。

让群众在便民服务中心得到"一条龙"服务，是政府强化利民、亲民、便民意识，提高服务效能的反映，定会有效地促进经济发展与社会和谐。但不能不看到，有些地方的窗口虽然接下了办件，但不能当场办理，"要拿回去请领导研究决定后再办"；个别窗口竟成了"受理"办件的门面，让群众"两头跑""两头办"。因此，对基层、群众要办的事仅仅及时受理是不够的，还需要及时办理。

受理不过是个开头，后续还有好多工作要做；受理只是过程，办理才是目的。当然，对报来的办件，该按程序办的还得坚持按程序办。有的需要到实地勘察，有的需要调研和论证，有的需要比照国家相关政策，看是否符合科学发展观的要求。时下的问题是，少数部门担心权力"分解""下放"，不愿给窗口人员过多授权，把要办的事置于案头，群众不催不动，催多了还烦。更有甚者，寻找各种理由"踢皮球""打太极拳"。这无形中把"受理"与"办理"之间的距离拉得更大了，让人等待的时间更长了，群众称为"光听楼梯响，不见人下来"。

但无论如何都要肯定的是，集中在便民服务中心办理事项，使服务前移，手续简化，透明度高了，为办事者提供的便利更到位、更人性化了。只是，切实做到以服务群众为中心，不仅要端正受理的态度，而且要提高办理的速度和质量，真真正正地让群众高兴而来、满意而去。

（原载2008年12月8日《徐州日报》，署名"田冈"）

既要解放思想　又要武装思想

近读《徐州日报》刊发的评论《解放思想如同问病就医》，颇有同感。振兴徐州老工业基地，必须继续解放思想，坚持改革开放，坚持开拓创新，同时要用中国特色社会主义理论不断武装思想，才能牢牢抓住这次难得的历史机遇，乘势而上，建功立业。

改革开放是新时期最鲜明的特点，而改革开放的理论成果和实践成就都得益于思想解放，源自武装思想。当前，就是要用科学发展观武装头脑，深刻认识、全面领会科学发展观的科学内涵、精神实质和根本要求，着力增强贯彻落实科学发展观的自觉性和坚定性，切实把思想和行动统一到科学发展上来，集中精力投身于振兴徐州老工业基地的建设中去。

解放思想，首要的是武装思想，在解放思想的过程中学习理论、潜心实践、增长才智、促进发展。解放思想靠学习，武装思想更要靠学习。不善于学习，不坚持学习，不重视理论武装，必然思想僵化、行动盲目、发展迟缓。解放思想，要学会用理论支撑，善于独立思考，具有批判精神和创造能力。通过理论武装，逐步形成科学发展的思想观念、思维方式和价值取向，转变发展理念，创新发展举措，破解发展难题，推进经济社会又好又快发展。

武装思想有高度，解放思想就有深度，推进发展才会更有力度。若以为解放思想已经到头了，就说明武装思想做得还很不够，无疑需要在进一步武装思想上多动脑筋、多想办法、多下苦功。解放思想的勇气不足，意味着武装思想的底气不足。所以，对武装思想不能有一丝懈怠，来不得半点含糊。否则，不仅影响解放思想进程，而且容易产生片面认识，更谈不上如何用好、用活、用足政策。

解放思想，实事求是，是我们党一贯坚持的思想路线；武装思想，与时俱进，是我们适应新形势、认识新事物、应对新挑战、完成新任务的武器。解放思想和武装思想是一个动态过程，既不能一蹴而就，更不能一劳永逸。

昨天思想解放，不等于今天不滞后；今天观念更新，不代表明天依旧新锐。因此，解放思想不能停留在任何一个逗号、句号上，要携带一个又一个问号，永无止境地行走、探索。

继续解放思想，才能使党和人民的事业常青；继续改革开放，才能为发展进步提供不竭动力。新一轮解放思想是更高层次、更深程度、更广领域的解放思想，新一轮发展也是在更高水平上的发展。我们不但要有独立思考的头脑，还要有敢于实践的双手和勇于跋涉的双脚，才能在解放思想中先人一步，在武装思想中快人一拍，在科学发展上高人一筹。

（原载2008年12月15日《徐州日报》）

从"少了不好卖，多了不够卖"说起

振兴老工业基地，"三农"不是看客，同样是主角，同样大有作为。徐州要形成以工程机械为主的装备制造业基地、能源工业基地和现代农业基地，加快发展装备制造业、食品及农副产品加工业、能源产业和商贸物流旅游业四大主导产业。其中的现代农业基地、食品及农副产品加工业和旅游业都包含着"农"字，离不开现代农业的强劲支撑。

发展现代农业，必须讲规模效应。我市远近闻名的蔬菜专业村——铜山县黄集镇郓城村，用一句话总结了10多年种植经营蔬菜的经验："少了不好卖，多了不够卖。"它表达这样一个道理：农产品的生产，既要讲专业化、特色化，更要讲规模化。没有规模化，就无法形成主导产业、形成品牌、形成气候，就不能够有效地增强市场竞争力。

我们常强调"船小好调头"，但是"船大更抗风浪"。有规模不一定有市场，但没有规模肯定拓展不了市场。有些产品很俏，但由于规模太小，吸引不了大客户，渐渐就会滞销。"多"与"少"是相对的，小范围看，可能是多了；大范围再看，又显得少了。同样，发展观光旅游农业，也必须做大

做强，不仅要有"点"，而且要成"片"、成"线"，才能变成亮点，吸引游客的目光。

近几年，我市大力发展一村一品、一镇一品，其意义在于把握适度规模、合理布局的原则。事实上，农业产业结构调整表面上是"种"的问题，实质依然是"卖"的问题。农业生产最大的难题是产品销路，因为市场商机往往灵光一现、稍纵即逝，很难准确地捕捉得到。随着交通、通信等基础设施的不断完善，全国统一的大市场已逐步形成，这更需要具备战略眼光，审时度势，未雨绸缪，做大规模，而不是小打小闹、零打碎敲、缩手缩脚。

"货多招远客。"实践证明，凡是调整产业结构成功的，都离不开"规模"二字，大都形成了基地连市场、基地连工厂的模式。每一个农产品大市场的背后，都有一个甚至几个规模较大的生产基地。而这些基地的壮大，又回过头来反哺市场。两相互动，受益良多。因此，徐州许多"特色农业板块"只有进一步扩大规模，才能孕育出有形和无形的大市场，才能为深加工、精加工和就地增值创造条件，直至产生更高的综合效益。

做大做强农业，必须像抓工业一样抓农业，把发展现代农业基地和推进农产品深加工结合起来。要放眼全国乃至世界市场，扬长避短，优化结构，提高品质，逐步形成专业化、规模化、集约化的产业带、产业区，为全市振兴老工业基地的总体战略打造新的经济增长极。

（原载2008年12月25日《徐州日报》，署名"田冈"）

让"教训"成为"教益"

对于总结特别是年终总结，群众有句口头禅："成绩不说跑不了，教训不讲不得了。"

既然是总结，当然少不了讲成绩、谈体会、归纳经验。这能起到振奋人心、鼓舞斗志的作用。不过，也不能回避缺点、失误乃至教训。只有在肯定成绩的同时，把问题讲透，把教训讲够，才能算得上是一个客观全面的总结，才能给人以更多的教益。

时下，一些单位的总结几乎成了"评功摆好"的代名词。一谈到成绩，头头是道，不是"硕果累累"，就是"成效显著"。而一旦涉及问题、教训，却轻描淡写，多是"离领导的要求尚有距离""还需进一步改进和完善"等不着边际的话，很难见到"失误""教训"等字眼，这样的总结不可能给人以裨益。

昨天的教训可以成为今天的教益，失误、教训往往是构筑成功之路的铺路石。有的人对教训三缄其口，主要是怕影响自己的"政绩"、怕误了自己的前程、怕被追究责任。失误也好，教训也罢，大多与盲目拍板、违背规律、胡乱作为有关。不敢承认教训，不能正视教训，类似的教训今后恐怕还会出现。对工作中的缺点、失误、教训，只有敢于亮出来，才能引以为戒、亡羊补牢。失误、失败固然不是成功，但如能反躬自省，接受教训，痛改前非，轻装上阵，就是成功的开端。

教训不讲不得了，理由有三。一是意识不到所犯错误"不得了"。明明存在问题，却硬着头皮找借口、不认账，触及不到灵魂深处。二是对于问题不予查处"不得了"。出现了问题，应分析原因，弄清责任，处置到位，既让当事人长长记性，又可以警示他人。三是对于问题不予整改"不得了"。有些事件的出现不是偶然的，是小问题累积到一定程度的结果。如果问题处于萌芽状态时就能够引起足够重视，更严重的后果甚至灾难就不难避免。

错误和教训常常是最好的老师。工作中有失误、有教训并不可怕，怕的是不能正确对待，不从教训中得到教益。人的一生不可能没有教训，因为人就是在"摔打"中不断成长的，摔一次跟头，长一回见识，增一份阅历。虚心接受教训是明智的，而学会从教训中得到教益则更明智。凡是进步快、有成就的人，不仅善于总结经验，而且勇于吸取教训，及时把教训变为教益，不断鞭策、修正和提升自己。

少说"跑不了"的成绩，多讲"不得了"的教训，坏事才可能变成好

事。因此，在做总结时，查找问题的力度，不应低于总结经验的力度。只有这样，才能减少失误、少走弯路、少付出代价。

教训也是财富。因为失败留下的足迹往往是成功的路标，失误提供的教训常常是正确的先导。最令人难忘的、刻骨铭心的是教训，一生中受益最大的不也是教训吗？

做好过去一年的总结，希望多一些理性，多看到一些不足，多分析一些教训，才会多得到一些教益，多积累一些经验，如此，在新的一年中自然会多一些胜算。

（原载2009年1月9日《徐州日报》、1月22日《江西日报》）

牛年当做"拓荒牛"

农民有谚："牛马年，好种田。"意思是说有牛耕田、有马拉车，再加上政策好、人努力、天帮忙，预示着丰收年景的到来。牛年要创造新业绩、取得新成果，必须不断创新，争做"拓荒牛"。

牛，象征着勤劳、善良、执着和奉献，是吃苦耐劳、默默奉献的典范。深圳有座闻名的雕塑——"拓荒牛"，就是"以牛的无畏把世间旧习俗连根拔起，把牛当作拓荒的原动力"作为创意来源的。它反映了深圳建设者大胆探索、开拓创新、勇往直前的"拓荒牛"精神。这不仅成了改革开放前沿城市的特殊品格，而且凝聚着深圳千千万万拓荒者的辛劳。改革开放的过程，其实是不断拓荒的过程。

做"拓荒牛"，要敢于走前人没有走过的路。在沿着中国特色社会主义道路前进的征途上，必须始终走在时代前列，行进在杂草丛生、荆棘盘绕的荒野，大刀阔斧，披荆斩棘，甘当开路先锋，勇敢地趟出一条路来。华罗庚有言："人之所以可贵就在于会创造。""拓荒牛"精神的实质，是永远创新；奋斗者的足迹，永远向着成功延伸。继续改革开放是时代的主题，目前改革已进入攻坚阶段，遇到的问题和困难可能比想象的还要多、还要大。这就必须发扬"拓荒牛"精神，不管前面有何艰难险阻，仍然要知难而进、锲而不舍、义无反顾地拓荒不止，才能开垦出一片繁花似锦、果实飘香的新天地。

做"拓荒牛"，要有"拉革命车不松套"的精神。奋斗是通向理想的桥梁，毅力是顶托成就的杠杆。既要始终保持满腔热情、激情和豪情，又要有一股子牛劲，咬定目标，不彷徨、不放弃、不回头、不折腾，不达目标不罢休。要树立长远目标，想未来、打长谱、增后劲。当前，面对金融危机，更应该积极筹划，沉着应对，化"危"为"机"，有所作为，坚信没有过不去的沼泽地。把困难挂在嘴上，越说越害怕；把困难踩在脚下，越干劲越大。开拓者的品格不仅在于目标始终如一，而且在于方法不拘一格，毕竟走向成功的道路，是用无数块绊脚石铺砌而成的。

做"拓荒牛"，要有一步一个脚印的扎实作风。埋头苦干的"拓荒牛"，是抬头看天，低头赶路，只问耕耘，不问收获。蓝图已经绘就，落实就是能力，实干就是水平，而耐力就是成功的保证。林肯说："一个好的目标，决不会因为慢慢来而落空。"艰苦创业，改革创新，争先创优，贵在真抓实干、勤奋务实、坚持到底，如"拓荒牛"出力流汗使牛劲，耕地拉车不惜力，以持之以恒的韧劲一步一步接近目标。光说不做，作风漂浮，干不成大事业、出不了新成果，必须摸实情、想实招、出实力、求实效。要耐得住寂寞，沉下心来、扑倒身子实干，既要开好头，又要收好尾，更少不了丰富而多彩的过程。

牛年正是振兴老工业基地的开局之年，让我们大力发扬"拓荒牛"精神，在拓荒中进发，在拓荒中提高，在拓荒中开辟新局面！

（原载2009年1月24日《徐州日报》）

从远离"烂嘴角"看文明过年

春节后第一天上班，有了一个惊人发现：一个30人的单位，竟无一人嘴唇冲泡、嘴角溃疡。过去节后可不是这样，大多数人的嘴唇都常常"带相"，还往往归结为"吃得多，烂嘴角"。

富兰克林有言：保持健康，这是对自己的义务，甚至也是对社会的义务。一个人身体的健康，在很大程度上取决于精神的健康。随着人们生活水平的普遍提高，一些陈规陋习正远离而去，新的良好习惯和风气正在逐步形成，年越过越文明了，嘴角上的变化就是最直观而有说服力的证明。

一是饮食结构多样化。大鱼大肉魅力不在，新鲜蔬菜倒成了餐桌新宠。"鱼生火，肉生痰。"过去人们一过年就好嘴冲泡，与节日期间的暴饮暴食有很大关系。时下，生活好了，平时吃的与过年并无二致。人们能顶得住美食诱惑，讲究荤素搭配，补充时鲜水果，吃七八成饱，肠胃等消化系统负担轻多了，根本没有什么"火"可上。

二是生活起居科学化。卢梭说：节制和劳动是人类的两个真正的医生。不少人对过年说得最多的一个字是"累"，简直比上班还疲劳。这主要是时差颠倒、生物钟紊乱所致，违背自然规律能不上"火"吗？头痛、咽喉肿痛、口舌生疮等就会随之而至。现在的人们大都深谙养生之道，比较注意自我保健，生活起居有规律、有节制，不熬夜、不透支，因而身轻目明，精神十足。

三是节日娱乐文明化。昔日过年"吃"是核心，自家吃，来客吃，走亲访友更少不了吃，有的一天要赶几场。烟抽多了、酒喝高了，最容易上"火"伤身体。如今，偎酒桌的人少了，围书桌的人多了。图书馆、文化馆、博物馆等游人如织，不少人还走出家门参加有益的户外活动，去运动场流汗、到景点游玩拍照。有张有弛，劳逸结合，充实而愉快。

古人云：养生莫若养性。保养身体不如自觉养成良好的生活习惯。过年嘴唇不再"带相",不能不说是个了不起的进步。它看似健康问题,实则折射出整个社会文明向上的律动。这个进步是物质不断丰富、思想观念不断更新之后,人们综合素质、文明程度的更深层次、更高程度的反映与表达。

(原载2009年2月3日《徐州日报》)

两位院士的"改行"

1月9日,王忠诚、徐光宪登上了国家最高科学技术领奖台。两位院士有一个共同点:都是半路"改行",在新的科学领域取得了辉煌的成就。

王忠诚从外科医生成为神经外科专家,源于抗美援朝经历,他立志要学神经外科。后来他参加了神经外科进修,开始了新的求索之路,成为世界上做神经外科手术唯一超过万例的医生,被誉为"万颅之魂"。

徐光宪于1972年第四次改变研究方向,毅然接受了国家交给的分离镨钕的任务,时年他已52岁。他将国家重大需求和学科发展前沿紧密结合,在稀土分离理论及其应用、核燃料化学等方面做出了突出的贡献。

两位院士的半路"改行",都是响应国家需要。以国家需要、社会需求为己任,倾力解决事关经济建设、社会发展和国家安全的热点、难点和关键技术的重大科技问题,是两位院士的神圣选择!这充分反映出老一辈科学家胸怀祖国、心系人民的高尚情怀。他们在报效国家、奉献社会、服务人民的同时,也成就了自己的事业。

改行不改志。两位院士尽管研究方向、研究内容有所变化,可能要放弃自己的所学所长,甚至舍弃眼看到手的科研成果,但他们义无反顾、无怨无悔。俗话说:"人过三十不学艺。"徐光宪50多岁还改行,是何等的气魄!王忠诚学过普外科、胸科、骨科、泌尿科,觉得自己肯定能够救治那些最可爱的人,可他当年眼睁睁看着脑外伤的战士因得不到专业救护而牺牲时,心中充满了内疚感,"改行"的念头油然而生。

　　"改行"意味着迎接更严峻的挑战，这需要锲而不舍地从"新"开始、从"头"做起，从最基础的工作起步，以服务国家需要。他们在科学的道路上苦苦求索，用心血、汗水和智慧去认知、发现、发明，勇敢地开辟新的科学领域。王忠诚用健康的代价写出了我国第一部神经外科专著《脑血管造影术》；徐光宪做了几万张卡片，经反复实验，最终发现了稀土元素萃取中的规律，建立了"串级萃取理论"。

　　悉心培养人才，确保国家的长期需要。"改行"所涉猎的领域，往往是"前无古人"的尝试，如何把探索发现的规律、真理传递下去，就显得尤为重要。两位院士视培养人才为人生乐事，着眼于国家的未来发展和长远发展，甘做人梯和铺路石。他们的巨大贡献，不仅仅在于卓越的科研成果，更在于他们不遗余力地提携后辈，培养了几代科技工作者。徐光宪为学生的工作能力和成就超过自己而欣慰和自豪；面对学生骄人的成绩，王忠诚说："我可以放心地走下手术台了。"

　　国家至上，人民为先。正如张光斗先生一生的诺言："我选择水利事业的原因只有一个，就是国家和人民的需要"。两位院士的"改行"表明，国家需要既是科学家发明创造的目标之"要"，也是出成果、出人才的天地，因为它始终把个人的奋斗目标与国家的前途命运紧紧地连在了一起。

（原载2009年2月10日《徐州日报》）

有"油水"的地方易滑倒

　　武汉市委书记日前在新任市管领导干部及市直正处级主职领导干部廉政谈话会上说，要牢记掌握权力是有风险的，腐败常常发生在权力集中的地方。有人想利用你手中的权力去为自己捞取高额利润，就会给你一些油水，有油水的地方，也是最容易摔倒的地方，也是摔倒后最不容易爬起来的地方。这话既包含着警醒，又充满了智慧，令人深思（3月20日《人民日报》10版）。

　　如何正确对待权力，是每一个干部必须认真思考的问题，也反映出一个干部的追求和心态。有些干部权力观失衡，不断追逐更高的权力成了人生的唯一目标。有的干部老是盯着"油水"大的地方，嫌自己工作的单位是清水衙门，整天抱怨没有权、没有钱。而一旦到了有实权的部门，就把持不住了，很短时间就败下阵来。有的干部在平地上都走不稳，常常滑倒，如果到了"油水"大的地方，就更容易栽跟头了，甚至会摔得从此爬不起来。某省交通厅连续三任厅长前"腐"后继，不能不说与此地"油水"大有关。这样的教训太多了。

　　百姓有言："油多坏菜。"在"油水"大的地方工作，会时刻面临着各种考验和意想不到的诱惑、陷阱，犯错误、违法犯罪的概率也高，稍有不慎，就栽了进去。处在"油水"大的岗位，来揩油的也多、麻烦也多。无权时，门可罗雀；权在手，车水马龙。捧场、巴结的人、想利用你的人不会少；不是朋友的"朋友"开始走动了，不是亲戚的"亲戚"也登门了。一旦堕入其中，过不了亲朋关，很可能毁在这些人手里。对自控力不强，又一心想到有权、有钱、有势力部门的人来说，"油水"大的地方其实是违法犯罪的高危地区，也是特别容易毁人的地方。

　　权力是把"双刃剑"，用好了，为人民服务；用不好，为个人谋私利，不仅把自己葬送，而且损害党和人民的事业。秉公用权、廉洁从政是胡锦涛总书记强调的八个良好作风中的重要支点，是"权为民所用"的具体体现。权只有用到正当的地方，才能做到"利为民所谋"，真心实意为人民做好事、干实事、解难事。

　　党的工作没有贵贱之分，也没有高低之别，更没有"油水"大与"油水"小之说，只有分工和岗位不同，都是为党工作、为人民服务。换句话说，在所谓的"油水"小的地方工作，更能让人耐得住寂寞、心无旁骛、轻装上阵，集中精力干事业，照样做出非凡成绩，实现自身价值。

（原载2009年第2期《徐州风纪》）

与竞争者拉开"安全距离"

近日，据《人民日报》报道，作为中国工程机械行业领军企业的徐工集团，面对金融危机给全球工程机械行业造成的严重冲击，要求全体员工投身"自主创新，与竞争者拉开'安全距离'"的实践中。

何谓"安全距离"？徐工集团董事长王民说："就是年销售与国内同行第二名的企业保持100亿元至150亿元的'距离'。"徐工技术团队经过艰苦攻关，击破了一个个困难，刷新了一项项纪录，最近又成功研发出有行业"巨无霸"之称的500吨全地面起重机，打破了国外巨头在高端起重机产品技术上的垄断，跃上了更高的发展平台。

"安全距离"，原为交通术语。高速公路上特别设置了"距离确认"标志，就是为了提醒司机与前车保持一定的距离，以有足够的时间处理意外情况，确保行车安全；而在经济发展上，与竞争者拉开"安全距离"，则是自我加压、自抬标杆、保持率先发展的新态势。

只有拉开"安全距离"，才能持续走在最前头。争第一不易，保第一更难，尤其当第一与第二乃至第三的距离微乎其微，那么只能说昨天居第一，今天在变化中，明天就难说了；如果以绝对优势遥遥领先，尚有"够他们赶一阵子的"路程，就可以从容不迫、信步走在第一方阵的前列。

"安全距离"以多少为好？要看具体情况，需具体分析。有的以追赶上的时间为单位，有的以具体指标数据等为标准。大多情况下，当然是距离拉得越大，领先的地位越稳固，优势越明显，越有把握在新一轮竞争中抢占先机、赢得主动。要拉开"安全距离"，重在做，贵在"提"。

一是提神。不能因一时领先就高枕无忧，坐下来松口气、歇歇脚；也不能一遇到困难，就提不起神来。面对挑战，只要精神不滑坡，办法总比困难多；精神比物质宝贵，信心比黄金重要。要始终保持紧迫感和危机感，以高昂的斗志、饱满的精神，迎难而上，攻坚克难，持续领跑。

二是提劲。到手的"第一"只代表过去，下一个"第一"能不能夺得还是个未知数。确立更高的发展定位，不能仅满足于纵比，要多一些横比，与发达地区比，自然会比出不足和差距，从而清醒地认识到努力的方向和着力的重点，就会鼓足勇气，铆足劲头，强劲攀登。

三是提速。"不进则退，慢进也是退。"即使前面没有标兵，但后面的追兵也是参照物，会时时刻刻逼着你提速。一旦慢了下来，就会被超过。要加足马力，力争快了再快，好了再好，强了更强。率先到达第一个目标后，要迅速把终点变为新的起点，向着更高更远的目标冲刺。

四是提升。发展水平的提升主要靠科技进步，没有科技支撑，仅仅靠低水平的重复、靠量的积累，就失去了提高的动力和后劲。只有不断提高自主创新能力，提升研发水平，才能拥有知识产权，创造自己的品牌。在科技上先人一步，品质上就会高人一筹、竞争上就会胜人一着。

徐工主动地拉开"安全距离"，既是确保渡难关、促发展、保增长、上水平之需要，也是谋划企业未来发展，迎接新挑战、抢抓新机遇、增创新优势的大手笔。我们一些企业不妨学学徐工的气魄和胆略，韬光养晦，未雨绸缪，多考虑考虑如何与竞争者拉开档次、再上台阶、勇当领军者。

（原载2009年2月24日《徐州日报》）

党员干部要"懂得人民的心"

1956年9月，刘少奇在八大政治报告中说："一个好党员、一个好领导者的重要标志，在于他熟悉人民的生活状况和劳动状况，关心人民的痛痒，懂得人民的心。"真乃至理名言！今天仍具有重要指导意义，务必要深刻领会、自觉践行。

"懂得人民的心"，话虽朴实，却内涵丰富、意义深远。从根本上讲，就是始终保持同人民群众的血肉联系，坚持党的宗旨，从群众中来、到群众

中去，听民声、察民情、集民智、合民意，不断增强决策的民主化、科学化，让人民的期盼与党和政府的决策"不谋而合"，让党的方针政策与人民的愿望"心心相印"。

"懂得人民的心"，必须热爱人民。党的根基在人民、血脉在人民、力量在人民，因此，爱民之心、亲民之情、敬民之意尽在党的执政行为中。党始终扎根于人民之中，党员干部心里永远装着人民，想人民之所思，急人民之所需，全心全意为群众干实事、做好事、解难事，及时顺应和满足人民的新期待。

"懂得人民的心"，必须了解人民。深知人民的喜怒哀乐，自然会明白人民的心思，并紧随人民的脉搏而跳动。刘少奇同志1961年回湖南调查，44个日夜有33天铺禾草、睡门板，住在生产队，开了20多个座谈会，与基层干部群众面对面商讨各种问题。真正了解人民、亲近人民，就要放下架子、扑倒身子沉下去调查研究，融入广大人民群众之中，才能增进了解，加深感情，摸到实情，熟悉民情。

"懂得人民的心"，必须服务人民。党员干部是人民的勤务员，所做的一切都是为人民服务。一是把人民利益放在头上。"一切工作都要走群众路线，都要有群众观点。"切实做到情为民所系、权为民所用、利为民所谋。二是把群众冷暖记在心上。凡事先想着群众，时刻把百姓疾苦挂在心上，因为群众的事再小都是大事。三是将人民的要求落实在行动上。倾听人民意见，虚心向人民问计，接受人民监督，让人民满意。

"懂得人民的心"，才能密切关注人民最关心、最直接、最现实的利益问题。孔繁森"权大不忘责任重，位尊不移公仆心"，用生命实践了"青山处处埋忠骨，一腔热血洒高原"的铮铮誓言。郑培民把"做官先做人，万事民为先"作为行为准则，竖起了一座共产党人执政为民、亲民爱民的丰碑。牛玉儒扎根草原，忘我工作，奋斗不息，被誉为"党的好干部，人民的贴心人"……就是在生命的最后岁月，刘少奇同志仍然坚信"历史是人民写的"。

时下有极少数党员干部疏远了人民，脱离了群众，干了一些人民不高兴或违背人民意愿的事，还自认为"出力不讨好"；也有的干部政绩观扭曲，急功近利，寅吃卯粮，做出了损害人民利益乃至长远利益的事，引起了人民的不满和反对，原因就在于没有"懂得人民的心"。

高尔基说："大地上所有的东西，包括你的头脑中所有的东西，都是民众创造出来的。"群众是真正的英雄。相信人民、依靠人民，就会得到人民的信任和拥护。只有深怀爱民之心，恪守为民之责，多办利民之事，与人民同呼吸、共命运、心连心，从人民中不断汲取营养，才能永葆人民公仆的本色、永远保持党的先进性。

（原载2009年第2期《徐州党建》）

公推公选的干部应该感谢谁?

近年来，各地纷纷试行公推公选干部的新办法。在组织上与公推公选产生的干部集体谈话时，新任职者说得最多的两个字是"感谢"。从被选任干部的言谈中可以发现，与以往组织直接任命的干部相比，他们对"感谢"的对象、范围有了新的认识。

一是感谢组织。一个干部的成长进步，离不开组织的悉心培养，感谢组织理所应当。但过去被任用干部常常把主要领导、分管领导及主管领导当作组织的化身，谁推荐、谁提名就感激谁。其实，任何一个有权力、有能力举荐、选拔、使用人才者，都是一种组织行为，没有党和国家的授权以及某个具体组织的安排，其个人是无能为力的。但过去的遴选、任命制度由于环节少、选拔与被选拔的关系比较直接，使被选拔者能够近距离感觉到选拔者个人在选拔过程中所起的作用，因此对选拔者深为感激。公推公选改变了传统的遴选、任命制度，公众的参与和组织的作用凸显了出来。在公推公选中一路走来的干部，由于经过了每一个程序和环节，而对组织的含义有了更深刻的理解，认识到组织是一个集体，自己被选拔任用是靠组织，而不是靠某个

人。这无形中少了一些对个人的依附，避免了因要领谁的情、报谁的恩而使本应正常的组织关系和同志感情变得私人化和不纯洁。

二是感谢机遇。古人云："人虽智，而不遇时，无功。"没有机会，是龙得盘着，是虎得伏着。但机遇总是垂青有准备者。俗话说，有准备而又善于抓住机遇的人，即使被别人踩在脚下，也能拽住那人的鞋带爬起来。随着组织人事制度的不断改革创新，给"有准备者"提供的机遇越来越多，许多"千里马"能够到赛场上一展风采，有了更多被发现、被委以重任的机会。公推公选为德才兼备者搭建了释放潜能、施展才华、干事创业的平台，使之能够从众多人选中脱颖而出，使"鲤鱼"跃过"龙门"而成为"龙"。事实说明，人的发展进步确实有个机遇问题，遇上机遇并善于把握好机遇的人，就能够"时来运转"，焕发生机，实现自己的人生价值，同时奉献和回报社会。

三是感谢生活。改革开放的火热生活哺育了我们，社会实践的土壤使我们汲取营养、得到教益。高尔基说："生活里总有让人做出英雄行径的地方。"确实应当感谢生活中的人与事，因为我们每有收获，都是与人民群众给予智慧和力量、与周围的领导和同事给予支持和帮助分不开的。从各个方面和角度起不同作用的，甚至包括：竞争对手时刻都在促使我们不敢稍有懈怠和差池；大大小小的事件使我们积累了经验、丰富了阅历；生活中的各种磨难，锤炼了我们的意志、耐力和克服困难的才干，正所谓"磨难是天梯"。所以，无论从哪个方面来说，每一步的成长与进步，都源于生活，都应感谢生活。

四是感谢自己。过去一说到成绩、荣誉，往往都归结为组织、集体和领导，很少谈及个人的作用，实际上这不是实事求是的态度。外因只是条件，内因才起决定性的作用。假如自己不努力或努力不够，就不可能出类拔萃。有能力、有实力、有竞争力，源于自己坚持学习，潜心实践，勇于创新，顽强拼搏，锐意进取。感谢自己，是对内因的正确认识，从而会自加压力，更多一些自我奋发，少一些对他人的依赖和对客观环境的抱怨。而且只有看重自己，才能增强自信心和责任感，勇于肩负起党和人民的重托，不辱使命，有所作为。当然，感谢自己，也要防止夸大自己、炫耀自己，防止骄傲起来而走向失败。

学会感恩，是教养之果。学会感谢，是品德之母。"感谢"使我们越加成熟起来。感谢组织，当不辜负党和人民的期望以及组织的培养；感谢机遇，当抓住机遇，用好机遇，有所作为；感谢生活，当热爱生活，为开创人民的美好生活而努力；感谢自己，当自强不息、再接再厉，同时严以律己、自省自警，确保不出问题。

（原载2009年3月23日《徐州日报》、3月24日《组织人事报》、第5期《群众》、第6期《人才资源开发》）

既要学以致用又要用以促学

科学发展观是中国特色社会主义理论重要组成部分，是我们做好各项工作的理论基础和行动指南，是推进发展的根本方法。学习实践科学发展观，重在学习，贵在应用。当今社会，学习已成为人生的第一需要、工作的第一动力、提高素质的第一手段；也已成为继阳光、空气和水之后的"第四元素"。当前要综合运用个人自学、集中培训、专题辅导、集体研讨、撰写心得体会等形式，不断创新学习载体，促进学以致用，确保学习效果。

学习的目的在于应用，实践的体现在于实效。如果学习得不够系统、理解得不够透彻、思考得不够深入，仅停留在一般性的认识上，运用起来就有可能出现偏差，甚至背离科学发展观的精神实质和根本要求。因此，要把深入学习理论与脚踏实地践行紧密结合起来，把学以致用、指导实践、解决问题、推动工作作为学习实践科学发展观的出发点和落脚点，作为衡量学习实践科学发展观活动效果的重要标准。

对科学发展观的理论，关键是真信、真学、真懂，才能谈得上真用、真有效。学以致用，就是将学到的知识变成自己的东西，使其转化为内在的

"本能"，自觉应用于工作实践，解决发展中的实际问题；用以促学，就是把学到的理论知识运用到科学发展上，使之见成效、有收获。而在具体应用中尝到了甜头，又会反过来进一步推动学习、促进运用、不断提高。

做到学以致用、用以促学，必须切实端正学风、改进作风。一是围绕中心学。坚持学习为了发展、发展需要学习，扭住"发展"这个目标，聚精会神搞建设，攻坚克难求突破，保增长保就业保民生，使科学发展上水平。二是结合实际学。针对本单位、本地区、本部门存在的问题，找出与科学发展观不适应、不符合的地方，明确改正措施，及时加以整改，在挑战面前挺得住、应对好、战则胜。三是带着问题学。"学其所用，用其所学"，要通过学习找答案、理思路、出良策、破难题。学有针对性，就容易选准解决问题的切入点和突破口。

对于学习，毛泽东有过精辟的论述："读书是学习，使用也是学习，而且是更重要的学习。"学习实践科学发展观，必须着力提高科学发展的能力和水平，既发挥主观能动性，坚定信心，奋发有为，又严格按客观规律办事，坚持实事求是、因地制宜，力戒浮夸急躁、急功近利、形式主义；切实把开拓进取的精神和求真务实的态度结合起来，把贯彻落实科学发展观转化为推进现代化建设的热情、激情和豪情，让群众亲身感受到学习实践活动带来的变化和取得的实效。

（原载2009年3月27日《徐州日报》）

以调查研究促进学习推动实践

4月2日，铜山县建设局对评出的10篇获奖调研报告进行了奖励。一位获奖者感慨地说，撰写调研报告，起着承上启下的作用，前伸可以检验学习效果，后延能够提高解决问题的能力和水平。

深入调查研究，是我们党的光荣传统和优良作风，是密切联系群众的有效方法。80多年前,毛泽东32天步行1400里搞调研,写出了著名的《湖南农民运动考察报告》,为革命进一步指明了方向。

学习实践科学发展观,强调的是"学习"和"实践",而调查研究从某种意义上说,是连接这两者的桥梁。因此,做好调查研究工作,对深入开展好学习实践科学发展观活动至关重要。洞悉民情,需要调研;探求真相,需要调研;科学拍板,更需要调研。可以说,少了调研,话,说得没底气;事,办得不到位;问题,解决得不彻底。

调查研究,是领导干部的基本功;撰写调研文章,是领导干部的"拿手戏"。调研贯穿工作的每一个步骤和节点,是做好一切工作的基础和前提。善不善于调研,既是能力问题,也是态度问题,更是作风问题。著名社会学家费孝通每年用150天搞调研,是"走一趟,写一篇"。"行走"调研成了他整个学术生命的"呼吸"与"阳光",毕竟"纸上得来终觉浅,绝知此事要躬行"。

调研贵深。深入调研倡导一竿子插到底,亲赴第一线、最前沿。到厂矿,要进车间班组,身上带点油灰味;去农村,必须进农家小院、到田间地头,脚上沾些泥土。只有"深"下去,才能摸上来第一手材料。否则,双脚就会"踩空",头脑就会"发空",问题就容易"抓空"。

调研重学。调研既是检验学习、学以致用的过程,也是虚心向群众学习请教、推动实践的过程;既要讲好"普通话",也要学点"方言"。当好群众的学生,是工作之基、能力之本、水平之源。多问计于群众,集中民智,就能够学在深处,谋在新处,干在实处。遇到困难,紧紧依靠群众,自然会有解决的办法、良策。

调研善思。爱因斯坦说,只有你的眼睛能看见东西,那是不会发现什么的,还要你的心能思考才行。坚持用科学发展观指导调研,既了解事,又明白理;既在工作上见成效,又在思想上有收获。学会独立思考,注意总结经验、丰富理论,透过现象认清本质,通过偶然发现必然,就能够提出问题、分析问题、研究问题直至解决问题。

不了解情况不发言，没有调研不拍板。调查研究，会调动人的全部感官，通过"望、闻、问、切"等，获取原汁原味的材料。调查就像"十月怀胎"，解决问题就像"一朝分娩"。

不吃透上头，工作没准头；不吃透下头，工作没势头。如何吃透？调研去。只要我们全面贯彻落实科学发展观，对群众有感情，对事业有激情，对工作有热情，踏踏实实做好调研工作，就能达到促进学习、推动实践、取得实效之目的。

（原载2009年4月7日《徐州日报》）

用"两只眼睛"读书

世界读书日，想起了歌德对读书的见解。他认为，"经验丰富的人读书用两只眼睛，一只眼睛看到纸面上的话，另一只眼睛看到纸的背后"。在人心浮躁的今天，倡导用"两只眼睛"读书具有深刻的现实意义。

读书，是最佳补品。用一只眼睛读书不难，翻开书本，一目十行，略知书的梗概足矣。用两只眼睛读书，则需一边潜心攻读一边勤于思考，用心智感受文字，用心灵与书对话，读出书背后的意境。范仲淹"先天下之忧而忧，后天下之乐而乐"的宽阔胸襟、文天祥"人生自古谁无死，留取丹心照汗青"的豪迈气概、方志敏"敌人只能砍下我们的头颅，决不能动摇我们的信仰"的坚强意志、周恩来"为中华崛起而读书"的宏伟志向等，都必须用另一只眼睛才能理解精髓。

读书使人贤达。若把阅读当成消遣，只会消磨时光；若把书籍当作装潢，只能得到一片荒凉；只有把读书当作食粮，才能增长智慧和力量。用双眼穿透散发着墨香的书页，品味人生哲理，学会理解、思考和践行，才会使人生内涵得以不断丰富。

高尔基说："读书是好的，但必须记住，书不过是书，要自己动脑筋才行。"那种过目即忘、一知半解、似懂非懂的"浅阅读"算不得真正意义上的读书。"读书需用心，一字值千金。"读书的要义是理解吃透，把握精髓，融会贯通。

常读书并不难，难的是会思考。不读书便无法思考，不思考便是白读书。"读有字书，却要识没字理"的意义就在于此。粗浅阅读只是提供知识原料，若要据为己有，必须依靠思索之力。卢梭说："读书不要贪多，而是要多加思考，这样的读书使我们获益不少。"唯有细密研读，掩卷深思，反复玩味，变成自己的东西，才能够读有所悟、读有所得、读有所成。

读书莫做漏斗，匆匆流过，点滴不留；读书莫学海绵，不分洁垢，兼蓄并收；读书要学淘金，清除沙粒，拣取金豆。"纸上得来终觉浅，绝知此事要躬行。"对读书所得，关键要理论联系实际，运用于实践，并在实践中不断提高升华。如当下学习实践科学发展观，重在学习，贵在实践。学习自然要多读原著，学深学透学精。活动成效如何，取决于是否真正领会其精神实质。如果依旧做不符合科学发展观，甚至违背科学发展观的事，那么这种学习不过是自欺欺人。

书是我们时代的生命。读书的真谛在于滋养自己、提升自己，为自己塑造一个有血有肉、丰富多彩的人生。读书一生，不输一生。

（原载2009年4月27日《徐州日报》）

管住嘴　迈开腿

"管住嘴、迈开腿"，这是养生专家对一些人油、盐、糖不加限制，管不住嘴又迈不开腿的不健康的饮食方式提出的忠告。

饮食贵有节，运动贵有恒。大部分人都清楚，吃得多没好处，动得少坏处多。但真正能够知之而行的却不多，主要是自控力不强，抵不住诱惑，养尊处优，懒得动弹，缺乏良好的健康生活习惯。

卢梭说："节制和劳动是人类的两个真正的医生。"其实，管住嘴、迈开腿，不单对人的身体健康有益，对振奋精神、陶冶情操也是一副良方。它既是健康格言，也可作领导干部从政的箴言。

管住嘴，是说既要限制摄入量，又要有所禁忌，不该吃的决不能吃。农民有谚："乱吃野菜费油盐。"有的东西吃了会过敏、中毒，甚至付出健康代价。特别是送到嘴边的"美味"，它如同鱼饵，钩上带着倒刺，吞下去想吐都吐不出来，只能乖乖地被牵着走。有的干部酒杯一端，政策放宽；筷子一提，可以可以。常常在酒足饭饱之后"现场办公"，由此还派生出一些乱七八糟的事来。这些年从吃喝上打开缺口而被拉下水的干部不在少数。

管住嘴，不该说的话不说。有的干部自由散漫，嘴上没把门的，净说无原则的话；有的干部党性不强，不负责任，满口大话、套话、空话、假话，整天牢骚满腹，怨声不断。莎士比亚有言："多说话的人，不是长于做事的人。"因此，干部必须加强纪律观念，增强党性修养，讲团结，顾大局，少说多做，说了必做，不利于工作的话不说，容易引起矛盾的话不讲，兑现不了的愿不乱许。

倡导迈开腿，即身体力行，从实处着脚，稳处下手，一步一个脚印做扎实。随着生活水平提高、交通条件改善，少数干部的腿变得娇气起来，动不动以车代步，"围着轮子转，隔着玻璃看"。平时不迈腿，偶尔"走两步"，就气喘吁吁，腿的功能明显退化。某机关干部体检，80%以上的体检单上写着"多运动"的建议，其背后的潜台词分明是：多往基层走走。

时下，迈不开腿、沉不下去、得不到真情、干不到关节处，是一些干部工作"亚健康"的表现。常言道："若要脑灵，必先腿勤。"对具体情况不了解，说明走的路不远；对群众愿望摸不准，意味着走进群众的机会少；对问题、困难束手无策，反映出没有主动地到基层问计百姓。

对每一个干部来说，工作要想做扎实、出成效，走出去深入调研是关键。一处不到一处迷，十处不到九不知。只有抛开简报材料、合上书本，下去转转，才能吃透实情，拿到第一手材料；只有迈开腿，深入基层、放下架子，虚心求教，才能了解社情民意，从群众中汲取智慧和力量，找到解决问题的办法和良策。

"管住嘴、迈开腿"，说起来不是多大事，但真正做到很难。意志稍不坚定，自制略有不强，修养些许不够，恐怕都坚持不了。

爱默生说：健康是人生第一财富。一个人只要真正关注自身健康和生命，就会强制自己管住嘴、迈开腿。同理，一个干部只要时刻牢记职责和使命，就一定能够管住嘴做人、迈开腿做事，身轻目明，思路清晰，务实求真，埋头苦干，在平凡的岗位上做出不平凡的业绩。

（原载2009年5月11日《徐州日报》）

找问题　理思路　促整改

铜山县委书记在学习实践科学发展观活动工作推进会上强调，要查清存在问题，找准问题根源，把边查边改贯穿学习实践活动始终，确保人民群众享受到实实在在的实惠。

深入开展学习实践活动，铜山县紧扣"率先达小康、建设新铜山"这一主题，突出"保增长、促振兴、重民生、转作风"工作重点，精心组织，深入发动，扎实推进，取得了阶段性成效。进入分析检查阶段，贵在找准问题、分析原因，重在理清思路、边查边改，真正做到党员干部受教育、科学发展上水平、人民群众得实惠。

一是找问题。要紧密联系实际，深刻剖析问题根源，通过座谈会、问卷调查、谈心活动等形式，真心实意倾听意见，虚怀若谷接受评议。特别要敢于自曝家丑，直面问题，多从主观思想上挖根源，多从机制体制上找症结，使问题查得更准，原因分析得更透，切实把查找出来的问题解决好、整改好、落实好。

二是理思路。要坚定信心，保增长、保民生、保稳定，把压力转化为动

力，创造性地开展工作。着力转变发展方式，把深化调查研究与找准突出问题、创新制度机制、理清发展思路、改进干部作风、振奋工作精神结合起来，把解决当前问题与解决长远问题结合起来，不断创特色、出亮点、求实效。

三是促整改。歌德说："最大的幸福在于我们的缺点得到纠正，我们的错误得到补救。"紧紧依靠群众，努力解决不符合科学发展的突出问题。认真梳理群众意见和建议，公开整改措施，集中力量办好群众普遍期待的实事，真正让群众看到党员干部推动问题解决的决心，看到学习实践活动带来的实实在在的变化。

（原载2009年5月27日《徐州日报》短评，署名"田冈"）

只有"出众"才能"服众"

一位领导干部感慨："职务每一次调整之初，常常有底气不足、力不从心之感，总担心难以服众。"做任何领导工作都离不开群众这个基础，如果不能得到群众认可、受到群众拥护，工作就会陷于被动。而"服众"与否，则取决于"出众"的程度如何。只有在学识、能力、品行等方面"出众"，才能赢得群众的理解、信任和支持。

任何人都不可能是全才，领导干部也不可能什么都懂、什么都会，但如果没有自己的专攻、特长，仅仅靠什么都是略知皮毛的"样样通""万金油"，是难以立住脚的。生命之舟只有载满知识，才不会左右摇晃、翻沉搁浅。而学识也有阶段性、时效性，需要及时补充、更新。因此，要强化终身学习意识，既要知识化，又要专业化，做学习型干部。对所从事的工作钻进去、研究透，对所管理的领域，力争干得比一般人出色，做个"行家里手"，自然会"服众"。

"知道事物应该是什么样，说明你是聪明人；知道事物实际上是什么样，说明你是有经验的人；知道怎样使事物变得更好，说明你是有才能的人。"能力来自经验的积累，来自实践的锤炼。能力强的干部善于调查研究，情况熟悉、头脑冷静、思路清晰，处置问题有预见性、前瞻性，既能发挥主观能动性，创造性地开展工作，又能按规律办事，按程序办事，按科学办事。他们对上级的"规定动作"做得出色，对本地的"自选动作"做出特色，别人束手无策的难题，他们能够迎难而上、迎刃而解，久而久之，自然会赢得群众的肯定。

谚云："若失品格，一切皆失。"出众的品格，是团结人、凝聚人、共同成就事业的关键。很难想象，一个问题百出、连自己都管不好的干部，怎么有资格说别人？一个作风浮躁、生活腐化、贪污受贿的干部，能起到什么带头作用？一个品行不好的干部，不仅自己沉沦，而且会带坏一批干部、一个班子，甚至弄坏一个地方的社会风气，败坏一个地方的发展大业。

做官先做人。做官是一阵子的事，做人是一辈子的事。学会做人就打好了人生的底色。人都做不好，做官也好不到哪里去。有的领导干部是"两面人"，人前一套，人后一套，会上讲的与会下做的完全相反。对这样的干部，群众从骨子里是瞧不起的。因此，领导干部务必加强自身修养，讲党性、讲原则、讲人格。只有以身作则，率先垂范，才能发挥标杆和引领作用。

（原载2009年6月9日《人民日报》、第8期《政府法治》、第9期《四川统一战线》）

"机头报"与"滑碴饼"

日前，偶至徐州日报编辑部，发现他们办公桌上的《徐州日报》与读者订的有点异样：报纸边沿不是沾点色彩，就是有水墨浸过的痕迹和褶皱。报社的同志说，这儿你别想找到"完美"的报纸，除资料室留几份好报纸外，我们看的都是"机头报"。这真是应了那句老话：卖盐的喝淡汤。

所谓"机头报"，就是刚开机的试印报纸。由于胶版、色彩、油墨等需

不断调试磨合，开机好一会儿报纸质量才能基本稳定、达到印刷要求。"机头报"有几百份，过去大都直接送造纸厂，现在则留给报社员工自阅。这些报纸虽说印刷上有点瑕疵，看相欠佳，但字迹清晰，一点也不影响阅读。

由此想到农民吃"滑磕饼"。家乡的农民，现场摆摊烙煎饼、卖煎饼形成了一个规矩：头几张试鏊子的"滑磕饼"是绝对不卖的，一定留给自家人吃。农民对此有着朴素的认识，煎饼烂一点、煳一点，厚薄不匀，卖给人家明显不厚道，但自己吃照样能管饱，与好煎饼并无二致。

蒙田有言："节制是一种美德，它比苦难更折磨人。"从办报的看"机头报"，到农民吃"滑磕饼"，事虽不大，但含义深刻。

小算盘能算大账。老百姓好说日子不可长算，"紧紧手，年年有"。一天几百份报纸，一年下来，省下的纸张就决不是小数目；一天吃几张"滑磕饼"，一辈子下来，省下来的粮食恐怕够盛一粮囤。

"钱是一块一块上万的，麦是一粒一粒上石的。"只要用心，在任何领域、任何环节都能找到节俭的突破口和切入点，发现边角料、下脚料、废料，它们都是"放错地方的宝贝"，用对了，就会变废为宝。

做到节约，最难的是从自身做起。这需要自我努力、自我节制、自我约束。少一些享受，多一些自觉。当然，对需求和消费的高端追求，是人之本性。能够弃好而降格，没有点坚持和自律，恐怕难以做到。

以改革著称的明朝权相张居正说过："取之用制，用之有节则裕；取之无制，用之不节则乏。"再重大的工程都得往细微处做，再庞大的家业都有可节俭之点。结合当下，坚持科学发展、可持续发展，也必须珍惜能源和资源，崇尚勤俭节约，推行节能降耗。正如托·富勒所说："省下一分钱等于得到一分钱。"只要我们不断强化科学发展意识，从细节着手，从小处做起，从眼下行动，以身作则，就一定会找准建设环境节约型社会的着力点，终会有所收获。

（原载2009年6月12日《徐州日报》）

扶贫先扶"人"

　　铜山县创新扶贫理念，开辟扶贫新路，把扶贫资金作为培训费，对贫困村、贫困户分类指导，实行"百千万"帮建培训工程，根据农民的特长和意愿，按种、养、加等项目进行分组培训。同时组织种植户赴山东寿光等地学习观摩种菜技术，并现场拍成DV片，回来后立即动手试种，见效快且明显。目前，不少村的农户都有了自己的产业项目。许多农民认为，与过去相比，扶贫先扶"人"，确实扶到了点子上。

　　扶贫贵在扶志，重在扶技。多年来，扶贫尝试过不少方法，把钱物直接分发到贫困户，为贫困村架桥修路、购买农机具、搞农田水利基础设施建设等，效果也有但不怎么持久，难以从根本上脱贫。现在党员干部立足实情，变单纯的送钱给物为送技能，把财力和工夫花在如何提升"人"这个解决脱困的关键因素上。建设新农村，急需培育新农民；同样，扶贫更需要培养一大批有技能、懂经营、会管理的农民。对农民进行技能培训，则逐步成为新农民的根本。

　　给钱送物式的扶贫仅仅是授人以鱼，而扶"人"则是授人以渔。坚持扶贫与推进产业发展相结合，与提高农民创业能力相结合，与加强基层组织建设相结合，通过"走出去""请进来"等各种方法培训农民，提高农民素质，激发农民活力。一是走出去开阔眼界，解放思想，接受新事物，呼吸新鲜空气。同样守着一块地，人家地里能生金，相信我们一样做得到，从而激发活力，产生动力。二是通过专业实用技能培训，让农民学习现代农业生产技术，熟练掌握一至两项新本领，增强发展致富能力，迅速摆脱困境。三是易"破土"，投资少，见效快。长期以来，农民习惯于"庄稼活不用学，人家咋着咱咋着"，信奉身边成功的典型，相信拿到手的实惠，学了就在自己地里搞，一季短的几十天就见效。一旦尝到甜头，大多数农民会自发地大规模推开。

人是生产力中最活跃的因素。一些贫困村、贫困户之所以落后，说穿了就是因为没有人才支撑、缺少能人带领。新形势下，扶贫也必须践行科学发展观，坚持以人为本，大力发挥基层党组织的作用，着眼于人、立足于人做文章。一旦把一个地方的人"扶"起来了，贫困村、贫困户的难题就会迎刃而解。

（原载2009年6月17日《徐州日报》，署名"田冈"）

多一些脱稿发言

国务院总理温家宝在人民大会堂参加内蒙古代表团审议。通辽市奈曼旗明仁苏木保安村的农民代表顾双燕说："总理在政府工作报告中说的都是大实话，我今天也想跟您说说大实话，说说咱农民的喜事和烦心事。"总理微笑着对坐在对面的顾双燕说："基层代表意见最宝贵，你放开讲。"看到总理这样坦诚，顾双燕推开手中的材料说："我不用发言稿了，干脆直接和您说吧！"（3月11日《人民日报》）一番话说得词肯意切，很受总理的赞许！

一个农民代表在讨论中都能脱稿发言，的确难能可贵。从《说说农民的喜事与烦心事》的通讯中可以看出，一位农民与总理的对话果然句句都是"大实话"，引起了代表们的共鸣。座谈会重在说、贵在谈，应少一点读和念。不可否认，时下在一些座谈会上，不少与会者都是掏出准备好的稿子照本宣科，念完了事，根本不像在讨论交流，难以达到预期的效果。有的干部讲几分钟的话，也要秘书准备稿子；明明几句话就能解决的问题，非形成文字不可，助长了文山会海之风。因此还是脱稿直接发言为好。

脱稿发言，能够畅所欲言。稿子一般都是及早准备好的，既然是在重要的场合发言，行文必须规范，格式必须遵守，少不了穿靴戴帽的程式化东西。文章确实是有点像样了，可要谈的问题常常淹没在几千字的长篇大论之中。况且所反映的问题，要想着用什么恰当的书面语言念出来，就会缺乏生动性，难以引起人们的关注，反而达不到反映问题、引人注意、继而解决问题的目的。真不如有啥说啥、想到哪说到哪、直截了当提出问题的效果好。

脱稿发言，可以听到真话。言为心声，心里想什么，嘴上就说什么。发言采用书面语言，文面上就得有所讲究，往往一个字、一个词事先也要推敲半天，把那种鲜活的、生动的、有特色的口语、方言都变成"普通话"了。文章的棱角一旦磨平，真话似乎也成了虚话。提倡即席发言，那就是有感而发，不吐不快，放开了说，能够绕弯的时间不多，不掏出点真货恐怕自己都不好意思说下去。在这种氛围下当然能听到有个性、有特色、有价值的新东西。

脱稿发言，便于交流互动。座谈讨论一般讲究议题的连贯性，常常是围绕一个主题、议题生发开来。假如大家都把事先写好的稿子拿出来念一遍，相互之间缺乏现场沟通和内在联系，似乎是例行公事，倒像是汇报或者建言了。座谈的议题一般有相似点，大家坐在一起，你一言、我一语，互相争论、互相补充、互相启发。问题会思考、分析得更全面、更准确，便于找出所要采取的对策和解决的方法。在这种情况下，能够充分调动每一个与会者发言、交流的积极性。

当然，脱稿发言对一些人来说，可能还不习惯。一是觉得不正规，这样随便发言似乎对领导不尊重；二是担心说错了话收不回来，有压力；三是即席发言的能力不强，脱稿就说不成话；等等。但是，只要在深入调研上多下功夫，少在文字上转圈圈，就会提供大量的、来自第一线的"干货""鲜货"和真知灼见。这大概是时下最需要倡导的会风。

（原载2009年第3期《淮海文汇》）

村官待遇与群众满意度挂钩好

自实行村干部待遇与群众满意度挂钩制度以来，铜山县已有27名村干部因群众满意度低而被扣除工资、奖金，群众满意度高的193名村干部得到不同

程度的奖励。把督促村干部工作的"尚方宝剑"交给广大村民，村官待遇高低要看村民"脸色"，这对进一步做好"三农"工作有很强的促进作用。

村干部既承担着落实党的方针、政策的重任，又肩负着带领广大农民致富奔小康、建设新农村的使命，还要随时处理与千家万户生产生活息息相关的琐事，工作繁重而辛苦。但由于种种原因，村干部基本上吃的是"大锅饭"，这在一定程度上影响了他们进取、创新、争先的积极性，这必须从制度、机制上改革，在实践中不断创新。

实行村干部浮动工资制，体现效率与公平的原则。工作绩效须经村民公认，而村民满意度的高低最终取决于自己的努力。铜山县组织部门统一制作了《村干部工作实绩百分制考核表》，内容包括带领群众致富能力、为群众服务水平、工作生活作风等十个方面，一目了然且便于操作。每半年由本村党员和村民代表对村干部的实际表现予以打分，工作突出、贡献大、村民满意度高的村干部，综合得分就高，待遇也会随之提高。

"群众心里有杆秤。"科学考评村干部的工作业绩，最有发言权的当然是村民。把干部的政绩观、成就感建立在老百姓的公认度、满意度上最公平、公正。村干部要得高分，唯有在村民"最盼"上动脑筋、在村民"最急"上下功夫、在村民"最怨"上求改进，踏踏实实地为村民排忧解难、一心一意为村民服好务才行。因此，把村干部工资待遇与村民公认度、满意度挂钩，会促进村干部时刻把群众利益放在第一位，急群众之所急，帮群众之所需，解群众之所难，把工作做得更实更好。

（原载2009年7月15日《徐州日报》，署名"田冈"）

"埋头"与"出头"

一位领导同志就如何干事业、做学问时说："要耐得住寂寞，多埋头苦干，少出头露面。"古人云："唯有埋头，乃能出头。"埋头孕育实力，出头凸显能力。

人生在世，谁不想实现自身价值、有一番作为？如果一味急于出人头地，却不付出艰辛努力，除了出乖露丑之外，不会有什么收获。欲想出头，必先埋头。

"埋头"，就是要坚定信念，咬定目标，排除干扰，顺境不骄，逆境不馁。"出头"，过去讲出人头地、光宗耀祖，今天多指能担当大任，有所建树，高人一筹，也就是老百姓所说的"有出息"。只要坚守自己认定的目标"埋头"苦干，自然会有"出头"的那一天。

在浮躁的今天，有的人急功近利，恨不得一口吃个大胖子，一心想的是如何一鸣惊人，而不愿做埋头耕耘的工作。或眼巴巴地等着收成，却忘了播种，不肯从头做起，不懂得积少成多的道理，很难实现理想。

鲁迅说："我们自古以来，就有埋头苦干的人，有拼命硬干的人……"毛泽东说："克己奉公，埋头苦干的精神，才是最可尊敬的。"历史上凡成大业者，无不是埋头苦干之人。齐白石闭门十载"破壁"，刘海粟告诫要"甘于寂寞"，巴金声明"闭门谢客"，费孝通告示"关门盘点"等，他们都能够排除杂念，专心致志，将智慧灵感全部激发出来。

埋头必须心无旁骛，目标如一，低调做人，埋头做事，不事张扬。埋头必须从头开始，从脚下起步，从眼下做起，如同爬山，弯着腰、流着汗、低着头，亦步亦趋攀登。

有的人总认为生不逢时，命运不济，自感无"出头"之日，因此怨声不断，嫌工作累、工资低、待遇差，抱怨工作环境不好，觉得自己本事不小却得不到重视、重用。也有的沉不下心来，这山望着那山高，不停地"跳槽"，到头来时光流逝，一事无成。

有的人并没有正确认识"埋头"与"出头"的关系，常常把心思花在了如何尽快"出头"上，而不愿埋头做艰苦细致的工作，经不住形形色色的诱惑，幻想一夜成名。有的人爱出风头，好往灯影里凑，热衷于露脸、显摆，甚至是作秀，误以为这样就可达到快速出头之目的。这实在是本末倒置。

出头讲求水到渠成，工夫到了，不想出头都难。央视的"东方之子"做得如火如荼的时候，物色到钱钟书，可是钱老坚决地拒绝了。学贯中西的钱钟书始终是把工夫用在"埋头"上的，"出头"当在情理之中。

中央领导强调："对那些埋头苦干、注重为长远发展打基础的干部不能亏待。"长远看，"埋头"的人是不会被埋没的。埋头是力量的凝聚，人唯有埋头做事，不断完善自我、超越自我，才有底气出人头地。

（原载2009年7月10日《徐州日报》）

宁丢"选票"　不要"传票"

一位领导干部谈到自己在"人情关"面前的困惑与选择时说，最头痛的是拒礼退贿，处理不好，既伤"人情"，又丢"选票"。但他的原则是：宁愿丢"选票"，也不要"传票"。

贪图功利带来祸害，照顾情面玷污名声。感情胜过理智，保不准会犯错误；理智战胜感情，才不留遗憾，不吃后悔药。从近几年查处的大案要案不难看出，极少数干部之所以得"传票"、进监狱，甚至丢性命，根源在于立场不稳，患得患失，丧失党性原则，把"人情""关系"凌驾于原则乃至法律之上。

泰戈尔说过："顶不住眼前的诱惑，便失掉了未来的幸福。"有的人为利用你，便使出各种手段与你套近乎，围着你转，把你"喂饱"。让你误以为人缘有了，支持率高了，"选票"多了，但这表面热闹的背后潜伏着危机。如果管不住自己，为所欲为，会不知不觉走向深渊，期望中的"选票"，到头来只会演变成"传票"。

一个干部，尤其是领导干部应时刻明白：选票代表着党和人民的认可与信任，决不是靠收礼行贿换来的，也不是几个铁哥们儿拉来的，更不是遇到矛盾绕道走、当老好人获得的，而是靠苦干实干加巧干，以突出的工作实绩得到的。当然，在非正常的小气候里，靠不正当的手段偶尔也会拉些"选票"，但那终究是暂时的、靠不住的。唯有靠过硬的工作能力和实实在在的成果，才能源源不断地赢得"选票"。一个人要成就大事，有所作为，就得懂得放弃、善于放弃，视富贵如浮云。

从广义上说，"选票"一定程度上反映出一个干部受群众拥戴的程度，大多情况下代表民意。所以，许多干部把"选票"看得很重，不是没有道理，追求高选票率当在情理之中。时下的问题是，个别干部常常被"选票"所累，误以为多结交就会多得票，不得罪人才能不丢票。因此，交往的圈子越来越大，交往的人员越来越杂，交往的功利性也越来越露骨，从而给投机者、别有用心者可乘之机。

罗曼·罗兰有言："今天的捧场就是明天的诽谤。"事实上，"选票"与拒礼退贿并没有直接关系。礼笑纳了，送礼者未必会投你一票，内心可能很鄙视你；而拒腐蚀、一身正气，你的清正廉洁可能折服他人，反而不影响"选票"。应当看到，绝大多数"选票"掌握在群众手里。他们的眼睛是雪亮的，评判是公正的。

一个人常常要面临很多选择，对手握一定权力的领导干部来说，"选票"与"传票"即是其中的一个选择题，必须慎重对待。人生许多重大抉择，就在一念间。脚跟站得稳，肩膀就硬；眼光放得远，路子就正。守好人生底线，堂堂正正做人，干干净净做官，这样的干部"选票"肯定少不了。反之，以权谋私，贪赃枉法，处处打个人"小九九"，丧失党性和原则，"传票"注定会粘到身上。

（原载2009年7月27日《徐州日报》、第7期《徐州党建》）

一年进八位

科学发展，捷报频传：在第九届全国县域经济基本竞争力与科学发展百

强县（市）评比中，铜山县跃居第78位，比上届又提升了8个位次，可喜可贺！正如铜山决策者们所强调的："铜山不仅要争第一，而且是与第二名拉开差距的第一，是提升速度越来越快、发展质量越来越好的第一。"

荣誉催人奋进，成果充满艰辛。过去的一年，铜山人民在县委、县政府的正确领导下，深入贯彻落实科学发展观，坚持"苏北率先、江北领先、全省争先"的目标不动摇，立科学发展之志，鼓科学发展之劲，谋科学发展之策，求科学发展之实，"全面奔小康，建设新铜山"。按照"全面争先创优、项项争创一流"的要求，继续勇当振兴徐州老工业基地的"排头兵"，加快产业转型升级，集中资源要素保企业、保市场、保项目；继续争做城乡统筹发展的"先行军"，推进城乡一体化，加快建设统筹城乡协调发展区；继续打造社会主义新农村建设的"示范区"，创造了骄人的业绩，取得了丰硕的成果。一年进8位，凝聚着铜山百万人民奋力拼搏、进位争先付出的心血和汗水，凸显了铜山人民永不满足、攀登不止的精神和才智，从而推动了铜山经济社会在更高的平台上又好又快发展。

在强手如云的竞争中，铜山县之所以一年进8位，主要是解放思想先人一步，改革创新快人一拍，科学发展高人一筹。解放思想的力度，决定经济社会发展的程度。发展既是资本的集聚，也是思想的进步。解放思想要坚持高标准，破解路径有新举措，抢抓机遇有紧迫感，大胆探索，不断超越自我。"跟在别人的后头只能是模仿"，要勇于、敢于、善于破除前进路上阻碍生产力发展的条条框框，唯有持之以恒地改革创新，追求卓越，才能以精益求精的态度，多做精品工程，多创品牌和名牌。目标是努力的方向，会大大激发人的潜能。强化"位置"意识，就会高起点定位，快节奏推进，高水平实施。确立的目标、绘就的蓝图，贵在落实，重在实干，不争第一也要争一流。必须时刻抱着抢"篮板球"的精神谋发展，超过标兵、甩掉追兵。要有建功立业的志气、不畏困难的勇气、攻无不克的锐气，扑下身子干事业，集中精力谋发展，不达目标不罢休。

跨越发展，时不我待。人的思想观念提升一大步，科学发展就跨越一大步，社会发展就前进一大步。"百强县"对县域经济来说，是块金字招牌，应倍加珍视。要把"第一"作为新的起跑线、做第一个起跑者，盯住新的更高的目标，取得更大成绩。辉煌的昨天，坚定前进的信心；美好的明天，激发奋进的动力！

（原载2009年7月29日《徐州日报》，署名"田冈"）

多涵养"书香之家"

近日，首届徐州读书节活动之"十佳书香之家"隆重颁奖。让人意想不到的是，徐州藏书人的藏书之多，阅读理念之新，爱书、读书、用书的氛围之浓厚，让这座美丽的城市平添了缕缕书香之气。

读天下文章，悟人生真谛。走进"书香之家"的心灵世界，倾听"书香之家"的心语感悟，品味"书香之家"的温馨故事，分享"书香之家"的愉悦与充实，自然会发现，"十佳书香之家"的生活是那样的有滋有味、丰富多彩，有其他家庭所不曾有的乐趣。

藏书者读有所成。"寂寂寥寥扬子居，年年岁岁一床书。"他们尽管职业、地位、身份不同，但都嗜书如命，买书、读书到了痴迷的程度。时间和物质是构成发展的硬件，书籍和思想是支撑进步的软件。有的长期坚持坐冷板凳读书，从而改变了他们的命运；有的潜心发明创造，在省以上刊物发表科技论文，获省、市科技发明一等奖；有的专注于某一学科的研究，颇有建树；有的辛勤耕耘，从读者变成了作者，出作品、出书、出文集等，取得了一般人不易做出的成绩，做到了读书一生，不输一生。

众乡邻沾光受益。"书香之家"的书香之气，往往闷不住，常常香透四邻。他们都把藏书由个人行为变为集体行为。他们所发挥的引领作用、作出的社会贡献，都是无法用数字计算的价值。

子孙辈好学上进。一个人要聪明，就要读书；一个人要快乐，也要读

书。和书生活在一起，永远不会叹息。"书香之家"的儿子、女儿、孙子、孙女等几乎都喜爱阅读，求知欲极强，学业都很出色。这绝不是巧合，孩子们从小受书香的熏陶和滋润，读书成习惯，习惯成自然，在阅读中尝到了乐趣，不少子女辈成了学士、硕士、专家、学者。一位70多岁的藏书者说，几个孙子辈的孩子，一来家就钻进书房，吃饭时喊都喊不出来。由此想到，一些青少年沉迷于网吧，拽都拽不回来。个中原因令人深思。

大家庭和谐文明。爱迪生说："读书使人贤达。"酒多人癫，烟多人烦，书多人贤。一位"书香之家"获奖者感言：一生中得奖无数，但最看重"书香之家"这个荣誉，它既是其他众多奖项的基础和铺垫，也为成才成功作了最佳的注脚。

徐州市开展评选"十佳书香之家"活动，以书香除浮躁，以书香创和谐，以书香推动精神文明建设，营造了全民爱书、购书、读书、用书的良好风尚，意义重大而深远，是一项功在当代、利在千秋、惠及子孙的民心工程。书香人家春光无限，书香之城魅力无穷，愿千千万万个家庭都成为书香之家，进而涵养一个书香社会。

（原载2009年8月4日《徐州日报》）

多开"田头会"

近日，江苏省铜山县房村镇召开水稻病虫害防治现场会。各村干部、农技员聚集在稻田埂上，边听专家讲解，边看他摆弄着稻子作示范，附近的农民也凑过来"旁听"。大家普遍感到，还是开"田头会"好，现场一看、当场一听，就什么都明白了。

强调开小会、开短会、开管用的会，"田头会"是一种好形式。现场是最佳的办公地点和会议场所。它能够将点与面连接起来，把看、听、讲、评、议结合在一起，即时解决生产生活中的问题。多开一些"田头会"，就是要倡导把会开到田间地头，开到车间班组，开到街头巷尾，开到老百姓的家门口。

（原载2009年8月9日《人民日报》）

多干积蓄后劲的事

"评价干部、考核政绩，既要看现在的发展水平，也要看原有的基础，还要看为未来积蓄了多少后劲。"一位县委书记以《科学发展上水平　勇当振兴排头兵》为题，在《群众》杂志撰文。学习实践科学发展观，保持又好又快的发展态势，应当大力倡导干部多干一些积蓄后劲的事。

坚持全面、协调、可持续发展，必须保持良好的发展势头，有充足的发展后劲。应对挑战，直面竞争，眼前比的是实力，今后看的是潜力，最终拼的是后劲。谁后劲足，谁就处于领先地位；缺乏后劲，将会在未来的发展中丧失竞争力。有后劲才能保证可持续发展。

积蓄后劲，对领导干部来说，要有强烈的事业心和社会责任感，想长远、干当前，甘为未来"铺路"、乐为后人"栽树"。党的事业需要一代又一代人承前启后、继往开来、奋斗不息。尽管每个时期的任务不同，工作重点各异，但都是向着共同的目标前进，都是在前人的基础上寻求更大的发展。今天为后任、未来做的工作越多，积攒的后劲越大，明天就越容易跃上更高的发展平台。

积蓄后劲，要有长远眼光。对一个干部来说，任职时间是有限的，但谋求持续发展的空间是无限的。要着眼长远搞建设、夯实基础促发展、改革创新求突破，把当"铺路石"作为自己的责任，把为后人造福当成自己的义务。这需要宽阔的胸怀，把视野放开，多做打基础、利长远的事，不断积蓄提升全面建设水平的后劲。如果只顾一时之利，把心思用在追求眼前轰动、将来无用的所谓"政绩"上，就很可能导致"前任政绩后任还债"的结果。

积蓄后劲，要有长远打算。如农民种植果树，头一两年是很难见到收益的，而五六年甚至更长时间就能达到"一亩园抵十亩田"的收益。因此，发展要有战略意识，自觉处理好立足当前与谋划未来、硬设施与软环境等的关系，切实把功夫下在打牢基础上，为永续发展储备能量、积攒后劲、孕育优势。

积蓄后劲，要经得起长久检验。发展是一个日积月累、持续渐进的过程，必须传好"接力棒"，搞好"接力赛"，保持工作的连续性。积蓄后劲要多干人民群众长期受益的事，多干长远起作用的事，多干经得起时间检验的事，多想想任期内做了什么、离任后能留下什么。把每一项工作都放在发展的整体利益上思考，对子孙后代负责，为长远发展负责。务必从实际出发，善于在优势领域添后劲，在薄弱环节补后劲，在不断创新中找后劲，在坚持不懈中出后劲。

多干积蓄后劲的事，可能会影响一时的政绩。但是，只要切实掌握了科学发展观的精髓，始终围绕"打基础""利长远"谋划布局，心底无私，就一定会做出既造福当代又惠及后人的业绩。当然，这需要科学的考评方法予以配套，从制度和机制上给予保障，让埋头苦干、积蓄后劲的干部不委屈、不吃亏。

（原载2009年8月19日《徐州日报》，署名"田冈"）

下基层提倡"三带三上"

"带着感情下基层，把群众呼声反映上来；带着课题下基层，把基层经验总结上来；带着问题下基层，把群众满意收获上来。"这是某县组工干部下基层必须做到的"三带三上"。目前他们已开座谈会60多场次，进村入户走访700多人次，收集群众关心的难点问题330多个，为群众办实事、做好事、解难事180多件。

要把群众呼声反映上来，必须带着感情下去。坚持民有所呼，我有所应；民有所求，我有所行。眼睛下看，脚步下移，工作重心下放，真心热爱一方沃土，真情对待一方百姓。只有与群众打成一片，才能听到"掏心窝子"的话。有理由相信，只要每周坚持拿出一天时间到联系点，走访镇村干部、人大代表、政协委员、种植养殖大户、企业主、困难家庭和老信访户等，就能够察实情、出实招、做实事、得实效。

要把基层经验总结上来，必须带着课题下去。群众中蕴藏着无穷的智慧和力量，唯有放下架子，扑倒身子，才能听得真情，问得真计，求得真经，战胜一切艰难险阻。为此，该县组织部门将下半年工作细化为5大类、18个子项目，确定8项重点调研课题。带着这些课题，组工干部在走访中更有针对性，更易发现和挖掘到基层工作亮点，从而有利于及时总结推广基层创造的新鲜经验，达到干部在一线工作、问题在一线解决、成效在一线检验的目的。

要把群众满意收获上来，必须带着问题下去。下基层就是发现问题、分析问题、研究问题，最终解决问题。发现问题是能力，解决问题是政绩。针对群众来信、来访反映的问题，及时分类梳理，落实到每位组工干部。然后，通过深入走访，查实问题，分析原因，及时提出解决问题的办法。当场能解决的，当时解决；当场难以解决的，认真做好记录，问清情况，留下联系方式，回去后创造条件再帮助解决。收获群众满意是不低的要求，必须在群众"最盼"上动脑筋，在群众"最急"上下功夫，在群众"最怨"上促改进，做到件件有着落、事事有回音。

下基层"三带三上"，光想"上"、不想"带"不行，"带"是前提，"上"是结果。党员干部要掌握第一手材料，就需要头脑想问题，心中装任务，肩上有担子，带着使命下去，在实践中付出心血、汗水和智慧。这样，就会得到群众理解、支持和拥护，收获肯定不会小。通过群众说事、干部做事、公众评事，所做的事符民心、合民意、增民利，人民群众的满意度高了，自然会亮出高分。

（原载2009年8月25日《徐州日报》）

"先治坡后治窝"

近日，新华社播发了通讯《西柏坡：新中国从这里走来》。60年前，小小的西柏坡，一群衣着朴素的共产党人在这里开创出翻天覆地的辉煌伟业，从这里走向了共和国的首都。

由"西柏坡精神"联想到一句民谚"先治坡、后治窝"。治坡，就是发展生产；治窝，就是盖楼房。一般来讲，坡治好了，窝自然会有；假如窝治得不错，坡却懒得治理，很可能连窝都会失去。学习"西柏坡精神"，就必须牢记"两个务必"，艰苦奋斗，简洁生活，既摆正生产与生活的关系，又妥善处理好创业与享有的关系，满怀信心地克服新的困难，迎接新的挑战，取得新的成就。

"先治坡"是创业之基。欲立国者，必先建功立业；欲立家者，必先艰苦努力。只有集中精力先把"坡"治好，才能为治窝创造雄厚的物质条件，才能有效地促进社会和谐，使人民安居乐业。西柏坡的中央军委作战室是建筑面积不足70平方米的5间小平房，工作人员在地上铺上麦秸和苇席休息，根本没有心思顾及如何治窝享乐。

"先治坡"是成业之源。共产党人始终以全心全意为人民服务为己任，志向高远，胸怀宽阔，作风朴实，与人民群众打成一片。当初开创的一块块小根据地，最终连成红彤彤的一片；用小米加步枪，照样打垮飞机大炮武装的美蒋反动派。新中国建立之初，百废待兴，共产党人继续发扬革命战争年代的优良传统，以蚂蚁啃骨头的精神，克服了一个又一个难以想象的困难，创造了一个又一个惊人的奇迹。

"先治坡"是兴业之本。人的一生如果不能成就一番事业，即使有个安乐的家，又能有多大意义？治坡就是要全身心扑在工作上，追求事业上的辉煌，而不是追求奢侈的生活。方志敏在《清贫》一文中写道："清贫、洁白朴素的生活，正是我们革命者能够战胜许多困难的地方。"在简陋的伙房里，党中央召开了著名的七届二中全会，提出了"两个务必"这一历久弥新的思想。面对改革发展中遇到的问题和困难，新时代的共产党人也一定能积极应对、破解难题，创造出不朽的伟业。

鲁迅先生说："生活太安逸了，工作就会被生活所累了。"条件越优越，工作越顺利，成绩越大，我们越要保持清醒头脑，不骄傲，不懈怠，不停滞，因为未来的路更长、任务更艰巨。不可否认，有的党员干部忘记了党的宗旨，丢掉了光荣传统，常常是先治窝、后治坡，结果从前进的"坡"上滑了下来；也有的光想着治窝，不愿意治坡，更不愿爬坡，讲安逸、讲享受、讲名利、讲排场，建造超豪华办公大楼，购置超气派小车，最终腐化堕落在安乐窝里。

黑夜里盛开的鲜花，在白天里总要结实；争取光明的努力，总有达到目的的一日。翻过一道又一道坡，跃过一道又一道坎，60年前我们迎来了新中国的诞生；今天，我们又迎来了中国的繁荣和昌盛。一滴水可以映照出太阳的光辉，从"西柏坡精神"可以看出共产党人艰难治坡、顽强爬坡的伟大壮举和豪迈气概。

（原载2009年9月15日《徐州日报》）

第二批结束，只是一个"分号"

在铜山县深入学习实践科学发展观活动第二批总结暨第三批动员会上，徐州市委巡回检查组组长强调，第二批的结束只是"分号"，紧接着的第三批学习实践活动应视为第二批的延续和深化，同时要继续创新发展，不断出亮点、出经验、出成果。

"分号"，又称为小句号。它表示一句话中并列分句之间的停顿，后面还大有内容。

在全党集中开展学习实践科学发展观活动，虽然在时间上分批进行，

但它是一个统一的整体。先学一步，既探索方法，又积累经验，更及早受益；跟进学习，便于借鉴创新，把握关键，直达目标。第二批活动所制定的部分整改措施，只有运用到第三批活动中，才能真正落到实处；第三批活动搞得如何，直接影响到第二批活动成果的巩固和拓展。一般来讲，第二批活动在取得科学发展共识的基础上，形成了一批认识成果、制度成果和惠民政策，为进一步推动科学发展打下了好基础，也对第三批参学单位查找和解决问题、迎难而上有重要的导向作用。努力做好第三批学习实践活动，有利于把第二批活动成果进一步深化、细化、具体化，全面落实到基层、落实到一线、落实到广大群众之中，确保整个学习实践活动取得实实在在的成效。

学习实践科学发展观活动，只有起点，没有终点；学习实践活动的批与批之间不是句号，而是"分号"。这也就是说，在具体操作中绝不能割裂开来，已经学过了，并不表明切实吃透掌握了。第二批学习的效果、实践的成果必须到基层检验，要解决的问题，离不开第三批参学单位的支持和配合；而第三批要破解的难题，也需要通过第二批参学单位部门统筹协调。不论是第几批，学习的目的都是一致的，要求是连贯的，成果是共创的。

（原载2009年9月23日《徐州日报》短评，署名"田冈"）

"考上大学"与"无一文盲"

国庆节前夕，在畅谈新中国成立60周年发展变化时，一名镇党委书记深有感触地说："上世纪50年代，我父亲考上大学，全村及周围村的老少爷们都知道了；80年代，我考上大学，本家族和邻居们都知道；90年代，我外甥考上大学，只有自己家里人知道；进入新世纪，我拿到了硕士文凭，只有我自己知道。"言下之意，现在"考上大学"、接受高等教育已不再是新闻。

"考上大学"难成新闻，折射出我国公民教育的普及程度和广度，这是新中国60年教育事业蓬勃发展的缩影。

霍勒斯·曼说："普及教育是人类最伟大的发现。"同样是"考上大学"，随着时间的推移，影响范围、程度是不同的。国运兴衰，系于教育。社会在发展，人类在进步，公民的文化在不断提升，国民素质越来越高。

由此，想起了20世纪90年代初写的一篇花絮新闻。1993年2月18日，铜山县第十二届人民代表大会第一次会议开幕。此前我到县人大办公室熟悉情况，一位人大办的工作人员随口说了一句话："今年代表填写选票不需要大会专门安排工作人员帮助代笔了，这一届代表没有一个文盲！"我听了眼睛为之一亮，经深入调查，便以《铜山县第十二届452名人大代表"无一文盲"》为题，一气呵成一篇400字的消息，受到广泛关注与普遍好评。

从人大代表"无一文盲"成为意义重大的新闻，到"考上大学"、接受高等教育成不了新闻，仅仅用了10多年，似乎跨越了几个年代甚至半个多世纪的时空。用现在的眼光看，"无一文盲"不过是个低标准，而过去"考上大学"则是较高的目标，现在却非常普遍。它反映出我国青壮年已告别了"文盲"，越来越多的人享受到高等教育，公民的文化程度跃上了一个新的台阶，这是坚持科学发展、经济社会不断繁荣昌盛的动力所在。

陶行知先生有言："教育是实现理想社会的历程。"新中国成立60年，经济社会发生了翻天覆地的变化，我们从一个文盲半文盲的旧中国，发展成为国民大多受过义务教育和高等教育的国家，人民的精神面貌焕然一新。特别是改革开放以来，国家实行"科教兴国"战略，不断加大对教育的投入，社会对教育的关注程度从来没有像今天这样强烈，尊重知识、尊重人才蔚然成风，教育的支撑作用越来越明显。

（原载2009年9月30日《徐州日报》）

从"基层培养链"到"无限风光峰"

日前，铜山县4名担任村党组织书记的大学生村官通过公推公选成为乡镇

副科级干部。按照既符合"公推公选"有关规定，又有利于村官渐进式培养的原则，他们均被留在原村任职，以确保"基层培养链"的有序衔接、高效运行。

选聘高校毕业生到农村一线任职，实行"基层培养链"制度，就是培养造就一批文化知识水平高、经受过农村艰苦环境锻炼、与人民群众有深厚感情的党政干部后备人才，以加快新农村建设步伐。

而鼓励优秀大学生村官参加公推公选，意义十分重大，一方面是对他们的锻炼和考验，另一方面是对他们的未来发展给予高度关注，采取有效措施架梯子、压担子、指路子，让大学生村官既有干头又有奔头，不断成长，再上台阶。

当前，各级党委、政府对大学生村官工作高度重视，铜山县则着眼于从基层起步，有计划、早着手建立大学生村官"基层培养链"制度，分阶段定标、链条式培养，力争通过5～6年的努力，把优秀大学生村官培养成乡镇基层领导干部。此次4名大学生村官通过公推公选成为乡镇副科级干部，就是落实大学生村官"基层培养链"制度的重要步骤之一，从而逐步优化农村基层干部队伍结构。

在新农村最基层，一批优秀大学生村官通过自身不懈努力，个人潜能得以释放，经过组织精心培养，逐步成长成熟，得到党员群众认可。去年，8名大学生村官在铜山县公开选拔村党组织书记时脱颖而出，如今，他们得到了锻炼，政治素质、工作能力进一步提高，责任意识、群众观念进一步增强。

在农村的广阔天地，是可以大有作为的。日前，江苏省"十大女村官"评选，铜山县就有两人榜上有名。当代大学生村官在新农村建设中同样大有用武之地，奉献社会，实现人生价值；只有从培养链的最低点起步，一步一个脚印，才能打牢基础，跃上"无限风光峰"。

（原载2009年9月30日《徐州日报》，署名"田冈"）

花香自有蝶来

　　金秋时节，收获的季节。在"2009中国铜山投资洽谈会暨海外江苏之友铜山行"活动中，铜山以崭新的形象吸引了来自四面八方的客商，一批重大合作项目成功签约，投洽会结出了丰硕成果。

　　花香自有蝶来。国内外客商之所以纷纷光临铜山、看好铜山、落户铜山，一是铜山优势独特。深邃的两汉文化底蕴，商贾云集之地，环抱历史文化名城的区位，"五通汇流"的立体交通网络，拥有资源丰富、设施完备、功能齐全的省级开发区和诸多特色各异的工业集聚区等。二是铜山商机无限。得天独厚的地理位置，蕴藏着巨大的潜力和美好的发展前景，五大产业关联度高，产业链条长，比较优势明显，成为政策最优、效率最高、成本最低的一流投资高地。三是铜山环境良好。铜山人民热情好客，人文气息浓厚，文明诚信友爱，软硬件协调配套，有苏北县级规模最大的服务中心，实行一个窗口办公、一条龙服务。客商不仅能在此创业兴业，实现人生价值，而且能享受到繁华的都市生活和宁静安逸的乡村生活。四是铜山基础雄厚。作为两年连续进15位的百强大县，已跃上了更高的发展平台，从开展"企业（项目）服务月"活动拓展到"企业（项目）服务年"，从"招商引资"发展到"招商选资"，从招引一般项目到注重吸纳"三重一大"项目，一大批投资强度大、科技含量高、产出效益好、带动能力强的项目在铜山落地生根。

　　栽下梧桐树，自有凤凰来。数百名客商莅临铜山，为增进了解、相互交流提供了难得的机会，也为双方进一步加强合作、共谋发展搭建了很好的平台。开放的铜山，正日益成为国内外客商创业的高地、投资的宝地和居住的福地。

　　（原载2009年10月28日《徐州日报》短评，署名"田冈"）

科学发展上水平

——写在铜山县荣获2009年度中国中小城市科学发展百强之际

金秋时节，铜山县学习实践科学发展观结出丰硕成果：在中国中小城市科学发展评价体系研究成果发布暨第六届中国中小城市科学发展高峰论坛上，荣获2009年度中国中小城市科学发展百强、中国最具投资潜力中小城市百强和中国最具区域带动力中小城市百强三项殊荣。这是铜山认真贯彻落实科学发展观，经济、社会、民生、环境、基础设施、科技、文教等协调发展、再创辉煌的集中体现，说明铜山的竞争力不断增强，知名度不断提高，影响力不断扩大。

科学发展，县域是基础；社会和谐，县域是根本。中国中小城市科学发展百强评价指标体系立足践行"以人为本，全面、协调、可持续"的科学发展观，从经济发展、社会进步、民生改善、环境友好和政府效率五个方面进行综合评价，有效引导党政干部牢固树立科学政绩观，以绝大多数人的近期现实利益和长远根本利益为出发点和落脚点，体现在经济、社会、环境诸方面能否协调发展，群众是否得到实惠，人民是否满意。

在深入学习实践科学发展观活动中，铜山县以"率先达小康、建设新铜山"为主题，着力"保增长、促发展、重民生、转作风"，取得了明显成效。一是在科学发展理念上形成新共识。改革创新靠科学引领，社会发展由科学引路。在发展中不断化危为机，锐意创新，争先进位，取得了"发展质量越来越好、发展速度越来越快、群众满意度越来越高"的效果。二是在保增长促发展上取得新成效。铜山面向未来，科学编制6大主导产业调整和振兴计划，出台保持工业经济平稳增长16项政策措施，加快推进产业优化升级，争做振兴徐州老工业基地的排头兵。三是在保民生促和谐上创造新业绩。铜山全力让科学发展的成果惠及千家万户，让人民群众充分享受改革发展的阳光雨露，率先开展"小康建设突破年"活动，加快实施10大类56项"惠民工程"，兴办了一批深得民心的好事、实事。四是在制度体制机制创新上有了新突破。以科学发展观看全局才有高度，以科学发展观作引领才有力度，以科学发展观作保障才有强度，把解决突出问题与创新完善制度体制机制紧密结合起来，制定出台107项配套制度和相关措施，推动铜山科学发展的长效机制更加健全有力。

讲科学是大智慧，会发展是大本领，做到科学发展才是大境界。县是连接城乡的桥梁，是县域经济社会发展的重要阵地，其科学发展水平关系到城乡一体化进程，也关系到全面建设小康社会的全局。铜山县荣获中国中小城市科学发展百强表明，学习实践科学发展观大有奔头。

（原载2009年10月30日《徐州日报》）

从"来者不拒"到"择优而选"

就如何加强"三重一大"项目建设，一位领导同志结合学习实践科学发展观活动在研讨会上强调，要自觉地把科学发展观贯彻落实到经济发展、社会进步的全过程，要切实转变招商观念，不断提升招商引资的档次和水平，必须从"来者不拒"到"择善而从"，在实际操作中，由招商"引"资变为招商"选"资，多选科技含量高、附加值高的项目，多选择与知名度高的大企业合作，才能积蓄发展后劲，培育更多的"三重一大"项目，提高发展质量，促进经济可持续发展。

"招商引资"，是近年来出现频率较高的4个字。其中的"引"字，反映了单方面的迫切性和意愿性。言下之意，遇客商就挽留，见资金就吸纳，是项目就上马。其实，招商引资应该是双向的，投资方与引资方是平等的，都想借对方之力求效益、谋发展，做大做强。与当地的产业链是否匹配，前伸后延的能力强不强，能不能对接主导产业、融入重要产业、降低商务成本，对寻求合作者来说，自始至终都存在着一个"选"字，反反复复地考察论

证、掂量比较、精心筛选，绝不会轻易地把资金、项目送上门。

作为引资一方，不能一切都为了"引"，也不宜什么要求都答应，什么条件都许诺，捡到篮子里就是菜。同样要"择善而从"，格外注重"选"字；应该比投资方"选"得更认真、更慎重。有些地方因引资心切，选择失当，尝尽了"来者不拒"的苦头，产生了不良的后果。项目进来了，污染也带来了，破坏了生态环境，这就不能引，事先就要"选"掉；土地圈占了，投资强度不高，科技含量低，引资方得不到实惠和发展，缺乏预见性地"选"准是要吃亏的。引资上项目强化"选"字，是为了科学发展，应从现有企业、项目、产品的扩张、对接、延伸、提档升级入手，谋求更高层次上的合作，达到优势互补，共同发展。

招商"选"资，是一个互动过程，人家在"选"，你也要"选"；投资者追求的是更多的回报，引资者当然也要取得更高的效益。"选"比"引"的余地更大，需要更高的眼光，其中当然有一定的淘汰率，这是资金、项目"优"化的必然结果。相互选择，就能够确保投资的科学性、准确性，做到引进一个成功一个，上马一个见效一个，合作一个双赢一个。这种结局应是投资者和引资者的首"选"。

（原载2009年11月27日《徐州日报》）

"两结合"才能"两促进"

在第三批学习实践科学发展观活动推进会上，铜山县委明确要求，要认真处理好扎实推进学习实践活动与搞好当前各项工作的关系，把开展学习实践活动与完成今年各项任务结合起来、与谋划好明年工作结合起来，努力做到两手抓、两不误、两促进。这"两结合"对深入开展"科学发展在基层、争先创优促振兴"活动，对进一步立足实际、加强学习、潜心实践、和谐发展，无疑会起到较大的促进作用。

学习调研阶段，铜山县把学习实践活动作为重大政治任务，重视程度高，推动力度大；突出实践特色，重在武装思想，重在解决实际问题，重在完善规章制度；注重统筹联动，两个批次活动有机衔接、有序推进；营造浓厚氛围，活动有声有色，真正把科学发展观送进千家万户，着力打造成"民心工程"；坚持探索创新，在创特色、出亮点、求实效上下功夫，理清发展思路，激发工作干劲，取得明显成效。

分析检查阶段承上启下，任务繁重，是学习实践活动最出成果、最见实效的阶段，也是广大党员干部群众最为关注的阶段。当前是辞旧迎新的重要时段，事关总结今年工作、筹划明年任务，唯有把这两者紧密结合起来，才能促进学习、推动工作、谋求发展。要找准学习实践活动与工作的结合点，把开展学习实践活动作为推动各项工作的动力，把学习实践活动的成效体现在促进经济社会全面发展上，落实在圆满完成全年各项任务中。

只有"两结合"才能"两促进"。第三批学习实践活动下一阶段时间紧、任务重，一方面要把2009年的工作善始善终收好尾，另一方面要把2010年的工作超前谋划起好步。因此，广大党员干部群众务必要继续保持昂扬的精神状态和饱满的工作热情，把"边学边查边改"贯穿学习实践活动始终，以工作的实绩检验学习实践活动的成果。

（原载2009年12月2日《徐州日报》）

"精气神"孕育"软实力"

岁末临近，频传喜讯：日前，维维豆奶被评为"2009中华食品十大魅力品牌"；此前，铜山先后获第九届全国县域经济基本竞争力与科学发展百强县、全国平安建设先进县、中国中小城市科学发展百强、中国蔬菜之乡等荣誉称号。这些都是铜山人民"精气神"饱满的集中体现，也是铜山"软实力"增强的突出标志，更是铜山核心竞争力的综合反映。

人是要有一点精神的。要满怀激情和信心工作，不断增强"软实力"、提高执行力。激情是行动成功的前提，充满激情做事才能快乐工作。就一个地方来说，发展既需要物质条件和基础设施这种"硬实力"，也需要人文精神孕育、文化环境营造和平安社会创建这种"软实力"。如果说"硬实力"是发展的"筋骨肉"的话，那么，"软实力"则是区域发展的"精气神"。但有些情况下，人们往往注重"硬实力"建设，却忽视"软实力"创建。比如众多大学难以成为名校，不是缺大楼、大院，独缺的是大师。而在许多地方，"软实力"不强常常成为做大做强的"软肋"。有的地方自身条件不错，也有发展机遇，可与周边地区的差距却越来越大。归根结底，就是人的精神状态不佳，提不起"神"来，"软实力"跟不上。

孕育"软实力"，把"神"提起来，燃烧激情，奉献才智，务必要继续解放思想，开拓创新，发扬艰苦创业、改革创新、争先创优的"三创"精神。要不断学习、补充、积累，提高思想觉悟，更新思想观念，增强发展动力。一般来讲，"硬实力"可测可量，短期内大投入即可达到；而"软实力"的内涵比较丰富，不是花一天两天功夫就能见效的。在生产力诸要素中，人是最活跃、最重要的因素，其潜力尤其是精神力量更无法估量。浙江人正是凭着勤劳、智慧的人文精神和创业激情，"能干常人不肯干的活，能吃常人不肯吃的苦，能赚别人看不到的钱"。

"软实力"支撑"硬实力"，并能有效促进"硬实力"的发展。要保持良好的精神状态，只有"提神"，"软实力"提升了，发展才能提速，"率先达小康、建设新铜山"的宏伟目标就会早日实现。

（原载2009年12月18日《徐州日报》）

干净干事　干事干净

在本职岗位上为人民掌好权、服好务，是领导干部的基本职责。这一职责，人们通俗地称为"干事"。如何干事，体现态度作风，也体现能力水平。从某种意义上说，能否做到干净干事、干事干净，是衡量领导干部是否称职的一个重要标准。

干净干事，即一身正气、两袖清风，以清正廉洁的态度和作风开展工作、履行职责。干净干事是领导干部干成事、干好事的基础和前提。古语云："公生明，廉生威。"领导干部秉公执政、清正廉洁，办事就会光明磊落，就能脚下站得稳、腰杆挺得直、说话有底气，在群众中威信高，得到群众的信任和支持，从而为干成事、干好事奠定坚实基础。反之，如果一事当前，先盘算自己的"小九九"，先想到自己如何从中捞好处、得便宜；或者借机搞权钱交易、索贿受贿，就会放弃办事原则、扭曲办事程序，导致"成事不足，败事有余"。

干事干净，就是干事干脆利索、有始有终，不拖泥带水或虎头蛇尾。干事干净是对领导干部履职尽责的一个基本要求。一个称职的领导干部，想问题、干工作应以"干净"为出发点和重要目标，言必信、行必果，对自己分内的事做到一竿子插到底，不半途而废，不留后患和遗憾。从很大程度上说，干事"不干净"，拖拖拉拉、松松垮垮，或有始无终、有头无尾，就是不负责任，就是失职。

干净干事与干事干净密切联系、相互促进。领导干部有"个人名利淡如水，党的事业重于山"的意识，干事出于公心，不徇私情、不谋私利，事情往往能干得干净漂亮，经得起实践、人民、历史的检验。相反，那些私心和贪欲太重，一门心思利用职务之便营私舞弊，身上"不干不净"的干部，其所干的事也很难保证干净，常常会存在诸多漏洞和隐患。现实已经表明，在形形色色的"烂尾工程""豆腐渣工程"背后，往往有一批大搞权钱交易、偷工减料、损公肥私的腐败干部。

对一个称职的领导干部来说，干净干事与干事干净缺一不可、不能偏废。只干净、不干事不行，只干事、不干净也不行。经济上、作风上没有问题但干事浮皮潦草、优柔寡断，这样的干部可能是一个"清官"，但算不上

一个合格的干部；做事大刀阔斧、雷厉风行，干出了一番不小的政绩，但在经济上、作风上却过不了关，这样的干部也只能被"一票否决"。

将干净干事与干事干净有机统一起来，要求领导干部牢固树立正确的世界观、人生观、价值观和权力观、地位观、利益观，保持平常之心、平淡之欲、平实之风，对个人的地位、名利等看淡些，知所避，知所守，不为名所累，不为利所困，更不拿原则做交易，绝不"不给好处不办事，给了好处乱办事"。同时，努力培养当断则断、勇于担当的魄力，作决策、干工作不左顾右盼、患得患失；保持强烈的事业心和高度的责任感，树立效率意识、精品意识，对自己职责范围内的事做到事前周密计划、事中精心实施、事后严格检查，兢兢业业、善始善终，多出合格品特别是多出精品，尽最大努力不出或少出次品、残品，以扎实的工作和优质的服务取信于民、造福于民。

（原载2009年12月24日《人民日报》）

弯下的树枝结果多

在一次培训班上，一位领导同志谈到，眼下最难解决的是干部心态问题，突出表现在不虚心上，常常是表扬与自我表扬相结合。这些干部自以为本事大、能力强、奉献多，怨组织亏待他，闹着在职位上"进步"，别人还说不得。这种现象并不少见。

虚心是成功者不可缺少的品德，凡成功者没有一个不是虚心向学的。他们深谙"弯下的树枝常常结满了果实"的道理，做人、做事、做学问，往往不事张扬，脚踏实地，埋头苦干，用成绩证明自己。

虚心使人进步，虚心使人产生智慧和才干。虚心者看到自己的长处不自满，看到别人的长处不泄气，善于取人之长、补己之短。只有虚心的人，才能做大事、成大业。虚心是进步的阶梯，骄傲是后退的滑梯。

有的人不知虚心为何物，傲气十足，稍有成绩，就沾沾自喜；有的耐不住寂寞，热衷于出风头、赶浪头、造势头，做表面文章；有的精于自我包装，自我吹捧，好大喜功，没做先说，做一说十；有的常以己之长比他人之短，似乎没有人比得上自己。有些干部之所以犯错误，不是因为他们不懂，而是自以为什么都懂。

虚心源于宽阔的胸襟、坚强的自信和崇高的境界。毛泽东在党的八大会上谆谆教导："虚心使人进步，骄傲使人落后，我们应当永远记住这个真理。"尽管时光过去了半个多世纪，尽管形势发生了重大变化，但虚心作为党员干部的基本素养，仍然要继续发扬光大。

人生没有终点，要始终保持从零开始、永不自满的精神。唯有虚心，心里才能腾出空间；唯有虚心，才清楚肚子里的那点水是远远不够用的；唯有虚心，才不为微小的成绩自得炫耀，不为一时的顺利忘乎所以，不被几句赞美冲昏头脑。涧谷把自己放低，才能得到一脉流水；人只有把自己放低，才能吸取别人的智慧，才能更上一层楼。

"见人之过，得己之过；闻人之过，得己之过。"了解别人易，认识自己难；要求人家虚心易，而自己做到虚心难。当工作缺少激情、业绩平平、压力较大时，应静下心来理一理，是思想落伍、知识匮乏，还是能力不够、决策失误？要多虚心学习，少指手画脚；多虚心请教，少好为人师。托尔斯泰说得好："一个人就好像一个分数，他的实际才能好比分子，而他对自己的估计好比分母。分母越大，则分数的值越小。"

人常说"得道多助"，其实"多助者得道"。自古有所作为者，强调天时不如地利、地利不如人和。拥有高尚的人格魅力，与人为善，虚怀若谷，善于共事，人气才会兴旺。刘邦对部属如果没有那么多"我不如"，又何以聚集天下英才成就霸业呢？要放下架子，低下头来，乖乖地当好群众的学生，就不难学到真经、找到良策，形成合力，增加胜算的把握。

懂得虚心是一个人成熟的表现，也是引导走向成功人生的大智慧。低着头的麦穗，才是真正饱满的麦穗；弯下腰的树枝，才是结满果实的树枝。

（原载2009年12月25日《徐州日报》）

保一方平安　让百姓满意

年终盘点2009年工作，铜山县获得了众多荣誉，其中创出了两个含金量较高的品牌：一个是"全国百强县"，反映富民强县；另一个是"全国平安建设先进县"，凸显安民兴县。

"全国平安建设先进县"称号凝聚着铜山百万人民的心血和汗水，凝聚着政法部门的智慧和奉献。县公安局年度绩效考评曾以958.4的高分位居全省第一。用该局负责同志的话说，全县民警时刻以人民利益为重，打防并举，惩恶扬善，伸张正义，决不让老百姓受气！

"决不让老百姓受气"，必须以高效务实的工作，增强人民群众的安全感。民富为本，民安为基，"富民"还须"安民"。

"决不让老百姓受气"，必须以高水平的执法能力，有效打击各类犯罪。政法机关始终坚持用制度规范行为，用机制盘活警力，用练兵提高素质，强基固本，苦练内功，提档升级，不断提高公安机关的控制力和紧急应对能力。

"决不让老百姓受气"，必须以高度的责任心，创造良好的发展环境。发展是第一要务，稳定是第一责任；保增长是政绩，保一方平安也是政绩。政法工作紧紧围绕服务"两个率先"这个大局，从有利于创业兴业、有利于发展进步着眼，高标准定位、高起点决策、高水平推进，扎实开展平安创建活动，努力把铜山建成"百姓最放心，投资商最安心"的平安地区。

"决不让老百姓受气"，是一个比较高的要求，要始终把人民群众的安危放在心上，着力打造平安社会，让老百姓满意。

（原载2009年12月30日《徐州日报》）

创造来源于创新

从加工配套零部件到制造整机，从按图生产到革新发明，从制造产品到创造品牌——清晰地勾画出了铜山县装备制造业自主创新的科学发展轨迹。灿烂的创新之花，结出了丰硕的创造之果。

创新就是要直面新问题，运用新思维，赋予新科技，采取新举措，寻求新突破。工作要出成果、出经验，一刻也离不开创新；产业成特色、产品创品牌、企业大发展，同样离不开创新这个强劲支撑。

人可贵之处就在于会创新。过去的一年，铜山县的建设者解放思想、开拓进取，勇于创优、创新、创造，引资与引智并举，开发与研发并重，走可持续发展之路，助推装备制造业的发展壮大，使其一跃成为"五大百亿产业"的龙头。

松下幸之助说："非经自己努力所得的创新，就不是真正的创新。"唯有创新，才能有自己的知识产权，具备核心竞争力；唯有创新，才能占据一席之地，拥有发言权；唯有创新，才能掌握裁量权，有能力担当行业先锋。铜山县每年投入6000多万元扶持企业组建研发中心，多项产品获国家及省部级高科技产品奖，38家装备制造业企业为行业标准的制定者……种种成功的实践，充分诠释了这一点。

创新是一个民族进步的灵魂，是国家兴旺发达的不竭动力。铜山县装备制造业的崛起表明，具备创新品质和创新元素的区域和企业，其发展才能出新出彩，永远充满生机与活力。

（原载2010年1月6日《徐州日报》）

土地是"聚宝盆"

对"三农"而言，土地是"命根子"；对工业化、城镇化建设来说，土地是"聚宝盆"。眼下，缺少建设用地成为一些地方招商引资面临的最大瓶颈，而铜山县一年完成三年的塌陷地治理目标，不仅自己争取了可用地，而且为其他县（市）争取了7000多亩用地指标，为全市经济社会发展作出了贡献。

俗话说："得龙得虎，不如得土。"土地是人们赖以生存的基础。铜山曾是著名的煤炭生产基地，煤矿塌陷地的总量很多。对塌陷地，消极地看是负担；积极地看、辨证地看是潜在的资源和优势。因为一边存在着面积可观的塌陷地，而另一边却是建设用地吃紧的现状。思路一变天地宽。铜山县把复垦治理塌陷地当作重大项目来做，认为这是一次投入、长期收益的项目，是造福当代、惠及子孙的项目，是搞建设、促发展的基础项目。

万物生于土。铜山经过复垦治理，不仅使万亩荒地变成农田，丰富了农民的"米袋子""菜园子"，而且还可以提供、置换建设用地，用于工业等其他产业的发展，同时又改善了生态环境，优化了资源，进一步促进了可持续发展，真是一举数得。

（原载2010年1月13日《徐州日报》）

连续干不断线

市委书记在全市重大项目和实事工程动员会上强调，要把"三重一大"作为推动全局发展的突破口，牢牢抓在手上，成立精干高效工作班子，制订项目实施操作方案，明确工作推进序时任务，坚持不厌其难、不厌其细、不厌其烦、不厌其实，自始至终抓好重大项目建设各项任务和各个环节的工作，千方百计保证重大项目连续干，不断线。（1月14日《徐州日报》）

　　"连续干，不断线"，是说目标已经确定，蓝图已经绘就，要发扬持之以恒、连续作战的作风，聚精会神，埋头苦干，一步一个脚印落实好每一个环节，永不松懈地干好每一天。

　　确保重大项目"连续干，不断线"，没有抓住当前、抓住今天的紧迫感和求真务实的作风是做不到的。我们要以强烈的进取精神、旺盛的工作斗志，抓实每一招，干好每一天，走好每一步，做好每一环，为全面完成各项目标任务提供有力保证。应当看到，今年所面临的形势依然严峻，要在高速增长、高发展平台上继续保持跨越发展的态势，容不得半点懈怠和耽搁。

　　"连续干，不断线"，就是抢抓发展机遇。机遇，总是垂青有准备的头脑；机遇，往往稍纵即逝。有些机遇，昨天不至，明天溜掉，只有今天才能捕捉到。"机不可失，时不再来"，没有"连续干，不断线"的态度作基础，凭运气、靠硬闯，机遇恐怕是抓不到的。特别是重点、重大、重要的建设项目，一旦衔接不好，就可能拖延工期，甚至成"半拉子"工程，正如灶凉了再点火一样，要多费时、多耗能源。

　　"连续干，不断线"，就是能够抓住当前。歌德有言，最宝贵的莫过于"今天"。只有一个时间是重要的，那就是"现在"，它之所以重要，是因为它是我们唯一有所作为的时间。当前的事，推到明天或以后，很可能没完没了地"明天"下去。抓当前，就是从现在、从脚下做起，不厌其烦地将指标细化，将任务分解到时到分，工作完成节点与时间节点同步。

　　"连续干，不断线"，就是善于抓落实。养成今日工作今日毕的习惯。有些工作，说到嘴上不行，挂在墙上也不行，必须落实在行动上、落实到实施中。要注意接好茬、开好头、起好步，循序渐进，脚踏实地，"不厌其实"，方能水到渠成。否则，易成"夹生饭"，欲速则不达。

　　莎士比亚说："时间的无声的脚步，往往不等我们完成最紧急的事务就溜过去了。"时间刻不容缓，任务艰巨光荣，我们一定要把握发展趋势，增强又好又快发展的责任感和紧迫感，创新发展路径，强化工作措施，提升工作水平，坚持"连续干，不断线"，取得实实在在的成效。

（原载2010年1月15日《徐州日报》）

"腹地"与"福地"

1月28日下午，江苏省省长来到省"两会"徐州代表团，参加审议《政府工作报告》和其他报告。他对徐州2009年的工作给予高度肯定，对今年徐州发展寄予殷切希望。特别是对徐州下一步的发展，他指出，要积极抢抓用好重大机遇，把沿海开发的资源要素拿来为徐州发展所用，把沿海"腹地"变成经济发展"福地"。（1月29日《徐州日报》）

何谓"腹地"？指靠近中心的地区、内地。有识之士这样认为，把"对方"的物流吸引过来，"对方"就是你的腹地；"福地"，简而言之即是"风水宝地"。作为淮海经济区较大城市的徐州市，南有长江三角洲、北有环渤海经济区、东临亚欧大陆桥桥头堡的辐射和吸引，是众多地区竞相瞩目的重要腹地，蕴藏着许多发展机遇，有着美好的发展前景。

从整个徐州来看，当前有振兴老工业基地、江苏沿海开发和东陇海开发三大机遇的垂青和叠加，这是其他地区所不曾有的。我们一定要深刻认识、加倍珍惜这三大机遇，抓住用好这三大机遇，充分发挥叠加、综合效应，有能力、有优势把徐州建设成为最佳改革区、最优创业区、最快发展区，切实把"腹地"打造成生活水平高、发展步子快、生态环境好的"福地"。

一是腹地自然条件好。越是腹地，原生态保护得越好，未被发现、未被开发的自然资源越多，发展潜力越大。这既是理想的创业、兴业之地，也是现代生活的宜居之地，当然也是人气、才气等汇集之地，越来越会成为人们向往的"福地"。事实上这一优势在某些发达之地已经远去，并且一时难以再造。可以预见，这将成为腹地未来竞争的一张王牌。

二是腹地发展后劲足。一般来讲，腹地多为内陆区域，接受辐射相对较少、较慢，许多资源有待进一步开发利用，或赋予新的科技内涵予以拓展，或深层次加工增值。这些地区基础条件不错，环境宽松，生产运营成本相对

较低，这恰恰是沿海大城市产品增容扩散和产业战略转移的理想之地。腹地后发优势非常明显，有的虽然起步慢，但起点高，互补能力强，层次提升快，纵深推进猛，人们对创业创新异常迫切。

三是腹地回旋余地大。发展有参照系，前进有路标，学习有榜样。沿海地区发展的经验能够拿过来尽快学习借鉴，从而加快发展速度；而发达地区的教训同样能早一点汲取，可以少走弯路、错路，少交甚至不交学费，避免不必要的损失。因为腹地无形中成了一个缓冲地带，进退游刃有余，为及时调整、改革、应对和决策赢得宝贵的时间。这无疑会节约发展成本、节省发展时间，促进可持续发展。

当然，腹地还有众多的优势。其实从"腹地"到"福地"只有一步之遥，只要我们咬定目标、坚定信心，扬长补短、兼收并蓄，埋头苦干、奋进不止，"福地"自然会为期不远了，还有可能让周边地区成为我们的"腹地"。

（原载2010年2月1日《徐州日报》）

倡"三节"　过好节

物质贫乏时代，盼节就是希望吃穿上得到一些满足。如今，人们的腰包鼓了，吃食丰盛，着装新潮，游处多多，对节不再巴望。有的人过节的心理负担很重，感觉比上班还累，这主要是无"节"所致。节日要注意讲"节"，才能过一个健康向上、身心愉快的春节。

一是讲节俭。节俭是一门艺术，它能使人最大限度地享用生活。改革开放30年来，人民生活发生了翻天覆地的变化，实现了由吃不饱到温饱、再到小康的历史性跨越。不少人以为，生活富足了，年货要准备得格外丰盛，要排场、搞攀比、讲奢侈。那么，年货到底多少是多、多少是少？其实够吃就好。食物多得吃不了，眼睁睁地看着烂掉、坏掉、扔掉，这从节日期间的

垃圾道就不难看出些"道道"：成箱的水果、成袋的食品、成包的熟食等，让人着实心疼。节俭之中蕴藏着一切美德，中国人民素有勤俭持家、艰苦创业的优良传统，过日子习惯于细打算、长流水，珍惜一粒米、一滴油、一叶菜。尤其是节约型社会，应崇尚节俭，学会过低碳生活。

二是讲节制。歌德说："毫无节制的活动，无论属于什么性质，最后必将一败涂地。"春节大团圆，精神都特别亢奋，除夕守岁熬个夜并没有什么，问题是不可连着整通宵的不睡觉，甚至弄得黑白颠倒、精神萎靡。在饮食上要有所节制，吃喝有节，烟酒有度。自己家人喝，相互宴请喝，亲朋走动喝，胃就会被大鱼大肉撑着，被酒水泡着。生活缺少节制，人的生物钟被打乱，身体就会出现不适，易发"节日病"。要逐渐养成健康的生活方式，参加有意义的活动，相互之间多"把工作的事情谈谈"，饮食起居讲规律、把好度，劳逸结合，不透支健康，更不要玩得过头、过度，弄得身心疲乏，甚至出现意外。

三是讲节操。操守是人的立世之本，更是一个党员干部务必永远守住的根本。春节是腐败行为的高发期，也是检验党员干部操守的关键时段。人的气节操守既表现在平时，更表现在重大节日期间。因为大多数的贿赂在节假日进行，行贿者以拜年、走访、慰问之名，行送礼行贿之实，这些拜年者拜的不是年，而是权。有的干部拉不下情面，半推半就了、失节了。泰戈尔说："顶不住眼前的诱惑，便失掉未来的幸福。"年关，其实也是一道考验关。对党员干部来说，坚持原则不动摇，守住底线不突破，才能守好节、不变节，过一个廉洁之节。否则，就会失掉节操、出卖灵魂、走向堕落。

吕陶说："有天下之大节者，然后可以任天下之大事也。"过节只是生活中的一个节点，应以平常心对待，珍惜大好时光，多静下心来思考思考，享受节日每一天，以便有更充沛的精力、更昂扬的斗志，迎接新一年的挑战。

（原载2010年2月11日《徐州日报》）

"带走剩菜"也是关爱

虎年春节，邻居孙大妈家过得比往年轻松，因为不再为吃剩菜剩饭发愁了。原来在年三十晚上，他50岁的大儿子宣布了一条新规："兄弟姐妹来父母家过节或探望，饭后一定要打扫干净、带走剩菜。"当晚全家会餐后，6个子女各取所需，把两桌子剩菜全部打包带走了。对此，年迈的父母特欣慰。"百善孝为先"，其实，"带走剩菜"，对父母也是一种关爱，这种做法值得提倡。

过节面对大量的剩菜剩饭，真有些犯难。扔掉吧，怪心疼的，特别是从困难时期走过来、吃过苦、挨过饿的上了年纪的人，更是一点一滴的东西都舍不得丢掉；收拾起来吧，着实发愁，占满了碗盘盆、摆满了桌子、塞满了冰箱。有的老人剩菜吃到了元宵节，食物搁得变质了都不知道，吃出了病，还得再去花钱看医生。这真是"舍不得一盘菜，反挂一瓶水"。

俗话说"吃了不疼洒了疼"。勤俭持家是中华民族的优良传统，会过日子是一种良好的生活习惯。生活需要一颗感恩的心来创造，一颗感恩的心需要生活来滋养。子女带走剩菜，事虽不大，但意义不小：一是能够节俭。老人吃半个月的剩菜，几个小家庭一打包，一两顿就解决了，还感觉不到吃剩菜，没有浪费一点，也不损害健康。二是不让父母犯难。替老人着想，为老人分忧，才是真孝。父母过年能天天吃新菜饭，肠胃自然清爽，心情自然舒畅，节日氛围自然融洽。三是为子女做表率。让自己的下一代从小懂得珍惜生活，尊老爱幼，关爱他人。

从饭店吃饭后剩菜打包，是个好现象；带走父母家的剩菜剩饭，也应成为一种风尚。谁言寸草心，报得三春晖。节前，大包的礼品送父母，是孝敬；节后，主动打包带走剩菜，对父母同样是孝敬，而且是更得体、更细致的孝敬。

（原载2010年2月22日《徐州日报》）

不用一把"尺子"选才

辽宁省公开选拔98名领导干部，本着"让干得好的考得好"的原则，按照公选职务层次分别"量身命制"了5个类别13套笔试题和6个类别18套面试题，做到了干什么考什么，不用一把"尺子"选才（2月21日《人民日报》）。

一张综合性的试卷，一种普遍性的标准，选出来的可能是各方面知识都知道一些、综合素质相对较高的通才。但很难选出专业知识较强、在某一方面有所建树、有所创造的专才，因为选拔的"尺子"是通用的。

群众好说："样样通，样样松。"什么病都能治的药，绝不是好药；什么都懂一点的人，算不得人才，还不如"一招鲜，吃遍天"呢。选拔各类专业性较强的人才，必须注重分门别类，突出岗位特点，看重实际能力，从细节入手，用特殊的"尺子"、特殊的方法，有针对性地测验考核，才能切实反映出一个人的专业知识、专业技能和专业水准。否则，极易看走了眼、选错了人。科学的选才方法强调普遍与特殊相结合，讲求用其所长、用当其时、人尽其才。需要什么样的人，就选什么人；缺什么人才，就选什么人才。

不拘一格选人才，需要科学而有效的选拔方法，起码不能用一个模式去套，应因人而异、适用得当。这办法，那办法，能选出真正的人才，就是好办法。不要局限于某些条件、标准，不要受一些观念、框框限制，更不要求全责备，只要在任职的岗位出类拔萃、业绩非凡即可。"德才兼备，唯才是举"，其实说的就是这个道理。

（原载2010年2月25日《徐州日报》，署名"田冈"；3月2日《组织人事报》；第5期《人才资源开发》）

"接受监督"与"接受批评"

2月23日，全国和省贯彻落实《中国共产党党员领导干部廉洁从政若干准则》电视电话会议之后，我市立即召开电视电话会议，贯彻落实全国和省会议精神。市委书记强调，在任何时候都要严格遵守《廉政准则》，自觉接受监督，乐于接受批评，在任何情况下都要坚持台上台下一个样、人前人后一个样。（2月24日《徐州日报》）

贯彻《廉政准则》，促进廉洁从政，贵在身体力行，重在狠抓落实。党员干部只有自觉接受组织、群众和社会的监督，勇于接受来自各方的批评，做到闻过则喜、有过则改，才能做好各项工作，让人民满意。

倡导"接受监督"与"接受批评"，就是把自己的工作和生活置于人民群众的监督之下，并逐步形成习惯。这需要勇气和胆量，也是开阔胸襟和充满智慧的体现。而能否"接受监督"的主要表现则是能不能虚心"接受批评"，因为时下毕竟有不少人对批评不高兴、不习惯、不适应，还有的误认为这是给自己出难题，给自己过不去。其实，真正能够时时刻刻在监督下工作，乐于接受批评，不仅仅组织、集体和事业是受益者——自己才是最大的受益者。

"接受监督"，能够提高效能，减少、避免失误，可少走弯路、少交学费。这会迫使你坚持不断学习，努力提高工作能力和工作水准，从而熟练准确地掌握党和国家的方针政策，遵纪守法不含糊，坚持原则不动摇，不简单从事，不意气处事，不感情用事，主动听取来自各个方面的意见，多看群众的眼色行事，变单纯的事前强调、事后监督为事中或全过程的公开透明。这既防患于未然，避免亡羊补牢，又可以集中精力科学而高效地服务基层、服务群众、服务发展。

"接受批评"，能够加强自身修养，增强自我约束能力，不迷航、不变质。一些干部之所以犯错误、犯罪，除了自身修养不够、免疫力不强外，主

要是缺乏及时有效的批评。有的干部出事，大多归结为"监督不够"，其实是自己接受批评不够。特别是在8小时外的生活圈里，如果警惕性不高，自制力不强，抗不住诱惑，就容易走向邪路。老百姓常说，周围没有几双眼盯着你，再没有人敢说你，干什么还不由着自个性子来？有的干部甚至连善意的提醒都以为是恶意攻击，从而远离了批评，向着错误的方向越滑越远，结果"船到江心补漏迟"了。

"接受监督"与"接受批评"，实际上就等于建了一道安全线。主动接受监督而不愿接受批评，就谈不上是真正接受监督。监督就是爱护，批评就是帮助；监督是发现问题，批评是修正问题。自觉接受监督，乐于接受批评，可以专心干事，简约生活，快乐进步。

（原载2010年2月26日《徐州日报》）

"脱稿发言"多真言

在今年的全国两会上，代表、委员的审议和讨论，呈现出一个新气象：会场气氛活跃，大多都抢着发言，纷纷谈问题、出观点、提建议、议良策，各抒己见，相互争论，甚至"吵"起来。特别是代表、委员的口头表达能力比过去大大增强，能够即席发言、脱稿发言的多了，有真知灼见的多了。

人大代表、政协委员讨论时"脱稿发言"，有着很强的示范作用。时下一些座谈会上，不少与会者都是掏出准备好的稿子照本宣科，念完了事，根本不像在讨论交流，难以达到预期效果。有的干部讲几分钟的话，也要秘书准备几页纸；明明几句话就能说清的问题，非洋洋洒洒铺陈开来，无形中助长了文山会海之风。

"脱稿发言"，能够畅所欲言。稿子一般都事先准备好，既然是在重要场合发言，行文必须规范，格式必须遵守，少不了穿靴戴帽的程式化东西。文章确实是有点像样了，可要谈的问题常常淹没在几千字的长篇大论中。况且所反映的问题、所陈述的观点，一旦老想着用什么恰当的书面语言，难免缺乏生动性，往往适得其反。真不如有啥说啥、想啥说啥、直截了当效果好。

"脱稿发言"，可以听到真话。言为心声，而发言采用书面语言，文面上就得有所讲究，那种鲜活的、生动的、有特色的口语方言，常常都变成了"普通话"。文章的棱角一旦磨平，真话似乎也成了虚话、套话、假话。即席发言、脱稿发言，那就是有感而发，不吐不快，放开了说，不掏出点真货恐怕自己都不好意思说下去。这种氛围下，当然能听到有个性、有特色、有价值的新东西。

"脱稿发言"，便于交流互动。座谈讨论常常是围绕一个大的主题、议题生发开来。假如大家都把事先写好的稿子拿出来念一遍，相互之间缺乏现场沟通，似乎是例行公事，倒像是汇报或者建言了。倘若大家坐在一起，你一言、我一语，互相争论，互相补充，互相启发，问题就会思考、分析、辩论得更全面、更准确，也一定更便于找出对策和解决方法。

"脱稿发言"，对有些人来说可能还不习惯。一是觉得不正规，这样随便发言似乎对领导不尊重；二是担心说错了话收不回来，有压力；三是即席发言的能力不强，一旦脱稿就说不成话，等等。但是，只要时刻想着自己肩负的责任，在深入调研上多下功夫，少在文字上转圈圈，就自然会有"干货""鲜货"和"原汁原味"的真货。这也是座谈讨论交流所真正需要的东西。

（原载2010年3月22日《徐州日报》）

借市民慧眼看农民家园

4月10日，铜山县汉王镇开展"100双眼睛看汉王"活动，邀请100多位徐州市民到汉王参观，谈感受、提意见、谋对策，为进一步科学规划、以更高的标准优化环境、尽快改善农村面貌拓宽了思路。

城里人看乡村生活，自然会发现一些农民发现不了的新气象、新风貌、

新问题。也就是说，换个角度观察问题，就会有新景象；换一个人看，就会得出另一种结论。在一个地方待久了，自己看惯了，似乎什么都顺眼，意识不到潜在的问题。只有发现问题，才能够解决问题。请局外人现场观摩、品头论足，是工作主动的表现，是切实想干好工作的真诚态度，也是使工作提档升级的有效方法。

新农村建设怎么搞，当前还存在哪些差距等，自己身在其中可能一时感觉不到，当然也谈不上如何整改了。请市民以游客身份亲自体验，思想放得开，能够出真言、道真情、得实效。用市民的眼光看农民的生活，从市容的角度看村容，就很容易找到不足、发现问题，同时可以集思广益、逐步完善。

全面建成小康社会，向城镇化迈进，必须学习借鉴城镇居民良好的生活习惯，把清洁家园、整洁庭院、创建"文明之家"活动长效化、制度化，打造民富、村美、风正的生态家园，积极追求文明向上的生活。

（原载2010年4月16日《徐州日报》）

从"低点"起飞

"基层是我事业的起点"……这是日前全国大学毕业生建功立业先进事迹巡回报告会发出的质朴话语。报告团成员、常州工学院毕业生、铜山县单集镇洪楼村党支部书记扎根田野，努力付出，让经济薄弱村成为远近闻名的蔬菜制种基地和技术服务中心，撑起了农民脱贫致富的希望。

众多大学生村官选择"低点"，是为了腾飞。在农村这片广阔天地里，遍地是学问。大学生怀揣理想，积极融入"三农"，到社会的最基层，选择最扎实的起点，谱写青春之歌。大学生当村官，就是面向未来，从长远着想，从根本上夯实农村根基，优化基层干部队伍结构，尽快改变农村面貌。

理想远大，起点就在脚下。与大地打了一辈子交道的著名科学家袁隆平说："与大地贴得更近些，看天空才能更远些。"只有接"地气"，才能增才气、有底气，才能大有作为，干出一番事业。

"低点"，锻炼人生的舞台。农村就是村官的工作单位，农民就是村官的服务群体，农业就是村官的事业。村干部虽是兵头将尾，但担子不轻，上边千条线，村官一针穿；村官干好了，能够应对更大的挑战。

"低点"，夯实基础的阵地。根扎得越深，越枝繁叶茂。经过基层锤炼，汲取更多养分，积累工作经验，是一笔宝贵的人生阅历和财富。

"低点"，洞悉民情的前沿。进百家门，知百家情，解百家难。田间地头、农户庭院、企业车间留下大学生村官的足迹。他们虚心向农民请教，仔细了解任职村的真实情况，尽快实现工作角色的转变，加深对农村的感性认识，增进与村民的感情。

"低点"，成长进步的平台。选派高校毕业生到村任职，是国家作出的一项决策，是抓基层、打基础、利长远的工作，也是一项边实践边探索的崭新事业。近年来一些大学生村官被岗位续签一批、创业转型一批、镇班子优选一批、事业单位招聘一批等，形成了下得去、留得住、干得好、流得动的良性循环格局。这让大学生村官感到未来有希望、有前途，有干头、有奔头。

人才向农村流动，干部从一线产生，青春在基层闪光。新时代的大学生村官工作热情高、干劲足，人生底色丰富，呈现出人才辈出、致富有力、管理有方、更替有序的局面。用汗水浇灌事业的大树，将会收获甜蜜的果实；只有在基层打下坚实的基础，从"低点"起飞，才会飞得更高更远。

（原载2010年4月27日《徐州日报》）

少一些"经验" 多一点"认识"

当一项工作完成后，人们常说要"总结经验"，但极少再提一句"接受教训"，似乎工作中的经验不少、教训不多。近读老一辈无产阶级革命家的故事，对到底什么是"经验"便有了更深刻的"认识"。

　　彭德怀将军在战场外还有不为人知的一面：对文件咬文嚼字，谨慎推敲，慎用"经验"。当看到每次战斗后的总结报告中有"几点经验一、二、三……"时，他总是严肃地批评："什么经验！仅仅是一次自己一点不成熟的初步感觉，就说成是经验，这不但误了自己，也可能误别人。"1948年1月，他就胡宗南大举进攻延安以来西北野战军进行的12次大规模战斗，检讨成败得失，综合归纳了四点"认识"，却不用"经验"二字。

　　经验，是由实践得来的知识或技能；认识，是人们的头脑对客观世界的反映。真正的经验必须是千百件事反复证明准确之后的真理，不然就是狭隘的经验主义。

　　经验的形成，是一个不断认识、比较、总结、反复、验证的过程。当时的经验，现在未必管用；一地的经验，用到别的地方可能"水土不符"。在中国革命初期，由于照搬外国先夺取大城市的经验，差点葬送了革命。现实使中国共产党人终于明白了一个道理：只有把马克思列宁主义一般原理同中国革命实践结合起来，才能探索出一条引领中国革命走向成功的道路，由此形成了农村包围城市的道路。

　　改革开放，建设和发展有中国特色社会主义，是前无古人的事业，没有现成的经验可学，只有"摸着石头过河"，在实践中艰辛探索，靠自己的认识大胆试、大胆闯，一步一步向前走。

　　经验是思想的结果，思想是行动的结果。工作生活中善于总结是好事，但不一定都要总结成经验，也应该有教训和失误。契诃夫说："人的眼睛，在失败的时候，方才睁了开来。"失败也是财富，它让我们开阔视野，既看到成功的艰辛，又认识到失利的根源，还丰富了人生。忽视经验，不好；依赖经验，也不好；盲从经验，就会被经验所误。"没有经验，就没有框框。"要留下自己的脚印，就不要跟着别人的足迹走。

　　时下值得注意的问题是，所谓的"经验"太多、太滥，这"模式"那"样板"层出不穷。有些地方、有些人多少年干不出业绩、出不来成果，工作能力平平、绩效般般，却出了不少经验。而这类"经验"往往人为因素较多，主观成分较大，常常把多因一果说成是一因一果，把多少年积蓄的力量，说成仅仅释放时的那一刻。甚至把一些肤浅的认识、感觉、体会都能归纳成经验。一些人之所以对总结经验情有独钟，主要是因为把"经验"等同于"成功""政绩"的缘故。

有些人一谈起经验，就眉飞色舞，滔滔不绝，认为上档次，有成就感；一说到认识尤其是独到的见解，便吞吞吐吐，反觉得这显示不出能力和水平。一般来讲，既然能成为经验，就可看作与"知识""理论"同等水平，就意味着不用怀疑，不必探索；而认识就不同了，可以留给人诸多思考的余地，有待进一步实践，需要增加个人的见解，对具体情况作出自己的判断，变成自己的东西。"对大多数人来说，经验犹如航船上的尾灯，只照亮已经驶过的航程。"认识是实践的前提，认识客观世界是由浅入深、由表及里、逐步深入的过程，每前进一步，都是建立在更深入的实践基础之上。认识能够激发别人思考的欲望，对同一经验，仁者见仁，智者见智，高低不同，深浅有别。谁认识得透彻，谁就能够全面准确地认识事物本质、把握客观规律。就是我们过去自己曾亲自实践总结的经验，现在再用于解决新的矛盾，如果没有新的认识，恐怕会出问题。

解决问题的能力远不如认识问题的能力。比如看病，大多数医院的检查器械、用药及治疗都差不多，关键是医生能否号准脉、看透症。只有对症下药，才能药到病除。这个前提认识不了，尔后所做的一切都存在盲目性、试验性和偶然性，甚至产生副作用。对有些人来说，多一些"经验"，就习惯于按经验办事，时间一长，脑子就会变懒，不愿再思考探索；而多一点"认识"，既要有自己的真知灼见，又要敢于怀疑，不盲从，不迷信，不唯上，相信自己的眼光和判断。经验是定论，而认识永远在进行时。

把简单的事情考虑得复杂，可以发现新领域；把复杂的现象看得很简单，可以发现新规律。许多情况下，运用"经验"，可以少走弯路、节约时间、降低成本；而不断提高认识，并赋予新的内涵，才能有所创新、有所进步。托尔斯泰说："认识真理的主要障碍不是谬误，而是似是而非的真

理。"同样，运用经验，就怕拿来半生不熟的经验，再生搬硬套，那是要吃大亏的。认识的最高境界就是实事求是。分析失误的力度，要大于总结经验的力度；提高认识的态度，要诚恳于总结经验的态度。古人云："失败乃成功之母。"而成功之母不仅仅是失败，必须是反复总结过的、能够上升为一定"认识"的失败。

一个进步快、有成就的人，不仅善于总结成功经验，而且勇于汲取失败的教训，特别是对此有了更深刻的认识，不断鞭策、修正和提升自己。陈云说："经验的积累和弱点的克服是分不开的。"缺少教训的经验，是经不起实践和检验的。平时经验谈多了，容易沾沾自喜；认识谈多了，则孜孜以求。对客观世界只有主动认识，才能提高认识、增加认识。

（原载《生活与哲学文选》第4辑）

标杆抬高定目标

播种希望，同时享受奋斗成果：日前，铜山县荣获徐州市2009年度县（市）区科学发展目标综合考核一等奖第一名。连续两年获第一，可喜可贺！

充满艰辛的成果、催人奋进的荣誉，源于不断"抬高标杆定目标"。铜山县主要领导多次强调："铜山不仅要争第一，而且是要与第二名拉开差距的第一，是提升速度越来越快、发展质量越来越好的第一。"率先全面实现小康社会，必须坚持做到"苏北率先、江北领先、全省争先"。

2009年，铜山人民深入学习实践科学发展观，始终坚持科学发展、率先发展、和谐发展，按照"全面争先创优、项项争创一流"的要求，勇当振兴徐州老工业基地"排头兵"，加快转方式、调结构、促转型，全力做大做强县域经济，取得了突出的成就。这个第一，凝聚着全县百万人民的聪明才智和心血汗水，展示了铜山人民自我加压、你追我赶、永不满足、勇攀高峰的精神风貌。

过去的一年，在区域激烈的竞争中，铜山之所以再夺第一，主要是进一步营造了解放思想、抓抢机遇、跨越发展的浓厚氛围；大力发扬"三创"精神，敢闯敢试，攻强克难，在推进"三重一大"上取得新突破。同时确立了更高的目标定位，在全国、全省范围内找准了自己的"坐标"，勇于项项领先、处处创优、年年进位，使发展的步子迈得更好、更快、更踏实。

"抬高标杆定目标"，大大激发人的潜能，增强了干群"善操作、会落实、能创新"的本领。我们应备加珍视"第一"，聚精会神搞建设，一心一意谋发展，不断赋予新的内涵和时代特色，坚持人民为先、事业为大、发展为重，把"第一"作为新的起跑线，做"第一"起跑者，瞄准新的更高的目标，勇往直前，再创辉煌。

（原载2010年4月30日《徐州日报》短评，署名"田冈"）

从"好中选优"到"优中选适"

通过竞争性选拔方式，江苏省10年产生干部10万人。其中，8840人通过公开选拔走上各级领导岗位，包括140多位"市厅级"和340多位"正处级"。这一创新举措当初所产生的轰动效应如今已渐行渐远，竞争性选拔已成常态，特别是由初始的"好中选优"，逐步发展到现在的"优中选适"。这是理性的转变、制度的进步。

科学发展，关键在人；为政之要，首在用人。公推公选按照一定比例确定多名人选，然后进行综合比较，遴选出符合职位要求的最佳人员，也就是精准圈定人岗相适的干部，达到"好中选优""优中选适"，从而提高选人用人的开放度、透明度和公信度。

最好的不一定是最适合的，适合才是硬道理。优中选适，具有最大的准确性和科学性。人们对竞争性选拔干部的认识是逐渐深入的：起初是好中选优，先把拔尖的人才选上来再说；随着不断地探索总结、改进完善，逐步到

优中选适，让人才与岗位零距离对接、最优化配置。

韩愈曾感叹千里马常有而伯乐不常有。伯乐能识得好马，固然重要，但让"千里马"发挥最大作用的楚王，其功劳更大。没有他，"千里马"恐怕还是一个起不了多大作用的摆设。"不拘一格选人才"，重在多中选好、好中选优；人才的使用贵在让猛虎归山、蛟龙入海，使英雄有用武之地。一般来讲，过五关、斩六将，通过竞争选拔出来的人才无疑是优秀的，但放在某一具体岗位上不一定是最合适的。因此，把优秀人才选出来，只是工作的前奏，而如何安排到合适的岗位，这后续的文章则更费脑筋和周折。

优中选适，就是把人才放到最恰当、最适合的地方，最好是那个岗位的不二人选。通过伯乐相马我们可以明白一个简单的道理：必须要将合适的东西放在合适的位置。如果将千里马用来拉车，它还不如别的马；一旦将千里马放在了战场上，那么它就可以驰骋沙场、尽展其能。适用，既可以用其所长，又能够充分释放能量。"好"而不适用，"好"就会打折扣，让人才无所适从。

一个人不可能是全才，更不可能到哪儿都发光。一个人在专业技术岗位上，可能游刃有余、成果丰硕，如果搞行政，会觉得非常吃力、疲于应付。同样，搞行政的到了技术性较强的业务部门，很可能一时"找不着北"。人才与岗位不适合，人受罪，岗位受损失，工作受影响。切实把合适的人才安排到适合的岗位，做到人尽其才、人岗相适，是理性用人、科学用人的体现。

当今选人用人强调"适"字，是用当其长、用当其时，是科学用人的精髓。物品，不买贵的，只买对的；人才，只有适宜的，才是最好的。竞争性选拔坚持选用结合，以用为本，才能做到准确识人、公平选人、量才用人。

（原载2010年5月4日《徐州日报》、6月28日《中国人事报》）

聘请"关注民生监督员"好

日前，铜山县茅村镇党委、政府采取自愿报名与组织推荐相结合的方式，从老党员、离任镇村干部、种养大户、民企老板、人大代表、政协委员等社会各界人士中，聘请20人为"关注民生监督员"。

聘请"关注民生监督员"，旨在增强人民群众对党务政务的知情权、参与权和监督权，不断提高党委、政府依法执政、依法行政水平，进一步保增长、保民生、保稳定、促发展。这一做法一是架起了党委、政府与人民群众之间沟通的纽带和桥梁，能够及时倾听群众呼声，从大事着眼、小事入手，上情下达、下情上达，实现良性互动。二是便于从承诺到践诺的全过程透明监督，切实干好民生之事，既要主动作为，还需要行之有效的监督，事办得怎么样，最终由群众说了算。三是打造民生工程，离不开公众参与、人民创造，只有充分得到人民群众的关注、理解和支持，才能办得实、办得快、办得好。

这几年，不少单位、部门纷纷聘请行风监督员，目的就是监督本部门、本单位工作人员端正行风、改进作风、提高效能；而作为党委、政府率先聘请"关注民生监督员"，则是请公众广泛宣传、积极建言献策，有效监督干部围绕民生民计，既做好规定的题目，又随时准备做群众的点题，不能有一点懈怠。

符合民意，才能集中民智、发挥民力。茅村镇主动聘请"关注民生监督员"，让公众参与惠及自身的事，自然会调动各方面的积极性。只要我们带着责任、带着感情、带着激情进入角色、保持状态，尽心尽力干好事关老百姓切身利益的工作，就能不断提高群众的满意度。

（原载2010年5月5日《徐州日报》，署名"田冈"）

"拉套"胜过拉票

5月6日，一位领导同志在贯彻实施四项干部监督制度视频会议上强调，要加大对违规违纪用人行为的查处力度，重点开展买官卖官问题专项整治，

让卖官者身败名裂。（5月7日《人民日报》）

对于官员的升迁，一位口碑很好的领导干部认为："要出成果、出业绩，赢得群众认可，唯有埋头'拉套'不松劲，'拉套'胜过拉票。"

所谓"拉套"，指骡马等在车辕的前面或侧面拉车，有的地方称"拉梢"，多喻为出力流汗。如果把党的事业比作列车的话，我们每一个共产党人都应是"拉套"者。作为一个拉套者，尽心尽力是本分，是职责，也是义务。其中出大力、使大劲、流大汗者，会格外受到关注和褒奖，而出工不出力、跟着磨洋工者，也会时不时地受到鞭策。

时下的问题是，一些干部拉套的本领不强，可拉票的能耐挺大。拉套不上心，遇见荣誉就争，有名利就上，甚至不择手段，搞歪门邪道，拉票就是其中之一。拉票者大多浮躁心虚，不自信，称不准自己的分量，弄不清自己的位置，明明不属于自己的东西却硬往自己的怀里揽。

衡量一个人的价值，不是看他得到了什么，而是看他贡献了什么。老百姓心里有杆秤。真想提高在群众中的满意率和公信力，得到更多的支持，就必须老老实实拉套。

真"拉套"者目标如一，心无旁骛，求真务实，埋头苦干，奉献聪明才智，付出艰辛劳动，一步一个脚印前行。"小车不倒只管推"，有的甚至数十年如一日拉车不松套，理当受到尊重、得到回报。不让吃苦的人吃亏，实际说的就是这个道理。

能"拉套"者负重奋进，披荆斩棘，时时用力，步步使劲，在艰难曲折的道路上探索前进，干出了惊人的业绩，成就了一番事业，作出了突出的贡献。历史和人们是不会忘记奉献者的，自然作做出公正的评价和选择。

勤"拉套"者忠于职守，致力于走好路、拉好车，难得有精力与人争长论短，也不会因偶尔的波折而随意松套，且从不偷懒耍滑头、做表面文章。这些人群众威信高，根本用不着去拉票，往往众望所归、水到渠成。

善"拉套"者精于拉车，大多学有专长，在一些方面出类拔萃，甚至有所建树。他们不善于搞小动作，不会见风使舵、溜须拍马，也不往灯影上凑。这些人虽说个别领导不赏识，但群众口碑很好，不必做工作拉票。

名利淡如水，事业重如山。当然，任何一个干部都想求进步、上台阶，但不可强求。关键是要把工夫花在事业上，为民甘为孺子牛，扑下身子干实事，让一方百姓得实惠，自然会得到群众的拥护。只要坚定信念不动摇，坚持人不歇脚、马不卸鞍，踏踏实实拉好套，就能大大方方得到票。

（原载2010年5月10日《徐州日报》）

多想想荐人之责

《党政领导干部选拔任用工作责任追究办法（试行）》和《党政领导干部选拔任用工作有关事项报告办法（试行）》等3个试行办法文件的实施，使领导干部不仅要想着荐人之"利"，更必须时刻想着荐人之"责"。

领导干部举荐人、选用人，关系到一个地方、一个单位的事业兴衰成败及民心向背。时下，有的干部没有严格按制度、程序、法规办事，以内定、划线、设框等方式圈人，以致把一些劣迹斑斑的"自己人"委以重任。这些年因工作中出现失误、造成损失而承担责任的干部不少，但因举荐干部出现问题、造成恶劣后果和影响而受到处理的领导干部并不多，这也是用人腐败屡禁不绝的根源之一。

在古代，常常有官员"以身家性命担保"某某挂帅或担任要职。这种做法虽有历史局限性，但其对举荐人才认真负责的态度还是可取的。假如我们的干部能切实负起责来，用党性、官职作"担保"，恐怕一些问题严重的人就不会得到提拔重用。要切实负起举荐干部之责，离不开群众的广泛参与和有效监督，应多听听社会公论，请群众来评判、决定。只有群众选择、认可的干部，才能有群众观念，才能从群众的角度看问题、想办法、办事情，始终把群众的利益放在首位；也只有得到群众的衷心拥护，才能带领群众创造出更大的业绩。

领导干部举荐人既是一种权力,更是一种责任,还是事关自身名声的大事,务必要慎重对待,真正把政治上靠得住、工作上有本事、作风上过得硬、人民群众信得过的干部选拔上来。

(原载2010年5月11日《人民日报》)

"名片"就是竞争"入场券"

5月中旬,铜山县委在全县争先创优暨效能建设会上着重强调,优化发展环境已成为一个地区竞争力的"名片"和参与区域竞争的"入场券"。只有创新发展思路,破解发展难题,打造最佳投资创业环境,才能赢得先机,立于不败之地。

"名片"与名牌、名次、名声等相辅相成。名次靠前,可以成为名片,铜山县提出"苏北率先、江北领先、全省争先",就是争名次;创造名牌,既能成名片,又可以促进名次前移;而名片又是名次、名牌、名声在一个地区的集中反映。一提苏州,大家自然联想到园区、新区;一说铜山,外地都知道有"维维"。一个区域的振兴与名气息息相关,加快发展,实现跨越,必须强化"名片"意识,在"名"字上做大文章、下实功夫,那就是创造名牌、追求名次、打造名片。

一是创造名牌。竞争激烈的市场,谁拥有名牌,谁就拥有了制胜的法宝。"享用商标品牌,振兴一方经济。"作为"中国商标发展百强县"的铜山县,不断培育创造新品牌,驰名、著名、知名商标数均保持全市第一。正因为铜山拥有诸多名牌,才产生了有形无形的经济和社会效益。创名牌是不断创新、创优、创造的过程,是科技、人才、规模、市场等优化组合及优势的叠加发挥,几十个研发基地的建立,使"铜山制造"正向"铜山创造"迈进。

二是追求名次。争第一、拿名次,实际上是通过竞争方式提档升级。就县域经济来说，进入"全国百强县"就代表了一种实力和名次。当然，追求名次，进位争先，需找准位置，因地制宜，扬长补短，走适合自我发展、自我提高、自我壮大的路子。同时也要时刻告诫自己，我们提速，人家也在加油，赶超既定目标，要有敢于领跑的智慧和本领，有坚韧不拔、咬住不放、盯住不松、锲而不舍、不达目的誓不罢休的精气神。

三是打造名片。名片是一个地区最简洁、最直观、最突出的反映。一张好的名片，其实就是一张"入场券""通行证"。现在一说"天下第一村"，都知道是华西村，这就是名片效应。铜山新区被称为徐州市区的"南花园""机械制造业基地"等，汉王镇的自然生态、人文景观与旅游资源也多以"名片"形式出现。其实，软环境也是具有独特形象的名片，如"全国平安建设先进县"等，就为打造服务环境最佳地区增加了含金量。

一个人要有志气，一个地区要有名气。当今时代，名片就是形象，名气就是财富。

（原载2010年5月21日《徐州日报》）

增强荐人责任心　提高用人公信度

近年来，党政领导干部选拔任用一直受到社会各界的普遍关注，《责任追究办法》干部选拔任用工作四项监督制度的施行，把选人用人的几个重要方面、关键环节都纳入了监督范围，这就要求领导干部要牢记荐人之"责"，增强荐人责任心，不断提高选人用人公信度。

一、以对党负责的精神把握好用人这个最大的导向

正确路线确定之后，干部就是决定因素。领导干部举荐人、选用人，历来是社会关注的焦点，关系民心向背和党的事业兴衰成败。用党规党纪规范自己的行为，用党性和公心举荐干部、选人用人，才能确保党的事业继往开

来、永葆青春。用人是最大的导向，反映出领导干部及班子的水平。古人云："用一贤人则贤者毕至，用一小人则小人竞进。"用老百姓的话说，"什么人就用什么样的人。"

用准一个人，事业兴旺；用错一个人，祸害一方。一部三国兴衰史，其实就是一场人才争夺战。建设和谐社会，实现国富民强，对用人提出了更高的要求。从发达地区"先找能人、后上项目"的理念不难看出，没有能人，项目上不好，何谈进一步发展？目前许多地方已从"招商引资"，逐步转为"招才引智"，这是认识、重视人才的表现。一个地方发展不快，一个单位业绩平平，关键是没有选好、用好真正的人才。范仲淹说："国家之患，莫大于乏人。"毛泽东有句名言，领导干部的职责是出主意，用干部。选贤任能是做好各项工作的"牛鼻子"，领导干部务必要拿出足够的时间和精力考虑干部工作。

二、以强烈的事业心公正荐人科学选人

选人用人，既是一种权力，更是一种责任。荐人用人上的违规行为和失察失误现象不时发生，与干部选拔任用责任主体不清、责权关系不明，该执行的制度没有严格执行，该履行的职责没有认真履行，该查处的问题没有切实查处，致使出了问题难以追究到位不无关系。四项监督制度可操作性强，在选人用人问题上应该怎样做、不应该怎样做，对违规失责者应该受到怎样的查处都有明确规定，构成了"事前报告、事后评议、离任检查、违规失责追究"的完整监督体系，为不断提高荐人用人公信度提供制度保障。

对任何领导干部来说，荐人用人事关重大，一定要以"三个负责"的态度谨慎为之。一是对党和人民的事业负责。工作要上台阶，需要几任干部的不懈努力，而要垮掉，仅一个人就够了，不少地方毁就毁在个别腐败干部的身上。二是对被提拔者负责。有的投机钻营者根本不能担任领导，一旦让其担任一定的职务，掌握一定的权力，结果只能是"让老鼠看粮仓"，最终毁了他自己。三是对自己的声誉负责。举荐、任用的人无德无才，工作不出

色，群众有意见，势必影响到推荐者的名声和形象。

三、以高度的政治责任感提高荐人用人公信度

四项监督制度主要是规范领导干部的荐人用人行为，确保权力在阳光下运行。中央领导同志早就说过："善于发现人才，团结人才，使用人才，是领导者成熟的主要标志之一。"领导干部要人看得准、才选得好、班子配得过硬，需从以下三方面入手，把德才兼备的干部选拔上来。

一是靠规章制度选人用人。四项监督制度对选人用人的检查、责任追究等内容都作了具体规定。只要严格执行、落实到位，就能达到选好、用好人的目的。时下的问题是，有些领导干部没有严格按制度、程序办事，甚至对选拔任用制度置若罔闻、断章取义，在执行中走了样。靠制度选人，必须坚持公开、平等、竞争、择优的原则，使干部任用工作的各个阶段、环节达到公开透明、规范有序。二是走群众路线选人用人。举荐、选拔干部离不开群众的广泛参与和有效监督。许多事实说明，群众选择、认可的干部，能从群众的角度看问题、想办法、办事情，始终把群众的利益放在首位。群众信不过的干部，很难说是好干部。焦裕禄、孔繁森、任长霞等人民公仆，哪一个不是群众口碑好且永远活在人民心中的干部？三是以高度责任选人用人。在古代，常常有官员"以身家性命担保"推荐干部。这种做法虽有历史局限性，但其对举荐工作认真负责的态度十分可取：一是确实能举荐出管用的人，二是能时刻对被举荐的人指导监督。否则，举荐人自己要付出代价、承担后果。为了党的千秋伟业，为了国家的长治久安，也为了对一方百姓负责，领导干部要以高度的责任感选人用人。对举荐干部、选用干部出现问题、造成恶劣影响和严重后果的，要按照相关制度给予严肃处理。

（原载2010年第5期《徐州党建》）

成就事业与成就人才

中央领导同志在全国人才工作会议上强调："要不拘一格、广纳群贤、破除论资排辈、求全责备观念，在实践中发现人才、培育人才、锻炼人才、使用人才、成就人才。"特别是首次提出的"成就人才"观点，思想深刻，富有新意，具有很强的针对性和指导性。

"得人才者得天下。"一部三国兴衰史，实际上就是一场人才争夺战。众多人才在成就伟业的同时，也成就了自我、成就了英雄。建设和谐社会，实现民富国强，人才是根本。

范仲淹说："国家之患，莫大于乏人。"一个地方发展缓慢，一个单位、部门政绩平平，原因固然很多，但关键是缺少人才或没有充分发挥人才的作用。我们一说成就事业，就理直气壮；一谈到成就人才，就遮遮掩掩。不少单位从"成就事业"的角度考虑得多，真正想着如何"成就人才"的却不多，这一定程度上影响了人才的积极性和持久创造力。

有些干部甚至患上"近视症"，对政绩要得很急躁、很迫切，九月种麦，恨不得年前就收割。只知道让人才快快出成果，而不了解其创造过程之艰辛。一旦人才有了发明创造，作出了卓越贡献，却又引不起重视，得不到承认，更拿不到应得报酬，成果甚至被一些与此不相干的领导干部"分享"，使人才失去成就感。

事实上，产生人才的土壤比人才本身还难找，成就人才比成就事业还要难。在混日子的单位，人才进入不了视野，得不到重用；在充满嫉忌的环境，出头的椽子先烂，人才难以出头冒尖；在独断专横的部门，是龙得盘着，是虎得卧着。这样的地方不仅不能成就人才，还扼杀了人才的创造激情。

如何成就人才？作为领导干部，要有识才之眼、用才之能、容才之量、爱才之心、护才之胆。用好人才是最大的导向，人才的成功是最根本的成功。一个领导干部多年之后在谈起某一出色的人才时，能够说"我曾给其搭过梯、铺过路"，这是多么让人赞叹的事啊！

成就人才是多方面的，可以用事业成就人才，用环境成就人才，用待遇成就人才，用荣誉成就人才，用情感成就人才，等等。老百姓好说，刘备的江山是"哭"出来的。在当时前途不明、事业不顺、待遇不高的困境下，唯有用情感、用真心去成就人才，才能凝聚人才，为我所用，成就霸业。

成就人才，既要建立健全人才创造有机会、干事有平台、发展有空间的体制机制，又要建立科学的人才评价和激励机制，切实保护创业、创优、创新的成果，逐步形成人人尊重创造、个个爱护人才的社会氛围，让人才干成事业，让事业造就人才。

（原载2010年6月2日《徐州日报》）

不用同一"标尺"考核好

铜山县实施分类考核办法，不再用同一"标尺"考核所有乡镇，同时推出领导干部"目标承诺、责任公示"电视直播制度，各单位每半年把自己的工作目标向全县群众"摊牌"，接受社会监督（6月3日《新华日报》1版头条）。

考核是个"指挥棒"，有着很强的导向作用。要切实做到公平考核、推动工作、促进发展，必须不断改进考核的方式、方法和内容，增强考核的科学性和准确性。

由于乡镇多、差别大，过去的考核，始终是经济强镇位次靠前，偏远穷镇末位垫底。去年年初以来，铜山一改过去的这种考核方法，不再用同一"标尺"考核，不看绝对经济指标，而是根据各镇功能定位、区域特色和发展重点，把21个镇（场）划分为工业镇、农业镇和工农并重镇三种类型，运用多种"标尺"考核各项目目标值。

考核不用同一"标尺"，也就是不唯国内生产总值是从。各地不再抢着上科技含量低、对环境有影响的工业项目，"镇镇点火、处处冒烟"的现象

不见了。各镇依据自己的资源优势，发展自己的特色产业，21个镇（场）已形成各种产业方阵：木材加工、钢铁冶金、建材、卫生材料、玻璃制造、轻纺、食品及农副产品加工等。汉王镇和伊庄镇被定位为生态旅游农业镇，重点发展观光旅游休闲农业，一镇一品、一镇一特色的产业格局初步形成。

不再用同一"标尺"考核，能够充分调动各方面的积极性和创造力。原来经济条件基础好的，可以快马加鞭、更上层楼；经济条件一般的，可以重新考量发展思路和发展目标，审时度势，避开劣势，做大做强某一长项；经济条件相对落后的，可以甩掉思想包袱，轻装上阵，依托当地资源，选准目标，在某一方面寻求突破。如此以来，每一个单位的工作都有抓手，都有干头，又都有奔头，同样达到富民强县的目的。而这才是考核的本质与初衷。

不再用同一"标尺"考核，就是要多考核"扬长"的，少考核"补短"的。扬长，乃发挥优势、乘势而上，发展自然是成本低、消耗少、效益高。而补短，则要重打锣鼓另开张，干一些没有基础的事，办不擅长的事，做填平补齐的事，想在总体上提升、提高，跃上更高的台阶，恐怕很困难。有的甚至要付出代价，带来副作用。比如生态旅游区硬搞工业上项目，就有可能以牺牲环境换取增长，其结果往往是得不偿失。

不再用同一"标尺"考核，就是要多考核长远的，少考核短期的。一年一度的考核不能说没有点偶然因素，茬子接得好，谁干都能得高分；基本条件差的，再努力10年都赶不上。因此，考核要瞻前顾后，看是否有利于一个地区的长远发展，鼓励多干打基础、利长远的事，多干积蓄后劲的事，为未来多增加一些积累和沉淀。而不是急功近利、钻过头不顾腚，搞"今日有酒今日醉，不管明日喝凉水"，为子孙后代留下饥荒甚至窟窿。

分类考核，大大弱化了攀比之风，强化了科学务实之风。不是单看一个经济指标了，而是考核得更全面、更规范、更严格，从而使各地都能够发挥自身优势，干自己想干的事，干经过扎实努力能够见效的事。这样，干起来也会更顺手、心劲更足。

（原载2010年6月4日《徐州日报》）

离任交"家底清册"好

近日，河北省武强县16名乡局级"一把手"离任时向组织、财政、审计部门交出了单位"家底清册"，交接资产总额近1亿元，并对其任期内的对外承包、租赁、担保、变更及尚未处理完毕的经济纠纷和诉讼，以及经济分配政策等重大经济事项也一并进行了交接。（《人民日报》报道）

根据工作需要，领导干部调整、调动到另一个地方任职，是再正常不过的事。但走时的行为状态，却反映出一个人的思想境界高低：是调令一到、拔腿就走，任多大的事也不管不顾，还是走前站好最后一班岗，工工整整地画一个圆满的句号？

走时认认真真地交出"家底清册"，传好"接力棒"，既让大家明白，也使个人清白。这是划分前后任领导干部所承担经济责任界限的主要手段，也是对离任者任期内经济责任履行情况正确评价的依据。

干部在一个地方任职几年，工作有连续性，感情有交融性，有些东西恐怕一辈子都割舍不了。一旦要走，就要走得清白、走得干净，不交糊涂账，不留"后遗症"。事实上，能够负责到底、善始善终的干部，也一定会在新岗位上开好头、起好步、接好茬。

"家底清册"如实亮出，对群众和组织是个交代，对接任者是尊重，也是具有高度事业心和责任心的表现。"政声人去后、民意闲谈中"，这样的干部也一定有着良好口碑。

（原载2010年6月18日《徐州日报》，署名"田冈"）

发展水平与百姓感受

日前，江苏省委《关于贯彻〈2010—2020年深化干部人事制度改革规划

纲要〉实施意见》正式出台，这既对接了中央颁布的《规划纲要》要求，又把本省近年来比较成熟的改革实践以制度形式固定下来。《实施意见》在考核内容上突出科学发展水平和干部群众的切身感受，其考核评价机制为：发展水平和百姓感受同等重要。（6月25日《新华日报》）

百姓的脸就是一张"晴雨表"，百姓的心就是一块"试金石"。发展水平与百姓感受同等重要，透露出一个鲜明信号：党和政府更加关注民生，更加重视为百姓带来实实在在的好处，让所有人共享改革发展成果。不断完善对干部的考核机制，不仅会创造出好看的国内生产总值，更会创造出朴实无华的国内生产总值，从而构成惠及百姓的"民生指标"。

百姓的感受是衡量真假发展、快慢发展的重要标志。看一个地方的发展，不仅要看经济总量的增长，还要看增长的质量和效益，看生态环境的完好与否，以及百姓的身心感受。干部追求国内生产总值，百姓需要人民币。假使国内生产总值数字很高，但百姓感受不到，那你的发展就有问题。

与投入了多少资金、完成了多少项目、建了多少个工程以及"增长率""百分比"等刚性数据相比，百姓的满意度、尊严感、幸福指数等具有隐秘性、不直观且难以量化等特点。因此，不少干部只看重那些看得见、可量化、易操作的客观指标，往往忽视百姓看不见的隐性尺度和非量化因素。所以，才会出现唯国内生产总值是从、急功近利、寅吃卯粮甚至带血含泪的国内生产总值现象。

认同"干部政绩好不好，百姓感受最重要"，并不是否认国内生产总值的重要性，但百姓的感受更具体、更真切。因此，让百姓的收入水平稳步提高，让百姓喝上清洁水、呼吸到新鲜空气，买得起房、上得起学、看得起病，享受的社会保障更加健全等，的确是比国内生产总值更加实在、实用、实惠的东西。

考量百姓感受，对要什么样的政绩是一个鲜明的导向。弄虚作假不行，欺上瞒下也不行，搞花架子的"形象工程"更不行。这就要求我们，想问题、做决策、干事情，一定要把百姓意愿放在心上，坚持问计于民，重视百姓感受，让百姓口碑做干部政绩的最终评判员。

百姓口碑胜过金杯银杯，是发自百姓内心的感受，是民意和民心的体现。一个干部的工作业绩再大，在整个人类历史发展长河中也如尘埃。究竟是亮点，还是污点，只有用历史的眼光和百姓的感受才能作出准确判断。坚持情为民所系、权为民所用、利为民所谋，兢兢业业工作，踏踏实实干事，干干净净做人，亮点就不会少！

（原载2010年6月28日《徐州日报》、7月6日《组织人事报》，题为《考核干部要考量百姓感受》）

八十年前的信念

1931年年初，中央秘书处的文件已集中了20多箱。周恩来特请瞿秋白制定并起草了《文件处置办法》。瞿秋白在这份文件的第七条总注中写着"……如可能，当然最理想的是每种（文件）留二份，一份存阅（备调阅，即归还），一份入库，备交将来我们天下之党史委员会。"瞿秋白那时就已想到革命成功后，我们要成立党史委员会。在革命最低潮的时候，共产党人革命必胜的信念是何等坚定！

信仰是人生的动力，信念是共产党人的精神支柱，有信念的人经得起任何风暴。

一位领导同志曾说："为什么我们过去能在非常困难的情况下奋斗出来，战胜千难万险使革命胜利呢？就是我们有理想，有马克思主义信念，有共产主义信念。"对真正的共产党人来说，信念是坚定不移的，它在积极的行动中表现出来，在极端困苦的条件下得到加强和磨砺，在实现伟大目标的进程中得到升华。

斯大林有一句名言："共产党员是特殊材料制成的"。之所以这样说，一个重要的标志，就是共产党人有着崇高的理想和坚定的信念，这也是共产

党人终身奋斗的力量源泉。作为中国革命的中流砥柱，中国共产党从她诞生的那一天起，就把为天下劳苦大众翻身解放而奋斗作为宗旨，在腥风血雨的岁月里，艰难探索，英勇奋斗，一寸一寸顽强地推进创建新中国的征程，义无反顾地流血流汗，甚至献出宝贵的生命。

正是共产党人矢志不移地抱定远大的、坚定的信念，才用血肉之躯铸就了一座座英雄丰碑：李大钊"自束发受书即矢志努力于民族解放事业"；夏明翰"砍头不要紧，只要主义真"；周文雍"头可断，肢可折，革命精神不可灭"；何敬平"愿把牢底坐穿"；方志敏"敌人只能砍下我们的头颅，决不能动摇我们的信仰"；毛泽东"为有牺牲多壮志，敢教日月换新天"……这就是共产党人生命不息、战斗不止、信念永在的豪迈气概。

在社会主义建设、改革、发展中，正因为有崇高理想和坚定信念的激励和支撑，千千万万个共产党员无私奉献、鞠躬尽瘁、死而后已，涌现了"宁愿少活二十年，也要建成大油田"的王进喜、"他心中装着全体人民，唯独没有他自己"的焦裕禄、"青山处处埋忠骨，一腔热血洒高原"的孔繁森、"做官先做人，万事民为先"的郑培民、"亲民、爱民、敬民、为民"的任长霞、"党的好干部，人民的贴心人"的牛玉儒等。

最可怕的敌人，就是没有坚定的信念。今天，党面临着新的严峻考验，有极少数党员信念动摇了。被判死刑的河北省国税局原局长李真在反思自己犯罪根源时说："人可以没有金钱，但不能没有信念，丧失信念，就要毁灭一生。"山东省泰安市委原秘书长卢胶青在交代贪污腐败问题时说："我做这些事，就是认为走社会主义道路没有出路，早点做好变天的准备。"可见，信念的动摇是最根本、最危险的动摇，信念的背叛是最致命的背叛。对共产党员来说，坚定的理想信念比生命还重要。

80年前，瞿秋白同志就坚信革命能够成功，并为之流尽最后一滴血。在党的89岁生日之际，我们更加怀念老一辈共产党人，更加崇敬他们有着崇高而坚定的信念。在新的历史时期，我们只有牢记党的宗旨，坚定理想信念，加强党性修养，才能自觉地为党和人民的事业而奋斗。

（原载2010年7月5日《徐州日报》）

"创先"与"率先"

　　"率先"激发"创先"，"创先"孕育"率先"，创先就是创造发展质量越来越好、提升速度越来越快的"率先"，是尽快建成全面小康社会、让人们早一天过上富足幸福生活的"率先"。"创先"凸显科学发展、率先发展、和谐发展的主动性和紧迫感。

　　创先争优活动旨在激发基层党组织和党员的进取精神，掀起比、学、赶、帮的热潮，使党员创先有目标，奋进有动力，干事有激情，定能学中求进、比中创先，激励先进、鞭策后进、提高中间。创先是追求，是目标，更是一种境界。当前应树立勇立潮头的志气、敢于争先的勇气和百折不挠的锐气，在"创先"活动中迎难而上、勇于"率先"，立科学发展之志，鼓科学发展之劲，谋科学发展之策，求科学发展之实，在科学发展中一马当先。

　　解放思想先人一步。解放思想的程度，决定经济社会发展的力度。只有解放思想有高标准，抢抓机遇有紧迫感，破解路径有新举措，才能不断超越自我，在发展上有作为、工作上有成果、创新上有突破。跨越发展，时不我待；不进则退，慢进也是退。"创先"必须时刻抱着抢"篮板球"的精神，超过标兵、甩掉追兵。人的思想观念提升一大步，科学发展就跨越一大步，社会发展就前进一大步，就会逐步形成自身发展的核心战略和特色路径。

　　改革创新快人一拍。唯有"敢为天下先"、持之以恒地改革创新，艰难探索，才能突破陈规，敢于并善于破除前进路上阻碍生产力发展的条条框框。

　　科学发展高人一筹。坚持科学发展，是确保创先、率先之基。实现科学发展要牢固树立"以人为本"的思想，明确发展的目的和意义，明晰发展的方向和路子，做第一个起跑者，成为第一方阵的领军。我们想问题、做规划、定计策、干事情，必须以最广大人民群众的根本利益为先，拼搏的精神更强一点，发展的办法更多一点，工作的节奏更快一点，抓落实的力度更大一点，就会高起点定位，高水平实施，快节奏推进。

把"创先"作为前进的载体和动力,把"率先"作为每个阶段新的起点。"创先"进位,只有起点,没有终点;"率先"进取,只有更好,没有最好。我们一定要以人民为先、事业为大、发展为重,始终保持昂扬向上、积极进取的精神状态,扑下身子干事业,"人不下鞍,马不停蹄",奋力超越,永远领先。

(原载2010年7月21日《徐州日报》)

"感受"小康与"享受"小康

在推进全面小康建设进程中,铜山县不断缩小百姓"小康指标"和"小康感受"之间的差距,不让"平均数"掩盖"大多数",通过扎扎实实的努力,将"统计指标"向"感受指标"延伸,让全县人民真正共享全面小康社会建设成果。(8月24日《徐州日报》)

应当说,由"统计指标"向"感受指标"延伸,让百万人民群众真正感受小康、享受小康,是一个不低的要求,也是以人为本、以民为先的体现。现实中只有感受到的东西,才能谈得上享受到。建设全面小康社会,不仅要让广大人民群众积极参与,群策群力,奉献才智,充分感受过程的精彩,而且要让他们切实享受到小康社会的创建成果,确保群众参与创建的持久动力。

工作向民意倾斜,不断提高群众的参与率。群众利益是"最大数",群众要求是工作的重心,只有尊重民意,才能进一步把握民思、集中民智、汇集民力。有些工作,干部看确实不错,但在群众眼里可能是"政绩工程"或"花架子工程"。因此,要把干部视角与群众视角统一起来,不仅要让干部感受到,而且更要让群众有强烈的感受,才会赢得广泛的支持。

精力向群众倾斜,不断提高群众的支持率。干部工作,说到底是做群众工作,建设小康社会是每一个群众都受益的事,没有群众的支持绝对办不好。要时刻把群众举过头顶,把群众的积极性和创造性调动起来,才能加快小康社会建设的进程。要多问计于群众，激发群众的创建热情，提升人们的精神面貌。

利益向民生倾斜，不断提高群众的受益率。让群众感受小康、享受小康，必须让利于民，把实惠送给群众，不"唯指标而建设"，小康指标能提高和延伸的，尽可能向群众心中的目标延伸。作为全国经济百强县的铜山，因新型工业的强势支撑，财力增长很快，新增财力全都用在与群众生产生活密切相关的民生工程上，集中解决了一批与群众生产生活密切相关的热点难点问题。

享受到实实在在的小康生活，人民群众一定会有深刻的感受。穿境而过的高速公路上建起一座大桥，群众可能感受不到什么，而村边架起小农桥，却让群众感受颇深，其根源在于是否惠及广大人民群众最直接、最现实、最迫切的利益问题。"感受小康"是前提，"享受小康"才是目的。

（原载2010年8月27日《徐州日报》）

网上晒"考卷"利于公众监督干部

日前，湖南省长沙市在网上公布了"2010年度党政领导班子绩效考核工作目标"，赋予群众打分权，对全市9个区（县、市）、96个市直党政职能部门的领导班子的工作目标、自身建设、公众评估进行打分。这项"动真格"的考核制度实行3年就让65名副处级以上干部被诫勉谈话，12人丢了"乌纱帽"。

敢于把"考卷"网上晒，公开让群众"打分"，是尊重民意的表现。把干部绩效考核的"考卷"完整对外公开，有利于公众及时、有效地监督，有利于各单位、各部门在自我申报工作目标时做到实事求是。干部政绩到底怎么样，当然需要上级有关部门的考核、评议和认定，但群众是最权威、最公正的评委。群众的眼睛是雪亮的，他们的感受最真切，得出的结论也最科学。

把干部绩效考核工作目标公之于众，将阶段性任务完成情况也适时公

开，置于公众视野之下，每个单位、每个干部的"答题"情况如何，老百姓看得清清楚楚、真真切切。有的政绩，干部自我感觉良好，上级也可能予以赞同，但百姓不一定买账，因为有可能是急功近利、寅吃卯粮、砸子孙饭碗的行为。该市一些被免职和撤职的官员中，"答卷"上大多并无明显"硬伤"，却没有得到群众认可。

干部"考卷"交群众"打分"，既能增强干部的群众意识，又能激发群众的参与热情，减少或避免"形象工程"所造成的损失，也符合科学发展观的要求。那些"形象工程""花架子工程""唯国内生产总值发展"，如果让群众"打分"的话，就不会越演越烈。因为我们要做的许多事情，大都是与人民群众的生产生活息息相关，他们的关注度最高，感受最直接，因而最有发言权。

既然我们各级党政部门和党员领导干部所做的事都是为人民服务的，就没有必要瞒着、藏着、掖着，就必须把评判权交给群众，始终实干、苦干、巧干，交出群众满意、经得起历史检验的答卷。

（原载2010年8月31日《中国纪检监察报》、9月2日《徐州日报》，题为《干部"考卷"交群众"打分"好》）

选拔干部不能缺了"群众评委"

铜山县在近日的干部选拔工作中，对经过适岗评价、笔试筛选等环节公推公选出来的128名胜出者进行面试，同时选抽91名县镇"两代表一委员"和基层干部群众代表参与面试。

对干部选拔工作来说，真正意义上的评委是广大人民群众，要真正做到公平、公正，就决不能忽视"群众评委"的作用和意见。选出的官员是为人民群众服务的，群众对此最关注、更上心。"群众评委"看重的是干部对群众的感情、对事业的激情以及解决处理实际问题的能力和水平，因此要充分相信群众的判断力，尊重群众的选择权。

邀请"群众评委"参与干部的选拔，也是把关口前移、提前介入、全程监督的有效办法，能够充分行使人民群众选人用人的知情权、参与权、表达权、监督权。其实，选用干部虽然要"政治上靠得住、工作上有本事、作风上过得硬"，但关键还是要"人民群众信得过"。

形式上的"群众评委"只有一两天的使命，而人民群众则是永久性的评委，他们会随时检查、监督、评价干部的工作。事实上，群众看不中、通不过的干部，很难说是好干部；只有群众选择、认可的干部，才能从群众的角度看问题、想办法、办事情；也只有得到群众的衷心拥护，才能带领群众创造出更大的业绩。所以，选拔干部一开始就让"群众评委"参与，的确是明智之举。

（原载2010年9月17日《徐州日报》）

"领学"莫如"讲学"

据8月29日《中国人事报》报道，铜山县委组织部紧紧围绕建设学习型党组织、争当学习型干部这一战略任务，在党员干部中开展"以学讲学"活动，根据指定的学习读本，不搞念文件式的"领学"，以"学"和"讲"为途径，讲要点，谈体会，说感悟，作辅导。同时特别要求，凡外出培训在7天以上的科级干部，归来后15天内根据外出培训内容，结合本单位或本系统工作实际制订授课计划，至少开展1次"讲学"活动，从而增强了干部的学习力。目前全县已有89名科级干部率先走出单位宣讲，受众达4900人次。群众普遍反映，"讲学"比过去的"领学"好多了。

步入学习型社会，需要积极探索创新干部理论学习实践的方式方法。过去的"领学"，一般都是大家集中坐在一起听，一个人照文件或材料念，这在相当长的时间里是一种非常重要的学习形式。然而这越来越不适应形势

的发展，时下讲的人常常口干舌苦，可听的人很轻松，不一定入耳、入脑，念罢了、听完了似乎就等于学习任务完成了。一人念众人听，是在过去识字人少、文盲多的情况下不得已的学习方法。时代不同了，人的文化水平都高了，每个人都可以随时随地、见缝插针地学，或沉下心来研读式地学习，根本用不着花时间听别人念，更不愿听人家照本宣科。

而"讲学"则不同，大家都有机会发言，都必须发言，人人都是宣讲的主角，每个人的积极性都会被调动起来。要把学习内容、要点讲出来，不先认真学习领会不行；要讲得有声有色，少不了自觉地学深学精；要用自己的语言讲出新意，离不开吃透精髓；要做到学以致用，必须理论联系实际，充分掌握实情，才能有新的发现，形成新的见解，孕育新的思路。尤其是外出考察、学习、参观等，如果不时刻带着学习的头脑、不随时虚心请教，就不会有什么收获，又怎么向群众汇报外出的成果？"以学讲学"还可以相互启发、相互借鉴，便于互动、互补、互相提高，营造浓厚的学习氛围，放大干部学习培训的效果，从而促进工作、服务发展。

党员干部要养成"讲学"之风，贵在有学习的责任感和紧迫感，主动学在前面、用在前面、干在前面，切实能够变"要我学"为"我要学"。新的历史时期，学习的机会与条件好多了，学习方法应活一点，学习形式应新一点，学习的态度应实一点，多在讲求实效上动脑筋，在追求运用上下功夫，才能促进学习成果的有效转化，真正达到学习的目的。

（原载2010年第9期《徐州党建》）

"农家书屋"孕育新生活新希望

日前，有一篇新闻引人眼球：《铜山"农家书屋"提前实现全覆盖》。这个"全覆盖"是铜山小康建设、文明发展的新成果，比其他的"全覆盖"内涵更丰富，品位更高。如今走进新农村，书屋整洁漂亮，书香沁人心扉。

　　建设新农村，需要培育新农民。而新农民既要口袋富，也要脑袋富，必须有文化、懂技术、会经营。为此，铜山大力营造浓厚的文化氛围，积极打造文明向上新农村，把建设村图书室与创建"农家书屋"结合起来，让书香弥漫村落庭院、田间地头。为加快"农家书屋"建设进度，区里实行"以奖代补"政策，每建成一个"农家书屋"，政府给予补贴5000元。目前全区已建314个"农家书屋"，被评为"全省农家书屋建设先进县（市、区）"。

　　以"农家书屋"为阵地，铜山各级各地经常举办多种形式的读书、用书活动。关工委在中小学生中广泛开展"学双百、争三好"主题读书征文竞赛，组织中小学生阅读刊登"双百"人物先进事迹的图书、报刊，通过座谈讨论、手抄小报、演讲报告会等形式，使青少年把学习到的崇高精神内化为自身理想追求，从而在家里做个好孩子、在学校做个好学生、在社会上做个好公民。各地妇联也开展"快乐阅读、健康成长"主题活动，积极营造读书、用书氛围。

　　有不少镇还适时建起了"流动图书室"，让科技图书走村入户，到田头地边，及时为广大农民提供便捷、丰富的精神食粮。"流动图书室"每到一处，都激发了农民学科技、用科技的热情，种植的农作物不但产量高，而且品种新、质量精、收益好。科学种田让农民尝到甜头，有的还直接争取到市、区科技示范项目的扶持资金。

　　农民常跑"农家书屋"，总能在书中寻找到自己的所爱所需，及时为自己补充养料。读书学习使农民了解政策、掌握知识、增强生产经营的能力。棠张镇学庄村村支书把近年来中央出台的惠农政策、农民得到的实惠、科技知识的运用，一条一条地记在小本本上。在"农民讲坛"上，他一口气讲解了40多分钟，农民还觉得不过瘾。

　　"农家书屋"全覆盖，成为农民致富奔小康的"充电器""加油站"，使更多的农民在知识上"富裕"起来，成为方圆几十里的"土专家""田秀才""百事通""明白人"。农家书香，提高了农民素养，展示了新时期新型农民的崭新形象。

建设"农家书屋"，以书香除浮躁，以书香创和谐，以书香促文明，营造了全民爱书、购书、读书、用书的新风尚，推动了全社会精神文明建设，促进物质、精神双双达小康，是一项功在当代、利在千秋、惠及子孙的民心工程。

"农家书屋"魅力无穷，书香人家春光无限。

（原载2010年11月9日《徐州日报》）

多干铺垫性工作

日前，中央领导同志在干部交流培训班上强调："既要脚踏实地搞好当前的发展，又要多干打基础、利长远的事，甘于做铺垫性的工作，真正做出经得起实践、人民和历史检验的业绩。"

铺垫，指事物发展过程中的前期准备工作，或对基础的加高以满足某些条件的要求，包括物质的和非物质条件的准备和积累。这如同建房打地基，房子建成后，地基一般是看不到的，但它所起的作用是决定性的。没有地基，万丈高楼起不了。多干铺垫性工作，就是努力创造条件留下好的茬口和基础，为后人"栽树"，为未来"铺路"。今天我们为后任、未来做的铺垫越多，积蓄的力量越大，营造的氛围越好，明天就越容易跃上更高的发展平台。

多干铺垫性工作，须有长远眼光。领导干部既要有开拓垦荒的勇气，又要有甘心搭桥的精神。任职时间是有限的，但谋求持续发展的空间是无限的。要着眼长远搞建设、夯实基础促发展、改革创新求突破，把当"铺路石"作为己任，把为后人造福当成义务。这需要宽阔的胸怀和崇高的思想境界。我们无论作规划还是定任务、上项目还是建工程，都要反复衡量是一时之需、短期有益，还是管长远、利长久？如果只顾一时，急功近利，把心思用在追求眼前轰动、将来被动甚至无用的所谓政绩上，就很可能导致"一任政绩几任包袱"的后果。

多干铺垫性工作，须有长久打算。党的事业需要一代又一代共产党人承前启后、继往开来，在前人奋斗的基础上不断寻求更大的发展。要始终保持良好的发展态势，必须不断积累充足的发展后劲，因为暂时看的是实力，长远比的是潜力。谁铺垫工作做得好、基础实、后劲足，谁就处于领先地位；否则，就会在未来发展中丧失竞争力。要具备战略意识，有时要舍弃牺牲暂时的、局部的利益，确保长远全局利益。尤其要处理好立足当前与谋划未来、硬设施与软环境、显绩与潜绩的关系，切实把功夫下在培养人才、营造环境、打牢基础上，为永续发展储备能量、积蓄力量。

多干铺垫性工作，须经得起长久检验。发展是一个日积月累、持续渐进的过程，必须传好"接力棒"，搞好"接力赛"。你这一棒跑得越超前，距离越拉开，整体胜算的把握就越大。做好铺垫性工作，主要是多干人民群众长期受益的事，多干长远起作用的事，多干经得起长久检验的事，多想想任期内做了什么，离任后又能留下什么。"治沙书记"谷文昌、"大棚书记"王柏祥，在任时并没有建高楼大厦，却在人民心中树起了永远的丰碑，就是因为他们做了大量卓有成效的铺垫工作。因此，我们要把干每一件事都放在发展的整体利益上思考，对子孙后代负责，为长远发展着想。不干现在看着好、往后看着恼的"政绩工程"。从实际出发，在薄弱环节多铺垫，在不断创新中高铺垫。

谚云："对未来的真正慷慨，在于向现在献出一切。"只要我们真正领会科学发展观的精髓，始终围绕做铺垫、强基础、利长远谋划布局，心底无私，问心无愧，就一定会做出既造福当代又惠及后人的业绩。当然，干铺垫性工作需要科学的考评方法予以配套，从制度和机制上予以引导，让埋头苦干、甘做铺垫性工作的干部得到认可、受到赞扬。

（原载2010年第11期《徐州党建》、11月11日《徐州日报》，署名"田冈"）

人民群众是永远的评委

　　江苏省徐州市铜山区在对今年经过适岗评价、笔试筛选等环节公推公选出来的128名胜出者的面试工作中，选抽了91名县镇"两代表一委员"和基层干部群众代表参与面试。"群众评委"对考生的评分方法是，去掉两个最高分、两个最低分，分值汇总平均后按30%计入面试成绩；每名考生答完后，会当场拿到面试得分。这一做法既确保了公开选拔的公平公正，又扩大了群众对干部选任工作的知情权、参与权、选择权和监督权，选出来的干部会得到更多群众的认同。

　　对每一个干部的工作来说，真正意义上的评委是广大人民群众，要切实做到公平、公正，就决不能忽视"群众评委"的作用。一般来讲，选拔干部应从大多数人中选人，评委理应由各个方面的人士组成，范围尽可能宽一些，代表的面更大一些，考察的视角更开阔一些，尤其是要多吸纳群众这个最重要的评委的意见。因为选出的官员是为人民群众服务的，人民群众是他们开展工作的主力和基础，群众对此当然最关注、更上心。干部到底表现得怎么样，群众最有发言权。"群众评委"看重的是对群众的感情、对事业的激情以及解决处理实际问题的能力和水平。我们要充分相信群众的判断力，尊重群众的选择权。

　　邀请"群众评委"参与干部的公推公选，也是把关口前移、提前介入、全程监督的有效办法，能够充分行使人民群众选人用人的知情权、参与权、表达权、监督权。其实，选用干部虽然要"政治上靠得住、工作上有本事、作风上过得硬"，但关键还是要"人民群众信得过"、有群众基础、群众拥护。针对用人上的腐败问题，有种说法就很形象，群众信任的干部常常是"带病工作"，而个别领导相中信任的干部往往是"带病提拔"。话虽朴实，却道出了一个极为深刻的道理——"人民群众信得过"是根本。因为一个干部"忽悠"一个领导及少数领导容易，但要哄住众多的群众，则是非常困难的，群众看走眼的时候也是极少的。

形式上的"群众评委"只有一两天的使命，而真正意义上的评委——人民群众则是永久性的评委，他们会随时检查、监督、评价干部的工作。事实上，群众看不中、通不过的干部，很难说是好干部。

"知屋漏者在宇下，知政失者在草野。"基层干部生活和工作在群众中，他们干事的得失群众感受最深刻最强烈，他们做人的好差群众了解最全面最真实。充分尊重群众"四权"，发扬了民主，动员了群众的力量，是对干部最广泛最全面最深入的监督。

如此，让群众评价干部常态化，让群众参与干部选任制度化，就必然能促使干部改进作风，努力工作，造福人民。

（原载2010年12月17日《中国人事报》）

用心想事　用智谋事　用力干事

办好中国的事情，关键在党。党的十七届五中全会指出，党的领导是实现"十二五"时期经济社会发展目标的根本保证。必须加强党的执政能力建设和先进性建设，不断提高党领导经济社会发展的能力和水平。这对广大党员干部特别是领导干部来说，就是要充分发挥先锋模范作用，切实做到用心想事、用智谋事、用力干事。

用心想事，就是心无旁骛，把心思用在研究解决关系经济社会发展全局的重大问题上。应该说，当前大多数党员干部都能较好地做到这一点，但也有一些党员干部不是这样：或者缺乏责任心和使命感，心不在焉，不知道要干什么事、该干什么事；或者把心思用错了地方，对领导的事热心，对亲友的事操心，对自己的事专心，就是对关系国计民生的事不上心。这样做的后果，必然是耽误本地区、本部门的发展，影响科学发展、社会和谐的大局，辜负人民群众的信任和期待。面对"十二五"时期艰巨复杂的改革发展任务，党员干部应把用心想事作为一种政治责任和党性要求，抛弃私心杂念，

牢固树立立党为公、执政为民的意识，聚精会神搞建设、一心一意谋发展。

用智谋事，就是开动脑筋，不断探索推动科学发展、促进社会和谐的新思路、新途径。当前，世情、国情、党情继续发生深刻变化，我国发展既面临难得的历史机遇，也面对诸多可以预见和难以预见的风险挑战。推动经济社会科学发展是一个大课题，不仅需要我们"用心"，即有热情、有干劲，而且要求我们"用智"，即动脑筋、善谋划。有"智"，可以事半功倍；无"智"，只能事倍功半。"用智"的前提是了解政策、熟悉程序、掌握规律。政策吃不准，方向就会错；程序不熟悉，效率难提高；规律不掌握，工作无头绪。用智谋事，就是坚持按政策办事、按程序办事、按规律办事，同时敢于直面矛盾，大胆探索创新，着力破解难题。

用力干事，就是脚踏实地，为开创事业发展新局面舍得花大气力、下苦功夫。俗话说：一分耕耘一分收获。不愿下功夫，企图不劳而获，常常坐失机遇；不下苦功夫，总是急功近利，每每得不偿失。"十二五"时期是全面建设小康社会的关键时期，是深化改革开放、加快转变经济发展方式的攻坚时期。做好"十二五"时期的各项工作，迫切需要广大党员干部大力弘扬党的优良传统和作风，求真务实、真抓实干，艰苦奋斗、用力干事。用力干事，应当发扬"实劲"和"韧劲"。发扬"实劲"，就是一切从实际出发，察实情、干实事、求实效，力戒形式主义，不做表面文章，不搞"形象工程""政绩工程"；发扬"韧劲"，就是"咬定青山不放松"，不为任何风险所惧，不为任何干扰所惑，克服三心二意，防止半途而废，坚定不移地向着既定的目标前进。

（原载2010年12月30日《人民日报》）

创新发展　转型发展　跨越发展

近日举行的中共徐州市铜山区委十二届八次全会提出，要充分利用

"十一五"打下的良好基础，运用"十一五"科学发展取得的基本经验，毫不动摇推动创新发展、转型发展、跨越发展，开辟"十二五"发展更加美好的前景。实现"十二五"规划目标，关键在于加强党的领导，增强党组织的凝聚力和感召力，带领群众积极适应和准确把握城区发展新特点、新要求，按照"项项领先、处处创优、年年进位"总要求，高标准定位，快节奏推进，精细化落实，实现由工业、农业大县向现代化城区的战略转变，争创江北三强、全国城区百强。

以创新发展激发新动力。"创新是发展的不竭动力"，要准确把握新阶段发展特征，突出创新驱动，创新发展理念、发展思路、发展举措，促进创新发展。要在进一步解放思想中锐意创新，大力弘扬"三创"精神，以创新的思路和举措破解发展难题。当前要把发展现代服务业作为新型城市化和培育新增长点的主攻方向，把科技进步和提升产业竞争力作为新型工业化和转变经济发展方式的中心环节，把破除城乡二元结构、创新社会管理作为推进城乡一体化的关键措施，推进经济社会创新发展。要紧密结合区划调整后各项工作的新特点、新要求，注意研究新情况，解决新问题，创造性开展工作，确保创新发展的思想不松、劲头不减。

以转型发展拓展新格局。转型发展既是机遇，也是挑战。必须转变发展思路，实现发展县域经济向发展城区经济的战略性转变，坚定不移地推进新型工业化、城市现代化、经济国际化和城乡统筹化。始终坚持以转变经济发展方式增强后劲，强力促进传统产业加速调整、高新技术产业支撑引领、创新型经济培育和农业提档升级等转型发展。以推进"三重一大"项目为抓手，加大对战略性新兴产业的扶持力度，把保增长与调结构、促转型、抓创新结合起来，大力推动经济结构调整和发展方式转变，用高新技术和先进适用技术改造提升传统产业，用产业链延伸提升传统产业，推动产业层次由低向高转变，产业布局由散向聚转变，企业规模由小向大转变，倾力打造"产业城区、生态城区、人本城区"。

以跨越发展开辟新空间。"发展是第一要务"，确保发展的干劲越来越

大，发展的速度越来越快，发展的质量越来越好，与发达地区和徐州主城区的距离越来越小，在新一轮县域经济和城区经济双重竞争中全面进位争先，在科学发展征程上迈出更大更坚实步伐。要充分认识铜山在徐州市的坐标和方位，积极顺应城乡经济融合和三次产业联动发展的新形势，把做强主导产业、培育新兴产业和提升传统产业有机统一起来，突出产业升级，壮大产业集群，延伸产业链条，培育领军企业，提升产业层次，增强产业竞争力。同时，突出城镇建设，深入实施"百个机关包村、千名党员扶户、万名党员带动"新农村帮建工程、"四在乡村"党员带动工程，加快建设"民富、村美、风正"新农村。

实现创新、转型、跨越发展，必须以改革创新精神加强党的建设，以执政能力建设和先进性建设为主线，全面推进党的思想、组织、作风、制度建设和反腐倡廉建设，提高推动科学发展、促进社会和谐的能力。党员干部要在提高学习能力、创新能力、落实能力上下功夫，勤于学习新知识，善于接受新理念，敏于接受新事物，让"善操作、会落实、能创新"逐渐成为干部的特质，不断增强研究新情况、解决新问题的能力，把各方面工作做得更深入、更扎实、更有成效，奋力开创"十二五"时期科学发展新局面，把铜山的明天建设得更加美好！

（原载2010年《徐州党建》）

"把握住自己"

如何学习贯彻落实好《中国共产党党员领导干部廉洁从政若干准则》，铜山区一位老党员深有感触地说，必须从小事做起，从细节做起，从自身做起，对"准则"中的8项"禁止"、52个"不准"严格遵守，严于律己，洁身自好，才能克己慎行，把握住自己，也才能廉洁从政、干净干事、清白做人。

用党规党纪规范自己，用《廉政准则》管住自己，不断加强党性修养和自身修养，时刻清楚哪些事是可为的、哪些事是不可为的、哪些事是不可碰的，就能明辨是非，不犯错误不违法。一些腐败分子在谈到犯罪根源时，常常归结为社会风气不好，似乎主观上不存在腐败的故意，而是大环境如此，自己不跟着做就是"不识时务"。这实在是为自己违法犯罪找借口、打掩护，其实是自己没有能够"把握住自己"所致。作为党员干部，唯有站稳立场、遵章守纪、心无旁骛、抛却贪欲，才能心明眼亮，意坚志刚，永葆共产党人的政治本色

"把握住自己"，必须坚定信念。理想信念是共产党人的精神支柱，是共产党人奋发有为的不竭动力。罗曼·罗兰有言："最可怕的敌人，就是没有坚强的信念。"在白色恐怖年代里，无数共产党人面对恶劣而残酷的环境，面对敌人的种种利诱和严刑拷打，始终坚定信仰、大义凛然甚至视死如归。今天，每一个党员干部更应当用共产党人的理想信念，自觉抵御形形色色腐朽思想的侵蚀，困难面前不低头，风吹浪打不弯腰，面对诱惑不移志。信念的动摇，是最根本的动摇；信念的崩溃，是最危险的崩溃。一旦世界观、人生观、价值观出了偏差或扭曲，就抵挡不住名利、地位、金钱、美色的诱惑，掉进腐败的泥潭。因此，理想信念是奋斗奉献的力量之源，党员干部必须也只能以党和人民的事业为最高追求，永远牢记党的宗旨，全心全意为人民服务。

"把握住自己"，必须坚持操守。古人云："堤防不筑，尚难支移壑之虞；操守不严，岂能塞横流之性。"无论在任何复杂情况下，都能够约束住自己，保持节操、品德高尚的人，自然心如磐石、矢志不移。新形势下，共产党人要有远大的理想和抱负，当然也有个性化的追求和爱好，对个人的需求和欲望，关键是要有所节制，不可放纵。有的人以为小贪无虞，不以为然，但欲望之门一开，下了水、湿了鞋就身不由己。有的人丧失了党性和人格，利用手中的权力捞好处，或成了老板的"帮办"，或充当黑恶势力的"保护伞"，或堕落成腐败分子。罪莫大于多欲，祸莫大于不知足。从古至今，贪官敛财，大都祸及后代；廉官清贫，多能荫泽子孙。党员干部应看淡

身外之物，讲操守、重品行、惜名声，敲响廉政钟，把好廉政门，以真学识、真本事、真奉献为后人留下好理念、好作风、好形象，实现人生价值。

"把握住自己"，必须坚守底线。泰戈尔说："顶不住眼前的诱惑，便失掉了未来的幸福。"要以坚实底气、浩然正气守住底线。底线是防线，破不得；底线就是红线，碰不得；底线也是关口，守不住就会决堤。坚守底线，务必清廉自守，自律自醒，勇于接受党和人民的监督。不受监督的权力极易冲破底线、失去防线、导致腐败。监督是约束，更是关爱，主动接受监督一般较少犯错误，而拒绝、逃避监督很容易滋生腐败。有的干部出身贫寒，在党和人民的培养下，一步步走上领导岗位，但由于忘乎所以，私欲膨胀，我行我素，把握不住自己，守不住底线而身陷囹圄。畏法者最快乐。每一个干部都要慎独慎初，闻过则喜，既严格"自律"，又接受"他律"，切实做到不义之财不取、不法之物不拿、不净之地不去、不正之友不交，就不会受制于人、被人牵着鼻子走。

"豪杰之士，必有过人之节。"党员干部要争做遵守党纪国法的模范，始终以党和人民的利益为重，时刻保持清醒的头脑，坚持对照《廉政准则》行事，自重、自省、自警、自励，不断检讨得失，增强修养，强筋壮骨，稳住阵脚，才能做一个让人民群众拥护的人、同事部下敬佩的人、家属子女引以为荣的人、回首人生问心无愧的人。

（原载2011年第1期《徐州党建》）

像杨善洲那样有所"擅长"

那是30年前的插秧时节，杨善洲到基层调研路过龙陵县平达乡河尾村，卷起裤脚就下田，运用"三岔九垄"插秧法，一边讲解一边示范，很快栽了一大片，且均匀整齐。（据3月25日《人民日报》）

堂堂一位地委书记，居然擅长插秧？对此，人们不禁要问，现在还有几个干部会干插秧之类的农活？从杨善洲擅长插秧不难看出，擅长，并没有高低之分、贵贱之别，重在派上用场，贵在发挥作用，拉近同人民群众的感情，同时彰显个性本色。

党员干部有所擅长，自然底气足、能力强。作为人民公仆，仅有为人民服务的思想、有工作热情、有干事的愿望是远远不够的，还必须真正掌握为人民服务的本领，在所从事的工作领域有擅长、有专攻，才能服务得更贴切、更到位。比如，作为最基层的宣传工作者，对党的方针政策，不仅要学习好、贯彻好、落实好，而且要千方百计地"宣传好"。擅长新时期的宣传工作，既要吃透党的方针政策，又要摸清本地实情，号准群众的脉搏，掌握第一手材料，做到走出去能干、坐下来能写、站起来能讲。如果缺乏这些基本功，宣传的实效就会大打折扣。

党员干部有所擅长，必须善学习、勤实践。处在学习型社会，要在工作上求突破、会创新、有作为，需要坚持学习、终身学习，不断武装自己，做一个学习型干部。一般来说，人的绝大多数"擅长"都是从孜孜不倦的学习中得来的。但要精于某项工作，在某一领域、某一方面有所特长、有些成就，不仅要读有字之书，而且要多研究无字之书，扎根基层，向社会实践学习，向人民群众学习。眼下许多干部需要克服的问题是，不能光动嘴皮子，要身体力行，多动手、勤动脑，在实践中汲取营养、经受锻炼、得到提升。

党员干部有所擅长，才能树形象、有威望。群众常常称擅长某项工作的人有两把"刷子"，能够在关键时刻一展风采、引领示范。领导领导，引领指导；干部干部，先干一步。靠什么"引领"和"先干"？一定程度上靠理论素养、工作能力、业务水平和人格魅力，尤其是某一方面的"擅长"，有助于领导艺术的发挥。而时下，有的干部为人民服务的本领不擅长，但对如何搞"形象工程"、怎么取悦领导却精通得很，在保位升官上相当有一套，还自以为什么都懂、什么都会，其实哪一样都不精。

一个党员干部有所擅长，有看家本领，成为所从事工作的行家里手，正是干部专业化的体现，也是干好一切工作的基础和支撑。从杨善洲擅长插

秧，我们看到了一个切实懂"三农"的"粮书记"。杨善洲擅长插秧，不仅折服了一个地区的农民，还成就了一个为民书记、务实干部的美名。

（原载2011年3月31日《徐州日报》）

"农民书记"的清廉本色

因为杨善洲经常头戴竹叶帽、身披蓑衣、脚穿草鞋深入田间地头、工矿企业调研，常常让基层干部群众误以为是一个普普通通的农民，甚至称他为"老倌""石匠""老农"等。他也因此获得了"草鞋书记""赤脚书记""农民书记"的美誉。

在担任保山地委书记期间，杨善洲跑遍了全区的山山水水、乡镇村落。杨善洲下去体察民情，之所以能迅速真实地掌握第一手材料，主要是他深入基层不摆谱、不讲排场，自己又不刻意打扮，极容易融入群众。

在工作上，党员干部要走在前面，让群众一眼就能看得出来；但在生活上，不要让群众看出来你是党员干部。生活上保持低调，细微之处多加注意，决不能表现出党员干部的优越性，让群众看出特殊来。这种朴实、踏实的工作作风的确难能可贵！

方志敏在《清贫》一文中写道："清贫、洁白朴素的生活正是我们革命者能够战胜许多困难的地方。"抗日战争期间，作为八路军总司令的朱德，看不出一点大官的派头，就连八路军总部驻地村子里的老百姓也都以为他是伙夫。在生活上不让群众看出来，就是因为党员干部深深扎根于群众之中，同人民群众保持了血肉联系。党员干部是人民的公仆，可生活上绝没有搞特殊、图享受、摆架子的理由。所以，群众从生活上看不出你是党员干部，正说明你不仅置身于群众之中，而且感情上已融入群众。

不可否认，时下也有些党员干部，讲安逸、讲享受、讲名利，仅仅从生活作风上就能看出来：高高在上，盛气凌人，官味十足，对群众缺乏感情……杨善洲常警醒自己：滥用职权对党在群众心目中的形象伤害最大，最容易伤到老百姓的心。共产党人什么困难也不怕，就怕脱离群众、失掉民心。唯有不让老百姓在生活上看出来，才能真正与群众打成一片。

无论在位与不在位，杨善洲都始终发挥了一个共产党员的先锋模范作用，这不能不让人看出来；在生活上艰苦朴素，作风上谦虚谨慎，对群众以诚相待，对家人及身边人员严格要求，没有特殊和引人注目的地方，必然让人家看不出来，所以，他受到了人们的敬仰。许多事实说明，党员干部一般不会栽在工作的看出来上，而是往往毁在生活中的看出来上。有的干部干出了违背道德，甚至与党纪国法格格不入的事，硬是让群众看出来了，就会拉大与群众的距离，滑到群众的对立面。

杨善洲"在生活上不让群众看出来"给了我们深刻的启示。在过去相当长的时间里，我们强调过多的是要让群众看出来，而没有注意到让群众看不出来，致使一些党员干部忽视了世界观的改造，远离了群众的监督。有的党员干部片面地认为，只要工作上让群众看出来就行了，生活只是个人小节问题。其实，群众不光从工作上认识你，更重要的是通过平时表现出来的生活作风评价你。所以说，只有像杨善洲那样，永远牢记"两个务必"，始终把吃苦在前、享受在后作为党员干部的不懈追求，才能融入群众之中，树立新形象，增强凝聚力，永远不变色。

（原载2011年4月19日《徐州日报》）

落到"实处"与取得"实效"

在全市县（市）区科学发展目标考核暨机关绩效考评总结表彰大会上，市委书记在讲话中要求，要强化领导抓落实，进一步形成包挂领导抓协调、牵头和责任单位抓落实，上下联动、合力推进的浓厚氛围。盯住不落实的事、追究不落实的人，切实推动各项工作落到实处。（4月24日《徐州日报》）

"说一千，道一万，两横一竖就靠'干'"；推进徐州跨越发展，实现"两个率先"，关键在实干，重点在落到"实处"。面对新形势，瞄准新目标，要积极行动起来，力争在较短的时间内为"十二五"开好头、起好步，取得突破性成果。

毛泽东同志曾指出："什么东西只有抓得很紧，毫不放松，才能抓住；抓而不紧，等于不抓。"对领导干部而言，作出决策和制定政策，事情只是做了一半，而另一半则更加重要，那就是"落实"二字。不断强化跟踪督查力度，是抓好落实的内在要求；用大部分精力抓落实，是工作的重要职责。现实中许多工作不是没有想到说到，而是没有切实做到；不是没有目标要求，而是没有严格总结兑现。千招万招，不抓落实也是没招；千条万条，不抓落实也是"白条"。目标任务落实到位务必要发展重担大家挑，人人头上有任务，个个肩上有压力，项项工作才能上台阶。

落实是一切工作的归宿。只有决策，没有落实，决策只是空谈。光说不干，事事落空；说了就干，马到成功。科学的决策只有落到实处，才是管用、有效的决策，才是事业成功的标志，才是推进跨越发展的保障。抓落实，说起来简单，但是把简单的事情千百遍都做对，就是不简单；把大家公认的、非常容易的事情都认真地做好，就是不容易。工作就是在不断的落实中，落实就是工作的重要一环，抓落实，就要善于结合实际，突出重点，抓住关键，创造性地开展工作。落实反映作风，作风决定落实；只有作风扎实，工作才能落到实处、取得实效，才能在会落实的基础上善操作、能创新。只有拥有对党对人民高度负责的担当精神，工作才会不求过得去、但求过得硬。

拿破仑说："想得好是聪明，计划得好更聪明，做得好是最聪明又最好！"大力弘扬求真务实精神，大兴求真务实之风，深刻领会抓落实的意义，提高抓落实的能力，付诸抓落实的行动。要勇于解放思想抓落实，敢于迎难而上抓落实，善于脚踏实地抓落实，扑下身子，埋头苦干，一步一趋，步步留印，对困难和问题，一个一个去研究，一条一条去解决，一项一项去攻坚，在既定的航道放胆冲浪、到达胜利的彼岸。

（原载2011年4月28日《徐州日报》）

"时代先锋" 民为先

在欢庆建党90周年的日子里，想起了中央电视台在《新闻联播》中开的一个"时代先锋"栏目，片头画面上依次出现过孔繁森、郑培民、任长霞、牛玉儒、杨善洲等这些人们非常熟悉的新时期共产党员。认真学习新时期共产党员的先进楷模，发现他们有个共同的特点：他们都是人民的公仆，都乐做人民的儿子，都深受人民群众的拥戴和怀念。这充分说明，时代先锋，以"民"为先。

全心全意为人民服务是共产党人的根本宗旨，始终保持同人民群众的血肉联系是加强党的执政能力建设的核心。党和人民群众的关系是鱼水关系，党员干部时时刻刻直接同群众打交道，感情上融入群众，工作上依靠群众，作风上贴近群众。共产党人有着立党为公、执政为民的公仆情怀：县委书记的榜样焦裕禄"心里装着全体人民，唯独没有他自己"。孔繁森把"权大不忘责任重，位尊不移公仆心"作为座右铭，用生命实践了"青山处处埋忠骨，一腔热血洒高原"的铮铮誓言。郑培民信奉"老百姓比天还大"，把"做官先做人，万事民为先"作为自己的行为准则，用光辉的一生树立了一座共产党人执政为民、亲民爱民的丰碑。任长霞殉职后，为什么10多万群众自发地为她送行？因为她亲民、爱民、敬民、为民的行动感动了人民群众，用鲜血和生命铸就了金色盾牌。牛玉儒扎根草原，忘我工作，一直奋斗到生命最后一刻，被誉为"党的好干部，人民的贴心人"。杨善洲为了人民利益奉献终生，"捧着一颗心来，不带半根草去"……

历史与实践证明，"爱人者人常爱之，敬人者人常敬之"。党的根基在人民，血脉在人民，力量在人民。爱民之心、亲民之情、敬民之意尽在党的

执政行为中。始终保持共产党的先进性，扎实开展创先争优活动，就是要求广大党员永远走在群众前面，争做"时代先锋"，把一切工作的出发点和落脚点放在以"民"为先上。首先，作决策、办事情，都要先问计于群众。只要群众认可了，工作就好开展了；只要群众充分发动起来了，就会无往而不胜。其次，在处理各种利益关系时，要先把群众利益放在第一位。最后，在困难和危急时刻，要先想到群众。哪里有困难，党员就出现在哪里。当前，社会正处于改革的攻坚时期，也是矛盾的多发期，更应当创造性地做好群众难以解决的事。

人民群众在共产党人心里的分量有多重，共产党人在群众心里的分量就有多重。以人为本，以民为天，体察民情，了解民意，珍惜民力，汲取民智，深怀爱民之心，恪守为民之责，善谋富民之策，多办利民之事，时刻把群众冷暖记在心头，把百姓疾苦挂在心间，与人民群众同呼吸、共命运、心连心，永葆共产党人的公仆本色，永远保持党的先进性，永远走在时代的最前列。

（原载2011年7月4日《徐州日报》）

把群众放在心上

胡锦涛总书记在庆祝中国共产党成立90周年大会上语重心长地说："只有我们把群众放在心上，群众才会把我们放在心上；只有我们把群众当亲人，群众才会把我们当亲人。"尤其是"把群众放在心上"这句话，亲切实在、震耳发聩，意义深远、发人深省。

民乃国之本。力量在真理中，真理在人民中，密切联系群众是我们党的最大政治优势。历史是人民创造的，人民才是真正的英雄。党的90年发展史说明，共产党来自人民、植根人民、服务人民，而党的性质和根本宗旨的集中体现，就是执政为民、全心全意为人民服务。

"把群众放在心上"，就是要人民至上。牢固树立马克思主义群众观，尊重人民主体地位，一切工作都要走群众路线。从根本上讲，要始终把人民利益放在第一位，因为党的一切工作的出发点和落脚点，就是实现好、维护好、发展好最广大人民根本利益。坚持体察民情，体验民生，体会民意，不断增强决策的民主化、科学化，让人民的期盼与党和政府的决策"不谋而合"，让党的方针政策与人民的愿望"心心相印"。当前，高度重视并切实做好新形势下群众工作，不断密切党同人民群众的血肉联系，切实做到科学发展向上攀登、联系群众向下扎根，进一步树立党员干部为民、务实、清廉形象。

"把群众放在心上"，就是要热爱人民。崇敬人民者受人民崇敬，一个人的最高境界是爱别人，一个共产党员爱的最高境界是爱人民。刘少奇同志曾谆谆教导："一个好党员、一个好领导者的重要标志，在于他熟悉人民的生活状况和劳动状况，关心人民的痛痒，懂得人民的心。""把群众放在心上"，就是要服务人民。党员干部是人民的服务员，所做的一切都是为人民服务，把人民利益放在头上，把群众冷暖记在心上，把人民的要求落实在行动上。

共产党人始终与时代同行、与人民同心，善于从人民中汲取营养，在新的历史条件下，务必坚持以人为本、执政为民理念，深怀爱民之心，恪守为民之责，多办利民之事，与人民同呼吸、共命运、心连心。

（原载2011年7月11日《中国组织人事报》、7月12日《中国纪检监察报》）

切实选好人　真正用对人

"要坚持凭实绩使用干部，让能干事者有机会、干成事者有舞台，不让老实人吃亏，不让投机钻营者得利，让所有优秀干部都能为党和人民贡献力量。"胡锦涛同志在庆祝中国共产党成立90周年大会上的讲话，高屋建瓴，

内涵丰富，思想深刻。我们要认真学习领会，在工作中不折不扣地践行，为党和人民的千秋伟业，切实选好人、真正用对人。

为政之要唯在用人。毛泽东同志有句名言，领导干部的主要职责就是出主意、用干部。选人用人事关党的事业继往开来及全面建设小康社会的全局，直接影响干部队伍乃至社会的价值取向。选什么人、用什么人，历来为广大干群和社会舆论所关注。因为选贤任能是做好各项工作的"牛鼻子"，所以务必要拿出足够的时间和精力做好干部工作，量其才、作其用，创造条件让拔尖人才脱颖而出、施展才华、实现抱负。

90年的建党历史充分证明，政治路线确定之后，干部就是决定因素。在新的历史条件下，要以高度的责任感和使命感，努力提高识才用人的能力，坚持"五湖四海、任人唯贤，德才兼备、以德为先"的原则选人用人，并以党规党纪规范其行为，把各方面的突出人才及时发现出来、合理使用起来，确保党的事业薪火相传、永葆青春。

人才是第一资源，也是国家发展的战略资源。真正把人用好用准，必须靠制度选才、靠好的作风选人，坚持公开、平等、竞争、择优的原则，确保选人用人过程在阳光下运行，使干部任用工作的各个阶段、各个环节科学化、规范化、程序化；必须坚持走群众路线，多听听社会舆论，多看看公众的口碑，让群众广泛参与、有效监督举荐、选拔干部的全过程，不断提高选任干部的公信力。对各类人才"给一个舞台，出一片精彩"，鼓励拿出绝活、尽情展示，把聪明才智充分发挥出来。

古人云："用贤则治，用愚则乱。"有山有水是美景，有德有才是好人。选人用人，责任如天。一要对党和人民的事业负责。一个地方、一个单位的工作上台阶，需要几任干部的不懈努力，而要垮掉，仅一个腐败干部就够了。二要对被举荐者负责。有的人品行不端，但有歪才邪才，具有欺骗性，一旦掌握权力，无异于让"老鼠看粮仓"。三要对干部的声誉负责。个别被举荐、任用的人很会看领导眼色，可就是工作不出色，事业受损，群众抱怨，自然影响到"伯乐"和组织的名声。

中央领导同志早就说过："善于发现人才，团结人才，使用人才，是领导者成熟的主要标志之一。"所谓成熟，就是人看得准、才选得好、班子配得过硬，把政治上靠得住、工作上有本事、作风上过得硬、人民群众信得过的干部选拔上来。因此，要牢固树立科学的用人观，大力营造良好的用人风气，既要选好人又要用对人，才能把各方面优秀人才聚集到党和国家的事业上来。

（原载2011年7月13日《徐州日报》，署名"本报评论员"）

把学习作为一种精神追求

全体党员干部要把学习作为一种精神追求……真正做到学以立德、学以增智、学以创业。这是胡锦涛总书记在"七一"讲话中关于高度重视学习对党的建设作用所作出的新的概括与提升。深刻领会胡锦涛总书记讲话内涵，从精神追求的高度重视学习、善于学习、不断学习，以学习坚定信念，以学习提升素质，以学习推动工作，以学习促进发展。

党的90年发展历程告诉我们，学习是我们党应对各种挑战、夺取伟大胜利的法宝。提高党的建设科学化水平，归根到底是要准确把握和自觉运用马克思主义执政党建设规律，不断研究新情况、解决新问题、创造新经验。学习，是文明传承之途，是政党先进之需，是国家兴盛之要。学习是马克思主义政党固有的本质特征，以马克思主义的科学理论和革命风格建立起来的中国共产党，是非常注重学习和善于学习的党。正因为如此，我们党才不断推进马克思主义中国化进程，不断深化对中国革命、建设和改革的规律性认识，带领亿万人民建设中国特色的社会主义。

把学习作为一种精神追求，一是学以润品行。中国共产党要引领中国发展进步，必须始终走在时代前列，而学习就是始终保持进步的先导，是求新求变的起点，是进取发展的最根本的力量源泉、最宝贵的精神品质。党员干

部是党的事业的骨干和中坚，德行操守是做人为官的基础，需要以学习而润其内、养德以固其本。加强学习、坚持学习，建设学习型政党，是党永远保持先进性的战略基点，是党员干部立德立行、见贤思齐的定力。党的先进性建设在广度上的每一次拓展，在深度上的每一次推进，在执政能力上的每一次提升，都离不开学习。要使学习真正成为广大党员干部的一种基本的生活态度、一种自觉的价值追求、一种高远的精神境界。

把学习作为一种精神追求，二是学以增才智。学习是能力之本、水平之源、工作之基。处于知识爆炸时代，知识更新加快，"本领恐慌"加剧，如果不抓紧学习、不抓好学习，不在学习和工作中逐步提高自己，就难以肩负起历史重任。特别是在社会转型期，如果知识老化、底气不足、能力跟不上，处理问题不当，极易引发矛盾，产生不稳定因素。人不学习，就会干傻事、蠢事甚至坏事。有的干部干了不符合常识常理、违背规律甚至违法的事，自己却意识不到。因此，强化学习，增长才智，提高洞察力、预见力、辨别力和驾驭复杂问题的能力，解决问题就会得心应手，工作起来就会事半功倍。学习还可以改变人的气质，有助于提高生活品位、实现人生价值。

把学习作为一种精神追求，三是学以促干事。善于把干事与学习紧密结合起来，使学习和工作相互交融、相互促进。学习宜着眼于对如何为人民群众干实事、做好事、解难事的思考与把握，努力把学习成果转化为明晰思路、干事创业、攻坚克难的实际能力，运用到科学发展实践中。"十二五"开局之年，经济发展方式转变刻不容缓，创新社会管理迫在眉睫，人民群众的新期待急待回应，我们每时每刻都面临着新问题、新挑战、新考验，许多工作等着我们破题。必须锲而不舍地学习，尽快掌握和运用一切科学的新思想、新知识、新经验，努力成为理论功底扎实、具有全局眼光、善于把握规律、富有创新精神的党员干部，在干事创业中施展才智、建功立业。

把学习作为一种精神追求，四是学以树形象。学习是提升人生境界的阶梯，是生命价值的一种体现，努力做一个思想先进、品质优秀、道德高尚的人，非沉下心来学习不可。对长期工作在基层的党员干部来说，要"走出去能干，站起来能讲，坐下来能写"。这三者都离不开学习。不少干部认为，一般的"干"倒不成问题，让人打怵的是如何"讲"好大道理、怎样"写"出有见地的文章。这必须由长期的潜心学习、努力实践和勇于创新的学养支撑。实践说明，勤于学习的干部最有魅力，学习的新知越多，就越有内涵、有思想、有见识、有气度，就越知不足、知轻重、知进退、知得失、知荣辱，也就越有凝聚力和号召力。

时间和物质是构筑新时期的硬件，学习与思想是支撑新时期的软件。努力吃透"七一"重要讲话精神实质，大兴勤奋好学之风，既读有字之书，又读无字之书，更要读懂群众这本丰富多彩、经久耐看的大部书。这无疑要求我们，甘当小学生，虚心拜人民为师，从人民群众中汲取营养，在学习中涵养品德，在学习中升华精神，在学习中提升才干。因为学习一生、不输一生。

（原载2011年第8期《徐州党建》）

搭好"渡人的梯"

"组织部是个渡人的梯，导向至关重要。""老百姓的组织部长"李林森以其毕生的努力与奉献，体现了对组织工作的清醒定位，给为政者如何选人用人带来良多启示。

政治之道，首重人才。选人用人事关党的事业薪火相传，事关经济社会发展大局。组织部门如何搭好"渡人的梯"？"上的干部，让群众佩服；交流的干部，让社会信服；下的干部，让干部心服"是李林森在实践中摸索出的"完美标准"。

搭好"渡人的梯"，提拔的干部要让群众佩服。一般来说，干部能走上更高的台阶，必须政治上靠得住、工作上有本事、作风上过得硬、人民群众信得过。"信得过"说白了就是群众认可你、敬佩你。现实中只有群众佩服的干部，才能得到群众的拥护和支持，肩挑重任，在新的岗位上尽快打开局

面、破解难题。李林森坚持"重品行、重实绩、重基层、重公认"的选任干部标准，着眼于在完成重大任务、应对重大事件、推进重点工作中悉心考察识别干部，为想干事、能干事、干成事者搭起进步的梯子，提供更多的机会和施展才华的舞台。

搭好"渡人的梯"，交流的干部要让社会信服。为了丰富阅历，增强适应各种条件、多种环境的能力，一名干部往往会到不同的地方和岗位工作。什么时间、到什么岗位、任什么职务，组织部门要从发展的大局、工作的全局来考虑，干部的经历、政绩、能力、专长是重要的考量标准，因地制宜才能发挥最大的效用。交流的干部让社会信服，关键在于让百姓相信派来的是好干部，能给他们带来新希望。在全国、全省组织工作满意度调查中，李林森任职的四川达州万源市连续3年各项指标位居第一方阵，为"社会信服"作了有力注脚。

搭好"渡人的梯"，"下"的干部才会心服口服。国家干部不论职务高低，都是人民的勤务员。在党委、政府换届时期，不少干部面临着"进、退、流、转"，上容易，下太难，从前沿到后方，从领导职务到非领导职务，会导致部分干部心理失衡，对此，李林森始终坚持"以德才选干部、凭实绩用干部、靠公论定取舍"，有能则举之，无能则下之，不让老实人吃亏，不让投机钻营者得利。他任组织部长的5年，18名优秀乡镇党委书记受到提拔重用，11名长期坚守边远高寒山乡的党委书记被交流回市级部门，各方反响良好，上的、下的都心悦诚服。

人梯架起，人才苗起；人梯通天，群星灿烂。作为组工干部的楷模，李林森自觉讲党性、重品行、做表率，坚持荐好人、察准人、用对人，在要害岗位上发挥了重要作用。千里马常有，而伯乐不常有，愿更多的组工干部像李林森那样，把"渡人的梯"搭得更科学、安全、高效，使更多的干部干事有机会、锻炼有平台、进步有空间。

（原载2011年9月28日《人民日报》）

农民致富需要"土方子"

江苏徐州铜山区徐庄镇毛庄村农民吴继柱饲养的13头仔猪得了湿疹，在注射药物效果不理想的情况下，他按照名为《致富方略》的书上介绍的"土方子"，用丝瓜叶加明矾和红糖涂擦猪的患部，每天一次，只用了两天就治愈了猪病。他高兴地说，《致富方略》里的"土方子"真管用。

《致富方略》是当地有关部门从基层农业科技人员、致富能手和"土专家"的经验中总结、编选出来的致富方法和民间验方。其中，很多"土方子"都是被长期的生产生活实践证实为有效的方子。事实上"土方子"在农村一直很受欢迎，农民在生产生活上碰到难题后，往往会打听有没有"土方子"。农民之所以偏爱"土方子"，是因为"土方子"来自实践，左邻右舍曾屡试不爽，可信度高，而且可以就地取材，成本低廉，简单易行。

当前，图书市场上这类深受农民欢迎和喜爱的"土方子"书还比较少，希望有关部门在这方面多多着力。编辑一些小册子，为农民群众提供方便。

（原载2011年第22期《半月谈》）

一日之计在于"昨晚"

在新年上班第一次例会上，一位领导同志谈到，老古语好说"一年之计在于春，一日之计在于晨"，其实一日之计在于"昨晚"，因为明晨可能会发生意想不到的变化，存在着不确定的主客观因素，这是我们所无法预见、把握和决定的。因此，新的一年里，希望大家未雨绸缪，科学谋划，尽早着手，不断提高工作效率和工作质量。这种观点让人耳目一新。

在科学技术异常发达的今天，按部就班的农耕年代已经不再，时间外延扩大了，凡事宜早作打算，起步前就要抓紧抓实。况且人们对工作的标准和

要求越来越高，处理问题既要高效快捷，又要恰如其分，还要科学规范，这无疑需多做补课工作，打一些提前量，思想上形成共识，才智上充分发挥，方能胸中有数、心里有底。人一天中的工作几乎是一样的，最重要的时间是晚上，而且是"昨晚"，这个时候倾力与否，直接凸显工作绩效的高低。而安排明早要做的事，毕竟是个未知的设想，到时想做不一定能做。如果早晨的计划一耽搁，就会导致一整天的工作延后。

一日之计在于"昨晚"，其实是强调一个"早"字，尽可能朝前提；抓住一个"时"字，不失时机，争分夺秒，容不得时间和机遇悄悄溜掉。事实上，我们能够切实抓到手的就是现在、当下。如果连现在、当下都抓不住，寄希望于未来、明天，恐怕十有八九靠不住。现实中有的人事不逼到跟前不动弹，不屑做前期准备工作，认为来日方长、"事大事小到时就了"，仅仅满足于临时办理、临机处置，或等明天再说、等以后再讲，结果常常疲于应付、总是将就，往往使计划落空。如果头天晚上，甚至夜里就把明晨要做的事谋划好，像学生一样事先预习，就不至于到时手忙脚乱、束手无策。

百姓好说："及早不及晚。"对必须做的事应早放在心上，先破题，快进入状态。事实上，干事创业早动手比晚动手主动，提前做比往后拖胜算更大。只要心中有全局，善于打有准备、有把握之仗，就不为计划赶不上变化所动；只要利用好"昨晚"，抓得住"今晨"，有时间和条件作支撑，自然会胸有成竹，从容应对，在新的起点上描绘新规划、实现新目标。

（原载2012年1月6日《徐州日报》）

让人才早一点冒尖又何妨

近一段时间，清华大学毕业生焦三牛成了公众关注的焦点。他的经历一度挑战了选人用人的"潜规则"，又为年轻干部树起了早成才、早冒尖的"风向标"，更成了检验干部选拔任用工作是否公正的"试金石"，具有不可多得的借鉴意义。对此，焦三牛在接受记者采访时说："因为外界的猜测我自己心里清楚，所以个人没有压力。我个人希望能多留些时间，更踏实地工作、学习。"（见2月17日《光明日报》）。

假如说焦三牛的年龄是30多岁，假如工作了10多年，即使不参加公考或公考成绩不是第一而被提拔，恐怕没有多少人提出质疑，也不会引起这么大的关注和争议。我们不妨反过来想一想，让事业和发展急需的人才早一点冒尖、早一点使用、早一点施展才智不是很好的事嘛。

由此，想起了一位老瓜农的"种瓜经"。他说，种瓜光会种、不会摘还不行，摘有许多学问，就像你在地头吃，就摘熟透的；拉到镇里卖，就摘九成熟的；要是运到几百里路外的大城市卖，只能摘八成熟的，留出成熟、保鲜期。也就是说，顾眼前，吃成熟的；考虑长远，就应选嫩的。用人也是如此，一个人待工作年限长了、经验丰富了、成熟稳重了，但年龄也偏大了，闯劲也没有了，适用的黄金期过去了。用人一味求全、求稳，常常埋没了不少人才，让多少才俊为之叹息遗憾。因此，选人用人既要考虑成长成熟期，又要注意适用与使用周期，更要着眼于长远、着眼于未来。时下的焦三牛似乎显得嫩了点，这正是人们有微词的地方。其实，这也正是武威市具有战略眼光的体现。

既然组织搭建了平台，谁都可以上台一试身手；既然是赛场选马，谁跑得最快，谁就胜出，这本身无可厚非。仔细看一看焦三牛的简历，就不难发现，他文化基础扎实，专业对口，熟悉基层生活情况，自愿到偏远最艰苦的地区工作，到人才留不住的地方扎根，有实干精神，有责任意识。因此说，其个人的综合素质是高的。焦三牛之所以能够崭露头角，是自身实力强，机遇抓得住的结果。虽说眼下是年轻了点，工作时间短了些，但不可否认发展潜力较大，是其中的佼佼者，是准人才，只不过早一点冒了尖罢了。再说，一个人通过正当途径进步上台阶，在公开、公正、透明的考试考核下，成绩一路"第一"，敢于让党和人民挑选，是有勇气、有底气、勇于担当的表现，很值得年轻人学习。同时，这次有3位清华毕业生通过公选当上"副

县"，可见并非只为焦三牛一人网开一面。

提拔重用焦三牛，或许是破了一些格，在运用政策上步子可能大了些。但当地工作特别需要又特别优秀的人才，大胆启用无疑是解放思想、开拓创新的行为。这样才能跟上经济社会发展的步伐，以不至于使人才成为一个地方发展的瓶颈。假如眼巴巴地让现成的人才闲置，那才是资源的最大浪费。因此，加大竞争性选拔人才工作力度，拓宽选人用人渠道，不断破除束缚人才成长的思想观念和制度障碍，注重从基层和发展一线选拔人才，让优秀人才脱颖而出，以最大限度地激发人才的创造活力，就应当像武威市重用焦三牛那样：不拘一格选人才，敢为事业用人才。

（原载2012年第1期《徐州党建》）

从"稳中求进"到"好中求快"

省委书记在参加省人代会徐州代表团审议时指出，对全省来说，今年的工作导向是"稳中求进、又好又快"。具体到徐州，则要努力做到"好中求快、又好又快"，为苏北发展提供样板（2月11日《徐州日报》）。

努力做好今年乃至今后的经济工作，任务光荣而艰巨，省领导又提出了新的要求，我们应更加突出稳定增长。"稳中求进"是中央对今年经济工作提出的重要指导原则，要着眼于"稳"，立足于"进"；"稳"是前提，"进"是目的；要巩固"稳"的基础，增强"进"的动力，善于在变局中把握机遇，在逆境中主动作为，在挑战中勇于胜出。

同时，我们也应看到，作为较大的中心城市，徐州已经步入加速崛起的快车道，积蓄了跨越发展的巨大能量，跃上了更高的发展平台。所以，徐州有责任、有义务也有条件，在"稳中求进"的基础上做到"好中求快"。这也是一次难得的发展机遇，一是在"快"字上持续发力，力争主要经济指标增幅快于往年、快于全省、快于周边地市。二是在"好"字上用心使劲，实现结构更优、质量更好、效益更高。三是在"转"字上做大文章，在快增长中快转型，在快转型中快发展。转型就是机遇，转型就是发展，要学会在发展中转型，在转型中进步，在转型中拓展更广阔的上升空间。四是在"软"字上有作为，进一步增强软实力，不断提高科技创新对产业发展的驱动力和支撑力，为着力改造提升传统制造业、大力培育新兴产业、加快发展现代服务业营造良好的环境。

今年是全面落实市第十一次党代会战略部署的第一年，也是实施"十二五"规划承前启后的关键之年。做好今年经济工作，意义尤为重大。从"稳中求进"到"好中求快"是很高的要求，要把握总基调、强化主抓手、激发新动力、营造好环境，努力创新发展路径，大力弘扬"三创三先"的新时期江苏精神，保持"创业创新创优"的激情，鼓足"争先领先率先"的干劲，凝心聚力，攻坚克难，乘势而上，埋头苦干，步步留印，奋发进取。同时要大力实施民生幸福工程，切实解决好事关群众切身利益的问题，保持社会大局和谐稳定，提升人民群众的幸福指数。这是"稳中求进"的重要基础，也是"好中求快"的重要保证。

一年之计在于春，当前正是大干事业之时。推进徐州跨越发展，实现"两个率先"，关键在实干，重点在落实。党员干部要在提高学习能力、创新能力、落实能力上下功夫，勤于学习新知识，善于接受新理念，敏于接受新事物，让"善操作、会落实、能创新"成为徐州干部的特质，不甘落后、永不服输，敢于负责、勇于担当，把各方面工作做得更深入、更扎实、更有成效，一定会实现"好中求快、又好又快"的历史性跨越。

（原载2012年2月13日《徐州日报》）

干不好岂能考得好？

近一段时间，各地公选领导干部、专业人才的公告常见诸报端，这就意

味着有许多人正准备着应试、面临着挑选。

当人们钦佩、赞美某一干部参加公推公选，即将担任更高一级的领导职务时，总会有一些人这样评论：人家是"会考不会干"，咱是"会干不会考"。言下之意，"不会干"的人才"会考"，而"会干"的人却"不会考"，这实在是认识上的误区。

对自诩"会干不会考"的人，不妨作客观分析。首先，对"会干"要打个问号，到底会不会干？工作"中不溜"或干到七八成，不能称会干；干活留后遗症、让人家擦屁股，也不能说会干。其次，说自己"不会考"，就是没有勇气站出来应试，一定程度上反映出学识欠缺。最后，"会干不会考"，起码说明平时不注重学习，仅靠过去学习的知识决断、凭老经验办事，很难开拓创新。

讥讽"会考不会干"，其实是对他人进步抱有成见；而强调"会干不会考"，则是对自我的安慰与辩解。实行公推公选，拓宽了选人用人渠道，为众多干部搭建了展示风采的平台。事实表明，"过五关斩六将"上来的干部，整体素质是高的，并有一定的专业特长，也得到了社会的普遍认可。

平心而论，经过10多年的不断探索、逐步完善，公推公选增加了一些实践性、可操作性强的试题，越来越注重考察干部运用理论解决实际问题的能力。假如不会干，缺乏工作经验，仅限于纸上谈兵，提不出解决问题的具体对策、方法、举措，肯定拿不到高分。时下又进一步强调"干什么、考什么"，就是立足于考察"干"实事的本领，着眼于"考"实战的能力。切实让干得好的考得好，能力强的选得上，就有效地破解了"干"与"考"两张皮的问题。

一个干部如果以"会干不会考"为荣，就容易骄傲自满，不思进取，盲目乐观。应当看到，有的人干工作能出力、肯流汗，但工作之余则热衷于赶场子、跑圈子，静不下心来；而有的干部则在繁忙的工作之余，拿起书本，刻苦攻读，研究思考，总结提升。早起多长一智，晚睡多增一闻。当机遇来临时，就能够抓得住、用得上，这并不只是一句"会考不会干"可以解释的，它忽略了人家背后所练的内功、所付出的心智。

陶行知先生有言："有书读的要做事，有事做的要读书。"作为干部既要干好，又要考好，离不开干中学、学中干。光干不学不行，光学不干也不行，必须学有深度、干有力度，学干相长、相互促进。其实，我们真正需要的是既会干又会考的干部。会干加苦干、实干加巧干，而不是蛮干；会考起码说明在工作中善于学习，汲取新知，奋进不止，是一个学习型干部。

鲁迅和爱因斯坦都说过：人的差别在于业余时间。这个非工作之外的时间主要是用来学习、思考、补充养分的，自我武装，积蓄能量，定会有大的收获：理论有功底，实践有升华，办事有章法，谈吐有文采，工作有成果。一个干部如果时时刻刻处于"应试"的状态，始终在工作学习中，就会不断有新的目标、有更高的追求。

（原载2012年3月23日《徐州日报》）

发展是硬道理　"硬发展"没道理

全国人大代表、市委书记做客人民网，与网友畅谈徐州2012"双四"大跨越。他说，科学发展非常重要，这几年我们一直坚持率先发展、科学发展、和谐发展，把握发展的本质；发展是硬道理，但是违背客观规律的硬发展是没道理。这话既让人深入思考，又使人警醒明理。

庸者硬发展，愚者乱发展，明者巧发展，智者科学发展。我们强调"发展是硬道理"，一"硬"在它是坚持从最广大人民根本利益出发谋发展、促发展，是以人为本、全面协调可持续的科学发展。二"硬"在它是党执政兴国的第一要务，只有牢牢抓住发展这个"牛鼻子"，才能尽快实现"两个率先"。三"硬"在它是解决社会主义一切重要问题的"靠山"，进一步提高人民的物质文化生活水平，增强综合国力，实现中华民族的伟大复兴，都必须靠发展。

如果对"发展是硬道理"的认识存在片面性，在实践中就会出现偏差，陷入"硬发展"的泥潭。"硬发展"一般有两种表现。一是违背发展的客观规律，不从实际出发，不顾资源、环境，不顾子孙后代利益，而瞎折腾、背包袱、吃苦头。这是没道理的，也是非常危险的。一是尽管符合长远利益，却影响甚至损害群众的切身利益，且不顾群众反对硬干蛮干，又不善于做群众工作的发展。这虽说是发展为了人民，却没能够做到发展依靠人民。这样的硬发展，也是没道理的，甚至是得不偿失的。因此说，发展要围"人"转，和谐要靠"人"建，成果要与"人"享。

人们对"发展是硬道理"都明白，但对"硬发展没道理"却认识不足。比如说，在发展内容上，唯上唯书，照抄照搬，随意上马对环境、对社会有重大影响的项目，以追求"硬发展"；在发展形式上，不从当地实情出发，搞"大呼隆"，热衷于"形象工程""政绩工程""夜景工程"等，追求轰动效应的发展；在发展方法上，纯粹以国内生产总值论英雄，以名次论成败，只见物不见人；在发展目的上，缺乏战略眼光和长远思路，只顾当前不管长远，急功近利，为了一时或一届政绩，甚至为了个人某种目的硬发展，留下了"胡子"工程、"民怨"工程。一句话，凡是与科学发展观相背离的发展，就是"硬发展"。

"发展是硬道理"，但"硬发展没道理"。坚持科学发展，不是慢发展，更不是不要发展，而是要把握发展的节奏、推进的章法，实现经济社会持续协调、又好又快的发展。也就是说，发展既要经济效益，又要社会效益；既要发达的，又要生态的；既要富裕的，又要安定的，当前更需要清洁的、绿色的。避免"硬发展没道理"，就是不能不计经济成本、社会成本、环境成本，不考虑最终目的地去发展。

发展是硬道理，科学发展是硬中之硬的道理。在近年来的经济和社会事业发展中，徐州牢牢把握发展的主旋律，坚持科学发展不动摇，自觉摒弃不符合科学发展的经验主义和惯性思维的"硬发展"，进一步拓展了经济发展和环境保护双赢的空间，城市基本实现了由灰向绿的转变。这里不妨用一位书记的话作注解：我始终告诫自己，绝对不能毁掉祖宗的遗产，断了子孙的后路，领导可以来复去，但田野山河永在。

（原载2012年第5期《群众》、第2期《淮海文汇》卷首语）

破格与出格

对于破格，一位长期分管组织工作的领导同志说："提拔使用人才，特别是优秀拔尖人才，要大胆破格，但绝不能出格，比如说，干部的'德'这个'格'就永远不能破。"破格而不出格，实乃肺腑之言、经验之谈。

格，是长期实践客观存在的产物。康德说："世界上有两件东西能够深深地震撼人们的心灵，一件是我们心中崇高的道德准则，另一件是我们头顶上灿烂的星空。""格"是被大多数人认可并自觉践行的普遍认为合情合理的思想观念、思维方法、价值取向、文化传统、风俗习惯、生活方式、行为准则等。"格"无处不在、无时不至，时时刻刻影响规范着人的言行。

破格，就是突破常规、不拘成格、勇于创新。梁启超说："唯思将来也，事事皆其所未经者，故常敢破格。"一个人在某一方面有超出常人的能力，在某一领域取得重大成就，就值得破格。备受关注的焦三牛，选拔任用他就破了工作资历、任职年限的格，从而使当地发展急需的人才早一点冒尖，早一点派上用场。作为少校的拿破仑带兵攻下了保王党的堡垒土伦，被雅各宾派破格提拔为准将，尔后他平定保王党武装叛乱，一夜之间荣升为中将。古今中外破格的佳话层出不穷，一定程度上挖掘了人才的潜能，推动了事业进步。

出格，一般指言行与众不同，越出常规，异乎寻常。如量身定做、篡改档案、虚报资历、冒名顶替的"萝卜招聘"及"定向提拔"等，致使十三四岁就参加工作、入党提干。这种匪夷所思的事，无疑是出格的表现；还有的带"病"上岗、带"病"提拔，使个别"德"字缺失、品行不端、劣迹斑斑

但"有能耐"的人走上领导岗位，以致祸害一方，造成了严重的后果。其出格的危害所致常常令人扼腕！

俗话说："没有规矩，不成方圆。"办任何事情、做每一项决策，必须老老实实讲"格"字，严格遵循规律规则，认真按照有关规定、程序行事。在改革发展的关键时期，要进一步解放思想，打破常规、不拘一格、唯才是举才是。但必须遵守一定之"格"，因为人的一生要受诸多"格"的限制：生活中有"格"，工作中有"格"，学习中也有"格"……一个人要得到破格，需加倍努力，创造充足的条件，成果足以支撑破格。

时下的问题是，破格比较难，出格却极易。有些人常把破格片面理解成出格，或把出格当破格，任意妄为，为我所用。一些出格者常常以自我为中心，我行我素，特立独行，视规矩如玩物；而一些真正的人才，却为这样那样的格所困，束缚了手脚，甚至被埋没，影响了事业的发展。因此，既要恪守行事之规矩，不踩红线，坚守底线，稳住阵脚，又要打破框框、冲出藩篱，开创崭新天地，才能不断前行。

破格与出格绝不能混为一谈。破格，让人心服口服，带来一种新气象；出格，则令人唾弃，留下话柄，常受世人诟病。破格的效果如何，一靠群众评判，二靠实践检验。唯有在平时工作中不断磨练意志，奋发有为，出类拔萃，在机遇来临时才能直面破格，展现出非凡的能力，创造出骄人的业绩。

（原载2012年第5期《淮海文汇》卷首语）

"出场"与"加分"

新时期如何做一个好干部？面对青年干部的提问，一位口碑极好的老干部这样回答："没有多高的、刻意的要求，只要平时能够做到'出一次场、加一次分'就行了。"出次场、加次分，说起来挺简单，而要切实做到，须下一番苦功，还要持之以恒才行。

对干部特别是领导干部而言，深入基层，调查研究，攻坚克难，推动工作，促进发展，都离不开到"现场"去，到人民群众中去，到最需要的地方去。这是最基本、最起码的要求。更为重要的是，仅仅"出场"是远远不够的，必须认真履行好角色所承担的责任和义务，实现华丽转身。唯如此，群众才能认可你、佩服你，自然而然地为你加分。像"心里装着全体人民"的焦裕禄、"一腔热血洒高原"的孔繁森、"万事民为先"的郑培民，"捧着一颗心来、不带半根草去"的杨善洲等、群众就给了他们最高分；而陕西"表哥"杨达才之类的干部一"出场"，不仅没有加分，反而被扣了分。

到"现场"加基础分。干部工作就是做群众工作，精力大多放在火热生活的第一线，与人民同行。时下群众往往有这样的感受，遇到困难了、碰到矛盾了、出现灾情了，这时最渴望看到的是干部，也最需要干部。在危急关头，干部应第一时间赶赴现场，查明情况，果断决策，组织实施，将问题迅速化解，把损失降到最低，从而稳定群众的情绪，促使形势朝好的方向发展。从干部在现场行动中的表现，人们能够看到希望，从而坚定战胜困难的信心和勇气。许多干部越是艰险越冲在前头，所以备受群众欢迎，人们纷纷予以加分。

进"会场"加奖励分。随着改革开放的深入，干部走出去学习考察、"招商引智"、相互交流等之类的会务活动明显增多。特别是参加二三十人的小型研讨会、座谈会、洽谈会等，多是即席展示个人魅力的平台，代表着一个地方、单位部门的干部形象。如果你的发言观点新颖，见解独到，材料翔实，不人云亦云，让人有耳目一新之感，无疑会赢得与会者的褒奖，关键的时候就能派上用场。有的干部平时不注重学习积累，不做这方面的功课准备，形成不了自己的东西，谈不出个人见解、观点、感悟，那么，诸如会场的分恐怕就失掉了。

赴"酒场"加印象分。不管承认不承认，酒场是个小社会，如今已是干部工作生活的一部分。尽管大多数干部千方百计想摆脱它，但有的还不得不拿出精力应酬。无论是参加公宴，还是私交小酌，都面临着加分减分的问

题。因此，既要努力在公共场合加分，也需要注意私底下增分。大多干部注重品行修养，赴宴讲究既任量而适量、尽兴而不扫兴、在状态而不失态，达到相互了解、加深印象、增进友谊的目的；而有的干部则以自我为中心，酒过三巡出洋相，说黄色段子，传小道消息，透官场秘闻，发无名牢骚，甚至借酒发飙，干下了龌龊之事。一场酒下来，印象分就没了。

加分无处不在，无时不有，就看你如何作为。其实，干部时时刻刻都面临着"出场"问题，群众也时时刻刻为你亮分，关键是要不断加强自身修养，着力提高工作能力和业务水平。同时，检点自己言行，注意个人形象，永远牢记宗旨，坚定信念，不辱使命，努力在党和人民提供的舞台上，扮好角色，唱好大戏，树好形象，赢得喝彩。

（原载2012年第6期《淮海文汇》卷首语）

"想大事　干小事　不插手具体事"

"想大事，干小事，不插手具体的事"，这是铜山一位镇干部多年积累、感悟、总结并力行的"口头禅"。话虽然很朴实，但其中蕴含着深刻的哲理，找准了谋事的基点、干事的重点、成事的要点。

想大事，体现能力水平。作为领导干部，既是战斗员，必身先士卒，又是指挥员，须开动脑筋、运筹帷幄；既要沉下身子干当前，又要静下心来谋长远。在工作中必须眼界宽、胸襟宽、思路宽，做到胸中有数、心里有底。比如，我们的发展处在什么位置，优势和潜力在何处，时下最大的制约因素有哪些，等等。如果陷入烦琐的事务之中，整天忙忙碌碌，两眼一睁，忙到熄灯，静不下心来筹划大事，当问题和困难来临时，就会束手无策，甚至错失发展良机。

干小事，反映务实作风。要想干大事，先把小事做实做好做到位。任何一件大事的成功，绝不是一蹴而就、简简单单的，背后必然包含着无数件小事的日积月累，积小胜为大胜。而每一个干部要做的，就是把群众的小事当成大事，坚持把一件件小事干好。有些干部不屑于做小事，天天喊着干大事，就源于没有明白"群众利益无小事，群众的事就是天大的事"的道理。做小事宜着眼于身边的、眼皮子底下的事，解决好群众找上门来的事、事关群众切身利益的事。

不插手具体的事，保持清正廉洁。真正谋好大事、干好小事，就难以有时间和精力去顾及具体的事。事实上，对每一件具体的事，都有分管及职能部门的人各司其职、各负其责。要放手让分管或负责的年轻干部在干事中历练，而不必事必躬亲、越俎代庖。假如你一插手，别人就会顾虑重重，放不开手脚。长此以往，自己觉得有干不了的事、操不完的心。

时下的问题是，有的干部不愿意花费心思想大事，缺少独立思考，没有主见，只能顺大势、跟风走；有的干部根本不把群众的小事放在心上，成天嚷着干大事，结果是大事没干成，小事也没干；特别是个别领导干部热衷于过问分外的事，插手与自己职责范围八竿子打不着的事，格外"关心"工程项目的招投标，使"插手"演变成了"伸手"，最终"被捉"。

成事唯有多谋虑，败事都因少思考。领导干部要时刻摆正自己的位置，集中精力谋大事，认认真真干小事，不必在具体事上打圈圈，更不要弄权生事，才能确保在其位、尽其责、成其事、不出事。

（原载2012年7月3日《中国纪检监察报》）

新课　补课　复习课

我市不断深化党政领导干部下基层"三解三促"活动，以加快推进"两快两带三先"。一位经过驻村蹲点的机关干部对此颇有感慨："要把下基层驻点调研当作党员干部深入实践的必修课，它对刚参加工作的干部来说是新课，对年轻干部来讲是补课，对中年干部而言是复习课，必须修满分。"这

就是说，党员干部不论年纪几何、担任何种职务、处在什么岗位，都需要深入基层、融入群众，汲取民智、汇集力量，才能有效促进科学发展向上攀登、联系群众向下扎根、现代化建设稳步推进。

基层是一本读不完的书，基层是开展各项工作的基础，唯有身心沉下去，付出精力、心智和汗水，业绩才能上得来。党员干部只有接地气，才能增才气、有生气。有些干部特别是一些年轻的"三门"干部，文化水平较高，但阅历单一，对社情民意了解肤浅，脚上的功力不够。基层，对他们来说是生疏的，是门新课，必须先拜人民群众为师，俯下身子当小学生，虚心向他们学习请教，向社会实践学习，把所学的课本知识尽快地与发展现实紧密对接，就会以崭新的姿态迎接挑战，逐步锻炼成为全新的自我。

实践多出一身汗，学习多明一层理。一些工作几年的年轻干部有文化、有特长，思想活跃，但没有经过基层的摸爬滚打，缺乏群众工作经验，这往往成为进步上台阶的软肋。养生之道中有个常识，叫"缺啥补啥"；同样，作为年轻干部也要"干啥学啥、缺什么补什么"，眼下必须抓紧时间用心补上基层这一课，到第一线去、到人民群众中去，体察社情民意，号准群众脉搏，掌握真实情况，科学把握工作的着眼点和着力点。经历了一段时间的摸爬滚打，积累了经验、资源和人脉，自然就有了群众基础，当然实际工作能力也会明显提升。

常言道："自己实践有亲知，扩大实践有新知，反复实践有深知。"作为四五十岁的中年干部，特别是领导干部，大多从基层一步步上来，对基层可以说是熟悉的。但曾经熟悉基层并不代表现在了解基层，过去百试不爽的工作方法不一定能处理好现在的问题，也就是群众常说的，过去骑自行车能解决的问题，现在坐小轿车竟难以处置了。因此，务必要继续发扬过去那种自觉与群众打成一片的精神，再下基层温习温习、体验体验、感受感受，自然会有新的认知和收获，才能确保决策的正确性与科学性，不断增强工作的前瞻性和预见力。

群众是最好的老师，基层是最好的课堂，不断丰富的课程越来越需要脚上功力的支撑，越来越需要实践的回应。毕竟"脑袋回答不了的问题，双脚能为你找到答案"。党员干部施展才华的舞台在基层，工作的着力点在基层，奋进的成果体现在基层。因此，对下基层作为新课要学透、补课要吃透、复习课要悟透，才能在"赶考"中拿到高分。

（原载2012年第7期《徐州党建》）

善学习者善发展

前些年，徐州一直在向苏南学习取经，如今徐州赢得了周边城市对它的向往。对此，不少徐州干部说："以前都是我们出去学习，现在变成了学习对象。"他们明白，所有成功者都是学习者。

凡成大事、创大业者，都有一个共同特点：学习探求不止，跋涉奋进不息。成功者一定是善于学习的人。同样，对一个地区来说，善于学习才能攒足劲头，创造后发优势，走出适合自己发展的路子。

有些人对学习强调的多，落实的少，静下心来琢磨的不多，能够持之以恒的更少。有的人以各种借口忽视学习、逃避学习，当自己在棋牌桌边谈笑风生时，别人在学习；当自己在酒桌上豪言壮语时，别人在钻研；当自己在游山玩水时，别人在思考，那么，别人就没有不成功之理。

歌德说："人不光是靠他生来就拥有的一切，而是靠他从学习中所得的一切来造就自己。"人的进步进取之道在学习，要耐得住寂寞，下苦功夫才行。有效促进科学发展，许多新东西须学深学精，既要吃透上级精神，又要摸清下面的实情，还要熟悉外面的世界，跳出当地看当地，才能找准自己的位置，确立发展的路径。既要从理论中汲取养分，又要向实践寻求答案，注重借鉴成功的经验或失败的教训，从而少交学费、少走弯路。正因为坚持学习，徐州孕育了凝心聚力、奋发赶超的"精气神"，成为苏北振兴的领头羊。

学而知不足，就不会故步自封、沾沾自喜。走出去学习取经，不光看人

家桌面上的材料，更要了解抽屉里的东西，才能拿到真货、学到真经。常出去走一走，眼界会更开阔，才不至于时时满足于已有的成绩。坚持学习，汲取的东西多了，在竞争中制胜的把握就大。通过走出去学习观摩，自然会明白我们离前面的标兵有多远、后面的追兵有多近。

学习借鉴别人的东西，重在学以致用、学用结合、大胆创新，逐步走出一条学习、跟进、超越、领跑的路子。我们与其羡慕成功者的辉煌，不如像他们那样付出艰辛的努力。在为他人的成功喝彩时，不要忘了为实现自己的理想而奋进。

陶行知先生有言："天下不学习而能的事情很少。"未来唯一持久的竞争力就是学习力，成功者必须是学习型的人才。"善行者究其事，善学者究其理。"时时学习、明白事理方能有所作为，事事担当、知行合一才能取得成功。唯有学习中的佼佼者，才有机会成为被学习者。

（原载2012年8月3日《徐州日报》）

让人民共享发展成果

党的十六大以来的10年，是经济飞速发展的10年，也是以保障和改善民生为重点的社会建设快速推进的10年。10年来，我们更加注重社会建设，着力保障和改善民生，扩大公共服务，努力解决人民群众最关心最直接最现实的利益问题，经济社会发展的成果更多更公平地惠及全体人民。

人民群众是发展的主体，也应是发展的最大受益者。发展必须为了人民、依靠人民，才能顺利推进、取得成功。同时，发展成果必须由人民共享，才能不断激发人民推动发展的积极性、主动性和创造性。10年来，我国经济持续稳定快速发展，已成为世界第二大经济体，政治建设、文化建设、社会建设等也取得了重大成就。这些发展成果有目共睹，人民群众感受颇深。与此同时，人民群众共享发展成果、提高幸福指数的要求也在进一步提升。我们党适应人民群众过上更好生活的新期待，谋民生之利，解民生之忧，在保障和改善民生方面作出极大努力，取得明显成效，努力让人民共享发展成果。让人民共享发展成果，充分体现了我们党以人为本、执政为民的执政理念。在工作实践中，主要表现在以下三方面。

尊重民意，不断提高群众的支持率。万事民为先，群众利益和群众要求是党和政府工作的重心。只有尊重民意，才能进一步集中民智、汇集民力。有些项目和工程看着不错，但在群众眼里可能是"政绩工程"或"花架子工程"；有些事看起来不起眼，但对群众来说可能是天大的事。近年来，我们干工作充分听取群众的合理意见与建议，赢得了广大人民群众的理解、认可和支持。

依靠民力，不断提高群众的参与率。党和政府所做的工作，说到底都是群众工作，即带领人民群众促进经济社会科学发展、创造人民群众自己的幸福美好生活。广大党员干部把工夫花在提高群众幸福指数上，把精力用在解决群众实际问题上，谋民生之利，解民生之忧，以自身辛苦指数的提高换来人民群众幸福指数的提高，以解决问题的实际成效赢得人民群众的信任和支持，把人民群众的积极性、主动性、创造性充分调动起来，进一步凝聚了干群一心、共谋发展的强大合力。

关注民生，不断提高群众的受益率。让人民共享发展成果，需要让群众得到看得见、摸得着、感受得到的实际利益。挖一口水井、修一座小桥，工程不大、花费不多，却能让一些群众生活更加便利，让他们感受颇深，原因就在于它们解决了人民群众最关心、最直接、最现实的利益问题。近年来，不少地方加快发展步伐，地方财力增长很快，并把新增财力更多用在民生建设上，在教育、就业、住房、医疗、社会保障等方面舍得下本钱，不断扩大覆盖面，集中解决了与群众生产生活密切相关的热点难点问题，在学有所教、劳有所得、病有所医、老有所养、住有所居等方面持续取得新进展，使人民群众过上了更好生活。

（原载2012年11月5日《人民日报》）

勇于把成绩"归零"

市委书记在市委中心组集中学习会上强调，要始终坚持以科学发展作为中心任务，继续坚持创新发展，坚持不断超越自我，勇于把成绩"归零"，增强忧患意识、大局意识、创新意识，扎扎实实做好改革发展稳定各项工作。

所谓"归零"，就是清空过去，回到"零"状态。当完成一项或一个阶段的任务后，把所有的努力、所有的成绩全部"归零"，将所付出的心智与取得的荣誉止于昨天，重整旗鼓、义无反顾投入新的工作。

勇于把成绩"归零"，并不是说要否定成绩，而是说不要总拿成绩说事，应天天向高处看，天天有新起点。这无疑需要时刻保持从"零"开始的斗志，放宽视野，放平心态，对标找差，才能头脑更清醒、作风更务实、干劲更充足，才能励精图治继续做好各项工作。

把成绩"归零"，就是要向前看。站得越高，心胸越开阔，目标越远大。看过去，有进步；看当前，坐不住；看未来，要跑步。有些时候，成绩可能遮住你的眼睛，荣誉也许会掩盖问题。朝着更高的目标进发，必须把负重的东西抛到脑后，才能轻装上阵。成绩"归零"了，能够获得动力、改进方法、积聚力量、开辟未来；少了些成绩的牵挂，新的征程上就容易去掉思想上的劳顿。

把成绩"归零"，就是要不满足。岁末年初，我们不免要回顾所取得的硕果，成就感和满足感会油然而生。这虽然为进一步拼搏积聚了心理力量，但也不自然地流露出骄傲的端倪，成为行进中的包袱。培根有言："谁在夺取了胜利之后又征服自己，谁就赢得了两次征战。"一旦将成绩"归零"，就会激发内在潜能。应当看到，全面建成更高水平小康社会的攻坚任务在等着我们，务必要始终保持清醒头脑，不负人民重托，咬定远大目标，集中精力求实务实，扑下身子苦干实干。

把成绩"归零"，就是不要吃老本。成绩只能说明过去，不能代表现在，更不能成就将来。有的人稍取得点成绩就止步不前，还常常拿出来炫耀一番，从而获得心理上的满足。总盯着了不起的过去，就不可能有了不起的将来。善于将以往的成绩"归零"，不时审视总结一番，重新开始，重新发力，方能永葆青春、奋进不息。事实上，老本是吃不得的，吃老本也难有新作为。事业越发展，新情况新问题就越多，理应学习新知识，掌握新本领，在实践中不断有所发现、有所创造、有所作为，才能抓住新机遇、解决新课题、创造新业绩。

百尺竿头，更进一步。无论过去多么优异、多么辉煌，请暂时将它们忘却。因为成功者需要具备时刻将成绩"归零"的心态，需要"而今迈步从头越"的境界。唯有把成绩"归零"，才能腾出足够的空间去接纳更多的新东西，才能不断地超越自我。

（原载2013年2月6日《徐州日报》）

群众受益与干部受用

我市不断深化党政领导干部"三解三促"活动，各级干部不断转变工作作风、主动深入基层调研，加快推进"两快两带三先"。一位区领导驻村入户参加一段时间"三解三促"活动后，感触颇深：这的确是"群众受益、干部受用"的好活动，有效地促进了科学发展向上攀登、联系群众向下扎根、现代化建设稳步推进。

"群众受益"与"干部受用"是相互促进的，是干群"共赢"。一个干部干的工作越多，得到锻炼的机会就越多，贡献就越大；群众越受益，对你就越支持、越信任。"三解三促"固然需要付出精力、智慧和汗水，可自己也因此逐步成长、成熟起来。干部着眼于让群众受益，其实自己在无形中受用多多。

受用在干事与服务上。在"三解三促"中会遇到这样那样的问题和困

难，需要一个一个化解、一个一个攻破，有时甚至弄得焦头烂额，必须咬牙坚持才能成功。在与群众共同奋进中要进一步坚定信念、纯洁党性、锤炼品质，不断提高服务效能，创造性地干好工作，科学恰当地解决发展中的问题。工作做好了，服务到位了，群众得实惠，干部有成就感；经历了摸爬滚打，积累了人脉、经验和资源，自然就有了群众基础。

受用在能力提升和水平提高上。时下，有的干部特别是一些年轻干部，文化整体素质较高，但对社情民意了解肤浅，脚上的功力不够。力行"三解三促"必须到第一线去，俯下身子问计。检验工作成效，关键是看群众有没有得到实惠，幸福指数有没有增加。这无疑需要我们多看百姓的需要行事，敢于负责，勇于担当，不急功近利，不贪功冒进，以最小的成本换取最大的成功，在基层历练中提升能力水平。

受用在理论与实践的结合上。常言道："自己实践有亲知，反复实践有深知，扩大实践有新知。"做好"三解三促"，党员干部既要打好理论功底，又要紧密结合实践，善于在群众工作中发现问题、分析问题、研究问题，最终解决问题。实践多出一身汗，学习多明一层理。当前，尤其要多下去调研，既要增加感性认识，又要具备理性思考，更要付诸实际行动，不断增强工作的前瞻性和预见力。致力于工作出新出彩，让人民群众共享发展成果，干部从中汲取经验，总结升华，会进一步提高素养、增长才干。

俗话说："常跋涉者脚板硬，常挑担者肩膀硬。"积极投身"三解三促"活动，定会使工作上台阶，干部上水平，进而让更多的干部受用不尽、得到的教益无穷。

（原载2013年2月18日《徐州日报》）

公信度与公认度

市委书记在全市组织部长会议上强调，要不断深化干部人事制度改革，

健全干部考核评价机制，开展更为广泛的民主测评，不断提高选人用人公信度、公认度。（2月20日《徐州日报》）

提高选人用人公信度，首先要树立正确的用人导向。选人用人的导向正确了，就等于树起一面旗帜，对广大干部产生积极的引导和激励作用。选任工作应注重干部的品行，崇尚实干，鼓励创新，得到群众公认。对不图虚名、踏实干事的干部多加留意，对埋头苦干、注重为长远打基础的干部不能亏待。其次，必须完善干部选拔任用制度。努力扩大民主，坚持原则，做到履行程序不变通、遵守纪律不含糊，公道正派地选人。最后，必须建立科学的干部考核评价体系。通过科学而有效的方法，准确地知人识人，真正把那些政治上靠得住、工作上有本事、作风上过得硬、人民群众信得过的干部选拔上来，从而引导广大干部把心思凝聚到干事创业上，把精力用到推进发展上，把功夫下到狠抓落实上。

提高选人用人公认度，就是把选拔任用干部的"尺子"交给群众，方便群众考量干部工作。中央领导同志曾经指出："在选人用人的问题上，要注重群众公认。"既是群众公认，就不能只是少数人认可，更不能只是个别领导首肯。这就要不断拓宽选人用人视野，不拘一格选人才，让那些肯干事、会干事、能干事而又干成事的干部脱颖而出。

用错干部是过错，埋没干部同样是过错。从某种意义上说，公信度防止用错干部，公认度避免埋没人才。公信度是保证，公认度是结果，坚持公信度与公认度相结合，选人用人才能保证想干事的有机会、能干事的有舞台、干成事的有地位，从而激励干部在"两快两带三先"中奋发有为。

（原载2013年2月21日《徐州日报》）

"满意答卷"要让谁满意？

全市2012年度县（市）区目标考核暨乡镇分类考核工作动员会要求，各

地各部门各单位要高度重视、严守纪律，高标准、高质量地完成好两项考核工作，确保考核结果实事求是、客观公正，真实反映发展的成绩和存在的不足。（2月27日《徐州日报》）

面对一年一度的目标考核，每一个被考核单位都想把答卷做得认真、答得满意，争取拿到高分、名次前提。那么，强调交上"满意答卷"，究竟要让谁满意呢？

一要让考核机关满意。作为领导机关，是一个地方经济社会发展的组织者和推动者，需要采取多种形式和举措，对基层进行科学考核，以调动各方面的积极性和创造力。考核是"指挥棒"，试卷是"大纲"，它有着强烈的风向标作用，需要高度重视、认真对待，谨慎操作、严密施行。实践中应不断总结，逐步完善、优化，进一步增强考核的科学性和准确性。让每一个单位都有清晰的奋斗目标，工作都有抓手，都有干头，又都有奔头，从而营造率先发展、竞相进位的氛围，这才是考核的初衷。

二要让被考核单位满意。平心而论，无论如何考核，分数或高或低，总会有第一和末位。但要让得第一者有底气，靠后者的心里服气才行。基层希望考核宜"三多"。一是多看自选动作。根据一些地方特点因地制宜发展起来的特色产业，蕴含着地方政府的智慧，应是考核中的亮点、得分点。二是多看长远。一年中的成绩蕴含着上年的结转、本年的努力、来年的开局，具有偶然性。要多看为一个地区长远发展打下多少基础，积蓄多少后劲，确保未来持续发力。三是多看潜绩。有的工作能当年见效，而有一些工作需要两年乃至多年后效果才显现，但这些工作不能没有人去埋头苦干。比如，上一个项目、建一栋大楼，很有看相；而引进一个高层次人才，将来能支撑一个产业、振兴一方经济。这如何去考量？值得我们思考。

三要让人民群众满意。"人民群众的美好向往，就是我们的奋斗目标。"群众的脸是一张"晴雨表"，群众的心则是一块"试金石"。考核必须强化这样一种意识：一个地方的发展怎么样，干部在其中出多大力、流多少汗，人民群众最有发言权。让群众满意成为考核的最终标尺，因为他们的感受是直观的、具体的、真切的，他们的认知是可信的。

考核是一种策略和措施，目的是鼓励创先，鞭策后进，提振精神，形成合力，助推发展。对于考核，领导机关满意是前提，被考核单位满意是基础，群众满意是关键。三者都满意的答卷，标志着科学发展向上攀登，社会进步更上层楼。

（原载2013年3月1日《徐州日报》）

民有所呼　"会"有所应

审议、讨论国务院总理所作的政府工作报告，不少人大代表、政协委员在即席发言或接受媒体采访时说："报告某一部分说出了我们的心声，这是群众目前所关心的""报告中讲到今后要加强某一方面的工作，正是我经过事前调研，准备写成提案交给大会的"等。这些都足以说明，问政于民，民有所呼，"会"有所应。

把人民群众的意愿和建议带到"两会"上，目的就是问需于民、汲取民智，进一步顺应人民群众的新期盼，不断改进政府工作，增强决策的科学化，提高政府工作人员的办事能力和办事效率，促进经济社会发展进步。令人欣喜的是，民众一"呼"，在"会"上就得到及时回应：

一是会议报告充分回应。特别是政府工作报告，全面考虑各方面、各阶层群众的利益诉求，又广泛征求各界人士的意见和建议，在更大的范围内得到认可。许多工作政府在更高层次、更高水平上进行统筹谋划，甚至作了预安排。这让代表、委员及亿万群众吃了定心丸："我们所想的，政府已经想到了；我们要办的，政府正准备实施。"无疑反映出人民与政府贴得更近了，奋进的步伐更一致了。"呼"与"应"之间的频率加快，问题解决得就快。

二是会场上有热烈响应。审议、讨论报告，各抒己见、畅所欲言，代表、委员根据所在岗位、行业的工作特点，代表不同群体，从不同角度发表

自己的感受或见解，既可以相互补充、相互启发，又可以相互探讨、相互碰撞，事实越说越清、问题越辩越明，从而形成共识，甚至理出比较可行的建设性意见，稍加整理，就是非常规整的提案。这个过程，大家不仅在工作思路、方法上有所收获，而且在思想认知上得到提升，增进了"呼"与"应"之间的相互理解。

三是部委领导积极反应。政府各部委的主要领导同志都参加或列席会议，零距离倾听代表、委员的发言。对他们当场提出的问题或建议，在职责范围内的，当即作出反应，给出比较清晰的答案。有些问题经过部门的努力与协调，或通过列入规划、政策等，朝着好的方向发展。在可能的情况下，有关部委通过深化改革，把一些事关群众切身利益的重大问题，列入议事日程，或进入办事日程，给出解决问题的路线图，直接密切"呼"与"应"的关系。

问计于民，"会"有所应，增强了代表、委员的自信。最主要的是它得到社会的广泛关注、政府的高度重视。认真回应广大人民对美好生活的殷切期望，是人大代表、政协委员参政议政的着眼点，是政府工作的出发点和落脚点，更是我们今后工作的着力点。

（原载2013年3月11日《徐州日报》）

"绿色项链"就是"金色项链"

今天是植树节，让我们一同放飞绿色梦想。

市委书记在黄河故道植树时要求，真正把黄河故道打造成为横贯东西的绿色走廊，成为环绕徐州的一条"绿色项链"。（3月10日《徐州日报》）用科学、长远的眼光看，今天的"绿色项链"就是明天的"金色项链"。

一是经济价值高。植树增绿就是打造"绿色银行"，可实现绿色富民。尤其是林加工业发达的地区，树木的经济潜力及价值连年看涨。

二是社会效益好。植树增绿能够营造宜居环境，改善城乡面貌，而且集聚绿色资源，提高城市"绿色GDP"，提升人民群众的幸福指数，是一项功在当代、利在千秋的惠民工程。

三是生态环境优。植树造林对生态建设极为重要，可以治理沙化土地，控制水土流失，增加土壤蓄水能力，减轻洪涝灾害。它还是自动调温器、天然除尘器、氧气制造厂、细菌消毒站等。

建设美丽徐州，"绿色项链"应是一道不可或缺的风景。

（原载2013年3月12日《徐州日报》）

"九连增"到"多连升"

解读徐州市《关于加快发展现代农业进一步增强农村发展活力的意见》，就不难发现：我市在全省率先实施农业提档升级行动，实现了现代农业的第一次跨越，粮食生产实现"九连增"，农业效益实现"九连升"，农民增收实现"九连快"。（3月18日《徐州日报》）"九连增"富裕了广大农民的新生活，"九连升"夯实了普通农民的"中国梦"。

农为天下之本。从"九连增"到"九连升"，农民常常归结为"政策好、人努力、天帮忙"。利好政策，自然会让农民分享红利，中央连续9年发布指导"三农"工作的1号文件，不断深化强农、惠农、富农政策；党的十八大报告关于"三农"的一个亮点，就是强调经营体系的创新。鼓起"米袋子"，丰富"菜篮子"，"三农"提档升级，只有聚焦农业科技，依靠科技创新驱动，才能引领支撑现代农业发展，提高农业产业化水平。

让农民持续增收，贵在提升农业效益，重在创新农村经营体系，培养新型农民，向着农业的专业化、产业化、集约化、组织化、社会化迈进，力争再创农业效益"多连升"。

（原载2013年3月19日《徐州日报》）

招"高管" 须高招

　　铜山区面向全国招揽11名"事业编"科技高管，享受高层次人才相关待遇，以实现技术突破、提升产业层次和创新水平。（3月25日《徐州日报》）这不失为促进经济高效发展、持续进步的高招。

　　一是眼界高。勇于放眼全国乃至世界，在更大的范围内引智，在更高的层次中选才，着眼于既有高学历又有高技能，而且敢于创新创造的高层次人才，达到引进即可进入角色、发挥作用的目的。

　　二是平台高。人往高处走，水往低处流。高层次人才的高精尖，要派大用场，着眼重大前沿项目、重大高科技项目攻关。同时委以重任，让其担当科研团队、学科带头人，在更高的平台上发挥特长、释放能量、实现人生价值。

　　三是待遇高。高管进来即入编，无后顾之忧，可以心无旁骛地潜心工作。招引人才关键在于留住人才，光讲事业、感情是不够的，必须给予优厚的待遇。

　　　　　　　　　　　　　　　　　　（原载2013年3月26日《徐州日报》）

"进退留转"话"流水"

　　党委、政府换届或一年一度的人事调整，总会有一些干部"进退留转"，这是十分正常的，是事业发展的需要。一位刚离岗的干部对此很坦然："遵循自然规律，服从组织安排，'铁打的营盘流水的兵'嘛！"

　　古人云："人事有代谢，往来成古今。"党的事业是永葆青春的千秋伟业，中国特色社会主义大旗，要一代一代传递下去，要一代一代承前启后、继往开来、与时俱进、奋力前行。一位领导同志曾语重心长地说过，我们党的事业是面向未来的伟大事业，这个事业是"铁打的营盘"，一届又一届、一茬又一茬党的各级领导干部都是"流水的兵"。

作为营盘的新兵，勤奋学习，求知进取，在党和人民造就的舞台上大显身手，收获精彩，实现梦想。在营盘一天，就要担负起一日的责任，站好岗、值好勤、练好武。同时，珍惜岗位，不负重托，燃烧激情，追求卓越，力争在任期内做出优异成绩。在人生最美好的时光，能够把心血与汗水、智慧和力量奉献给党和人民的崇高事业，是值得荣耀的事。

身为营盘一兵，干事创业，奋发有为，不时面临着岗位的变动或职务的升迁；个人生涯中有时上有时下，有高潮也有低谷。但无论如何，都要竭尽全力跑好接力赛中属于自己的那一段，跑出最好成绩，站好最后一班岗，圆满地把接力棒传给继任者。要正确对待个人的退，每一位领导干部都会有退的这一天，没有人会一辈子待在领导岗位上。有退有进，才能做到薪火相传。因此，要保持良好的心态，退得自然平和，退得心情愉快，体现出一种精神风貌和思想境界。

那些离开营盘的老兵，应充分认识到，退岗只是政治生命中的"中转站"，要做到退岗不退为，退位不褪色，坚守共产党人的精神家园。其实，在忙忙碌碌、纷纷扰扰的工作时光之后，当我们不再专心工作继而享受生活时，是轻松自如的时候。有的是大把的时间和不受任何干扰的心情，可以把曾经的爱好捡起来，尽情做一些自己喜欢的事，使退后生活更加舒畅温馨；可以把一生工作的得失及心路历程变成文字，也是极有意义的事。

当年，营盘为我们打好人生底色；昨天，我们曾为营盘增光添色；未来，我们要继续保持本色、永不变色。每当回首营盘的火红岁月，"不因虚度年华而悔恨，也不致因碌碌无为而羞愧"，因为我们这一生没白过。

（原载2013年4月8日《徐州日报》）

"知民度"与"民知度"

　　浙江省德清县开展"驻村连心"活动，乡镇领导干部"包村走亲"其他乡镇干部"包户走亲"机关干部"返乡走亲"，每年必须帮助群众解决不少于3个实际问题，常年结对不少于两户重点户。县里不定期考核干部对群众了解的"知民度"、群众对干部了解的"民知度"，测评结果作为干部年度考核以及评优评先、提拔任用的重要依据。（9月22日《人民日报》）

　　"知民度"是干部对社情民意的知晓程度，是做好各项工作的前提；"民知度"是群众对干部工作的了解程度，是群众满意率的晴雨表。有效提高"知民度"、不断增强"民知度"，领导干部必须心系群众、倾听民声、体会民意、知民为民。

　　"知民度"，是针对领导干部的工作作风来说的，它不仅是一种执政艺术，而且是一种价值取向和工作态度；而"民知度"，则是群众对领导干部工作效能的客观回应。提高"知民度"，就要提升领导干部执政为民的基本功，能够面对面倾听呼声，心贴心释疑解难，实打实解决群众所思所盼的问题，使领导干部与人民群众心相系、情相融、利相连。

　　提高"知民度"，领导干部必须深入基层第一线，加深与群众的感情，掌握第一手材料，找准工作的切入点与着力点。当然，这需要建立在最广泛的"知民度"基础之上，多走出办公室，多与普通百姓拉家常、交朋友，切实把群众当亲人，把群众的事当作自家的事做，"民知度"自然会跟着提升。

　　"知民度"是一把尺子、一根标杆，衡量领导干部工作作风的扎实程度，丈量领导干部执政为民思想的牢固程度。不可否认，有少数干部心思不在"知民度"上，热衷于利用各种手段提高自身的"知名度"，其结果往往事与愿违。领导干部的"知名度"只能靠心智的投入，靠贴近、靠实干、靠奉献来获得，只能靠"知民度""民知度"来支撑。

　　遇事主意少，就把群众找。做决策、办事情，坚持从群众中来、到群众中去，符合广大人民群众的普遍愿望和根本利益，这是工作的出发点和落脚点，也是提高"知民度"所要达到的效果。而增强群众对领导干部的"民知度"，领导干部应多拜群众为师，多向群众讨教，多从群众中汲取营养，多与群众一起苦、一块干，在百姓心里留下难忘的记忆。

"知民度"是工作态度、工作过程，"民知度"是结果，是群众的口碑。"天地之间有杆秤"，"知民度"高的干部，在人民群众心目中自然有较高的"民知度"。一句话，躬身实践"知民度"，那么，"民知度"自不待言。

（原载2013年9月24日《徐州日报》）

"入心入脑"才能"武装头脑"

深入开展党的群众路线教育实践活动，首先要坚持把学习教育作为首要任务，确保学习好习近平总书记一系列重要讲话和中央有关文件精神，只有做到入心入脑，才能进一步武装头脑，切实从思想上强化宗旨意识和群众观点。因此，务必要增强学习的针对性实效性和吸引力感染力，唯有学深悟透，才能做到理解不偏差、宣传不打折、践行不走样。

教育实践活动，学习教育是前提，是基础。用党的理论武装党员干部的头脑，坚定理想信念，增进群众感情，弘扬优良作风，解决突出问题，在促进党员干部加强作风建设，保持昂扬向上、奋发有为的精神状态上见成效，必须先把党的群众路线精神学深吃透、领会精髓、把握要点、入心入脑。

一是入脑先入目。入目不是翻翻书、过过目就能达到的，必须静下心来坚持在研读原文、理解原意上下功夫。"熟读三遍"，其意自见。学习宜一字一句地抠，一节一段地过，读一遍不行，就读它两遍三遍。熟读自然会增强记忆、加深理解、融会贯通，让不同层次党员干部都能学有所悟、学有所获。

二是入脑宜入耳。对于学习，听是很有效的方法，听得进，才能学得

快、领会深。对教育实践活动中的报告会、座谈会、辅导讲座和观摩英烈事迹、先进典型宣讲等，应多进场感受，听得真，记得住，有感悟，消化吸收得就快，最好变成自己的话讲得出、说得好。

三是入脑要入心。党的群众路线理论仅输入大脑是远远不够的，还要开动脑筋，密切结合工作中的实际问题，经过独立思考、分析、加工、提炼，有自己的感受，在心中打上深深的印记。切实提高学习质量和效果，就会把理论转化为自觉行动，真正触动心灵，在群众工作中得以彰显。

四是入脑必动脑。脑强体健，群众观念就会扎根在脑子里，时刻惦记着群众，时刻把群众的冷暖挂在心上。同时常有问题在脑中，学会带着问题做工作。心灵得到充实，思想有了积淀，头脑得以武装，使马克思主义群众观在心中牢牢扎根，为民务实清廉的思想不断增强，在付诸实践中就会了然于胸、运用自如、释放有力。

要把学习贯穿整个教育实践活动的全过程，要真学真懂、真信真用。学习效果孕育实践成果。切实掌握党的群众路线精神实质，自觉做到学以致用、用以促学、学用相长，从而促进党的群众路线教育实践活动开好局、起好步、造好势、见成效。

（原载2014年4月25日《徐州日报》）

群众家门口的活动贵在"真"

第二批党的群众路线教育实践活动，是在群众的家门口现场"直播"，需要党员干部以"三严三实"精神格外较真：真情流露、真心付出、真抓实干——一位领导同志如是说。面对镜头，有些人心理上可能不适应，难免有些顾虑，感到并不轻松。坚持开门搞活动，是群众对每一个党员干部，特别是领导干部能力、水平和作风的真实检验。

在群众家门口搞活动，面向的是基层，面对的是群众，面临的是考验，既需要干部倾情付出，又离不开群众广泛参与。要真正使活动成为群众支持、群众检验、群众满意的"民心工程"，就必须时时刻刻以面对镜头、正在"直播"的姿态投入活动，认真对待，顶真做实。

一是流露真性情。第二批教育实践活动同群众联系得更直接、更密切，服务群众的主旨更突出、更鲜明；活动的每一个步骤、每一个环节，群众都看在眼里、记在心上。"直播"不可预演，事先不能彩排，理应直接亮相、进入角色、投入工作，弄得不好推倒重来就失真了。因此，活动要始终从"严"要求、从"实"着力，突出问题导向，让群众感受到我们改进作风的诚意和努力。党员干部一定要展示真实的自我，把自己融入群众，让群众乐于接受自己，乐于和自己"拉家常呱"、说"掏心窝子的话"。

二是掌握真民情。群众路线是党的生命线，最基本、最广泛的载体在基层；生命线活力如何，体现最直观、最具体的也是看基层。活动不能自说自话、自我表演、自我感觉，要与群众一块苦、一块干、一块过。"直播"不宜作秀，不能摆布，耍不得花拳绣腿，那种走一遍场子、定个型、拍个照的做派，群众是不买账的。这无疑要求党员干部多步入农家小院，常走进车间班组，拿第一手材料，获真情实感。对群众反映的问题，虚心整改，且改一件成一件，切实让群众享受到来自家门口的贴心服务。群众看到成效、增强信心，才称得上群众路线真正践行到位、落实到家了。

三是增进真感情。活动过程是与群众密切联系、增进感情的过程。干部身上要透露出真情之谊、节俭之风、朴实之气、务实之举，面对面听意见，心贴心问需求，洞悉群众的所思、所想、所盼和所恶。聚焦自身"四风"问题，勇于亮丑，敢于担当，把矛盾解决在群众"家门口"，把实事做到百姓心坎上，干出挤掉水分的实绩，避免以形式充实内容、以花朵代替成果。活动既是"直播"，其中有失分寸的桥段、细节不一定会过滤掉，尽管没有精心剪辑后的影像那么完美，但真实是印在群众心中的，值得群众时时回味的。

在群众眼皮子底下"直播"，既是现实要求，又是重要方法，更是新的尝试，需要干部体现真性情，展示真自我，躬下身子听真话，群众的批评真

心接受，查摆的问题真诚整改，转变作风有真作为，直到群众真点头为止。

（原载2014年6月4日《徐州日报》）

多从群众"口碑"中了解干部

中共领导同志在全国优秀年轻干部培养选拔工作座谈会上强调，要坚持重在平时考察年轻干部，多看干部的一贯表现和综合素质，多从群众口碑中了解干部，用多双眼睛看人选人。（7月15日《人民日报》）

"多从群众口碑中了解干部"，就是要注重运用民意调查和实绩研判的方法，进一步落实人民群众在干部工作中的知情权、参与权、选择权和监督权。

"口碑"，指在众人心目中的形象，是公众对一个人的评价。古人云："劝君不用镌顽石，路上行人口似碑。"考察干部、选任干部，将群众的"口碑"作为评价依据，让群众的"口碑"成为衡量干部的重要标准，使对群众有感情、为群众办实事、得到群众拥护的干部得到提拔任用。这是对民意的尊重，有利于科学、全面、准确地选好人、用对人。

毋庸置疑，人都很注意自己的"口碑"，党员干部更应把群众"口碑"视为生命。多年来，由于一些干部的人生观与政绩观出现了偏差，再加上有些地方对干部的考核片面看重国内生产总值增长，缺乏全面、客观、科学分析，忽视了群众对干部的认知和评价，致使一些急功近利、寅吃卯粮、热衷于做表面文章的干部得到提拔重用。有些干部之所以能"带病提拔"，与没有从群众"口碑"中了解真实情况不无关系。对他们的考察失真、失实，很大程度上是缺少群众"口碑"这个最重要的环节。

现实中，一个干部可以糊弄住少数领导，但要糊弄众多群众，不容易；一个干部在领导面前，可以作秀一时，但要在群众眼皮子底下长期显摆，就很难。所以，在群众跟前的表现，才是真切的，群众的评价也是真实的。

时下的问题是，有些干部不考虑自己的名声，不爱惜自身的"口碑"，不怕群众不满意，就怕领导不注意，挖空心思干眼头活，干插锹见水的事，干钻过头不顾腔的事。更有甚者，只要能升官，就不计后果。有人说，只要到其曾经工作过的地方看群众"口碑"，就会得到非常客观、中肯的评价。仔细分析一下近期被查处的大小干部，有几个是群众"口碑"好的？群众甚至早有预言："出事是迟早的事！"

政声人去后，民意闲谈中。多从群众"口碑"中了解干部，就会让干部有所顾忌，想问题、作决策、干事情，就会老老实实地尊重科学、尊重规律、敬畏群众，就不会留有遗憾。毕竟，通过群众"口碑"这面"镜子"，就可以了解和掌握干部的真实政绩，掂量出其在群众心目中的分量。

（原载2014年7月16日《徐州日报》）

"红脸"不"恼脸"

专题民主生活会一开始，一位领导同志就诚恳地对大家说："请各位放心地给我提意见、多批评，我一定先做到'红脸'不'恼脸'。"对于批评，如果不红脸，说明不尖锐，没有触及问题实质；而红脸后一旦恼脸，人家还怎么再说下去？因此，对党员干部来说，面对批评红脸不恼脸，是最基本的素养，是最起码的要求，也是专题民主生活会开出高质量的保证。

党内民主是党的生命，党内民主生活会贵在交心，关键在批评与自我批评，重在取得实效、改进作风。人常说，批评，刺耳三分；得益，不止七分。只有把自身存在的"四风"问题真正端上桌面，才能直面问题，分析问题，继而解决问题，并引以为戒。时下的问题是，有的人一听提意见就红脸，一遇到批评就恼脸，甚至当众翻脸。这也是一些党员干部听不到真话、摸不准实情，群众不敢、不愿说掏心窝子的话的根本原因所在。

专题民主生活会是一个自我反省、自我剖析、自我整改的过程。谚云："人不知己过，牛不知角弯。"通过领导点、大家提、相互帮，就会对自己

的思想现状有一个准确的定位，对自身存在的问题有一个清醒的认知，对主观原因进行一次刻骨的剖析。

红脸不恼脸，是面对批评所应具备的一种胸怀。辩证地看，开展批评与自我批评，红脸是好事，恼脸就坏事了。请大家帮助自己找出不足和缺点，诚心诚意接受批评乃至严厉的批评，何至于恼脸？岂不知，对己错误不批评，等于毁灭自己；对人错误不批评，等于见死不救。善于理清自我，切实剖析到位，就能进一步改进作风，解决存在的问题，扫清思想上的污浊，以利神清气爽干工作。

红脸不恼脸，是把批评视为同志之间的一种关怀。大家相互之间能够真诚相待、推心置腹谈意见、说问题、指要害，诊清病症，查准病理，是对同志真爱、真好的表现，怎可能恼脸？前提是对专题民主生活会的方向和目标认识到位，打消思想顾虑，认真对照"三严三实"，自觉开展批评和自我批评，认真查摆问题，切实击中要害。

红脸不恼脸，是将批评作为提升自我的一种情怀。党员干部之间要通过专题民主生活会切实查摆问题，特别是"四风"问题，达到"清清脑、红红脸、出出汗、排排毒"的效果，起到修身养性、自我完善的作用，决不会恼脸。其实，对于批评，唯有不恼脸，红脸的效果才能凸显，报之以笑脸才称得上是真情流露。

（原载2014年7月29日《徐州日报》）

"事后问责"莫如"事前问事"

日前，市委书记率领相关部门负责人深入铜山区进行安全生产专项检查，主要检查企业主体责任履行情况、有关部门监管责任履行情况、党委政府综合监管责任履行情况。（8月9日《徐州日报》）

这就是让安全生产警钟长鸣，把党政组织的"事后问责"变为干部的

"事前问事"。

昆山"8·2"特别重大爆炸事故，再次为我们敲响了安全生产的警钟。重大事故的发生，不仅危害人民群众的生命和健康，而且造成重大的经济损失和社会影响。这要求领导干部以对党和人民高度负责的精神，忠诚履行职责，强化"三个责任"，把对党政干部、企业责任人事后问责转化为事前负责，既惩治于已然，又防患于未然。

事后问责，毕竟是亡羊补牢，损失和影响已无法挽回。认真分析安全事故，就不难发现，背后几乎都有企业、监管部门和管理部门不作为的"影子"：思想不重视，作风不扎实，工作不细致，有的还存在失职、渎职甚至腐败问题；有的干部没出事故麻痹大意，出了事故麻木不仁；有的干部"挂帅"不"出征"，当甩手掌柜，虽然肩负领导重任，但既不领，也不导，更不负责任。

安全责任重于泰山。门肯有言："人一旦受到责任感的驱使，就能创造出奇迹来。"只有抓住责任人，才能有效预防事故发生。有些事故虽然发生在企业、基层，但根子却在监督管理者。事后严格问责，领导者的责任心增强，防范意识提高，就会起到带头、示范、引导和督促作用。假如平时把工作做到前头，方法得当、措施得力，就会防范类似事故再次发生，这才是明智之举、治本之策。

俗话说："不怕一万，就怕万一。"事故预防是永不竣工的工程，只有起点，没有终点，在任何情况下都不能抱侥幸心理。当前务必要强化责任意识，时刻绷紧"责任"这根弦，尽心尽职尽责。要敢于负责、勇于担责、大胆问责，对苗头性、倾向性问题，应大胆监督，消除在萌芽状态，不要把小事拖大、大事拖炸。要直面问题，积极应对，时刻保持警惕，把铁的纪律和严格的规章制度不打折扣地执行到位、责任到人，才能有备无患。

事前问事，把安全切实当回事，使每一个岗位都有人值守，每一个环节都有人把关，每一个步骤都有人督查。时下要特别强化规则意识，老老实实按规律办事、按程序办事、按科学办事，才能确保不出问题。20世纪50年代

建设北京人民大会堂，周恩来总理在反复审查工程设计方案时强调："要有茅以升的签名来保证。"这种敬畏科学、信任科学家、尊重客观规律的求实审慎精神，今天仍然要发扬光大、永远坚守。

"谁若不能把旁人当作前车之鉴，旁人便会把他当作前车之鉴。"其实，平时多问事，就没有"事后"之说，又何以被问责？可见一次"事前问事"胜过多次"事后问责"。问责不是目的，是手段，是事后的补救，是让一些被问责者长长记性，为更多的人敲敲警钟，从而减少、避免甚至杜绝问责在自己身上重演，则是人民群众与整个社会之幸事。

（原载2014年8月14日《徐州日报》）

"听群众讲"与"讲给群众听"

在基层调研时，听到有的党员干部抱怨工作难干，埋怨群众不理解、不配合、不支持。怎样解决这个问题，让群众理解、配合、支持，使工作好做呢？抱怨和埋怨恐怕无济于事，甚至会起反作用；只有主动深入群众，耐心细致地做思想工作，才能达到目的。这其中的一个关键，就是处理好"听群众讲"与"讲给群众听"的关系。

我们无论从事何种工作，都需要先了解实际需求和实际情况，这样才能有的放矢、正确施策。一般来说，了解实际需求和实际情况有两种途径：一是深入实际，二是深入群众。二者又是统一的，因为实际需求往往就是群众需求；同时，群众处于基层一线，对实际情况最熟悉、最有发言权。由此看来，要干好工作，首先就有一个深入群众、听群众讲的问题。善于"听群众讲"，对实际需求和实际情况的掌握就会更准确、更全面，工作的着眼点与着力点就会更明确，决策和举措就会更科学。当然，群众讲的有时可能是逆耳之言，不大中听，但也正因为如此，才能直击要害、更有参考价值。对这些话，尤其需要引起重视和警醒。"听群众讲"还有一层意思，就是能够按群众的意愿、要求开展工作，把群众的心声变为我们的自觉行动，在工作中充分体现出来。群众在心声表达出来后，常常特别看重"下回分解"，十分在意我们的反应和行动。只有在心声得到充分反馈和回应的情况下，群众才会愿意继续讲、讲真话。

在"听群众讲"的基础上，还需将相应的决策和工作思路及时讲给群众听，这也是做群众工作的一项基本内容。有些工作之所以难以推进、难以得到群众的支持和配合，一个重要原因就是没有把我们的决策和思路及时讲给群众听，或讲得不充分、不透彻，群众有疑问、有顾虑，甚至产生抵触情绪。讲给群众听，才能亮明主张、消除误解，使群众心明眼亮、心齐气顺，形成共识、获得支持。特别是当前，我国正处于改革攻坚期、矛盾凸显期，更需要重视讲给群众听，深入细致地开展说服引导工作，以解疑释惑、活血化瘀、凝心聚力。

"讲给群众听"还包含引导群众、说服群众的意思。这就需要我们把话讲得在理，讲到群众的心坎上，让群众听得进、搞得懂、记得住。所讲的东西被群众接受了、认同了，群众的思想觉悟提高了、心里的疙瘩解开了，自然就能赢得群众的信任、配合、支持，干起工作来也就不会那么困难。当然，在话讲出口之后，还要真正按讲的去做，做到言必信、行必果，不搞口惠而实不至。这样，我们才有号召力、影响力、凝聚力，才能团结带领群众干好工作、推进事业。

"听群众讲"与"讲给群众听"是同等重要的，不可偏废，而应统一。这也就是我们常说的既要善于当"学生"，又要善于当"先生"，其实质就是贯彻党的群众路线，坚持一切为了群众、一切依靠群众，从群众中来、到群众中去。所以说，群众路线这个法宝什么时候都不能丢。

（原载2014年10月9日《人民日报》）

"黑脸干部"群众喜欢

党的群众路线教育实践活动后，铜山区不断巩固活动成果，紧扣民意深化基层组织建设，所评选的"每周一星"晒出了一批"黑脸干部"，成了媒体和群众眼中的明星。让基层干部都能成为肯为百姓办事、深得百姓口碑的"黑脸干部"，老百姓才会说教育实践活动真正收到了成效。（11月2日《新华日报》）

群众眼中的"黑脸干部"，是指那些常年不顾风吹日晒、甘于吃苦耐劳、肯尽心尽力为群众忙活操劳的基层干部。而脸黑是饱经风霜的一种标识，是奔波于广阔天地而留下的一道道烙印。党的群众路线教育实践活动尽管告一段落，但活动的效果正在逐步显现，后劲在持续体现。实践说明，群众特喜欢懂社情、知民意、能办事、讲公道、敢担当的"黑脸干部"。

"黑脸干部"脚沾泥，能与群众一块干。干，离不开求真务实、干事踏实、作风扎实。脚底沾泥的干部接地气，没有官样子，易于融入群众。他们时常弯下腰看看，下去转转，与大家一起干干，在干中逐步加深感情。"泥腿子书记"——杨善洲到基层调研，路过龙陵县河尾村，卷起裤脚就下田，向农民推广"三岔九垄"插秧法，一边讲解一边示范，很快栽了一大片，而且栽得均匀整齐。堂堂地委书记，居然擅长插秧？脸如果不在烈日下晒上一段时间，是断然做不到的。脚沾泥，才能学习掌握为民服务的本领，工作上有两把"刷子"，吃紧当忙就会一展风采、引领示范，成为工作的"抓手"。

"黑脸干部"心有谱，能与群众一块苦。作为基层乡村干部，工作千条线一针穿，事务繁杂，常常"两眼一睁，忙到熄灯"。但要有自己的想法，有自己的做法，勇于到第一线去，到最前沿去，到最艰苦的地方去，与群众有盐同咸。既要谋划未来蓝图，又要付诸扎实的行动；既要以身作则、率先垂范，又要善于发动群众，汲取群众的智慧和力量，共同攻坚克难。"大棚书记"——寿光原县委书记王伯祥，虽然离职20多年了，可当地人民还在念叨他。开发北大洼期间，王伯祥吃住在工地，天天卷着裤腿，穿着一双解放鞋，在坑坑洼洼、沟沟坎坎的工地上奔波。农业部部长到寿光考察，追到了工地，错把一腿泥巴的王伯祥当成了民工。后来，他非常感慨地说："有这样的书记，还有什么办不成的事呢？"

"黑脸干部"人淳朴，能与群众一块过。基层干部是群众中的一员，大家老亲舍邻、乡里乡亲的，自然需要打成一片，容不得特殊。始终抱着与群众一块过的心态，事，就干得好，做得实，效果突出，百姓受益，口碑就好，个人也会进步上台阶。与群众一块过，宜抓当前、谋长远，来不得急功近利，搞不得半点花架子，务必要重实践、重实际、重实效，脚踏实地走下去，定会留下深深的脚印。

平淡最奇崛，质朴显崇高。"黑脸干部"别看脸黑，可身正行端，心系一方百姓，情倾老少爷们，看重的是为乡亲们干点事。

（原载2014年11月5日《徐州日报》）

"预留空间"利长远

前不久，市委书记主持召开会议，在听取徐州市总体规划修改情况后指出，要深入调研、充分论证，高标准、高质量地完成总体规划修改工作，以符合实际、科学可行的总体规划引领城市未来建设发展。要实事求是地分析预测城市2020年建设发展的客观需求，明确规划修改的范围，进一步提高修改工作的针对性和可操作性。要确定重大基础设施建设布局，为徐郑客运专线、徐宿淮盐高铁、城市轨道交通、城市快速路系统、市区"三环十三放射"道路网等重大基础设施建设预留空间。讲话字里行间透露出前瞻性，充分体现了决策者所具备的战略眼光和宽阔胸怀。

古人云："凡事预则立，不预则废。"注重为重大基础设施建设"预留空间"，这一决策理念源于切实把握了科学发展、可持续发展的精髓，反映

出于当前、打基础、利长远的胸襟，是积小胜为大胜、固基础筑大厦的大手笔。近几年，徐州城市建设充分展示徐州都市圈核心城市的特点，凸显大型区域性中心城市的辐射带动特性，并时刻想着为城市未来发展预留空间，不断为下一步发展创造有利条件，保持了发展的延续性、稳定性。为城市发展"预留空间"的精神，难能可贵，需要付出更多的心智。

一是精谋划。预是成功的基础，不预则是失败的根源。站得高、看得远、想得细，才能跳出城市看城市，以起点高、标准严、功能明确的要求，做好每一个项目的规划设计，抓好城市的规划控制，以一流的规划引领城市建设，才能着眼未来，未雨绸缪，乐为城市发展"预留空间"。同时一方面坚持汲取专家学者的智慧，另一方面广泛吸纳人民群众的意见，本着既有利于城市建设，又方便市民生活的原则，既确保当前，又顾及长远，所勾画的蓝图才能不留遗憾。

二是善统筹。没有准备的盲目行动，只能是忙忙碌碌却一事无成。牢牢把握城市的发展方向，须具有时代眼光，超前规划，精心设计，科学合理地布局城建工程，有力有序地推进城市开发建设，以进一步提升城市发展的内涵和质量。在具体实施过程中。务必按照"集中做、坚持做、认真做"的理念，始终保持重大项目建设的连贯性，持之以恒地推进重大项目上水平、上档次。对城建工程的建设，宜突出地方特色，既要看经济效益、社会效益，又要看生态效益、人文环境，兼顾短期与长效的平衡，尽可能减少副作用，更不能搞折腾反复、动辄推倒重来的短命项目。

三是巧对接。对整个城市来说，任何一项工程建设都不是孤立的，都需要与前接续、与后照应、与左右协调，实现预留茬口、无缝对接，方便与将来建设更好地衔接，避免"马路拉链"之类的事，以形成综合效应，凸显整体效果。从近期实施的徐州外环公路路线设计原则就不难看出：工程符合徐州总体规划及路网规划，尽量利用现有道路和在建将建道路，避开城市景区和重要区域，不破坏山体和自然景观，满足城市未来15～20年发展需求；同步做好相关干线、支线的设计和对接，预留道路接口，实现外环公路与市区各个节点的无缝连接。与此同时，还考虑做好与周边邻省、邻市的对接工作，通过徐州外环公路建设联通周边省、市，实现淮海经济区区域一体化，支撑徐州城市未来健康和谐发展。

"预留空间"，留的是基础，留的是条件，留的是希望，创造的是未来持续发展的良好机遇。作为江苏省规划建设的都市圈核心城市、淮海经济区的中心城市的徐州，未来发展前景无限，而每一项重大工程的建设，都关乎今后几年乃至几十年的发展。因此，城建多一些类似于"预留空间"的超前举措，那么，高起点规划、高水平实施、高标准推进就在其中了。

（原载2015年《城市与艺术》试刊第1期）

打造高端人才集聚区

一个地方发展崛起，一是集聚了一大批高新技术产业，二是集聚了一大批高端科技人才。面对国内外激烈的人才竞争，党的十八大发出"广开进贤之路，广纳天下英才"的号召。百强铜山择天下英才而用之，以高层次人才支撑高水平创新，引领高质量发展。

人才新则事业新，人才强则实力强。多年前，一位省领导在铜山调研时指出，其他地方都在"招商引资"，铜山已经在"招商选资"了。如今，当有的地方开始"招商选资"时，铜山"招才引智"已渐入佳境。正因为铜山视人才为第一资源，以事业为感召力，以梦想为凝聚力，以环境为吸引力，构建了高端人才的集聚区。

人才是成就事业的基石。一部三国史，就是一部人才争夺史。事业发展呼唤人才支撑，创新驱动需要人才引领。创新驱动实质上是人才驱动，之所以这么说，主要是因为人才是创新驱动的核心要素和主导力量。尤其是"中国安全谷"的打造，得益于高精尖人才的发明创造，使科技创新成果第一时间在铜山落地生根。

比尔·盖茨有言："一个公司要发展迅速得力于聘用好的人才，尤其是需要聪明的人才。"一个地方发展何尝不是这样？在铜山特别是高新区有这样一种诠释：诸多"中心"背后，站着院士；众多"基地"背后，站着教授；各个产业群体背后，站着专家团队……这就是推动科技创新、加快成果转化、促进产业升级的响当当的实力！

（原载2015年4月29日《徐州日报》）

"抬高标杆定目标"

"高新区党的群众路线教育实践活动达到了预期目标，取得了阶段性成果，党员干部作风进一步改进，勇于抬高标杆定目标。"——这是一位领导同志在徐州高新区党的群众路线教育实践活动总结大会上着重讲的一段话。对于"抬高标杆定目标"的观点，大家已形成共识。从徐高的定位分析来看，必须以高新技术为核心，以自主创新支撑产业发展，以产业发展带动自主创新，积极适应新常态，才能朝着更高的目标阔步奋进。

抬高标杆定目标，一要瞄准"高"。经过党的群众路线教育实践活动的洗礼，高新区党员干部自觉对标找差，追高进位意识大大增强。两年前，徐高在苏北率先晋级国家高新区，对此有些人感到已经很不容易、很不错了，有点"船到码头车到站"的思想，沾沾自喜，故步自封，缺乏危机意识。大家在学习讨论中认识到，与一些兄弟高新区相比，还存在着一定的差距，综合竞争力排名需要进一步提高。作为铜山经济建设的高地，应担负起发展以高新技术为支撑的现代产业的使命，加快促进产学研结合，把科技成果迅速转化为生产力，把科技能力加紧转化为经济效益，倾力推动增长方式的转变和经济结构的转型升级，在区域范围内、产业行业中找准自己的"坐标"。标杆抬高了，要求也相应高了，务必以强烈的忧患意识、责任意识和担当意识迎难而上、过关斩将。否则，就会留有遗憾。

　　抬高标杆定目标，二要抓住"新"。新产业、新科技、新能源、新领域，是未来经济拓展的方向。而发展新兴安全科技产业，徐高则具有独特的比较优势，能够有效解决产业发展所需的技术创新、市场空间和成本控制三大问题；区内矿业大学等从事安全科技研究的教授、博导等高级人才众多，不少新的研究成果全国领先，可保障矿山安全科技产业发展关键技术支撑。为此，徐高以打造"中国安全谷"为目标定位，瞄准科技前沿最新成果，在"智慧"上多下功夫。通过集聚智力资源、建设新技术平台、完善孵化体系、扶持高新企业及研发中心、鼓励科技人才创新等，促进科技人才、科研机构、高新企业无缝对接、多出成果、提质增效，从而推动企业整体科技水平、创新能力的有效提升。同时，全力打造全国性的"安全科技研发中心、安全装备制造中心、安全技术与装备交易中心、安全应急救援中心"，为我国安全生产形势全面好转提供新技术支持和新产业支撑。

　　抬高标杆定目标，三要立足"创"。把宏伟目标变为现实，需要付出扎实的努力，少不了"创"字为先、"干"字为要。以更宽的视野、更高的标准、更大的气魄谋划高新区发展，不断提升城区品位，增强城区功能，始终贯穿一个"创"字。创业，要咬住既定目标不放松，不断提升发展理念，创新发展思路，做到超前谋划、前瞻性决策，勇于项项领先、年年进位，着力打造"产业城区、生态城区、人本城区"。创造，不断增加自主创新内涵，由"徐高制造"发展为"徐高创造"，争创市场竞争新优势。创优，须锐意创新，处处领先，聚精会神搞建设，尽心尽力出特色，加快低碳发展、转型发展、跨越发展，高标准定位，快节奏推进，精细化落实，确保区域经济实力增强，位置提升，位次前移，在更高的平台上创出更大的业绩。

（原载2015年第7期《中国高新区》）

"把最美的风景还给市民"

1月14日，市委、市政府召开创建国家生态园林城市推进会，对国家生态园林城市创建工作再动员再部署。市委书记在讲话中说，要牢固树立打造良好生态、造福全市百姓的理念，坚持把创建国家生态园林城市摆上"三重一大"突出位置，精心实施美丽徐州建设"五大行动计划"，把更多的绿水青山留给市民。

此前，市委书记在接受人民日报记者采访时表示："把最好的资源留给后代，把最美的风景还给市民。"经过几年艰苦努力，现在，徐州市民人均公园绿地超过17平方米，市民出行300米到500米就能步入休闲绿地，尽享宜居生活。大气而不失精致的城市建设，山水相依、绿意盎然的生态美景，不仅拉近了市民与绿色的"距离"，也加深了人们对争创"国家生态园林城市"的认同。

"把最美的风景还给市民"，一是心中有民。城市是人民的城市，人民是城市的建造者，是城市生活变化的见证者。徐州决策者始终把人民愿景作为想问题、作决策、干事业的着眼点，打造良好生态，造福全市百姓，让人民安居乐业。从创建"国家森林城市"，到争创"国家生态市"、建设"国家生态园林城市"，致力于再造生态、深入修复生态、严格保护生态，整体提升城市生态环境质量，逐步还原彭城山水相依的自然风貌，彰显徐州绿色宜居城市特质，让人们感受到"城在林中、路在绿中、房在园中、人在景中"的城市新景观。一外地朋友游览后感慨地说："徐州的风景如画，遗憾的是我只是个过路人。"

"把最美的风景还给市民"，二是还湖于民。湖泊是城市的肺脏，关系着城市的生态。呵护好城市的肺脏，才能让市民神清气爽，与大自然和谐相处。10多年前，市委、市政府高起点规划，首先对云龙湖实施生态再造，搬迁环湖周边7个村庄，拆除城区山脚、水岸边的违章建筑，腾出3000多亩市区黄金地块，兴建绿色景观长廊。湖水清了，生态好了，市民竟从湖中钓出了100多斤重的大鱼；接下来是整治九龙湖、大龙湖、金龙湖……给徐州带来的是从"一城煤灰半城土"到"一城青山半城湖"的蝶变。初春时节，云龙湖东岸杏花似雪、灿若云霞，青山掩映、垂柳拂堤，俨然江南水乡的绰约风姿。

"把最美的风景还给市民"，三是增绿于民。绿色象征着生命，象征着清洁优美的自然环境。绿色是具有一切生命力的最好的证明，当前世界上一股绿色浪潮正向人类生存的各个领域席卷而来：绿色文明、绿色消费、绿色企业、绿色食品、绿色标志等冠以"绿色"的众多名词术语层出不穷。徐州深入实施"地更绿"计划，其"添绿工程"就明确规定：主城区拆违添绿、破墙透绿、见缝插绿，市区3亩以下拆迁地块统一规划建设园林绿地。添绿、透绿、造绿在彭城大地已成为全民共识、集体追求的自觉行动，近年新增开放式公共绿地2000公顷，栽植乔木3万株、灌木16万株，铺设植被10万平方米的"十里杏花村"成为亮丽风景线。

"云龙山下试春衣，放鹤亭前送落晖。一色杏花红十里，新郎君去马如飞"——千年前，徐州知州苏东坡，描绘出这般风景；如今徜徉在云龙山、云龙湖风景区，仿佛穿越时光隧道，恍惚步入这幅千年图画风景中。眼下徐州创建国家生态园林城市如火如荼，全民参与的热情空前高涨，整体生态环境由"黑白底色"向"彩色画面"转变，形成"楚风汉韵、南秀北雄"的鲜明特质，正以整洁有序、功能完善、宜居宜业的城市形象拥抱八方宾客！

（原载2015年《城市与艺术》试刊第2期）

严以律己与严以律人

在县处级以上领导干部中开展"三严三实"专题教育，遵照习近平总书记"严以修身、严以用权、严以律己，谋事要实、创业要实、做人要实"的要求，切实把"三严三实"作为修身、用权、律己的基本遵循，作为谋事、

创业、做人的行为准则。这其中主要领导干部应严字当头、实字托底，主动担负起第一责任人的责任，既带头接受教育，又进行具体指导；既严以律己，又严以律人；律己足以服人，律人促进律己，真正把严和实的要求立起来、树起来。

严以律己，就是管住自己。做官先做人，做人必修身，修身当正己。领导干部应注重自身修养，严守党的政治纪律和政治规矩，带头讲政治、重品行、作表率，才能以上率下、不令而行。律己一是己常省。人的内因是起决定作用的，修身养性、洁身自好、把握好自己，需要"吾日三省吾身"。平时常作自我反思，多多触动思想、触及灵魂；不时扪心自问，有哪些做得不够，什么地方需要改进，言行有没有出圈犯规？及时发现、检点自己的过失，让严以律己寓润物无声之中。二是己常警。坚信"人民利益高如天"，常想"头上三尺有神明"，始终坚定信念、牢记宗旨、不辱使命，善于从先锋模范中吸取养分，从反面典型中汲取教训。接受自己的教训是聪明的，借鉴他人的教训是明智的，绝不把腐败分子悔恨的今天变成自己的明天。务必要警钟长鸣、戒心常在、敬畏之心长存，确保行有所止，不偏向、不越轨、不出格。三是己常净。自身净乃律己之果，凸显人格魅力，产生示范效应。要求别人做到的，自己不仅首先做到，而且要做得最好；要求别人不做的，自己碰也不去碰。始终心存感念，手握戒尺，慎独慎微，把心守住，把嘴管住，把手拽住，清清白白走正路、干正事、扬正气，永葆共产党人的政治本色。

严以律人，就是管好他人。对领导干部来说，做到严以律己是可贵的，但还不够，还需要严以律人，这是职责所系、使命之托。对众多部属只有从严要求、从实入手，才能风清气正、干好事业。因此，严以律人对主要负责人来说是极为重要的。律人首先要带好队伍。对同志严是爱、松是害，不放任、不纵容，关键是一碗水端平，不"护犊子"。发现问题当面指出来，出现偏差及时纠正，造成后果处罚到位。如一事处理失当，则百事受制；一人处置欠妥，当难服众口。其次要看好身边人。身边人不易管，"灯下黑"较难办。像秘书长、办公室主任、秘书、司机等，整天偎在身边，难免滋生优越感。这些人的一举一动、一言一行，常常令基层雾里看花，弄不清是个人行为还是领导之意。近几年有些领导的身边人出事，多是打着领导旗号，干出了不法勾当，不仅害了自己，也牵扯、毁坏了部分干部。只有看好身边人，才能带好大批人。最后要管好亲朋。人都有感情，都有三亲六故，在亲情面前如果抹不开情面、下不了狠心，自然在所管理的地方，人家也会心照不宣、顺水推舟卖人情，以至于陷入亲情而不能自拔。因此，对亲朋的无理、违规要求，绝没有第一次，因为有第一次就有第二次；绝不开口子，法纪面前没有商量的余地；绝不搞"下不为例"，一次下不为例，往往成为"前有车、后有辙"的借口，无奈之下会再行"下不为例"。

严以律己不易，严以律人更难。律己做不好，就难以律人；律人做不好，说明律己上还存在一定的问题。要先律己，后律人；既律己，又律人。如果光律己不律人，就难以独善其身；如果光律人不律己，就没有底气胆气，腰杆也硬不起来。所以，只有按照"三严三实"的要求严以律己，树起标杆，作出表率，才能要求、带动、影响他人习惯在约束中工作、在监督下干事、在自律中修身，逐步形成上上下下、时时处处"严"字当头、"实"处着力的良好氛围。

（原载2015年9月8日《徐州日报》）

让创新成为发展"驱动力"

对于"创新"，眼下有两个现成的新闻亮点：

铜山全区高新技术产业产值占规模工业比重超过41%，其中高新区超过58%。

铜山区郑集镇制造的小型食品加工机械和桑拿设备，成为全国"单打冠军"。

一个是自主创新能力显著提升，对产业经济贡献率大幅提高，纳入了

国家创新体系；另一个是创新使农业增效、农民增收、农村发展，都凸显了"创新"的驱动作用，真是唯创新者进，唯创新者强，唯创新者胜。

党的十八届五中全会提出，实现"十三五"时期发展目标，破解发展难题，厚植发展优势，必须牢固树立并切实贯彻创新、协调、绿色、开放、共享的发展理念。其中创新发展注重的是解决发展动力问题，铜山区十三届十次全委会就提出"把创新作为铜山发展的最大法宝"，旨在培育新常态下经济增长的新动力。

创新是发展的金钥匙。习近平总书记在2015年的全国"两会"上，深入阐述了创新与发展的关系："创新是引领发展的第一动力，抓创新就是抓发展，谋创新就是谋未来。"铜山区《政府工作报告》明确"把实施创新驱动作为第一战略"，把发展基点放在创新上，增进了"不创新就要落后，创新慢了也要落后"的共识。

致力创新的着眼点，在提升产业上增强驱动力。创新能力反映出一个地区的综合实力和核心竞争力，铜山科技创新工程水平指数为95.9%，全市第一。经济发展步入新常态，迫切要求将发展动力从要素驱动切换到创新驱动上来，因为支撑经济快速发展的劳动力、土地、资源及生态环境等传统要素驱动发展的空间变小了。创新的目的是形成发展优势，发展优势最终要体现在产业优势上。在新一轮产业转型升级的过程中有所作为，就会助推"中高速"迈向"中高端""铜山制造"转向"铜山创造"。

聚焦创新的着力点，在招培人才上激发驱动力。创新归根到底是人才创新，创新驱动归根到底是人才驱动，人才是支撑创新发展的第一资源。铜山把更多资源投向"人"，突出"高精尖缺"导向，着力发现、培养、集聚科技领军人才、企业家人才、高技能人才，引进"千人计划"专家、院士19人，造就了一批高水平创新团队。以创新人才挑大梁、出头彩为引领，逐步形成人人崇尚创新、人人渴望创新、人人皆可创新的社会氛围。

夯实创新的着重点，在营造环境上集聚驱动力。牵住了创新这个牛鼻子，就走好了创新这步先手棋，就能抢占先机、赢得优势。但创新并非一蹴而就，能够把长远的发展利益放在首要考虑的地位时，就会为创新发展提供肥沃的土壤。大力营造适宜创新的小气候，激活民间智慧和创造力，推动大众创业、万众创新，鼓励草根创新、蓝领创新，发展众创、众包、众扶、众筹空间，最大限度地释放创新潜力，铜山区域创新比较优势目前已逐步形成。

古人云："苟日新，日日新，又日新。"9个字道尽创新的强烈愿望。把创新放在发展全局的核心位置，顺应创新发展大势，赶上创新发展脚步，迸发创新发展活力，为建设经济强、百姓富、环境美、社会文明程度高的新铜山提供强大的新动能。

（原载2016年2月3日《徐州日报》）

干部有本事更要守本分

德才兼备，用通俗点的话来说，就是既有本事又守本分。本事是有真才实学，能够胜任本职工作；本分是有良好的人品道德，守纪律、懂规矩、遵章法。好干部理应德才兼备。

"德"为"才"之魂，"才"为"德"之基。一个干部没有本事会误事，不守本分易出事，有本事而又能守本分才能干成事、成大事。当下，有些干部对"有本事"格外上心，生怕拖了进步的后腿，而把"守本分"却不当回事，觉得长了本事，就可以代替本分。随着阅历的增加、职务的升迁、本事的增长，有的干部就越来越把握不住自己，守不住本分，从而违规违纪，走上不归路。

一些干部由于缺乏自身修养，作风"不严不实"，不是把本事用在干事创业上，而是视纪律为框框，把规矩当紧箍咒，整天琢磨如何规避党纪国法，钻政策的空子、打法律的擦边球；有的调动工作，非带着秘书、工勤员、司机等"跟班"随行；有的刚主政一方，就跟商人称兄道弟，勾肩搭背，一起出入高档会所胡吃海喝；有的到一个地方履新，凳子没坐热，就开

329

始大刀阔斧动干部，把权力要害部门都换上自己人……

不守本分的干部，他的"本事"不免也要让人打个问号。有的擅长歪门邪道，可以不择手段强行推进某项"工程"，可以八面玲珑投机取巧，可以把上级伺候得无微不至……这些"本事"之所以成为本事，或许也和一些地方选人用人的标准不无关系。一些地方在选人用人上认为能摆平就是水平、就是本事、就得提拔重用，但就是不考虑整个过程是否合规合法，摆平一事的暂时收益远小于其带来的长期危害。

没本事干不好工作，不守本分走不了正道。从党的十八大以来查处的落马官员不难发现，一些人不是没本事，而恰恰是由于本分守不住，最终走上了不归路。一个干部本事再大、能力再强，如品行不端、动机不纯、道德滑坡、不守本分，最终要掉队。

（原载2016年2月4日《中国纪检监察报》）

由"裤子论"说到协调发展

新年伊始，铜山区领导到高新区调研时说，发展面临着"个头高了、裤子短了"的问题，正因为走在了前列，对"成长的烦恼"体会得较早，务必要以协调创新的精神去破解。

20世纪90年代，棉花生产形势曾一度严峻，县里天天调度收购进度，一位基层干部在做群众工作时说："我们不能光吃饱了肚子、穿不上裤子吧！"农民的思想一下子通了。

两则"裤子论"实际上都反映出发展不平衡、不协调的问题。人穿戴不协调，不好看；经济社会发展不协调，不看好。"协调发展"强调的是"全面"二字，注重的是解决发展不平衡问题。习近平总书记一再强调，"必须全力做好补齐短板这篇大文章"。补短板，意味着协调成功、整体增效，使发展更有"含金量"。下好"十三五"这盘棋，协调发展是新常态下决战制胜的要诀。

"协调发展"，就是发展要有协调性、均衡性、可持续性，各个方面、各个环节的发展要相互适应、相互促进。对率先发展的铜山来说，跑得快，但跑过一段路程后，就要注意调整关系，有必要审视发展短板，拓宽发展空间，增强发展后劲，持续培育新的增长点，啃一啃发展中难啃的骨头，拉一拉发展滞后的偏远地区，稳妥处理好各方面的关系。

一是既要城镇化，又要农业现代化。没有农村的小康，就不是全面的小康。城镇化和农业现代化，好似"车之两轮"，唯有双轮驱动，才能实现协调发展。目前铜山常驻人口城镇化率已达58%，需要进一步提高发展均衡性，坚持工业反哺农业、城市支持农村，以工促农、以城带乡，有效集聚资源，着力解决突出问题和薄弱环节，实现城乡一体化，让"乡下人"、"城里人"都有获得感。

二是既要增强"硬实力"，又要提升"软实力"。有人提出："过去是计划经济，现在是市场经济，将来是文化经济。"增强文化底蕴，营造良好的人文环境，让协调出动力、出合力、出软实力。高新区之所以成为铜山经济增长极，就是得益于"硬实力"和"软实力"一起增强，从而走出了从招商引资到招才引智、从企业集中到产业集聚、从"铜山制造"到"铜山智造"的路子。

三是既要"富口袋"，也要"富脑袋"。全面建成小康社会，既要物质丰裕，也要精神丰富；促进城乡协调发展，核心仍在于"人"。应当看到，人们物质生活水平与社会文明程度不协调的问题日益突出，人的内涵需要丰富，文明素养亟待提高。在提升经济实力的同时，注重全社会思想文化建设和文明程度的提升，不断提振人的精气神，为实现中国梦提供强大精神动力。

协调是持续健康发展的内在要求，唯有识大体、谋大事、顾大局，发展路子才能越走越宽广。实现"两个率先"，对铜山而言，既是时间节点上的率先，又是提升发展质量与水平的率先，更是各项事业全面协调发展的率先。

（原载2016年2月19日《徐州日报》、3月8日《新华日报》）

让"绿色化"发展更养眼

关注空气质量，成了百姓每天的"必修课"，以往外出看有没有风雨，现在怕碰上雾霾。人的生活富裕了，更加渴望蓝天白云，向往空气清新，希望饮水洁净，期冀食品安全。

百姓的"盼"也发生了变化，过去盼"温饱"，现在盼"环保"；过去求"生存"，现在求"生态"。生活标准正由"生活殷实"向"生态富裕"转变，对优美环境的需求越发强烈。

民有所呼，必有所应。

2015年5月，中共中央、国务院发布《关于加快推进生态文明建设的意见》，第一次提出"绿色化"概念，并将其与新型工业化、城镇化、信息化、农业现代化并列。同年10月，党的十八届五中全会将绿色发展作为"十三五"乃至更长时期经济社会发展的一个重要理念，赋予了生态文明建设新的内涵，明确了建设美丽中国的实践路径。

绿色，生命之色，大自然的主色调。统筹生产、生活、生态三大布局，必须坚持"绿色化"，更加注重促进形成绿色生产方式和消费方式。因为生态兴则文明兴，生态衰则文明衰，丢了绿水青山，金山银山最终也不会长久。

坚持绿色发展，首先要准确把握其内涵与要求。深刻领悟保护生态环境就是保护生产力、改善生态环境就是发展生产力的理念，近几年铜山生态工程建设可圈可点。对此，区委书记感慨："铜山秀美的山水资源是我们不可复制的竞争优势。"区长认为，要大力提高绿色发展能力，推动生产方式"绿色化"转型。决策者深谙一个道理：在发展中一定不能经济上去了、环境下来了，这就得不偿失了。

坚持绿色发展，其次要追求资源节约与环境友好。绿色发展是可持续与高质量的文明发展，是经济上台阶、生态文明也要上台阶的发展。铜山将"绿评"扩大延伸，倾力推动低碳循环发展；高新区实行生态硬约束，"不是企业消灭污染，就是污染消灭企业"。全区工业低碳化程度进一步提高，单位国内生产总值能耗累计下降22%，全面完成省下达的"十二五"节能减排和落后产能淘汰任务，去年顺利通过国家生态区验收评估。

坚持绿色发展，最后要注重人与自然的和谐。习近平总书记说："良好生态环境是最公平的公共产品，是最普惠的民生福祉。"没有绿色的生态，发展就难以体现"以人为本"。小康全面不全面，生态环境质量是关键。铜山把培养生态文化作为重要支撑，注重城区生态调水、见缝插绿、景观带提升等，城镇绿化覆盖率提高到45.5%。

春风又绿江南岸，一个"绿"字，给人以视觉上的形象美；一个"绿色化"，呈现出"环境美"的现实模样。努力让绿色发展成为铜山的鲜明特色，建设天更蓝、地更绿、水更清的美丽家园，大踏步走向生态文明新时代。

（原载2016年2月26日《徐州日报》）

以"外向度"构建开放新高度

从历史深处走来的"一带一路"，开启了新的合作之路、共赢之路、开放之路。当今的发展离不开"外向度"，"开放"已经成为时代的主题和绚丽的风景：

带有"铜山"符号的产品，漂洋过海远销七大洲；何桥的"金蛋"，从故黄河畔"滚"到了黄浦江畔；当然，境外的"苹果"，一时成为时尚的通信工具和传播媒介……

开放才有发展，发展必须开放，关起门来搞建设是不可能成功的。党的十八届五中全会提出"开放发展"的理念，重在解决发展内外联动问题，丰富开放内涵，提升开放水平，为发展注入新动力、增添新活力、拓展新空间，努力实现合作共赢。

习近平总书记曾郑重宣示："中国开放的大门永远不会关上。"近年来，

中国最成功的经验就是开放。一个地方、一个国家、一个民族，唯有拥有开放包容的肚量、海纳百川的胸怀、兼收并蓄的自觉，才能奋起直追、超越自我。具体而言，既要"引进来"，又要"走出去"，着力推进高水平双向开放。

"引进来"，就是吸收借鉴先进的好经验、好办法。我国的对外开放都是从"引进来"起步的，吸收世界文明的发展成果，并科学运用到促进发展中。得益于开放，铜山经济发展水平显著提高，在生产、资金、技术、人才、管理等方面已形成了一定的比较优势。以"引进来"为特征之一的开放发展，积累了"招商引资"与"招才引智"的经验，学会从对外开放战略中找机遇，从全球市场中找需求，从国际资源中找项目，不断提高引进高端要素的能力。

"走出去"，就是到国际市场上经风雨、见高低。与"引进来"相比，我们"走出去"时间相对较短，提高"引进来"的档次，必须与不失时机地"走出去"互补，才能争创开放发展新优势。2015年10月16日，徐州高新区举办首届"一带一路"安全产业发展国际论坛，为园区企业"走出去"明晰了路线图，一批竞争力较强的企业借"船"出海、借"路"入关，以品牌+创新等争取外向型发展的"入场券"。如徐州中矿大传动一举打破国际巨头垄断的矿井大型提升机市场，"走出去"的前景越来越广阔。

"区外也是外"，就是既面向国际又面向国内。对外开放不能只跑境外，引进资金不能只盯美元，国外、境外、区外都是合作共赢的伙伴。要强化"境外是外、区外也是外"的理念，把借外力求发展、以开放促发展作为加速经济增长、优化产业结构的重大选择。要瞄准区外、市外、省外市场，对接央企、百强企业、大集团总部等，在更大范围内推进产能合作，配置资源要素，促进转型升级、提质增效。

一要吃透"上头"，二要吃透"下头"——以往多少年被奉为做好工作的法宝，现在看来，还要再加上吃透"外头"，特别是经济工作。"开放带来进步，封闭导致落后"，大力增强"外向度"，就会在更大的舞台上竞技、在更高的层次上跨越。

（原载2016年3月18日《徐州日报》）

让共享成为发展"动力源"

日前，铜山区召开扶贫开发工作会议，对"十三五"脱贫致富奔小康作出安排，围绕"减少相对贫困、缩小收入差距、促进共同富裕"的目标定位，按照"标准再提高、重点再集聚、内涵再丰富、底线再织牢"的工作要求，在精准施策上出实招，在精准推进上下实功，在精准落地上见实效，确保脱贫成果过得硬。

——全面小康是人人共享、不让一个人掉队的小康，这正是全面建成小康社会的难点所在、攻坚所指。而打赢扶贫攻坚战，是当前和今后一个时期的一项重大任务，意义深远，使命光荣。

——把共享作为发展的出发点和落脚点，就是让百姓共同享有改革发展成果。铜山区《政府工作报告》提出，今年将实施六大类40项民生工程，一年接一年持续发力，守正笃实，久久为功。

党的十八届五中全会提出共享发展理念，坚持"以人民为中心"的民本底色，将改善民生作为推动发展的基石。要成大业、铸伟业，不断保障和改善民生，让发展有温度，让幸福有质感，离不开共享所迸发出的"动力源"。

第一，共享需"共建"。天下没有免费的午餐，没有共建就没有共享。共享需要共建，共建为了共享。只有让发展成果公平共享，全面小康才能凝心聚力；只有让人民幸福安康，才能在现代化道路上稳健前行。让人民群众共享改革发展成果，是社会主义的本质要求，是为民宗旨的必然选择。当然，共享不是坐等靠要、坐享其成，而是人人参与、人人尽力、人人享有，以共享引领共建、以共建推动共享，从而厚植发展优势、凝聚发展伟力、提升发展境界。

第二，共享贵"补短"。发展不可能齐头并进，总有先后之分、强弱之别，总会出现"短板"。夯实民生幸福工程，织牢社会保障"安全网"，须综合施策、补齐短板、把底兜住、整体提高。共享发展的达成，并非一蹴而就，而是一个从低级到高级、从不均衡到均衡的渐进过程。就铜山而言，

"共享"是在经济增长取得一定成就基础上的"共享",是建立在生产力发展水平比较高的层次上的"共享",贵在实现"不让一个掉队"的全面小康、"一个都不能少"的共享发展。

第三,共享重"归宿"。人人享有发展机遇,人人享有发展成果,共享的范围越宽阔,发展的动力源越强大。共享发展注重的是解决社会公平正义问题,它着眼于社会主义本质要求和发展目的,坚持发展为了人民、发展依靠人民、发展成果由人民共享。有了公平正义的制度,共享发展才有坚实的根基,才能逐步建立以权利公平、机会公平、规则公平为主要内容的社会公平保障体系,使全体人民在共建共享中有更多获得感和自豪感。

"人民对美好生活的向往,就是我们的奋斗目标"——让人民共同享有人生出彩和梦想成真的机会,必将释放全社会活力,激发全社会的积极性、主动性、创造性,共同创造属于我们自己的美好生活。

(原载2016年3月25日《徐州日报》)

"幸福企业"就是让员工幸福

淮海控股集团提出打造"幸福企业"工程,意为企业既要为社会创财富,又要为员工谋福祉。打造"幸福企业"是员工的核心需要,是可持续发展的需要,也是提升企业美誉度的需要。幸福企业就是要让员工愉快工作、幸福生活,获得更广泛的社会认同。

有识之士指出,最好的企业不是利润最大化,而是员工的职业幸福指数最大化。人之所以感到"幸福",不是因为生活得多舒适,而是生活得有希望。对于幸福,不同的人有不同的认知和理解,其实幸福很简单:有舞台,有关爱,有期待。

"幸福企业"让员工有舞台。靠工作求生存,凭贡献求进步,工作岗位是员工创造业绩、实现价值的平台。拿破仑有言"一个不想当元帅的士兵不是好士兵"，同样，一个企业必须有一批有"野心"的员工，这种雄心可以激发员工以更饱满的热情投入工作，在更高更广的平台上有所作为，取得更加骄人的成果。淮海实施"以人为本、整合资源、产融结合、品牌经营"战略，积极创造条件，让员工在每一个岗位都能够发挥潜能、成就事业：吃技术饭的可以成为"工匠"，吃营销饭的可以成为"销售专家"，吃管理饭的可以成为"经理人"，等等，各展所长、各得其所。企业唯有人才辈出，产品竞争力、市场支撑力、品牌影响力才能永葆青春。

"幸福企业"让员工受关爱。业以才兴，才因业成。与曹操、孙权相比，刘备起家之初有什么？可人才照样趋之若鹜，打的就是感情牌；说刘备的江山是"哭"出来的，又何尝不是真情的流露？淮海秉承"把员工的事当成自己的事"的理念，围绕"工作、薪酬、培训、生活"建造宁静的港湾，让员工身心得以歇憩，心灵得到充实，能力得到提升，增强温暖感、归属感、自豪感。如员工子女考上大学，集团送上奖金祝福，就是以情感人。对于员工跳槽、人才流失，有企业家总结两点，一是钱没给到位，二是心委屈了，根本原因是干得不爽。淮海拥有训练有素的技术员工1万多人，25%为老员工，对企业有依恋、干得恋，普遍有胜任感、成就感和满足感，稳定的队伍无疑是对企业的一种高额回报。

"幸福企业"让员工有期待。"淮海"商标获"我最喜爱的江苏商标"荣誉称号，一年产销各类车辆百万多辆，连续10年稳居行业第一位，在这样的名企工作是有优越感的。既胸怀大志又脚踏实地的决策者深知，员工工作除了养家糊口之外，还有精神上的追求，特别是年轻员工，谁不怀揣梦想、憧憬着美好的未来？为此，淮海着力营造一种积极向上、奋发进取的企业文化氛围，既让员工看到企业有实力、有品牌、有影响力，也让员工感到自身在这里有干头、有念头、有奔头。同时，大力倡导员工干一行、爱一行、专一行、精一行，成为某一专业的"行家里手""技术大拿"，靠实力、凭能力抓住每一次进步的机会。

睿智的企业家总是把"人"放在企业的核心位置。"人力资源尤其是优

秀人才资源是重点掌握的稀有资源"——董事长安继文深谙此道，多少年求才若渴的激情不减，创业创新的劲头不松，孕育了打造以人为本的"幸福企业"的思想，在发展理念上又领先了一大步，从而助推淮海这艘巨轮直挂云帆、劈波斩浪、全速前行！

（原载2016年4月27日《新华日报》、5月19日《江苏法制报》）

既要"听讲"　又要"自讲"

开展"两学一做"学习教育，基础在学，关键在做。如何先抓好学习这个首要任务，打牢"学"这个基础，一个地方的党工委明确提出："各局（办）党支部的'三会一课'，大家既要认真'听讲'，也要广泛'自讲'，才能确保真学、真懂、真信、真用，真正在每个党员心中落地生根、开花结果。"对此，大家反映，"自讲"比单纯的"听讲"效果好多了，支部动起来了，党员学起来了。

对党章党规，要烂熟于心；对系列讲话，要入脑入心。"学"可以根据各自的条件，通过读原文、阅报刊、看视频、上党课、听辅导、学典型等多种形式推进。但要切实把所学的内容记牢靠、领会深，悟透彻、用得好，还要在听讲的同时，结合实际、立足岗位的自讲，才能在理论上有收获，在实践中出真知，在工作上出成果。

我们都知道，大多数的学习常常是集中起来，由一个人念材料"领学"，好像这样才显得正规。这一方法往往是听讲的多、自讲的少，领导说得多、群众说得少，普通党员难得"讲两句"，易形成被动式学习。时下环境条件都发生了巨大变化，每个人都可以随时随地、见缝插针地学，或沉下心来研读式地学习，不愿听照本宣科式的灌输，因此在学习形式上必须不断创新，才能肯学、乐学、学出成效。

让每一个党员上讲台"自讲"，就会迫使党员对学习格外上心，主动以

"学"和"讲"为途径，有针对性、有个性地讲要点、谈体会、说感悟。因为要把对所学理论的理解、启迪、收获等，变为自己的话语表述出来。这，如果学得不到位、功课做得不细致，恐怕到自讲时就像麻雀叼浆糊——咕哝嘴了。

"自讲"能够让每一个党员的学习热情高涨起来。要把学习内容、要点讲出来，不先学扎实、学深入不行；要讲得有声有色，少不了自觉地学透学精；要用自己的语言讲出新意，离不开把握精髓、吃准要义；要做到学以致用，必须契合实际，掌握实情，才能形成新的见解，孕育新的思路。"自讲"还可以相互启发、相互借鉴、相互提高，营造浓厚的学习氛围，放大党员干部的学习效果。

党员干部在"学"上养成"自讲"之风，会不断增强学习的责任感和紧迫感，主动学在前面、用在前面、干在前面，切实变"要我学"为"我要学"。当然，在不断的探索中，学习方法应活一点，学习形式应新一点，学习的态度应实一点，多在讲求实效上动脑筋，在追求运用上下功夫，才能促进学习成果的有效转化，真正达到学习的目的。

讲一遍胜过看十遍。让普通党员"自讲"，既可增强学习兴趣、提高学习质效，又能及时与大家互动交流，成果得以分享，观点得到碰撞，思想得到升华。"两学一做"贵在学、重在做，"学"的基础夯实了，那么，"做"起来自然是山上滚石头——实打实。

（原载2016年6月7日《徐州日报》）

责问过后须问责

党员干部因失职而导致工作上出现失误，上级领导常常会当众责问，话语严肃、态度坚决。这种责问往往会引起共鸣，一时成为热点。然而，一些责问却是雨过地皮湿，最后不了了之。对此，群众颇有微词：光有责问不行，还要有问责。这无疑戳到了问题的要害。中共中央政治局刚刚审议通过

的《中国共产党问责条例》，要解决的就是这一问题。

补牢当在亡羊前。直指问题实质的责问，能帮助同志认识错误、纠正偏差，是非常必要的。尤其是当问题还处于萌芽状态时，先以责问的方式敲打敲打，给予指导和纠正，可以防患于未然。可见，问责前的责问，实际上是扯扯袖子、打预防针，是对同志负责任的表现。时下有种现象：有些地方和部门的领导对身边同志身上存在的问题明明看得很清楚，却睁一只眼闭一只眼，甚至放任自流。这最终会害了同志、贻误工作。出于对党的事业负责、出于公心，敢于责问、及时责问，非常重要，也非常必要。不过，更为重要和必要的是，责问之后，按照规定应该问责的，相应的问责机制要跟上。

一些地方和部门之所以责问多、问责少，主要有以下几方面原因：从工作程序上看，责问容易，可当场为之；而问责复杂，需要走相应程序。从处理方式上看，责问多为领导干部的即席讲话，可以产生轰动效应，彰显领导魅力；而问责以组织名义作出，领导干部个人常常居于幕后，不能"显山露水"。从处理结果上看，责问通常最后大事化小、小事化了，不会真正"得罪人"；而问责要弄清事情的前因后果，板子会打到具体人身上，容易"得罪人"。正是由于这些原因，实践中往往是责问多、问责少。但没有问责，责任就难以落实，问题就得不到解决。因此，责问之后，需要问责的必须问责。

问责的实质是由不落实责任者承担相应后果，是对工作失职的惩处；是把问题产生的原因、后果搞清楚，该由什么人承担责任就由什么人承担责任。问责的目的在于对重大问题、恶性事件所造成的恶劣影响、重大损失有一个明确的交代，查找根源、弥补漏洞，以儆效尤、杜绝后患。责问过后如果没有问责，无异于"光打雷不下雨"或"雷声大雨点小"。当前，有些责问实际上就是领导干部撂几句狠话，而后续并没有作出严肃的组织处理。长此以往，一些人就会对责问产生"耐药性"。现实中，一些问题之所以反复出现，主要就是责问之后问责没有及时跟上，板子没有打到具体的人身上，没有起到警示作用。因此，只有用好《中国共产党问责条例》这一全面从严治党的利器，有错必纠、及时问责，才能既教育犯了错误的同志，又警示更多的同志。

责问与问责互为补充。只有坚持问事必问人、问人必问责、问责问到底，才能达到问责一个、教育一片的效果，才能促使党员干部负责担责、尽职尽责，尽量少犯错误，真正把工作干好。

（原载2016年7月8日《人民日报》）

学在深处　谋在新处　干在实处

铜山区坚持谋在新处、学在深处、干在实处，学习教育准备充分，起步扎实，推进有序，宣传到位，规定动作原汁原味，自选动作特色鲜明。目前，全区68个基层党委、1798个基层支部的"两学一做"学习教育正有序推进、蓬勃开展。（7月8日《徐州日报》）

非学无以广才，非学无以明识，非学无以立德。在全国8800万党员中开展"两学一做"学习教育，是加强党的思想政治建设的一项重大部署，是协调推进"四个全面"战略布局，特别是推动全面从严治党向基层延伸的有力抓手，是加强党员教育管理、深化党内教育的重要实践，以进一步促进党员干部自觉养成经常学习、长期学习、终身学习的习惯，从而确保党员干部严字当头、干在实处、走在前列，把各项工作推向更高水平。

学要学在"深"处。"两学一做"学习教育，贵在"学"，以尊崇党章、遵守党规为基本要求，以用习近平总书记系列重要讲话武装头脑为根本任务，教育全体党员自觉按照党员标准规范言行。学深体现在真学、真懂、真信上。端正态度学，追本溯源学，及时跟进学，全面、系统、科学、准确地领会总书记重要讲话精髓要义，达到入心入脑叫真学；深刻领会、全面理解、准确把握贯穿其中的实事求是思想路线、科学思想方法和真挚为民情怀为真懂；坚定信仰，爱党为党，始终做共产主义远大理想和中国特色社会主义共同理想的坚定信仰者，做改革开放和全面建成小康社会伟大事业的自觉践行者是真信。学而懂、学而信，把理论吃透了，内涵把握了，并将其内化

于心、外化于行，就会补足"精神之钙"，铸牢"党性之魂"。

谋要谋在"新"处。学深悟透践行，做合格党员。在新的历史时期，要时刻掂量肩上扛的那份责任，始终保持创新创业、开拓进取、奋发有为的精气神，把毕生精力倾注党的事业。当前最根本的是增强政治意识、大局意识、核心意识、看齐意识，进一步强化宗旨意识，及时了解群众所思所盼、所忧所急，不断提升人民群众的获得感和满意度。要提足敢于直面问题的勇气，面对挫折不怨天尤人，面对困难不彷徨退缩，在攻坚克难中破解新难题。要善于从实际出发，立足实情，有的放矢，把握问题关键，创新方法举措，在持续整改中求实效。要开辟新境界、展现新作为，强化践行新发展理念的思想行动自觉，成为真抓真管真严的党建工作领导者、促进者、实干者，成为出色的经济工作组织者、推动者、引领者。

干要干在"实"处。7月1日，聆听了习近平总书记的重要讲话，触动最深的是"历史"和"未来"两个关键词。回顾历史，是为了增强开拓前进的勇气和力量；面向未来，是为之奋斗的"两个一百年"目标。在"历史"和"未来"之间，更应做好"当下"。当下就是要善于在战略部署上"扣好"，勤于在工作落实上"钉好"，勇于在责任履行上"担好"，更扎实地推动各项决策部署落实落细。要夯实"干"的基础，突出实绩实效，区分层次、分类指导，天天干，岁岁为，毕生抓。眼下要扭住"一中心一基地一高地"的发展定位，牢固树立并自觉践行创新、协调、绿色、开放、共享的新发展理念，在集中精力"开好局、紧在前"中一马当先、勇立潮头。

学深是基础，谋新是路径，干实是关键。党员干部在"两学一做"学习教育中，要自觉做到勤学习、勤动脑、勤动手，坚持学以致用、学用结合、知行合一，把党的优良作风体现在工作上，把提能力强素质体现在为民服务上，把学习教育成果体现在发展上。

（原载2016年7月12日《徐州日报》）

不忘初心要"懂得人民的心"

习近平总书记在"七一"讲话中指出："坚持不忘初心、继续前进，就要坚信党的根基在人民、党的力量在人民，坚持一切为了人民、一切依靠人民，充分发挥广大人民群众积极性、主动性、创造性，不断把为人民造福事业推向前进。"深刻理解习近平总书记的为民情怀，坚持不忘初心、继续前进，务必要切实"懂得人民的心"，厚植党的执政基础，我们就有信心、有底气，就能干成事、成大业。

人民幸福是共产党人的"初心"。相信人民、依靠人民、为了人民，就会得到人民的信任和拥护。由此想起刘少奇同志的话，他说："一个好党员、一个好领导者的重要标志，在于他熟悉人民的生活状况和劳动状况，关心人民的痛痒，懂得人民的心。"时刻想人民之所思、急人民之所需，就会让人民的期盼与党和政府的决策"不谋而合"，让党的方针政策与人民的愿望"心心相印"，让人民群众有更多的获得感与幸福感。

"懂得人民的心"就是有爱民之心。古人云："民惟邦本，本固邦宁。"江山就是人民，人民就是江山。始终坚持党的宗旨，始终把人民放在心中最高位置，始终保持同人民群众的血肉联系，从群众中来、到群众中去，听民声、察民情、集民智，让爱人民贯穿党的执政行为，树起一座共产党人执政为民、亲民爱民的丰碑。焦裕禄"他心中装着全体人民，唯独没有他自己"；郑培民把"做官先做人，万事民为先"作为行为准则。这都说明，我们党来自于人民、扎根于人民，党员干部心里永远装着人民，永远顺应人民的期待，凝心聚力为群众干实事、做好事、解难事、谋福祉。

"懂得人民的心"就是有亲民之情。悉心关注人民群众最关心、最直接、最现实的利益问题，洞悉人民的喜怒哀乐，时刻牵挂着百姓的疾苦，紧随人民的脉搏而跳动，自然会明白人民的心思。牛玉儒扎根草原，以人民为上，忘我工作，奋斗不息，被誉为"党的好干部，人民的贴心人"。真正了

解人民、亲近人民，必须放下架子、扑倒身子融入群众，与基层干部、群众面对面商讨问题，心贴心解决问题，才能增进了解，加深感情，摸到实情，熟悉民情，不断增强决策的民主化、科学化。时下有极少数党员干部疏远了人民，脱离了群众，急功近利，寅吃卯粮，干出了损害人民利益的事，原因就在于没有真正"懂得人民的心"。

"懂得人民的心"就是有为民情怀。党员干部是人民的勤务员，党坚持以人民为中心的发展思想，因为所做的一切都是为人民服务的。孔繁森"权大不忘责任重，位尊不移公仆心"，用生命实践了"青山处处埋忠骨，一腔热血洒高原"的铮铮誓言；李保国带领10万农民脱贫致富，被百姓亲切地称为"农民教授""太行新愚公"。服务人民首先把为民效力为己任，一切工作都要走群众路线，都要有群众观点，切实做到情为民系、权为民用、利为民谋。其次要敬畏人民，凡事先想着群众，因为群众的事再小都是大事。最后是将人民的要求付诸在行动上，虚心向人民问计，接受人民监督，让人民满意，做到民有所呼、我有所应。

高尔基有言："大地上所有的东西，包括你的头脑中所有的东西，都是民众创造出来的。"始终坚持不忘初心，深怀爱民之心，恪守为民之责，多办利民之事，与人民一块苦、一块过、一块干，不断从人民中汲取养分和力量，才能永葆人民公仆的本色、永远保持党的纯洁性和先进性、永远立于不败之地。

（原载2016年7月19日《徐州日报》）

倾力保护好"口粮田"

全国"土地日"让我想起了"水泥地上长不出庄稼"的忠告。土地被农民视为"命根子"，是农业生产、农民增收、农村发展的根基，是百姓温饱之源、经济发展之要、社会稳定之本。铜山区国土资源管理局始终把节约集约作为主攻方向，坚持最严格的耕地保护制度，科学划定城镇开发边界、永久基本农田和生态保护红线，严格管控优质耕地，悉心护好百姓"口粮田"，铜山区荣获"全国国土资源节约集约模范区"称号。

民以食为天。毛泽东同志说："一个粮食，一个钢铁，有了这两样东西，就什么都不怕了。"应当看到，我们用不到世界9%的耕地，却养活了世界近21%的人口。如此严峻的形势，时时警醒我们要珍惜土地资源，始终把解决好人的吃饭问题作为治国安邦的头等大事。历史经验反复证明：粮价涨，百价涨；粮丰收，天下安。唯有护好地、种好田，粮囤才会尖起来。

以保护稳存量。土地是"聚宝盆"，减不得、小不得，要把饭碗牢牢地端在自己手上，一定要有充足的耕地做基础。基础不牢，地动山摇，铜山区把红线当作国土事业的"生命线"，成立耕地保护目标考核领导小组，推行科学的"管理网络化、手段信息化、监督社会化"的管护模式，制定耕地保护目标考核办法，区、镇、村、组、户五级之间层层签订耕地保护目标责任状，建立了基本农田监督检查等"八项制度"，形成了五级联动的基本农田日常管理责任制。同时，对耕地保护不力的实行"一票否决"，从而确保基本农田总量不减、用途不变、收益不降，使节约集约工作走在了苏北最前列。

以挖潜促增量。资源有限，集约无限。为实现增加有效耕地面积、提升耕地质量"两个目标"，区国土局严格按照"占多少，补多少"的原则，加大土地开发复垦整理力度，科学实施煤塌地、基本农田整理、增减挂钩、异地占补平衡、项目库等开发复垦整理，有效补充数量和质量相当的耕地。同时，全面启动黄河故道综合开发与农村土地综合整治"五位一体"工程，利用各种政策利好，实施各类土地综合整治项目251个、新增耕地28827亩，进一步挖掘农村发展潜力与城镇发展空间，实现了经济效益和社会效益的双赢，为铜山夺得了"国家现代农业示范区"的荣誉。

以创新提质量。区国土局局长有言："在国土的岗位上，必须一肩挑两头，既要保障地方经济发展，又要保护土地资源，哪一头偏颇都不行。"一

面是有限的土壤资源，一面是建设开发的巨大用地需求，如何保持耕地总量平衡、数质并重？区国土局不断创新土地管理模式，率先进行"表土剥离"试点，通过搬运建设所占的优质土壤，既满足开发，又让荒地变良田。在实施中坚持"谁占用谁负责"的原则，施工方负责表土剥离和存放，区国土部门负责运输和覆土，镇政府负责监督和保障，确保了耕地质量。谚云："没有土壤，播种也是徒劳。"两年来铜山共实施耕作层剥离320余亩，达到土地的永续利用。现在市国土部门已把这项工作列为新课题研究，待总结切实可行的操作方法后，把铜山的做法近期向全市推广。

手中有粮，心中不慌，而手中有粮的前提是，必须保护好百姓的"口粮田"。唯有遵循新发展理念的要求，保护好耕地这个根本，才能有条件、有能力持续鼓起"米袋子"、丰富"菜篮子"，才是我们安下心来、踏踏实实建设更高水平小康社会的基石和底气。

（原载2016年8月6日《中国国土资源报》）

把项目作为促进发展的"要目"

秋天是收获的季节，也是项目推进的忙碌季。沐浴着秋日的阳光，徐州高新区12个重点项目集中开工，经济发展的"压舱石"越加稳健。站在当前经济社会发展的全局来考量，这标志着铜山区全力以赴开展"抓项目，转作风，促发展"活动正逐步深入，"开好局、紧在前"的态势已渐入佳境。

新班子要有新气象，新班子应有新作为。新一届区委牢牢扭住发展第一要务，紧紧围绕"工业立区、产业强区"目标，站高谋远，提纲挈领，把项目作为促进发展的"要目"来抓。何谓"要目"？是指紧要篇章和项目。唯有把"要目"牢牢抓在手上，抓发展才能掌握主动权，才能精准发力、持续用力，做强主导产业、做大新兴产业、做优现代服务业。

抓项目，就是进一步强化"生命线"。经济要发展，项目是关键。美国项目管理专业资质认证委员会主席认为："在当今社会中，一切都是项目，一切都将成为项目。"项目是保持经济增长的"生命线"，没有项目引进，产业发展就是一句空话。所以说，抓发展的第一要务就是抓项目！必须坚定招商信心不动摇、招商主线不放松、招商精力不分散。要增强发展的紧迫感、竞争的危机感和率先的使命感，进一步优化投资环境，健全与完善项目服务机制，毕竟"鸡窝招不来金凤凰"，需要牢固树立人人都是投资环境、个个都是服务专员的意识，尽最大能量服务项目建设全过程。衡量项目建设得如何，群众信奉"出水才看两腿泥"，只有抓好项目落地、生根、见效，才算是一个成功的项目。所以，务必要用心盯住项目推进，抓实关键环节，一着不让，步步紧逼，确保在谈项目早签约、签约项目早落地、落地项目早开建、开建项目早投产，不断培植新的经济增长点。

抓项目，就是进一步增加"动力源"。华罗庚有言："我们的企业要两条腿走路，一个是科学技术，一个是项目管理。"抓项目，就是打基础、攒后劲、利长远，通过内引外联、招商选资，将大项目、好项目源源不断地引进来，成为持续发展的"支撑点"。我们都知道，一个大项目、好项目特别是高科技含量的项目进来了，相关的经济部门调动起来了，各方面的资源与服务就要跟上去，当然人的素质也要同时提上去。这既增添了发展动力，又挖掘了人的潜力。为此，铜山自我加压，对标苏南，抬高标杆，每一个干部都以服务项目建设为己任，把加快项目推进视为政绩，聚焦重点产业，集中优势资源，倾力招"新"引"高"，以结构优化、动力转换注入新活力、增添新动能，从而增强产业承载力和市场竞争力，助推发展由"中高速"向"中高端"迈进。

抓项目，就是进一步优化"产业链"。没有昨天的项目，就不可能形成今天的产业，更谈不上明天的跨越。要突出产业导向，围绕"产业链"有目的出击，把适宜的项目引进来。一是把"链"拉长。按照整个产业的上下游需求，结合市"一中心一基地一高地"建设，在装备制造、食品及农副产品加工、电子信息、车辆制造、冶金等优势主导产业配套上下功夫，力求上

伸下延、"吃干榨净"。二是把"链"加粗。将每一个产业进行性能细化、特点列表，明确重点招引的品牌企业、重点项目、关键环节，注重与产业领域内一流企业合作，实行项目对接、产业互补、优势共享，形成产业集聚，打造产业集群。三是把"链"变强。运用科技优势，以创新驱动做强"产业链"，有效解决产品从低品质转向高品质、技术从含量较低变为含量较高、产业从中低端迈向中高端的问题，向价值链、创新链尖端攀升，尽快形成特色产业园区。

抓住了"要目"，就抓住了促进发展的"牛鼻子"，引领干部盯着"招商"干、围着"项目"转，达到保增长、促发展的目的。这无疑需要以干事创业的责任担当、争创一流的精神风貌、高效快捷的工作作风，集中精力，心无旁骛，勇于担当，一步一个脚印向着"强富美高"新铜山开拓奋进。

（原载2016年9月30日《徐州日报》）

贵在坚守"老本行"

当初一个小打小敲的村办机械加工厂，如今发展成为中国小型车辆行业领军企业，占据"中国工程机械之都"的重要板块。从淮海发展的轨迹不难看出，主要是董事长对"老本行"顽强地坚守了40年！使"惟一惟精，惟实惟新"的企业理念得到了升华。

人常说："十年磨一剑。"那么，40年孜孜以求、锲而不舍、探索不止，就会创造令人艳羡的奇迹。尤其是在实体经济特别是制造业利润像刀片一样薄的形势下，仍坚持不忘初心、矢志不移，实在是难能可贵。因为淮海人深知，离开工业特别是制造业，发展其他产业几乎是无本之木、无源之水。

坚守"老本行"，难得的是真爱。对一项工作，干好干不好，就看你爱不爱它。爱，才有兴趣，虽岁月流逝，但仍能兴致不减、动力不竭。干一行就爱一行，钻一行就成一行，对制造业的真爱，使其成为工作生活的一部分，积累自己的优势，夯实了干实业的根基。20世纪80年代，农民骑上淮海制造的三轮，不仅减轻了肩扛手提的劳作，而且出行便捷。需求就是商机，顺着认准的道艰苦创业、勇往直前，是最容易也是最符合常理的；沿着传统产业发展趋势做下去，老老实实干好自己的"老本行"，精耕细作，攒足后劲，做强做大，助力农民致富奔小康，自然是前景无限。

坚守"老本行"，重要的是精通。人们都习惯于做"熟"不做"生"，从事自己熟悉的行业，要比从头开始学做陌生行业更切合实际，会做得更精细、更专业，在业内更有话语权。在我们这一区域，从改革开放之初的乡镇企业做起来的企业家，一直做到今天的有几人？淮海之所以能成为凤毛麟角，就是因为抓住起家的根本不放，扬长避短，踏踏实实做实体，不断提质换挡、转型升级，创造出高品质产品，满足了多样化、个性化需求。当前淮海正在由低成本竞争优势向高质量竞争优势转变，由人工制造为主向智能制造为主转变，由粗放制造向绿色制造转变。在嬗变中以"精良的制造""可靠的质量"赢得产品认可度、知名度和美誉度，从而促进产品竞争力、市场支撑力、品牌影响力的三力迸发。

坚守"老本行"，可贵的是守住。人们眼中的企业家之所以卓越非凡，并非天资超人一等，而是付出了持续不断的努力。徐悲鸿的《八骏图》你一定不陌生，但你未必知道他为此"速写稿不下千幅"。不管做什么事情，只有坚持一万小时，才可能成为这个领域的专家。世界上没有随随便便成功的企业，因为仅成就一个品牌就是长期艰辛的过程，需要发扬创新、执着、负责、感恩的企业家精神，耐得住寂寞，经得起诱惑，脚踏实地、专心致志、保持定力。走向成功的必经之路就是把一切置之度外，倾其心智、舍得付出，创造价值、回报社会。同样，一个企业坚持做到了，并肩负起行业发展的重大责任，不做老大都不好意思。

"老本行"立足于老百姓，做实体青睐于老实人。制造业是立国之本、兴国之器、强国之基，制造业的强大也预示着一个企业、一个区域整体实力的强

大。有识之士认为，最牛的企业不是拓展了多少业务，而是把一项业务做到极致，达到无人企及的地步，成为行业的翘楚。淮海不就是现成的样板吗？

（原载2016年11月8日《新华日报》《徐州日报》）

让群众办事顺畅些

大力实施"百姓办事零障碍工程"，就是要改变百姓深恶痛绝的"门难进，脸难看，事难办"的衙门作风，打破行政梗阻，推进权力运行公开化、规范化，铲平导致"办事难、办事慢、办事成本高"的障碍。要时刻想着多设路标、不设路障。百姓办事只有"零障碍"，干群关系才能"零距离"。

铜山实践表明：让群众办事"零障碍"，说到底不是办事能力问题，也不是工作水平问题，关键是服务态度和工作效率问题。作为机关部门公职人员，既然在这个岗位上工作，就必须认真履行岗位所赋予的职责，自觉接受监督，让人民满意，没有什么价钱、条件可讲。能办的，立即就办；缺材料、手续的，一次告知，不要让人家跑第二趟；确实不能办的，耐心说明原因。这就必须牢固确立为民服务的真心、高度负责的责任心、换位思考的同情心、解决难题的决心，把人民公仆或人民服务员的心态端正了，不少问题就会迎刃而解。

实施"零障碍"，就是让群众办事更顺畅些。务必要心里装着群众，把麻烦留给自己，把方便让给群众，让人民幸福地生活、有尊严地生活。只要立足岗位、认真履职、优质服务，千方百计为群众着想，千辛万苦为群众排忧解难，自然会赢得百姓的信任和认可。因为人民群众找上门来，就是把我们看作希望，我们绝不能让群众失望，走群众路线的真谛也在于此！

（原载2017年第1期《紫光阁》增刊·短评）

勇当行业"领跑者"

盘点2016，淮海集团业绩耀眼：

创中国小型车辆销量之最"吉尼斯纪录"；

跻身"中国民企500强"；

CCTV发现之旅《品质》栏目走进淮海；

集团连续11年稳居同行业第一，成为名副其实的"领跑者"；

……

能当行业"领跑者"，并不容易，集团董事长却坦言："我从不言苦、从不言败！"这就是"自强不息、奋斗不止"的豪迈气概，这就是"不忘初心、勇攀高峰"的进取精神，这就是落实省委对徐州要求的发挥"领军、龙头、先行"三个作用的实际行动。纵观淮海40年的发展轨迹，不能不感叹淮海人创造的一个又一个"淮海样本""宗申奇迹""行业之最"，深感建一流企业、做行业旗手之艰辛。

当"领跑者"须理念新。一个企业唯有站得高、看得远，才能干在先、走在前，自然会先遇到别人没有遇到过的困难、碰到别人难以碰到的难关。跳不过这些"坎"，是走不远的。作为探路者，淮海始终保持"逢山开路、遇水架桥"的精神，攻坚克难，砥砺前行，善于用发展的眼光看问题，用创新的方法破难题，在既定的道路上义无反顾、一往无前。关注淮海的人都知道，淮海的每一次强劲崛起，都始于逆境；每一次快速发展，都是逆流而上。特别是去年以来，淮海集团深入践行新发展理念，按照标准化、智能化、国际化的定位要求，持续加力发展、增强定力升级、精准发力引领，稳居行业第一品牌、第一销量、第一企业，成为行业的巨龙。

当"领跑者"须品质好。"领跑者"就要有"领跑者"的姿态和素养，自然有不同凡响的独特品质，处于业界"领头羊"地位的淮海集团，无疑是同行企业学习追赶的榜样，不断地向跟随者提供可借鉴、可复制的经验。这

既要展现企业领导者的个人魅力，也需要企业职工"厚德敬业、创新进取"的精神倾注。前者，由董事长获"苏商年度十大杰出人物"作注脚；后者，由淮海人"大品牌、好车辆"背后的故事作铺垫。更可贵的是，淮海人始终秉承"高目标、高举措、高标准、高回报"理念，视产品如人品、视质量如生命，推动产品竞争力、市场支撑力、品牌影响力的"三力"叠加，使集团旗下淮海、宗申两大品牌小型车辆成为百姓最适用的产品，是广大消费者心目中的"第一品质"。

当"领跑者"须实力强。俗话说："打铁还需自身硬。"领跑得靠专业水准胜出，凭企业实力说话，淮海集团就是"因为专业，所以卓越"。想当初，周边几个车辆制造企业之间差别不大，可如今淮海已经"跑"起来了，其他企业还在"系鞋带"。善抓机遇的淮海不失时机调优队伍、调优模式、调优产品、调优市场、调优产业，既增强硬实力，又培育软实力。硬实力体现在产品精、品牌响、销量大，在淮海大地上，没有几个品牌能像"淮海"40年长盛不衰；在中华大地上，每10辆电动车就有一辆为"淮海制造"。软实力则是兴业创利、造福社会，淮海直接吸纳万名职工，带动产业链上千家配套企业、上万家代理商近10万名员工兴业，仅去年各类慈善公益捐助达1500万元，社会责任贡献同行业第一。

一个时代"领跑者"自有一个时代的担当，自有一个时代的作为。闻鸡起舞，拥抱希望。每天叫醒自己的不是闹钟，是梦想。目前，淮海人正放眼未来，为共筑百年淮海和国际化经营力的淮海梦持续发力、持续先行、持续领跑！

（原载2017年2月16日《新华日报》、3月15日《科技日报》）

人人都有"金点子"

企业竞争力的实现取决于创新的"细胞"，推动制造业从量到质的跨越，创新是一条最行之有效的路径。因为创新的主体是企业，创新的阵地在一线，而创新的主角则是职工。淮海集团把析发展理念中的"创新"作为引领发展的"一号战略"，以"全面创新"激发万名职工的创造潜能，使人人成为迸发"金点子"的创新者。

"集众智者成大事。"推进"中国制造2025"，由"中国制造"提升到"中国创造"，关键是推进"中国'智'造"。"大众创业、万众创新"，就是用亿万人民层出不穷的新鲜点子，激发市场活力，促进中国制造的智能转型。陶行知有句名言，"在劳力上劳心，是创新之母"。只要"上心"，无论是专家、技术人员，还是普通职工，都可以表现出不同的创造力，都可以释放出巨大的能量。

创新是发展中的硬道理，创新是企业前行的驱动力。淮海始终围绕"五个调优"以及"名牌化、智能化、国际化"战略，秉承"但凡改进，皆为创新"的企业文化，植根创新基因，激发创新活力，从鼓励职工提合理化建议、实行小改小革，到创造发明、申请专利、打造品牌，培育了一大批"态度正、技能强、效率高、业绩好"的职工，成为企业走向世界的脊梁。

点子就在眼前，路子就在脚下。乔布斯和苹果公司的成功告诉我们，创新就在我们身边，就在于工作中的每一个细节，把每一个细节做到极致就是创新。在制造业摸爬滚打几十年的董事长深知，长期奋战在生产最前沿的职工，对生产工艺中凸显的问题往往有着最深切的感受；对生产过程中存在的不足、需要改进的地方最有发言权。为此，他大力倡导创新驱动发展战略，建立全员创新激励机制，激发全员立足岗位搞创新，从每个细小的问题、难点着眼，从解决生产过程中遇到的难题入手，紧紧扭住"如何提高生产效率、提高产品质量和节约降低成本"这三个课题来革新创造，而且成本低、见效快、实用性强。

改进无处不在，创新赢得未来。可持续竞争的唯一优势，来自超过竞争对手的创新潜质。在淮海，每一个岗位都是创新的平台，每名职工都争做有创意、敢创新、能创造价值的"创客"，从而建立起令竞争对手可望而不可

即的行业龙头地位。

（原载2017年3月28日《新华日报》）

从"两手动"到"两手硬"

"有思想才会有思路，有思路才会有出路"——这是淮海控股集团董事长的箴言。理念是企业前行的先导，是发展思路、方向、着力点的集中体现。协调发展，因应发展失衡或不可持续性而生，是发展实际倒逼而来。

人之两手，鸟之两翼，车之两轮……唯有把这"两"者平衡好、协调好，才能发挥最佳效能；落实到经营理念上，仅两手"动"起来不行，还要切实"硬"起来，才能助推企业协调发展。

一手扬长项，一手补短板。任何企业的发展都不可能齐头并进，在某些方面总会出现不足与短板，也就是我们常说的"一条腿短、一条腿长"。协调发展则是有效解决短板的治本之策，淮海在厚植原有优势的同时，拿出足够的精力、投入足够的财力、倾注足够的智力在"补"上做文章。短板拉长了，企业就会跃上新台阶，步入良性发展轨道。

一手出产品，一手塑人品。生产的是产品，凝聚的是人品，决定产品品质的是好的人品。淮海始终坚持"培养一流员工，创造一流产品"，万名职工竟停产一天开创新大会，决策者认为这不是亏了，而是赚了。想想看，员工对企业的归属感增强了，聪明才智激发出来了，人人争当"思想正、觉悟高、能力强、业绩好"的淮海人，这个潜在的能量是不可低估的。

一手抓制造，一手抓创造。任何产品都有生命周期，让企业永葆青春，须放眼未来，未雨绸缪，研发新产品，开拓新市场。走进淮海研发车间，一块由"中国合格评定国家认可委员会"颁发的匾牌让人驻足，这可是徐州市第一个高端的检测中心！其研发团队汇集的众多精英，思维活跃，激情迸发，把自主知识产权牢牢握在手里，始终做到生产一代、储备一代、研发一代，实现了从制造到创造的跨越。

一手握供应商，一手攥经销商。"两头在外"是许多企业的经营模式，只有统筹有方、平衡得当、管理科学，才能产销两旺。淮海这个庞大旗舰的远行，离不开高超的运筹力与协调力：有400多家供应商，每一件产品关系到整机的质量；上千家经销商，以"合格网点的数量保障质量"，则让产品进入千家万户。

由协调想起海岩的话："小时候看父母闹矛盾，那是对孩子智力的极大开发，因为总要在夹缝中确定自己的位置，还要兼顾好长辈间感情的距离，既不能偏向父亲，也不能偏向母亲。后来对许多事情的适应协调性，与他人良好相处的智慧，就是从小这么锻炼出来的。"创业中的摸爬滚打，历练人；学习时的孜孜以求，改变人；生活里的朴素智慧，涵养人。付诸在工作上，收获的不仅是事业有成，更多的是思想有光。

（原载2017年5月3日《新华日报》）

负责任才能"富生态"

加工车间排水的池塘里，游着大大小小的鱼，若客人想尝尝鲜，可直接捞起上餐桌——这是对淮海控股集团重视环保的直观印象，说明淮海人倾力推动绿色发展方式和生活方式，达到了生产美、生态美、生活美"三美"融合。

董事长多次强调："拿破坏环境换来的成绩单，即便再漂亮，淮海也不稀罕！"淮海主动顺应国家产业政策导向，遵循产业发展基本规律，厚植绿色发展根基，自觉肩负起行业绿色发展的重任。难得的是，他们在思想上有新认识，在理念上有新转变，在落实上有新举措，对绿色生产标准更高、要求更严、力度更大，在追求"强富"的同时实现"美"。

坚持"富口袋也要富生态"。习近平总书记指出："良好生态环境是最公平的公共产品，是最普惠的民生福祉。"随着人们生活水平的提高，百姓

由盼"温饱"到盼"环保"、由求"生存"到求"生态"。由此可见，绿色发展关乎百姓福祉，是实现"强富美高"的必然要求，是企业的社会责任，淮海人科学构筑尊崇自然、绿色发展的生态体系，有效解决工业文明带来的矛盾，下功夫完成环保"硬指标"，确保实现"富生态"。

坚守"责任心有，什么都会有"。一些地方的生态环境之所以成为弱项或短板，归根到底还是发展理念陈旧，责任意识、生态意识、转型意识不强。加快推进生态文明建设，着力解决当前突出问题，比以往任何时候都更为紧迫。作为以"兴业创利，造福社会"为宗旨的淮海人，始终牢固树立责任意识和担当意识，以壮士断腕的决心、刮骨疗伤的勇气，以水滴石穿的意志、百折不挠的韧劲，勇于扛起生态建设的大旗，一个一个骨头地啃，一步一个脚印地干。

坚信"不是企业消灭污染，就是污染消灭企业"。走绿色发展、循环发展、低碳发展之路，淮海把绿色发展提升到战略层面来认识，不断打造绿色研发动力引擎，夯实"管经营的必须管环保、管生产的必须管治污"的环保责任，采取硬杠杠，实行硬约束，舍得在节能减排、环保治理上下血本，鼎力调优产品、调优产业、调优模式，着力打造科技含量高、资源消耗低、环境污染少的产业布局，努力构建高效、清洁、低碳、循环的绿色制造体系。

坚定"绿水青山就是金山银山"。环保事关企业生存，绿色事关发展前景，生态事关改革全局。淮海人不断深化对绿色发展的理解，呵护绿水青山，就是在保护金山银山，在业内率先践行"倡导绿色制造，制造绿色产品"的理念，并延伸到整个产业链的上下游，一个生态好、行业好、企业好的百年淮海，将引领行业迈上绿色发展的康庄大道。

（原载2017年5月18日《新华日报》，署名"田冈"）

共产党人的"名言"

历史是最好的教科书，而共产党人的"名言"则是鼓舞我们铭记党史、继往开来、永葆党的先进性的箴言。青少年时代我就爱读革命英雄主义书籍，如《红岩》《钢铁是怎样炼成的》《把一切献给党》等，后来尤其酷爱党史书刊。虽然那时懂不了多少道理，但特喜欢把书中共产党人的"名言"摘抄在日记本上，以备写作文时引用，有的还当作"座右铭"，成为学之不尽的思想宝库和智慧之源。

李大钊有言："知识是引导人生到光明与真实境界的灯烛。"读书是学习借鉴前人经验与丰富自己人生的天梯。读党史发现，通过书中主人公有个性的话语，往往可以揭示主题、加深记忆。我所读到的、记下的党员"名言"，虽朴实无华，但条条经典，字字珠玑，凝聚着共产党人的理想信念、精神境界和人格魅力。

研读共产党人的"名言"，其光辉形象就在眼前。尽管他们所处时代不同，职位有别，但都忠实地履行了一个共产党员的神圣职责，信仰坚定，目标如一，终生奋斗。如邓中夏名言"人只有一生一死，要生得有意义，死得有价值"、方志敏名言"法西斯匪徒只能砍下我们的头颅，决不能丝毫动摇我们的信仰"、瞿秋白名言"我们共产党人的哲学，就是鞠躬尽瘁，死而后已"、孔繁森名言"是七尺男儿生能舍己，作千秋鬼雄死不还乡"等，透过"名言"的字里行间，可以领略到追求真理的共产党人昂扬的精神风貌、高尚的思想境界、巨大的信仰力量。

铭记共产党人的"名言"，其精神财富取之不尽。作为推动社会进步的先行者，共产党人前仆后继、与时俱进、薪火相传，孕育了光荣的传统和优良的作风。每读共产党人的"名言"都被深深地感染，心灵又一次得到净化。如王若飞有言"我生为真理而生，死为真理而死，除了真理，没有我自己的东西"、李四光有言"科学是老老实实的东西，它要靠许许多多人民的

劳动和智慧积累起来"、王进喜有言"干，才是马列主义。不干，半点马列主义也没有"、郑培民有言"做官先做人，万事民为先"，这些"名言"折射出共产党人的人格魅力。他们之所以成为时代先锋，从创造的精神财富中自然会找到"活水源头"。

践行共产党人的"名言"，其强大动力助人远航。列车前行，需要动力牵引；人欲进取，需要精神支撑。动力越大，前行的速度越快。过去，共产党人在极其艰难困苦的条件下，都能创造出惊人的业绩；今天，理应做得更好、更出色。如焦裕禄所言"要好好记住，当工作感到没办法的时候，你就到群众中去，问问群众，你就有办法了"、史来贺所言"既要把群众带到富路上，又要把群众带到正路上。把人教育好，比啥都重要"、沈浩所言"新农村建设不是一朝一夕，农村建设矛盾重重，但一个带头人就应担当起无尽的责任，但我愿做这样的带头人"，这就是共产党人党性的集中体现和升华，是共产党员创先争优的不竭动力，就是在新常态下，面对诸多挑战，更应始终坚信"只要精神不滑坡，办法总比困难多"。

言为心声，语言是心灵的一面镜子。钟情于共产党人的"名言"，其精神跨越时空，历久弥新，给我们以思想点拨和行为指南，使我们增强历史意识、学会历史思维、培养历史眼光。当前，开展"两学一做"学习教育，有共产党人闪耀着真理的"名言"激励，我们一定会燃烧激情，不辱使命，勇于担当，争做全面建成小康社会的中坚和脊梁。

（原载2017年第5期《企业党建》）

走出去　天地宽

最新一期《淮海人》刊发了董事长《深入践行"五大发展理念"，确保企业健康持续发展》的署名文章。对于"开放"发展，他认为："我们淮海人有着海的胸襟与气魄，开明开放才能形成淮海事业的大格局，全球市场那么大，淮海不能缺席，要走国际化发展之路。"名企必须有开放的姿态，开放发展是提高发展质量的必然选择！

开放一路走来"富裕中国"，开放继续前行"富强中国"。以开放促改革，开放之路就是合作之路、共赢之路。淮海集团海外业务突飞猛进，销售同比增长552%，前不久获徐州经开区外向型经济增长奖。这说明，坚持开放发展，就是让企业"走出去"，融入世界经济，解决发展内外联动问题，因为关起门来搞经营是不可能成功的，走出去，天地宽。

眼界宽，天地大。当今世界是开放的世界，我们观察问题、思考问题当具有世界眼光。今天我们崇尚创新，就是充分利用全球资源，而创新的基本特征就是开放。唯有"睁开眼睛看世界"，才会拥有全球化的战略视野，从而明白"山外有山，天外有天"，掌握"可以攻玉"的"他山之石"，博采众长，为我所用。淮海争取"十三五"末建成5个海外基地，形成百万辆级的海外市场平台，从而提高发展的内外联动性和抗风险能力，在全球这个坐标系中寻求参照、确立标杆、找准位置。

思路宽，格局大。有什么样的思路就有什么样的出路。跳出旧的条条框框，拓宽思维模式，使思维更加丰富、开阔、超常规，大胆吸收和借鉴世界先进的理念和经验，敢于变革、勇于创新、善于施策。淮海为此加快实施"一带一路、海外发展"战略布局，所创造的产品达到了人无我有、人有我优、人优我特、人特我新，时刻保持先人一步、胜人一筹。时下经济全球化日益深入，各经济体相互依赖、相互联系的程度日益加深，企业发展处于大有作为的重要战略机遇期。

胸襟宽，度量大。"比大地广阔的是海洋，比海洋广阔的是天空，比天空更广阔的则是人的心灵。"开放的中国，正以最为博大的胸怀，传承中华民族的优良传统，包容来自世界各地的先进知识、文化。明代学者薛瑄有言："唯宽可以容人，唯厚可以载物。"海纳百川，有容乃大，淮海奉行互利共赢的开放理念，以兼容并蓄的胸怀，瞄准全球产业链、价值链的中高端，构建产业链上下游联盟，用好国际国内两个市场、两种资源，实现包容

发展、国际化发展。

开放发展，铸就淮海新高度。任何一个进步的体系，都是开放的。开放，不仅是一种宣示和姿态，更是一种理念和动力。淮海将以更大力度、更宽领域、更高水平的开放倒逼改革创新，为打造百年淮海、国际化经营力淮海注入新动力、增添新活力、开拓新空间。

（原载2017年6月29日《新华日报》，署名"田冈"）

从"分享"到"共享"

在2017年度供应商大会上，淮海控股集团董事长阐述这样一种观点：一个企业首先要懂得分享，才能谈得上共享。随即他提到了几个供应商的名字，说他们自跟淮海生产配套产品以来，企业做大了，腰板硬朗了，引起400多名供应商的共鸣。

"分享"是淮海文化的精髓，"共享"是淮海人的境界。明白了分享，就明白了存在的意义；懂得了共享，就得到了双赢的收获。始终秉承以"兴业创利、造福社会"为企业宗旨的淮海，把共享作为企业发展的出发点、落脚点，最大化让员工、企业、社会和产业链共享发展成果，努力形成人人共建、人人共享的理想状态。

共享让企业有"责任感"。"你的责任心有多大，你的舞台就有多大。"共享是一种博爱的心境，学会共享，就学会了生活。一个企业要创新业、成大业、铸伟业，必须始终以员工为中心，自强不息、奋斗不止，让发展有"温度"，勇于担当振兴经济、促进就业、造福社会的责任，从而迸发强劲的"动力源"。1月11日，作为唯一企业家代表，董事长应邀为"CCTV 2016年度全国三农人物"颁奖，并表示愿为"三农"担负更多的淮海责任，追求"企业好、行业好、社会好"的可持续发展战略，共享发展机遇，共同应对挑战，共同实现享有。这无疑是央视对淮海多年来情系"三农"、服务"三

农"的高度认可。

共享让员工有"获得感"。共享是一座天平，你给予他人多少，他人便回报你多少。"大河有水小河满"，淮海员工明白：锅里有碗里才有，企业好大家才好。这不，7月3日，淮海首次上榜江苏省民企百强。释放企业活力，激发员工的积极性、主动性、创造性，让职工有梦想、有奋斗的舞台，有幸福的质感，才能共享人生出彩的机会。共同创造属于每个员工的美好生活，需用文化滋润员工，用激励回报员工，用事业留住员工。这要有经济上的共享作"后盾"，共享的范围越宽阔，发展势头越强劲。旗下淮海机电公司员工共400人，其中安排残疾职工160人，这些员工深感淮海就是残疾人的家，特别是进了厂门之后，感觉自己就是健全人，像普通人一样有社会融入感和职业尊严。

共享让社会有"认同感"。"成果越与人共享，它的价值越增加。"建一流企业，做行业旗手，淮海把达成共享发展视为自身责任。有一句话叫作无论你走多远，都不要忘记自己为何而出发。其实，淮海发展的目的和归宿就是从"分享"跨越到"共享"，让人们享受到企业更多的利好。至今淮海集团累计走进1000余所小学校园，连续3年在全国范围内开展"爱心书包"关爱活动，使60万贫困地区的学生背上淮海捐赠的书包。"授人玫瑰，手留余香"，一个小小的"爱心书包"带来了一份关爱，打开了留守孩子的希望之窗，孩子的成长不能等待！一个企业奉献更多的关爱，是功德无量的好事，自然会赢得社会最广泛的"认同感"。

（原载2017年7月26日《新华日报》，署名"田冈"）

改革是勇敢者的事业

当前，改革已进入攻坚期、深水区。面对错综复杂的深层矛盾、利益纠葛，怎样把改革推向前进？当年打淮海战役时，毛泽东同志曾讲过，60万

对80万，这是一锅"夹生饭"。夹生就夹生，也要把它吃下去！打淮海战役时，我军兵力并不占优势，甚至明显少于敌人。这是一场难打的战役，也是一块难啃的硬骨头。但我们坚决打了，结果不仅打赢了，而且赢得很漂亮。这启示我们，全面深化改革既要深思熟虑，又要随机应变，关键要敢于迎难而上。

全面深化改革牵涉面之广、力度之大、影响之深都是前所未有的，既体现了我们党自我革命的胆识和魄力，也彰显了我们党执政为民的底气和担当。鲁迅说过，"愈艰难，就愈要做。改革，是向来没有一帆风顺的"。面对改革进程中的阻力与挑战、困难和问题，党员、干部要发扬敢于迎难而上的精神，做改革的先行者与促进派，以极强的担当意识将改革进行到底。

改革没有"现成饭"吃。改革机遇稍纵即逝，任何等待观望、犹豫徘徊都有可能拖改革后腿。一些党员、干部缺乏主动性，惯当"传令兵"，甘做"观察员"，在改革中过于依赖上级推动、周边促动、先行带动，坐等最佳时机、最优环境，结果只能是贻误时机、滞缓改革。也有些党员、干部创造力不强，模仿力却不弱，光想着照搬他人的成功经验，图省事、走捷径，到头来往往画虎不成反类犬。当前，全面深化改革顶层设计的"四梁八柱"已经搭起，需要广大党员、干部撸起袖子、扑下身子，争当改革先锋，敢于知难而进，勇于动真碰硬，在实干中见实效。

改革没有"可口饭"吃。要啃下改革中的硬骨头，牙齿就要比它更坚硬。把改革向纵深推进，关键是要强化问题意识、树立问题导向，敢于跟真问题叫板，把发现问题、解决问题作为全面深化改革的着力点和突破口，自觉做到哪里问题突出就将改革深入到哪里、哪里问题多就将改革推进到哪里。面对问题和挑战，必须做到不以事小而不为、不以事杂而乱为、不以事急而盲为、不以事难而怕为，在改革中增强顾全大局的定力、谋事创业的脑力、走基层察民情的脚力，敢于攻难关、涉险滩、破藩篱、动奶酪。当然，改革不是一朝一夕、一劳永逸的事情，问题的解决也不可能一蹴而就。面对错综复杂的矛盾和问题，党员、干部既要有"功成不必在我"的境界，又要有"功成必定有我"的担当，发扬一锤一锤钉钉子的精神，干在当前、顾及长远，不断增强改革的前瞻性、系统性和创造性。

改革是勇敢者的事业。俄国革命家车尔尼雪夫斯基曾说，"没有痉挛，历史就不能向前迈进一步。"历史上的改革，没有一次是一帆风顺、和和气气、舒舒服服推进的。是改革就免不了经历挫折、忍受阵痛。所以说，改革需要大智，也需要大勇。改革离不开探索，探索少不了试错，试错就难免会出错。遇到挫折和失误，改革者要勇于面对、敢于担当，特别是要善于总结经验教训，努力从挫折中提炼出管用有效的规律。同时，有关方面也要建立健全容错纠错机制。对敢于改革、敢于担当的党员、干部要多一些包容理解，鼓励和帮助他们克服不足、增长才干、继续前进。这样，才能凝聚起推动改革的持久动力。

（原载2017年9月14日《人民日报》）

从"做大"到"做强"

仅仅不到半个月时间，淮海控股集团就际遇了两则重大新闻：集团再度上榜"中国民营企业500强"，董事长安继文荣膺"全国10大经济新闻人物"！

由此《中国500强是怎样炼成的？——N个维度深入解读淮海集团成长密码》的文章出笼了。研读之后，对所熟悉的淮海有了更深层次的认知：一个企业，特别是制造企业，做大是不容易的，做强就更难了。那么，淮海为什么能够在"做大"的基础上"做强"呢？

一、坚持只做一件事——车辆制造。一个人一生能做好、做精一件事，达到一般人难以企及的高度，就不简单；一个企业能始终保持战略定力，咬住目标不放，成为行业领军者，那就是赢家。这个爬坡过坎的征程既需要信心，也需要耐心，更需要不忘初心。华为创始人把成功的秘诀归结为"傻功出精品"，曾把创业6年所积累的资金全部投入通信制造项目的研发。淮海

40年扎扎实实倾力车辆制造业，专心、专业、专注，勾画出从小型车辆由人力、助力、机动力到电动力的精彩轨迹，具备年产各类小型车300万辆的生产能力，坐拥"淮海""宗申"两大驰名品牌，从而为徐州打上了小型车辆制造之都的城市名片，能创造如此影响力的企业屈指可数。

二、心中只有一上帝——市场需求。"质量不达标的产品是废品"，产品是经营的载体，是营销的王道；质量是企业的生命，也是企业竞争的底牌。有识之士指出，21世纪是质量的世纪。考量一种产品的品质，只要看在市场上是否紧俏、客户是否满意就足够了。对此，董事长有句口头禅："今天的高质量，明天的大市场"。应当看到，随着客户需求的不断提升，人们对产品早已超越了"有没有"，时下更在乎的是"好不好"。唯有第一质量，才能创第一品牌，也才有第一销量，继而炼成第一企业。淮海致力于新市场的开拓，把关键核心技术攥在手中，运用自主知识产权实现产品市场化，凭借过硬的质量与品牌信誉抢占市场，更好地适应客户需求的多元性和灵活性，达到真正意义上的物美价廉。

三、经营只持一理念——鼎力创新。理念一新天地宽。创新平台，赢在未来，以培植创新基因增强集团决策的前瞻性、预见性、科学性，推动企业强基固本、行稳致远。大家都知道，工业是企业振兴的"发动机"，制造业是经济的"压舱石"，而创新是发展的第一"驱动力"。淮海始终坚持创新驱动，着眼行业科技前沿，打造人才高地、创新高地、产业高地，持续迸发创新活力，推进车辆制造业转型升级、提质增效。同时，厚植发展优势，拓展发展空间，挖掘发展潜力，持续用力抓重点、补短板，扬长项、强弱项，以"三去一降一补"淘汰落后产能，提升产品档次，进一步向着智能化、绿色化、服务化、品牌化、国际化的方向挺进。

从"做大"到"做强"，目标明确，思路清晰，措施得力，从而增强高效生产力、科技支撑力、市场竞争力。金秋时节，淮海人正以"好车辆""大品牌"的"品质淮海"助力全面建成小康社会。

（原载2017年10月10日《新华日报》）

"幸福感"也是生产力

"梦想是一定要有的，万一实现了呢？"

作为中国小型车辆的发祥地，淮海人始终怀揣梦想、不忘初心，经过40年特别是近5年的顽强拼搏、砥砺奋进，获得累累硕果：跻身中国民营企业500强，拥有20多个行业单项冠军，成为小型车辆制造发源地，建成小型车辆制造之都。

梦想在前，使命召唤。淮海控股集团董事长大力倡导打造"幸福企业"工程，积极创造条件，激励职工共筑"中国梦"，让职工"幸福生活、愉快工作"，专注执着，建功立业，共享人生出彩的机会，共同为梦想而努力。既让职工有"获得感"，更让职工有"幸福感"，过上更加体面、更有尊严的高水平小康生活。

有梦想才有美好的未来。劳动是幸福的源泉，奋斗是梦想的路径。梦想离每一个职工其实并不遥远，但需要踏踏实实、一步一个脚印地前行。淮海始终坚持以人为本，职工自然把"企业好，大家才都好"的理念内化于心、外化于行，将个人职业生涯与企业发展紧紧融合在一起，工作有收入，创新有平台，上升有空间，有2人获"全国五一劳动奖章"、1人获"全国技术能手"称号，成为业界的"人才富矿"。事实说明，"幸福感"也是生产力，员工越幸福，企业越高效，发展就越稳健。

思想有多远，人就能走多远。以"兴业创利、造福社会"为宗旨的淮海决策者，不仅与职工共同领略创业过程的精彩瞬间，而且乐与同行分享、共享成功的收获，奋力担当起引领行业发展的重任，与上下游企业、配套厂家、经销商共享小型车辆制造业的发展机遇和发展成果，共同提高数万名员工的幸福指数，当好企业文化的塑造者、行业产品的领导者、社会责任的践行者，从而实现了"企业好、行业好、社会好"的良性互动。

市场活力来自人，特别是来自企业家，来自企业家精神。"企业家"一

词源于法文，原意带有"冒险家"的意思。作为著名企业家，董事长对"幸福感"有着特殊的感悟：抓住机遇、大胆决策，攻坚克难、险中求胜，眼看着蓝图一步一步变为现实，这种"幸福感"是别人体会不到的。为此他养成了一个习惯：每天必看《人民日报》，而收获最大的是，能够"向上明方向、左右看动向、向下知倾向"。只有上接天线，才能走得正、走得稳、走得远。

在一次供应商会议上，董事长曾提醒各配套厂家，务必要扎扎实实践行"五大发展理念"，生产绝不能有污染，否则企业有危险！后来的事实应验了他的超前判断。不断学习、勤于学习，熟悉掌握党和国家的大政方针，及早做出决策，防患于未然，使一些企业少交学费、少走弯路、不误发展时机。这也是一个企业家登高望远、胸襟开阔的职业"幸福感"。

人类以梦想而伟大。筑梦的过程是精彩的、幸福的，会持续不断地迸发正能量。淮海人的"幸福感"已转化为企业的凝聚力和向心力，成为企业远航的"定海神针"。金秋时节，每一个职工正在用智慧和双手成就光荣的梦想，助推职工的幸福指数节节攀升、企业发展步步领航！

（原载2017年10月20日《新华日报》、10月21日《徐州日报》）

"专注力"就是硬实力

纵观淮海控股集团40年发展的闪亮轨迹，总有一个词在头脑中挥之不去，那就是企业家的"专注力"。试想，一个企业顽强坚守40年做大实体、做强产业、做精品牌，全球累计营销1680万台车辆，成为名副其实的"小型车辆王国"。这无疑得益于持久沉淀、深深植根于企业文化的"专注力"。

人生什么最重要？全球著名投资商巴菲特的答案是："专注！"人生不能守静笃，境界不会高，被外物所扰，难以做到不以物喜、不以己悲。所谓专注力，是将注意力放在某一个区域里，认准一件要做的事后，就要专心致志。淮海决策者始终保持战略定力，牢牢坚守实体经济这个根基，不轻易为身旁的纷扰所动，心中只想这件事，使自己的所有思维、所有精力、所有心智都集聚于车辆制造，水滴石穿，功到自成。毕竟，幸运总是眷顾有信心、有耐心的不懈奋进者。

专注力是每一个成功者的天才品质。时下专注力是稀缺的资源，拥有专注力将改变人生、成就事业。作为专注制造业40年的企业家，除了眼前的事，还会想着下一步、下两步，眼光自然会放得开阔长远，内心会有很强烈的、直指目标的动机，会有一种不实现目标不罢休的精神，支撑着坚持做事的意志与毅力，奋力攀登行业发展的最高峰。

近年来，"跨界"成了热词，一些传统企业纷纷试水其他业务。而作为小型车辆行业领军企业的淮海却稳坐钓鱼船，决策者非常清醒，要把一个企业做大做强，并不意味着涉及的领域要越来越多，因为没有一家企业能够做所有的事情，而是十分明智什么时候该干什么事情，工作是工作，休息是休息，看书的时候，周围再吵也难入耳，蚊虫叮咬也浑然不觉，旨在专注的细分领域做到极致，在专业的领域站在前沿，打造行业第一品牌、第一销量、第一企业，占据该领域无可替代的位置。

专注力当是硬实力。《人类简史》一书的作者赫拉利·尤瓦尔在演讲中说："农业革命，使得人们失去了力量，因为工具代替了大量的劳动力。科技革命，使得人们失去了专注力，因为我们无时无刻不在被打扰。"淮海人深知，规模大并不一定具有足够强大的实力，在发展进程中更应注重自身的专业水准、专业培养，排除干扰，心无旁骛，一心一意聚焦到一个点上，把最当家的产品做得更出色、更精专，不断增强产品的核心竞争力。

四十年磨一剑，专注打造百年老店。淮海两度跻身"中国民营企业500强"，高新技术产值占比达70%。其"秘籍"在于始终深耕实体经济、以持续创新驱动制造业提档升级。大道至简，不断学习借鉴世界名企的"专注精神"，让思想更单纯，让产品更简单，让质量更上乘，这才是淮海这艘巨轮劈波远航的不竭动力。

（原载2018年3月6日《新华日报》）

树人当培"苗"

常言道："一年树谷，十年树木，百年树人。"

淮海控股集团从2009年起开展"金秋助学"活动，对员工子女考入大学的予以奖励。董事长这次在签发奖励文件时即兴附言："祝贺淮海集团74名员工子女考上大学，愿孩子们有好的学业、好的发展前景！"

一个企业能够出资奖励步入高校的员工子女，从培"苗"开始树人，是有远见的；能够坚持10年助学，更是极其可贵的！那么原动力何在？从淮海集团的企业宗旨就找到了答案："造就人才，兴业报国"。

人才是企业发展的命脉，是企业在竞争中立于不败之地的关键因素。一个重视人才的企业，是珍惜第一资源的企业；一个放眼未来、培养人才的企业，才是后劲足足、能量满满的企业——睿智的企业家无不深谙其中的哲理。

这是企业责任感的彰显！10年"金秋助学"，助推"百年树人"，既是企业关注民生、关爱学子的善举，又是企业具有高度社会责任感的表现。企业是社会财富的创造者，也是社会责任的履行者。1981年，李嘉诚捐资创立汕头大学，就是一种"实业报国"的情怀和责任。一个企业能始终以回报社会为己任，时刻想着在社会上应担负的责任和应具有的声誉，才是蓬勃向上的好企业。

这是员工归属感的体现！三星集团的创始人李秉哲说过："企业的经营就是人的经营。"淮海不仅悉心培养员工，而且还特别关注员工子女的成长，能够想着下一代的学业，惦记着一个普通家庭的未来与希望，让员工充分享受企业发展的成果。一位带孩子领奖的员工激动而自豪："拿到助学金，在亲朋面前说起来太有面子了。"这使员工的责任心增强了，对学习技能主动了，智力、体力、能力都迸发出最大的活力。

这是学生认同感的深化！公司的奖励，既是对他们学习成绩的肯定，也是对未来学习的激励。学生定会把感激之情化为成才之志、发奋之源，更加珍惜学习机会，多学知识，多长本领，"以优异的成绩回报淮海""努力做品行端正的学生"！对于淮海的助学之情，相信这些学生怀感恩之心、立报国之志，让理想的风帆劈波远航。

有一种情怀叫高度认同，有一种感动叫播撒希望。淮海10多年的一次次善举、一次次期望，一定会收获累累：一批批学子茁壮成长，在共圆中国梦的征程上施展才华、实现价值、回报社会。

（原载2018年9月11日《新华日报》）

多创造"卖点"

淮海控股集团投放30万辆快递物流车，致力于解决城市末端配送难题，从而捕捉到新的商机，创造了新的"卖点"，凭借"大品牌、好车辆"的特种车标配，使快递小哥工作得更安全、更舒心、更有尊严感。

工厂直通市场，如今的产品仅仅适应市场是远远不够的，还需要创造新的"卖点"，开拓新的市场。对于市场"卖点"，董事长认为：既要制造高品质产品，又要赋予高科技内涵，设身处地为客户着想，突出解决客户乃至行业的"痛点""难点"问题，将其转化为产品的"亮点"和市场的"卖点"。

解难点增"卖点"。2013年，我国方便面销售462亿包，人均超30包，但近5年来，当方便面销量遭遇滑铁卢时，正是外卖规模迅速扩张期。外卖订餐模式不仅比方便面更加方便、快捷，而且消费选择更加丰富，口味更加多样化。这就是用产品的功能点取代消费者"痛点"，找客户想要的，做别人没有的，挖市场潜在需求的。淮海始终从消费者角度分析考虑问题，时时审视自己的产品有没有为客户减少不必要的麻烦，不断改进优化，从而形成强有力的"卖点"。

重特点强"卖点"。这几年电动车业之所以快速增长，主要是契合了城乡居民的刚性需求，解决了短程出行"痛点"问题，所以才呈现普及快、增长快、迭代快的趋势：短途载货用三开，接送孩子用篷车，老头老太用休闲，快递小哥用特种车。淮海一直把握大势，对任何机遇都不放过，发挥技术、研发、质造等实力优势，运用互联网思维，把大数据、智能化手段链接起来，有效提升产品的智能化水平，在新的领域营造一种新的生态，带动传统制造业不断变革，助力行业良性可持续发展。

创优点出"卖点"。产品的卖点，就是产品的优势，时下一些食品只要赋予"长寿""防癌"等优点，就好卖多了。有这样一个营销故事：一位客人在一家饭店就餐，店老板向他推荐鹅肉，而他却不爱吃。但老板说道："你知道世界上哪两种动物不得癌吗？一种是海里的鲨鱼，另一种就是陆地上的鹅了。"客人听了这番话，一口气吃了两盘。店老板那简短的自问自答，极好地迎合了客人内心对健康的渴求。还是那个产品，就因为老板凸显了优点，激发了顾客的食欲，做成了生意。淮海产品畅销的实践表明，品质优、性能强、经典化的产品仍是客户的首选。

托尔斯泰说，世界上有两大难事：一是把我的思想放到你的脑子里，二是把你口袋里的钱放到我的口袋里。"卖点"的精准定位有效解决了这两大难事，就是产品走进客户的心、解决客户的难。淮海第一品牌、第一销量、第一市场的优势，不就是在持续创造"卖点"的基础上叠加起来的吗？所以，她一直在领跑，从未被超越。

（原载2018年11月22日《新华日报》）

多创造"共享"价值

仅仅1年多时间就为全国1000个贫困家庭每户送上一辆电动三轮车；

坚持10年为职工子女发放助学金累计200多万元，帮助千名学子步入大学校园；

向600多个县（市）的2000多所小学校捐赠100万个爱心书包……

数字，显示的是淮海让社会分享的小份额；数字的背后，则蕴藏着淮海与社会共享的大成果。

认识决定高度，高度决定格局。淮海控股集团领导对担负社会责任有自己的见解：企业要努力创造共享价值，通过助力公益活动、慈善事业等，让社会分享已经创造的价值，更为重要的是，我们要做大整个经济蛋糕，通过转型升级、创新发展来增加社会总价值。

共享是一种境界，可以使人们灵魂充盈、生命完满。淮海坚持把共享作为发展的落脚点，最大限度让职工、企业、产业链和社会共享发展成果，树立了企业良好形象，提高品牌曝光率和美誉度，增强职工荣誉感和归属感，吸引更多优秀人才，进一步涵养"造就人才，兴业报国"的企业宗旨。大力创造"共享"价值，淮海在两方面特别给力。

第一，给力人才。人才是最重要的资源，有了人才，什么都好办了。培养一个技工，致富一个家庭；培养优秀的职工，制造优质的产品。同样，帮扶先帮人，增强人的造血功能，激发人的创造力，就会带动一方产业，振兴一方经济。淮海集团在高校设立"淮海班""宗申班"，提供"大学生实训基地"，为学生提供多层面、多岗位实训、实习以及勤工俭学机会，同时为职工开辟更多的成才渠道，被业界誉为"人才培养基地"。

第二，给力产业。发展经济，产业是根本。产业帮扶是最精准、最实际、最有效的帮扶，拉长、增粗、做强产业链，使整个产业链的上下游兴旺起来，带动供应、销售两条线10多万人共同发展。一家小企业，一旦成为淮海的供应商，生产能力、产品档次、管理水平大幅度提升；一个营销点，不少是夫妻店，专营淮海、宗申品牌车辆，生意就红红火火。这种从产业层面促进就业、振兴经济、造福社会的做法，无疑是更高层次的帮扶。

幸福越与人共享，它的价值就越增加。一个企业家有强烈的共享情怀，就会主动担负对国家、对社会的责任。淮海将始终追求"企业好、行业好、社会好"的可持续发展战略，共同应对挑战，共享发展机遇，共创美好未来！

（原载2019年4月19日《新华日报》）

助力三农增"三力"

在黄金铺地、老少弯腰的丰收而喜悦的时节，淮海控股集团员工连续6年走进客户，助力三农，利用企业优势和员工特长，到田头地边为千家万户提供一站式服务，农民从心里感受到这样的企业"太给力"。

对一个企业来说，最重要的问题是什么？客户是谁，市场在哪！尤其是重点客户，始终是企业关注、服务的群体。作为在支持三农、服务三农中发展壮大起来的淮海，始终不忘初心，与三农结下了不解之缘，所以，在"CCTV年度三农人物"颁奖典礼上，淮海控股集团董事长被作为特邀嘉宾，为获奖的"三农人物"颁奖。他将最真诚的敬意与尊重传递给每一位"平凡而伟大"的三农事业先进工作者，并为获奖者每人送上淮海电动微型车，以鼓励"三农人物"继续把三农工作推向更高的层次。这无疑是对淮海多年来助力三农、服务三农最高的评价！

有付出自然有回报。淮海多年助力三农反过来给力企业。

一是增添新动力。在农民最需要的时候"我来了"，淮海想客户之所想、急客户之所急，实实在在为客户解决实际问题，与客户的感情拉近了。这既增进了与客户的友谊，又激发了农户购买淮海车辆的热情，有些客户甚至现身说法，配合厂家的营销政策作义务宣传，使更多的农民对淮海的认知度高了，倒逼企业加紧生产、增加销量。

二是增强竞争力。淮海面向市场、盯着客户做事，目标明确、定位清晰、调查准确，借助与农民同劳动的机会，随时了解信息，包括对产品的评价、对服务的看法、对企业未来发展提出的建议等。这就把客户融入企业，及时把握客户需求，从而促使企业做出及时的反应，不断提高对产品的开发设计能力，增强客户对淮海品牌、质量、功能、价格以及企业的认同感，扩大市场占有率。

三是增创引领力。40多年专注为民生做好车，成就淮海摩、电三轮车行业的大品牌、好车辆。如今，作为微型车辆行业扛鼎品牌的淮海，持续深耕车辆制造业，引领行业面向未来、面向世界，不断超越自我，进一步夯实行业"第一销量，第一品牌，第一企业"的领军地位，刷新了行业高度。同时始终秉承"造就人才，兴业报国"的企业宗旨，不断增创新优势，为百姓造好车，为社会谋福利！

（原载2019年6月29日《新华日报》）

从工到匠释放"新能量"

闫超荣获徐州市云龙区"十大工匠"称号；

陈德才荣获徐州经济技术开发区"金龙湖工匠"称号……

淮海员工用实际行动诠释着新时代"工匠精神"的最美内涵。正是他们比别人用心、用情、用劲，所以才成为企业的翘楚、行业的工匠。由此可见，"工匠精神"不仅是一个人专注、精确、极致、追求卓越的态度，而且是一种高尚的职业道德，更是一种高超的技能，时刻充满干事业的激情和动力。

当前，我国正处在从"制造大国"向"制造强国"迈进的关键时期，培育和弘扬严谨认真、精益求精、追求完美的工匠精神，具有重大意义。作为微型车辆制造业旗舰的淮海控股集团，董事长对此有深刻的见解：要在全集团大力弘扬工匠精神，尊崇匠心，敬重工匠，厚植工匠的生长土壤，形成技能兴业、岗位成才的时代风尚，让追求极致成为企业名片。

从工业化进程来看，几乎每一次引起产业变革的创新创造都离不开"工匠精神"，它催生各行各业的探索者和发明家，推动科学技术和工业制造融合发展。"工匠精神"不仅表现为注重细节、精雕细琢、追求完美，而且包括与时俱进、勇于创新。在我国"工匠精神"源远流长，创造了世界文明史上的众多奇迹，是中华民族发展壮大的重要精神动力之一。

践行"工匠精神"，要以一颗匠人之心干好本职工作。工匠手上有技术，脑中有知识，胸中有守正创新的心，大多干一行、爱一行，专一行、精一行。他们用大脑思考，凭双手创造，将简单的事做完美，将复杂的事变简单，把

373

手头的工作做到极致。像淮海的陈德才，特别注重工艺技术创新，焊接质量及强度树立了行业标杆。这种岗位成才既是企业的期望，也是员工的渴望。

践行"工匠精神"，要以一双匠人之手创造行业奇迹。一个人做事，要有认真的态度和专业的能力，对工作不懈怠、不疏忽，原则认真，兢兢业业，追求完美。如闫超是淮海多年的研发之星，对研发精进不止，获得实用新型专利和发明专利20多项，持续为产品品质赋能。只要沉下心来，充满激情，长期钻研，精心打磨，普通的岗位一样出彩、一样出不普通的人才。

大国之路，匠心筑梦；敬业精业，逐梦前行。大力弘扬"工匠精神"，让"工匠精神"成为时代的共识和品质，成为引领时代的风向标，使众多员工学有榜样、做有标尺，干有方向、赶有目标，努力成为知识型、技能型、创新型人才。

（原载2019年8月8日《新华日报》）

成长·成名·成功

壮丽70年，和共和国共成长，与新时代同奋进！

时光荏苒，共和国走过了70载的峥嵘岁月，风雨沧桑中茁壮成长，共和国的每一分子无不感受到翻天覆地的巨变。祖国发展我进步，淮海控股集团伴随着共和国的成长步伐，如今已长成参天大树，成为中国微型车辆的标杆企业！

在徐州市，有两家企业被誉为制造业的"双子星座"：一个是国企徐工，另一个是民企淮海。徐工的产品顶天立地，淮海的产品铺天盖地；徐工支撑重大工程项目建设，淮海服务千家万户，融入几十个国家民众的生产生活……新时代造就了淮海的成长、成名、成功。

企业成长。40多年来，淮海控股集团始终坚守初心，深耕实体经济，由低端生产向中高端生产转变，由低成本竞争向高质量竞争迈进，在嬗变中以"精良的制造""可靠的质量"赢得市场认可度、知名度和美誉度，从而促进产品竞争力、品牌影响力、市场支撑力的三力迸发。淮海从当初一个零打碎敲的村办机械加工小厂，如今发展成为中国微型车领军企业，占据"中国工程机械之都"的重要板块，徐州市领导称其起到了"顶梁柱"和"奠基石"作用；连续13年稳居行业内销、出口双第一，位列中国民企制造业500强第277位；是中国机械行业优秀企业、中国城市配送优秀供应商、全国自主创新企业、国家级高新技术企业、江苏省地标型企业，被誉为全球微型车辆制造业旗舰。

产品成名。淮海始终坚持把产品高质量作为企业高质量发展的基石，从最初生产简单产品，到现在智造中高端产品；由人工制造为主向智能制造为主迸发，由粗放制造向绿色制造提升，以"五高"产品理念打造"六最"产品平台，从技研储备到专利运用，再到加工智造，无不赋予工匠精神。每一款产品都精心设计，每一道工序都精心打磨，每一个部件都精益求精，创造了旗下淮海、宗申两大驰名品牌。现在淮海正大力实施"锂电化、智能化、互联化、国际化"战略，充分整合优势资源，进一步做精做全品类品种，发展国内、国际两个市场，不断增强产业实力。迄今为止，淮海微型车辆已累计产销1680多万辆，出口66个国家和地区，被业界誉为"第一品牌、第一销量、第一企业"，荣膺小型车辆营销大世界吉尼斯之最，成为名副其实的"大品牌、好车辆"。

企业家成功。"企业家"这一概念是由法国经济学家理查德·坎蒂隆提出的，带有"冒险家"的意思。企业家多拥有特殊才能，善于抢抓机遇，勇于开拓进取，具有战略性思维和前瞻性眼光，而担当创新则是企业家的原生特质，往往能在危机重重中"险中取胜"。实践表明：做企业的不一定是企业家，唯有做大做强企业的，才能称得上企业家。淮海控股集团党委书记、董事长安继文专心专注微型车辆制造业，超前谋划，科学布局，精准发力，砥砺奋进，做到了中国第一，用心血和汗水铸造了今天的辉煌。一位市领导在淮海考察时指出，安继文有两个特点：一是胸怀大志，二是脚踏实地。安继文荣誉等身，为徐州市十大经济人物、江苏省优秀企业家、江苏省机械行

业改革开放30周年杰出人物、中国优秀民营企业家、中国经济发展突出贡献者等，日前又获评"新中国70年·最受尊敬的苏商企业家"称号。

"泰山有极顶，事业无尽头。"淮海正以昂扬的斗志，聚焦优势资源，开启以新能源汽车为先锋的转型升级之路，奋力追梦新时代，努力开创新未来！

（原载2019年9月27日《新华日报》《徐州日报》）

有岗就有希望

对弱势群体最大的关爱是什么？给岗位！就业是一个人生存、发展和实现自我价值的重要前提和基本途径。中央提出的"六保"，第一就是要"保居民就业"。

就业是民生之本、财富之源，也是安国之策。淮海控股集团董事长认为："人人有工作做，人人才能有饭吃！企业兴业创利，就是为了造福社会，帮扶弱势群体奔小康，是企业家的责任和担当。"集团所属公司提供特殊岗位，专门安排上百名残疾人就业，竟占这个公司全体员工的三分之一。它所肩负的社会责任是真真切切的，所取得的成果也是实实在在的。

让残疾人做事有岗位、有平台，在工作中发挥聪明才智，享受劳动的喜悦，体验为社会创造财富和价值的成就感，让每一天过得充实有意义，洋溢着一种自信；时刻感受到政府、社会和企业的惦记和关爱，也会觉得幸福满满；憧憬着美好的明天，心里就有了期待，充满向上的力量，对生活保持热情和希望，平常的日子也有了色彩。有岗有爱有期待，安居乐业向未来！

古人云："无恒业者无恒产，无恒产者无恒志。"稳增长的根本是为了保就业，有就业才有收入，有收入才有好生活。一个人就业，特别是一个残疾人就业，不仅解决了个人的生活问题，而且有效提高一个家庭的生活水准，能够过上白天有事做、晚上有梦做的日子，其社会效益不可低估。

（原载2020年6月11日《新华日报》）

下卷

不要把小报当"光荣榜"

"小报成了光荣榜"，这是读者对3、4月份有些地市县报的评论。何故？这一时期，各种总结表彰的会议多，所以"光荣榜"出得也特别勤。以某家县报为例：3月上旬，用了两个整版刊登了县委、县政府表彰在1986年做出成绩的党政群机关和事业单位工作人员名单；3月中旬，又用两个整版刊登了"两个文明"先进集体和个人名单；4月中旬，县里表彰的普法先进集体和个人名单又登了一个版。40天里，共用了5个整版！

小报一般为4开4版，且出版周期长，有周一、周二、周三刊等，除刊登全国、本省重要新闻外，还要报道本地新闻，版面是紧张的。当然，对做出突出成绩的单位和个人，适当地刊登一下也属必要，报纸也有这个义务。现在的问题是，一是表彰的名目比较多，像两个文明、先进党支部、优秀党员、普法、计划生育等都要刊登；二是大多数先进单位和个人的名额是分配的，各个单位不论其工作干得如何，都有人员被表彰，一登就是密密麻麻一个版，难免让人有"矮子里面拔将军"之嫌。这样下去，不仅报纸变成了"光荣榜"，而且也会把"文山""会海"搬上报纸。

（原载1987年第8期《新闻战线》）

不能总是《大家谈》

近几年，报刊的言论比较活跃，从中央级报纸到地市县报，很少不设言论专栏的。仅一版而言，像人民日报的《今日谈》、工人日报的《小论坛》、文汇报的《虚实谈》、新华日报的《细流集》、南方日报的《直言录》等，都各具特色，且同名者极少。然而，翻一些地市县报，用《大家谈》作专栏名称的却不少，似乎言论专栏不用这一名称，就没有其他名称好用了。

我以为，给言论专栏定名称，一要考虑具有当地特色，二要注意报纸的特点，尽量不要和其他报纸重名。决不能人家设《大家谈》，也跟着讲《大家谈》，这样做，既不能给读者留下深刻的印象，也失掉了自己的个性。有的报纸就不这样仿效，它们给专栏定名称，就注意其特色，如湖北孝感报的《百字文》、江苏铜山报的《铜山新语》、徐州日报的《褒贬录》，各具特色，非常鲜明。

（原载1987年第10期《新闻战线》、冬季号《新闻传播》，题为《言论专栏命名有感》）

冬季未必皆"严寒"

近日（1987年12月25日）读报、看电视、听广播，这样的新闻语言不时入耳入目："某县10万农民冒着严寒战斗在水利工地上""某地党政领导不顾严冬的寒冷，去乡村走访""某企业职工战严寒，夺高产，提前跨进1988年"。耳闻目睹，令人哑然失笑，因为这时人们正喊着热得不正常哩。

冬季未必皆"严寒"。以新闻发布所在地苏北为例，从11月27日下了场雪之后，气温逐渐回升，到12月25日，一般均为0℃以上，能说冷吗？况且下雪时乍一冷，大多过冬棉衣皆穿身上，现在都热得想脱下来。而我们一些宣传怎么能说是严冬呢？夏天必然是酷暑，冬季一定是严寒，这种公式化的新闻用语需要改一改了。因为从一年一度的总趋势来说是可以的，但若放在具体某一阶段上恐怕不妥。据笔者所知，水利工程上的农民，正是利用暖和不结冰天气的好时机，抓紧施工，并没有必要也不可能去战严寒。因此，作为新闻工作者来说，具体问题作具体分析，总是必要的吧。假如现在说全国都在抗严寒，就不够科学。东北冰天雪地，可以说冷；中原则说不定；而南方连霜也没有下。

看来，夏天必说酷暑、冬季必是严寒的概括用语，在使用时要仔细些。

（原载1988年第2期《记者摇篮》）

《大家谈》不是《自家谈》

近阅一家市报一版的言论专栏，虽然标有《大家谈》之名称，其实并非如此。留心半个月，却发现共登了9篇言论，而编辑、记者就写了3篇，另外两篇也是当地"名家"撰写的。许多通讯员说："《大家谈》简直成了'自家谈'了！"

一张报纸，一个版面，甚至一个小小的栏目，要想办得比较出色，能赢得读者好评，必须有群众性，缺少这一点，就成了无源之水、无本之木。我们有些类似《大家谈》之类的言论专栏，如《读者论坛》《杂谈》《群言堂》，却为何常常成为编辑、记者、名人等少数人泛泛而谈的园地呢？一个重要的原因，恐怕是某些偏见在作怪，总认为通讯员、普通读者写不出有理论色彩的言论文章，只能写一些填空、补白之类的文章而已。

纵观一些叫得响、办得好的言论专栏，有哪一个不是依靠众多的群众办起来的？人民日报的《今日谈》专栏里为何有那么多活蹦乱跳的"活鱼"文章，不就是靠各行各业的群众及时地"逮"住的吗？《经济参考》报一版上的《读者论坛》专栏，一年到头没空过。从署名前所标省份地址，可以看出作者遍及全国各地。假如当初办成了"自家谈"，就不会有那么多的热心读者提供稿件，该栏目也只能"三天打鱼两天晒网"了。

（原载1988年第3期《新闻记者》、第4期《记者摇篮》，题为《不能把"大家谈"办成"自己谈"》）

关于《读者来信》的通信

K编辑：

来信悉，关于垂询办《读者来信》专栏三年没惹麻烦的经验，愧不敢

当，现将我报去年一年四季所刊《读者来信》的要目简录于下，依老弟的才华，是能从中悟出奥妙并会举一反三的，勿外传。

祝编安

M报社：A

附：《读者来信》四季要目：

春天：《不要打三春鸟》《不要攀折树木》《不要放牲畜啃麦苗》《上坟烧纸谨防火》。

夏天：《不要让儿童下河洗澡》《禁止在公路上晒麦打场》《空药瓶切莫乱扔》。

秋天：《积肥不能挖路边的土》《气温高要防中暑》《不要用农药瓶打酱油》。

冬天：《小孩不要滑冰》《天气干燥勿忘防火》《燃放爆竹要小心，以免伤人》《千万当心中煤毒》。

（原载1988年第6期《新闻记者》）

采新闻与"摘瓜经"

去年夏天，和一名通讯员去采访一位闻名三乡十里的瓜农。一到瓜园，好客的主人就忙着切瓜，我们边吃边听他唠叨"种瓜经"。末了他说光会种不会摘还不行，我心想，熟了就摘，还能有什么门道？他说："你俩在这儿吃，就摘十成熟的；要是拉到县城去卖，只能摘七八成熟的。不信，要是摘十成熟的，等倒腾到县城不熟淌了才怪哩，七八成熟的才叫正好来。"

听着瓜农的"摘瓜经"，不由得联想到我们采新闻不也是这样吗？有些通讯员包括个别记者，听风就是雨，不管这件事进行到何种程度，也不论完成与否，就忙着搞预测新闻，依靠开初的计划，过高地估计数字，匆忙写稿，结果送给读者一个"生瓜蛋"，谁也不乐意吃它。还有另一种情况，由于客观原因，某件事发生后，得知已经迟了，再慢慢腾腾地写好，到了编辑手里，已变成"烂瓜"了。

看来，瓜农的"摘瓜经"，值得我们借鉴。要练好基本功：采稿，瞅准最好时机；发稿，掌握最佳火候；不成熟的新闻，绝不要抢着发；过时的旧闻，没有必要再拿出。做到这一点，才能给读者奉献一个个脆甜的香瓜。

（原载1988年第7期《新闻爱好者》）

莫让"活鱼"在自己手下溜掉

前两天，接到一位乡下通讯员的来信，他埋怨说："我写的一篇稿件省报、省台都采用了，为何贵报给'枪毙'了呢？"一查废稿柜，果然如此，心中觉得内疚，对不起通讯员还不必说，眼看着到手的一条"小活鱼"被溜掉了，实在是可惜。

对此，有些编辑可能会心安理得地说，"选稿标准不一样嘛！""大报用了，我们不一定用""谁也保证不了稿件就选得那么准"。然而，若站在通讯员的角度来想一想，这种想法说到底是在为自己打圆场，是对自己不识货的一种遮掩。1981年全国获奖好新闻《他家今年愿向国家交售两万斤粮食，只要求卖给他家一辆"永久牌"自行车》，就是湖北孝感报总编辑张仲彩，从已被其他编辑"枪毙"的废稿堆中抢救出来的，假如当时他没有对稿件认真负责的精神，这则被新闻界称为"新闻冲击波"的"大鱼"也就溜掉了，更不要说获全国好新闻了。

新闻界老前辈徐铸成，解放前是上海《文汇报》总编辑，他有个习惯，每晚定好版面之前，总要检查一下废稿筐，看看有没有漏掉重要新闻。如果我们的编辑、责编及总编能有这种精神的话，对稿件不是看一眼就扔进废稿筐了事，也不是一人定夺，注意与人商量，那么，就是再"滑"的"鱼"，总不会连着闯破两道"网"而溜掉吧。

（原载1988年第7期《记者摇篮》）

看腻了的"三段式"

为了向一家报纸三版的《思想评论》专栏投稿，翻阅了该报今年上半年的合订本，经统计、分析后发现，三分之二的言论是"一事一典一议的'三段式'"，只要看到所用典故，就可知道是议论哪方面的问题了。

这种"三段式"的格式是：先说出现实生活中的某一件事作由头，或是听说，或是看到，或是报载，二三百字。接着搬来古时一个典故，大多用联想到、不禁想到，古时有这样一个故事，占三四百字。最后，再煞有介事地分析议论一番，多为古人尚且如此，今人难道做不到吗？思想境界还不及古人吗？一般也三四百字。如此三段一拼，千字文也就出来了。

乍一看，这"三段式"真可谓条理清晰，逻辑缜密，搬过来稍加点修饰，适当搭配，就会成为一篇好文章。笔者并非反对这种文章的做法，如果千篇一律的都是一事一典一例一个调，就保不准让人乏味了。比如，一提选拔人才就少不了伯乐相马；讲到开明纳谏离不开唐太宗李世民，谈到刚正不阿、秉公执法非包大人、海大人莫属，如此等等，难免有牵强附会之嫌，再说，反过来调过去地用也就用滥了。

每位作者的文章都有自己的立意，其表达方式和文学修养也大不一样，为何写出来的文章都是"三段式"呢？况且每个人的思维方式千差万别，写作方法也各有千秋，为何非套用这"三段式"不成？笔者认为，之所以如此，除了作者有时模仿外，就是编辑削足适履、越俎代庖，久而久之，就形成了这种一事一典一议的"三段式"。如此下去，岂不又人为地造出新的"八股腔"？

（原载1988年第9期《新闻知识》）

不能给"杆子"让人爬

有位记者去采访一位自学成才的青年工人，这位工人不善言谈，问一句答一句。记者便启发说："你所取得的成绩，是不是得到了领导的关怀和同志们的帮助？"这位工人看了看在场的书记及车间主任，勉强地点了点头。见报后，变成了这样的文字："他的成才凝聚着领导和同志们的心血。"职工们看了无不嗤之以鼻，被采访者只得苦笑答道："他给根'杆子'让我爬，当时那情景，你不爬行吗？"

其实，知情人都知道，这位工人的成才是在逆境中经过8年苦学达到的。不仅没有得到领导的关怀，还不同程度地受到压制和刁难，正因为有此绝境，才使他产生了一种强大的逆反作用力，逼迫他奋发自学。这些成才背后的真实情况，却让记者一"杆子"给打了回去。在一些新闻报道中也常常出现一些类似的情况，采访一个人物，如果这人既能干又会说还好办，若是不善言谈，那就全靠采访者的"启发能力"了。有的人爱带着"框框"下去，习惯于搞"合理想象"，问不出来的东西，便提"暗示性"的问题，出"判断题"，只要被采访者点头、摇头就行了。这就是给根"杆子"让人爬，把自己的观点强加于人，有时限于当时的条件，人家不爬还不行。结果，使一些人物新闻失真。

一位老编辑叹道，眼下许多"他想"之类的内容，大都是采访者在那儿自己想的；"他说"也基本上是通过"精加工"的"标准话"。这种笔下的人物多多少少地带有采访者个人的影子，既缺少个性，又没有特点，怎么让读者接受呢？

抛弃任何的合理想象，打破现成的模式；问不出来的时候不要硬问，让新闻人物自己站出来说话。那么写出来的人物就有特点、有个性了。且莫以给根"杆子"让人爬为能事，其实这是一种违背他人意志的做法。

（原载1988年第10期《记者摇篮》）

写七篇八篇不如改七遍八遍

有位从事新闻写作不久的通讯员，拿着一摞底稿来到编辑部，带着怨气向编辑说："我写那么多稿件为何都用不上呢？前不久我一次寄七八篇不见登一篇。"编辑看了看那些底稿，幽默地说："你不妨只写一篇，改它个七八遍试试。"通讯员回来后照着做了，果然上稿率提高了。他深有感触地说："写七篇八篇，真不如改七遍八遍啊！"

文章是改出来的。在50年代，著名作家赵树理到农村体验生活，有一天他发现有人做了好事，就让房东家的孩子写出来，那17岁的小青年次日写了初稿送给他看，他说："你先改一改"；第三天又送给他看，他说："改一改再看。"这一改再改，一直改了6遍，才把它寄到山西农民报去。对此，赵树理笑着说："我的经验只有两个字'耐'和'改'。"刚开始学习写作的人，改它个七遍八遍也就不足为奇了。

鲁迅说："写完之后至少看两遍，竭力将可有可无的字、句、段删去，毫不可惜。"老舍先生认为"写完了，狠心地改，字要改，句要改，连标点都要改，毫不留情"。看，名家对改稿子的态度一是"毫不可惜"，二是"毫不留情"。

如此等等，不难看出，一篇稿子从立意、腹稿、成稿到发表，不经它个七遍八遍的琢磨、修改是不可能的。而我们有些通讯员稿子写好后，却懒得改，有的片面认为反正还有编辑修改呢！还有的则企图以写稿量多来获胜，这都是不足取的。"稿子写好了只算成功一半，另一半还需要修改。"一篇文章改得次数越多，无论是文章的立意还是遣词造句、标点符号及文面也就越完美。通讯员朋友，当你写七篇八篇发不了一篇时，那就改它个七遍八遍后再投。

（原载1988年第11期《编采之友》）

别再让先进人物撕假条了

不久前，看到一则人物新闻报道：有个省劳模在生产中不慎手被砸伤，医生叮嘱他不要急着上班，并给他开了休息一个礼拜的病假条。他悄悄地把假条撕了，坚持上班，结果，伤口感染，不得不入院治疗。行文中对此举十分称赞，类似这样"撕假条"的报道还可以举出许多，似乎这是先进人物的共同"性格"。

长期以来，在我们新闻工作者的笔下，似乎形成了这样一种不成文的公式：先进人物=加班加点+撕病假条+抱病坚持工作，好像除了这些就难以反映出先进人物的精神来。当然，有病不休息，坚持工作，其精神固然可嘉，但不够科学，也不宜提倡。道理很简单，身体搞垮了，再想干也心有余而力不足了。再说，现在的先进与六七十年代的先进不同，不能只盯在加班加点、带病工作上，而要讲究工作效率，运用科学的方法去做好工作。

现实生活中的先进人物是多姿多彩的，他们身上闪耀着时代的光环，需要我们赋予新的时代特征去真实地反映他们的工作和生活。随着新闻改革的深入，写作手法、表达方式也总不能局限在六七十年代的水平上。要写出具有时代气息的人物风采，就必须摆脱概念化、程式化的束缚，不断地寻找新的角度及手法。既不要把先进人物写成只会工作、不会生活的木头人，也不要写成不食人间烟火的苦行僧，更没必要再让他们都去"撕假条"，做出有悖于人之情理的事来。

（原载1988年第11期《新闻三昧》）

赞"据稿设栏"

日前，有幸看到了1987年冬季号的《新闻传播》杂志，只见《刊首寄

语》中说道："本刊欢迎涉及新闻工作方方面面的各类稿件，只要符合新闻战线需要，没有栏目的也可据稿设栏。"看后令人叫好。

"据稿设栏"，好就好在它可以刊登不同形式、不同内容、不同体裁、不同风格的文章，以防止部分有些新意的稿件，因苦于没有栏目而无法刊用之弊端。笔者曾收到一家新闻刊物的退稿信，曰："因本刊没有此栏目，故不便刊用，请谅。"你说怪不怪，自己定的框框又反过来套住自己的手脚。一本杂志，就是设栏目再多，也很难囊括尽各种类型的来稿。因此，对有特色的稿件，来个据稿设栏，不失为一种打主动仗的表现。

"据稿设栏"，也有利于作者从思想上冲破现有栏目的限制，摆脱已发稿风格的影响，大胆地发表自己的独到见解，也是编辑不断调节选稿标准的有效方式。

（原载1988年冬季号《新闻传播》）

岂能"换靴换帽不换人"

编辑部常常收到这样的一些来稿：

《一手抓春耕、一手抓计划生育》；

《一手抓夏锄、一手抓计划生育》；

《一手抓三秋、一手抓计划生育》；

《一手抓冬训、一手抓计划生育》；

…… ……

这些稿件还大多出自一些老通讯员之手，乍一看，这类稿件颇有点新意，因为计划生育是我国的一项基本国策，需要常抓不懈，坚持下去。大忙到了，仍不忘抓计划生育，确有可提倡之处。但细细一琢磨，再翻一下上年甚至是前年同时期的报纸，这类套用"四季歌"似的稿件，就难以再刊用了。当然，在农村"四季歌"还是要年年唱，关键是要唱出与上年不同的特点来。否则，都是这类事情，只是硬靠点大气候及时令节气来做文章，岂不是"换靴换帽不换人？

"年年岁岁花相似，岁岁年年人不同"，人尚且如此，作为新闻更应当这样。社会总是在不断发展的，事物也总不能仅局限在三五年前的程度上，工作方法更不会停留在几年前的水平上。我们都知道，新闻贵在新，假如没有新的内容、新的角度，而是春种秋收、冬暖夏凉，到什么节日祝什么词、到什么节赞什么人，套来套去，反反复复地炒剩饭，还能有什么新闻可言呢？

（原载1988年第9期《采访与写作》）

"更正"岂能钻"中缝"？

因查找资料，翻阅了一些地市小报，发现"更正"刊在"中缝"里的比较多。有家地报三、四月份有三则"更正"一家市报一个月有两则"更正"，全部发在"中缝"内。笔者不禁产生疑问："更正"何必钻"中缝"呢？

报纸出了差错，发则更正，以防讹传，并引以为戒，顺之常理。天天办报，哪有不出差错之理？就是《人民日报》、新华社及各省市自治区一级的报纸，恐怕还找不到没发过"更正"的例子。而出差错较多的一些地市小报，却为何要把"更正"放在中缝呢？这里有两个原因：一是不能正确对待差错，总感到发"更正"失面子，有些不发又不行，没办法，放在中缝来敷衍了事；二是态度不明朗。你要说没发吧，他登了；你要说发了吧，读者还不容易看到。尤其是装上合订本之后，这差错的痕迹自然而然地就消失了。这是否是出于遮丑护短的心理？

新闻改革的今天，许多报纸欢迎读者监督、批评，有的甚至奖励揭短者，以此来减少报纸的差错，提高报纸质量，增强报纸和读者之间的联系。对比一下，我们一些出了明显差错的报纸，还能有什么理由不去大大方方地"更正"，而半遮半掩地躲在"中缝"里呢？

（原载1989年第2期《新闻记者》）

选角度与变角度

前不久，某报刊登了一篇经济新闻，说有一家中型企业由于推行了"满负荷工作法"，产值比去年同期增长了百分之二十多。该厂职工看后，拍打着手中的报纸，讽刺地说："什么叫满负荷工作法我们还不知道，咋推行的？反正效益一好了，咋说都有理！"事情反映到报社，作者辩解道："也许是我角度没有选准吧。"实际上他是硬变换了角度，才造成了失实。

选角度与变角度，一字之差，结果大相径庭。选角度是根据客观事实存在的情况，选择那些具有代表性、能够反映出事物本质的新闻表现手法；而变角度则是按照主观随意性，无中生有地去变换、硬套某种角度。这里面存在着两方面的问题，一是用同一种时髦角度去乱套；另一种是同一件事情可以变多种角度，用群众的话说，就叫"咋说都有理"。比如，有家企业得了块银牌，地方报社、电台竞相报道。有的认为这块银牌是由于企业推行承包经营责任制，调动职工积极性而获得的，有的说是发挥科技人员作用拿到的，还有的说是更新设备、改革工艺流程干出来的等，似乎都有道理。实际上这块银牌是由于企业坚持质量第一，实行质量否决权，再加上是老产品，职工素质不断提高而夺得的。看看，怪不错的材料，要是角度弄不好，不仅会出现很大片面性，而且易造成新闻失实。

我们说，为了充分表现新闻事实，去捕捉最佳报道角度来标新立异，让读者、听众、观众有耳目一新之感，是无可非议的。而眼下的问题往往不是根据现有的事实材料去选角度，而是按自己的愿望去变角度，什么角度时髦变什么角度。具体有"墙头上的草——随风倒"的角度，"一个模子——到处套"的角度，"把事实当面团——随意捏"的角度。靠这样变角度写出来的新闻能不让知情者反感吗？

看来，好的角度重在"选"，决不可以任意去"变"，选是事实上存在的，变就会脱离实际。因此说，选角度决不能是变角度。

（原载1989年第2期《编采之友》）

采访本的启示

前不久，陪同一家大报的记者采访，见他用的采访本每页只写一半，还空出一半，有时记着记着，忽然在空白处快速地写着什么。对此，我心中很是纳闷，采访结束后，便询问请教这位记者。他说，采访本不单是记"事件""人物"的，还要留点空去记一下自己采访当中的认识、感受，这样，写起稿子来就更得心应手了。

回到住地，又见他抓紧翻本子回忆思索，不断地在空白处补记些什么。仔细一看，原来写着新获得的新闻素材如何运用、怎样构思、选取什么角度等字样，整理得井井有条，乍一看，好似一篇初稿。

这次耳闻目睹，当面聆教，受益匪浅。原先我认为，记者、通讯员采访时，只要字写得流利，能记下人家说的原话就行了，岂不知，这只是采访工作的一半，另一半还要把自己的思想认识、感受尽可能记下来。一些写作能手在采访结束后能很快地写出稿子，大概其中奥妙也就在此了。而有些人下去采访，只知被动地"录音"，密密麻麻地记了大半本，事例摆了一大堆，数字排了好几串，劲费得不小，可是却不知如何运用材料、怎么下笔。究其原因也主要在此吧。因此，在采访过程中，既要记"人云"，也不要忽略了录"己思"。把自己的思想感情贯穿在整个采访活动中，才能有感而发，写出好稿子来。

（原载1989年第2期《青年记者》）

外国人只会说"了不起"吗？

前一段时间，我由于查找资料，翻阅了近20种不同类型的报纸。"中国人，真了不起！"这样的新闻标题不时出现在眼底，其内容就更不用说了，

不信，请看：

——我国一留美学生，学年考试在全班级取得第一名，老师便伸出大拇指："中国留学生，真了不起！"

——我国援助坦桑尼亚等国的建筑工人，当完成了一项工程，对方验收之后，便连声夸奖："中国工人，真了不起！"

——我国赴西德、法国等深造的科技人员，获得了某一学位或解决了某个难题，所在国教授称赞道："中国科技人员，真了不起！"

——外商参观了我国民间工艺品的展销，也竖起大拇指："中国人，真了不起！"

……

如此等等，不一而足，只要看到类似的题目，就能把内容猜出个八九不离十，似乎不论哪国人用来赞美我们的，只会说："了不起！"

在我们的一些新闻报道中，类似外国人只会说"中国人，真了不起"的俗套例子，举不胜举。比如，报道某人某件动人的例子(有些事例其实并不怎么动人)，便会在开头或结尾说，这件事在十乡百里"传为佳话"，或者说"受到干部群众的一致称赞"，再不然就是"提起他，没有不竖起大拇指的"。这种千人一面、千部一调的俗套话随处可见。

我们都知道，一个国家、一个民族都有各自特定的风俗习惯和语言表达方式，有的热情奔放，有的深刻含蓄，有的痛快直爽，有的谦虚沉稳。就是我们国家各民族之间的语言表达方式也不尽相同。那么，在我们新闻工作者的笔下，世界各国人对中国人的赞美都简单地归为一句"真了不起"，就未免太简单、太程式化了，难免有一种做作、虚假之嫌。

在我国，领导干部若要拍某个下级的肩膀则表示对其亲切、赞许、信任的意思，下级说不定哪一天会被提拔上去。而在另一些国家则截然相反，上级若拍哪位下级的肩膀，那个被拍的人就会惊恐万分，因为不知哪一天就要卷行李回家了。如果把拍肩膀片面地套在任何一个国家、民族的待人接物上，岂不失之荒谬、令人捧腹？动作的表示尚且如此，更为丰富的语言所表达的复杂的感情就更维妙了。

造成上述新闻报道中的语言俗套、格调陈旧、千篇一律的模式化，其缘故主要是一些新闻工作者缺乏细致观察和深入调查研究的作风，贪图省事，说些双保险的官话，缺乏创新精神。所以，制作出来的新闻，常使读者反感、乏味，以致降低了新闻报道的真实性和可信性，共结果是作者所始料不及的吧！

（原载1989年第3期《新闻窗》、第7期《新闻三昧》）

说“掂”

已故的北京特级售货员张秉贵，人称“一口清”，并且还有“一手准”的本事。顾客要买多少糖果，他一把抓去，嘿！差不离。

有一个种瓜的老把式，只要摘下瓜在手中一掂，就可把重量掂个八九，并承诺说：“你尽管拿去校秤，少一罚十。”

解放前，有些钱庄、当铺的老板，摸一把“袁大头”，哗啦在手中一掂，其中的赝币便剔除出来。

可见，各行各业在“掂”上都有高人，这也算得上一门学问吧。我想，作为新闻工作者，也不妨学一学“掂”的学问。当然，不是去掂西瓜、掂糖果，而是掂新闻。

一家报纸的总编辑，能不能在一大堆编好的稿件中，掂出有分量、指导性强、可做头条的新闻，掂出哪些是该配发评论的稿件，到年底，能不能拿出那么三五篇好新闻，向上推荐，就看这“掂”的水平了。

一位编辑人员，要能从大量的来稿中准确地掂出可用的稿件。编好后，怎样把它们放在版面的适当位置上，是否要加以装饰、打扮，也需要掂一掂。掂不准，就会处理失当。

记者、通讯员，学会了掂，就能从众多的素材中，掂出有新闻价值的东

西。下笔的时候，哪些材料该写得翔实，哪些该尽量简约，心中早已有数。有的记者、通讯员为何长期写不出有分量的稿子来，往往与会掂不会掂、掂得准不准有很大关系。

掌握"掂"的本领并非易事，既要具有一定的知识结构和文字修养，又要不断地去实践、摸索。张秉贵和种瓜老农的"掂"的本领，就是在年复一年的实践中艰苦摸索出来的吧！

愿新闻界在实践、摸索中多出几位能"掂"、善"掂"的高手。

（原载1989年第3期《新闻潮》、第4期《新闻写作》）

总编辑要多动蓝笔

据《记者摇篮》杂志1988年第5期刊载，辽宁省1987年度全省报纸评出好新闻60篇，其中两篇言论分列由《辽宁日报》总编辑赵阜、《沈阳日报》总编辑刘黑枷获得，还被推荐参加全国的好新闻评选。真是巧极了，两篇言论由两位总编夺得，看后不禁有所感慨。

总编辑写的稿件得奖，本属常事，无须多谈，更不值得大惊小怪，因为他们也是新闻工作者。但是，由于近几年一部分"总编辑"红笔动得多，蓝笔动得少，甭说写获奖新闻了，就是平时写的文章也很难见到。不是吗？1986年有本新闻杂志，还把一家地报总编辑亲自写评论大加赞扬一番就是一例。这两下一对照，就不能不让人有所思考。

新闻界一位前辈说过这样的话，"报纸的面孔，就是总编辑的面孔"。总编辑经常写稿，是办好报纸的关键。我们不妨分析一下从国家级报纸到省报、地市县报，直至晚报，就不难看出，办得出名的报纸总是与总编辑有缘分的。《经济日报》为何能办得独树一帜？其原因在于总编辑范敬宜（包括一些副总编）能亲自写稿，他参加党的十三大，每天晚上要写上一篇手记，一时在新闻界传为佳话。《辽宁日报》上的文章为何常常引起读者共鸣，并被其他报纸转载呢？这也与总编辑赵阜勤于写稿不无关系。据统计，十一届三中全会以来，他写的各类稿件及理论文章达250篇、45万字。像《新民晚报》《羊城晚报》之所以办得如此活跃，能飞入寻常百姓家，前者与社长赵超构(林放)、后者与总编辑许实(微音)亲自多动蓝笔分不开的，许实还曾被评为广州市十大公仆哩。在新闻界，地市县报可算是小字辈吧，但只要一提到张仲彩，大多数人会知道他是湖北《孝感报》的总编，散见于各类新闻刊物上的理论文章，就可看出他是个勤于动蓝笔的人，其报纸办得好也就不言而喻了。

另外，总编辑亲自写稿，可以使思想敏锐，思路开阔，有助于认识、研究新问题，并可养成勤动蓝笔的习惯，对个人来说，其益处是显而易见的。再说还能从写稿中体会到作文章者的甘苦，以便进一步珍惜编辑、记者的劳动。但这说起来容易做起来难，有些总编辑，在当记者、编辑时，能采善编，确实是个优秀的记者、编辑，可一旦加上"总"字，当上了新闻官之后，就好似与新闻写作绝缘了，有时去参加会议还要另外带着记者写稿的事屡见不鲜。

对此，有些总编辑叹道，眼下行政事务太多了，没有时间、精力去写稿呀，但仔细一琢磨，就会发现这只是一种借口而已。同样是总编辑，人家为何能抽出时间写稿呢？恐怕是觉得红笔好用、蓝笔难拿吧。看来，关键还在于总编辑自己，想不想拿蓝笔，能不能拿好蓝笔。

（原载1989年春季号《新闻前哨》）

两耳要闻"框"外事

去年夏天，编辑部让我到一个消灭"工业空白村"较好的乡去采访，以便配合全县乡村工业迅速发展的宣传。可去了一调查，事实并不像汇报讲得那么实在：有个村为了应付上级检查，竟在村委会门口堆了一堆黄沙、石子做样子，说这就是村办的水泥制品厂。

看来，这次任务我很难完成。但是既出来了，总不能空着手回去，我便跳出编辑给的"框框"深入采访，了解了基层为何对此应付。借此事做由头，以《消灭"工业空白村"有感》为题，写了篇600字的言论，着重论述了发展商品经济决不能搞"一刀切"，要因地制宜、量力而行的问题。由于提出了发展乡村工业中普遍存在的共同性问题，不到半个月，就在新华社主办的《经济参考》报一版加框套红刊用了。

当记者或通讯员，经常可以接到编辑部交给的报道提要和线索，这对有目的地采访成稿很有益处，也容易见报。但如果只知带着这些"框框"下去采访，仅仅局限于"框框"之内，很可能漏掉一些本可以"看"到或"听"到的更重要的新闻。这种"两耳不闻'框'外事，一心只想'框'内稿"的采访作风，与我们新闻工作者的职责是格格不入的，时间长了，也会消磨记者的主动精神。

作为一个记者或通讯员，无论是带框框还是不带框框去采访，都要尽力观察一切事物，切不可忘掉一个记者的职责、自己把自己局限在"框框"内。

（原载1989年第6期《新闻爱好者》）

别丢掉了"说明"

应该看到，报纸不仅担负着宣传党的政策的任务，还有说明、解释一些人们普遍关注、疑惑的问题的责任。在走访一些老报人时，就提到了这一点，他们普遍感觉到，过去的报纸说明、解释的东西很多，有些重要问题道理讲得很透，群众乐于接受。简单地举一个例子，过去几个人在一起争论什么问题，一方只要说"这是报纸上讲的"，其他人就笃信不疑了。现在呢？你就是指出报纸，有些人也会把手一摆："那是报纸说的。"一个"这"与"那"其可信性色彩就大不一样了，除了宣传上缺乏客观真实性以外，说明的东西少不能不说是一个方面的原因。

我们到商店买东西，尤其是高档电器，往往带着一张(本)说明书，可别小看这说明书，它很重要，可指导你如何正确使用及保养电器，就是偶尔遇到点小毛病，翻一翻说明书也就可以解决了。眼下的报纸往往就缺少这些应该说明而没有说明的东西。我们说，对于党的方针政策、国家的法规等，做正面宣传是必要的，同时也应该实事求是地做一些说明、解释。现在的问题是，仅仅强调正面地、连篇累牍地作直接灌输，群众就会产生逆反心理。比如说物价吧，有些紧俏商品明明是在飞涨，可有些宣传却在那儿强调按照物价指数来说上涨并不高，等等，不去作细致的调查研究，拿不出过硬的材料来加以说明，就难以让人信服。新华社播发的《关于物价的通信》一文，为何备受欢迎，与文中许多客观公正的说明是分不开的。

另外，要尽可能地减少一些纯粹的宣传腔调，宣传腔太浓了人们不愿看。就说这农民种地，平心而论，大包干时得到的利益已逐步地被各种农业资料的物价上涨抵销了。有些农民的顺口溜就可以说明这一点，"粮食长分把，农药长角把，化肥长块把"。尽管报上一个劲说提高了粮食收购价格，给农民带来好处，但农民心中是有数的，怎么会让他们服气？

一句话，该宣传的要宣传，该作说明的也要去客观地加以说明，不要用宣传去取代说明，更不要丢掉了"说明"这一新闻功能。

（原载1989年第7期《记者摇篮》）

不要迷信印刷符号

有个通讯员，根据县总工会打印的《全县职工踊跃提合理化建议，进行小改小革，成绩显著》的上报材料，写了篇新闻，说这项活动所带来的经济效益达一亿八千万元。见报后，县计经委来信责问："全县县办工业总产值才五亿元，工会一活动，竟占了一半，要是再一活动，效益不都是工会的了？"

这只是一例，根据打印好的材料，或单位（部门）的正式文件写稿，为

何还会失实呢？我们应当看到，眼下有部分单位的汇报材料、情况介绍等，大都是根据所在单位领导的意图写成的，有时出于某种需要，有意拔高，添枝加叶，自我吹嘘。再者，印刷好的材料大都是发往上级主管部门，只供上级领导参阅。有个单位的负责人就深谙此道，交代秘书说，对上级和新闻单位汇报情况不能一个调，因为上级只是几个领导知道就行了，而新闻单位一宣传，别说局外人，就连本单位群众的眼都盖不住。

作为记者、通讯员，在采访过程中，一定要深入实际，认真核实每个细节，用第二手材料要慎之又慎，更不可过分地迷信打印好的正式文件或总结汇报材料，因为其中的水分你也不知道有多少。

（原载1989年第9期《新闻知识》）

用尽"三心"写言论

几年来，我先后有30多篇言论在省以上杂志、报纸上刊出，其中有三篇言论还分别被评为省市好新闻奖。有人问为什么有那么多的素材可以写言论呢？我认为写言论如同写消息、通讯一样，也需要深入采访，关在屋子里是写不出来的。

一是留心观察。"处处留心皆言论"，要看到别人看不到的东西。我曾到一个偏僻的乡采访，看到村委会办公室门前堆着一堆黄沙、石子，就问村支部书记："准备盖办公楼吗？"他回答："哪里，这是为了应付消灭'工业空白村'的检查，准备用来建水泥制品厂的。"耳闻目睹，啼笑皆非，这种办任何事情不问具体实际情况搞"一刀切"、一哄而上的做法逼得基层去搞花架子，害处确实不浅。我借此由头，写了篇题为《消灭"工业空白村"有感》的言论，只12天，就在新华社《经济参考》报一版上套红刊出了。还有一次乘公共汽车，发现前排座位靠背后喷着三个"0"号，经过观察发现，是留给车站工作人员的熟人和驾驶员的亲朋好友坐的，我在晃晃悠悠的车上边想边打腹稿，下车后一气呵成，半月后，在《新华日报》上发出了《"0"号座位》的言论。

二是细心听言。要听人家听到而没有注意到的，才能作出文章来。有一次参加县里的一个表彰会，受表彰单位的发言，其经验大都是"第一领导重视，第二措施得力，第三奖罚分明"一个调，只不过所举的例子不同罢了。听着听着，我便在采访本上趁热打好了草稿，以《少来这样的"三部曲"》为题，写了篇言论，不久在《人民日报海外版》"自由谈"专栏刊出了。又一次，到一个乡采访，正和书记交谈，办公室的一位同志找书记说："大家提请你挂帅当乡整党办主任。"书记推辞说："前几天我已挂了农田水利基本建设的帅了，不能再挂了，还是挂一帅、破一阵吧。"闻听此言，言论兴致大发，立即写出了《"挂一帅、破一阵"好》的言论，由于该文抓住了当时干部兼职过多的问题，很快在《新华日报》上发表了。

三是用心思考。对看到的、听到的东西要反复琢磨，抓住问题实质和关键，选准最佳角度才能写出特点来。有一年去泰山，晚上在玉皇顶登记住宿时，发现在职业一栏里都填的是"干"字，便向前翻了几张，几乎清一色。我睡在床上，经过反复考虑，针对当时干部公款旅游的不正之风，写了篇言论《住宿登记簿上的"干"字》，几日后发表在《大众日报》上。生活中，对报刊上发表的东西也要多去思考，有段时间，报刊上表扬先进人物的文章，其中的细节有很多是"先进人物带病工作、撕假条"的事情，我便写了篇《别再让先进人物撕假条了》的言论，刊登在《新闻三昧》杂志上。

用尽"三心"，大千世界中的题材是永远写不完的。

（原载1989年第10期《新闻通讯》）

何必"代人受过"

"代人受过"，自古有之。有的是心甘情愿，有的是迫于权势。然而，

在今天还有不知不觉地"代人受过"的，说起来可能让人不相信，那就是我们一些新闻单位和记者、编辑。不信，请看：

有位记者采访一家招标承包企业回来后，写了篇《选准一个人，活了一个厂》的新闻，对现任厂长大加称赞，说他上任一年，产值比上年增长了22%，职工的奖金比上年高了15%。职工看报后，气愤地说："记者真会瞎编胡吹，看吹炸了咋办！"

还有一位特约通讯员，去采访一个乡，乡长介绍说，由于水利工程配套，一些农作物虽受灾也没减产，不仅完成了征购任务，而且全乡人均占有粮食不比去年少。见报后，读者来信责问："报纸尽会说假话，你们来看了吗？"

两件事，一怨记者瞎吹，二怪报纸说假话，看来这责任是推不掉了。且慢，翻开记者、通讯员的采访本，便可发现，上面清清地记着与厂长、乡长的谈话内容。当时采访者认为一厂、一乡之长提供的材料还能有假，就没有再去作进一步的调查。稿件见报后，才知道是代人受过。

眼下，有许多记者、通讯员，写稿习惯于大包大揽，"冲锋陷阵"且不太注意在文中显示新闻材料的提供者，看不出新闻来源，缺乏新闻的权威性、可信性。《参考消息》里面许多文章都带有"××声称"、"据××透露"的字样，几个字就向读者清楚地交工了这则新闻的背景和材料的来源，读者可根据新闻提供的职务、地位、身份，作出较准确的判断。时下，有一部分被采访单位，由于种种原因，或抬高自己，或沽名钓誉，提供材料时，水分较多，虚的也不少，做一说二，任务、指标完成七八成的，说超过一二成等。然而，报纸一出来，读者骂的却是报纸和记者，你说亏不亏。

这就从一个侧面告诉我们，采写新闻时，应尽可能交代新闻来源。以上两例，若在文中加上"据厂长提供的材料说明""乡长告诉记者"的字样，既可以促使被采访者实事求是地提供材料，也容易分清新闻失实的责任。

再者，"代人受过"，并不能怪人家提供的材料不真实。作为新闻工作者，对此更不能采取一推了之的态度，仅仅满足于交代新闻来源。而是要在平时采访中，具备扎实的作风，不能听风就是雨，对于许多问题不能光听汇报、介绍，要亲自用眼睛去看一看，核实一下被采访单位说的与做的是不是有出入。要多方面、多侧面、多渠道地了解情况。不可否认，有的时候恰恰是因为记者、通讯员采访的不深入而稿件失实，这就怪不得人家了。

（原载1989年第5期《新闻天地》）

别把"活鱼"摔死再卖

你见过卖鱼人把活鱼摔死再卖的吗？一般不容易见着，如果真要碰见的话，那卖鱼人不是憨子便是傻子。然而，在我们一些新闻单位，确实有个别把"活鱼"摔死再卖的人，不信请看这样一件事。

某市报三版刊登了一篇700多字的通讯，说一个公司的科员与一家企业的女工，因为夫妻"缺少共同语言""感情不和"等原因闹离婚，双方单位的领导及工会、妇联的同志多次出面做调解工作，使得这对小夫妻和好如初，云云。谁知"天有不测风云"，双方单位的领导、群众及知情人看到报纸后，哭笑不得。你道为何？原来在此一个星期前，双方已在法庭上办了离婚手续。作者得知后，气冲冲地找到编辑，质问为何把稿件压了个把月才发出去。其实，这不能怪作者，因为稿件已在一个月前写好，按当时的情况，也的确如此，他又能有后眼吗？只因编辑为了凑专版，这一个"拖"字，造成了不良的后果。

采稿要讲求时效抓"活鱼"，编发稿件也要注意时效性，这是对新闻工作者的第一要求。时效性强、有新意的稿件，就会受到读者欢迎。那眼下为何把抓来的"活鱼"摔死或拖死再"卖"出去呢？笔者认为，有的新闻单位把抓"活鱼"只看成是记者、通讯员的事，而对于提供条件让"活鱼"尽快出手的编辑和发稿部门却重视不够，以致层层过堂，把"活鱼"拖成了"臭鱼""烂鱼"，这还能再有"顾客"问津吗？

（原载1989年第8期《编采之友》）

由假画破绽说到新闻细节

北宋书画家米芾在涟水做官时，借到了一幅唐代戴嵩的牛图，便偷偷临摹了一幅还给卖画人。因为他临摹技术高强，连行家也分不出真假。可第二天卖画人上门要真品，原来，真本牛眼里隐隐约约能看到牧童的影子，而临摹的却没有。

一个西德人，假冒12世纪一个名画家的壁画，后来也被人看出破绽。原因是画面上出现一只吐绶鸡。吐绶鸡是15世纪末哥伦布发现新大陆后从美洲传入欧洲的，所以有历史知识的人一看就知道这幅壁画是假的。

几幅假画的破绽都出在微小的某些细节上，可见，细节的真实性在艺术品中是多么重要。由此想到我们一些新闻工作者的新闻采访与写作，不是因为文章缺少细节，分量较轻，发不出去，就是一些细节经不起推敲，令人生疑，有时发出去，也因细节不真而造成失实。

所谓细节，是组成情节的细胞，是一篇文章的血肉。没有丰富的细节，文章就变得干瘪而空泛，仅凭一些情节的梗概，只能起到说明的作用，而决不会把人物形象、个性栩栩如生地表现出来。一部《水浒传》，其中打虎的场面不少，单说李逵沂山杀四虎，却没有武松景阳岗打死一只虎来劲，原因在哪儿？只因作者把武松打虎的细节写活了。读过《儒林外史》的人，大都无法忘记这样一个细节，悭吝人严监生临死时，为了点燃的两茎灯草，竟一直伸着两个手指头不肯断气。

同样，虚假的细节也会影响到整个文章乃至整个人物，使之不让人可信。新闻的生命是真实，细节的生命同样少不了真实，只有真实才能反映出事物的本质、人物的特性。有这样一篇人物通讯，说一个饱经风霜、满头银发的老工人怎么怎么数十年如一日忘我工作的。人物的事例、情节的安排都比较好。见报后，同厂的职工拿他取笑，原来他是个秃顶，何来"满头银发"？弄得这位老工人心里很不痛快。因为当时记者采访时，他戴着帽子，记者的笔就"想当然"了，仅这一点不真实，就造成了不好的影响。

（原载1989年第12期《编采之友》）

善用"画外音"

提起画外音，多数人都知道，是电影画面之外的旁白。时下，许多影片为了更深刻地揭示人物的内心世界，充分表现主人公的思想感情而采用它。这使观众对电影中的人物形象认识得更加明确、更加深刻，增强了人物形象的说服力和感染力，收到了较好的效果。

同样，我们写新闻，特别是写人物，也离不开类似画外音的表现手法，即作者的直接议论，以便成功地塑造出典型人物形象。然而，时下一些"画外音"不是用得太少，而是用得太滥了。若写一个人物，大多的"画外音"都是"他受到了干部群众的交口称赞""提起他，军营里没有不竖大拇指的""他的事迹在三乡十里传为美谈""他不愧是一个热心为群众办事的好党员"。再不然，就是"他是这样说的，也是这样做的""他时刻想着别人，唯独没有他自己"等干巴巴的空话。这种模式化的"画外音"与电影中的画外音就大不同了，不仅起不到预想的效果，还会带来副作用，让人一看就觉得不真实，还不如不用哩。

写新闻，应该主要靠生动的事实本身来说话，作者议论即"画外音"应少而精。恰当地运用，可起到深化主题、画龙点睛的作用，为文章增色添彩。切忌事实不够空话凑，那容易弄巧成拙，令人生厌。

（原载1989年第7期《编采之友》、1990年第1期《新闻爱好者》，题为《少来这样的"画外音"》；1991年第3期《民族团结通讯》，题为《少添些"画外音"》）

记者要常有问题在脑中

有位小报记者，近几年每年都有作品获省好新闻奖，问其诀窍，他说："作为一个记者，除了认真地写好每一篇稿件外，还必须常有问题在脑中。"他的获奖作品应验了他的话。

头脑里经常装有一两个问题，就会逼着你不断地去学习、思考、研究，这不失为一种促进学习、勇于探索的好方法。经常听到新闻单位的老编辑嘱咐记者、通讯员："要提高上稿率，要使作品打出去带响，可得要深入生活抓问题啊！"凡是做编辑、组织版面的同志都知道，没有问题的文章难处理，而对于抓问题的稿件则格外偏爱，突出处理不必说，有时还要"发几句言"。那么，抓问题的稿件为何稀少呢？可以肯定，抓问题，并不是随便就可以抓到的，也不是到任何地方蹲天把就能摸得着的，而是要在平时想着抓问题，脑子里经常有问题这个概念。南宋人陆九渊认为"为学患无疑，疑则有进"，明人陈献章也说过"小疑则小进，大疑则大进"。

一个记者，尤其是干了多少年的记者，如果在采访中满足于开顺风船，习惯于听顺耳话，就不会发现什么问题，更不会产生研究问题的念头和提高研究问题的能力，更不可能写出有分量、有深度的作品来。不是吗？有些记者，尽管工作多年，可始终与省好新闻无缘，恐怕是与头脑中没有问题意识不无关系。因此说，要锤炼自己对问题的好奇心，就必须首先在头脑中装着问题，经常去思考问题，这就需要通过不断地学习，才能把问题装进头脑中去。

记者常有问题在脑中，就可增强发现新闻的敏感性，并由自发抓问题到自觉抓问题，做个有心人，或在读书学习中留意，或通过生活的实践释疑，或带着这些问题深入生活等，问题就可以解答。翻开历年来全国好新闻获奖名单，便可发现，有几篇稿子不是通过深思熟虑，带着问题去写，反映重大问题，而是急于成章的呢？当然，这种有问题在头脑中，并不是无缘无故地产生，也不是凭空想象就有的，更不是带着头脑中问题的框框到实际生活中乱套，而是对大千世界生活的细致观察产生的。尤其是在当前改革开放的新形势下，会出现许多新问题需我们新闻工作者去发现、研究。这，如果头脑中不时刻想到一些问题，能行吗？

（原载1990年第2期《记者摇篮》）

报纸言论宣传小议

　　言论和新闻、副刊、广告，被称为报纸的四大组成部分，言论被新闻界称为报纸的旗帜、眼睛、心脏。不发言论的报纸，人们戏谑地叫它"哑巴报纸"，对言论的认识不可谓不深，但重视可就不够了。翻开历年来全国好新闻获奖目录，仔细查一下，便可发现，小报的消息、通讯获奖的不少，而获奖的言论却不多。可见，言论是目前小报最薄弱的环节。许多小报编辑感叹：言论稿源太少了，好言论更不多见，原因何在？笔者认为，许多小报没有专人负责编发言论稿件，缺少一支过硬的言论作者队伍，就是新闻单位内部，还有人片面地认为写言论是"不务正业"，说写它不用下去采访，坐在办公室里抄抄编编就行了。除此之外，那就是：

　　一是言论不好写。写言论历来被新闻界人士视为畏途，写言论不易，写好言论更难，写不好最容易犯错误。写通讯、消息出名的不少，写言论大多是"无名英雄"。再说，写言论要观点鲜明，切中时弊，既要有普遍性，又要有针对性，但还不能太有棱角，以免刺伤他人，给单位或个人带来麻烦。所以，掌握言论的尺度、"火候"最难，谁能保证写得出人人都满意，而且既尖锐又圆滑的言论呢？

　　二是言论不好发。正因为言论是报纸的旗帜，所以对言论稿件的要求比其他稿件高，有些人甚至认为"言论的水平代表着报纸的水平"。某市报有位记者曾试图写过五篇言论，只有一篇勉强地、照顾性地放了绿灯。如果是写消息什么的，五篇稿可能得上四篇。通讯员写来的言论稿就更不用提了。

有人努力做过一段言论文章后，发出感叹：写言论真是出力不讨好！稿件发出后，只有找碴儿"对号入座"的，很少有称赞的，所以说很少人想在言论上下功夫，更没多少人乐意操此业。

三是言论不重视。也可以说是待遇低，消息、通讯、来信上头条，好似家常便饭，就是质量差一点，也习以为常。可是言论（尤其是个人署名的言论）上个头条，恐怕比登天还难，即使偶尔上了，也会让人琢磨、议论一番，所以，言论就像配发稿一样，永远地待在报纸的左、右下角，若是其他稿一挤，它就得去赶下班车了。

总之，由于种种原因，影响着小报言论质量的提高，使报纸上常常缺少议论，缺少编辑部的声音，版面也显得呆板。因此，加强小报言论工作已成为迫切需要解决的问题。人民日报副总编辑范荣康说："不会写评论的编辑不能算是好编辑，不会写评论的记者不能算是好记者。"推而广之，我看不发言论的报纸不能算是好报纸。但愿能写言论的记者、编辑多一些，以使好新闻评选中不再出现没有一等奖的局面。

（原载1990年第3期《中等城市党报信息》）

少拿"陪绑"的

有位记者去采访一个公司的经理，回来后，写了篇人物通讯，说新经理上任不到一年，就把原任经理留下的烂摊子治理得整整齐齐，又说他大刀阔斧改掉了过去的弊端及不合理的规章制度，生产蒸蒸日上，产值比去年增长了19%等等。见报后，报社收到近十封读者来信，反映稿件部分失实。原任经理也来上访："我从经理职位上下来，是组织上的安排，也并没有留下烂摊子，客观上讲，产值年年都增长，幅度都差不多，为何单拿这两年的作比较？为了褒他，不是有意拿我当陪绑的吗？"

俗话说："没有高山，显不出平地。"任何事物没有对比，就看不出差别。作为记者、通讯员在采访调查中，善于搞分析对比是件好事，因为有比较才有鉴别。但是，不能搞无条件的对比，不能片面地、不顾客观条件地进行比较，否则就容易失实。时下，有些记者、通讯员写人物，总习惯于拽陪绑的，好像没有过去"反面"人物作陪衬，就难以表现出今日"正面"人物的风采来。比的手法大都是取今之长比昔之短，得出的结论也往往是，过去的总不如现在的行，将过去说得一团糟，把现在吹成一朵花。一些被表扬的先进人物上报后之所以受到讥讽或不那么令人服气，也正因为是陪绑没陪好的缘故。

劝君在写人物时，一定要实事求是，能比则比，不能比则罢，少拽陪绑的，弄得不好，不仅起不到宣传的作用，反而会孤立先进，给新任与前任领导之间造成矛盾，以致直接影响新闻单位的声誉。

（原载1990年第3期《编采之友》）

深入基层　深入群众

作为一名新闻工作者，在任何时候都必须同人民群众保持最广泛、最深刻的联系，不断地从群众的实践中汲取智慧和力量。由于种种原因，不少新闻单位的同志，不愿到基层和偏远乡村去，这又如何能接近群众，真实地报道人民群众的现实生活呢？从目前所报道的新闻中，感觉到有这样的"三多三少"：一是写企业、城镇新闻的多，写乡村、山区的新闻少；二是反映上层的多，反映基层的少；三是写领导干部的多，写普通群众的少。

这种状况应当改变。在坚持正面宣传为主的方针指导下，要尽可能地拿出版面，腾出时间，开辟栏目，举办节目，多宣传人民群众在"四化"建设中的英雄业绩，反映他们的火热生活，把笔端倾向群众，把话筒伸向群众，把镜头对准群众。让群众在报纸上、电台里唱主角。要做到这些，我认为起码要做到这样两点。

一是要切切实实下到基层，深入采访。那种急急忙忙与被采访者谈上个把钟头就打道回府的做法，是难以真实地反映出群众生活的。当然，下农村，尤其是偏远的山区，交通不便，条件较差，有些同志可能一时不太适应，还有待于我们去不断地锻炼。另外，领导还要采取有效措施鼓励记者多下去。

二是要甘于寂寞。不少人认为，写名人容易出名，写名单位也易出名，他们工作做得多，材料充实，一个角度不行，换个角度照样能写出新闻来。而写最基层及偏僻乡村的群众则不行。那里大多经济条件差，相应的工作比较落后，有可能一时写不成稿件。越是在这种情况下，越需要记者深入采访。寂寞一阵，或许会大有收获。

（原载1990年4月18日《徐州日报》）

莫让读者"无所适从"

迎马年春节联欢晚会上，一段《无所适从》的相声，逗得观众笑不绝口。笑罢之余，我不禁想到，时下有不少报刊上的科普文章，今是昨非，有时这个报刊上的文章与那个报刊上的文章还"打架"，读者看过后不知信谁的。如果有幸看过三篇各持一理的同一类文章，聪明人也会被弄得丈二和尚摸不着头脑。

前两年，有的报纸宣传说，苹果的皮中含有大量的维生素C，有些人不晓得而扔掉了，浪费了苹果皮中的营养，多可惜！没过多久，有家省级科技报说的与此大相径庭，提醒大家注意，吃苹果一定要削皮，因为苹果皮上有农药的污染！吃皮还是不吃皮，细看看都在理，此时此地，确实叫人"无所适从"。

有本家庭生活方面的杂志介绍说，做米饭时，米应当多淘两遍，因为米中含有大量的黄霉菌。另一本杂志却唱反调，米只能淘一遍，淘多了，米中的营养质都淘掉了。究竟该如何办，这类文章又起何作用呢？

去年四五月份，不少宣传媒介散布"铝恐惧"，大谈铝摄入过多会影响智力，还会造成"老年性痴呆"，害得不少人把铝锅、铝碗当成废物卖了。可时间不长，报上又说，"不必望铝生畏"。一些家庭主妇抱怨："我们到底信谁的！

……

如此等等，不一而足。按说报刊上的科技科普知识宣传要讲科学，维护其权威性，不能让科普文章整天"打架"，害得读者无所适从。那么，为何偏偏会出现违反科学常识或不讲科学的文章呢？笔者以为，一是编发科普文章的编者责任心不强，缺乏忠于科学的实事求是的思想作风。二是有不少的科技编辑人员素质不高，不是不懂科学，就是懂得不多，自然对来稿中的似是而非的问题难以分辨把准，无形中起到以讹传讹的作用。

当然，在科学技术飞速发展的今天，很难要求我们每个科技编辑、记者样样精通，但只要抱着对读者、对科学负责的精神，甘当小学生，不断学习请教，是能够把科学知识宣传得更科学的。

但愿今后别再出现让读者"无所适从"的文章。

（原载1990年第5期《科技新闻与写作》、第10期《记者摇篮》）

创牌子不是换牌子

新年伊始，看了几张小报，发现许多版面变了，尤其是一些专栏的牌名换了。有家市报的一版言论专栏由《杂谈》换成了《小论坛》，有家县报的《说长道短》变成了《读者论坛》。据了解，这些栏目的牌名也是前两年才改的。专栏的牌子年年换，据说是为了创名牌专栏。

专栏，有人比作报纸上精心制作的"盆景"。没有专栏的报纸，可以说是一份"五脏不全"的报纸。专栏办得如何，直接关系到报纸的质量，一般

来讲，没有一家报纸不想精心把专栏办好，创名牌专栏。然而，创牌子不是换牌子，牌子重在创而不在换。《人民日报》一版上的《今日谈》专栏，自从1980年设立以来，已坚持了10年，其中的文章不乏脍炙人口的名篇佳作，专栏曾被评为全国好新闻的好栏目。在读者尤其是新闻工作者心中，只要一提《今日谈》的牌子，没有不把它和人民日报连在一起的。

一些地市县报为何缺少名牌专栏？一是专栏牌子更换太快，报社内部一改革，首先要触及专栏的牌子；二是编者不稳定，无法提高专栏的质量；三是缺少一支过硬的作者队伍。当然，随着形势的发展，对现有栏目有所淘汰，有所增设，专栏名称有所变动，也是正常的。但是，一个专栏的牌子换得太勤了，就难以引起读者的注意，也不容易创出名牌专栏来。

（原载1990年第6期《新闻战线》）

带着牙刷牙膏下去

某小报总编辑在一次全体采编人员会上说，现在条件好了，下基层被褥不要背，行李不要打，带着牙刷、牙膏、毛巾下去总可以吧！可有些记者连这都不拿，也就是说一夜都不打算在下边住，急急忙忙与被采访者谈上个把钟头就打道回府，怎么能写出反映基层群众真情实感的好稿子来呢？

的确是这样，随着经济的发展，记者下基层的条件好多了，相反，愿下基层的人却少了，就是偶尔下去一次，也大多是朝去夕归，走不到农民的田头、地边、院落，这从新闻中存在着的"三多三少"可以得到例证，一是写部门、城镇新闻的多，写村组、山区新闻的少；二是反映上层情况的多，反映基层情况的少；三是面向领导干部的多，面向普通群众的少。

透过这"三多三少"，可以看出我们的记者腿向哪里跑，笔向哪头歪，报道的立足点向哪边领斜。这就不仅仅是工作作风上的事了，而是新闻报道的立足点是否真正转移到面向群众上来的问题。这无疑需要我们多下去，深入火热的生活，宣传他们在"四化"建设中的英雄业绩，讴歌他们可歌可泣的动人事迹，反映人民群众的建议和要求。

做到这些，首先要在思想作风上来个转变，不要以因为领导讲的话是新闻，群众说出来的就构不成新闻；不要以为领导胸怀全局、熟悉情况，从而忽视了群众对情况知道得更细、更深的特点。一般来讲，党的方针、政策都要到基层群众中去贯彻、去落实、去体现，其中就会出现不少的新闻。有人说，从农民的脸上可以看出党的政策的执行情况及给他们带来的变化，这并不为过。

其次，身要蹲下来，心要沉下去，切实地下基层深入采访，勇于吃苦，与群众同吃同住同劳动，就能把握他们的脉搏，知道他们的喜怒哀乐。

再次，记者下去后要甘于寂寞，不少人认为，写名人易出名，写名单位也跟着出名，他们工作做得多，材料丰富，一个角度不行，换个角度照样能写出新闻；而比较落后的偏远山区则不行，有可能一时写不成稿子，容易急躁，这需要去克服和锻炼。全面地看，越是这样的穷地方，越需要我们去深入调查研究，多待上一些时间，是大有益处的。

总之，深入生活、深入群众，讴歌他们的业绩，是每一个新闻工作者义不容辞的责任。只有深下去，才能把笔端倾向群众，把话筒伸向群众，把镜头对准群众。

（原载1990年第7期《记者摇篮》、1991年2月13日《新闻出版报》）

"非正式采访"也能发现好新闻

记者、通讯员采写新闻，与被采访者面对面交谈，并随手记在采访本上，似乎是正儿八经的采访了。有人觉得只有经过这样的"正式采访"，才能写出新闻来。其实，好多不错的新闻往往是从"非正式采访"中发现的，有些还是在"正式采访"中发现不了的。

从不带采访本的闲谈中发现新闻。"记者除了睡觉，都在工作。"平时不露身份，利用坐车、散步、等人的时间与人闲聊，可以发现很多有价值的新闻。有一次，我路过一个乡，为了今后采访方便，请乡长把各村书记、村长的名单写给我。他写了好一会儿，只写出三分之二，又去找秘书帮助补充。我就问："怎么，这些人你不知道？"他说村级班子刚调整，换了一半人。但我认为正因为刚调整，你要考察、研究人选，不知道，怎么选拔任命的呢？借此由头，我写了篇《怪哉！乡长不知村长名》的言论，在《铜山报》一版发表后，对许多干部触动很大，忙着叫秘书把各村、乡直单位的负责人名单开出来，有的还把名单压在了办公桌上面的台板底下。

在掏出采访本之前的闲谈中发现新闻。有些人，尤其是第一次接受记者采访的人，看到他说一句、你记一句，便时时小心谨慎，生怕出格、说错了话，这时不容易说出真情。所以，在此之前不妨先别掏出访本，先拉拉家常、谈谈心，活跃活跃气氛。有次我去一个偏远的村采访，看见村办公室门口堆了许多水泥、钢筋，还被绊了一下，差点摔倒。所以一进门，我就随便问一句："要搞工程建设吗？"书记回答道："哪里、哪里，这是为了应付消灭'工业空白村'的检查，而准备筹建的水泥制品厂。"接着他又发了一通牢骚。听到此言，哭笑不得，心里暗暗记下了这件事(以后写成了针对性较强的言论)。可一掏出采访本，他却大谈是如何兴办村办工业的，写稿时如果光认记在本本上的东西，岂不失掉了这个先前提到的问题？

从合上采访本之后的题外话中发现新闻。一般地说，一个小时或半天时间的采访之后，合上采访本，这时采访者累了，被采访者也可松口气了，双方便会不约而同地谈上一些题外话，这样的谈话也能从中得到不少东西。我曾到一家企业采访，合上本子之后，边洗手准备吃饭，边与厂长聊起来。我笑着问他："你有没有短期行为症？"他很直爽地说，咋没有，本来就是短期承包，谁还想长远打算？上边光埋怨我们搞短期行为，可现行的承包方法就是逼着我们去搞。企业基础打得再好，后劲再足，谁去问？！一年完不成指标，就要砸锅。他越说越激动，我再联想到其他企业的这类情况，通过调

412

查，写出了《承包企业"短期行为症"两面观》的述评文章，发表在二版头条《观察与思考》专栏里。文中着重指出了承包方法上及上级主管部门应该注意的问题，剖析短期行为症的多方原因。许多承包厂长见了我说："你说出了我们要说而有时还不一定敢说的话。"

作为记者、通讯员，不能说拿着采访本边问边记就是采访了，生活中碰到的每件事都主动地去问一问、听一听也是采访，往往会得到你正式采访所得不到的东西。

（原载1990年第7期《新闻通讯》）

说"转载"

前一时期，《人民日报》先后转载了《文汇报》《解放日报》《河南日报》《新民晚报》等地方报纸上的文章。细读之后，心中有两种感觉。一是新鲜感。这几年，报纸转载别人的文章太少了，除地方报转载人民日报社论外，其他的几乎看不到，所以，乍一读，犹如清风扑面。二是可以从一张报纸上看到更多的好文章。这样的转载是值得大力提倡的。

转载，是指一个报刊上登载另一个报刊已发表的文章。应当说，相互转载一些好文章，这是很正常的事情。可是，据笔者留心，近年来，中央、省、市报纸很少有转载其他报纸的文章。究其缘故，是对转载存在着一些片面的认识。

第一，"招婿气儿"，不合算。自家报社的稿子都用不了，记者编辑采编的稿子催着快见报，总不能做"招来女婿气跑儿子"的傻事吧。况且转发别家报纸发过的文章，又不是硬任务，转不转又有什么关系呢？

第二，"二道贩子"，不光彩。报纸是要讲究独家新闻，注重自己特色的。自己写不出好文章，怎么好意思再转人家的文章呢？谁也不愿吃别人嚼过的馍馍。再说，自家记者编辑采编的文章，虽然比别人家的差点，但毕竟

是自家出产的，总比当"二道贩子"要强得多。

第三，"褒你贬我"，不值得。转了别人家的文章，无形中说明自家没有这样的好文章，这无异是自损形象，面子上不好瞧。

我认为，转载也是报纸的一种职能，是新闻稿件的一个来源。人家报上的文章好，转载一下，有什么不可？转载至少有三大好处。一是可以更宽更广地开辟稿源，达到汇天下报刊之精华于自家的目的，也有利于提高自家报纸的地位和威信。二是可以激励自家报纸采编人员的上进心和紧迫感。有些新闻稿件、评论文章，人家为什么能抓到、写出来，而自己怎么就拿不出？找找原因，总结总结，也是有好处的。三是对自家报纸的读者有利。他们可以看到更多的好文章，知道更多的东西。

总之，任何报纸都可能会有一些好作品。转载的目的，是为了把重要的信息、优秀的文章，让更多的读者知道、读到，发挥其更大的作用。

（原载1990年第8期《新闻战线》）

提倡记者写言论

7月4日《新华日报》刊登了周旭东的通讯《防洪大堤亮出了"黄牌"》和署名旭东的编后随笔《强化防洪护堤的全局观念》，看后不禁有所感触，由此想到，记者写罢新闻之后，能够自己动手配评论，倒是值得提倡的。

前几年《人民日报》科教文卫版的几位青年编辑，每晚一上班，对当天要见报的稿件，进行分析排队，从中选择一篇最精彩、最有价值的新闻来配评论，后结集《子夜笔耕》出版，在新闻界产生了一定影响。当然，时下在许多新闻单位，以这样快的速度配评论恐怕并不多见，但就记者来说，写完新闻后，有针对性地配篇评论，还是可以办到的。因为记者经过深入采访，对所写的新闻中的人和事最有感受，有感而发，写上三五百字的评论，用不多长时间，也会丰富新闻评论的生活色彩。可惜的是，有不少记者片面地认为，写评论只是编辑、评论员的事，至于记者，能把消息、通讯写好就行了。这样，新闻队伍中愿写通讯、报告文学，当"文学记者"的越来越多，愿写评论、当"评论记者"的越来越少。

要改变目前一些报纸言论少、言论作者队伍薄弱的局面，笔者以为，关键在于提高采编人员对写评论的认识。学会写评论，是编辑、记者业务成熟的表现。有位老报人说过这样的话：不能写评论的记者不能算是好记者，不能写评论的编辑不能算是好编辑。实际上记者经常为自己采写的新闻配评论，不仅有助于增强新闻的敏感性，使自己在采访写作时善于抓准问题，形成观点，提高观察、分析、研究问题的能力，进一步开拓、深化新闻的主题，而且也有助于优化文章结构，使文章逻辑严谨、语言精练、文风朴实。在这方面，我们记者应多向新闻界前辈学习。

（原载1990年第9期《新闻通讯》）

编辑的代表作是什么

评职称、报材料，要附上几篇代表作，这一点，记者是不愁的，且拿出来的大多是长篇通讯、报告文学之类，少则千把字，多则上万字。编辑呢？尴尬得很，由于分工不同，没有时间、精力，也不可能去写大块头的作品，就是早晚写一篇，也不可能就一定是代表作，只好摸点"豆腐块""火柴盒"大小的"作品"，还多属于短评、编后之类的"配文"。有人疑虑：难道这就是编辑的代表作？

对此，我认为，评论就是编辑的代表作！

有位新闻界老前辈说过这样的话，"不会写评论的编辑，是个瘸腿的编辑"换句话说，也是个不称职的编辑。平时，人们往往把漏掉该编发的好稿，视为编辑的失职，说明你这个编辑新闻敏感不强，功夫不过硬；从新闻工作的角度来讲，把能提出问题的、有分量的稿子，除了突出处理外，还需

要"发几句言"的，如果当日不发，后又被人家借此作为素材、由头写出了很不错的评论，这同样是编辑的失职，起码说你这个编辑不是那么合格。党的新闻工作的前辈，大都是善于撰写新闻评论的大手笔，如范长江、邓拓、恽逸群、徐铸成、赵超构等。事实上，编辑学会写评论，是新闻工作的起码要求，它有助于增强新闻的敏感性和观察问题的深度，从而避免好稿漏掉，也使该发的"言"能及时地发出去。就是去采访，也有助于形成观点、抓准问题，对于所编发的文章，能进一步开拓、深化新闻的主题，且逻辑严谨、语言精练。若单从形式上来考虑，也有助于活跃版面，起到画龙点睛的作用。这一切都说明，编辑与评论是分不开的。

眼下，有不少报社常常为缺少言论稿而苦恼，怪谁呢？沉下心来考虑一下，与编辑不能自己动手写评论不无关系。一句话，编辑在润色别人作品的时候，不要忘记写出自己的作品——评论，无论是对自己还是对办报都有好处。

（原载1991年第1期《记者摇篮》）

"通讯员能写的记者不要抢写"

新年初，某报总编辑在全体采编人员会议上，针对记者、编辑人员的稿件发得太多，而且质量不太高的问题说："我们的记者要注意提高写作水平，要争写好稿。今后，通讯员能写的稿件，我们的记者、编辑不要去抢，不要与通讯员争版面，要集中精力在提高每篇稿件的质量上下功夫。"这话说得不无道理。

时下有不少报纸，尤其是地方小报，通讯员的稿件占的比例很小，这固然有很多客观因素，但与记者、编辑的稿件发得太多不无关系。想想看，就那么点版面，记者们上得多了，通讯员就得少上点，这似乎也说不出什么，现在的问题是，不少记者采写的稿件与通讯员的稿件质量上差不多。假如去掉署名，有时也分不出个高低来。有些时候，同样的内容，通讯员写了不能发，记者一写就能见报，咋解释呢？版面上还可以看得出，记者的稿子位置好，标题醒目，块头大；通讯员的稿子，位置低、没有标题，一二百字。尤其是在征文中，通讯员能获个三等奖、鼓励奖就算幸运的了。许多通讯员共同的感受是：报社稿子一紧张，想到通讯员；稿子一多，不认得通讯员，对我们"只取不予"。有的人心一寒索性不给你写稿了，现在报刊如林，何必在一棵树上吊死呢？

通讯员不给报刊写稿，报社就减少来自四面八方的信息；稿件越少，记者、编辑越得忙着赶稿子，应付版面，质量越难以提上去；相应地，报纸越难办好，形成了恶性循环。另外，作为记者编辑，头脑中经常要有这种意识，自己采写的稿件，如果通讯员也能写出来，就不必硬拿出去发，这既是对报纸负责，也是对个人名誉的珍惜。记者主要是写头条、副头条新闻，抓问题性的新闻，写能配发言论的新闻。否则，看起来新闻写得不少，可像样的不多，通讯员也会嘀咕：某某大记者、大编辑，原来就写这样的稿子。假如你本人听到，该有何感想？倒不如腾出点版面让通讯员耕耘哩。

总之，报纸不单是报社内的编辑记者办的，而是要靠众多的本报不在编的人员——通讯员来参与，忽略了这一点，报纸的报道面就会越来越窄，而记者呢，为了应付版面，稿子也很难再提高一步。

（原载1991年第3期《记者摇篮》）

穿"嫁衣"种种

编辑，人们常常称之"为他人作嫁衣裳"的人，意味着一生中甘为人梯、默默无闻，做着燃烧自己、照亮别人的工作。说句心里话，作为编辑也该忙里偷闲为自己做件"嫁衣"，体验一下是否得体，以利日后做出更适合作者的"嫁衣"来。然而时下也有那么一些编辑，或许是看人家的布料好，

或许觉得人家的款式新颖，竟把为他人做好的"嫁衣"穿到了自己的身上。不过，穿得让你说不出口，其方法是：

一曰入股分红。作者寄来一篇稿件，编辑一看，确实不错，碰巧还有可能获奖哩，付出了点本应该付出的劳动，就非得再署上自己的大名不可，有时还要排在前头。当然了，名誉、稿费、获奖等，作者都要抽一股给他。说得重一点，这是不是变相吞没别人的作品？不可否认，一篇稿件从编发到刊出，编辑花了不少功夫。尽管这样，也绝没有理由硬去"分红"。把别人的衣服，顶多是熨一熨，就穿到自己身上，总是不妥的吧！

二曰挖取精华。有些来稿，由于这样、那样的原因，不能采用，但其中也不乏可取之处，或许动过大手术才可见报。有的编辑干脆就搬过来作"参考材料"，或"借来"人家的由头，或"采用"人家的选题，或"加工"人家的观点，也就是"挖取"人家最精彩的部分，自己再东拼西凑，发挥发挥，悠然自得地变成了自己的作品。不少好穿"嫁衣"的编辑，时常向外地报刊遍撒"大作"，其中与善用此法不无关系。

三曰改头换面。把来稿或别人发过的作品拿过来，掂量掂量，觉得尚有加工的潜力，就把人物张三改李四，职务局长变处长，地点常州易沧州，事件改革变革新，等等。不过，中心思想、主要情节不大变，有时"变换"得很巧妙，就是原作者本人不仔细地辨别，恐怕也很难觉察。当然，也有弄巧成拙的：竟让唐山人说出苏州话来，谁还相信得了！

编辑就是编辑，既坐上了这把椅子，就要恪守编辑规范和职业道德。改动一个标点，是编辑工作的职责，换一个词，甚至调换一段内容，同样是编辑的工作职责，都是为了把作者的稿件润色好，把报刊办好。不管怎么说，给人家做的"嫁衣"再好，也要穿在人家身上；自己想穿，花点钱，买块上等的布料，剪裁新的款式，自己再动手做嘛！

（原载1991年第6期《新闻战线》）

如何克服记者的短期行为

如果一个报社的记者有短期行为，报纸要再上一个台阶，则非常困难。

目前，县市报记者存在的短期行为，就是影响新闻从业人员素质提高的重大因素。

何以见得？

一是"营养缺乏"多。县市报从业人员不少为"半路出家"，文化程度较低，业务水平不高，实践经验不足，可以说是先天"营养"不良。再加上小报人员大多集编、采、组、校于一身，整天忙于出报，难得有时间读点书，学点理论，缺乏"补充"，就更显得"面黄肌瘦"了。现在，只是靠拼精力、熬时间，将积存的那点东西挖空掏净，以应付眼下的工作。说起来惭愧得很，县报记者有"借书证"的屈指可数，难得跑趟图书馆，更谈不上自个掏钱买书来读了。不少记者下去采访，包里除了采访本和钢笔外，根本想不到带本书读读。所以，有的尽管当了八九年记者，写了数以千计的消息，可没有评上过一篇好新闻。这样缺乏后劲的记者，要想让报纸再向上迈一步，谈何容易？这属记者素质不高造成的短期行为。

二是"简讯记者"多。随着县市报的发展，几乎所有县市报都实行了不同形式的岗位责任制，其中明确规定记者一个月要采写多少篇稿件、编辑要编多少字数，超了奖，欠了罚。不少人为完成篇数，朝去夕归，挖到篮里就是菜。偶尔碰上有开发价值的重大新闻，也不愿费时间、花功夫去深挖，有的恐怕也没有那个水平，所以只好写上三四百字应付了事。有的记者一个月竟能发十几条简讯，自嘲为"简讯记者"。不过，由于超额完成了篇数，照样受表扬、得奖励；假如你要是一个月花好大劲去琢磨、研究一两篇重头稿件，不扣你的奖金才怪哩！当然，这并不是说责任制不好，报社制定责任制，对于在编采上不吃"大锅饭"，无疑起到了积极的作用，但其中的弊端也越来越明显：无形中提倡钝刀砍柴，没有磨刀的机会；并在数量上强调得

多，质量上顾及得少，容易让人急功近利。这属管理机制造成的短期行为。

三是"廉价出售"多。由于任务压着，一抓到稿子，就匆忙出手，很少推敲修改。一位经常参加好新闻评选的省新闻研究所副所长说过一句引人深思的话，县市报有不少新闻，问题新，事件也不错，可是不经过深加工，就"廉价出售"了，实为可惜。为什么县市报参加省好新闻评选，结果总是不理想呢？恐怕与此不无关系。这属记者目光短浅、缺乏长远意识造成的短期行为。

以上这些短期行为，是许多县市报力没少出，时间、工夫没少搭，心血没少熬，而报纸质量长期上不去的重要原因。因此，我们必须采取有效措施，克服记者的短期行为，使县市报健康发展。

首先，要从管理机制上进行改革，科学地制定编采人员的任务，适当安排时间，让编采人员学习、补充新知识。湖北随州报从今年开始实行采编人员"三三制"，即每人每年有1/3时间下基层采访，1/3时间坐机关编报，1/3时间从事新闻理论和业务的学习研究。这就不同程度地解决了县市报记者继续学习、不断提高的问题。我以为，每个县市报的记者一个月规定写几篇稿，其中必须有一篇是头条、一篇是言论、一篇是能配发言论的重点稿；每个编辑一个星期组编一个版，其中要经营好一至两个栏目。这样，可使记者编辑腾出时间汲取"营养"。要增强记者的学习意识，使他们懂得不学习就写不出好稿的道理，从而在刻苦学习、强化内功中不断提高自身素质。

其次，要采取措施鼓励记者做学问。新闻工作要求记者做杂家，县市报记者不易做到这一点，但从实际出发，鼓励每个人扬长避短，发挥自身优势，成为某方面的专家还是可以做到的。假如每个县市报人都有一技之长，都能做几道"拿手菜"，县市报的质量何愁提不高呢！在办报实践中，应大力提倡个人的专项突破，或擅长写消息，或精于写通讯，或长于写评论。报社的一切工作都要从有利于写好稿、提高报纸质量的观点出发，使做出成绩的同志，政治上有荣誉，经济上有补贴，从而激发从业人员向更高的目标迈进。

最后，县市报记者要有献身小报事业的精神。县市报记者有了这种精神，就会善于在繁忙的工作之余，挤出时间，学习新知识，学理论，学业务，锐意进取；同时也会甘于寂寞，不为名利所困。

（原载1991年第8期《新闻战线》）

"以原稿为准"好

据报道：人民日报社某领导建议，今后评选人民日报同志的稿件，以原稿为准，见报稿修改大，编辑应得一份奖金。此建议在人民日报社引起较大反响，编前会上讨论决定立即施行。我认为这个问题提得非常及时，很有必要，也很值得一议。

按理说，新闻界人在家是编辑，外出是记者，能采能编，稿子写出来就可见报。可眼下记者的稿件，不经编辑改动就可上版的较少，这并不是说记者写不好稿子，主要是缺乏认真的工作态度，有依赖思想，甚至连题目都推给编辑代拟。还有的稿子需要编辑打乱、重新组织改写后，抄一遍才能见报。而稿件发出、获奖后，到底是原稿写得好，还是编辑润色得妙，就不得而知了。现在"以原稿为准"，就有效地解决了这一问题，尤其是对记者来说，益处更大。

既然"以原稿为准"，就迫使你尽最大努力写好原稿，不能只提供"半成品""毛坯"，不能再留点工序，指望编辑代你处理。要时刻抱着写出来就是"成品"、就能直接见报的态度，把稿件上的一切可疑问题，解决在出手之前。这样，原稿的质量就会大大提高一步。

记者沉下去获取新闻事实是主要的，重要的是能把稿子写出来，把信息传播出去。采访归来，根据采访到的素材，是写消息、通讯，还是写评论，要自己斟酌；成文后，要自己把关，新闻事实是否有出入，主题是否鲜明，材料安排是否得当，表现手法是否新颖，遣词造句是否贴切，标题是否醒目等，都要慎重掂量一番，就是引用的材料，也要自己注明出处，这就会增强

记者的责任心，既"买菜"，又当"厨子"。

评好新闻，"以原稿为准"，就可以强化记者的创优意识，向更高的目标迈进，多写优质稿。这就需要用编辑、读者的眼光从不同角度审视、挑剔自己的稿件，才会把原稿写得更精彩。有的记者好稿写得不多，原因之一就是缺乏好稿意识，没有能够认识到手头上的稿子是好稿，写作中缺乏精雕细刻的功力，当然，拿出去也就缺乏竞争力了。

总之，"以原稿为准"，对加强记者的事业心、责任心、进取心无疑是一大促进。另外，原稿水平高了，编辑在编稿时容易精益求精，也会腾出更多的精力组织处理好每一块版面。

（原载1991年第12期《新闻战线》）

县市报人要当"评论记者"

"评论的水平代表着报纸的水平"，这是新闻界公认的话。如果用它来衡量县市报，就会令人不安了。

何以见得？一是评论的数量少。不少县市报一年半载发不了一篇社论，四个版找不到一篇评论的报纸随手可见。二是评论的质量低。县市报的消息、通讯获省好新闻一、二等奖的不少，可评论获奖就特别少。县市报质量不高，一个重要原因就是没有把评论搞上去。因此，县市报人要当能写善写评论的"评论记者"，是提高县报质量、办出县报特色的突破口。

当"评论记者"，是提高县市报宣传艺术的关键环节。作为报纸，仅仅告诉读者发生了什么是远远不够的，还必须让读者知道为什么，有什么意义，进行评论，也就是对新闻的再创造。如果没有编辑的再创造，就谈不上宣传艺术。那么，创造是什么呢？主要是思想创造，强化新闻的思想深度。铜山县刚开始搞招标承包时，记者就到企业跟踪采访，先后发了10多篇消息、通讯，无非是告诉读者开始招标了，反响不大。"难道就没有新的问题可抓？"一个善于写评论的编辑问。记者就顺便讲了一件事：有个企业的原厂长一中标，就免掉了同台竞争对手的职务。编辑认为这是个不容忽视的严重问题，经过核实，写了篇《岂能"中标王侯落标寇"》的评论，引起县委、县政府的重视，及时采取了有效措施，保证了招标承包朝着正确的方向发展。该评论被评为全国县市报好新闻二等奖，这就说明当"评论记者"的优势。有人认为这似乎不太公平，作者提供了新闻，编辑源于新闻"发几句言"，竟获了奖，不服气。这恰恰说明宣传艺术的魅力所在，也恰恰需要涌现出一批一手写新闻、一手配评论的记者。我们有时发的新闻，被人家作为素材或由头写出了很不错的评论，惋惜得不得了，为什么当时就没有想到直接配评论呢？这正是我们缺乏评论头脑、缺乏理论眼光所造成的。

当"评论记者"，是提高县市报人素质的重要途径。我们不可回避这样一个现实：如今，地市报已有60件作品获全国好新闻，县报呢，可怜得很，仅2件，同是基层的报纸，同是四开四版的小报，是县市报报道的区域内没有新闻，还是没有发现，或是发现了没有写好？这里固然有许多客观因素，但其中与县市报人理论意识不强，没有一批"评论记者"不无关系，使得在抓稿件时，不能从全局出发、从抓问题的角度出手，写出来的新闻缺乏力度、深度。省新闻研究所一位副所长说，县市报的新闻有的确实抓得不错，但没有经过深加工，就"廉价出售"了，主要是没有理论深度。所以，县市报人亟待强化理论意识，提高理论修养和理论水平，这又必须从当"评论记者"开始。实践证明，无论是总编辑还是记者编辑重视写评论，有助于进一步明确政治方向，增强宏观把握问题的能力，从全局和整体上把握好宣传的重点。提倡人人当"评论记者"，可以促进学习，在编辑部形成研究、探讨问题的风气，有利于报社人员整体水平的提高。

当"评论记者"，是办出县市报特色的重要因素。党报不发评论，对大是大非问题不表态，就谈不上旗帜鲜明；不能用评论把党的方针、政策贯彻下去，党报的功能起码失掉一半；基层群众的呼声、建议不能通过评论反映出来，就称不上是面向群众的报纸。作为县报，贴近是优势，每一项工作

最终都要到最基层去落实，遇到什么情况也就最先反映出来，也最能抓到第一手东西。但也有劣势，由于贴得近，回旋余地小，带点批评的报道就不好处理，这就需要借助评论这一文体就实论虚，有的放矢，能起到新闻所无法起到的作用。比如，刚实行风险抵押金时，我县有的企业抵押金收到40多万元，不少企业准备用来买小汽车、新盖或装修办公楼。对这种事点名批评难度较大，我们就写了篇述评文章《三千万元风险抵押金应"押"在何处》，在头条位置一发表，就在全县职工中引起强烈反响，县政府立即调查研究，采取措施，使风险抵押金真正地"押"在了正当的地方。这篇文章后来获省县市报好言论奖。

总之，当"评论记者"，可以促进县市报人政治业务水平的提高。素质高了，就会不断提高宣传艺术，办出县市报的特色。

（原载1992年春季号《新闻前哨》）

采访记什么

采访记什么？这还用问，主要记与被采访者的谈话呗！进一步说，把当场的环境、气氛、第三者及观察到的东西记下来不就完了。现在看来，这不全面，一次陪同采访，也校正了我对采访记什么的不全面的理解和认识。

前不久，陪同一家大报的记者采访。与被采访者谈话记录时，只见他用的采访本每页只写一半，空出一半。有时记着记着，又忽然在留出的空白处快速地写着什么，对此我心中很是纳闷。采访结束后，就问这位记者，他说，采访本不单是记"事情""人物""语言"的，还要随时记一下自己采访当中的"认识""感受"，写起新闻来就更得心应手了。耳闻目睹，受益匪浅。

回到驻地，在整理笔记时，只见他不停地翻本思索，不时地在空白处补记些什么，并不急着铺开稿纸写新闻。原来，空白处写着这条素材如何如何运用，怎样构思，选取什么角度等字样，整理得井井有条，粗略一顺，好似删削较多的初稿。这可是一条从采访到写作的捷径啊！原先我认为，当记者、通讯员的在采访时，字迹要书写流利，能记上人家说的原话就行了，岂不知，这还只是采访工作的一半，好比吃东西，进肚子之后，还必须慢慢消化、吸收；另一半就要记下来采访者当时的思考、判断、推理及得出的结论，把自己的思想认识、感受都记下来，这就是边采访、边消化、边构思、边打腹稿。有些新闻写作快手为何采访完了，稿子也就跟着写出来了，这与一半记录、空一半记思考不无关系。联想到我们一些记者下去采访，只知被动地"录音"，懒得动脑子，掌握不了重点，有时问着问着就不知问什么了。回来后，看起来密密麻麻地记了大半本，事例列了一大串，数字排了多少个，劲费得可谓不小，但就是不知如何运用，怎么提炼，从哪里下笔，迟迟形不成观点，你说怪不怪？这可能是在采访中缺少独立思考，没有抓住问题的缘故吧。

因此，一个记者或通讯员，在采访过程中，既要记"人云"，也不要忽略了录"己思"，这样才能把自己的思想感情，贯穿在整个采访活动的全过程，引起强烈的思想共鸣，才能有感而发，不吐不快，及时地写出好稿子来。愿您的采访本也空着那留着记录思考的一半。

（原载1992年第4期《记者摇篮》）

让科技之"花"多结"果"

假如一棵果树光开花不结果，果农会把它砍掉当柴烧。同样，一项投资巨大、经过科技人员呕心沥血研制出来的科技成果，如果得不到应用、推广，就会失去存在的价值。

据报载，1990年我国科技论文总数居世界第15位，确实可喜；另据报载，发达国家科技进步因素在经济增长中的比重较大，而我国较小，确实可忧。

对此，有识之士疾呼，不能再让科技成果"写在论文中、记在奖状上"了！要走到现实生活中去。作为新闻工作者在科技报道中，应特别注意到，在我国，科技成果的推广、应用还是一个比较薄弱的环节，不尽快解决这个问题，依靠科技进步、发挥"第一生产力"的作用，就成为一句空话。因此，新闻宣传要为科技之"花"迅速地结出丰硕之"果"服务，具体反映到报纸版面上要做到"三有"。

一是有"共同兴趣"。要推广应用科技成果，必须强化科技宣传的效果，提高人们的科技意识。一般来讲，对科技新闻各种人都感兴趣，因为每一项科技成果最终都要服务于工农业生产和国防建设，与人民的生活密切相关。但是，科技报道要写得有"共同兴趣"，把那神秘的、奥妙的科技语言译为普通人能够读懂的通用语言，是一件不容易的事。这无疑要求新闻工作者努力学习科学知识，不当"门外汉"，逐步提高科技新闻的写作水平；编采的科技文章要真实可靠、通俗易懂，从人民群众感兴趣的角度着笔。比如说废气、废水处理的科研成果，如果从设备性能介绍及攻关过程上去写，读者兴趣不会大；反之，从保护环境不被污染、人民身体健康不受损害的角度去报道，读者就比较关心，自然会产生应用的欲望。对报道中涉及的一些科技专业术语、名词，多做点"翻译"工作，帮助读者理解。必要的时候，可以让科技人员站出来说话。

二是有"喜鹊登枝"。也就是常有科技喜讯上版面，供读者欣赏、选择。一项科研成果的问世，大都要借助新闻媒介传播出去，既起到了鼓舞人心的作用，同时又向人们提供了信息。如果不报或迟报，经济效益、社会效益就会受到不可估量的损失和影响：一是得不到及时应用、推广，发挥不了作用，这一方面就会大大地落在后面；二是不少研究部门还在搞重复研究，人力、物力、财力还要白白地浪费。据统计，我国《专利法》实施5年，全国专利申请量达15万件，实施率为20%左右。例如铜山县有个农民获一项发明专利，好长时间无人问津，铜山报发表了消息《庄稼汉张绍荣获车灯自动调光器发明专利权》之后，就收到来信178封，接待专利权购买者10多人。

他深有感触地说："多亏铜山报为我牵线搭桥，使我发明的东西有了用武之地。"科技成果的报道，无论是对研究者还是对应用者都是必不可少的。否则，研究者捧着猪头——找不着庙门；应用者栽上梧桐树——招不来凤凰。

三是有"现身说法"。科技成果到底推广应用得怎么样，效果如何？需要新闻工作者追踪报道，最好的方法是让应用科研成果的单位、个人，搞个"现身说法"。这样做有说服力，可以直接显示出科技转化为生产力的威力，激发人们运用科学的积极性。就是万一在推广中效果不理想，也可以及时地把信息反馈给科研部门，或是研究上的问题，或是该项目不适宜本地、适宜彼地等，找出问题的症结，以便加以改进。当今，"绿色革命"——杂交水稻的种植、"白色革命"——地膜覆盖技术为何会风靡我国的大江南北？一个重要的原因就是"现身说法"搞得好，一应用立刻就引起人们的关注，普及得也越来越快。因此，在报道科技推广应用的同时，多反映群众性科普工作中的新方法、新事迹、新成果，多报道科学技术与生产力诸要素的优化组合，是使经济建设投入少、产出多、效益高的根本途径。

总之，科技报道，归根到底是促进生产力发展的报道，是促进经济、科技发展的报道。新闻工作者理所当然地要为科技之"花"浇水、施肥，使其更快、更多地结出果实。

（原载1992年第4期《新闻战线》）

不当"瘸腿编辑"

还是刚当编辑时的一件事，使我难以忘怀。我编辑的一篇挺有特点的新闻发出后，竟被人家当"由头"写了篇针对性较强的言论刊登在省报上。我那个后悔劲简直比漏掉了好新闻还难过，当时怎么就没有想到配评论呢？

有位新闻界老前辈说过这样的话："不能写评论的编辑，是个瘸腿的编辑"，换句话说，也是个不称职的编辑。平时，人们往往把漏掉该编发的好

稿，视为编辑的失职，说明你这个编辑新闻敏感不强，功夫不过硬；从新闻工作的角度来讲，对带有指导性的、有分量的稿子，需要"发几句言"的，没有配发评论，这同样也是编辑的失职。如果说编发新闻是编辑的一条腿，那么撰写评论就是编辑的另一条腿。有人说，新闻编辑的代表作是评论，一篇稿件能不能升华，引起人们重视，在很大程度上就看编辑的评论写得怎么样。我做了几年编辑工作，深深感到：学会写评论，写好评论是提高编辑工作水平的重要措施。

一、编辑写评论，有助于加深理解上级文件精神，增强从宏观上把握问题的能力，便于掌握宣传的火候，增强新闻的指导性。平时不学习政治，不学习有关文件，马克思主义理论水平低，不懂辩证法，或吃不透上级精神，认不清形势，问题就抓得不准不深，评论就写不出来。只有通过不断地学习、充实，才能把握宣传的"度"，不仅知道什么时候该宣传什么、不该宣传什么，而且清楚什么新闻要抢、什么新闻要压，这是无须多说的。一个编辑在编发每一篇新闻的时候，总会有所触动，有些感受，"有感而发"，"发"得如何，取决于编辑的理论功底、政策水平和驾驭文字的能力。企业刚开始实行风险抵押金时，不少单位准备把职工缴纳的风险金用于购买小轿车或装修办公楼。改革中的问题怎么看？通过查阅有关文件，得知风险金只能用作企业的流动资金和技术改造之用，便及时撰写配发了评论《风险抵押金应"押"在何处》，从而使这个问题得到了妥善解决。几年来，我撰写评论200多篇，其中为新闻配评论50篇。

二、编辑写评论，有助于克服笔力退化的毛病。不少编辑是从记者的路上走过来的，也曾写过不少的好作品。当编辑后，或是业务繁忙，或是下去的机会少了，或眼高手低，能不动笔写就不动了。时间一长，写东西就不那么顺手，新闻敏感程度、观察思考问题的能力都在退化，解决这些问题的办法，那就是拿起笔来写评论。办报中编辑与记者的小摩擦是不可避免的，编辑埋怨记者写的稿件不对路，或大砍大删；记者则怪编辑太"无情"，"好文章给改坏了"，不时还会爆出这样的话来"你弄篇咱瞧瞧"。事后静下心来想一想，就会意识到一个不善于写文章、写不出好文章的人是不容易把别人的文章改好的。打铁先要自身硬，要帮助别人改好稿件，自己首先能写出好文章，才能帮到点子上。另外，编辑写评论，容易体会到写稿的艰辛，更会珍惜他人的劳动，从而会进一步融洽编者与作者的关系，使稿件锦上添花。

三、编辑写评论，有助于提高宣传艺术，活跃报纸言论。作为报纸，同广播电视不一样，有时光发条新闻，仅仅告诉人家是什么是远远不够的，还必须让人家知道为什么、有什么意义，这当然少不了编辑在编发新闻的同时予以阐述、进行评论，就是对新闻的再创造。如果缺少编辑的再创造，就谈不上宣传艺术。创造是什么？主要是思想创造，强化新闻的理论色彩，增强新闻的力度和深度。有些新闻配上言论发出，宣传效果就不一般。再说，党报不发评论，对大是大非的问题不表态，就谈不上旗帜鲜明；不能用评论这个武器把党的方针、政策贯彻下去，党报的功能起码失掉一半。时下，不少报纸缺少"楷体文"，编辑也常常绞尽脑汁，但收效甚微，固然有许多客观因素，但与编辑自己不能动手写评论不无关系。

（原载1992年4期《新闻传播》）

我的入门之"道"

俗话说："干什么，吆喝什么。"也就是说，干什么，就得要学什么、钻研什么。

8年前，24岁的我被招聘到铜山报当记者。过去，我曾写过几篇稿子，自我感觉良好。可到报社后，两个月过去了，勉强见报的多属配发稿。问题在哪儿？我决定请老师——掏出半月的工资，把县书店里的新闻书抱来了一摞。白天下去"采购"，晚上回来啃啃理论，补充"营养"。

嘿！这办法还真管用，再写出来的稿子，红笔画的少了，登的位置高了，十天半月也能写它个头条。第二年，一条消息还被评为全省报纸好新闻

二等奖。

正当我乐滋滋的时候，突然听到有人背后议论："一条消息获奖有啥？评论得奖才是真功夫哩。"我听几位老师讲，评论是最不容易写的，可进报社7个月了，我还不清楚评论该怎么写呢！我的办法仍然是再请老师——我又弄来一大摞评论方面的书刊，将什么评论的"三要素"，什么评论既要有普遍性又要有针对性和指导性等写作套路略微探得一二。读报时也是先冲着评论看，只要《人民日报》、省报上的"楷体文"，非顺三遍不可，遇上写得够味的，便剪下来，慢慢琢磨。自觉有了点"资本"后，平时就老想瞅个活素材写一篇试试。恰巧参加县里的一个经验交流会，我听一会儿就腻味了，大多数的发言都是一个调，说取得的成绩第一是领导重视，第二措施得力，第三奖罚分明。会后我有感而发，一"气"呵成，写出《少来这样的"三部曲"》的言论。不久，这篇三百来字的文章居然还挤进了《人民日报海外版》的《自由谈》栏目里。

尝到甜头后，更加坚定了我写言论的信心。从此，我"有感而发""有气而发""有怒而发""有乐而发"，竟一"发"而不可收，自家报上"发"了两百来篇各类评论，60多篇被省以上报刊采用，在我获奖的近20件好新闻中，评论就占了8篇。

一次，为配合全县大上乡镇企业的宣传，我到一个乡采访。按说到地方了解几个典型，回来发篇稿子是没问题的。可到实地一看，愣了：有个村在办公室的门前堆了一堆黄沙、石子做样子，声称这就是"村办水泥制品厂"。我啼笑皆非，便以《消灭"工业空白村"有感》为题写了篇评论，针砭了一些地方在经济工作中不注意实际条件、盲目提口号、求高速的问题，对经济工作有较强的针对性，还在新华社《经济参考》报一版上刊出。过后，伙伴们知道了这件事，非让我写篇体会之类的小论文。我抓耳挠腮半天，想准了题目，又费了好大劲，才写成了短文，就是后来获《新闻与写作》杂志"新闻采写一得"征文二等奖的《两耳要闻"框"外事》一文。

几年来，我一面抓采访，写新闻，一面学理论，写论文，得益不少。我觉得，只有深入采访，才能积累新闻工作经验，写出有特点、有个性的好新闻；只有学习新闻业务，把实践经验的感性认识上升到理性认识，才能反过来指导写好新闻。

（原载1992年5期《新闻通讯》）

"别指望编辑改稿"

头脑一热乎，写下了这个题目，保准有人嗤之以鼻：你写稿水平有多高？竟不要编辑"斧正"了，再说，编辑就是改稿的，你这不是砸他们的饭碗吗？随你怎么说，我总觉得这句话有一定的道理。

一般来讲，稿子不经过编辑改动是很难直接上版面的。时下的问题是，看编辑改动的程度如何，订正一个错别字、一个标点符号是改动；作较大增删或把稿子打乱重新组织誊清一遍也是改动，没有哪个编辑乐意采用后者而不愿编发前者的稿件。作为作者，无论是记者还是通讯员，如果用"不指望编辑改稿"的态度写稿，效果肯定会好得多。

其一，稿件质量在原有基础上能提高一步。想不要编辑改，就得自己改，写成品稿，写能直接上版面的稿子，那么，就必须高标准、高质量地去完成每一篇作品。写好后，还须认真检查，掂量掂量主题是否鲜明，标题是否醒目，行文是否流畅，再看材料安排是否得当，遣词造句是否规范，甚至连引用的材料也要注明出处。

其二，迫使你用编辑的眼光审视自己的稿子，不断地自我完善，提高命中率。有人说，稿子在于写、更在于选，不是没有道理，这无疑要学点编辑选稿的学问，把稿子上的疑难之处解决在出手之前，把缺少新意、没有竞争力的稿子予以淘汰。这样，稿子再打出去，采用的可能性会更大些。

其三，可以减轻编辑的负担，把稿件处理得精益求精。编辑常常收到不少稿件，主题、行文等方面存在的问题不必说了，就连起码的文面也着实让

人犯愁，字迹龙飞凤舞，为了一个字有时要猜上半天，或几个人"会诊"。当然，也有的稿件，问题抓得不错，尚有可取之处，但非要经过"大手术"、理顺一下才能刊用。编辑有时间还好说，替你誊一遍；如果忙得很，恐怕要搁一搁，有时就搁"黄"了。若是拿到稍动几个字就可的优质稿，编辑心情舒畅自不必说，还愿多下点功夫，使其锦上添花，尽快见报。

总之，写稿"别指望编辑修改"，对作者、对编者、对报刊都有益处，眼下，不是有许多投稿者在发牢骚吗？又是嫌稿子上不去，又是怨编辑不识货，不妨自己多花点时间、下一番苦功，写篇不用修改，退一步说动几个字即可见报的稿子试试？否则，写得不像样，只想依赖编辑打扮，可人家就是不愿在麻袋上绣花，奈何！

（原载1992年第7期《记者摇篮》）

改善"发稿环境"

5月上中旬，到苏南学习参观，发现大多数县市都建立了经济开发区，目的之一就是改善投资环境。他们已形成了共识：环境非常重要，环境好，人家愿意来投资或联合办厂，大家都受益；环境差，人家只好和你"拜拜"，经济发展就会受到影响。由此，我想到一张报纸、一本杂志，也同样需要一个良好的"发稿环境"。

恰巧碰上一位地报记者，问其一个月弄几个头条，他苦笑道："能发出去就谢天谢地了，什么头条不头条的。"他接着说，现在的发稿环境不太理想，衡量一篇稿件可以归纳为两个标准。一是看新闻中主人公职务的高低，省级劳动模范要比市级的好发，有的尽管发滥了，也没有事。尤其是体现在会议报道上，不论什么内容，有无新闻价值，正职开会要比副职开会重要，位置也排得高。二是看文章作者的身份，领导不必说了，一般记者不如编辑，编辑又不如具体管一个版面的科长。同样的一件事，通讯员写了"枪毙", 记者写了发300字, 编辑写了发500字, 科长写了发800字。这两个无形的标准, 致使一批有特点而与两个"标准"又不沾边的稿件靠边站、朝后排。所以, 有人根据多次好新闻评选的结果总结说:"好新闻没有头条"。之所以如此, 与"发稿环境"差不无关系, 咋这样说呢? 既然能评上好稿, 为什么不放在头条位置突出处理, 如果当初掂量不出来, 又用什么标准、如何处理版面的呢? 因此, "发稿环境"还要不断地加以改善。

一是注意硬件。也就是多为作者提供发稿的阵地, 使通讯员的稿件占一定的比例, 没有版面作保证, 说什么都是假的。不少报社为记者定的任务指标过高, 每月达10多篇, 不在编的本报人员——通讯员的稿子就会被挤下来。当然, 这里不排除对确实有新意的长稿也同样要舍得给位置、给版面。

二是讲究软件。稿子不仅要发, 还要发好, 要精心处理, 真正做到"删繁就简三秋树, 领异标新二月花", 必要时可以把作者请来共同改稿。时下有的发稿编辑"种了别人的地, 荒了自己的田", 热衷于写稿, "大作"不断, 且放的位置显赫, 哪还有闲暇顾及为他人作嫁衣裳。

三是别借助"近水楼台"。一位老总曾说过这样的话:"我办的报纸, 自己想发几篇发几篇, 质量到底如何, 要经常检验, 方法之一就是不时地向上级报刊投, 看能发出几篇来。"新闻界中尚有一些人没意识到这一点, 把自己分工编排的版面, 变成了自己耕耘的"自留地", 别人是不太容易涉足的。

改善"发稿环境", 应从整个编辑部做起, 真正在稿件面前人人平等, 采取有效措施, 让人们围着稿件转, 不要让稿件围着人转, 才能鼓励大家争拿好稿, 办好报纸。

(原载1992年第8期《新闻战线》)

让"我"进评论

有人说, 地市县报与大报相比, 最明显的差距表现在评论上, 这一点

连我们自己也不否认。地市县报的老总们常常为评论绞尽脑汁，可是收效甚微。要办好地市县报，必须高举党报的"旗帜"，加强新闻评论工作，以作为提高整个小报质量的突破口。

那么，怎样才能提高评论质量呢？窃以为，主要的还是让"我"字进评论——这是加强党报新闻评论，特别是地市县级党报评论的根本所在，是活跃党报评论的有效措施。

A：让"我"字进评论，就是要众多的"我"从事于评论工作，献身于评论事业。

长期以来，作为党报最强音的新闻评论为什么一直是个弱项？最重要的一条是从事新闻评论研究、献身于评论事业的人太少，而且，也缺乏当年邹韬奋那种对评论"乐此不疲"的执着精神，缺少像我党早期解放日报总编辑杨松为了每天一篇社论而日夜操劳的人。现在不少报社存在着这种现象：愿写长篇通讯、报告文学的"文学型记者"多，愿写述评、评论的"评论型记者"少。有的当了七八年记者，竟没有写过一篇评论。党报工作的实践说明：不会写评论的记者，不能算是好记者；不能写评论的编辑，是个瘸腿的编辑；不发评论的报纸，是缺乏战斗力的报纸。

人人学会写评论。毛泽东同志说："评论大家写，少数人写不行。"一家报社，仅靠几个评论员写不行，况且地市县报又没有专职评论员。咋办呢？如果编辑部人员每人每月写一篇评论，就非常可观。提倡人人写评论，可以促进学习，形成研究、探讨问题的风气，有利于报社人员整体水平的提高。

把评论当作一门学问来做。随着新闻事业的发展，评论学已从新闻学中分离出来。评论工作是政策性很强的工作，是高层次的脑力劳动。因此，评论这门学问不易做，评论员不易当。胡乔木曾经说过："评论员非常难培养，不要希望三年就能出人才，也许十个人中出一个人才就不错了。"培养评论人员，报社要创造良好的环境，采取措施鼓励大家写评论；有志于评论工作的同志当努力奋发、矢志不移、持之以恒，把评论写作与严谨的治学结合起来，逐步地提高自身的政治水平、思想水平、理论水平和写作水平。

甘做无名英雄。不少评论工作者花费了许多心血，付出了艰苦的劳动，却不能在作品上署上自己的名字。读者看了消息、通讯、调查报告等都知道作者的大名，可看了社论、评论员文章，却不知作者是谁，有时连本报内部人员也说不清是出自谁的手笔。作为党报的评论员，要有奉献精神，甘当无名英雄。解放军报的吴牧华，军报创建不久就到报社，一直从事评论、理论工作，编发、撰写了不少评论，可自己就是没有发过一篇署名评论。这种不为名不为利而工作的精神，没有很强的党性是难以做到的。

B：让"我"字进评论，就是要有强烈的政治责任感和革命事业心。

写好"我"字内的评论。一个合格的评论工作者不能天天坐等领导、编辑部给任务、出题目，而是要通过自己的学习、观察、分析、思考，联系当前实际，配合中心工作找问题、瞅题目，根据"我"的所见所闻，有针对性地写些专栏评论、署名评论、编者按、编后等小言论。什么时间发什么评论，哪些问题该发评论，评论应采取什么格调，这就看评论员的能力了。一个评论员应时刻与党和人民同呼吸、共命运，随着时代前进的脉搏而跳动，其党性及社会责任感越强，手头掌握的材料就越多，就越能发现可评论的问题，也就越能写出针对性强的评论来。

写好"我"字外的评论。党报的评论员，也是党的评论员，必须按照党的方针、政策写评论，在某种意义上说，是代表党、编辑部在发言。所以，当领导机关或编辑部交给撰写社论或重要评论员文章的任务时，一定要从党的大局和根本利益出发，站在党的立场上思考问题，论述问题，这时，就要抛弃"我"字，不能用个人的感情代替党的政策，用局外人的口气评判是非，更不能用消极的态度对待不乐意写的"我"不感兴趣的评论。邓拓同志说过："编辑部中的任何个人，当他根据党的意图执笔撰写社论的时候，他完全不应该想去表达他个人的什么观点，而只应该全面地表达党的观点。"并要把自己平时积累的素材、语言、思想加以消化吸收，恰当地运用到文章中，写出真情实感的具有较强说服力的评论来。

C：让"我"字进评论，就要是改变"千人一腔""千文一面"的通病，

在强调评论党性的同时，增强评论鲜明的个性。

我国一些著名评论家之所以能够著名，其重要原因之一，就是各自有独特的文风。毛泽东的评论气势磅礴，邹韬奋的评论鲜明畅快，邓拓的评论博大精深，梁启超的评论行文奔放，张季鸾的评论质朴精练，等等。一个评论员既要深刻理解掌握党的路线、方针、政策，又要善于独立思考，充分发挥"我"的主动性、创造性，这一点非常重要。完整地准确地领会上级的精神是必要的，但决不意味着墨守成规、照抄照转。千人一腔，千文一面，令读者生厌，反而会削弱宣传效果。通过交换的地市县报可以看出，一段时间集中宣传什么，评论也跟着议论什么，有的尽管相距几千里，可文章从内容到标题，似曾相识的确实不少。这些偶然现象说明，一篇评论如果缺乏众多"我"字的创造性和鲜明的语言、独特的表现手法及行文个性，评论就没有特色，难免让读者有千篇一律、似曾相识之感。

（原载1992年第10期《新闻知识》）

谁当首席编辑？

随手翻翻几本新闻杂志，有关"总编辑要当首席记者"方面的文章不少，其意思大多为总编辑要多采写新闻，写好新闻，当好报纸的第一支笔，也就是首席记者。对此，我们做一般编辑的心里总是酸溜溜的：为什么连总编辑都不愿当报纸的首席编辑呢？

总编辑不当"新闻官"，深入下去调查研究，了解情况，采写稿件，并从中体会记者写稿的艰辛，本意是不错的，也值得提倡。时下的问题是，一些新闻单位本来对编辑工作就重视不够，总编辑又都忙着采写，哪还有精力顾及编辑工作呢？从另一个角度来讲，这容易给人连总编都不愿从事编辑工作的感觉，编辑工作更难引起重视了。其中有些人这样认为，编辑不就是剪刀加浆糊——涂涂抹抹嘛，不需多大的学问，坐得住就行。事实证明，办好一张报纸，应把编辑工作放到重要位置来考虑，编辑是一种特殊复杂的劳动，一个优秀的编辑就是一名富有创造性的艺术家。英国报业大王诺思克利夫勋爵说过，"记者为报纸写文章，但创造报纸的却是编辑。"我国一些老新闻工作者强调："报纸工作应该以编辑部为中心。"在选拔编辑时应考虑到从优秀的记者中挑选，一般来说，编辑应该是记者中的佼佼者，只不过编辑不易比记者出名罢了，这主要是分工的不同所造成的。作家蒋子龙在他的一部作品获奖后说："作家是锤头，编辑是锤把儿；作家是水泥柱，编辑是钢筋，光使劲不露面，编辑把自己的心血藏在别人的成绩里。"这是对编辑工作最恰当的赞誉。现实表明，办报纸离不开一批献身于编辑工作的"无名英雄"，一个称职的编辑善于在别人劳动的基础上进行再创造，编辑是报纸的设计师，是战役性报道的组织者或指挥员。编辑还是人梯，为他人作嫁衣裳。为何我国报社的领导都叫总编辑，而不叫总记者呢？恐怕与编辑创造报纸不无关系。

正因为我们不同程度地忽视编辑工作，许多人不愿当编辑，即使在编辑岗位上的也不安心，致使编辑队伍不稳，随之带来的问题也反映到了报纸上：拳头专栏不多，缺少战役性报道，编校质量不那么令人满意。在评好新闻时更显得特别突出，不少参评的稿件，尽管题材、立意都不错，可编写功夫欠缺，表现形式陈旧，标题雷同，文字粗糙，甚至文理不通和出现错别字。一位省新闻研究所所长说，有些稿子，尤其是地市县报推荐上来的稿子，是评一轮拉下一等，经不起反复推敲，仔细认真一些，就找出了问题，归根结底是编辑工作跟不上，亟须大力加强，不知诸多老总感觉到没有。

第二届中国新闻奖公布获奖作者名单的同时，也公布了编辑的大名，是个好兆头！愿我们一些报纸的总编辑不仅要争当首席记者，还要当首席编辑，才能把报纸办得更好。

（原载1992年第12期《中国记者》）

迈好编辑的另一条腿

做记者采访那阵，看到一本新闻杂志，说"不能写评论的记者，不能算是好记者；不能写评论的编辑，是个瘸腿的编辑"。当时对此并没有什么感觉，待做一段编辑工作后，其感受就越来越深了。

一般来说，一个编辑应具有较高的理论水平和较高的语言文字修养等基本功，这只是编辑的一条腿，还需迈好另一条腿，那就是拿起笔来写评论。编辑如何迈好这另一条腿呢？

一是围绕中心工作，写好评论员文章。每一项新政策的颁布、实施，每一项工作布置下去，报纸通常都要发些评论，以配合中心工作。许多情况下，多是发些评论员文章，或是一篇，或多篇，任务往往落在编辑头上，按照上级党委或编辑部领导的意图去写。如徐州市作出借资办电的决策后，我受命写了三篇评论员文章，阐述了地方借资办电的意义，与本县经济发展的关系，说明了有关政策、步骤、办法，从而消除了群众的顾虑，使借款工作在全市6县第一个完成。

二是借题发挥，给新闻配评论。编辑应当有敏锐的眼光和较高的思想水平，不仅要准确地把握所评的新闻事实本身的性质，而且要善于从某一新闻事实中发现社会上带有倾向性的新问题。常常有这样的情况，一篇新闻单独看，平淡无奇，但一经配上评论，立即身价倍增，这是因为评论抓住了新闻的内在价值，并把它阐发出来，扩充开去，使读者一眼就看到了这则新闻所蕴含的社会意义。所以，有些稿件，或是主题重大，或是指导性强，或是内容新颖，或是问题突出，能给人以启迪。作为编辑，就要尽可能抓住特点，评出新意来。紫庄乡农民自筹350万元办铁路货场，这件事的意义非同一般，既反映这个村农民发展商品经济的眼光高了，又说明农民重视流通基地的建设，我便把配写的评论《活跃经济的中心链条》与新闻一起发出，效果较好，基层反映，它拓宽了搞经济工作的视野。

438

三是深入生活，撰写小言论。编辑要经常下去，一是熟悉、了解基会情况，便于把握好编稿的尺度；二是发现问题，撰写评论。1991年7月，铜山县农行储蓄额过10亿元，市、县报都用大标题发了消息，作为经济版编辑，对此心里很不是滋味，为什么？我深知许多企业由于缺少资金，生产转不开圈；不少好的项目，因筹集不到资金，而眼睁睁地望着机会失掉；在农村，因无资金，有些新品种、新技术无法推广。这储蓄10亿元的背后是一部分农民商品经济意识还不太强，宁可把钱存入银行，也不愿投入扩大再生产中去。我对此有感而发，撰写了《储蓄10亿元的喜与忧》的评论，在肯定人们节俭精神的同时，着重指出提高人们的商品经济意识是发展经济的重要前提，盘活闲散资金是解决资金缺口的途径之一。该文获当年度全省、全国县市报好新闻一等奖。

（原载1993年第1期《新闻通讯》）

说"评介"

每年初，各新闻单位都忙着一项少不了的工作任务，选拔推荐好稿，以参加各级各类好新闻评选。稿件确定后，还要精心地为其写评介，这个工作做得如何，有时竟能决定稿件入选与否，是不容忽视的。不少人对此非常认真，有的则重视不够，且不得要领，"评"得多，"介"得少，甚至没有介绍什么；而且评好的多，言不足的少，何以见得？

一曰"主题重大"。不论啥稿，第一句话都是反映了重大问题，或称多么多么重要。不可否认，有些问题在一个小范围内属大问题，拿到更大一点的范围去比较，恐怕就提不起来了。还有的问题人家已涉及过，写得再深也深不到哪儿去。个别的是自我感觉分量很重，别人就不那么所见"略同"了。

二曰"反响强烈"。一般来讲，稿子发出后，没有点动静，岂不白费工夫？有的称一篇表扬先进人物的通讯"群众反响强烈，纷纷表示向他学

习"，就不那么令人信服。要知道，报刊、广播、电视一年下来不知道报道了多少先进人物，真能让读者记住的有几人？"受到群众一致称赞""某干部非常重视"，就不宜称"强烈"。

三曰"写法新颖"。消息必是"短小精悍"，通讯一定"声情并茂"，言论非"针对性强"不可，标题唯"简洁明了"之语。实际上，写作方法技巧真正不落俗套的有几篇？像郭玲春那样把会议消息写得别具一格的又有几人？

四曰"他报转载"。有一半以上的评介里可以看到这样的字眼："本报发表后，又在上级×报刊出了"，似乎只有被他报转发，新闻的分量才大；转发的报刊级别越高，"砝码"越重。其实，即使转发也并不一定就是好稿，况且时下很多报刊并不转载他报的文章，多是作者一稿两投或数投所致。

如此等等，不一而足。有人云："要是光看评介，哪一篇都能中选。"一语道出了评介中自吹自擂的弊病。我们说，采写新闻，真实是生命，写评介也要实事求是，是什么，不是什么，都要一清二楚，不仅要一二三地"评"，更重要的是详详细细地"介"，多介绍评委们所不了解的新闻来源、时代背景，说明"下回分解"，也就是发出后的社会效果如何等，这些都是全面检验一篇新闻作品的依据。如获1986年全国好新闻一等奖的短讯《金日成前往机场欢迎巴特蒙赫来访》，简单两句话，百十来个字，不了解背景，谁也不会评它。可"评介"起了决定性的作用，这篇短讯是在国际上盛传"金日成遇刺"时发出的第一篇辟谣报道，当时，这新闻价值可想而知。

不管怎么说，把评介写好，对评委、对作者都有益处，因为这是人们对稿件的"第一印象"。不必用过多的笔墨去评论新闻的主题、章法、技巧等，更不要自我吹捧。岂不知，评委们多是新闻界的行家、高手，稿子到底怎么样，还用得着你说吗？

（原载1993年第2期《记者摇篮》）

不要当"八小时记者"

说出来或许你不信，一位小报记者晚上去参加朋友的聚会，席桌上要互相留下电话号码，可这位仁兄竟忘记了带笔。朋友们说："你这当记者的，怎么能离开笔呢？"他苦笑道，现在又不是8小时上班时间，带笔也不采访。

所谓"8小时记者"，就是上班当记者，下班后记者工作就滑了。新闻界前辈邓拓说，记者工作最忌机关化，上班下班，"公事公办"，这是老爷记者。我们说，那种上班是记者、下班后对新闻漠不关心、仅仅局限于8小时之内的，是当不好记者的。作为一个新闻记者，除了睡觉时间之外，应当都在工作，不能有8小时之外，或分内分外之说。这是因为有新闻价值的线索，不一定在上班时间碰到；重要的情况，不一定在重要的场合获得。有时，最好的采访恰恰是在"非正式采访"的情况下进行的。"踏破铁鞋无觅处，得来全不费工夫"，说的就是这个道理。1983年3月，当时的辽宁日报一位记者到两家子公社采访，在公社办公室睡了个安稳觉，早晨起床就体味到"安稳觉"里有新闻，写出《两家子公社干部睡上安稳觉，夜无电话声，早无堵门人》的消息。这要是等上班听介绍，是怎么也写不出来的，同样，也是"8小时记者"所难以抓到的。

时下，由于种种原因，"8小时记者"不在少数，这从许多稿件中可看出：现场感的新闻少，捕捉到的"活鱼"少，新闻"由头"来源于8小时以外的少。当然，记者夜宿农家、吃住在工厂矿山的不多，来自偏远、贫困山区的报道就更少了。有的当了多年记者，就是没有写出像样的好新闻，说是没有碰到机遇，这恐怕与当"8小时记者"不无关系，因为机遇总爱向有思想准备的人倾斜。对一个有事业心的记者来说，应当常备不懈，有着一种时刻在"班"上的精神状态。因为记者的工作特点需要这样做，许多情况下，采访任务、对象、时间都不可能是固定的，有时往往取决于新闻事件本身。有人说，按时上下班，可以成为好工人，但绝对成不了好记者。对记者来说，

无论是假期，还是班下，都不能放松对新闻的警觉，这是不断发现新闻线索的重要前提，要时刻不忘带笔和笔记本，要常有问题在脑中。比如说，你在外出、闲聊、洗澡、理发时，碰到有价值的新闻，难道因为不在班上或没有受领导指派就不闻不问吗？碰到救人、火灾、交通事故等，不去主动打听一下，非做个袖手旁观者不成？

人民日报名记者田流说，记者工作不应该是8小时，他一睁眼就应当、而且必定是在"班"上。具有这样的社会责任感，才能成为一个"全天候"记者。

（原载1993年第4期《新闻战线》）

多写评论
——县市报记者提高采写水平的有效方法

胡乔木同志1991年11月5日约见新华社负责同志时说过，"培养名记者的一个重要办法是多写评论和述评""评论和述评是一种高层次的新闻报道"。笔者以为，就提高县市报记者的采写水平来说，多写评论同样不失为一种重要的方法。

第一，写评论有助于提高记者的理论水平和政策水平，增强从宏观上把握问题的能力。目前，有些县市报的新闻往往不善于把新闻事实放到更大的范围内去思考，不能站在更高的角度去认识，只是就事写事，深不下去。如果常写评论，这些问题也许就容易解决了。不仅如此，常写评论还将养成自觉学习的好习惯。

第二，写评论能增强记者的新闻敏感，用写评论的头脑抓新闻，就会常有问题在脑中，养成时刻思考问题、研究问题的良好习惯。写评论不仅要观点鲜明、问题突出，还要言人所未言、议人所未议之事。所以，评论题目不易找，题目大了，易泛泛而谈，难以驾驭；题目太小，不值一议，空耗精力。这无疑要锻炼出敏锐的眼光，能在别人看不出新闻的情况下，你看出是

442

新闻来；能把藏在一般新闻中的更重要的新闻挑出来。所以，带着写评论的头脑去抓新闻，自然会提高观察、分析、研究问题的能力，在采访时善于抓准问题，便于尽快地形成观点，进一步开拓、深化新闻的主题。

第三，写评论能促使记者提高宣传艺术。通常情况下，采访到的素材，经过反复筛选，可以用不同的形式、手法去表现，如果不能写评论，就缺少一种表现方法，也就少了一种武器。有些新闻素材写报道不合适，但其中一些观点却新颖深刻，浪费了可惜，怎么办？用评论或述评的方式披露出来就比较恰当，运用这一文体的特有优势，有的放矢，就实论虚，同样能解决问题。

第四，写评论便于记者优化文章结构，使文章逻辑严谨，语言精练，篇幅短小，文风朴实。评论文章是说理论述的，最忌啰里啰唆，翻过来掉过去地重复，讲求文章的严密性。写这种文章习惯了，自然会把消息、通讯等文章写得更精彩。有份关于报纸编校质量的检查材料显示，错别字、逻辑、语法、标点符号、引文等方面的差错，在评论中很少，这说明写评论从观点到行文都是比较认真的。写评论可促使记者养成求实严谨的治学精神、一丝不苟的工作作风。

总之，通过写评论，逐步提高记者的整体素质，包括理论水平、新闻敏感、抓问题的能力，采写水平就有可能得到较快的提高。

（原载1993年第9期《新闻通讯》）

报纸不能"嫌贫爱富"

翻开一些大报小报，即可以发现，发达地区的新闻多、块头大，穷地方的稿子少、位置低；版面上富地方的人唱主角，穷地方的人连跑龙套都排不上。之所以如此，是因为发达地区大多近城靠矿，交通便利，抬腿就到；各类活动多，如办班、试点、开业、剪彩、竣工等，颇能吸引记者；赞助多，时下不少报纸为活跃版面，与一些单位联办征文，自然少不了对赞助单位的

报道。所有这些，经济条件差的地方都不具备。

发达地区的改革开放、经济发展走在前面，新闻比穷地方多，这也正常，但是不应当"嫌贫爱富"，忽视不发达地区的报道，放弃深入的采访作风。

有识之士呼吁：不要把报纸办成富地区的报纸，要多报道革命老区，记者要多到偏远山区采访。事实上，穷地方不是没有新闻，也不是写不出稿子，而是记者的腿没有迈到、眼睛没有发现。

富地方伟大的成就要唱赞歌，穷地区艰苦创业的劲头更需要记者去鼓励。

（原载1993年12月20日《新闻出版报》）

弃稿·毁稿·焚稿

苏联某报编辑部约请诗人马雅可夫斯基用诗的形式写一篇社论。诗人写出后，几经修改，自己看看还是不满意，就将稿纸揉成一团随手丢掉了。恰巧一位记者进来，捡起揉皱了的稿纸，把它摊平交给了编辑，编辑看后点头称是，准备发表，但诗人还是将稿件一把夺过来扔掉了——因为自己不满意而弃稿。

宋代的刘攽去拜访王安石，门官把他请进书房。桌上有一篇王安石论兵的文稿，他拿起一读，十分赞赏，读完后放回了原处。王安石进来后问道："您近来又写了什么文章？"刘攽记忆力极强，文章过目不忘，就故意同王安石开玩笑，说我写了篇"兵论"，接着大声朗诵。王安石听后不语，待刘攽走后，抓起那篇论兵文稿撕碎了——因为没有独特见解，又与人雷同(其实是场误会)而毁稿。

从名家对创作严肃认真态度的逸事，就不难看出，作文章是艰苦的，作出一篇好的文章更不容易。作为整日与写文章打交道的新闻工作者来说，有些人写文章却又显得太容易了。不是吗？有的记者一个月可以写出十几篇报道，但是，真正能给读者留下印象的又能有几篇？窃以为，真正要写出经得起琢磨的文章，作者要有勇气不断地弃稿、毁稿、焚稿，才能实现。

首先，文章写出后，自己要反复看看，掂量掂量，哪点写得好，哪部分写得差，是否再加工加工。自己看不中的文章，就不必再拿出来了，要再去精雕一番，要么就弃了重写，绝不允许连自己都不满意的东西拿去发表。

其次，文章作成后，不妨先念给周围的人听听，征求一下他们的意见，不要觉得不好意思，因为"丑媳妇总是要见公婆"的，文章是给人家看的，假如读者不能从中得到点信息、启迪，受到点教育，给人点享受，写出来的文章就是废品。

最后，文章最忌步人后尘，与人雷同。人家写啥你写啥，人家提倡什么跟着叫什么，还能有什么新意可言？眼下有许多文章为何让人看不下去，雷同的构思、八股味的语言、类似的面孔，不能不说是一个原因。作者假如有知，当初倒不如把它当引火纸痛快。

（原载1994年第1期《编采之友》）

写新闻可借鉴MTV

1994年元旦晚上，收看了93年中国MTV大赛颁奖晚会的实况，不仅欣赏了动听的歌曲，而且看到了优美的画面。

被称为"音乐电视"的MTV，能在短短的三五分钟时间内，从画面构思到合成类似一个故事确实不容易，它拓宽了艺术的空间。我认为写新闻同样可以借鉴MTV的手法。

为什么听觉上同是一首歌，视觉上却有新鲜感呢？这就是在有限的时间内，运用创意的手法，以新颖别致的形式再表现出来的缘故，给观众以美的享受。那么，一篇新闻的写作不仅要考虑把新闻事实告诉观(听)众读者，而且要告诉得亲切、恰当、感人，人家乐意接受，也就是我们圈内人常说的增强新闻的可读性。

尽管新闻写作上有"倒金字塔"等各种形式，但还需要不断地创新。音乐家们说MTV的创意，是按秒计算的；新闻写作也是按格子记字数的，怎么就不能在几百字中给人以更多的信息、更翔实的背景材料、更新鲜的新闻情节呢？

新闻的表现手法借鉴MTV，在行文格式、文章风格上将有大的改观，会吸引更多的读者，大家不妨一试。

（原载1994年1月21日《新闻出版报》）

写完新闻配评论好

过去报馆有句老话，叫作"看完大样写评论"，因为评论的位置大多是固定地空在那儿，大样打出来，主编或主笔看上一眼，哪条新闻值得议论一番，大笔一挥，倚马可待。假如去议论昨天的、前天的，甚至上个月的"新闻"，你这个主笔恐怕就当不下去。

当年《大公报》的张季鸾，就是最有名的评论快手。而今能看完大样写评论的人确实是太少了，前几年，《人民日报》科教文卫版的几位青年编辑，每晚一上班，对当天要见报的稿件进行分析排队，从中选出一篇最精彩、最有价值的新闻，来配评论，先后署名"卓尚成""叶伴"，后结集一本书《子夜笔耕》出版，在新闻界有一定影响。时下在许多新闻单位，这样快的速度配评论恐怕来不及，但作为记者写完新闻配评论还是可以办得到的。因为记者经过深入采访写出来的新闻，对其背景材料、新闻中的人和事最有感受，有感而发，写上三百五百字用不了多长时间，自然的文中也会丰富新闻评论的生活色彩。可惜的是，不少记者、通讯员片面地认为写评论、配评论只是编辑的事，能把消息、通讯写好就行了；而编辑呢，由于下去的机会少，缺少生活感受，也不好发言。

在我们国家，新闻记者愿写通讯、报告文学，当"文学记者"的多；

愿写评论，当"评论记者"的少。我曾参加过江苏省县市报言论写作研讨会，与会者大多是报社认为能撰写、编辑言论的。可实际上，这些人对言论也仅仅是爱好而已。大家在座谈中普遍感到言论作者、编者甘甜不多、烦恼不少。写评论不易，写好评论更难，不如写其他新闻体裁的文章见效快。所以，对评论涉及者极少，报纸上的评论也就"物以稀为贵"了。

窃以为，当下关键是要提高采编人员对评论的认识。评论是报纸的旗帜也好、眼睛也好、声音也好，少了它版面不活也好，这只是一个方面，主要的还在于编辑记者写评论是做新闻工作的起码要求，学会写评论是编辑记者业务成熟的表现。有位老报人说过这样的话，不能写评论的记者不能算是好记者，不能写评论的编辑不能算是好编辑。

新闻界老前辈大都是写新闻评论的高手，像范长江、恽逸群、徐铸成、邓拓等。记者、通讯员为自己采访的新闻配评论，一是有助于提高采访写作水平，增强新闻的敏感性，善于抓准问题，形成观点；二是有助于提高观察、分析、研究问题的能力，以便进一步开拓文章的主题思想；三是有助于优化文章结构，使文章语言精练、文风朴实。另外，配评论可以深化新闻主题，增强新闻的力度。

提倡作者自己写完新闻之后配评论，也是提高采编人员素质的一种重要手段，不妨都来试试。

（1994年第1期《记者摇篮》）

百字短论上头条

连标点符号才191个字的论坛文章竟大模大样地登上头版头条，这是1月4日《经济参考报》的论坛文章《尊重实践是关键所在》。它至少有两个特点：一是文章短，二是位置高。

要是按常规，这篇短论必须过两关。一、百十字的短论能论出什么来，

仅列观点也不够，能算得上论坛文章？二、半个豆腐块大的短论，放在头条位置能压得住风？但读罢这百十字的短论，令人叹服：观点新、空话少、内容实、不绕弯。原文不长，故不敢多论，言多必赘，唯恐难上版面。

（原载1994年2月7日《新闻出版报》）

附录一：尊重实践是关键所在

处理各种问题要尊重实践。理论联系实际，文件结合实际，用实践检验中央的精神，在实践中创造。

把社会主义基本制度与市场经济结合在一起是非常非常艰难的。这不是个理论问题，实际上是个实践问题，是一个长期的过程。要建立社会主义市场机制，不是在办公室里可以解决的，唯有实践能够解决。所以必须联系群众，实事求是，坚持实践第一的观点，尊重群众的首创精神，这是我们能否顺利建设社会主义市场经济的关键所在。

（原载1994年1月4日《经济参考报》"经济参考论坛"专栏）

附录二：写短文应从自身做起

时下，常见一些呼吁写短文的文章刊诸报刊。具有讽刺意味的是，这类要求别人写短点的文章，本身却写得很长。

但也有例外的。2月7日《新闻出版报》"自由谈"栏内刊登的《百字短论上头条》，全文连标点符号仅190个字，言简意明，干净利索。这种希望别人写短文，自身首先做短文的精神，着实难能可贵，应大力倡行。

（原载1994年2月25日《新闻出版报》，作者为连玉川）

"现身说法"好！

《经济日报》1月20日第五版刊登了两篇有特点的稿件：《变"上热下冷"为"上下一起热"》《一封信引出一个市长令》。编辑在文章的右边还打上了"本版需要这样的稿件"的加框黑体大字。看后不禁感到，这种引导作者供稿的"现身说法"太好了！

年初，几乎所有的报纸都刊出了"告读者、作者"之类的编者文章，大都是一个意思：希望作者提供更多的优质稿件，同时还说明了选用稿件的要求：或反映什么事件，或剖析什么问题，或反思什么现象，等等。但读者对此印象不深，至于文章需要多大块头、行文风格如何等，不好把握，难以落笔。许多征文活动也是这样，要先发几篇文章后，稿件才会上来。

"本版需要这样的稿件"，既反映出用稿的尺度，又拿出现成的"范文"作参考，比起几百字的征稿说明文来，其效果要好得多。

（原载1994年3月7日《新闻出版报》）

植根于群众之中

县市报绝大多数是由财政拨款或补贴办报的，目前正面临着党委、政府将在财政上给以"断奶"的考验。但是，正如一位老新闻工作者所说的，党委、政府的"断奶"并不可怕，最可怕的是群众的"断奶"。因为，财政上"断奶"后，报社可以通过改革经营管理、创收节支来弥补；群众"断奶"，不支持你，不看你的报，那报纸是怎么也办不下去的。随着报业的迅速发展，群众订报选择的余地比过去大多了，县市报在市场经济的新形势下，必须努力提高质量，办得让群众喜闻乐见。

"我们的报纸也要靠大家来办，靠全体人民群众来办，靠全党来办，而

不能只靠少数人关起门来办。"(毛泽东：《对晋绥日报编辑人员的谈话》)
县市报在任何时候都需要坚持"群众办报"，在新形势下这个问题尤其显得
迫切。县市报报道的内容，以本区域内的人民群众为主体，他们是报纸上的
主角，又是报纸稿件的积极提供者。《铜山报》复刊10多年中有两篇获全省
报纸好新闻一等奖的读者来信，都是群众自发写来的。一封是《换了队长还
要不要兑现合同》，另一封是《秋收大忙季节，西象村干部竟外出旅游》。
两篇读者来信刊登后的社会效果都比较好，解决了群众最关心的问题。没有
群众这样积极参与办报，现实生活中一些有价值的新闻就不容易发现并及时
报道。时下有些报社只靠社内少数人办报，面上综合性的东西多了，炕头、
村头、地头的新闻不见了，使报纸与人民群众的距离远了，报纸的适应面越
来越窄，报道的范围越来越小，这个问题不能不引起人们的重视。

县市报要发挥贴近群众、贴近生活、贴近基层，反映问题早、反馈信
息快、解决问题及时的优势，准确地反映出党的方针政策在基层贯彻落实的
情况，做到上情下达、下情上达，起到党与群众联系的纽带和桥梁作用。
去年，铜山县县委、县政府针对各乡农民提留不均的问题，制定了全县40个
乡镇的提留标准。《铜山报》一改过去会议报道式的做法，不用"会议强
调""会议要求"之类的字眼，直接把各乡提留金额和标准刊登出来，供乡
村干部掌握并便于农民监督，从而使减轻农民负担的工作落到实处，报纸被
许多农民珍藏起来。《铜山报》举办过两次读者调查，调查中发现，群众最
希望报纸能及时反映他们的喜怒忧乐，为他们撑腰壮胆，维护其合法权益。

在当前建立市场经济体制的过程中，县市报尤其要十分重视引导农民走
向市场。一是指导农民搞好生产经营。去年春就有农民呼吁："谁能告诉我，
今年种什么？"县市报当然不能也不必具体指挥生产，但可以约请经济方面的
专家，结合本地实际，作一些市场行情的预测分析，供群众在调整作物布局时
参考。二是要发挥报纸信息灵的优势，提供经济信息，为群众致富牵线搭桥。
《铜山报》每半月刊登一次本县和徐州市区域内十大市场价格行情，为搞流
通的商人作向导。有的个体商贩拿着刊登行情表格的报纸说："按照这上面

登的价格，拣差价大的东西倒腾，准能赚钱。"三是针对一些农民喜欢顺大势、图眼前、好盲从的心理，适时提醒农民生产经营中既不要一哄而上，也不要一哄而下，并指出什么产品发展前景不容乐观，从事某种经营注意什么问题，指出农民生产发展中带有普遍性的问题，群众对此也是非常欢迎的。

（原载1994年第5期《新闻通讯》）

提倡"现编现配"

在报上看到两幅图片，一幅是"现画现卖"，书画家当场泼墨挥毫，当场出售作品；一幅是"现炒现卖"，说北京人可以喝上当天采摘、炒制的新鲜茶了。由此想到报上许多重要新闻还缺少"现编现配(评论)"。

时下，带有普遍性的问题、值得人思考的新闻，一般都能比较及时地刊出，但是，配发的评论却不多。对此，读者不满意，仅仅知道了什么事情还不够，需要进一步明白其中的道理，这对编辑来说是遗憾的事情。有人说，编辑漏掉该编发的新闻是失职，但该配评论而没有现编现配，以致后来让别人借此新闻作由头发出评论来，同样是编辑的失职。

现编(稿件)现配(评论)能做到吗？事实证明，经过编辑与评论人员配合，是可以办到的，过去就有"看完大样写社论"之说，关键是编辑人员平时要注意政策的学习、材料的搜集、思想的积累，要有强烈的事业心和责任感，真正地把精力用在办报上。

（原载1994年6月22日《新闻出版报》）

卖报与卖稿

"好的新闻各版编辑都抢发，没有可读可用性的稿件无人问津"——这

是《南宁日报》变编前会为新闻"拍卖会"之后出现的一种新气象。（见2月7日《新闻出版报》）说因此而提高了报纸质量，发行量比上年同期翻番，确实不简单！我认为通过新闻"拍卖会"，与其说报纸发行量翻番，倒不如说稿件质量上了新台阶更贴切些。好的稿件是办好报纸的根本条件，报纸要受到读者欢迎，必须多登好稿，卖报归根结底就是卖稿。

时下许多报社都比较注重关心报纸的发行量，其中要做的工作很多，但抓好稿件质量是最主要的环节，也容易抓到点子上，没有一批优质稿，一个版面、一张报纸受欢迎谈何容易。如果连记者、编辑自己都看不上眼的稿子，硬把它推上版面，读者又能看中吗？你糊弄读者，读者也会糊弄你，顶多不看、不订你的报就是了。平心而论，读者掏钱订报、买报，还不是讨个看头，或了解国内外大事，明白些道理；或获取点各类信息，从中增长知识、受到启迪，总要有所收益。如果看了后什么也觉不着，还愿意瞄你的报吗？把"中不溜"的稿件及早地淘汰掉，既增强采编人员的紧迫感和责任心，也有利于出好稿、出好报、出人才。

读者也像编者一样，钟爱好稿，有些文章还剪下来保存，以备日后欣赏。因此，只有稿子写得俏，吸引人，报纸才会成为抢手货；假如稿子在小小的编辑部内都推销不出去，却勉勉强强地挤上版面，读者岂能买你的账。因此要卖好报必先卖好稿，这样才能吸引更多的读者。

（原载1994年第7期《编采之友》）

写好稿也是创收

一位总编辑说："写好稿也是创收，一是大家都争着写好稿，报纸质量自然会提高，订户、读者多了，影响面就大，广告客户就会上门做广告，这对单位来说是更大的创收。二是评上奖，对个人有点补贴。"这番话颇有见地。

时下，有不少新闻单位把创收只看作是广告经营部门的事，似乎与采编人员的关系不大。其实，深层次地看这一问题，就会意识到广告依托的是报纸，如果报纸办得糟糕，谁还愿来做广告？所以，搞好创收，必须先办好报纸。编辑部要树立这样一种观念：办好报纸是创收的最根本一招。有此认识，既能促使采编人员集中精力办报，又能使广告人员更容易地开展业务。

提高报纸质量，吸引了订户和广告，壮大了经济实力。经济实力强了，又有利于吸引人才和好稿，改善办报条件，进一步提高报纸质量。这是一个良性循环。

（原载1994年7月20日《新闻出版报》）

有感"难"发

一到处理版面就头疼，缺少言论稿，无论怎么编排摆布，总显得呆板。虽然自己能划拉两篇应急，但总不能一个人承包吧。无奈向以往常写些"杂感"之类言论的机关秘书电话约稿："老兄，来个六七百字，有感而发，对阁下来说不费多大劲吧！"他回答道："'感'有，但难发，还是不发为好。"原来，这位秘书以前有感而发，常不平则鸣，自然引起一些人对他"有感"，所以他觉得有感"难"发了。

人们常说，言论是报纸的灵魂。鲁迅先生称小杂感之类的杂文、言论为枪、匕首，说明了它也是一种武器，现在则称之为带刺的仙人掌。时下，批评报道不易搞，对于不正之风、社会弊端，有些责任感的记者就采取变通手法，用言论的形式以实带虚地予以披露、批评。当然，也难以避免这样的情况：尽管在评论中没有指名道姓、报出府第，但照样有人去"对号入座"，弄得作者不得安宁。所以，没人愿栽带刺的花，尽管人们、社会需要。

近日整理资料，忽觉得连大名人发"杂感"也不易，心理上才似乎得到点平衡。剧作家吴祖光从《中华工商时报》看到了两个女孩子在国贸中心遭遇的消息之后，"非常激动""有感而发"，随即以《高档次事业需要更高

素质员工》为题，发了一篇杂感，从而成为被告。暂且不论孰是孰非，也不管将来官司谁胜谁负，一个引用报纸上登载过的材料，白纸黑字摆在那儿，对此发几句言，议论一下，竟被起诉。在下看来，如果这样，对任何事只好熟视无睹，不闻不问，有感就憋在肚里，否则，说不定哪天会被送上公堂。

古人云："凡文，断无无故而作者。"写评论、杂感总得有缘由、有起因，并能激起内心的冲动，才能动笔，行文最易得心应手、一气呵成。据我观察，运用报刊上的素材撰写言论的不在少数，可以说这是作者获取素材的重要途径之一。我们常说，写评论要有感而发，"感"可以从各个方面来，如果缺乏真实感情、没有激情，硬去做命题作文、应景文章，就难免会写出平平淡淡、干干巴巴、无病呻吟的文章来。

一般来讲，凡言论作者，总想让自己的文章能提出点问题，有针对性，并能给人点东西或让人有所启迪。否则你费了半天口舌，又有何用？言论作者大多还是路见不平、拔笔相助、仗义执言之辈，碰到不合理的问题，常常如骨鲠在喉，不吐不快，写评论就是要这样有感而发。平时，碰到很不错的题目，很想写，可一时半会就是写不出来，非要慢慢培养点感受、进入角色，才能"吐"出来。对世事漠不关心，缺少洞察力的人，是写不出好言论的。

有感"难"发，难就难在人家抓把柄、找麻烦。可还是有正义感者不住地"发"，当初林放老先生所写的《江东子弟今犹在》一文，就遭到一些人的恐吓，这也没能阻止他不停地"发"，而且发得让万人争读。不管怎么说，不允许人们对一些真实事情的议论，是不可能的。有感难发还须发，我这里也是有感而发。

（原载1994年第8期《记者摇篮》）

需要"淘汰率"

据第8期《中国记者》载：东方电视台实行全员聘任制，保持每年3%～4%的淘汰率，不管是一起创业的老将，还是才华横溢的青年，只要不好好表现，那另请高就，使人员活水般流动。

事实证明，优不胜劣不汰，只能使大家都平庸。有些新闻单位多少年来面貌依旧，与缺少灵活的用人机制不无关系。改版、改节目，但不改人，根本问题不解决，结果什么也改不好。假设一个单位每年能有1%的淘汰率，情况自然会大为改观的。

（原载1994年10月14日《新闻出版报》）

"苛刻"的更正

杰·贝连特是纽约一家报纸的创始人。1899年的一天，由于编辑粗心，该报在不同版面重复刊登了一封读者来信。贝连特责令编辑部今后每期都要在同一版面的同一位置刊登这封来信，直到1918年贝连特去世，这封信共登了6700次。（见8月27日《南方日报》）这是变相的"更正"、苛刻的"更正"。

照一般人看来，贝连特这个报人未免太过苛刻了，一点小差错犯得着这么顶真吗？但从其对办报的态度、管理的严厉程度来讲，则是值得我们学习的。为什么现在"无错不成报"呢？一是过于宽松，不少制度订得很严，但落实起来松得很，等于没有制度；二是过于护短，出了差错，或视而不见，或羞羞答答把"更正"挤在报缝里来应付读者，何谈吸取教训！

杜绝报纸差错，关键是要警钟长鸣。出了差错，甭说登6000多次"更正"，连续登6次就可解决很大问题，不信试试看！

（原载1994年10月31日《新闻出版报》）

别强拉"陪衬的"

有位记者写了篇人物通讯，说新经理上任不到一年，就把原经理留下的烂

摊子治理得整整齐齐，产值比上年同期增长了百分之十几等。原经理看后很恼火："我留下了什么烂摊子了？事实上产值年年都增长，幅度都差不多，为何单拿这两年的作比较？为了褒他，有意贬我，对吗？"

俗话说"没有高山，显不出平地"，任何事物没有比较，就看不出差别。作为记者、通讯员，在调查研究中善于分析对比是件好事，因为有比较才有鉴别。但不能搞片面性，更不能为了突出一个贬低另一个。时下，不少记者、通讯员一用"比"，总热衷于拽个"陪衬的"，似乎没有以往的"落后"人物作陪衬，就难以表现出如今"先进"人物的风采来。"比"的手法大都是置客观环境和条件于不顾，取今之长比昔之短，将过去说得一团糟，把现在吹成一朵花。一些被表扬的先进人物上报后之所以受到讥讽或不那么令人服气，也往往因为是没"陪衬"好的缘故。

既然真实性是新闻的生命，记者在采访、写作时就要时刻保持实事求是的科学态度，不能去硬拉"陪衬的"。

（原载1994年11月15日《新闻出版报》）

读市场报的"赤脚新闻"

如果一位赤着脚，裤子卷到膝盖上，提着篓鱼来卖的人走进市场，众多的买鱼者会立即围上来。因为一看那人赤着脚，就知道那鱼是刚出水的。那么，市场报的新闻，我觉得可称得上是新鲜的"赤脚新闻"，它非常注重用事实说话，不穿靴戴帽，语言生动活泼，让人过目不忘。

我真正接触到市场报，还是在80年代初。开始我以为，市场报的稿子是写市场的，难免枯燥乏味，不是罗列数字就是对比分析。没承想，一看里面的文章，竟越看越想看，越读越感到市场报上的文章与其他报上的文章不一样。1980年4月25日，市场报刊登一篇难得的好新闻《经济学家赶集》，作者运用特写手法，描写了著名经济学家薛暮桥到北京太平庄农副产品市场赶集的事。其中选取了薛暮桥买胖头鱼、擀面杖、耳挖勺三个细节，充分反映了农副市场对国有商业的补充作用，生动地说明了还是两个市场好。类似的还有1981年12月21日刊登的《副总理验锅》，等等。这些小特写恰当地运用群众的语言，文风朴实，读来如临其境。在当时，小特写多用于写社会新闻，而用它写经济新闻的还没见过。市场报的记者能率先用这种形式巧妙地反映经济生活，把本来比较死板的经济新闻写活了，的确难能可贵。

市场报的"赤脚新闻"不仅表现在消息、通讯上，而且评论也是如此。我留心过，市场报的评论很少有过千字的，长则七八百字，短的仅二三百字，大都就群众比较关心的日常生活中的问题发言，让事实说话，一事一议，常常配一条或几条新闻发出，具有较强的针对性和启发性。如1983年3月7日，报纸配合反映水果涨价的新闻，发表了499字的社论《莫让涨价者败坏了承包声誉》，开门见山，大题小做，令人叹服。

纵观市场报的稿件，大都是"赤脚新闻"，这反映出作者、编者独具匠心的写作手法。我受益于市场报"赤脚新闻"的影响，把它当作"范文"研读，并学习模仿。因此，这几年我获奖的近30篇作品中，有2/3是经济新闻，其中不少是借鉴了市场报"赤脚新闻"的写法。

（原载1994年12月1日《市场报》）

一杯水胜过一张嘴

1994年12月22日晚，中央电视台"新闻联播"报道了我国第一条时速160公里的准高速铁路——广深准高速铁路正式建成通车的消息。播音员罗京坐在列车上，指着茶几上的一杯水让观众看，表明列车行驶得很平稳。这种运用普通的事实表现重大新闻的手法，令人耳目一新，真是小小一杯水胜过一张嘴。

一般来讲，列车速度快了，平稳与安全是人们最关心的事。茶几上的一

杯水，胜过一张嘴中吐出的十几个形容词。笔者由此联想到时下有些新闻报道，用事实说话不够，记者总想自己站出来发议论，且往往议不到点子上，出力而不讨好。新闻是事实的反映，是事实的记录，最好让事实来讲出自己想告诉读者的话。外国新闻记者有种说法："记者的舌头是缩在后面的。"早在1925年，毛泽东同志在广州办报时就形成自己的宣传方法："请看事实"！可见事实的威力是非常大的。

不善于用事实说话的新闻，不是好新闻；同样，不善于用事实说话的记者，不算是好记者。从一杯水的新闻事实中不难看出，新闻善于用事实说话，不仅节省文章的篇幅，而且形象生动，感染力强，读者、观众、听众也容易留下深刻的印象。

（原载1995年1月13日《新闻出版报》）

"倚门等稿"的启示

近日看了两则新闻界人"倚门等稿"的逸事，很受启发。

一则是在1934年，老报人林放大学毕业后，到南京的《朝报》当编辑，他一个人编国际版，除了编稿外，每天还要交篇言论，大都是中午挤时间写，工作非常紧张。老板很厉害，每天上班时就坐在门口，等你交了稿子，才让进办公室。所以，他说文章是逼出来的。

另一则是在1941年，老编辑程浩飞在韬奋主编的《大众生活》杂志社当编辑，向作者约稿，一般情况下作者总是能按照约定时间交稿。偶有意外情况，他便默默地拿一张凳子在门口坐着等稿。作者看到这种情况，心里不安，便拿起笔来，尽可能快地完成要写的稿子。

两则逸事，都是坐在门口等稿，一个是对本报记者、编辑的"逼"，一个是对"不在编的本报人员"的"诚"，尽管时光过去了半个多世纪，可这"倚门等稿"仍有其现实意义。时下报纸扩版、杂志增页成风，又不断有新的报刊问世，稿源相对减少，而用稿量大增，个别报纸处理稿件常常是"矮子里面拔将军"，或等"米"下锅，选择的余地很小，质量就难以保证了。怪不得一些读者对扩版后的内容不满意，说"还是那么点东西，不过是多放几个地方罢了"。话虽尖刻，但不能说没有点道理。

90年代，报社虽不能完全套用"倚门等稿"的做法，但可以借鉴或提倡这种精神。先说这交了稿子再上班吧，是逼着记者写好稿、多写稿的表现。有些情况下，不逼是拿不出东西来的，也不能促使其把精力用在办报上。从前当记者可没有现在这样舒服，也没有"大锅饭"，逼得人很勤快。不少有名望的老报人都是在当时那种环境中锻炼出来的。现在虽然也有责任制，但弹性大，约束性小，激励方面的措施不多。有些采访到的新闻，甭说当天写了，拖上十天半月再拿出来照样会见报。写多写少，写得好写得孬还不是一个样？

再说程浩飞式的等稿，纯粹是一种对人以诚相待，尊重作者劳动的行为。有些新闻单位，对作者或通讯员关心不够，用着了拉过来，用不着一边去，很少像程编辑那样真诚地对待作者的。

两则"倚门等稿"的事，反映了一个共同性的问题，那就是为了把报刊办好，对编辑记者要逼、要严，要采取有效措施鼓励编辑、记者多写稿、写好稿；对作者或通讯员要以诚相待，以使报刊的稿件源源不断。

（原载1995年第2期《新闻战线》）

"误导"误人

据报道，北京市发生过一起持刀抢劫案，罪犯劫取钱财，不想被众人生擒。公安人员审问这个外地民工作案动机时，该犯语出惊人：我看报纸上说现在持刀抢劫没有人敢管，就想也来捞一把。（见7月2日《中国乡镇企业报》）。真是想不到，由于一些报纸等舆论的误导，或读者的误读、误解，竟使人如法炮制，而走上了犯罪之路。说"误导"误人是不算过分的。

尽管这名歹徒犯了以偏概全的错误，将报纸报道的个别现象当作普遍的事实，但作为记者、编者在采编这类稿件时是很难想到有此后果的。这本属正面的问题，有人偏从反面看。这偶然的事件提醒我们，报道犯罪无人制止的现象，当然这是个不可更改的事实，但在编发类似的稿件时，一定要以有利于人们分清是非，坚持真善美，抵制假恶丑的舆论引导人。要多考虑新闻发出后的社会影响，更要注意一下会不会产生副作用，以免报纸误导、读者误读，而无意中扭转了对现实的看法。那是多么令人遗憾的事啊！

（原载1995年第3期《编采之友》）

一头钩着生活，一头钩着读者

　　一位著名剧作家在评论一小品演员和他的作品时说，他的肩上像挑着根"艺术扁担"，一头钩着生活，一头钩着群众，这是他能在短时间内成为全国著名小品演员的奥妙所在。以此类推，作为吃新闻这碗饭的人，我觉得我们的肩上也应该挑上一根"扁担"，这根"新闻扁担"，一头要钩着生活，另一头要钩着读者，新闻人才能写出脍炙人口的作品，也才能成为一名不负众望的有作为的记者。

　　一个新闻记者，脱离了现实生活，能写出好作品才怪哩。没有深入生活，就谈不上写作，现实生活是新闻取之不尽的源泉。中央领导同志在视察新华社时提出了两点希望，其中之一就是"深入、深入、再深入"。也就是说，记者要深入生活、深入群众、深入基层，才能了解真实情况，掌握第一手材料。美国著名的新闻记者斯诺，如果不冒着风险，深入陕北根据地，绝对写不出《西行漫记》一书；我国杰出的新闻记者范长江，如果不历经艰辛，足迹及于川、陕、青、甘、内蒙等广大地区，《中国的西北角》也难以问世。新闻前辈许多震惊中外的作品，其背后是深入生活，甚至是闯龙潭虎穴才得到的。就是现在，同样要深入生活，翻开历年来好新闻的目录便可发现，哪一篇不是以深入采访为前提才写成的呢？这几年，有些记者懒得下去了，常常是身入心不入，"沉"不下去，成果出不来。许多报纸因此开辟"现场短新闻""夜宿农家""记者在基层""来自边远山区的报道"等栏目，就是要把记者"赶"下基层，让他们"扎"下根子，真实地反映人民群众的生活。

新闻工作者的"艺术扁担"的另一头，也同样要钩着群众。报刊要钩住读者，电视要钩住观众，广播当然要钩住听众，这无疑要提高宣传艺术。试想，我们费了好大劲，花了好多功夫，挖到大量新鲜感人的素材，要奉献给群众，启发、教育群众，如果在写作上不讲究点艺术，没有好的形式来表现，群众不领情，又奈何人家？过去有种戏谑的说法，"一杯茶、一支烟、一张报纸看半天"，反过来一想，我们的报纸果真能钩住读者瞅上半天，那可就谢天谢地了。已故的老报人赵超构先生，50年代就提出了"软些、软些、再软些"的口号，其目的就是为了吸引读者、钩住读者，从读者需要的角度出发，不能板着面孔对读者。要运用简洁通俗的语言去反映每一个新闻事实，不断地刻意求新。同样是报道会议消息，新华社记者郭玲春就写得别具一格，没有"会议指出""会议要求""会议强调"之类的俗套话，能不给读者耳目一新之感吗？

应当说新闻工作者肩上的担子是不轻的，要对现实生活负责，对历史负责，对党对人民负责，对手中的笔负责。但在任何时候，只要一头紧紧钩住生活，不脱离实际，一头牢牢地钩住群众，不忘记读者，担起来步伐才会稳健。当然，无论哪一头脱了钩，都会倾斜，担子就挑不好了。

（原载1995年第4期《新闻写作之友》）

斯诺准备了七十个题目

斯诺当年到陕北采访，拿出了脍炙人口的名作《西行漫记》。可许多人

并不知道，他为这次历史性的采访，事先做了大量的、周密的准备工作，拟订了70个采访题目。

前些年，有位记者去采访老作家叶圣陶，事先毫无准备，知识面又窄，一见面就问："你是哪里人""多大年纪？"八旬老人很烦躁，又感到悲哀。采访进行不下去了。

两件事反映出了这样一个问题，采访准备工作对整个采访、写作非常重要，有时还往往决定着采访的成败。我们平时常佩服一些资深记者写出来的稿件，不仅有深度，而且还有"厚度"，使用的背景材料好似信手拈来，使文章顿时生辉，关键就在于他们采访前的准备工作做得好。毛泽东同志在战争年代说过一句很有名的话，"不打无准备之仗"。采访也不能没有点准备，尤其是采访一些要人、知名人士，或采访重大事件，准备不好，往往会败下阵来。一位新闻界老前辈说，采访准备得充分，等于完成了采访工作的一半。时下，有个别记者采访了好大一会儿，还迟迟进入不了正题；或采访工夫不大，就不知问什么了；或一切从头问起，让被采访者背流水账。这样的采访是大煞风景的。

当记者的固然要求知识广博，但不可能是个万事通。不过，在采访前及时地、有针对性地"补充"点营养，如了解一下那个地方的地理环境、历史情况、风土人情总还是不难办到的。若再能准备一些有特点的题目，在采访中就会驾轻就熟，写作时运用自如了。

（原载1995年第5期《记者摇篮》）

有感于"千万不要改"

党的十三大召开前夕，叶圣陶在接受记者来访时说，前些日子，有位记者发表访问我的一次谈话，其中有我没有说过的话，也有跟我说的意思不完全相同的话。这不好。我的发言稿，你如果采用，可以摘，可以删，但千万不要改。（见1994年10月30日《人民日报》）叶老这种做人做事的"认真"精神，让我辈肃然起敬之余，深感真实性确确实实是新闻的生命。

叶老的"千万不要改"，并不是说他的文章动不得，而是指他讲的原话不能随意更改。有时往往一个"改"字，把原意改变了，真实性就谈不上了。我们有些记者似乎没有意识到这一点，不深入采访，人家的原话记不清楚，也懒得再问一遍，只记大体意思，写稿时就按照新闻的需要，一是设法"变通"原话，有点那个意思变成了就是那个事，这里的差距有多大呀。二是有意"拔高"，原来很普通、很实在的话，到记者笔下，变成了"豪言壮语"。三是好搞"深加工"，运用"逻辑推理"，靠合理想象，断章取义，成了"标准话"。正因为如此，有些话见报后，明白人一看就知道是假的，以致对整个新闻真实性持怀疑态度。

因此，写新闻，采用被采访者的话，一定要有一是一、有二是二，尊重人家的原话。把握不准时，宁可不用、少用，也不能根据新闻主题的需要，有意识地改原话，那样做是不负责任的。

（原载1995年第5期《采编之友》）

"呼配评论"

"百佳"新闻工作者、北京日报评论员康宏志谈到评论工作难做时说，评论部走得只剩下两个人干活了，我曾累晕过。配了BP机后，几乎每天下班都有人呼配评论。这反映出两个问题：一是评论员很辛苦，二是报纸离不开评论。

评论的重要性无须多说。"呼配评论"，也是一个好现象。一是编者的要求。不少好的新闻在编发时需要编辑再发几句言，以表明编者乃至报社的态度，当旗帜鲜明。二是读者的要求。时下的读者不仅满足于知道什么，还想了解为什么，进一步明白些其中的道理，这也要适时地配发评论。三是提

高新闻宣传艺术的要求，强化新闻的理论色彩，增强新闻的力度和深度。所有这些，没有评论配合，是难以办到的。"呼配评论"表明报纸对评论提出了更多更高的要求；同时也表明，报社对评论队伍的建设应多加重视。

（原载1995年5月29日《新闻出版报》）

"废稿堆"与选稿

范敬宜同志讲过这么一件事。今年1月1日《人民日报》三版有3篇很不错的群众来稿，它们是怎么用上去的？是部主任从废稿堆里翻出来，让它们见了天日的。如果把那篇女工写的《我不回家过年》放到三版头条，再加上编者按，说明国务院的号召在民工中得到了响应，肯定会非常吸引人。

1981年全国获奖好新闻《他家今年愿向国家交售两万斤粮食，只要求卖给他家一辆"永久"牌自行车》，就是当时的湖北孝感报总编办公室主任，从已被其他编辑"枪毙"的废稿堆中抢救出来的。这则新闻发出后，在新闻界内外形成了不小"冲击波"。

新闻界老前辈徐铸成，解放前是上海文汇报总编辑。他有个习惯，每晚定好版面之前，总要检查一下废稿堆，看看有没有漏掉的重要新闻。

这并非是笔者有意搞同类事例堆砌。想想看，废稿堆里的"死"稿竟能起"死"回生，而且活得挺潇洒，说明了什么呢？我们目前在选稿上不能说没有点问题。这当然受到编辑学识、水平的限制，但不至于差距拉得这么大。被"枪毙"的稿子勉强地推上版面，按理说只能算作配发稿，凑凑合合也就罢了。时下的问题是，稿件发出后，不仅读者叫好，有的还能评上好新闻，就令人费解了。窃以为，要改变废稿堆里埋好稿的现象，起码要从三方面入手，下点功夫精选、精编，选准、选好。

一是选稿的观念要更新。宏观上符合宣传要求的、反映人民群众火热生活中的事件、透过一滴水可看到太阳光辉的小稿件，应尽量拿过来采用；对能提出问题的新闻，只要有助于问题的解决，对社会有益，也要大胆地推上版面。

二是选稿的眼光要向下。分析一下扔进废稿堆里的稿件，绝大多数是基层的群众写来的。通讯员说，编辑对"天稿"，指领导机关来稿，慎之又慎，标题字号大得吓人，位置排得高，篇幅占得长；而对"地稿"，即通讯员的来稿，则漠不关心，即使能用的，若稿子一多，就挤掉了。另一种情况是，反映上级机关活动的稿件优先处理，报道基层群众生活的新闻则扔到一边。

三是选稿的程序要改进。通讯员写一篇稿子不易，不能一个编辑定终身。要建立健全来稿登记、初审、编辑、复查等层层负责制，变一人选稿为相互筛稿，避免金子随沙子一同流掉。必要的话，每天或两天，甚至每周对来稿总的情况回顾一下，再挑它一遍，就不容易把好稿埋没了。

当然，扔进废稿堆里的好稿毕竟是少数，即使是万分之一，但对具体一个作者来讲，就是百分之百了。

（原载1995年第5期《新闻战线》）

需要"第三种校对"

我做了十多年编辑工作，与校对天天打交道。根据我的实践，可把校对分为三种：第一种是对照原稿，排出来的差错也校不出来的。第二种是依原样画葫芦，按底稿一般不出差错的第三种是不仅不出差错；还能把编辑发排稿子上的错误改正过来，真正起到了最后把关作用的。我认为目前最需要这第三种校对。

在现有的校对中，三种校对两头少，中间多。第一种校对是完全不合格的校对，"无错不成报"大都是这种校对造成的。要扩大第三种校对的阵容，才能减少差错，不出差错。平心而论，校对是很难干的，要求不出一点差错更难。不仅要有高尚的敬业精神，还要练就过硬的本领。人民出版社的

"校对王"王以坦，经他校过的图书文字作品，未发现一点错误，特别是他校对的100多万字的《毛泽东选集》，竟无一字一点错误，创古今中外校对奇迹，他也荣获"有突出贡献的专家"称号，享受政府特殊津贴当之无愧。当然，他付出了平常人所难以付出的心血，他就是第三种校对的突出代表。

在编辑组版过程中，我深深感到，没有一个好编辑，编不出好版，同样，没有一个好校对，也出不了好版，再好的文章如有几个错别字藏在里面，就破坏了整个版面。总之，编辑、出版工作呼唤更多的第三种校对。

（原载1995年6月26日《新闻出版报》）

"别委屈了稿子"

3月底，在上年度好新闻评选会上，一位评委针对评稿中的不正之风说："不管怎么平衡，如何照顾，但有一条要坚持：别委屈了稿子！"此话真可谓掷地有声，说到了点子上。

按理说，评好稿，就是以稿子而论，以"好"字为标准，在这个标准面前人人平等，没有什么可置疑的。但时下的情景可复杂多了，有个别地方评稿，评的是人，论的是关系。一是搞平衡，甲报一稿评上一等，乙报怎么说也得争个二等；张三一人评上两篇，不行，非拉下一篇不可。不仅单位之间搞平衡，人与人也要讲平均。二是搞照顾，某报尽管拿不出像样的好稿，但参加评了，说什么也不能让其"剃光头"，匀个三等吧；某篇是领导亲自撰写的，评不上奖回去不好交代，请多关照。三是以大欺小，高一级的报纸，看不起低一级的，总认为你的稿子再好也比过他的。本来嘛，县报怎能和市报相比？省报怎可与地报并论？如此等等，致使有的好稿愣是评不上，而质量平平的稿子反而入选，这不是委屈稿子是什么！不少被地报、市报淘汰的稿子，可在省或其他部门好新闻评选中竟榜上有名，咋解释？

"别委屈了稿子"，可以说也是广大编辑、记者、通讯员的心声；评稿时能做到这一点不易。评委水平高低则另当别论，但作为重任在肩的评委，一定要出于公心，既不漏掉一篇好稿，也不照顾一篇劣稿。另外，要从组织、措施上来保证，最好别让有参评稿件单位的人进评委，由局外人来品头论足，才不至于委屈好稿子。

（原载1995年第7期《编采之友》）

推出记者

7月21日，《经济日报》一版在发表《东西合作调研行》的文章时，把四位作者的照片及自述一并刊出。这种在推出文章时，不忘及时推出作者的做法，很值得一些报刊借鉴。

新闻界人都喊着要培养名记者、名编辑，这既需要记者、编辑个人的不懈努力，更需要为他们创造一个良好的工作环境，提供施展才华的机会和舞台，该让他们亮相的亮相，该造型的造型。适时地、有意识地推出作者，可以激发人们的进取心，增强人们的创优意识；作为被推出者，无形中有种自豪感、压力感，会更加珍惜这种荣誉，奋发向上。

报纸是靠人来办的，说哪家报纸办得好，实质上是有一批叫座的记者、编辑在那儿使劲。实践证明，要让报纸打出去，发行量升上去，就得要把记者推出去。

（原载1995年8月16日《新闻出版报》）

大科学家的"小"问题

勤奋与严谨，是大科学家钱学森研究学问的一贯作风。他对学术论文、报告的文字要求很严格。如果看到写的报告字迹不工整，标点不准确的，就会扔

到一边去。有些人不理解他的良苦用心，感到不以为然："这么个大科学家，干嘛在这些小问题上跟大家过不去呢？"钱老抓的小问题，其实不小。

古时候有为一字不慎而丢掉官职的事；近代，有错写一字，从而使一次战斗失败，人称错在一字的败仗；前几年，有个养鸡专业户按报纸上介绍的方法，给鸡服用一种药物，结果死了几千只鸡，问题就出在小数点错排了一位。写科学、科普文章需要认真，作为整天与文章打交道的新闻工作者，更需要养成严谨的工作作风，采访要认真细心，写稿要准确生动，审稿、校样要一丝不苟。有些专业性稍强的文章，该送有关专家审阅的就送审，该请有关部门核实的务必核实。尤其是文中的人名、地名、数字，更要慎之又慎。万一弄错了，影响可大了。有篇关于一家私营企业抓管理、增效益的新闻，作者把利税合起来统称税收上交160万元，企业大为恼火，税务部门盯着要企业再补交税款。最后，作者只好写个更正，又与税务部门联系才了结。但厂长事后说，与税务部门的关系不如以前那么融洽了。弄错了仅仅这一点，损害了新闻单位的声誉不说，还会给新闻工作造成一定的损失。

每当我们由于一时不慎，粗枝大叶把事实、数字弄错了，以致影响新闻真实性和评选好新闻时，才真正体会到钱老的告诫是何等重要，就会自然意识到抓的"小"问题并不小。

（原载1996年第1期《编采之友》）

科技之风扑面而来

社会发展离不开科技，人民生活少不了科技。我作为一个经济版的编辑，越发感到不能不看《科技日报》。每当我拿起一张新的《科技日报》时，一股浓郁的"科"味都会扑面而来。

一是"科"字新闻入脑入心。国家关于科技工作的方针、政策，对科技工作者的有关具体政策规定，都能及时地知道；哪个领域的重大发明、重大科技成果等都能及时了解，称《科技日报》为我国科技活动的最有权威的消息总汇，这并不为过。同时，它也让人明白了不少道理，突出表现之一是关于"高工打杂"的讨论。我认为就很精彩，对改革开放中科技领域出现的新问题、新情况，进行了深入的讨论，仁者见仁、智者见智，畅所欲言，任人评说，最终使人们形成了这样一种共识：第一，怎样把职称与真才实学结合起来；第二，如何发挥科技人员的积极性，用其所长；第三，有关部门怎样避免评职称与用人上的弊端。这对科技改革无疑会起到一种推动作用。

二是"科"字知识学以致用。传播科普知识，传授科学技术，是科技日报的一大特点。上到天文，如彗木相撞，该报先用二版大半版，后用一彩色版作了详细的介绍，是其他报纸所没有的；下到地理，关于开发利用海洋资源的报道等，让人大开眼界；其中涉及的范围更广了，如显微镜下的《奇观世界》等，妙不可言，尤其是开辟了《实用技术周刊》《计算机与通信周刊》等专刊以后，"科"字知识介绍得更多了。不少文章还配以图片，读后让人受益匪浅。

三是"科"字人物形象逼真。几年来，《科技日报》宣传了不少领域的科学家，有的侧重介绍他们的人品，有的着重反映他们是如何在科技王国里遨游的，有的则大力弘扬他们献身科学、报效祖国的精神。看得多了，我综合一下，他们之所以成为科学家，起码有三个条件：热爱祖国，严谨认真，忘我追求。连载《钱学森》中就充分地反映了这一点。

也许是《科技日报》"科"味特强的缘故吧，10年来，它逐步地形成了自己独特的风格：科技新闻真实、准确而鲜明，科学知识的传播简明、通俗而细致，对科学家的介绍生动、感人而亲切。同一事实的科技报道，要想了解得更清楚、更详细，得知更多的背景材料，非再看一下《科技日报》不成。几年来，得益于《科技日报》，尤其是学习《经济特刊》一些文章的写法，我试着撰写了不少科技与经济结合、联姻方面的新闻、评论，其中有多篇获奖。

（原载1996年1月10日《科技日报》）

要写带"泥土味"的新闻

有位农村通讯员，几年来有不少稿件被评为省市报纸、电台的好新闻。周围的写稿人向他讨教，他笑笑说："我写稿，基本上是用农民的话去写最熟悉的身边小事，带有'泥土味'，才能有农村特色、农民本色，有自己的特点，也才能打出去、打得响。"

所谓"泥土味"，就是要有农村生活气息，无论是某一事件的发展变化还是语言风格都可表现出来。东北人说不出广东话，黄土高坡的人不会讲宁波话。如果你用宁波话来写山东农民的事，失真不必说了，定会让人笑掉大牙。所以，稿件要带有泥土味，就必须首先在语言上是本地农民讲的话，甚至连比较易懂的土语也要写进去，味道才浓哩。如湖北省《孝感报》发表的小通讯《会计伢嫌我的油壶小》(获全国好新闻奖)，从题目到文章，全是用当地一位老阿婆的话说的，全文虽然只有240字，但很生动朴实，没有一句套话、大话，更没有一点虚假之嫌。假如换用标准话来写，缺乏泥土味，恐怕就不那么逼真生动了，也可能不会评上好新闻。再者，事情本身要带泥土味，像农民的生活方式、风俗习惯等绝不可能与城市人一样。这样的稿子，从大的背景来说，反映了党的政策给农村带来的变化，既具体又实在，可谓一滴水反映出了太阳的光辉。假如当初这样写呢？先戴上党的政策好的大帽子，再叙述一下贯彻落实的过程，最后举上这个典型的例子，就不如这样精彩了。

农村新闻带泥土味，并不是硬抓把土粘上去的，而是要我们的新闻工作者深入农村的生活中去，把脚迈到村头、地头、炕头，与农民滚打在一起，洞悉他们的喜怒哀乐，随他们的脉搏而跳动，才能观察到他们真正的生活实情。通过学习他们的语言，体会他们的心理活动，也才能写出真正带有"泥土味"的稿子来。

（原载1996年第8期《编采之友》）

老总别称老板

日前与一家报社的记者参加一个经济报道座谈会，他张口称自己的总编辑为老板，闭嘴就老板要求如何如何。会后，问其为何不叫老总称老板，他说眼下老总主要在抓钱，与老板有何区别？不少老总也乐意接受这个称呼，自认为有钱有势。这不能不让人猛喝一声："老总别称老板！"

这两年，称厂长、经理为老板已成风气，有时连党委书记、局长等党政干部也叫老板。如果我们新闻界也称总编辑、主编、台长为老板，这就令人不安了。总编辑是专业性很强的业务领导者，本职工作是管好报纸，主要精力应放在如何办好报纸上，为人民提供更多更优质的精神食粮，这绝不是老板所能代替得了的。不过，时下也确有那么一些主编、总编、台长，热衷于当老板，精力多放在创收上，关心的是能搞多少钱。同行相见，也多是讲些创收多少之类的老板中人的行话，对业务研讨却提不起神来，似乎成了生意味很浓的商人了。

窃认为，如果老总都去当老板，其弊端不少。一是本末倒置。主持笔政，撰写评论，采编稿件，签发文章、大样是老总的主业，也是老总的天职。不写不编，咋能称总编？二是影响报纸质量。领导精力一分散，势必影响到整个编辑部人员，以至于没有人集中精力去办报。老总当老板，编辑荒废"自留田"(指编发的版面）, 记者则去搞单干，报纸的质量就可想而知了。三是影响报社声誉。当老板必然要涉及经济，动不动会谈到钱，长此以往，基层一见编辑、记者上门，就认为是拉广告、搞赞助的，能躲则躲，能推的就推，生怕你去掏腰包。都不愿接待你，又如何进行采访呢？更甭说去挖好稿子了。如此等等，不一而足。

当然，这并不是说老总不能抓创收，因为它直接关系到办报的条件和采编人员的生活待遇问题，许多激励机制需要资金来配合。但绝不能一头钻进创收里，光想着去当老板，要选准、选好创收人员，同时要调动采编人员的积极

性。既办好报纸，又能搞好创收，才是明智之举。事实证明，报纸、电台办得不像样，社会效益不佳，它的经济效益也必然每况愈下，因为赖以创收的载体不行，想挣大钱，也是个难事。相反，老总把报纸办好了，发行量上去了，名气大了；电台办出特色了，听众多了，影响大了，客户就会接踵而至，经济效益也会提高。扬子晚报编委会明确规定，报社编辑、记者的任务第一是办好报纸，第二是办好报纸，第三还是办好报纸。创刊10年多，发行量增长10多倍，而广告营业额则增了20多倍。这家报社老总的腰不比老板的还粗吗？

（原载1986年第11期《新闻战线》）

"富有"记者与资料箱

中央电视台体育部主任马国力去亚特兰大带了两只箱子，其中一只是满满的文件资料，里面装了从1994年12月第一份关于报道第26届奥运会的文件起，近两年来的所有文字性材料。这包含了他很多的艰辛和思考、极大的付出和努力，也反映出他是一个很富有的记者。

著名历史学家吴晗说："没有资料就写不出内容充实的文章来。"一个不善于积累资料的记者，不是一个好记者，也不是一个富记者。有人说："一名好记者也是一名称职的资料员。"在日本，记者常常要先当一两年资料员，较多地熟悉情况、丰富知识以后，再去做采访工作。积累资料，看起来繁杂而琐碎，但真正要写一篇有血有肉有背景的文章，少了它恐怕不行。有些记者干了10多年，就是写不出一篇有影响的获奖新闻，不能说与不善于做个有心人、注意积累资料不无关系。事实上，不占有大量的资料，不会有记者的独立见解，就不容易增加新闻的"厚度"和可读性，更谈不上记者的出色工作。因此我们在采访前，尤其是大的重要的采访活动前，务必要多搜集些材料，不带一箱，起码也要有所准备。

（原载1996年12月23日《新闻出版报》）

话说"读者定位"

时下不少报刊的老总对自己的读者群是不很清晰的，连读者的成分比例、层次结构和群体组合等也是一知半解。他们似乎不大明了一份综合性再强的报刊，也不可能包罗万象、让任何读者都爱读的道理。一些报刊发行量上不去，极少数报刊不得不停刊，与没有恰当地对读者定位不无关系，具体表现在以下三点。

一是烧杂拌，对读者定不准位。有的报刊办得既想给上层看，又想让基层看；既想给内行看，也想让外行看，想办个万能报刊，像开杂货店，没有自己的特色和风味。有家社会科学刊物，还刊登了《治鸡眼小窍门》的文章，不伦不类，让人哭笑不得。初衷是想让大家都喜欢，结果是谁都不喜欢。

二是赶时髦，对读者定不了位。一段时间，社会上刮什么风，或流行什么，他就跟着赶浪头。人家发什么，他就跟着写什么；人家开什么专栏，他也辟块什么园地，结果费力不讨好。还有的不结合自身的实际，不考虑读者的阅读习惯，改换开本，文中夹杂英文或汉语拼音，如大标题中用个"de"字等，不知是迎合什么样的读者。

三是唱自腔，很少考虑读者定位。表现之一是心中无读者，按自己的意图办事，稿子是自个的好，版面是自家的美，把自己的爱好强加于读者。甚至把少数读者的赞美，误认为是大多数读者喜欢。表现之二是思路不清，今天面向这类读者，明天照顾那类读者，后天还得考虑第三类读者，实际上并没有真正地尊重大多数基本读者。

如此等等，报刊的读者越来越少，发行市场越来越窄。应当看到，在现在多元化社会中，读者也是多层次、多类型的，恨不能把所有的识字人都变成自己报刊的读者，是不现实的。随着报刊的增多，读者市场将进一步细分，更趋于多层次化，这就更需要老总们强化读者意识，向读者靠近，找准

自己的读者群，也就是说要有一支自己的基本读者队伍，重视自己报刊的读者定位。

（原载1997年第2期《新闻战线》）

"分数线不高"好

徐州日报社结合人民日报社开展的精品年活动，在提高业务水平上狠下了一番苦功，出台了一系列配套文件，第一个文件就是改革考核方案，对见报稿实行打分制，重点稿高分值，一般稿低分值，并把任务定在不高的分数线上，目的是给予记者挖掘好新闻、磨合好新闻的时间，记者不必疲于奔命地完成任务。窃以为，这个"分数线不高"好！

随着新闻事业的不断发展，各报社根据自身实际，都制定了不同形式的责任制，大多把写稿、编稿指标量化，编采人员的任务观念的确强化起来了，这对保证报纸稿源起到了一定的促进作用。但也不同程度地存在一些消极因素，记者满足于完成任务的多，刻意求新、精雕细刻的少；反映到版面上，一般化的稿件多，有特色、有深度的优质稿件少。有的记者一个月竟能写出近20篇短稿，但真正能让人有点印象的没有，其质量就可想而知了。所以，精品少，报纸整体水平上不去，是大多数报社老总普遍感到头疼的问题。原因尽管是多方面的，但与缺乏一种引导记者创优的配套措施不无关系。事实上，记者、编辑整天处于"紧赶紧"才能完成任务的状态，就没有时间和精力去学习补充、去研究如何创精品了。如果在制定任务指标和业务考核上，能减少任务的数量，并把分值向精品倾斜，这个问题就不难解决。

报纸以发名文章而闻名，记者以出名篇而成为名记者，很少有以高产而质量平平出名的。因此，一张报纸要想办成名报、出名品，必须在整个编辑部内营造一种人人争创精品的氛围，对出精品者，要政治上有荣誉，经济上有实惠。同时，科学地制定每一个人的任务指标，把立足点和落脚点放在既能调动记者的积极性，又能鼓励他们出精品上。那么，建立了这样一个好机制，就会逐步地达到预想的效果。

（原载1997年第2期《徐州日报通讯》）

"新闻来源"与"新闻由头"不能缺

交代新闻来源，是新闻写作的基本要求。在新闻中注意交代或暗示新闻来源，既能使读者知道新闻事实是从哪儿来的，又能增加新闻的可信性，完善新闻的科学性，增强新闻价值。《我国水利经济正在兴起》一文，尽管新闻事实都是真实的，内容也是不错的，但由于没有交代新闻来源，至少削弱了它的权威性和可信性。如果作者当初交代一下信息是从全国水利经济工作会议上获取的，或从分管水利工作的副总理、主管水利的部长的讲话中提取的，那么，它的权威性和可信性就增强了。

另外，我们要精心选好新闻由头，把握好发稿的时机，这样才会使稿件更丰满，更科学。从《我国水利经济正在兴起》一文中，我们根本看不出它的时效性。我们不能因为有了时间电头就代表事件所发生的时间；事实上，读者看了这则消息明显感到，新闻好似信手拈来的，年初发行，年中发行，年底发也行，是则没有时效性的新闻。作者当时如能结合运用水利会议所提供的材料，着重考虑一下当时的环境，选取一个既有时效性，又有接近性的新闻由头，那就是一篇漂亮的新闻作品了。

一篇优秀的、上乘的新闻作品，它的新闻来源是不可少的，新闻由头也是不可缺的，它应是各个方面达到最优化、最完善的综合反应。

（原载1997年第4期《新闻战线》）

谁当首席评论员?

新闻专业杂志上常常刊登总编辑们这样的文章:《总编辑要当首席记者》《总编辑就是首席编辑》,这些提法固然不错,但作为举足轻重的评论员,该谁去当首席呢?因此,我认为很有必要提出:总编辑要当首席评论员。

总编辑应该当首席评论员,理由在于:评论对许多报纸而言,还是个弱项,报纸上常常断档的就是评论,尤其是好评论。这与新闻事业飞速发展的状况是不相称的。有人说,评论的水平,代表着报纸的水平,评论质量高低,直接影响着报纸整体质量的提高。在世纪之交的今天,信息传播手段异常快捷,广播电视已同步传递,报纸在时效上已远远不能与之相比,如果再不在评论等这些长项上下功夫、求突破,那么,报纸与其他媒体的竞争,前景就不容乐观了。因此,首席评论员的重任,必然地落到总编辑的肩上。

总编辑当首席评论员,可以把上级的精神和编辑部的意图及时地反映到报纸上,对大是大非的问题有个明确的态度,以增强报纸的权威性,提高报纸的宣传艺术,强化报纸的理论色彩。一般来讲,总编辑对上级精神知道得早,领会得比较深刻,全局意识较强,重头的评论非总编辑动笔莫属。毛泽东同志说过,"精心写作社论是一项极其重要任务","评论大家写,各版包干是好办法。总编辑是统帅,要组织大家写,少数人写不行"。新闻界曾有老同志认为,总编辑一半时间应该用来考虑社论或重要评论。这,其实也是总编辑要当首席评论员的意思。

总编辑当首席评论员,可以激发报社全体人员写评论的热情,既解决报纸评论短缺的问题,又会在编辑部形成良好的深入学习、调查研究的风气。写好一篇评论,仅仅下去调查研究采访是不够的,必须在吃透有关文件精神的基础上,密切结合实际,才能有的放矢,写出针对性强的评论。这个过程,也就是一个不断学习理论、学习政治、研究问题的过程,次数多了,时间长了,报纸上的评论会多起来,质量也会不断上档次,更主要的是锻炼成长一批评论人才，为繁荣报纸评论打下坚实的基础。

总编辑当首席评论员，就会体察到评论员的甘苦，在实际工作中，会更加关心支持评论员的工作。时下，省级以下报社极少设有评论部门，能写评论的也不很多，大都是编辑记者在编采之余，有感而发，小打小闹，零零散散，缺少系统性和连续性。在新闻单位，大都想当记者，不愿做编辑，更不愿当评论员，它一是无名无利，二是费心劳神，三是弄不好会出点问题。评论员是评论之母，如果都不愿当评论员，评论从哪儿来？这无疑也需要总编辑关心、支持评论员或常写评论的同志，鼓励他们多写、写好评论。

评论是报纸的旗帜，一张报纸没有旗帜不行，旗帜举得不高也不行，所以这面大旗必须由总编辑来扛。事实上，总编辑当好了首席评论员，就能带领全体人员，齐心协力，把报纸办得独树一帜。这已为许多报纸的实践所印证。

（原载1998年第2期《中国记者》）

编辑要当"专栏作家"

许多报社在实施"精品工程"时提出，"记者要出好稿子，编辑要办名牌专栏"，把办好专栏作为编辑第一项义不容辞的工作。从实践中可以看出，一张报纸专栏质量如何，取决于编辑水平的高低，缺少一流的编辑是难以办出一流专栏的。要办出有特色的专栏，必须提倡编辑当"专栏作家"。

新闻界人都知道，专栏是报纸的重要组成部分，缺少专栏的报纸，可以说是一份"五脏不全"的报纸。专栏办得如何，直接关系到整个报纸的质量，有人把它比作精心制作的"盆景"，这并不为过。有的专栏，人家一提就知道是哪家报纸的；也有的报纸，人家只要一说起，就能数出其中有什么专栏，那么，这样的专栏就可称得上有特色的了。纵观一下专栏办得出色的报纸，大都是由相当出名的老编辑或资深记者来经营的。笔者曾主办过《观察与思考》专栏，是一个集评论、调查报告于一体的述评性栏目，着重分

析、研究经济生活中存在的问题，同时提出解决问题的办法，该专栏后来获江苏省报纸好新闻奖，其中发出的文章有2/5是笔者自己动手写的。在经营专栏的过程中，我深深感到，编辑要办好专栏，首先应当好"专栏作家"，这至少有三方面的益处。

一是有助于增强编辑的写作功力，从而克服笔力退化的毛病。不少编辑是从记者的路上走过来的，也曾写过不少好作品，或由于业务繁忙，或下去的机会少了，缺乏生活感受，或眼高手低，能不动笔就不动了。时间一长，再写东西就不那么顺手了。与此同时，新闻敏感程度、观察思考问题的能力都受到影响。一般来讲，写不出好文章的人，是不容易把别人的文章改好的。所以，编辑办专栏时起码要锻炼成为专栏作者队伍中的一员，甚至是佼佼者，有紧急宣传任务，来不及向外界组稿，或组织来的稿件不合用时，可以靠自己写稿来完成任务；开辟新专栏时，可以按照自己的意图，写篇"范文"，以吸引来稿。办专栏最大的难题是稿件断档，如同断炊。有人说"宁缺勿滥"，但一个栏目长时间不露面，也没法交代呀！编辑能及时救急，提笔补上一篇，是最好不过的了。在报送《观察与思考》专栏参评时，所附的5篇作品中，我自己撰写的就占3篇。

二是有助于增强编辑的策划能力。它包括两个方面：布置题目与组织作者队伍。布置专栏文章的题目，是编辑与作者之间的桥梁，编辑通过学习思考和"看、听、找、议"之后，出题目供作者参考。为了落实题目，我的办法是"对号入座"，按选题内容，分别约请有关部门的作者自由画圈接招，然后我再"拍板认购"，并提出修改意见，这样做效果不错。组织培养作者队伍，是办好专栏的基本建设工程。事实证明，办好专栏仅靠报社内的编辑记者是绝对不行的，要靠一大批业余作者的支持，逐步形成一支稳定的作者队伍。我经常有针对性地约请一些部委办局的笔杆子撰稿，这些人大都有业务专长，熟悉本部门、本系统的情况，对专业上的问题讲得细、讲得清，对一些领域内的见解还是我们编辑所不及的。只是文字上需要润色，有的还要帮助他们反复修改。一次，到县计经委和一位科长"侃大山"、找线索，听说市长拿我们县的产品作为礼品到广州参加订货会，竟没有送出去，这可是漂洋过海的工艺品啊！无奈送给了会务小组，原因就是包装不美。我听后认为这件事不错，可以当作"由头"，当即给他提了写作上的几条建议，他写出了《从市长的难堪谈我县产品包装》的专栏文章，受到企业界人士的好评，有的还把它剪下来压在台板底下。《我县企业流动资金为何吃紧》等文，都是在这样商讨、议论、修改的情况下，让有关同志撰写的。

三是有助于编者拓宽思路，推陈出新，且常办常新。英国报业大王诺思克利夫勋爵说过，"记者为报纸写文章，但创造报纸的却是编辑"。专栏编辑作为"编辑部内外劳动成果的集大成者"，尤其需要创新。如果我们办的专栏月月如此、年年如此，那么就无法体现这个"新"。不断淘汰老形式、老内容，创造新形式、新内容，是专栏的生命力所在。有些专栏虽然经过时间的考验，受到读者欢迎，但是一个有作为的编辑也不能因此而墨守成规，不思进取。当然，一个专栏名称可以不动，但内容、选稿的角度、行文的风格不能总是一个样。这无疑要求编辑上边的精神要吃透，下面的情况要摸清，稿子要上去，编辑要下去，仅坐在办公室里硬编是编不出好稿子来的，硬写也写不成文章，因为你不知道党的方针政策在基层贯彻落实的情况。通过当"专栏作家"，迫使你深入基层，就会不断地出新题目、新观点，那么经营起来，也会自然而然地篇篇求新了。《承包企业"短期行为症"两面观》就是在上下情况沟通的情况下撰写的，反映了改革中出现的新问题。

总之，提倡编辑当"专栏作家"，是使专栏办出特色的根本，只有这样，编辑才能拿得起笔，出得来题，组织起人，经营得活，也才能切切实实地办成拳头专栏、名牌专栏。

（原载1998年春季号《徐州日报通讯》）

有感于赵丽蓉的"怕"

　　3月21日晚，在"伊利杯"我最喜爱的春节联欢晚会节目颁奖会上，著名演员赵丽蓉接受主持人采访时说，尽管导演去请了我三次，身体欠佳是一方面，但我一怕驳导演的面子，二怕演不好对不起广大观众。窃以为，这"两怕"，尤其是最后一怕，不仅仅对每一个文艺工作者，就是对我们新闻工作者来说，也不无学习和借鉴作用。

　　一个演员、歌手，能在中央电视台春节联欢晚会上亮相，是一种荣耀，也是对自身实力的检验，有些人追求多年，都没能如愿，而赵丽蓉却三请才肯出山，除健康原因外，那就是把观众的利益放在了第一位，这种精神难能可贵！在我们新闻界，有少数编辑记者，甚至有一定知名度的记者，却不甘于寂寞，为了名利，粗制滥造，轻易出手，明明不该出手也出手。篇幅拉得裹脚布一样长，版面占了一大块，但引不起读者的兴趣，起不到应有的作用，白白地浪费了版面资源，许多读者对此不满。

　　时下，有些作者只怕编辑、主编、总编辑，甭说这些编者出动请他们了，常常还不请自到，硬是与编者套近乎，那还不是怕稿子过不了关，孔方兄到不了手！？假如这些人能像赵丽蓉那样，时刻想着对得起读者观众的话，假大空文章就会少得多。有的作者就不仅仅是不尊重读者了，相反地还设法糊弄读者。曾经有编辑、记者从不把自己办的报纸带回家里，怕孩子看了学坏，这样的编者、作者能说是怕读者吗？又能说是对读者负责吗？

　　作者、编者、读者，三者是密切联系在一起的，也是相互支持、相互促进的，有时一人还集二重、三重身份于一身。其实一般来讲，编者都希望，作者写的，同样是读者喜欢的，在作者和读者的天平上，恰恰是倾向于读者。1987年10月2日，中国青年报在《报社是怎样处理来稿的》编辑答复读者问中说："再有名气的人，如若写稿凑合，我们也不敢乱开绿灯——发行量200万份以上的报纸，岂可因一点人情面子，而伤了众多的读者呢？"

越是有名气的演员，越尊重观众；越是办得好的报纸，越重视读者。对精神产品的生产者来说，如果眼里没有读者、观众、听众，他们也会给你个样看看。所以说，演员不怕观众，作者不怕读者能行吗？

（原载1998年第6期《新闻战线》）

半年上了三个头版头条

作为《徐州日报》的忠实读者和"热心"的投稿人，我忘不了《徐州日报》在我从事新闻工作的道路上所给予的关怀和帮助，尤其难忘的是那年半年就在《徐州日报》上了三个头版头条。

第一次在《徐州日报》露脸是1984年，至今已15个年头。1988年下半年，由于我在铜山报社专门从事采访工作，着重跑工交口，对全县工业生产情况了如指掌，占有了大量的材料，便与县计经委的同志合作，在《徐州日报》一版发了三个头条：8月14日的《县办工业为龙头乡办工业为骨干　村办工业添后劲　铜山县工业生产新布局初步形成》，9月9日的《铜山上月工业产值超亿元》，12月9日的《发展乡镇工业，增加农民收入》。这三个头条各具特色，铜山县的工业框架最早逐步形成雏形，实力在当时的六县市排名第一，之前还没有一个月工业产值超亿元的县市。

半年发三个头条，我有三个感觉。一是编辑确实是稿件面前人人平等，一切凭稿件说话，社外作者的稿件照样上头条。说实在的，此前并未与编者谋面，也没什么感情沟通，可以说是硬碰硬。二是报社的同志坚持按新闻规律办事，好的稿子不仅发，而且发在重要位置。这不像有个别报社，把通讯员的稿件当"配发稿""下角料"，挤在某个角落打发了事。三是报社坚持"全党办报、群众办报"的方针，特别认真处理通讯员的稿件，能够集广大基层作者的智慧，吸引作者，吸引好稿。《徐州日报》每年评出优秀通讯员，不惜版面登报表彰，就不难看出其中的良苦用心。

受徐州日报编者们良好作风的影响，我在处理稿件时也始终坚持"看稿子"三个字，以至于有不少作者的稿子编了多少年，都未曾与其会过面。同时，采取措施把阵地留给通讯员。十几年来，我仅为通讯员发在头条的稿件配评论就有100多篇，有的通讯员稿件经精心打扮发出后还获了奖。

前不久，收到一封通讯员来信，说他一个季度就在综合新闻版上发了三个头条，非常感谢云云。捧着信我突然想到，10年前我半年在《徐州日报》发了三个头条，对我从事新闻工作裨益不小；同样，这对那位通讯员今后的工作也许不无益处吧！所以才想起写这篇小稿，以示对《徐州日报》生日的祝贺。

（原载1999年第1期《徐州日报通讯》）

先当好"问者"

作为编辑，有时看中了一篇稿件，为了让其出新或有可能成为精品，常常要求记者补充点背景之类的材料。遗憾的是，记者十有八九提供不出来，大多回道"那个没有问到"或"这个没有想起来问"。这不能不让人想起一位老新闻工作者的话：记者与其说是记者，不如说是"问者"。要当好记者，首先要当好"问者"。

按说，记者采访的过程，也就是问的过程。善于问是对记者最起码的要求，也是记者的基本功。然而，在科技、文化、信息日益发达的今天，不少记者热衷于索要材料，并依赖被采访者提供的情况介绍、年度总结、工作汇报等写稿。记者的"问"相对少了，"问"的本领也逐渐弱化，以致采访时出现了与记者身份极不相符的尴尬现象。一是问着问着不知问什么了，只好满足于听被采访者的介绍，不能适时地把话题转移到采访主题上来。所以，采访半天，拿到的不过是一本"流水账"而已。二是提的问题不少，但仅限于一开始带着框框下去所设想的题目。采访完毕，成稿就是把采访到的事例与带下去的观点予以印证。三是不能在提问中发现新问题，迟迟击中不了要害。这样拿出来的材料，既反映不出新东西，又不能使文章出新。

事实证明，不会问就不会写。问是第一位的，有些内容连提问都不知道，被采访者就是无意中说出来，你也未必能意识到。一个记者只有在观点、见解上高人一着，才能在文字表达上胜人一筹；只有提出有见解的问题，才能得到独家的东西。有人这样评价记者的观察能力：别人看到，你看不到——无能；别人看到，你也看到——一般；别人看不到，你看得到——高明。采访提问题也是如此。记者要当好一个"问者"，首先要深入深入再深入，到生活的第一线去发现问题，与报道对象促膝交谈，才能问出个所以然来。其次是学习学习再学习，不断提高自身素质，一方面向书本学，另一方面向老新闻工作者请教，掌握提问的本领。三是求实求实再求实，要用辩证唯物主义和历史唯物主义观察、分析、研究问题。好的问题是建立在实事求是基础上的，并不是无中生有，或故弄玄虚。

（原载1999年第4期《新闻战线》）

谁能"看完大样写社论"？

凡老报人都知道，过去报馆有一句很有名的话，叫"看完大样写社论"。因为社论的位置是固定的，空在那儿；大样打上来，总编看上一眼，哪条新闻值得议论一番，大笔一挥，倚马可待，论的就是当天报纸上登的新闻。当年《大公报》的张季鸾，就是最有名的评论快手。在即将进入21世纪的今天，信息高速公路已延伸到我们生活的每一个角落，广播、电视的上星，已打破了行政区域范围，新闻发生与传播已经同步。在这种形势下，报纸必须"快"字当头，扬长补短，发挥优势，多出绝活，才能在竞争中立于不败之地。那么，"看完大样写评论"既体现了快，又是报纸的长项，无疑是报纸竞争特有的一种锐利武器。

谁能"看完大样写社论",谁就能更加充分发挥报纸的优势,增强报纸的竞争力。报纸宣传的最大优势是什么?人民日报社社长邵华泽在该报评论部抗洪宣传的汇报材料上有这样一段批示:"要问《人民日报》宣传最大的优势是什么,我会回答是评论。这是由《人民日报》的性质和地位所决定的。"评论是报纸的旗帜、灵魂,评论上无特色的报纸绝不是一张好报纸。时下,有不少党报把评论这一强项丢掉了,长没有扬,短又补不了,报纸就难办了。八头骡子办报的邓拓,任晋察冀日报总编时,常常骑在马上随时与敌人周旋,又常在马上构思文章。1941年他与敌人的分路扫荡周旋的一个月内,写出了20多篇社论。所以说,"看完大样写评论",有一些前辈已经做出榜样了。

毫无疑问,谁能"看完大样写社论》,谁就能提高报纸的宣传艺术,增强新闻宣传的力度和深度。时下,有这样一种现象:不少人对一条新闻在电视上看过后,非要再找报纸细细研读不可,关键是想从字里行间悟出些道理来。看这条新闻安排的版次、位置的高低、标题字号的大小,特别是有没有配评论,来认定它的价值,印证自己的观点。不管怎么说,搞好新闻宣传离不开评论,及时地就新闻配发评论,一是表明了报纸鲜明的立场、观点,起到了引导舆论的作用;二是不仅让读者知道发生了什么事情,而且还知道为什么会发生这样的事情以及应该怎样对待这些事情;三是使新闻宣传形成声势、强势,营造新闻宣传的新优势。

胡乔木同志1991年11月5日约见新华社负责同志时说,"培养名记者的一条重要方法是多写评论和述评","评论和述评是一种高层次的新闻报道"。同样,写评论也是一种高层次的脑力劳动,要求作者政治敏锐性强、政策水平高、驾驭文字的技巧精湛,否则是写不出好评论来的。笔者留心观察过一些报社的评论员,他们的文章见解独到、精品较多,尤其是新闻理论文章常散见于新闻刊物。第七届新闻奖新闻论文获荣誉奖、一等奖的20位作者中,有一半是著名评论员或善于写评论的高手。

新闻当是"急就章","看完大样写社论",虽说是很高的要求,但只要坚持长期付出、艰苦努力是能办到的，时代也需要这样做。一个报社，有一个能"看完大样写评论"的编辑、评论员是报社的荣耀，有两三个这样的人是报纸的档次。进入下个世纪后，如果不再听到谁能"看完大样写社论"的反问，那就是报纸在各种新闻媒体中确确实实找到并稳坐自己的位置了！

（原载1999年第7期《中国记者》）

"单位"变小了

当年沈大高速公路通车时，《人民日报》以《辽宁变小了》为题，在一版显要位置刊发了新闻。在跨入新世纪的今天，随着交通通信事业的异常发达，国际互联网的开通，卫星电视电话的同步传输，让人越来越感到地球变小了。这一切又都迫使记者所使用的"单位"也必须跟着变小。否则，就会落伍于时代。

一是抢发新闻的时间"单位"要变小。过去比新闻的时效性，往往是我比你早发了两天、一天就占了主动。"昨日新闻""前不久新闻""日前新闻"多的是。当日新闻，次日见报已很不错了。那时用的计时单位是"日"；后来用"小时"，比如新华社电头在"月日"后往往带有"几时"字样；时下，常用"争分夺秒"一词，"分"已嫌计时单位太大。1999年11月15日下午3时55分，中美签署了关于中国加入世贸组织双边协议，新华社对外部最先向全球播发了英文快讯。结果，我们的稿子比美联社的新闻快了2秒，比法新社快了20秒。同样是美国总统被刺的新闻，19世纪60年代，林肯被刺，消息传到欧洲用了3个月；20世纪60年代，肯尼迪被刺，美通讯社1小时内就向世界广播了；1981年里根被刺，8分钟内消息传遍了世界。这，如果再抱着今天采访、明天写稿、后天编发上版的旧套路，就会被快节奏的步伐所抛弃。

二是新闻篇幅长短使用的"单位"要变小。过去一说写新闻，写几千

字或千把字是常事，篇幅一般用"千字"作单位，就连新闻单位发稿酬，也用"千字多少元"开出，好像不过千字成不了文章。时下，大多新闻单位要求一般稿件字数不超过千字，提倡篇幅在三五百字，以"百"作计量单位。快讯、百字新闻、几十字新闻、一句话新闻越来越走俏就说明了这一点。今天，由于人们的生活节奏变得越来越快，阅读习惯越来越倾向于"弃长取短"。以香港报纸为例，50年代，2000字以上的文章被称为长文；60年代，1000字已经嫌长；70年代，七八百字读者已少有耐心阅读；80年代后流行的是二三百字的短文。短，成了时代风尚。1969年7月21日，美两宇航员首次登上月球，合众国际社的报道译成中文仅用了9个字的导语："人类今天登上了月球"。

"单位"变小，既是新闻事业发展的趋势，也是对新闻工作者的严峻挑战。新闻姓"新"，"新闻是易碎品"，"新闻只有24小时生命"；新闻还姓"短"，采写新闻总是将"简短"放在重要地位，简洁明快是新闻的本色。做到"新"，必须快；做到"短"，必须精。要使时间、篇幅这两个"单位"由大变小，不时时刻处于临战状态，不当"全天候"记者，甭说夺秒了，争分都办不到；不努力提高自身素质，练就观察事物和分析事物的概括能力和判断能力，掌握从容驾驭文字的本领和惜墨如金的技巧，精短的文章恐怕拿不出来。许海峰夺得1984年奥运会第一块金牌，新华社立即发出300字消息，比美联社早发出20分钟。这成为争夺奥运会新闻报道的"第一块金牌"，后被评为全国好新闻特等奖。这就是时间、篇幅"单位"变小的典型一例。

（原载2000年第1期《中国记者》）

为"不在编的本报人员"撑腰

江西乐平报记者詹晓东，因在人民日报华东新闻发表了一幅批评性图片，受到当地不公正待遇。对此，华东新闻的编辑不仅给江西省委领导写信，还亲赴乐平市了解情况，后又编发了两期《回音壁》；以后他又发了《从一位记者的遭遇说起》一文。这种为"不在编的本报人员"撑腰的精神，着实让人钦佩。

全党办报、群众办报是党的办报方针，办好报纸离不开千千万万个基层通讯员的大力支持。1989年2月16日，当时的新民晚报总编辑丁法章曾在通讯员座谈会上，赞誉通讯员为"不在编的本报人员"。那么，支持通讯员的工作，维护通讯员的权益，则是报社义不容辞的责任。正如人民日报华东分社那位编辑在接受记者采访时所说，一位作者因为给你的报纸供稿而受到不公正待遇，你不站出来，谁站出来？你不保护，谁来保护？我们如连这点都做不到，还办什么报？

提出为"不在编的本报人员"撑腰，定会产生积极的影响。

一是能增强新闻舆论监督的力度。通讯员身在基层，最有条件和机会看到一些违法违纪违规现象，更容易直接听到人民群众的呼声和要求。他们所反映的问题常常具有代表性，发挥他们参与舆论监督的主动性和积极性，能及时而真实地发现问题，促进当地及时地解决问题。

二是能吸引和团结更多正直的作者。办好报纸，尤其是办好舆论监督方面的专栏，离不开基层作者的大力支持。这些作者满腔热忱地为我们供稿，是对我们工作的最大支持。如果他们因供稿遭到不公正待遇，我们就没有理由不去为他们伸张正义。这既是对新闻事业负责，又是对作者负责，更是对新闻单位负责。

为"不在编的本报人员"撑腰，并不是件容易的事，但只要以党的新闻事业为重，真心搞好舆论监督，就少不了"不在编的本报人员"的参与，一定要理直气壮地为他们撑腰。

（原载2000年第7期《新闻战线》）

为何"墙内"新闻"墙外"报？

前不久，某地一场历史上不多见的狂风，刮倒了一小学校的围墙，砸死了几名学生。对此当地新闻媒体只字未提，人们纷纷议论猜测。次日，人们看到了远在300公里外省城两家报纸的报道，才明白了事情的真相。本地发生的新闻，却要看外地的报道，让人深感不解。

这几年，类似这种本地新闻要看外地报道的事还真不少，归结起来，"墙外"报的无非是不宜"亮丑"的新闻，怕影响当地干部的形象，或给地方领导脸上抹黑。据说，有的自然灾害事故也不能披露，担心人家产生联想。但是，不要忘了，在世纪之交的今天，信息传播手段异常发达，许多事情想瞒是瞒不了的，压更压不住，与其费尽心思地压着，还不如实事求是地公之于众。否则，外面媒体报出来了，更让群众不解，也会使领导被动。

笔者以为，"墙内"的消息没有理由让"墙内"人蒙在鼓里。当地新闻当地报，有许多好处。

一是能及时地引导舆论，排忧解惑，以正视听。人民群众有知情权，新闻是无法回避灾难性报道的，任何灾情都是人们所不愿看到的。但既然发生了，就要把实情告诉群众，既可以避免人们的猜疑，又能唤起人们的同情心和社会责任感，动员大众来关注灾情。如张北地震、长江洪灾的及时报道等，就激发了万众一心战胜自然灾害的热情。

二是为历史保留真实的资料。今天的新闻，就是明天的历史。记者是历史的见证人，如果把在我们眼前所发生的重大事件漏掉，不仅对不起广大受众，而且对不起后人。几十年乃至百年后，后人要想了解这些事件，想通过报纸来了解详情而找不到，那多么令人遗憾！

三是能提高新闻媒体的竞争力和威信。某些事情发生了，人们从"小道"上得到消息，但往往会再翻报纸、看电视、听广播印证一下，才能予以确认，这是对新闻媒体的信赖。如果他们找不到想知欲知的报道，而要从外地媒体上了解，自然会有微词。

"墙内"新闻"墙外"报，是不正常的现象，原因很复杂。但有一点可以肯定，其中有形与无形损失最大的是当地新闻单位。这就要求新闻单位从维护改革、发展、稳定的大局出发，敢于并善于做好各方面的协调工作，尽可能地不要让当地读者再从外地媒体上了解本地新闻了。

（原载2000年第10期《新闻战线》）

"条件"之外

海南日报向社会公开招聘摄影记者，条件是：学历本科以上，年龄30岁以下，职称中级以上。符合报名条件的有9人，经过考试考核，竟无一人合格。当时海南经济电台的王军，学历大专，年龄36岁，职称初级。这三项均不符合报名条件。但王军有很强的新闻敏感和敬业精神。总编辑看了他的作品，约见面谈后，破格录取。

王军进报社以来，拍摄的作品先后获中国新闻奖二等奖，海南省好新闻一、二、三等奖等。在报社采编人员考核中，他几乎月月发稿数量第一、好稿第一，成了报社业务能手。事实证明，并不符合招聘条件的王军却是非常优秀的。

这不能不让人对时下一些选人用人的标准和条件产生怀疑。应当说，符合条件是优秀的，条件越是符合得多，综合素质越高，被选中的把握越大。但是，不能不看到，我们所制定的一些条件是否科学合理？按条件是否就一定能选拔出优秀的人才？随着报业的发展，面向社会招聘采编人员的广告常见诸报刊。而同时能符合众多条件的不多，不是学历不够，就是职称低点，或年龄大三四岁。这就使一些甚至很优秀的人才被拒之门外。当然，招聘人才应该有个大致的标准和条件，但不能唯"条件论"。况且新闻工作是一项实践性很强的工作，学历高、年纪轻，未必就一定能写出好文章、拍出好照

片；也有的本身就没有干新闻的"细胞"，怎能在业务上有所作为？不少报社的业务尖子，能够拿绝活、扛大奖的人，并不一定是综合条件最高的人。著名的老一辈新闻工作者的奋斗和成名史表明，从事新闻工作最主要的是有敬业、乐业、精业的精神，把它作为一项毕生为之献身的事业来干，才能干出名堂来。优秀人才不是时下的几条硬性指标所能成就得了的。

我们都知道，评论是报纸的旗帜，每一个社长、总编都把评论放在重要位置，但评论往往还是报纸的弱项。一个重要的原因，就是缺少一批甘于寂寞、乐于献身于评论事业的评论员。缺少评论员，何来评论？哪家报社如果要招评论员，窃以为只要三条即可：一是能甘愿长期默默无闻地做艰苦细致的工作，把它作为终生的事业来干；二是能在个把小时内就新闻而配一篇几百字千把字的评论；三是写出的评论能上大报大刊，能获较高奖项。否则，按一般条件去选特殊人才，是难以选出评论员来的。

据8月21日《人民日报》报道，山东省选拔优秀年轻干部不拘一格，考察重在解决问题的能力，考察重在"八小时以外"的表现。那么，作为新闻单位招聘人才，能不能把视角延伸到"条件"之外，去看实绩，看能力？

（原载2000年第11期《中国记者》）

从主持到主笔

1988年，《经济日报》创办《每周经济观察》专栏，由阎卡林主持。1994年起，报社决定该栏目改为阎卡林个人主笔的专栏。从专栏主持到主笔，不仅是创造条件给主笔压担子，而且对培养名专栏作家、提高报纸知名度都起到了不可低估的作用。因此说，希望新闻界尤其是报刊社的主持们都能够尽快地成为主笔。

主持与主笔，仅一字之差，但意思大不一样。能当好主持未必就能当好主笔，而当好主笔会为当好主持铺平道路。与行政官比起来，新闻官难当得多。其主要区别在于，新闻官要主持编务，要自己动笔写稿编稿，签发大样；而行政官则不必，大多由秘书代劳即可。主编、总编辑，实际上就是一家报社、杂志社的大主持。报刊办得如何，在很大程度上取决于这个大主持者水平的高低。有人讲，报纸的面孔，就是总编辑的面孔，这话很有些道理。单从编采业务的角度来讲，光想着当好主持恐怕是当不好的，还必须努力向主笔迈进。过去报社的领导不叫总编辑、主编，大多叫主笔，意思是要主持笔政，自己动手撰写社论、述评之类的重头文章。当年许多报纸的出名与主笔的知名度及其文章的影响力有直接关系。阎卡林从主持到主笔的过程，也是自身素质、业务水平不断提高的过程。他主笔的栏目获中央主要新闻单位名专栏称号，作品获中国新闻奖，个人获全国百佳新闻工作者称号，这一切的一切与他能从主持到主笔的努力拼搏是分不开的。

有人说，当主持难；实际上，当主笔更难。争做主持的多，想当主笔的少。主持做得较多的仅是通联、组稿、指导等事务性工作，自己动手写得少。再说，对主持硬性要求不高，比如专栏反正是靠大家来办的，办好办孬谁也说不了什么。但专栏由个人主笔，就大不一样了，一是责任心要强，不能自砸了牌子；二是自我要求要高，起码是自己要对自己负责呀！所以，相比较而言，主笔更容易把栏目办成精品。

从主持到主笔，这是一步大的台阶，也是对一个人笔头功力的考验，新闻界应鼓励大家当主笔。大家都争着去当这样那样的主笔，自然而然会促进编采人员整体水平的提高。总编辑应既是优秀的主持，又是响当当的主笔；不仅能拿红笔画画别人的作品，而且能握蓝笔写出供人品味的示范文章。编辑当主笔，就能更恰当地修改好别人的作品。否则，容易眼高手低，笔力退化，又如何使所编的作品锦上添花呢？记者当主笔，就会强化事业心、进取心和责任心，向学者型记者的方向努力。

目前，各新闻单位都在大力提倡争当名记者、名编辑、名评论员、名主持人。应当看到，名记者也好，名编辑也好，关键要有名文章。名文章从哪里来？应从众多的立志于当主笔者的手中来。这一点不容置疑。

（原载2001年第1期《报林求索》）

以"闪光点"增强评论的亮点

去年，我采写的一篇言论《踢好"后三脚"》被评为江苏省1999年度报纸好新闻二等奖。至此，我写的言论已连续四年在省报纸好新闻评选中获奖。这些言论之所以能获奖，我个人认为，关键在于挖掘出了改革开放中的"闪光点"，从而增强了新闻评论的亮点，最终聚集了评委们的视点。

从深入采访中挖掘"闪光点"。我们正处在改革开放的伟大年代，各种新人新事层出不穷，其中的"闪光点"令人目不暇接。但如果言论作者不深入采访，不到生活的第一线或最前线，光凭坐在办公室里"闷"想，那是既感受不到也发现不了的。事实上，我所写的评论绝大多数是经过深入采访挖掘出来的。比如，被评为1997年度省报纸好新闻的《赞"后任见效的事不能后干"》一文，在写这篇评论前，消息、通讯都有人写过。但我在采访中却发现，这个全市山区开发第一乡，并不是群众自觉开发、乡政府有钱开发，而是乡党政领导一班人具有前人栽树、后人乘凉的精神。一般来说，山区开发投入大、见效慢，政绩不能立竿见影，这是山区开发始终搞不起来的最根本的原因。据了解，当初决定山区开发时，班子成员意见也不统一。有人认为，用这些钱办个厂、建个校舍，也能显示出这任班子的政绩；如果搞山区开发，恐怕要到后一任班子才能见效，还是以后再干吧。乡党委书记等主要领导当场拍板：就是后任见效的事也不能后干！"闪光点"终于挖掘出来了！由于有事实、有观点、有思想，作者有感而发，很快成文见报。《踢好"后三脚"》一文也是这样精心采访，才挖掘出来的。尽管"前三脚"与"后三脚"仅一字之差，但思想境界大不一样，"闪光点"也就出来了。

从上下结合点寻找"闪光点"，党的路线、方针、政策，地方党委、政府的中心工作，都要靠基层贯彻落实。在这一过程中，存在着如何将上级精神与基层实际结合起来的问题，而言论作者的任务，也就是要在上下之间的结合点上，及时发现、准确地把握其中的"闪光点"。如关于农业产业结构调整、粮食收购取消保护价，对农民来说，是个仅次于"大包干"的大动作。解决这个问题，必须面向市场，走农业产业化之路。但说说简单，真正实行起来并不容易。为此，我带着问题下去摸实情。经调查发现，大多数农民想调整产业结构，但难点是怎么调、调什么、如何卖。笔者就又赶赴早些年调整产业结构比较好的黄集乡郓城村。他们总结出了"少了不好卖，多了不够卖"的调整经验。也就是说调整结构要注意形成规模、形成基地，才有竞争力。抓住这个"闪光点"，我写出了《说"少了不好卖，多了不够卖"》的评论，具有较强的指导性。类似的评论还有《调整结构需看市场"眼色"》《科技，结构调整的"金钥匙"》《市场，结构调整的"指挥棒"》等。有不少基层干部把这些评论剪下来，作为做农村工作讲话参考的观点和素材。

（原载2001年第2期《新闻通讯》）

为何"新闻跟着记者跑"

一位老朋友打来电话，约我去采访，他那个单位属"七所八站"之列，是编辑部明确要求少跑的。我问他有什么新闻，他哈哈一笑："有什么新闻？你记者一来，就有新闻；记者到哪儿，哪儿有新闻。"这话我一直放在心里。现在不少新闻单位不是记者跟新闻跑，而是新闻跟记者跑。这种现象绝非是个别的，很值得我们深思。

本来，新闻报道是源于新闻事实的，记者得跟着新闻跑，而"新闻跟着记者跑"，就使本末倒置了。工作再出色的单位，事迹再突出的个人，记者不去写、不去拍，就成不了报纸上、电视里的新闻；反过来说，有些单位工作虽说平平常常，人物表现也一般化，只要记者到了，总能写得天花乱坠，就会成为新闻。类似的现象多了，人们自然而然地就形成了这样的看法：记者到哪里，新闻就跟到哪里。究其原因，不外乎有以下几点。

一是采访不深入，硬"碰"新闻。时下个别记者不愿沉下去，浮在上面泡会议；即使勉强下去，也不到人民群众工作生活的第一线，对下面的情况不熟悉，仅仅靠听听汇报、抄抄总结材料、打打电话去碰新闻，偶尔也能碰上点不错的素材，成稿后交到编辑部了事。"碰"新闻大多是"捡到篮里就是菜"，许多"中不溜"的报道大都出自这些人之手。界内人都说，新闻在于记者去捕捉、去跑和抓，不愿下力气去跑，新闻难道会送上门来不成？那种只靠运气去碰新闻的做法，无异于守株待兔。

二是从业不敬业，硬"编"新闻。应当说记者工作是辛苦的，个中的甘苦只有记者自己知道。可如今无论在影视上，还是在人们的印象中，记者有时可以呼风唤雨，出口成章。所以，读者对不少与事实有出入的新闻，总要来上一句："记者真会编"。有家中型企业的宣传科长做过统计，来厂采访的记者，没有一个不要企业总结材料或汇报材料的。好多新闻都取材于总结材料，出自秘书的手笔，到头来倒成了记者的劳作。

三是应付差事，硬"凑"新闻。编辑部为奖勤罚懒，对记者大都定篇数、定字数，以便考核。有些记者仅满足于完成任务，每到一个地方、一个单位，谈上一阵，就非得写稿子不成。否则，似乎对不住自己所花费的时间和精力，对不起被采访对象的热情接待。怎么办？这方面不行，写那方面；再不然，你单位这几年没有"进去"的，就凑成一篇治安良好的稿子；今年的工作不行，写往年的；实在不行，来年宏伟蓝图的展望总可以了吧。一句话，想凑成篇把稿子还是不成问题的。

如此等等，不一而足。

总之，记者跟新闻跑，是要吃苦费力的；而新闻跟记者跑，则是任凭风浪起，稳坐钓鱼船。平时为体现一个人为革命事业奋不顾身的精神，记者的笔下常常用"哪里有困难，他就出现在哪里""哪里有险情，他就去哪里"的词句。反之，如果说"哪里有他，哪里就有困难，有险情"，岂不让人笑掉大牙？不仅不是表扬他，而是贬低嘲笑他了。同样，我们可以说"哪里有新闻，哪里就会出现记者"，但绝不能讲"哪里有记者，哪里就会出现新闻"，那实在是糟蹋记者。

（原载2001年第3期《新闻战线》）

"顾全大局奖"

在中央电视台举办的元宵晚会上，一小品演员被授予"顾全大局奖"。原来，当春节联欢晚会进行到90分钟时，就超时4分钟。导演要求演员抢时间，否则就赶不上零点钟声的敲响，甚至连审定看好的节目也要挤下来。为此，这位演员把自己的小品硬是压缩了1分50秒，从而保证了整台节目的有序进行。这种识大体、顾大局的精神，特别值得我们新闻工作者学习和借鉴。

顾全大局，需要大局意识。新闻事业是党的事业的一部分。中央领导同志多次强调新闻工作者要增强政治意识、大局意识和责任意识。作为新闻工作者，在宣传的导向、基调、内容上，都要从改革、发展、稳定的大局出发，体现大局的要求，自觉地为大局服务。当前，把握大局，一是要紧跟时代这个大局，突出时效性，增强时代感；二是要着眼大局，把握结合点，注重贴近性；三是要服务大局，追求针对性，发挥典型示范性。我们采写一篇稿件，编发一则新闻，处理一块版面，不仅要考虑新闻性、时效性及有何特点，能给读者些什么，而且要考虑有没有副作用，会不会产生不良的后果，影响不影响大局，从而避免一叶障目、以偏概全的现象。

顾全大局，要从大处着墨。"笔端常带感情。"新闻工作者必须学会在大局下思考，大局下行动，善于从小中见大，从局部看全局，着力提高处理好全局性新闻的能力。1997年秋，国家主席访美期间，我外交部发言人宣布，俄罗斯总统叶利钦将于下月访华。人民日报社社长、总编辑不约而同地打电话给夜班编辑，要求把这个消息安排在一版的下角。第二天（10月31日）的《人民日报》一版充分体现了编辑意图。这一版面语言向世界表明，我们的外交是全方位的，不是针对第三国的，同任何一个国家发展友好合作

关系。这一大处着墨的手笔，得到了不少报社总编辑和读者的赞赏。在新闻宣传的每一个时期，特别是紧要关头，只有透过现象认清本质，站在高处看准问题，才能把握事关大局的问题，处理好令世人瞩目的新闻。

新闻工作是事关大局的工作，从"喉舌论"到"祸福论"，无不说明了它在大局中的重要地位和应发挥的作用。树立大局意识，是对每一个新闻工作者最根本的要求，是政治上过硬与否的试金石；善不善于从大处着墨，是对新闻工作者业务能力和政策水平高低的检验，它关系到如何提高新闻宣传的力度、深度和艺术；具备大家风范，可以塑造新闻工作者的良好形象，培育新闻工作者的高尚品格。

新闻工作者争夺"顾全大局奖"，是时代的要求。从历届范长江新闻奖、韬奋新闻奖获得者和全国百佳新闻工作者身上，就不难找到他们顾全大局的影子。

（原载2001年第6期《中国记者》）

练就多看、深看、高看的眼力

一个调查者受命去调查一个地区贫困的原因。临走前有人告诉他，那儿的人特别懒。这话给他留下了先入为主的印象。他来到该地后去田里暗访，看到一农民在割草。那人坐在深深的草丛里，割一会儿就喘一会儿气。调查者想，连割草都要坐着，真是懒得无可救药了。于是他生气地往回走。就在他转身的一瞬间，眼睛不经意地又瞥了那人一下，发现那农民原来就没有双腿！

调查者惊出一身冷汗：幸亏看了第二眼，否则我就要冤枉了一个勤劳的残疾人啊！后来他能得到真实而准确的结论，主要归功于多看了一眼。

这第二眼，对我们新闻工作者来说尤为重要。人民日报记者金凤曾说过一句精辟的话："采访，不仅需要从外边向里边看，有时候需要从里边向外边看。"记者采访何止是看第二眼、第三眼？

第二眼，也就是多看一眼。有些事情看见了，或许是偶然的现象、外在的形式，不能急于下结论；接着再多看一眼，会看得更真切。个别情况下，眼见未必为"实"。一些失实的报道，其根源在于没有能够再多看一眼。穆青说："人身上最灵敏的器官是眼睛，十八般武艺，眼睛是最锐利的武器。"这个武器如果掌握不好，所看到的事实就要大打折扣。

第二眼，也可以说是深看一眼。"作品要上去，作者要下去""提倡记者到村头、地头、炕头"，这些都是要记者下到最基层去，看得深一些透一些。高尔基称赞契诃夫有钻头一样的眼睛，它像钻头一样深深钻入事物内核，了解事物的本质。著名老报人徐铸成生平最得意的一次采访是，1929年他通过深邃的观察，摸出了冯玉祥突然秘密离开太原的内幕，写出了独家新闻。我们当记者的就应该锻炼出这种眼睛，因为具有穿透力的作品，是由具有穿透力眼睛的记者拿出来的。从事新闻工作多年，写稿还是平平的记者，不妨把深看一眼作为练好基本功的突破口。

第二眼，也可上升到高看一眼。有人这样评价记者的眼力：别人看到，你看不到——无能；别人看到，你也看到——一般；别人看不到，你看得到——高明。高明就是能从寻常事物中看出不寻常的东西来，美国著名新闻记者李普曼说："好的记者可以借助自己丰富的经验直接观察世界，差的记者不会观察，因为他们觉得没有特别的东西值得观察。"熟视无睹、漠不关心的记者对事物是不会高看一眼的。高看一眼需要一定的理论水平、广博的学识和对社会的倾情关注；高看一眼者能够打破常规，跳出旧框子。否则，既看不出来，也高不起来。不少记者多年来力没少出，写稿量数以千计，就是出不了精品，拿不着奖项，能否在高看一眼上多下点功夫呢？

作为新世纪的新闻工作者，面对每天新的太阳，触摸每时每刻所发生的新事物，只有多看一眼，才能够深看一层，就会不断发现新的东西。继而能在新的高度再高看一眼，就会看到一般人看不到的东西，发现寻常人难以发现的问题，写出一般作者写不出来的佳作。

（原载2001年第10期《新闻战线》）

赞培育"精品之母"的人

著名报人、新闻学家赵阜，长期担任省、市党报总编辑重任，主办过《辽宁日报》《沈阳日报》等优秀的党报。尤其是他培养了一批特别优秀的新闻人才，范敬宜、谢怀基等名记者、名编辑，都是从他身边腾飞的。

作为报刊的责任编辑，尤其是主编、总编们，绝大多数都是从记者、编辑的岗位上过来的，笔头功夫不浅，写几条好稿、出两篇精品不是多大的事，许多老总都能做到这一点。而像赵阜、冯并那样悉心培养写好稿、出精品人才的总编辑就不是太多了，当然这也不是一朝一夕所能做到的事。这不仅需要更高的思想境界，而且还要具备乐于奉献、甘当人梯的精神。

时下，不少报刊社常常为缺少精品而发愁。因为没有精品，报刊的档次和品位上不去，就没有读者，也就没有发行量，更没有效益。尽管不少单位也采取了各种措施，但收效甚微。原因何在？认真分析一下，就不难发现，主要是缺少能拿出精品的人才。没有优秀的人才，何来优秀的作品？因此说，要使作品上去，首先要使作者的水平提上去。人民日报一位著名评论员说，评论员是评论之母。那么，优秀作者就是"精品之母"。培养一批优秀人才，就等于将孕育一批源源不断的精品，而培养"精品之母"的人，常常是躲在幕后的无名英雄。茅盾、巴金、丁玲等最初的作品，有几人知道都是在叶圣陶手里发表的？叶老编辑《中学生》时，特辟了"青年论坛"和"青年文艺"两栏，从而发现和培养了一批青年作家。如徐盈、子冈夫妇，胡绳、吴全衡夫妇等，就都是因《中学生》经常发表他们的文章而崭露头角的。最主要的是，叶老的言传身教，又培养了一代有影响的作者和编辑工作者。当初无人问津的《红旗谱》，到了编辑张羽手里，成了无价之宝，使默默无闻的梁斌脱颖而出，跨上中国文坛……

我们赞扬出精品者，我们更应该赞扬那些培养出"精品之母"的人。我们一说起一些优秀作品，往往对作品的作者有高山仰止之感；而对当初提携他们、发表他们作品的编辑们，我们不由得更加肃然起敬。古人云："千里马常有，而伯乐不常有。"有了好的总编辑、主编，才会涌现出优秀的作者，继之而来的才是优秀的作品。

衡量一个总编、主编的实绩和贡献，既要看他出了多少精品，更要看他培养出了多少优秀人才。既出精品又出"精品之母"，是报刊永远保持兴旺发达的气象之所在。

（原载2001年第12期《中国记者》）

WTO与"农贸市场"

在中国加入WTO的时候，外经贸部首席谈判代表龙永图，就加入世贸问题向电视观众作了很贴切的说明。他说，过去好比农民挑着担子走村串巷做买卖，加入WTO，就是开着车子进入农贸市场设置摊位。这一是把生意做大做强了，二是要注意和遵守农贸市场里的有关规则——简洁的语言，形象而生动地把中国加入世贸组织这件大事，说得通俗易懂，令观众叫绝！

有位科普作家曾经断言："没有枯燥的科学，只有枯燥的叙述。"把深奥的道理用简洁的语言明白地表达出来，并不是件容易的事。据笔者所掌握的材料，近几年来特别是中美谈判达成协议后，各种媒体对WTO的宣传报道，可以说是铺天盖地，让人应接不暇：一是长篇大论多，动不动就是四分之一版；二是专业术语用得多，读起来让人费劲；三是泛泛而谈的多，有针对性、可读性的文章少。不信可作一下调查，甭说农民了，就是机关干部对WTO能说出一二三来的也没有几个。这不能不说是媒体的悲哀！因为没有一家媒体、一篇报道，能像龙永图那样，对WTO讲述得这么形象生动、明明白白，让人一听便一目了然。

实际上，对于何为WTO、加入后对中国有什么影响、应采取什么对策等问题，恐怕半天时间都讲不透、讲不完。许多人佩服龙永图不愧为谈判高

手，窃以为他也是一位非常出色的新闻"翻译"家，能把几小时都难于说明白的问题，用几句话讲清楚，这不是"翻译"的高手吗?

有人问爱因斯坦，什么叫相对论? 爱因斯坦幽默而简练地回答道，如果你和我这个老头子谈一上午，难免感到时间很漫长；若是同一位漂亮的姑娘谈半天，会觉得时间很快就过去了。这便是相对论! 新世纪的今天，各种新科技、新知识扑面而来，作为新闻工作者就必须学习学习再学习。因为记者知道得越多，写起来就越自如。优秀的记者写出来的报道，往往会成为大众生活的教科书。从人民群众和广大读者感兴趣、易了解的角度着笔，是深化新闻报道的捷径。比如说有关废气、废水处理的科研成果的报道，如果就设备性能介绍及攻关过程上去写，读者兴趣不会多大；反之，从保护环境和人民身体健康的角度去报道，读者就非常关心，效果就比较好。

1948年年底，新华社针对各地来稿中经常使用方言、专门术语、简称、地方性的度量衡等情况，明确指出："我们一切发表的文字，必须以最大多数的读者能够完全明了为原则。"新闻工作者只有不断学习，深入群众，不当"门外汉"，才能适应新形势的要求。我们在采访一些科技成果及前沿科学时，要时刻考虑：能不能用通俗的语言把这个问题解释清楚? 在实践中逐步掌握了翻译、比喻、模糊概述等通俗表达深奥、复杂问题的基本技巧后，就一定能够做到"语不明了不罢休"!

（原载2002年第2期《中国记者》）

乐为农民写评论

县报是最基层的党报，是农民的报纸，因为它的读者绝大多数是农民。当好农民的代言人，为农民服务，是县市报人的职责。为农民写评论，替农民说话，为农民撑腰，农民才认识你、信任你，你的评论才有读者和市场。

铜山是个有180万人口的农业大县。铜山日报作为基层党报，拥有众多的农民读者。而我作为农民的儿子，与农民有着割不断的感情纽带。从当记者的第一天起，我就抱定"要对得起农民"这个信念，至今已写了上百篇评论。我为什么十多年如一日甘为农民写评论呢？这里面有三个原因。一是热爱评论事业，钟情于评论写作。评论社会现象，针砭时弊，最熟悉的莫过于"三农"这方面的问题了，写起来最得心应手，常常把农民的语言贯穿于评论中。二是我以为评论威力大，影响力强，发挥余地大，容易引起上上下下的关注，有利于促进问题的解决。三是便于发挥舆论监督的作用，还可减少新闻官司。时下的舆论监督有不少难点，要为农民说话，其难度可想而知，可良心、责任心、同情心又时刻激励着我挥笔相助。这时用评论的形式最恰当不过，可以以虚代实，借景生情，达到不点名的点名批评的目的，对有些不良现象的抨击，可单独成篇，或在配评论中提及，照样达到预想的效果，问题照样能得到解决。

为农民写评论，酸甜苦辣啥味都有，但看到所写的评论发挥了一定的作用，受到农民读者的欢迎，心中的那种感受是一般人所不能体会的。

工地上的大喇叭播放我的评论

不少人认为，评论要长篇大论，阐述大道理，议论大事情，刊发的报刊级别越高，越说明水平高、读者多、作用大。其实小报评论照样发挥大作用。20世纪90年代初，省、市决定加宽加深跨地区的徐洪河，有数十万民工战斗在水利工地上。写啥呢？水利工程年年搞，很难写出新意来。我们在工地上转悠了大半天，最后发现铜山县房村镇窦家村与贾汪区青山泉镇白集村之间不仅没有界墙，而且挖下了深深的一条界沟，被他们称为"友谊沟"。对此，我们经过采访商议后，通讯员写了篇消息《白集村和窦家村把界墙挖成一条"友谊沟"》，并署上我的名字。我提笔把自己的名字画掉，立即赶写了一篇评论《挖掉"界墙"》配上发出。文中写道：界墙一般要推倒它，然而河工上单位与单位之间的界墙却是万万推不得的，它往往撑到河工的最后。多少年来，水利工地上都是这样竖起一排排"篱笆"，这使沟内的水排

不出去，施工进度受到影响，质量难以保证，还往往造成纠纷和不快。按说，施工单位与单位之间原本是没有墙的，只不过是一根分界的细线而已，一方挖不到线上，另一方也不愿挖到线上。双方让线多了，才形成一排排界墙。挖掉界墙并不难，白集村、窦家村给我们开了个好头，只要我们向他们学习，发扬互谅互让的精神，是不难做到的。这期报纸到了工地后，引起广泛关注，工程总指挥率各乡镇干部到这两个村之间的"友谊沟"参观学习，并召开现场会。工地上的大喇叭一遍又一遍播放这篇新闻和评论。据水利局的负责同志讲，这一年徐洪河水利工程尾子收得最漂亮，质量也比过去有提高。我事后想，一篇小小的评论，推动了农田水利建设中长期存在的问题的解决，真是秤砣虽小压千斤。可有人私下说，一个工地广播站的大喇叭念了你的评论，能好意思说出来吗？而我认为它并不比省、市报评论的效果差，在水利工地上它就起到了不可低估的作用，解决了大问题。

理发店的镜框里镶着我的评论

自农村实行"大包干"之后，不少农民逐步从土地中解脱出来。他们或搞工商经营，或进城打工。这一群体关联度较高，在生产经营中也有喜怒哀乐。这时候，他们的喜，需要我们去祝贺；怒，需要我们去疏导；哀，需要我们去同情；乐，需要我们去分享。大湖村农民刘师傅，理发技术很高，名气很大，就到县委大院对面的第一招待所租了两间门面房，一家四口人开起了规模较大的理发店，生意非常好，我也是常客。有次去理发，突然发现墙上贴了张"酒后不理发"的字条。问其缘故，理发师无可奈何地说："有些干部喝得东倒西歪，酒气熏天，呕吐了一地不说，还要发生口角，引起纠纷，弄得不愉快，没办法才贴出这样的字条。"原来，每天到县里开会、办事的基层干部不少，新知故旧相会，聚在一起喝两盅的比较多，酒后朝理发店一坐，酒劲一上来，出了洋相。为此，我就以《"酒后不理发"》为题，写了篇评论。文中写道：酒喝过量，胡言乱语，既是对自己的不尊重，也是对周围同志的不礼貌；整天喝得脸红脖子粗，理发店都不愿为你理发，和你进行业务联系的人难道又乐意接待你吗？劝君喝酒有节制，这既对个人的身体有益，不至于失态，也免得影响自身形象和周围的环境。一位老干部拿着报纸到理发店，戴着老花镜一字一句念了起来，刘师傅很高兴，硬把报纸要来叠好镶到镜框上。你别说，从此之后，酒后进理发店的人果然少了。这看似小事，店主却认为是件大事，为他和众多经营者解除了烦恼，引导人们文明做人，形成相互尊重的良好风气。况且，农村又有多少大事要你去评？解决农民身边的小事，正是小报最容易做到的。

乡镇企业把我的评论搬上黑板报

从泥腿子到穿上工作服，这是改革开放以来农民身上最直观的体现。他们有热情、肯出力，但缺少的是专业知识和技能。因此，农民对先进的生产经验的介绍特别感兴趣，对有关立足"农"字，因地制宜，扬长补短，发展乡企的评论格外注意。省明星企业两山口车辆厂，主动参与市场竞争的意识很浓，不断调整产品结构，由人力三轮车逐步上马动力三轮车等，产品畅销淮海经济区。就这一篇新闻稿，我撰写配发了一篇《调整出活力》的评论。他们厂立即原封不动地抄在黑板报上，引得职工驻足观看，用厂长的话说，起到了鼓舞职工士气的作用。不少较早发展起来的乡企，都非常重视企业文化建设，像铜山县第五水泥厂等企业文化氛围较浓，坚持长期办黑板报和画廊，曾多次把我的评论搬到黑板报上或画廊里。尤其是写与他们厂有关的评论，往往要在上面保留一两个月。有人说，你的评论上企业的黑板报、进画廊，有点掉价。我却认为，这说明评论写到点子上，话说到了他们的心坎里，这也正是一位基层评论员所努力追求的效果啊！

农村是一个广阔的天地，是基层党报评论员大显身手的舞台。当了这么多年的基层评论员，我最感动的并不是上级领导的表扬，而是农民及基层干部对我的那份真挚的感情。如果一段时间我不写评论或写得少了，他们会关切地问是怎么回事。县委书记曾就我在二版发的评论《与科技结缘》一文，在报头上批示后转给报社："这篇文章很好，应放一版发为好。"这事没有

几个人知道，我也说不出有什么特别的感受，只不过觉得领导重视罢了。可当农民能时不时说出我评论中的观点，运用其中的事例，说出几句有代表性的话来，甚至翻出发黄的报纸，指点着我的评论时，我的眼睛却模糊了：这是最高的奖赏！

（原载2002年第3期《新闻战线》）

"新闻眼"莫近视

去年10月28日，渤海海域发生了一艘滚装船爆炸沉船事件，全船32人，救起11人，其中6人遇难，其余下落不明。不少媒体对此只发条百十字的简讯了事。也有的媒体放大了"新闻眼"，认识到这是价值含金量颇高、不难采访报道的社会新闻，如采写组织得当，那正是受众未知或未详知的重要新闻事实。《北京晚报》据此立即组织精干力量，对这一事件进行独家专访，于次日推出《渤海24小时大营救》的专版报道，并在头版配以提要和大冲击力的图片。

一般情况下，对同一事件，不同的记者有不同的看法，不同的编辑处理起来也不尽相同，不同的媒体对其关注的程度更是千差万别。当然这固然有各自所处的地位不同，受众也有区别，但其中与有些记者、编辑乃至媒体的"新闻眼"不强有很大关系。仅透过渤海滚装船事件的报道，就不难看出我们有些媒体的"新闻眼"近视，没有认真分析整合已获取的新闻材料，发现不了潜藏其中的具有新闻价值的东西，眼睁睁地看着一条"活鱼"跑掉。仔细研究一下，就可发现，造成"新闻眼"近视主要有以下几点。

一是站得不高，看得不远。有些编辑、记者，习惯于从所报道的地区、行业看问题，喜欢纵比，而看不到本地区、本行业之外的重大的、突出的问题，或不了解它在一个地区或行业中处于何种位置，缺乏大局意识和宏观眼光，所以，只能就事论事，就一件事写一件事、议一件事，跳不出圈子，更不能预测到此事发生后的社会效果，或由此产生的一系列效应。因此，拿出来的文章立意不高，缺少大气。而站得高、看得远的记者，就能拿出记录重大历史时刻的作品。1989年11月13日，邓小平会见日本客人，并郑重地说："你们这个团是我会见的最后一批正式的代表团，我想利用这个机会，正式向政治生涯告别。"人民日报的记者觉得这决非一次一般性的外事活动，于是经过作者、编者的共同努力，打破"惯例"，又写出了一篇反映这一历史场面的特写《难忘的时刻——小平同志会见最后一批外宾侧记》。这成为独家新闻，并获中国记协举办的首届"现场短新闻"竞赛一等奖。如果仅仅写一篇例行公事的外事活动，忽视了这一重大事件，是多么令人遗憾啊！

二是观察不细，看得不深。有的记者没有能够正确区分事物的正象、非象与假象，又得不到第一手资料，只能从第二手、第三手材料上进行形而上学的概括，无法获取大众普遍关心的材料，等等。1984年10月1日，国庆游行的学生中突然打出了"小平您好"的横幅，有数不清的记者看到了这一幕，但最终有几个记者把它拍下来呢？人民日报记者王东捕捉到了这个历史性的镜头，就是因为他看到了它的独特魅力和史料价值。一个成熟的记者，最主要的基本功是能够从寻常事件中看出不寻常的东西来，能够透过现象认识本质，或见一知二，举一反三。我们常说的记者高人一筹，应高在哪里？那就是善于观察，目光敏锐，能够看到别人看不到的问题，写出别人写不出那么富有新意的文章。

三是认识肤浅，看得不透。高尔基称赞契诃夫有钻头一样的眼睛。记者也应该锻炼出这种眼睛，它能像钻头一样深深钻入事物内核，了解事物的本质。一个记者，特别是地方媒体或驻站记者，在一个地方待久了，容易产生什么都知道、上下左右都熟的心理，对有些事件常常熟视无睹，新闻敏感不强，很难再发现新闻背后的新闻，以致别人写出来了才后悔不迭，人们常常称此为"灯下黑"。原因就是自认为已经非常了解的东西，其实并未真正了解。

随着时间的推移、社会的发展，事物已经发生了重大变化，原先的认识已显得肤浅，需要重新认识它。对当地有些新生事物，自认为很平常，实际

上放到一个大的范围里去，就不平常了，主要是没有看透，掂不准分量。记者只有具备了"新闻眼"，才能在别人不注意的地方发现新闻，在别人已经报道过的材料中，找出新的采访报道角度，提炼出高人一筹的主题。

记者采访，要善于发现、寻找"新闻眼"，才能写出有个性、有特色的新闻；而编辑只有认准、透过"新闻眼"，才能编辑出真正的新闻，不至于使重要的新闻失之交臂；而媒体如果放大"新闻眼"，再经过精心策划、周密组织、巧妙安排，就会推出穿透力强、影响力大的版面。这需要新闻工作者深入深入再深入，掌握第一手资料，挖掘淹没在众多材料中的"新闻核"，练就一双具有强烈穿透力的眼睛。

（原载2002年第3期《报林求索》，与张国平合作）

精加工·深加工·再加工

报纸的面孔，是总编辑的面孔。

版面的面孔，也就是责任编辑的面孔。

一张报纸办得如何，编辑、总编辑起着极其重要的作用。因为他们是报纸最终的集大成者。

编辑是一种特殊复杂的综合性劳动，一个优秀的编辑就是一名富有创造性的艺术家。英国报业大王诺思克利夫勋爵说过："记者为报纸写文章，但创造报纸的却是编辑。"我国一些老新闻工作者强调："报纸工作应以编辑部为中心。"作为最基层党报的编辑，要体现当地党委、政府的意图，配合好中心工作，促进经济和社会发展，就必须准确地领会上级的有关精神，并紧密结合当地实际，做好宣传鼓动工作，尤其是要把报纸办得让领导、读者、同行"三满意"，这在很大程度上取决于整个编辑工作做得怎么样。

同样是地市一级的党报，为什么有的办得独树一帜、有的步履维艰呢？说到底是编辑队伍水平高低在起作用。特别是面对同一件新闻，而各报反映到版面上则是多姿多彩的。它们角度各异，笔法自成风格，社会效果也不一样，这就是编辑艺术的直接体现。当前，特别是编辑的再创作，可以说是举足轻重，促使报纸在竞争中逐步形成各自的特色。

　　精加工——编辑再创作的新起点

　　任何稿件不经过编辑的再创作，而直接推上版面，那是不大可能的。编辑每天都要从各种渠道收到大量的稿件，这些稿件差别很大。有极少的稿件，稍作润色，即可上版，这是最理想的一种；有大量的稿件要作大的修改，或调整段落次序，或改写导语，或重拟标题等，要花费好些工夫，这也是比较常见的一种；还有的稿件，根本没法用，但长长的文字中，还有那么点可取的信息，用之费劲，弃之可惜，要推倒重来，打乱重写，用其一点，对这类稿件，编辑一忙起来，是不大问津的。无论是哪种稿件，都需要经过编辑的精加工，才能安排到版面上。

　　对于编辑的精加工工作，有的人称为"文字匠"，是整天打磨文字的，片面地认为只是改改错别字而已。其实，许多情况下，编辑偶尔改一字，也往往使文章顿时生辉。多少编辑留下了"一字师"，甚至是"半字师"之雅号，这其中包含着编辑所付出的心血啊！经济日报总编辑冯并，有个职业病，错别字不过眼，连饭店菜单上的错字大有不提笔改过来不罢休之势，这是他时刻处于再创作状态的反映。

　　虽说精加工对编排来说是最起码的基本功，但要练好、掌握这个基本功，需要长时间的学习和磨炼。满足于就稿看稿、就稿改稿、就稿发稿，不付出自己的辛勤劳动，不愿在原稿的基础上创造性地润色，不把自己的智慧融入稿件中，恐怕很难精起来。不少报社都有几个"放心编辑"，只要经他们看过的稿件、校过的大样，极少有差错。这如果少了对稿件再创作的功力是办不到的。不少编辑的案头翻烂了多少本字词典等工具书，不知为作者订正了多少差错，使许许多多篇稿件漂漂亮亮地与读者见面，谁能说这其中没有编辑的再创作？一位省新闻研究所所长在谈到每年评好新闻时说，地市县

报的作品，是评一轮拉下一等，原因就是文中的硬伤太多，用词不规范，表述不严谨，提法不科学，说白了还是编辑工作跟不上，也就是编辑没有对作品进行再创作、精加工。编辑只有在对稿件进行精加工的基础上，才能做好后续的文章，这是最基础的工作。

深加工——编辑再创作的新台阶

在编辑部常常看到这样的场面：有的记者拿着稿件到总编辑、部主任或资深编辑那儿，请过目下稿件，要求给予深加工，"是否能把主题升华一下，立意再高一些，角度再新颖一点"。这是记者已意识到这将是一篇重头稿或可参评好新闻的稿子。当然，还有好多作者事先没有这个意识呢！这就看编辑主动予以深加工的能力了。

对不少本来就不错的稿件，编辑要再创作，需要付出更艰苦的劳动。不仅要钻进去，还要善于跳出来，透过现象认清本质，掂量出其中的新闻价值，能够看到新闻背后的新闻。一般来讲，编辑应该比记者高出一筹，否则，对所经手处理的稿件很难把握好。不仅不能发现稿件中存在的问题，而且也难以使稿件的主题得到升华、内容得到充实形式得到完美。编辑"点石成金"的本领，就是编辑政治意识、大局意识、责任意识的集中体现，用这样的观点看问题会更客观、更全面、更透彻。1990年7月，中国记协举办首届"现场短新闻"评选，人民日报记者孙毅采写的新闻特写《难忘的时刻——小平同志会见最后一批外宾侧记》获一等奖。这篇独家新闻，是作者在编辑的建议和帮助下，两易其稿，反复修改后拿出来的，见报后受到广泛好评。它之所以能见报，并得到突出处理，是与总编辑的"拍板"、夜班编辑的跟踪再创作分不开的。

据不少获奖作者介绍，本来似乎很平常的稿件，经编辑再创作后，主题更集中，谋篇布局更得当，居然成为好稿。通讯《焦裕禄的夙愿实现了》，1998年10月6日新华社加评论播发，《人民日报》等11家报纸在头版头条或显著位置刊登，反响强烈，中宣部领导充分肯定了这篇稿子的新闻价值。在此之前，新华社副社长南振中看了稿子后说，这篇通讯主题重大，稿子写得不错，指示找个好编辑编一下。这不难看出，只有找能够深加工的编辑去处理，稿件才有深度、厚度、力度，也才能锦上添花。

再加工——编辑再创作的新境界

先说一件获2000年度中国新闻奖一等奖作品——《孙仲芳回家寻亲》系列报道。自始至终体现了编辑的再加工。寻亲的报道，这些年出了不少，可以说是非常老的题材，但《扬子晚报》的这则系列报道之所以能够夺冠，与编辑、总编辑的策划分不开。认清新闻价值因势策划引导，统筹谋划，把握火候，精心谋篇布局，调动采编排一切手段，立足创新，使整个系列报道脉络清晰，气韵涌动，又让每篇作品各逞其妙。当孙仲芳踏上回家的旅程时，报社及时指派一有言论写作经验的同志推出两篇体现编辑部意图的"扬子快语"，从而强化了这组报道的主题，为整个报道定下基调。如果一开始写篇开头找人后来又找到人的新闻，没有经过编辑的再加工，甭说得奖，能引人注意就不错了。

一篇稿件经过精加工、深加工，要再加工的话，一是不容易，二就是编辑中的大手笔了。编辑能够源于新闻，再高于新闻，借新闻这个"汁"下面，及时撰写配发评论员文章，让读者知道了什么的同时，再让读者明白了什么，并提供更多的新闻背景材料，这无疑会提高新闻宣传的艺术，增强新闻宣传的力度和深度。如《人民日报》的"编者按"、《经济日报》的"编辑点评"、《铜山日报》的"编余随笔"等，就是编辑再加工的"前沿阵地"。

再一个就是编辑的新闻报道策划，可以以小做大，以旧出新，照样会成为吸引读者的新亮点。比如一些报纸出刊的"百版珍藏报"，就是编辑策划的成果，《广州日报》200版的珍藏报、《北京青年报》跨千年100版特刊、《中国妇女报》的"中国妇女百年回顾"、《农民日报》的"中国农村改革20周年纪念特刊"、《深圳特区报》的特区成立20周年百版纪念、《澳门日报》在澳门回归日出刊的"澳门回归"百版等。认真分析、研究一下这些备

受读者欢迎和收藏的纪念日报纸，就是编辑们、老总们发挥了再加工的优势，把昨天、今天、明天用一根红线贯穿起来，甚至把沉积百年的旧闻也挖出来，与今日的新闻作对比和衬托，让读者慢慢体味编辑再加工后的良苦用心，欣赏编辑再加工后的艺术作品。

最后是通过版面语言，对稿件进行再加工。我们常说一图胜千言，同样，一块版面，尽管编辑不加一句话，有时仅仅运用编排技巧，就把其意图、倾向、立场、观点等都融入其中，读者一看就明了。1997年秋，国家主席访美期间，我外交部发言人宣布，俄罗斯总统叶利钦将于下月访华。人民日报社长、总编辑不约而同地打电话给夜班编辑，要求把这个消息安排在一版的下角。第二天（10月31日）的《人民日报》一版充分体现了编辑意图。这一版面语言向世界表明，我们的外交是全方位的，不是针对第三国的，同任何一个国家发展友好合作关系。这一大处着墨的手笔，得到了不少报社总编辑和读者赞赏。编辑再加工的突出作用由此可见一斑。

作家蒋子龙在他的一部作品获奖后说："作家是锤头，编辑是锤把儿，作家是水泥柱，编辑是钢筋，光使劲不露面，编辑把自己的心血藏在别人的成果里。"这是对编辑再创作的最好注脚。编辑再创作，是特殊的、比较复杂的脑力劳动，是充分发挥主观能动性的反映，他们往往又是默默无闻的。

重视编辑的再创作，就是重视我们的报纸。编辑再创作的精加工，是稿件的美容师，深加工是稿件的精气神，再加工是稿件的放大器。要办出一张读者欢迎的高品位的报纸，我们的编辑应都是精加工者，乐做深加工者，争当再加工者。

（原载2002年第3期《徐州日报通讯》）

让稿件质量说话

浙江省乐清日报社建立新的用稿制度，规定报社内部人员的稿件一律采用电脑稿。稿件由编委办分类并遮盖作者姓名（通讯员的稿件也是如此），然后在每日下午的谈版会上定稿。由于稿件上没有出现作者姓名，有效地排除了"关系稿""人情稿"，以新闻价值高低、稿件质量优劣来评判和取舍稿件，真正体现了用稿"看文不看人"的原则。我认为这种做法好。

与此相反，时下有的新闻单位"看人不看文"的现象还比较严重，稿件取舍往往看文章作者的身份和地位而定，这可以说是一些新闻单位的通病，也是多少年都想治而难治的顽症。正因为"看人不看文"，一些新闻单位拿不出精品，出不了拔尖人才，报（台）办得平平；因为"看人不看文"，冷落了大量的作者，将不少有特点、有新意的稿件拒之门外，使报（台）常常面临无米之炊；也正因为"看人不看文"，使新闻单位内部产生不良的风气，一些与新闻职业道德格格不入的丑恶行为多由此派生出来，致使新闻单位的声誉大受损伤。一张报纸如果整天编发这种稿件，又如何去面对广大的读者呢？

"看文不看人"，这一良好的用稿制度，根本点就在于"稿件面前人人平等"，一切凭稿件质量说话，这样既可以保证见报稿的质量，还可促使记者、通讯员把精力用在采访、写稿上，不必在拉关系、讲人情上耗费时间和精力。从另一个角度讲，"看文不看人"，也是在逐步营造良好的用稿、发稿、办报环境，让人们一门心思围着稿件转。这样，才能激励大家争写好稿、办好报纸。

（原载2002年第4期《新闻战线》）

从一幅图片看大众传播的社会功能

9月初，全国有几百万中学生进入高等院校，其中最引人注目的是希望工程形象代表苏明娟，被安徽大学职业技术学院金融专业录取，各类媒体对此都作了报道。从这一备受世人关注的人物新闻，我们就不难看出，大众传播

的社会功能所起的作用是积极的、巨大的。

1994年4月，时在北京海淀区文化馆工作的解海龙，受中国少年基金会委托，到全国各地拍摄有关希望工程的资料照片，在安徽省金寨县桃岭乡张湾小学，他被一个叫苏明娟的小女孩吸引。小女孩手握铅笔，两只大眼睛明亮而专注，当即以长镜头拍出，并以《我要上学》为题在《中国青年报》上刊出，随后被内地及台港地区各大报刊刊发，这张照片后来成为希望工程的象征以及最主要的宣传形象。苏明娟被中国青基会授予"全国希望之星"称号，今年又当选为团中央委员。她进入了大学，可以说遂了千千万万个关心希望工程事业的人们的夙愿，也是千千万万个儿童终能梦想成真的缩影和代表。苏明娟，包括千千万万个当年像她这样的儿童，今天能步入高等学府的殿堂，除了党和政府的亲切关怀及社会主义优越性之外，那就是我们的报纸、广播、电视等新闻媒体起了不可低估的作用，一幅照片折射出大众传播的诸多功能。

一是最广泛的告知功能。报道和评述新闻时事，是所有大众媒介最基本的、最首要的功能。世界上的任何事情，要公之于世，传播得快、传播得广，非依靠大众传媒不可；要引起人们的关注，首先必须让人们知道，让人们了解。而要做到这一点，就必须借助报纸、广播、电视、网络等大众传媒来传播。传媒已与人们的日常生活息息相关，人们已离不开传媒。《我要上学》这幅图片的发出，使社会上都知道还有这样一个需要关注的弱势群体。由于种种客观原因，10多年前，社会上还有不少儿童上不了学，特别是老少边远的贫困地区（主要分布在中西部），尚有成千上万个失学儿童，在渴望着背上书包、进入课堂。媒体这一告知功能的发挥，在社会上立即引起了强烈的反响，掀起了捐助热潮。俗话说："一图胜千言。""我要上学"尽管只是一幅很简单的图片，但透过图片中新闻人物大大的眼睛，不仅获取了静态的信息，而且由此生发出来的潜在信息更是不可预计……

二是最及时的引导功能。大众传媒的一项重要任务，就是要搜集和反映社会舆论，并正确引导社会舆论。中央领导同志在视察人民日报社时指出：

"舆论导向正确，是党和人民之福，舆论导向错误，是党和人民之祸。"这就把大众传播的引导功能提高到了非常重要的地位。正是因为我国大众传媒的正确引导，使10多年的希望工程得以健康发展，成就了这一功在当代、惠及子孙的千秋伟业。2002年9月8日，中办国办发出通知，转发教育部等12部门《关于"十五"期间扫除文盲工作的意见》，要求各新闻宣传部门积极做好扫除文盲的舆论宣传工作，搞好扫盲工作成效和经验的报道。可见，这也离不开媒体的正确宣传和引导。正是因为这些年来大众传媒的正确引导，又充分发挥了宣传、鼓动、组织、监督作用，一些机关、企业、单位等纷纷伸出援助之手，一所所"希望小学"如雨后春笋；广大工人、农民、机关干部、知识分子、人民解放军指战员等纷纷与贫困地区儿童结对子，使千千万万个儿童重返课堂。10多年来，各类媒体从来就没有间断过对希望工程的报道，"大眼睛"姑娘的形象不时地出现在各类媒体上，从而又激发了社会上更多的人积极地参与到这项工程的建设上来。参与人数之多、范围之广，是不多见的；上至党和国家领导人，下到普通群众，都热情地为希望工程添砖加瓦。

三是最大化的教育功能。大众传媒可以传授知识，指导人们的行动，对人们进行劝说和引导，可以解释信息，也可以引导受众作出判断和决定。人们可以通过传播媒介学习文化、受到教育，获得各种知识，从而净化人们的灵魂，提高人们的素质。希望工程，本身就是一个庞大的教育工程，它对人们潜在的教育更是无法估量。对贫困地区的人们来说，使他们充分感受到党、国家和社会的殷切关怀，体会到社会主义大家庭的温暖，儿童们会更加珍惜来之不易的学习机会，加倍努力完成学业，以优异的成绩回报社会。据一份材料介绍，不少受到资助的学生，学习成绩大都比较好，还经常地把学习情况向资助者汇报。同样，对经济比较发达地区的人们来说，也是一种无形的激励。想想看，偏远地区的孩子渴望上学，条件还那么差都能成才，我们有这么好的条件，更应该努力学习，做个建设祖国的栋梁之材。大众传媒的教育功能，其教育的范围非常广，内容也特别多，各层次的受众都能从中

受到教育。不仅仅是社会知识的传播，对各项知识的传授媒体也都能兼顾到，如科学种田知识、经济管理知识、营销知识、卫生保健知识等。当然，如果学习外语就更方便了。教育功能的发挥，提高了人们的整体素质，文明程度大大推进，公益事业越来越兴旺，人们的文化水平越来越高。

四是最有力的服务功能。作为报纸、电台、电视台等大众传媒，在众多的功能中，最重要的还是服务功能。一家媒体办得怎么样，受不受欢迎，关键是看你服务得如何。服务社会，服务受众，是办好媒体的根本出发点，也是媒体不断发展壮大的基础。我们每天都会多次看到、听到的天气预报节目，就是对受众服务的最好体现。因为受众需要，现在连报纸也多在报头下刊登天气预报，还有的加进出行参考等内容。苏明娟"我要上学"的图片报道，自始至终，长达10年，体现了媒体坚持不懈的服务功能。每一次图片的刊登，都会使人们受到一次强烈的教育，又会有一批人热情地加入到建设希望工程行列中来。不少报纸，甚至是地市报，也辟出版面，刊登需要救助学生的名单、地址，供读者选择与其结帮扶对子。同时，许多媒体还注重帮扶工作的后续宣传，不断报道被救助儿童的学习情况，使这项工作始终处在进行式报道中。另外，媒体对救助者的高尚行为大加褒奖，对被救助者所取得的好成绩给予及时的赞扬和鼓励，从而增强了帮扶的透明度。透过这些报道，救助者感到自己做了件功德无量的好事，被社会所承认，被人们所称颂；而被救助者也觉得只有好好学习，报答社会，报效祖国，才是对救助者最好的回报。

（原载2002年第10期《新闻世界》）

贵在"我到"

去年中组部有关同志在审阅孟西安等采写的《用生命播洒阳光——记自觉实践"三个代表"的好支书郭秀明》通讯时批示："这是人民日报两位记

者写的通讯稿，许多故事和细节是新挖掘的，十分感人。"原来这两位记者是随中央10家新闻单位组成的采访团到郭秀明的家乡惠家沟，晚上记者们回铜川市宾馆食宿，而孟西安等却不回城里，与村民同吃同住同聊天，又到郭秀明昏倒的地点查看，从而挖到了别人所没有挖到的感人细节。

人民日报阅评小组在评点该报记者蔡小伟采写的《县委书记刹"三风"》（见2001年6月7日《人民日报》一版）一文时认为："这是一篇文风有改进的好报道。"原来，作者去了安徽凤阳小岗村采访，同时了解到县里刹"三风"所收到的明显效果，便立即打消了当天回合肥的念头，夜宿县招待所，与县委书记一直长谈到凌晨1点多。第二天他又骑自行车与县委书记一起来到农民家里、干部承包的地里，实地观察，摸到了扎实的材料。

人民日报这几位记者能写出精品，其实并不神秘，难能可贵的是，他们确实到了新闻事件发生的现场，掌握了第一手资料。"我到，我见，我胜。"公元前47年，罗马共和国的执政官恺撒在征讨本都王国获胜后，曾用了这只有6个字的书信向罗马报告他获胜的经过。其中把"我到"放在了突出的位置。从上面所举的例子可以看出"我到"是记者采访的前提。只有"我到"，才谈得上有"我见"，也才能写出有"我"所见所闻的报道。斯诺当初如不是把"脑袋瓜系在裤腰带上"，冒着生命危险，到苏区实地考察，就不可能写出震撼世界的《西行漫记》；范长江若不是风餐露宿，行程万余里，也断然写不出《中国的西北角》等名篇；罗开富如果不是徒步"重走长征路"，就不会拿出一篇篇让人争读且有如身临其境的好文章；吕岩松如不冒险去南联盟，就不可能抓住重大的独家新闻……新闻记者正是勇于冲在新闻事件发生的第一线，以自己亲身的经历向受众提供了真实、客观、有现场感的新闻报道。

新闻采访必须到现场，这是对记者最起码的要求。时下有些记者就是缺少"我到"的劲头，可硬要充"我见"。一是听汇报。记者下去后，先听听宣传部门的推荐式介绍，再记记分管领导的汇报，一篇新闻就"汇"成了。二是看材料。年终总结、先进事迹汇报、会议发言等，经记者改头换面，就

成了自个的文章。三是打电话。听说某地发生了什么事，因种种原因又不想去，就打电话问情况，轻率写出了走样的稿件。四是抄小报。偶尔从地方小报上发现不错的新闻，就与作者或与新闻发生地联系，补充补充，一篇"本报讯"就出来了。如此等等，不一而足。这些稿件，既没有"我到"更谈不上是"我见"，能经得住推敲和检验吗？

"我到"，并不是下去一步，或由省到地市，由地市到县乡，就是"我到"了。到农村必须进村组、入农户，站在田头，坐在炕头，才是真正的"我到"；到工厂不到车间、班组，不与工人交谈，光听厂长、经理介绍，不能算是"我到"。有些新闻并不是我们没有发现，而是根本就没有到那个地方。这就是说，不到新闻事件发生的第一现场，远离社会生活，就写不出贴近现实生活的稿件，也拿不出具有现场感的新闻。我们常说的"脚板底下出新闻"，实际上就是对深入采访中"我到"的最好注脚。

（原载2002第10期《新闻战线》）

在"独"字上下功夫

要想把《党员特刊》杂志办得更出色，应该突出一个"独"字，要有独家报道，而贵刊在"独"字上的文章做得还不够。独家报道要有独特的视角，文章选题要做好，角度更要找好，独家报道往往是一家报纸或杂志的名牌文章或栏目，可以形成品牌效应，从而扩大自身的影响力。

（原载2003年第1期《党员特刊》）

"把自己写进去，把别人写出来"

如何写活、写深、写好新闻通讯，一位资深记者在多年的写作和讲课中，总结了两句话："把自己写进去，把别人写出来。"把自己"写进去"，就是要求作者深入新闻事件发生的现场，抓取第一手材料。只有自己先感动，先进入角色，融入其中，才能够把别人生动地展示出来。这两句话，对通讯写作及其他文体的写作都有指导和借鉴作用。

把自己写进去，把别人写出来，并不是件容易的事，需要经过长期的磨炼和艰苦努力才行。特别是把"我"写进去后，文章中还似乎看不到"我"（作者），那就更不容易了。因此，有人说，"一个记者如果把'我'写得很成功，就算是很有名的记者了。"其实，把自己写进去，可以同时把自己的感情写出来。尤其是写人物，作者常常要先与采访对象同吃、同住、同工作一段时间，体验一下生活，感受人物活动、事物变化的某一个过程，增强感性认识，捕捉典型细节，这样，笔下的人物才会有血有肉、栩栩如生，事件、景物才能生动地再现在读者面前，产生强烈的感染力。著名军事记者阎吾，被人们称为"情景记者"，写出了许多脍炙人口的新闻名篇。他采访的一个显著特点是到战场前沿去，到第一线去，也就是到实地观察，把自己写进去，通过所见所闻所感，把真情实景写出来。他的《百万大军横渡长江情景》《战后凉山》，就是有名的"情景新闻"。

把自己写进去，当然也可以把自己的观点写出来。出色的记者往往并不在文章中把自己的看法和观点直接说出来，但字里行间无不渗透着记者的观点与思想感情，这就是用潜移默化的办法去影响受众。这一寓理于事的表达方式，是很高明的方法，也是需要广大新闻工作者努力掌握的技巧。对策之一，还是先要自己沉下去、钻进去，之后再写出来。

时下的问题是，有的人把自己写进去，又把自己写了出来，而别人反而没有得到充分的体现，这就是败笔了。有的报社为了打造名记者、名主持人，大篇幅刊发对名流的专访文章，而配发的大图片，记者的头像有时比名流的头像还要大，这就有喧宾夺主之嫌，与硬搭车何异？还有的文章多处出现这样的句子，"记者在当地××陪同下""记者驱车到××地""记者下榻在××宾馆"等，通篇是记者如何活动，让读者围着作者转，强烈的表现

欲跃然纸上。

新闻工作者的人生态度，很大程度上是通过作品体现出来的。记者的"小我"，只有融入人民群众的"大我"之中，才能得到价值的实现。把自己写进去，是为了更好地把别人写出来，最终目的是让读者有如见其面、如闻其声、如临其境之感，而不是处处渲染或炫耀自己。

（原载2003年第3期《新闻战线》）

"评无新意不出手"

著名记者郭玲春曾谈到她对新闻写作的自我要求——"我要写得与别人不一样"。

同样，"你写的评论同大家不一样，你的评论就是最好的评论"——新闻界前辈这样认为。

这里所说的不一样，就是说要有新意。新闻要新，评论更要新。

1999年8月，我撰写的评论《踢好"后三脚"》，在铜山日报综合新闻版头条发表后，同年8月24日的经济日报、第10期《党的生活》杂志等报刊也先后刊出。这篇评论先后5次获奖，其中一等奖两次（获徐州市好新闻一等奖，中华全国新闻工作者协会国内工作部等四单位联合举办的征文一等奖）、二等奖3次，是当年度县市报惟一获江苏省报纸好新闻二等奖的评论。听说不少评委都认为此文"有新意"。这些年，我写评论始终坚持"评无新意不出手"，要么有新观点，要么是新论证，要么引用新材料，要么选择新角度，要么依据新的事实。正因为如此强调了"新"字，所写评论至今已连续6年获江苏省报纸好新闻奖，其中印象较深、事先就看好的还是这篇《踢好"后三脚"》。它之所以能上大报大刊、连连获奖，主要还是取决于"与别人写得不一样"。

一是选题不一样——有新意。论点是新闻评论的灵魂，看一篇评论有没有新意，能不能引起读者的共鸣，关键在选题。比如，人家都在赞扬干部怎样踢好"头三脚"、新官上任如何烧好"三把火"，我却反其道而行之，大加赞扬踢好"后三脚"。不仅评论的事实有新闻性、选题有新意，而且具有广泛而深远的社会意义；又因为是言人所未言，议人所未议，可以称得上是篇"独家评论"。事前，我在采访中了解到，铜山县有位受省委表彰过的基层党委书记，那一段时间工作的步子明显加快，对以往遗留的问题加紧清理。不少人对此不解，他说，根据年龄情况，工作岗位很可能要变动，可不能把矛盾再推给下一届班子。我刚来时"头三脚"踢开了，现在也要踢好这"后三脚"啊！我当时听了很激动，尽管他有许多可写之处，但我还是认为这是个独特的"闪光点"，很值得做文章。如果仅仅写篇消息，提不出思想，有点可惜；写人物通讯，还要层层送审，弄不好要把棱角磨平；最后决定用我最擅长的评论把它表现出来，更有指导作用。由于多年来我对踢好"头三脚"现象感受较深，掌握的材料又充分，对如何踢好"后三脚"自然也有许多话要说，便一气呵成，写了2000多字，后经过反复修改，压缩到见报时的1200字。

二是标题不一样——有亮点。评论的竞争，首先是标题的竞争。"题好一半文"。大凡评论，特别是个人署名的评论，往往是《论……》《有感于……》《……有感》《……启示》《……小议》《从……谈起》等，似乎离开这样的字眼，就不成其为言论的标题，让人有千题一面之感。一开始，我也没能跳出这些框框，拟了4个标题：刚上来是《有感于踢好"后三脚"》，觉得不明快，态度不鲜明；后又改为《"头三脚"与"后三脚"》，好像不简洁，没有突出重点，后改为《踢好"后三脚"赞》，斟酌再三，这个"赞"字可用可不用，就干脆划掉了，最终定为5个字的标题，直截了当，一目了然。我感到，评论的标题也要有信息，让人一眼就看出眉目来；还要有亮点，读来朗朗上口。评论的标题要力争成为社会上流行的口号或一种惯用说法，比如"冲出亚洲，走向世界"等，就是一开始由评论标题传开的。精心制作标题，让更多的标题在社会上传开，在群众中叫响，是我追求的目标。

这篇评论一发出，不少干部在会上要求或强调要踢好"后三脚"，相互之间也要问"后三脚"踢得怎么样。这样，标题的目的就达到了。

三是论证不一样——有起伏。评论贵在论证，写评论的过程，也是运用论据，通过说理来反映论点的过程。如果提出一个新观点，尤其需要有充分的论证。写评论的本领，从某种意义上说，就是论证的本领。一般评论都不太长，回旋余地较窄，容易平铺直叙，但并不是写不出波折来。我写《踢好"后三脚"》时，切入主题后，起初并不急于罗列踢好"后三脚"的好处，也不说踢好"后三脚"有什么不好，而是先谈踢好"头三脚"、烧好"三把火"的时代背景，作为铺垫衬托，从而显示出踢好"后三脚"的益处，接着运用对比、假设的手法，通过层层递进、环环相扣，大力赞扬踢好"后三脚"的精神。短短的评论有了这一波三折，凸现了论证的威力。这当然需要事先把各类材料组织严密，哪个在先、哪个在后，哪里扬起、哪里设伏，要调遣得不露痕迹。值得一提的是，在论证中，我摒弃了一些评论存在着的褒甲必贬乙的毛病，赞扬踢好"后三脚"的同时，并没有否定踢好"头三脚"。但透过论证，给人的结论是踢好"后三脚"，需要更高的思想境界，觉得事业更需要广大干部在踢好"头三脚"的同时，进一步踢好"后三脚"。其实这也是写这篇评论的根本目的。

四是语言不一样——有特色。新闻的力量在于摆出事实，评论的力量在于讲出道理。要讲好道理，首先必须运用好语言，达到深入浅出、准确生动。多年来，我写评论坚持一个原则，少用大话、官话、套话，多用老百姓的习惯用语，并时刻注意借用当地群众原汁原味的语言，这样才会使评论有强烈的地方特色，听起来顺耳，容易被读者接受。刚开始写这篇评论，感到主题与干部密切相关，是个严肃的话题，免不了多使用一些干部的语言，如讲话、发言、汇报等表达方式，动不动就是"要……""务必要踢好'后三脚'"等。后来在第一遍修改时发现不太对味，似乎领导在指令下面去踢好"后三脚"。尤其是最后一个段落，口气较硬，考虑再三，又推倒重写。开头就用本地农民的语言"出水才看两腿泥"，说群众最喜欢看结果，"头三脚"好比花，那么"后三脚"就是果。这样很简练的几个字，就把"头三脚"与"后三脚"之间的关系写活了，读者更容易领会其中的含义，印象也会更深些。

评论要写得"与别人不一样"，并不是件容易的事，它需要通过全身心的投入才行。当然，我所说的不一样，并不是凭空臆造，偏偏要和人家的看法相左，而是要抓到别人所没有抓到的"闪光点"，运用别人所没有用过的表现形式，以自己的独特见解，拿出自己独特的文章。由《踢好"后三脚"》，我深切体会到，写评论也需要深入采访，不仅要获取素材，更重要的是要善于挖掘思想，坐在办公室里苦思冥想是写不出好评论来的。因为只有深入生活的第一线，才能捕捉到新的思想火花，只有不断地从人民群众中汲取营养，也才能写出与时代同步而风格各异的评论。

（原载2003年第4期《新闻战线》）

"记者的位置在一线"

工人的位置在车间，农民的位置在田头，战士的位置在哨所……那么，记者的位置呢？可以说在哪儿都可以，因为他要反映各条战线的人和事，不可能有固定的位置，更不能整天蹲在办公室里。对此，著名军事记者、作家魏巍在接受记者采访时说得好："记者的位置在一线。"这"一线"二字，就科学、准确地把记者的位置定好了。换句话说，记者不管在哪儿，非要到第一线不可。

"记者的位置在一线"，就意味着记者必须直面生活、融入生活，工作并不是8小时工作制，也没什么上班下班之说。著名记者田流说过，记者一睁眼，就应当而且必定是在"班"上，也就是说应时刻处于工作状态。按时上下班，可以是个好干部、好工人，但绝不是一个好记者。记者的工作往往要延伸到8小时之外。改革开放之初，范敬宜同志下基层采访，在公社办公室

连睡3个晚上，写出了《夜无电话声，早无堵门人，两家子公社干部睡上安稳觉》的新闻。如睡在招待所、宾馆里，能发现、采写出这样的新闻吗？如把睡觉仅仅看成是休息时间，又能用心思考琢磨吗？这就是说，一旦做了记者，就必须全身心地投入到新闻事业中去。比如人民群众正在抗洪救灾，下午6点你就要回住地休息，认为该下班了。果真如此，这样的记者恐怕真是要"下班"了。

"记者的位置在一线"，意味着与人民群众打成一片，接触要达到零距离。火热的生活在一线，许多鲜活的新闻来自基层、来自群众、来自现场，不到一线，就捕捉不到。著名记者穆青称他的所有作品是"跑"出来的，战争年代练就了两条能走善跑的腿，到现在都能派上用场。正因为他始终活跃在社会生活的第一线，结识了一个个普普通通的劳动者，用他的笔和心，又把一个个具有美好心灵的人，引入亿万人民的心里，让众多读者受到激励。他的笔下，有种棉、植树的农民，有忘我工作的采油工人等。如果不到人们生活的第一线，就难以发现这些可歌可泣的典型人物。

"记者的位置在一线"，意味着记者要具备勇于探索的精神，潜心研究人们关心的问题，敢于到人迹罕至的地方，发现别人发现不了的问题。2000年11月25日，就私自开矿屡禁不止的问题，山西省省长刘振华在省整治工作会议上发问："为什么记者发现的问题，搞实际工作的发现不了？"这句话很令人深思，并不是说记者有特别的能耐，关键是有些地方干部缺乏记者那种求真务实的精神。1999年1月4日，武汉广场发生一起4名武装匪徒抢劫黄金首饰的大案。当时武汉晚报记者刘国勤正在现场，面对劫匪的枪口，他毫不犹豫地举起相机，拍下了一组照片，为日后侦破常德劫案提供了重要依据，发挥了特殊作用。这个一线应该说是最前线，甚至可叫"火线"。这些情况靠事后说明、回忆、描述，恐怕用再形象的词也说不贴切。

"一线"并不是铺满鲜花，有时候还充满险象。罗开富在365天中，克服艰难险阻，徒步走完长征路，采写了《来自长征路上的报告》315篇，还写了一系列内参，完成了"走当年红军长征路，写今日中国新风物"的艰苦任务。一个记者，当感到江郎才尽、写不出东西来的时候，特别是拿不出像样的作品时，首先应该考虑的是，位置站得是否靠前，与现实生活是否贴得紧密？事实说明，新闻工作者只有站在时代的最前沿，才能充分领略别处、别人难以领略到的风光。

（原载2003年第7期《新闻战线》）

可赞的"习惯"

以"飞入寻常百姓家"为宗旨的《新民晚报》，日发行逾百万份，广告跨入中国报业前10强。这家报纸经过长久的市场培育与积累，已构建起了庞大的习惯性市场：下班后买份《新民晚报》，路上看回家看，已成为许多上海人生活不可或缺的一部分。

以"追求最出色的新闻"为己任的《广州日报》，发行量超百万份，一年广告收入十几亿元。更可喜的是，它培养了广州人边喝早茶边看《广州日报》的习惯。

这真是可赞的"习惯"！古人云："少成若天性，习惯如自然。"也就是说，养成一种习惯之后，就产生一种不易改变的自然而然的力量。一个灯下看晚报的习惯，占领了下午的报业市场；一个喝早茶看日报的习惯，拥有了每日最早的一批读者。这两个"习惯"是两报在竞争中的制胜法宝。一个人，要形成某种习惯，不容易；同样，要改变这种习惯，也绝不是一朝一夕的事。习惯，既需要培养，也需要长时间的渐进。一张报纸，如果办到了众多人自觉阅读成习惯，也可以说是办成功了。这其中凝聚着多少人、多少年的心血和汗水！

反过来说，一张报纸，如果心中没有百姓，眼中没有读者，又不善于维护读者的利益，不能为读者排忧解难，读者就会敬而远之。看都不看，如何形成习惯？有些报纸偶尔作作秀，一时吸引了一些读者，就自以为是，沾沾

自喜，结果人家没等习惯形成，就要和你说"拜拜"了。

要使读者形成读报的习惯，是个不低的要求。急功近利，办不到；做表面文章，更不行；出发点不正确，就甭想了。眼下一些地方报纸存在一种错觉，仅仅满足于地方领导满意，而置众多读者于不顾，其结果往往是"发行量减少，读者不看好，广告客户别处跑"，步履异常艰难。

从某种意义上说，读者的这种"习惯"，是报人责任心、进取心和对读者、社会高度关心的折射，也是报社精神、质量、信誉、品牌的综合反映。这中间既有整个集体的合力，也有每个人的努力。《中国青年报》多年来形成在稿件面前人人平等的"习惯"，编辑部认为："再有名气的人，如若写稿凑合，我们也不敢乱开绿灯——岂可因一点人情面子，而伤了众多的读者？"

作为报刊从业人员，应当经常扪心自问，我们办报是不是心中有群众、眼中有读者，做到了"三贴近"？我们费了九牛二虎之力拿出的作品，没有人问津，那就是无效劳动。我们应经常考虑：这些年来到底培养了多少忠实的读者？又有多少养成了阅读习惯？就说中央电视台的春节晚会吧，历时20年，主办者尽管年年喊"众口难调"不好办，但还是早早做准备；观众尽管年年觉得不满足，但每年还是把它作为除夕夜的一道文化娱乐的大餐。

"不看晚会，不算过年"，早已成为中国乃至全球华人观众的共识。其原因就是那两个字——"习惯"。

（原载2003年第9期《新闻战线》）

吃透"外头"

新闻界内，多少年来一直强调吃透"两头"。一方面，中央的大政方针具有全局性、普遍性，对任何地方都具有指导性，作为记者必须要吃透"上头"；另一方面，各地有具体情况和特点，记者也要吃透本地的"下头"。但现在的外部环境变了，特别是我国加入WTO之后，新闻工作者仅吃透这

"两头"是远远不够的，还一定要吃透"外头"，才能在报道中把地方性与全局性乃至国际性有机结合起来。

长期以来，我们已形成了自己的采访、写作套路，只对事物作纵向考察，缺乏纵横交错的比较，没有报道对象与"外头"事物的参照。这样做，仅反映发展变化，却表现不出水平的高低，就此写出来的稿件缺乏客观性、全面性，平时出现的那么多不切合实际的"第一""之最""最大""首例"等，就是因为没有吃透"外头"，将自己局限于一个小范围内的缘故。

信息全球化使地球变得越来越小，国际报道已成为新闻宣传的重要组成部分，大多数报纸辟出专版报道国际新闻，还有的到境外办海外版。这是我们新闻报道逐步走向世界、融入世界、积极报道"外头"的体现。国务院新闻办公室主任赵启正在谈及外宣工作时，只用一句话概括："向世界说明中国。"这是吃透了"外头"总结出的经验。所以，我们应不断研究世界媒体对中国的报道、评论，从中分析外国人对中国的理解深度，从而把握对外宣传工作的方向，避免无的放矢。

同样，我们报道世界，也要真正了解世界，公正、真实、全面地说明世界。如果吃不透"外头"，不熟悉世界，就容易被表面现象迷惑，给人家"帮忙"，甚至被利用。

吃不透"外头"，掌握不了真实的情况，弄不清真正的背景，搞不清人家葫芦里究竟卖的什么药，结果只能是让人家牵着鼻子走。"9·11"事件发生后，美国对阿富汗采取了军事行动，引起国际社会舆论的关注。这时美国出现了几起"炭疽"事件，说是恐怖分子通过邮件对美进行生物恐怖袭击。美国借机大肆渲染，许多国家的媒体闻风而动，我国的媒体也不甘示弱，一时闹腾得沸沸扬扬。结果是，美国不仅把本国人的视线拉回了国内，而且成功地把国际视线也从阿富汗转移到了美国的"炭疽"。如果说美国媒体耍了世界舆论，那实在是恭维他们。问题是许多媒体没大动脑子，听风就是雨，糊里糊涂地跟着感觉走。

吃透"外头"，从客观上讲，比吃透"上头""下头"困难些。但只要

肯花功夫，付出精力，"外头"同样也能吃透，而且会更客观，因为"不在此山中"。吃透"外头"是吃透"两头"的继续，对世界上的任何事情，只要做到心中有数，了如指掌，并能透过现象认清本质，就一定会有自己的主见，使自己的声音影响内外。

（原载2003年第10期《中国记者》）

洪昭光 "三个一" 的启迪

像"一炮走红"的明星，医生洪昭光的名字伴随着他的健康讲座传遍大江南北，征服了千千万万的听众、观众和读者，在国内掀起了一股健康热。人们不禁要问，很多医生都写过科普文章，作过健康讲座，为什么不曾有一个能像洪昭光那样产生轰动效应？洪昭光的秘诀是，在健康讲座中始终做到"三个一"，即一听就懂、一懂就用、一用就灵。这对我们编辑、记者来说，又何尝不是一种启迪呢？

较其他学科而言，医学知识比较深奥，如果不能用老百姓听得懂的话讲就没有效果，不会引起共鸣。与其说洪昭光以广博的学识、睿智的思维吸引了受众，不如说是他善于把深奥的医学道理转化为老百姓易于接受的大众化语言，从而征服了受众。这也是洪昭光与其他医生大众健康讲座的最大区别。他写作、讲座时能够处处为读者着想，时刻考虑受众。比如说关注健康的重要性，用"自己少受罪，儿女少受累，节省医药费，照顾全社会"短短20个字概括，既形象生动，又令人心服，这样的道理有时用几百上千字不一定能达到这20字的效果。

社会在前进，科技在发展，新的科学知识、应用技术需要广大新闻工作者去宣传介绍、推广应用，以尽快地造福人类。那么如何学习、宣传好新的科技知识，特别是前沿科学，洪昭光的"三个一"给我们做出了示范。

首先，要不当"门外汉"。记者自己先要钻进去，拜科学家为师，不能说学得多深多透，起码对要报道的领域有个比较系统全面的了解。这无疑需要我们在不断的学习中搞好报道，同时在报道中不断地促进学习。只有学好了、吃透了，才能报道得更好。当然，最好是逐步成为某一报道领域的专家，那样报道的效果会更好。

其次，要学会说"大白话"。要扑下身子向人民群众学习语言艺术，用他们喜闻乐见的形式去反映。出色的记者往往是善于使用"大白话"的行家里手，遇到比较专业一些的东西，就用"翻译"的方法，变成读者看得明白的语言。《华尔街日报》一位主编曾经说过，二流的记者能把事情向专家讲清楚，一流的记者则能把事情向一个小学生讲明白。

最后，要强化平民化意识。时刻意识到我们服务的对象年龄跨度大，文化层次结构多样，职业背景复杂。作为大众传媒人，这无疑要求我们下笔多考虑绝大多数受众。中央电视台的《今日说法》，是个受众面非常广的名牌栏目，男女老少都喜欢看。该栏目制片人王新中在审片时经常会对编导说："去问你妈，去问你姥姥，她们看懂了吗？"正是强化了这种朴素的平民化意识，所以该栏目才得到了人们的广泛认可。

培根说："科学的力量在于大众对它的了解。"一看就懂，是我们宣传科普所追求的最高标准，甚至是需要终身去为之努力奋斗的；一懂就用，是新闻宣传效果最好的体现，科普宣传的立足点就在这一方面；一用就灵，是媒体对社会所做的最大贡献，也是媒体与受众互动的成果所在。

（原载2004年第1期《新闻战线》）

把同题文章作出不同来

史来贺，人民心中的旗帜，全国村支书的榜样。他是新中国成立50多年来最知名的农村领头雁，在中国农村的舞台上活跃了半个多世纪。对这一重大典型，由于时间跨度大，经历的事情多，各类材料丰富，事迹细节不少，

要用几千字写出一个栩栩如生的史来贺，并不是件容易的事。2003年9月15日、16日，《人民日报》等京城5家报纸同时推出了这一重大典型人物报道。认真研读这些"同题文章"，对史来贺有了更全面、更深一步的了解，并从中欣赏到各媒体记者不同的文章风格。当然，这对新闻从业人员来说，又何尝不是一个难得的业务研讨平台？

一是各扬其长，特点突出。因为是重大典型，其中4家报纸都在9月15日一版头条位置刊出。这5家平面媒体围绕史来贺及刘庄村的"六个不变"，根据各自的读者群体和肩负的报道使命及宣传领域，在主题的确定、文章的立意、材料的取舍上都各有所长。这样既符合各报的特色，又展示了史来贺丰富多彩的形象，让读者知道了更多的东西。俗话说"看文先看题"，这仅从标题就可见一斑：《人民日报》的标题《共产党人的楷模——史来贺》，做得大气、稳重，概括新事实，提炼新主题；《光明日报》的标题《人民心中的旗帜》，巧用比拟，形象抓人；《经济日报》的标题《村支书的榜样——史来贺》，具体、生动，让人一目了然；《中国青年报》的标题分上、中、下三则《让庄户人过上好日子》《把人教育好，比啥都重要》《吃亏一辈子，造福一村子》，副题则是《"村支书的好榜样"史来贺》，形象而有气势，生动而有力感；《农民日报》以肩题《村支书的好榜样史来贺》引路，上篇的主题为《中国农民的脊梁》、下篇是《历史向未来致贺》，揭示新闻内容，烘托新闻主题，且热情、奔放。

二是版面编排手法各有千秋。《人民日报》在篇头配发了史来贺生前在农田里和农民共同劳动的照片，定格在农村、农业、农民这个大背景下，人物定位和编排思想跃然在纸上。《光明日报》则在篇头配了幅史来贺在使用电脑的工作照，具有时代意义，符合科技文化宣传的要求。《经济日报》在篇头配了幅背景为农业机械在收获庄稼、史来贺手拿移动电话的图片，富有时代感，代表了新型农民的形象。《中国青年报》在一版刊登一幅半版宽的图片，史来贺与年轻职工在促膝谈心，并加小标题作提示。《农民日报》发挥宣传上的主打作用，版面处理上颇用心思，计发了6幅图片，其中4幅为史来贺生前活动照，2幅为刘庄村新型住宅楼、现代化工厂的图片。通过编排艺术的运用，形成了人物宣传的新优势。

三是通过媒体的声音，提升了人物宣传的档次。平面媒体特别是党报的最大优势就是评论。这几家报纸没有忽略这个优势，有3家配发了评论，2家加了编者按。《人民日报》评论员文章《一面不褪色的旗帜》，热情地歌颂了"史来贺以50年的奋斗实践，向人们展示了一个共产党员的光辉形象。他是自觉实践'三个代表'重要思想的楷模，是农村基层党的干部的榜样，是飘在人们心中的一面不褪色的旗帜"。《光明日报》的评论《史来贺的道路》，称赞"他走过的是一条代表广大人民群众意愿的康庄大道，群众需要他，拥护他，支持他，这是史来贺50年永不枯竭的动力源泉"。《经济日报》评论员文章《永恒的支点》，认为"史来贺的一生，真正做到了鞠躬尽瘁，死而后已，谱写了一曲感人至深的奉献之歌、奋斗之歌。支撑他一生的是共产党人的信念，是共产党人身上具备的那种崇高的精神"。而《中国青年报》《农民日报》仅在篇头加了百十字的编者按。面对如此重大典型，似乎没有多少话要说，显然与平面媒体的长项不太协调。特别是《农民日报》，对农村50年来少有的典型人物，理应同时配发评论员文章，甚至刊发系列评论也不过分，却没有做到，让人有美中不足之感。

四是人物通讯各有亮点。尽管是集体集中采访，材料来源于同一渠道，所运用的素材都差不多，但由于各报侧重点不同，选材角度不一，还是有不少值得回味的地方，或是其他几报所没有的"独家内容"。这就是同题文章中的难得亮点，从而显示了作者的独特视角和深厚的功力。《人民日报》文中有则小标题特别出色："遇事要有主见，不能听风就是雨。千变万变，发展经济、让老百姓过上好日子这一条啥时候也不能变！"这段话为史来贺为什么多年来能够带领群众发展经济、强村富民作了有力的注脚，是他身上闪耀的思想火花，烘托了人物的高大形象。《光明日报》文："史来贺坚信：知识就是力量。"他对大家说："新时期党中央提出了新要求，咱必须树立新观念、学习新本领、增长新才干……资金不足，他们依靠集体积累和群众

集资；技术力量不足，就向专家教授'借脑'。"这赋予了史来贺与时俱进、不断转变观念、汲取新的知识，善于依靠科技进步来发展经济的时代特色。《经济日报》文："现在，刘庄农业生产实现了机械化和喷灌自动化。全村仅有19人经营着1000亩农田，农业比重只占全村经济总量的0.05%，98%的劳动力转移到第二、第三产业。富裕农民，必须减少农民，让众多劳动力从农田里走出来，从事其他产业，才能真正地富起来。"其鲜明的观点，给人以思考。《中国青年报》文："把群众带富了还不够，还要把群众带好，他一指脑门：'人是受大脑指挥的，把人教育好，比啥都重要'。史来贺临终时说，在廉政问题上，'挖地三尺也找不到别人送给我的一分钱。'1991年2月总书记在刘庄视察时说：'全国的党员都要向史来贺同志学习，一心为公，无私奉献。'"这不仅反映了史来贺关心下一代、培养下一代的强烈使命，而且自己身体力行，率先垂范，树立了榜样。《农民日报》文："一个先进模范就是一面旗帜，在新乡农村，史来贺精神、刘庄道路，曾经教育和影响了整整两代乃至三代农村基层干部和广大共产党员。目前在史来贺身后，已有一大批不同层次、不同岗位的先进人物和先进集体，仅新乡县史来贺式的党支部书记就有30多个。这就是史来贺留给我们的最大最宝贵的财富，中国广大的农村不正希望涌现出越来越多的史来贺吗？"这一段话，让广大读者了解到对史来贺的影响力不可低估，从而对未来充满信心。

五是为新闻从业人员提供了难得的业务学习、研讨范例。典型报道，特别是由高层组织指定的重大典型报道，是最能锻炼人的一次业务练兵比武活动。众多媒体的记者，同时去采访，同时拿出文章见报，孰高孰低，不言自明。这个时候，所有参与的记者都会拿出吃奶的劲头，集中精力，绞尽脑汁去作好同题文章。因为这样的机会不是很多，有的人恐怕一辈子都碰不到一回。同样，这无疑是给众多新闻工作者作一次采写示范。众多媒体的同题文章，绝不可能作得都一样，你可以从中比较出各自的长短优势，欣赏到不同风格的写作手法。那么，这比上一堂业务课效果要好得多。对于史来贺的报道，5家报纸在弘扬一个伟大典型的同时，也给新闻界提供了难得的同题作文，意义不可小看。

（原载2003年10月27日《中华新闻报》、2004年第1期《徐州日报通讯》）

让编辑有荣誉感

5月初，江苏省2003年度报纸优秀作品评选揭晓，徐州日报社有12件作品榜上有名。在该报公布消息的字里行间，发现了幕后英雄——编辑的名字。令人惊喜的是，12件获奖作品中有7件是该报编辑李晓敏编发的。这着实让人肃然起敬：编辑是把自己的心血融入别人的作品里。

一个编辑编的精品占全社获奖作品的半数还多，说明了什么？是一种默默无闻、甘为人梯、乐为他人作嫁衣精神的折射，是敬业、乐业、精业的反映。我们都知道，在新闻界大都争着当记者，不愿做编辑。实践证明，办好一张报纸，编辑工作很重要。编辑是一种特殊复杂的劳动，一个优秀的编辑就是一名富有创造性的艺术家。英国报业大王诺思克利夫勋爵说过："记者为报纸写文章，但创造报纸的却是编辑。"我国一些老新闻工作者强调："报纸工作应当以编辑部为中心。"报社的领导不叫"总记者"，而叫"总编辑"就说明了这一点。因此说，编辑的岗位举足轻重，关系到报纸质量的高低。好稿当然是记者写出来的，但如果没有编辑的精加工、深加工、再加工，恐怕也不会那么漂漂亮亮地与受众见面，也达不到那么好的效果。

作家蒋子龙在他的一部作品获奖后说："作家是锤头，编辑是锤把儿；作家是水泥柱，编辑是钢筋，光使劲不露面，编辑把自己的心血藏在别人的成绩里。"让编辑——幕后英雄多露露脸，给他们更多的关爱，以增强他们的自豪感和荣誉感，更加沉下心来做好编辑工作，这是报纸上台阶的基础。

（原载2004年第7期《新闻战线》、第8期《中国地市报人》、8月18日《中华新闻报》）

《王杰，我们永远怀念您》发表之后……

一口气读完《王杰，我们永远怀念您》的文章，心潮澎湃，被王杰的精神所感染。王杰同志"在荣誉上不伸手，在待遇上不伸手，在物质上不伸手"的"三不伸手"，当前更值得我们一些党员干部学习发扬。陈毅元帅有言："手莫伸，伸手必被捉。"纵观这几年被查处的大大小小的腐败干部，不难发现一个共同特点："手伸得太长。"有位离休安度晚年的老干部一生总结了三句话："政治上跟党走，经济上不伸手，生活上不丢丑。"这话值得借鉴。

令人喜的文章好，令人思的文章更好。贵报刊发的这篇文章写得很好！

（原载2004年8月9日《徐州日报》）

高高举起党报的旗帜

评论是报纸的旗帜，也是报纸的灵魂。作为地市级党报要办出特色，办出影响力和权威性，就必须扬长避短，充分发挥评论这一优势，高高举起评论这面大旗不动摇。

一张报纸，特别是党报，一段时间或长时间不发评论，缺少自己的声音，那就是"哑巴报纸"，是一张没有生气、没有权威性和影响力的报纸。从某种意义上说，评论的水平代表着一张报纸的水平，所以，评论一直摆在各级党报最突出的位置。第二届中国新闻名专栏奖，报纸部分获奖的3/4是评论专栏，如《人民日报》的"今日谈""人民论坛"双双榜上有名。不少干部反映，看《人民日报》看什么？主要就是看评论。当然，地市报的评论同样天地广阔，大有作为。高高举起党报的旗帜，就会起到纲举目张的作用。

首先，让读者在知道"是什么"的同时，进一步明白"为什么"，对一些重大事件、重要新闻，受众尽管头天晚上看了电视，一大早又听了广播，但还是再找报纸读一读。一是想了解一下事件的背景，再一个就是知道"为什么"，那就是想看看报纸对此又有什么高论。尤其是对一些热点敏感问题，读者还想知道党报的态度。

其次，让编辑记者深入采访、精心写作的同时，自觉打好理论根底。撰写评论是一种高层次的脑力劳动，不学习理论和党的有关方针政策，不吃透"上头""下头""外头"，没有大局、整体意识，恐怕写不出来。这无疑会迫使编采人员不断学习、补充营养，提高理论素养。

最后，让报纸庄重大气的同时，进一步活跃报纸版面，提高新闻宣传艺术。评论对报纸版面来说，是眼睛，没有"眼睛"的版面是呆板的。高明的编辑在处理版面时，首先会想到来一篇评论提提神。给新闻配评论，也是增强新闻宣传力度和深度的有效方法。

一句话，办好地方党报，抓评论是关键。至于如何设置评论栏目，推出系列评论，组织重要社论等，则是强化思想认识后具体操作的事了。

（原载2004年10月3日《徐州日报》）

镶到镜框里的言论

从事新闻工作20多年，写的报道不计其数，但令我记忆犹新、再三回味的还是那篇《"酒后不理发"》的小言论。每每提起它，我总会有一种说不出的激情：那就是改革开放社会的伟大变革先感动了记者，记者写出后又反过来感动新闻事件中的主人公，推动了问题的解决。

那还是20世纪80年代初的事，铜山县大湖村50多岁的农民刘师傅理发技术很高，名气很大，就到县政府大院对面的第一招待所租了两间门面房，一家四口开起了规模较大的理发店，生意非常好，我也是常客。有次去理发，突然发现墙上贴了张毛笔书写的"酒后不理发"的字条。我忙问其缘

故："是你酒后不营业，还是顾客喝了酒不给人家理发？"理发师无可奈何地说："有些干部喝得东倒西歪，酒气熏人，呕吐了一地不说，还要发生口角，弄得不愉快，没办法才贴出这样的字条。"原来，每天到县里开会、办事的基层干部不少，新知故旧相会，聚在一起喝两盅的比较多，酒后朝理发店一坐，酒劲一上来，出了洋相。针对这种情况，我就以《"酒后不理发"》为题，写了篇评论。文中写道：酒喝过量，胡言乱语，既是对自己的不尊重，也是对周围同志的不礼貌；整天喝得脸红脖子粗，理发店都不愿为你理发，和你进行业务联系的人难道又乐意接待你吗？劝君喝酒有节制，这既对个人的身体有益，不至于失态，也免得影响自身形象和周围的环境。这篇言论文字仅400字，但在《铜山日报》一版右下角加框刊出了。

一位退休老干部拿着报纸来到理发店："你们的店上报了！"他戴上老花镜一字一句念了起来，刘师傅听了很高兴，硬把报纸要来叠好，镶到镜框上。后来我去理发，他很客气，说我帮他解了围，还不愿收钱。你别说，这事在那一片传开了，从此之后，酒后进理发店的人果然少了。这看似小事，店主却认为是件大事，既为他和众多经营者解除了烦恼，又引导人们文明做人，形成相互尊重的良好风气。况且，当时农村又有多少大事要你去评说？解决农民身边的小事，正是最基层新闻工作者容易做到的却极易忽略的事。

通过这件事，我深深感到，越是被认为不起眼的小事，我们能尽力帮助解决了，对老百姓而言或许就解决了一个大难题。正因为如此，此后我在撰写评论时，首先想到的是，与老百姓的生活关系到底有多大？尽可能地用百姓的视角去观察，用百姓的语气去写，才会得到百姓的认可。

半年前，偶然遇到刘师傅的儿子，我还开玩笑道："我刚喝过酒，给我理理发吧。"他笑得意味深长。

（原载2004年11月8日《都市晨报》）

别无意中"丢"了通讯员

读报中经常看到这样的情况：一篇新闻稿署着记者、通讯员的名字，可文中出现的却是"记者看到""记者了解到""记者注意到"之类的字眼，似乎整篇都是记者的作为，无意中把通讯员给"丢"了。

类似这种不经意间"丢"通讯员的例子还真不少，大报小报都有，小报相对较多。有些记者采访写稿，喜欢把自己摆进去。有时为了给读者一个身临其境的感觉，增强新闻的现场感和真实性，不少记者还采取目击式、现场随机调查的方法，这没有什么可非议的。但不要忽略了这样一个问题，去采访的不是你一个人，当地的通讯员大力协助你，有时甚至拿出了初稿。他们对此也付出了劳动，共同署名是人之常情，不署通讯员的名也没有什么，但既署了人家的名字，就不宜在文中体现出都是你一人作为的意思，不妨用"我们了解到"或"笔者"等能体现两人或有合作者意思的词语。否则，就会使通讯员陷入两难境地：文章署了我的名，可文中写的都是"记者看到、注意到"，难道我是睁眼瞎？这不是有意让人说见报心切、硬挂名吗？这就要求记者、编辑在写稿、处理稿件时，应通盘考虑，在把文章做精的同时，再把有关人的事情处理妥当，那就更好了。

（原载2004年第11期《新闻战线》）

希望早点看到"新闻下落"

前不久，江苏电视台城市频道播出了一则标有"新闻下落"字样的消息，说本月20日中午南京市青少年科技活动中心发生的特大火灾原因已经查明。看到这一后续新闻，观众心里松了口气。

任何一起事故的发生，都是人们所不愿看到的，都想及早了解事故背后

的原因。但时下有不少事件在媒体报道后，往往就不见了下文。特别是一些大案要案，光有"查出"的问题，而迟迟不见"查处"的结果，不能不让人产生丰富的联想，有时还会惹来许多无端的猜测，甚至小道消息满天飞。

其实，事故既已发生，盖是盖不住的，正确的态度是认真对待，对责任者该处理的处理，该接受教训的接受教训，向社会和公众作一个交代，让公众早点看到"新闻下落"。

（原载2005年2月25日《光明日报》）

感谢记者写出了一个活生生的许振超

2004年，是重大典型人物报道最多的一年。可最让人们感到真实可信、不怀疑、能记住的还是青岛港工人许振超，他30年如一日，爱岗敬业、刻苦钻研技术，创造出了世界一流的工作效率。许振超与网民在线交流时，有网友就问："报纸上的你和生活中的你一样吗？有没有被拔高？"

人们为什么对先进典型人物会产生怀疑呢？要回答这个问题，就不能不说到媒体。实际上长期以来，正是因为新闻媒体一些不切合实际的典型报道，才逐渐"培养"了众多读者对典型人物产生怀疑的心理。网友提出这样的疑问并非无理取闹，读者的担忧也并不是杞人忧天。然而，令读者欣慰的是，随着对许振超报道的逐步深入，一个有血有肉的典型人物活生生地展现在读者面前，原先对他的怀疑便一扫而光。这是因为：

第一，许振超是一个"平常人"。他是一个在平凡岗位上做出不平凡事迹的普通人，是千千万万中国工人队伍中的一员，是"平民化"的先进典型，所以，最能鼓励广大普通的劳动者。当然，在今天，任何一个新闻人物，只要有了时代精神和时代灵魂，就有了强大的生命力，但并不是非要一个"高、大、全"式的英雄，也不是一个"黄昏的独行者"。在写他对党深厚感情的同时，又描述了他对家人的亲情、对工友的友情，展现他作为普通人充满生活激情和快乐的一面。这次又破天荒地写他月工资3000多元，买了三室一厅的房子。对此，有媒体评论说，这是我国典型报道中第一次报道典型人物的收入情况。像《许振超：我还是原来的许振超》《许振超的"五一"节》《许振超为工人证婚》等都突出了"平常"这一点。

第二，许振超也有缺点和不足。先进人物、典型人物不是完人，他们生活在群众之中，受主客观环境的影响，也有一些缺点和错误，这本身是很正常的事。然而，在过去对典型人物的不少报道中，你很难从中找到一丁点儿缺点和不足，他们好像是生活在真空之中！这次在写许振超理想与追求的同时，也写他自身的这样那样的人情弱点。比如他跟领导发脾气，拍过3次桌子；同样，有两个职工也跟他拍过桌子，他也给人家赔礼道歉，因为做错了嘛。这些都是平常人身上的平常事，符合平常人的生活常规，写进去并不影响人物形象，而是瑕不掩瑜，有助于还原人物，使典型人物变得立体而丰满。

第三，许振超并不是只会工作、不会生活的人。过去报道的不少典型有个共同点：没日没夜地工作，生了病把病假条藏起来，还要咬牙坚持上班，没有工作之外的业余生活和业余爱好。一旦得了奖金，还要全部捐献出来，似乎不这样就成不了典型。而对许振超的报道，就体现了时代精神，把他个人的生活放在社会生活的大背景里，写他买房子、买汽车、换手机、家里有钢琴；写他回家饭后往沙发上一倒的放松，尤其是他花5000元买了辆旧车在行驶中的快乐。特别是写他一个月能挣几千元钱，让工人们看后感到只要像许振超那样做个"学习型"的工人，生活就有奔头。

事实上，先进典型不是记者"写"出来的，而是先进人物自己干出来的。不是记者要怎么写，把人物塑造成什么样，而是人物本来是什么样，记者就应该真实客观地描述出来。最终是让典型人物"从生活中来，到生活中去"。今天没有人怀疑许振超，是对新闻工作者落实"三贴近"取得丰硕成果的最好注脚。

（原载2005年第2期《新闻战线》）

杨利伟太空看见长城了吗？

在太空宇宙飞船上能看见中国长城，这是我们多年来引以为豪的事。在人民教育出版社编写的小学四年级语文课本中，《长城砖》一文对此也作了肯定的描述。然而，我国首位进入太空的航天员杨利伟明确地说，他在太空中并没有看见长城！这太让国人"失望了"。但谬说毕竟是谬说，经不起事实的检验。

10多年前，境外传出美宇航员在太空能看见中国长城后，媒体大肆渲染了很长一段时间，后来质疑和否定这种说法的文章也发表过好多次。但为什么这样的谬误会被一而再、再而三地长期重复，还被编进小学课本？这就很值得人们认真思考玩味了，特别是我们的新闻工作者更应从中汲取教训，引以为戒。那么，类似"太空看见长城"的事为何时有发生呢？

一是习惯于"听风就是雨"。对一些空穴来风，往往不加思考，不作求证，就信以为真，以讹传讹，三人成虎。就说"太空能看见长城"吧，我们不妨计算一下，那就是相当于在2000多米之外，能看见一根头发丝。如果你推算出这样结果的话，恐怕就要先打个问号。2002年11月7日，某新闻网站推出一则报道《美传媒称千年女木乃伊出土后怀孕》，说一埃及考古小组3月在开罗发掘出一具逝世已超过3000年又经过防腐处理的女木乃伊，竟在出土后怀孕，至今腹中胎儿已有8个月。虽内容荒诞离奇，但仍有一些传媒转载了这则报道。南京博物院院长徐胡平研究员看了这则报道，评价是12个字：惊天之作、违背常理、不可思议。

二是习惯于"好的说、孬的咽"。一些传媒常常用是否对我有利来衡量一条消息或一种说法的价值，没有将事实的真伪和可靠性放在首位。于是，表面上对我们有利的消息会不胫而走，甚至一再夸大。许多转自境外媒体的报道，就不难看出这种倾向。这常常会满足不少人的心理需要，也很有读者市场。一些地方媒体更是精于此道，别的媒体，特别是上级报纸刊发了赞扬本地的报道，它又是加提示，又是加编者按，不惜篇幅转发。而对本地的批评报道呢，绝大多数是装着没看见。尽管当地的读者急于了解这方面的内容，可本地媒体就是三缄其口。当年对震惊全国的无锡邓斌集资案，《南方周末》以4个版的篇幅作了特别报道。此后该报在无锡的发行量每期从3000份，上升到20000多份。

三是习惯于"连老外都这样说了"。在有些人看来，外国人一般不说其他国的好话，一旦他们都说中国人好了，那就证明已经好得不得了了。这几年出现了众多老外的评价、认证、赞扬等，其实虚假的成分不少，受捉弄的事常有耳闻。有段时间，日本、美国大喊要求人民币升值的口号，许多国家加入这个大合唱。乍一看，这真是天大的好事。人民币的升值，可以买更多的、便宜的进口货，出境旅游、学习的花费也少了。当然，人民币升值可能产生积极的作用，但负面的影响也不会小。如果我们的媒体也一味跟着喊升值，那正好迎合了人家的口味。客观上讲，人民币升值对美日等国确有好处，否则，他们也不会花那么大的力气迫使人民币升值。用老外的话来证明，恐怕不是明智之举，弄不好倒成了人家的传声筒。

没有看见长城，就是没有看见。这种明确的回答可能会让不少人失望。但杨利伟实事求是的态度，很值得我们新闻工作者学习。要是他再含糊其词的话，谬误必然会继续流传，甚至会得到强化。当然，将来会有人来证明这一点，但谬误所产生的负面影响就难以估量了。

（原载2005年第2期《镇江日报通讯》）

假如你有三个"筛子"

有个故事对新闻工作者很有启发。

一天，一个人急急忙忙地跑到某位哲人那儿，说："我有个消息要告诉你……"

　　"等一等，"哲人打断了他的话，"你要告诉我的消息，用三个筛子筛过了吗？"

　　"三个筛子？哪三个筛子？"那人不解地问。

　　"第一个筛子叫真实。你要告诉我的消息，确实是真实的吗？"

　　"不知道，我是从街上听来的。"

　　"现在再用第二个筛子审查吧，"哲人接着说，"你要告诉我的消息就算不是真实的，也应该是善意的吧。"

　　那人踌躇地回答："不，刚好相反……"

　　哲人再次打断他的话："那么请问，使你如此激动的消息很重要吗？"

　　"并不怎么重要。"那人不好意思地回答。

　　哲人说："既然你要告诉我的事，既不真实，也非善意，更不重要，那么就请你别说了吧！这样的话，它就不会困扰你和我了。"

　　作为新闻工作者听到这个故事，静下心来想一想，我们平时告知公众的事情，有些是不是也像这个人要告诉哲人的消息一样对人对己毫无用处呢？假如先用"真实、善意、重要"这三个筛子过一下我们要采写编发的"新闻"，就不难发现，很多"新闻"其实根本不必写出来，更没必要与受众见面。

　　假如用"真实"这个筛子过一下，不少失实的、造成恶劣影响的新闻就会被事先过滤掉。真实是新闻的生命，也是记者、媒体的生命。如果每年底对当年的假新闻进行盘点，就可以发现，仅在一定范围内影响比较广泛的假新闻就数不胜数。有的"假"得出奇，无中生有；有的胡编乱造，捕风捉影；有的胆大妄为，信口雌黄；还有的作假手段高超，内行人一般都难看出来。比较典型的如《地球生命只剩50年》《千年木乃伊出土后怀孕》等。而这些"新闻"发出后又往往被不少媒体转载，其欺骗性可想而知。2003年3月29日，有家日报的网站转发了比尔·盖茨遇刺身亡的消息，其实该消息是西方愚人节的恶作剧。

　　假如用"善意"这个筛子过一下，一些产生副作用、影响社会安定的新闻就不易出笼。不能不看到，时下有不少记者和媒体，常常一不留神就成了被告。这除了所发的新闻在某些地方失真或不准确之外，那就是缺少善意，没有同情心。去年3月中旬到4月底，数十篇有关李雪健"失声""癌变""病故"等无中生有的假新闻出现在个别报刊、网站，以致发展到争相恶意炒作的地步。比如，写批评报道，搞舆论监督，应抱着积极的态度，本着解决问题的原则去发稿，以此来促进问题的解决。然而，有的却是想一棍子打死出口气，或一叶障目、以偏概全，甚至添油加醋，无限上纲。当然，其中也有个别的记者，出于种种目的，动不动以曝光相威胁，从而达到个人的目的。平心而论，对于有利于促进工作的批评报道，也就是我们常说的善意监督，不少单位和个人还是能够理解和配合的，最终也会达到有利于社会进步的目的。

假如用"重要"这个筛子过一下，一些小道消息、无聊信息就不会充斥媒体。我们说，过去大多是信息量不够、不足，眼下就是在一些主流媒体上也出现了信息过剩。对此，受众容易产生判断混乱，往往变得无所适从。而在有些报刊上真正重要的、耐读的新闻却不多，基本上都是鸡毛蒜皮的小事。

窗户打开了，清新的空气和可恶的蚊蝇都进来了。人们仅仅用一层纱窗就解决了挡住苍蝇的问题。同样，我们的记者、编辑、媒体在采写编发每一篇稿件时，如果都能够像那位哲人一样，认真地用这三个筛子过一过，那又岂止是受众的幸事？

（原载2005年第2期《中国记者》）

发行量不是"商业秘密"

5月25日，《收藏界》杂志在京率先公开发行量，并正式申请国家认证。这标志着我国报刊业开始向"虚报发行量"的不法行为宣战，报刊发行量步入"透明时代"。换句话说，报刊发行量已不再是什么所谓的"商业秘密"了。

报刊发行数量，是报刊的重要组成部分，理应让社会、读者清楚，这没

什么可置疑的。时下的问题是，多少年来，大大小小的报刊对"发行量"三个字极为敏感，常常是讳莫如深，成了极少数人掌握的"商业秘密"。该让读者知道的不让知道，该透明的不透明，与报刊的公正形象已格格不入，就是对自身的发展也不利。《收藏界》开了个好头，这种实事求是的精神就值得"收藏"，愿众多报刊勇敢地把发行量亮出来，让人们更多地了解你。

对出版物发行数据进行认证，在国外已有百年历史，世界上已有170多个国家和地区建立了印刷媒体发行审核机构。我国现有2000家报纸和9000家期刊，但对出版物发行量认证却一直是缺位，致使出现了一些与媒体自身形象不协调的现象。一是虚报。发行3万份，能虚报到6万份；光说订数比上年提高了几个百分点，就是不说到底发行量是多少，让你去猜。二是假报。有的报刊碰巧了重大事件，零售一下子增加不少，就以这一期为依据，称作全年每天（期）的发行量，但永远不说最少时的发行数。三是混报。一些报刊发行量不高，但集中到一个地区已不显少了，就抓住这一点做文章：本报在某某区域是发行量最大的"日报"，是本市覆盖面最大的"晚报"，是本地区发行量最高的"都市报"，等等。让人感觉都是"最高""老大"的做派。

如此等等，不一而足。因为发行量的虚报，报纸之间相互打起口水仗的事经常出现，让社会看了不少界内的笑话。虚报的目的大都为生存竞争、吸引广告客户、提高报纸身价之需要。在市场经济条件下，这种做法其实就是误导和欺诈，是对读者、社会的极端不负责任。

如果换一个角度考虑，报刊发行量虚报的危害，并不比GDP虚报小。它欺骗了千千万万的读者，尤其是广大广告业主的利益，损害了报刊业的诚信形象。我们都知道，报刊是以报道的"客观、公正"而立世的，对自身的发行量这个主要指标都不能正确对待，而"无可奉告"，又如何去监督、批评社会上的不道德行为呢？假如各单位、各部门都把不想公之于众的东西称为"商业秘密"来守口如瓶，将来的记者恐怕很难再挖出深层次的问题了。

（原载2005年6月6日《中国新闻出版报》）

小言论"大"处理

2004年年底，准备回顾、总结一下一年的工作，与镇村干部及部分农民座谈。他们说农业生产是今年的一大亮点，今年是改革开放以来的第二个粮食丰收年。为什么会有这样的年景？都说是党的农业政策好，特别是能够一竿子插到底，落实得好，"水到田头旺"嘛。我一听此话，计上心来，以这5个字为题，写了篇500字的小言论，当即传真到《江苏经济报》编辑部。

没过几天，贵报桂冕编辑看了这篇小言论后，给我打电话，详细问了成稿背景和经过。他说："你是从一个县的角度来写的，其实我们全省的农业生产形势也是如此，可否换成一个省的角度来议？这样宣传的影响会更大些、效果会更好些。"我当时非常赞同桂编辑的观点。

12月16日，《江苏经济报》在B2版将《水到田头旺》全文刊出。文中的"铜山县"改成了"我省"，文章原意一点未变。观点由一个县的典型说事，变成了用一个省的事实阐发。12月17日，《徐州日报》在第一版也发表了这篇言论。一篇小言论，得到了编辑的"大"处理，感受颇多，编辑把自己的心血凝聚到作者的作品里。这对编辑来说是常事，或许是小事，因为经历得太多了。但对具体的一个作者来说，恐怕长时间都难以忘怀。值此贵报创刊20周年之际，谨向默默无闻的编辑表示诚挚的谢意。祝《江苏经济报》更上层楼！

（原载2005年6月28日《江苏经济报》）

遇到人民日报编辑很幸运

6月15日，人民日报第9版刊登的《领导者当做"政策通"》一文是我今年在"思想纵横"栏目发表的第三篇评论。

去年年底，我接到了理论部编辑的电话，对我寄去的文章提出了指导意见。我既高兴又感动，从这位编辑身上我感受到了人民日报的光荣传统。我的《既要干成事，又要"不出事"》在《人民日报》发表后，编辑及时寄给我样报，还附信悉心指导，鼓励我充分发挥在基层工作的优势，从生活的第一线挖掘新的观点，来反映党的政策在基层的贯彻落实情况。

我是人民日报的忠实读者，尽管从事新闻报道工作近30年，但仍然是一个最基层的普通宣传工作者，由于个人能力所限，写出来的稿件只能说是"毛坯"或"半成品"，但幸运的是碰上了人民日报的编辑。我常把见报的文章与原稿认真对照，从主题思想、行文结构到语言表述，发现人民日报编辑所付出的劳动和花费的心血比我还要多。

人民日报之所以办得"高出一筹"，是与拥有一大批文品、人品俱佳的优秀编辑分不开的。他们默默无闻、长年累月为他人作嫁衣，把自己的智慧倾注到报纸上，倾注到作者身上。顺便说一下，党报的理论宣传在基层很受欢迎，许多读者，尤其是基层干部，喜欢剪贴理论版上的文章，作为学习借鉴和参考之用。

（原载2005年7月15日《编采业务》）

名记者常有"富"资料

中央某大报一名记者在参与报道我国首次载人航天飞行的过程中，仅一天一夜的时间，就发了45条消息、多张照片。原来他凭的是10多年与航天打交道的学习与积累。由此想到了两则名人逸事：

著名剧作家曹禺1980年访美归来后说，一位纽约时报的记者，采访他只是有目的地提了几个问题，在报上发表了3篇文章。文章里谈了许多意想不到的事，而且事实没有出入，材料准确无误。

著名相声表演艺术家马季20世纪80年代初到香港演出。当地一名年轻记者到后台采访他，他们见缝插针谈了不到一小时。在香港的15天里，马季见到了这位记者关于这次采访他的5篇文章。

这些记者采访时间这么短，为什么会写出这么多的新闻，且文章又那么厚实呢？那就是这些记者本身就是非常称职的资料员。他们都很注意收集、占有、积累、运用背景材料，使他们成了"富"记者。记得前两年我国新闻界召开了一次资料研讨会，这对促进新闻工作者重视、做好资料工作，人人争当"富"记者起到了促进作用。我国老一代新闻工作者都非常重视积累资料，范长江每到一个地方采访，事前一定把这个地方的地理环境、历史情况包括历史人物，先弄个清楚，理出资料。不少外国通讯社也非常重视资料，有的对记者提出："一名好记者也是一名称职的资料员。"美国写内幕新闻的名记者约翰·根室一生竟积累了6万张卡片的资料，堪称资料"富翁"。

时光到了21世纪，或许由于信息异常发达，或许认为随处都可以找到资料吧，善于积累资料的"富"记者屈指可数。有的新闻单位连图书室、资料室都没有，不少记者没有借书证；有的记者甚至连自己发过的文章都懒得剪贴留存。由此产生了这样的现象：有的记者拿出了题材很好的稿子，但显得太单薄，往往缺少新闻事实以外的东西，没有立体感，在参评好新闻时就缺乏竞争力；还有一部分记者越干越吃力，拿出的稿子与数年前作品没有什么两样，文章里愣是找不到生动感人的细节，干巴巴的还是那几句套话；更有甚者，"穷"到了写稿只能赶浪头、只会观点套事例的地步。

贯穿采访全过程的是什么？实际上就是个资料工作，它通过采集资料、整理资料、分析资料、研究资料，再运用资料、保存资料。时下，内地不少记者采访名流政要也好、学者也好，大都仅拿出一篇文章，这就是缺少资料的"穷"记者的表现。资料还可以成为突出新闻主题的画龙点睛之笔。报道1957年上海奇寒的消息，如果没有引用诗人臧克家1947年写的诗句"前日一天风雪，昨夜八百童尸"，用作解放前后的对比，其思想性决不会那么深刻。

随着经济社会的发展，人们的生活节奏不断加快，被采访对象给的时间也越来越短。在有限的时间里，只能选取有特点、有见解、有针对性的问题

提问，其他的资料只能靠平时积累或事先打外围来获取。这时资料的积累就显得尤为重要，同样在半小时乃至40分钟的时间里，采访同一位对象，拿出的文章为什么会千差万别？这与占有资料多少、底蕴深浅有很大关系。一句话，不占有大量的资料，形成不了记者的独立见解；没有建立在科学基础上的独立见解，自然谈不上记者的出色工作。

（原载2005年第9期《新闻战线》）

既不重复别人　更不重复自己

发表了80多个小品的作家焦乃积，做客央视《记忆中的小品》栏目。当主持人问他为什么有这么多优秀的小品问世时，他说："应该有生活，生活永远走在前面。我追求这样一种创作态度：既不重复别人，更不重复自己。"这与其说是创作态度，倒不如说是创作"秘诀"为好。

"文章自得方为贵，衣钵相传岂是真？"创作最可贵的是要有感而发，有自己的真情实感，最可怕的是无病呻吟，东拼西凑；既怕重复别人，也怕重复自己。重复别人，失去了自我；重复自己，弱化了创作激情，而时下真正能够意识到这一点的并不多，能做到的就更少了。就新闻界来说，有的记者干了多少年，回过头来看，反反复复的车轱辘话不知说了多少遍。不少文章一看都"差不多"，还是那些内容、那些材料、那种表现形式，只不过换了一下新的提法而已。比如，农业生产上的"四季歌"是年年唱，可年年唱的都一样。事实上，农业的四季目前已不像过去那么明显了，有些已不按四季生产，像逆季节的瓜、果、菜等越来越多，冬天照样享受到夏天的口福。因此，老调的"四季歌"还是不唱为宜。又如，各地的"两会"报道，代表、委员提案重复不少，仅加强义务教育恐怕就提了不少年，明年可能还有代表、委员提起，为什么不能就此作一次深入的报道呢？对记者来说，"两会"的稿子年年发，但真正能够标新立异的新闻不是很多，大都有似曾相识之感。这说明，重复是普遍现象，很难从中走出来。

"须教自我胸中出，切忌随人脚后行。"相比较而言，不重复别人，一般能做到。这是因为，怕有步人后尘、拾人牙慧之嫌，大多是有针对性地学习、借鉴，在原来的基础上有所创新、有所发展、有所进步。有的人就是重复别人，也是千方百计改头换面，让别人很难一下子就看出来。这些年仅仅从标题上对其就可看出点一二：《敢问路在何方？》《某某何不潇洒走一回》《开弓没有回头箭》《谁能告诉我，今年种什么？》等，好像一阵风似的。人们都说，第一个把女人比作花的是天才，第二个是庸才，第三个就是蠢材。时下恐怕都排到第九、第十了吧。

不可否认，现实生活中，不重复自己却很难做到。原因有三：一是当初拿出了有影响力的处女作，引起多方关注后，自认为这就是自己的特色或优势，始终按这个套路走下去。二是取得了点成果，不愿再学习他人的长处，始终抱着自个的"经验"不丢，而且多年一贯制。三是远离了现实生活，靠原有的一点积累，过度地开采，总在原地打转转，江郎才尽。不重复自己，要有不断自我超越的精神，应时刻抱着"下一篇更好"的创作态度，始终追求完美。尤其是要从单纯追求数量中走出来，向质量迈进。法国有位评论家说："我不计算我写了多少书，而计算我提出了多少新想法。"虚心地向同行学习，向群众学习，向实践学习，呼吸新鲜空气，汲取新的营养，赋予真实的情感，与时俱进，才能避免重复自己。

纵横自有凌云笔，俯仰随人亦可怜。重复别人和自己的结果都是一样的：没有新意，没有独特见解，也没有生命力。重复不仅是指内容上的重复，也包括谋篇布局、表现手法、文风等方面的雷同。认知和检验的标准只有一个：人民群众喜欢不喜欢。读者、听众、观众如果对你的作品常欣赏常感到新鲜，总有相见恨晚之感，也就说明没有重复别人和自己了。

（原载2006年第2期《城市党报研究》）

记者当"行走"一生

2005年12月29日，《人民日报》以《远去的背影》为题，回顾了当年送别的巴金等6位老人。其中对费孝通老人用《"行走"一生》作小标题，形象而贴切，恰当而传神。费老从风华正茂的学子，到声名卓著的社会学家、人类学家，步履遍及祖国的山山水水。特别是他70高龄之后，每年都有150天左右在全国各地调研。"行走"，是他整个学术生命的"呼吸"与"阳光"。费老之所以能取得那么大的成就，除了他具有强烈的社会责任感、高深的理论功底外，就在于他善于不断地汲取社会发展的新鲜营养，而这离不开他永不停息地"走"。"走"是费老学术研究永不枯竭的动力和源泉。

对新闻工作者来说，费老无疑是我们学习的楷模，"走"字也应贯穿于工作、学习、生活的全过程。"生命在于运动，写稿在于走动。"记者不仅要读万卷书，更要行万里路。由于采访、写作等条件的改善，现在"走"字似乎被人们忽略了，六七百里的路程，运用便捷的交通工具，可以"一日还"；六七百字的稿子，借助传真、互联网等先进手段，可以"即就章"。所以，人们越来越懒得走了，甚至视"走"为笨法、落伍。因为走得少，鲜活的东西上不来；因为走不到第一线，真实的情况弄不准；因为没有走近群众，百姓的脉搏摸不透，写出的稿子肤浅得很。有的人尽管"记者"的名字挂了一二十年，"本报讯"写了几千条，可能够让人有印象、称得上精品的却少得可怜。论文化，都不低，基本上是专科、本科、研究生；看职称，也都评上了中级、高级；比条件，采访装备和写作手段更是鸟枪换炮。这都是优势，但与老一辈新闻工作者相比，劣势也很明显，主要是"脚"的功底不行，走得太少，真知灼见太少，这种现象并非个别。

"脚板底下出新闻"，新闻是用"脚"写出来的，新闻是"踩"出来的，新闻是"跑"出来的等，这些说法，都体现出了"行走"二字。范长江走不到祖国的西北地区，就写不出《中国的西北角》；邹韬奋如果不深夜在巴黎的街道上做过几次"巡阅使",又怎能真实了解到法国下层人民的生活苦况;罗开富如果不重走长征路,恐怕写不出让读者如临其境的现场报道。古今中外,凡写出惊世之作,无不与"行走"相伴。新闻界有句行话:"七分采访,三分写作""六分跑,两分想,一分写"。时下,有的人却把它颠倒了,大多数的工夫花在了"怎么写"上。更有甚者,不少记者一过50岁就自感走不动了,单位往往会安排坐班而不必再跑了,可费老八九十岁还在不停地走,就不单单是体力的问题了。

如果你拍的照片不够精彩,说明你离现场还不够近;如果你长时间写不出满意的作品,说明你并没有真正走下去。记者是历史事件的忠实记录者,整天都在与事实打交道。发现事实,弄清事实,选择事实,反映事实,决定了他们应该而且必须走进现场,走近事实。新闻工作者要切实做到"三贴近",必须"走"字当头,走近实际、走近生活、走近群众,才能获得做好新闻事业的"呼吸"与"阳光",拿出无愧于我们这个伟大时代的作品。

(原载2006年第3期《新闻战线》)

高明的选择

有家晚报坚持不登与提升报纸品位的努力不符的广告,如治疗性病广告等。主管经营工作的副总编辑说:"这可能会减少每年上千万元的广告收入,但我们必须这样做。"这是高明的选择,在高品位与低档次之间,果断地选择了经济上暂时受点影响的高品位,如果缺乏战略和长远眼光,是不太容易做到的。

广告占据着现代报纸重要的版面,广告对报纸发展起着不可低估的作用,不登广告的报纸是不存在的。但怎样登广告、登什么类型的广告,却有着很大的讲究。时下,有的报纸对广告是来者不拒,不论什么广告,给钱就登,根本不考虑影响不影响报纸的品位、损害不损害报纸的声誉。有些广告

登得不仅让人怀疑，而且叫人恶心，如对性病是一针见效，对阳痿早泄是立马"挺"拔，对痔疮是一贴就灵，对癌症是药到病除，就连世界上难以治愈的病也都能妙手回春，等等。对此，不少人摇头叹息：也不知现在社会上有多少人得性病，到处都是治性病的广告！不客气地说，这其中小报小刊铺天盖地的广告起了推波助澜的作用。而一些党报等比较严肃的主流媒体，是极少刊发类似广告的。这也正是党报品位高、信誉好的一个反映。

美国著名记者、新闻学家杰克·富勒在《新闻价值》一书中指出，在报业经营中，"报纸是通过出卖信誉而吸引读者的注意。"他举例说，《芝加哥论坛报》如果头版刊登裸体模特的照片，一定会很畅销，但同时也将毁了自己。高品位的报纸，是永远拒绝品位极低的内容的，更对不入流的广告说"不"！否则，高品位就高不起来，信誉也会产生危机。

事实说明，高品位的报纸，终归会吸引和留住众多读者，特别是层次较高的读者。这些读者资源的"影响力"（包括读者消费水平、社会地位等）相当强，"含金量"非常高，能使有限的读者资源，释放出成倍的广告效应。20多年前，英国的《经济学家》杂志，期发行数只有10多万份，但其广告价位很高，年广告额多达上亿美元，而且广告商挤破门槛。其原因是一些世界著名的政界要人都是该刊的常年订户，如美国的国务卿基辛格、舒尔茨等，西欧各国的首相、部长等。这些读者不但消费水平高，而且有相当的社会影响力，在一定程度上左右着社会舆论，因而一些世界著名企业成了该刊的广告客户。在《经济学家》上登广告，成了企业进入这些政界要人视野的途径。

办一张高品位的报纸，要有明确的办报思想和科学的读者定位，需要经过多少人、多少年、多方面的艰苦努力和协调配合工作才行。光从稿件、图片等方面把关还不够，还要把住广告这个关口，因为它也是报纸的一个重要组成部分。所以，广告实际上也有品位问题，它不同程度地影响整个报纸的形象。当然，提高所刊登广告的品位，可能一时会受点损失，但从长远看，这只是以局部利益来换取整体利益，以一时利益换取长远利益，最终会成为大赢家。

（原载2006年第5期《城市党报研究》）

也说"恶补"

《中国记者》杂志第四期"焦点"栏目刊发了几位新闻工作者关于"小分队记者怎么当"的文章。其中新华社四川分社记者杨三军说，对于不熟悉的题材，采访前的"恶补"必不可少；《解放日报》记者邱曙东说，我一边"恶补"信访知识，一边从"外围"接近张云泉。

正因为他们在采访前特别注重"恶补"，准备工作做得非常充分，才出色地完成了采写任务。对这样的"恶补"，可用两个字概括："善哉！"

"恶补"就是在较短时间内，有针对性地、超量地补充马上要运用的知识和材料，以作采访的前期铺垫。毛泽东同志在战争年代说过一句很有名的话："不打无准备之仗。"采访尤其是重大事件、重大典型采访，事先没有准备或准备得不充分显然不行。对已知未知的情况尽可能了解，对采访对象的各种特点早点熟悉，争取心中有数，采访起来自然会得心应手。

有人说，记者是"万金油""万事通"，到哪个行业转转都能弄篇稿子。这只是表面现象。俗话说："隔行如隔山。"进入自己不熟悉、专业性又较强的行业，记者有时也会"丈二和尚——摸不着头脑"。就是自己常跑的领域，假如对采访对象一无所知，仅靠个把小时的零距离接触，恐怕也是雾里看花。

这从不少记者提问时出现的尴尬境况中不难看出：一是从盘古开天地问起，漫无边际，抓不住要害，掌握不住要领；二是顺杆爬，碰到什么问题、想起什么问题，就随口提问什么问题；三是问着问着不知问什么好了，使采访陷入僵局。归结为一点，就是记者肚里缺货，需要补的没有补，缺乏背景材料，当然拿出来的稿件也是干巴巴的。因此，完成一次高水平的采访，写出令采访对象满意、社会认可、同行称赞的稿件，不临时地补一补还真不行！

由于职业关系，新闻工作者平时都很忙，要抽出完整的时间坐下来补充补充，估计大多数很难做到。但如不及时补充、不经常充电，就容易掉队。

比较可行的办法就是，每接到任务，抓紧去硬补，让有挑战性的采访任务逼着自己补。临阵磨枪，不快也光嘛。事实上，在极短时间里"恶补"，也能收到事半功倍的效果。当然，这个"恶补"并不是什么都补，需要做一些选择，不外乎是：集中精力补理论，早日进入角色；查阅文件补政策，确保观点不偏颇；博采众长补知识，打好外围战。

　　一说"恶补"，或许有些人觉得是个苦事、笨法，总想偷点懒，不逼到头上不想补。其实它是采访写作的一个重要组成部分，决不能省略掉。一般来说，补得越多，采写起来越顺手，拿出来的稿件越厚实。"恶补"也像采访一样，须放下架子，拜群众为师，多问，多看，多想。新闻界一位老前辈常说："采访前准备得充分，等于完成了采访工作的一半。"我们现在采访政要、科学家、名人等，若再从头问起，"你是哪儿人啊，哪个学校毕业的、多大岁数"，等等，采访对象肯定要下逐客令。

　　"恶补"所达到的最佳效果是，记者要具备跟采访对象"对话"的资格，共同探讨一些专业问题。即使是甘当学生、虚心请教，也要问到点子上，使自己的看法、见解，对对方也有启发。这种采访，在局外人看来，他们就像专家学者在一起研究问题。光明日报记者樊云芳在这一点上就做得很出色，她总是力求当采访对象的"研究生"。切实做到了这一点，就不单单靠一时半会的"恶补"了，而是持之以恒地"常补"。

　　新闻工作者应始终保持探索态势、跃动态势、"饿虎扑食"的态势，始终处于临战状态，时刻准备着进入角色。平时补得多了，战时就没有必要"恶补"，厚积方能薄发。

（原载2006年第6期《中国记者》）

与"谁"叫板？

　　"政府图政绩，学校比气派。"某市多所中小学在政府的推动下，大搞

"投入教育"，不惜负债几千万甚至数亿元，竞相攀比兴建豪华新校而陷入困境。《人民日报》等数十家媒体予以披露。当地百姓争相传阅，寄希望于舆论批评能引起政府的重视，尽快加以整改。

然而，令人想不到的是，该市不仅不虚心接受批评，反而与上级媒体公开"叫板"：市里统一布置"新闻反击战"，让市属报纸在头版用整版的篇幅发表通讯并配发评论员文章"予以回应"；当地电视台也挤出黄金时间，不懈宣传该市教育的"辉煌成就"，掩饰真相，欺骗社会。基层政府和媒体与上级媒体公开"叫板"，明目张胆地混淆视听，这一现象很值得我们深思和玩味。

假如上级媒体的批评报道出现了偏差、失实或有失公允，当地党委、政府可以通过正常渠道向上反映，以"更正"等方式挽回影响，这都是不难做到的。时下的问题是，人家的报道无可指责，正确对待、认真整改，给群众和社会有个交代就是了。可有的地方和单位偏偏要拒绝舆论监督，无理搅三分，有时还来个"倒打一耙"。正像法国罗曼·罗兰说过的那样："一个人自己要被批评的时候去批评别人，是最不理智的事。"

诸如此类的"叫板"，目的之一是想挣回点面子，自己给自己找台阶下，但结果常常是陷入其中不能自拔。因为事实总归是事实，真相是掩盖不了的。"叫板"或许一时掩盖了自己脸上的疮疤，却留下了更大的隐患，不仅会害了自己，而且会影响社会公正，毒化社会风气，最后失信于民。

"叫板"的最大牺牲者是当地媒体。如果地方党委、政府与上级媒体打口水仗，所属媒体是最顺手的工具。平心而论，大多数媒体对此也是身不由己，更不想与上级媒体比试高低。因为一边是手握媒体干部任免升降权的领导，一边是广大人民群众和读者；一边是实事求是的批评报道，一边是弄虚作假的歌功颂德。但天平往往向"权力"倾斜。那就是不顾客观实际，不顾当地群众的承受力，按照领导的意图，拔"笔"相助，作官样文章"帮忙"，愚弄群众，蒙蔽社会。对于这种不计后果的行为，有些领导也不想一想，如今是信息异常发达的时代，地球都成了一个"村"，这一做法显然是

愚蠢而徒劳的。所谓的"负面影响"并不会因此控制在"最小范围内"、减轻到"最低限度"。这样盲目地跟着"叫板",媒体的公信力何在？在当地还会有什么受众可言？

如果把这仅仅简单地当作媒体与媒体之间的"叫板",对事情的严重性就会缺乏更深刻的认识。它绝不单单是当地政府和媒体对上级媒体的"叫板",而是在与人民群众"叫板"、向真理挑战。一篇批评报道,发出了群众的心声,符合群众的愿望,代表群众的利益。人民群众对此普遍叫好,又可以促进问题的解决,这不是天大的好事吗？对这样的好事,当地硬是拖着不办,媒体还大肆帮腔辩解,致使问题向更坏的方向转化,最终受损失的当然是老百姓。在一些地方,群众想办的事办不了,需要解决的问题解决不了,侵害群众利益的事得不到及时处理,群众能没有意见吗？媒体的职责是关注民生,化解矛盾,促进问题的解决,而不是帮着党委、政府挣面子、捂盖子。

讳疾忌医,甚至为错误辩护,往往会把小错误铸成大错误。基层媒体参与"叫板",一个地方的舆论导向必然会出现偏差,使一些不明真相的群众无所适从,问题更加复杂化,从而激化矛盾,影响稳定。这对问题的解决起不到一点积极作用,地方媒体也会付出沉重的代价：公信力下降,信誉丧失。尽管这其中的责任不能全怪媒体,但教训深刻,值得警惕。

(原载2006年第7期《新闻战线》,入选《中国当代杂文选》)

赞穆青的写作"冲动"

新闻战线"三项学习教育"活动巡回报告,在社会上引起强烈反响,让全国新闻工作者再一次受到心灵的震撼,同时想起了在亿万读者心中树起了一座丰碑的穆青同志。最难能可贵的是,穆青直到生命的最后一刻,始终没有放下笔和照相机,写作"冲动"竟延续到80岁之后！这不仅是新闻史上的奇迹,而且是我们新闻工作者学习的楷模。

写作"冲动"是新闻工作者的生命,是深入生活、直面社会、采访写作的不竭动力。一旦缺乏这种"冲动",那就表明对生活、社会、工作缺乏热情、敏感,甚至是熟视无睹、麻木不仁。当然,也就会感到没有什么东西可写了。这个写作"冲动"对记者来说,是第一不可缺少的东西。那么,要保持这种"冲动",特别是要长期保持、激活这种"冲动",需要具备的东西实在是太多了,太不容易了。但穆青给我们做出了榜样,从他身上很容易找到答案。

"冲动"源于对人民群众的深情。人民群众是新闻报道和服务的主体,是新闻工作者写作的源泉。对人民群众的感情越深,越容易发现人民群众的伟大创举,越能反映出他们可歌可泣的英雄事迹。穆青与许多普通群众结下了深情厚谊,他把人民群众看得很重很重,人民也把他看得很重很重。"勿忘人民",就是穆青对人民群众的真情流露。他的笔和镜头始终对着人民群众,曾七访兰考,八下扶沟,与基层干部、普通农民处朋友。"老坚决"潘从正去世后,穆青亲自为这个普通的农民写了碑文。他善于从人民群众的伟大实践中发现美好的东西,挖掘出来奉献给人民。

"冲动"来自对党的事业的激情。人的最大快乐和激情在他所从事的事业中,有了这种激情,就有了永不停止的动力和干劲。穆青以他敏锐的时代眼光和强烈的社会责任感,不断捕捉改革开放中的闪光点和兴奋点。写于1992年年初的《风帆起珠江》,有人认为穆青事先得到什么消息,否则为什么和后来小平同志南方谈话精神一致?其实,正是因为他忠诚于党的新闻事业,勇于站在时代潮头,最了解党的意志和人民的呼声,作品自然就有生命力和感召力。1996年,75岁高龄的穆青把他笔下的焦裕禄、王进喜、吴吉昌等汇集成书,名为《十个共产党员》,献给党的75岁生日。

"冲动"出自于对新闻工作的痴情。新闻工作是常干常新的工作,但时间长了,也容易缺乏新鲜感。只有把新闻工作当作事业来干,甚至当作毕生为之努力的事业,才能达到忘我、痴情的境界。穆青对新闻的"痴"到了"迷"的程度。从领导岗位上退下来,按说与文字打了一辈子交道,该歇歇了。但他

痴情不移，当年写过焦裕禄之后，就想写林县、辉县这些感人的典型，由于"文革"而计划落空。他说，我亲身经历和感受的一个个鲜活的典型，不把他们写出来，心里就不安，有一种欠债感。退下来之后，穆青几年就把"文债"一一还清了。退了再去还"文债"，这样的事有几个记者能做到？

写作"冲动"，可以说在穆青身上从来没有消失过。也正是因为他时时处于"冲动"之中，写作的灵感泉涌不断，拿出来的作品活力四射。在60多年的新闻生涯中，穆青以充满激情的笔触生动地展现了一位共产党人的高尚品格和精神风貌。当然，近几年来，在众多记者的笔下，也展现了穆青作为党的新闻工作者、一代名记者的光辉形象。

（原载2006年第9期《新闻战线》）

用故事说话

采写新闻要用事实说话，一直是新闻工作者坚持的原则。没有事实的"新闻"，不是真正意义上的新闻。随着人们认知事物能力的不断提高，对新闻事实也有了更深层次的理解和要求。时下的新闻已不仅仅满足于用简单的事实作例子了，而是希望用比表达事实更直观的小故事来说话。

"小故事大道理""小故事大智慧"，精彩的小故事是新闻作品中难得的细节。从某种意义上说，故事就是不折不扣的事实。故事反映事实，故事说明事实，特别是人物新闻，如果缺乏故事，就没有细节和灵气，更凸显不出人的个性特点。认真研读著名记者穆青的作品，就不难发现，他笔下的一个个活生生的人物，无不有感人的故事让人铭记在心；是一个个小故事支撑、丰满了新闻主人公形象，也是人物自身的故事让读者留下难以磨灭的印象。穆青是把根扎在最厚的土层里，他能用最底层的事感动最高层的人。

对于北大教授季羡林的了解，众多百姓是从他曾经为一个新报到的学生照看行李这个故事开始的。只有几句话的小故事，不知震撼了多少人。大学者的人格魅力，因这个小故事而大放异彩！

记者需要挖掘故事，文章需要运用故事，受众更需要欣赏故事。

用故事说话，必须坚持"三贴近"原则，深入生活第一线，努力掌握第一手材料特别是故事情节。事件可以搜集，事迹可以选自汇报材料，评价可以从领导和群众口中获取，唯独新闻发生时的细节、故事想象不出来。一般来讲，作者如果不亲临现场、不到生活的最前沿用自己的眼睛观察，靠"二传手"恐怕写不出生动的文章来。新华社记者张严平采写的《索玛花儿为什么这样红》，打动了万千读者的心，潮湿了人们的眼睛，就连文中主人公王顺友都流着泪对张严平说："你写的，我看了。你最明白我心头。"为什么？因为文中有细节、有故事、有真情实感。而这些故事是在路途险恶、危险重重的情况下，采访组要求除摄影摄像记者继续跟进、文字记者都要撤下时，张严平经过争取破例随队坚持采访而获取的。

用故事说话，必须坚持做到用"心"采访，"身入"更要"心入"，练就一双慧眼。新闻工作者只有与人民群众打成一片，随他们的脉搏而跳动，他们才肯把心里话说出来，把最真实的一面向你敞开，你才能捕捉到别人难以觉察的新闻故事。中央电视台《新闻调查》专栏记者坚持用事实说话，用故事说话，与采访对象零距离，采编的许多故事追求本色、原汁原味，10年来没有引发一起侵权官司。范敬宜在辽宁日报当记者时，在一个公社的办公室里睡了一觉，竟"睡"出了《两家子公社干部睡上了安稳觉：夜无电话声，早无堵门人》的新闻。如果不是有心人，睡三夜也"睡"不出新闻来。用心采访，要把新闻当事业做，时刻保持在临战状态，没有8小时内外之分，也没有在班上与家中之别。否则，一些新闻故事不是看不出来，就是在眼皮子底下溜掉。

用故事说话，必须面向受众，改进文风，善于运用人民群众喜闻乐见的形式表达。具体说要少用形容词，多用动词。一篇新闻不能总是记者在那儿唠唠叨叨，也不能总是有关部门的领导在喋喋不休，关键要看群众是怎么说的，最好用群众的语言把新闻事实讲清楚。湖北电视台的《往事》栏目，

立足于百姓自己讲述历史故事，2001年全票通过摘下了中国广播电视新闻奖社教类栏目一等奖桂冠。这就是因为《往事》确立了自己的独特定位：小人物，大命运；人生况味，往事情怀。

写新闻就是写故事，更具体地说，是着重写人的故事。因此，记者一定要增强讲故事的能力，会讲故事，讲好故事。当然，满足于浮在上面，沉不下去，是永远发现不了故事的。

（原载2007年第7期《新闻战线》）

案头稿件看变化

作为最基层的党报编辑，伴随着改革开放的节拍，走过了这不平凡的30年，其中的感慨用"万千"已嫌太少，仅从案头的稿件，就可以看出新闻人装备的"鸟枪换炮"和新闻事业的飞速发展。

对一个天天与稿件打交道的编辑来说，对稿纸样式的变化是比较敏感的。20世纪80年代初的来稿，真正带方格子的稿纸少得可怜，用活页纸书写算是比较高档的了，多数是用白纸、学生作业簿上顺手撕下来的纸张书写。这些稿件没法查字数不说，想刊用就得动"大手术"，需要再誊写一遍。一天下来，累得头晕眼花。后来，用240字、300字、400字稿纸书写的稿件越来越多，而且不少是单位专门印制的稿纸，红色、绿色、蓝色、灰色等方格似一块块四季农田，美不胜收。即便作者忘了写通信地址也不要紧，因为稿纸上清清楚楚地印着"××单位稿纸"字样。这些稿件改起来比以往在活页纸上动笔省事多了。

20世纪90年代初，我所在的报社告别了"铅"与"火"，走向了"电"与"光"，编排技术、印刷质量发生了革命性的变革。进入新世纪，用电脑排字的稿件逐步多了起来，尤其是标题字包括引题、主题、副题等排得眉清目秀，乍一看好像哪个报上剪下来的。当然，对这类稿件，编辑改着舒心，微机房人员排着省心，校对看着放心。

新世纪初，单位又开始告别了"纸"与"笔"，案头上的稿件越来越少。通讯员一个邮件发过来，无疑拉近了作者与编者时间、空间的距离，保证了新闻的时效性。一位多年与我保持联系的外埠言论作者，这几年就换了三次"笔"：一开始发来的稿件是圆珠笔复写的，改时不小心，就会沾一手墨；后来是用打字机打的油印稿，清楚多了；几年前也都用上了电脑写稿。

作者发稿方式的变化就更大了，以往大都是邮寄，多年不谋作者的面；后来多用传真发稿，电话一通，说上两句，稿子就过来了；随着交通等条件的改善，有不少作者登门送稿，希望编辑当面指点。而时下收到的稿件98%都是电子邮件，不少作者头天写好传过来的稿件，第二天就可以在报纸上会面了。这在过去想都不敢想。

摆在案头整齐划一的打印件，渐渐地失去了往日五彩缤纷的文面风格，难以欣赏到作者们的手写体，感情上似乎少了些什么。但这折射出的是短短30年中社会的迅猛发展。再展望一下未来30年，文化人在一不用笔、二不用纸、三不用伏案的基础上，可能还有许多传统的方式方法会用得越来越少，到那时只要会用脑子就行，真正达到智能化了。

（原载2008年12月1日《中国新闻出版报》）

感受"双十新闻"评选是一种享受

最初拿到刊载徐州市"双十新闻"评选候选条目的报纸时，尽管密密麻麻的一个整版，还是一口气研读一遍，觉得沉甸甸的。因为它让我们明显感受到，过去的两年，是徐州市大发展、大跨越、大变化的两年，是取得众多荣誉和重大奖项的两年，是各种政策、举措和成果惠及广大人民群众的两年。至于到底哪一项能够最终入选，倒在其次了。

一是"新"。许多事件具备较高的新闻价值、较强的新闻性，有着强烈

的时代特征和时代意义，许多工作和做法在全省领先、全国率先。尤其是关于创业、创优、创新等方面的新闻不少。农业科技成果取得新突破，攻克了番茄黄化曲叶病的世界难题，甘薯新品种平均亩产超万斤，创下世界甘薯单产最高纪录，对世界粮食增产具有划时代意义。去年下半年，我市着力推进"三重一大"项目，加快发展步伐，徐州"新能源之都"呼之欲出。它折射出了全市人民敢于创新、勇于进取、奋发有为的精神风貌。

二是"大"。工作成就巨大、新闻主题重大、社会影响力大的事件不少，特别是带有"中国""全国"字样的荣誉粗略统计就有13个。在中国城市化进程活力城市评选中位居地级市第4位，列入"中国最具创新绩效城市"第8位，入围中国最具幸福感城市地级市50强。此外，还荣获了"中国城市综合创新力50强"、首批成长型中国创业之城等荣誉称号。"荣誉之所以伟大，就因为得之不易"。这在一定程度上展示了我市"四个文明"建设的新形象，也大大提高了徐州的知名度和美誉度。

三是"全"。初选的事件条目涵盖了政治、经济、文化、社会和民生的各个行业、各个方面，包括反映我市悠久文化底蕴的再发现、再挖掘等。徐州剪纸被列入"人类非物质文化遗产代表作名录"，填补了我市此项空白。一边是脱贫攻坚工作进度加快，64万人甩掉了"贫困帽"；一边是随着京沪高铁的建设，徐州将进入高铁时代。准确地说，条目全方位凸显了各行业亮点，是全市发展成果的一次大盘点。

四是"实"。工作踏踏实实，作风扎扎实实，取得的业绩成果也实实在在。我市启动"万人免费创业培训计划"、出台《关于促进全民创业的意见》，设立6000万元创业贷款担保基金，以培育更多的创业主体。去年建设9220套经济适用房和1280套廉租房，两年为2万多户低收入家庭解决了住房难问题；投资近3.6亿元整治129个老小区，面貌焕然一新，居民生活质量明显提高；基本医疗保险政策实行第二次较系统全面的调整，惠及70万参保人员。

荣誉有着很强的鞭策力，是鼓舞人们前进的号角。面对这么多大事、要事、好事，的确让人感动。要真正投好票、评选好，实属不易。因为最终漏掉哪一件，都有遗珠之憾。但评选的过程是美丽的，通过积极参与、倾情关注和深切感受，集中民智、凝聚力量、激励斗志，使"争先创优"成为全社会的主流，成为徐州精神的核心内容，成为干事创业的强大动力源。这个意义是巨大的，必将激发全市人民的自豪感和进取心，在率先发展、加快振兴的征程上快马加鞭！

（原载2010年1月28日《徐州日报》）

"大白话"讲活"大道理"

事先预订了《理论热点面对面·2009》一书，拿到手我就一口气读完，不禁击节称赞："耐读、过瘾，真是用'大白话'讲活了'大道理'。"当时的感觉正像卢梭所说"我口袋里只要有一本新书，我的心就怦怦跳了起来，恨不得一口气把它读完"。这的确是一本对大众可以直接"照本宣科"的书，是能够让人知事、明理、释疑、益智的书。

作为最基层的宣传工作者，对党的方针、政策不仅要学习好、贯彻好、落实好，而且还担负着"宣传好"的任务。如何提高宣传艺术、增强宣传效果，始终是许多宣传工作者探索追求的目标。尤其是对被称为"大道理"的理论宣传，多数人常常视为畏途，怕吃力不讨好。因为自己对理论都不太感兴趣，进入不了状态，怎么能让群众接受？反复研读《理论热点面对面·2009》，我豁然开朗：理论离我们并不遥远，其实就在我们身边，与我们的生活、工作密切相关；不仅各级干部需要理论武装，广大人民群众更需要理论指导；理论文章并不都是枯燥乏味的代名词，照样可以写得生动活泼、通俗易懂、引人入胜，关键是要贴近生活、切合实际，回应人们普遍关心的热点问题，行文有理有据，文风朴实，情真意切，能让人看得进、记得住、用得上。

一位科普作家曾断言："没有枯燥的科学，只有枯燥的叙述。"宣传中

国特色社会主义理论和科学发展观，应大力倡导清新的文风和生动的语言，善于运用群众身边的典型事例或现身说法，用小事情阐述大道理，以增强感染力和说服力。尤其是《理论热点面对面·2009》简洁明快、深入浅出的朴实文风，让我们感受到了理论通俗读物的魅力和力量。伏尔泰说过："当我们第一遍读一本好书的时候，我们仿佛觉得找到了一个朋友；当我们再一次读这本好书的时候，仿佛又和老朋友重逢。"经常翻翻这本书，总会有所收获，总会有新的感悟和认知。

其实，早在2003年，我就把《干部群众关心的25个理论问题》作为工具书来翻阅，自以为是宣传干部必备之书。因为这样的"书是随时在近旁的顾问，随时都可以供给你所需要的知识，而且可以按照你的心愿，重复这个顾问的次数"（凯勃斯语）。的确是这样，平时看到社会上的负面问题，听到群众的牢骚话，或发现一些人的不满情绪，总能沉下心来思考一番，或站在对方的角度想一想，从理论的角度衡量衡量，心就平静了许多；如果遇到看不准、吃不透、讲不清楚的问题，就把书翻一翻、想一想，认识、分析问题会更全面、更科学；假如再与周围的同志议一议，或举一反三，或争论切磋，或触类旁通，就会明白许多道理，心中自然亮堂了许多，从而增强做好新闻宣传工作的针对性、主动性和创造性。

语言文字是思想的载体，思想也需要清新的文字来表达。老舍先生说过："世界上最好的文字，就是最亲切的文字。所谓亲切，就是最普通的话，大家这么说，我也这么说，不是用了一大车大家不了解的词汇字汇。"《理论热点面对面·2009》一书，特别善于运用群众鲜活的语言，既讲"普通话"，也说"地方话"。在"'三鹿事件'的警示"一章，说除了"吃饱"，还要"吃好""吃得健康""吃得安全"；只有严格监管好企业的"出口"，老百姓才能放心地"入口"。这如同毛泽东的讲话和著作那样深入浅出，通俗易懂，朴实生动。

入耳才能入脑，入目才能入心。丰富而深刻的思想理论，总是通过明白畅达的文字来传播的。让大众切实领会党的方针政策的精神内涵，必须先让受众乐意听，能够记在心里，有强烈的感受，易引起共鸣，才能谈得上如何进一步武装头脑、指导实践、推动工作。如"迈向'病有所医'新时代"一章，说过去有的农民看不起病，因病致贫、因病返贫的不少（救护车一响，一头猪白养），就比较生动形象。还有"坚持不折腾，中国才能赢""美国的民主被卖给了出价最高的人"等。其实，以前农民常常是"小病拖，大病挨，实在不行向医院抬，抬到医院再抬回来"。现在政府投资、财政补贴、大多数农民参加新型合作医疗，时下是"有病治、无病查，得了大病不用怕，合作医疗能救驾"。农民的心声反映了就医上的新变化，说服力不是长篇大论所能比的。

有效传播党的创新理论，应少一些学究气，少一些冷僻字，少一些故作高深之状，《理论热点面对面·2009》在这方面作出了示范。它使我学理论有了通俗读本，写文章有了经典范文。受此影响，无论说话还是写文章，我坚持做到"三多"：一是多关注群众所关心的问题，二是多说实话、真话、新话，三是多学习运用群众原汁原味的语言。同时借鉴《理论热点面对面·2009》的写作风格，学习从人民群众的实践中提炼观点、寻找题目。而来自群众、来自基层、来自生活的第一手材料，既鲜活生动，又恰如其分，无疑是写出真情实感而富有哲理文章的源泉。比如群众反映，一些干部光嘴上说要"干净干事"，可干出的事却不干净，能让人信服吗？于是我借这句闪耀着思想火花的话，以《干净干事干事干净》为题，撰写了千字文，发表在2009年12月24日《人民日报》理论版上。

"读书点亮人生。"近几年来，受益于《理论热点面对面》，我仅在《人民日报》理论版就有10多篇文章刊出。渐渐地对理论读物产生了浓厚的兴趣，每年新出的通俗读本，我都在第一时间置于案头，先睹为快，反复研读，细致品味，乐在其中。特别是"理论热点面对面"系列的7本书，我不知看了多少遍，不断从中汲取营养，既增强了理论素养，又促进了工作，丰富了生活。

（原载2010年4月30日《中国新闻出版报》、第5期《中国图书评论》）

评论员文章也能短下来

研读8月16日《人民日报》评论员文章《牢牢把握学习实践科学发展观这个主题》，不禁有所感慨：堂堂中央大报的评论员文章，连标点符号竟然只有469个字。大力倡导文章短、新、实，人民日报评论员作出了表率，只要时刻想着受众，惜字如金，笔下留神，评论员文章照样能短下来。

一般来说，个人署名的评论文章，乃一孔之见、一家之言，可以写得短一些。但评论员文章往往代表一个单位或组织发言，论述的主题较大，属于中型评论，需要一定的篇幅来阐述。另外，在人们的印象中，文章块头大一点，似乎才能把问题讲清说透，才能在版面上压得住阵脚。作为"广泛深入开展创先争优活动系列评论"中的第5篇，仅5个小段落、400多字就有效地解决了活动中的一个问题。这并非长篇大论不可。如文章开头以"中央明确要求，开展创先争优活动，要以深入学习实践科学发展观为主题"，仅33个字就直接切入了主题；文中还不乏有"如果就活动搞活动，就很有可能喊在嘴上、写在纸上、贴在墙上而未能落实到行动上"的个性化语言，生动朴实，让人过目不忘。

在信息传播异常快捷、人们的时间观念越来越强的今天，报刊文章理应越来越短、越来越新、越来越实才是，可为什么始终做不到呢？根源在于一些人的工作作风不踏实、不扎实、不务实。反映在文风上就是老生常谈，面面俱到，东拉西扯，云里雾里。其实，就是评论员文章也无定法，同样可以写得短小精悍。只要能够抓准问题，切中要害，言之有物、言之有据、言之有理，就是好文章。

（原载2010年第9期《新闻战线》）

新闻与"故事"

读2010年第12期《新闻战线》杂志，有两则关于以"故事"喻理的论述让人印象深刻，颇有感触。

在访谈录《"丑女"无敌》中有这样一段表述：湖南卫视《晚间新闻》是用说新闻，甚至是侃新闻的方式播报的。在说了9分钟好玩的故事后，会用1分钟告诉观众一个道理："做一个善良的人。"这是包裹在节目的可看性、趣味性、适用性、故事性之内的核。

在《〈七个"怎么看"〉的宣传创新》中，光明日报社李瑞英以《开创理论宣传的新模式》为题认为：该书特别是在问题解读时，7个篇目都是有故事、有数据，而没有故作高深的说教，将理论的思想观点与生动有趣的事实融为一体，用百姓熟悉的语言表达出来。

两段文字所阐述的分别是，作品中要有故事，要以故事论理、明理，故事在新闻作品、理论文章中的作用由此可见一斑。

新闻是人类社会活动的写照，背后自然有许多生动活泼的故事。可以说，采写新闻说到底就是"采访故事"。新闻是新近发生的事实的报道，"故事"是事实，但比"事实"又细致了一步。相对于一般新闻而言，鲜活、生动的事件性新闻更具有故事性、可读性和传播性，新闻价值更为突出。一篇优秀的作品，必然少不了感人的故事。同样，一篇空洞无物的文章，其中必定缺乏引人入胜的故事情节。

在内容为王的信息时代，故事是新闻乃至其他作品中的看点。郭沫若说过，"中国人是吃故事的"，孟姜女、梁祝、白蛇传的有些情节在当时可能就是新闻。昔日众多的新闻已经被人们遗忘，唯独故事永在。因为人们对故事自古以来都抱有浓厚的兴趣，"故事化"无疑是吸引受众的一个有效方式，也是读者接受、交流、储存信息的天然"桥梁"。在采访中如果找不出"故事在哪里"，就写不出真正的新闻来。不同的人采访同一个对象，有的

满载而归，有的却一无所获，问题的根本原因在于"问"得够不够、"沉"得深不深、"挖"得透不透。倡导用讲故事的手法写新闻，切合了读者的阅读心理。

张艺谋曾对媒体感叹："故事稀缺，我是等米下锅。"新闻学的根基和核心是一门讲故事的艺术和学问，一个有品位、有内涵、有意义的故事，其实就是一个载体，承载着朴素而深刻的道理。著名作家杜鹏程说得好，好的故事"如同钉子钉在木板上一样结实……"记者笔下的一些人物为什么至今还能被视为典型、成为人们学习的榜样？他们的故事让读者了解过去、解读现在、预测未来，故事能让典型人物有血有肉、栩栩如生地"立"起来。

2010年9月，中央媒体集中报道了全国优秀共产党员、党的十六大代表、常熟市一农村老支书常德胜。他之所以把这个村子搞得这样好，有一个故事讲述了其历史原因：20世纪70年代初他刚当村支书时，就去探望本村一个处于弥留之际的老人。老人的儿女们痛哭不停，说老人此生有一个遗憾：因为穷，一辈子没有拍过一张照片。常德胜立即派人到镇里的照相馆请来了摄像师，可是这时老人虽然心脏还在跳动，但眼睛已闭上了。常德胜用毛巾蘸着温水在老人的眼睛上轻轻地擦拭，老人的眼睛微微地睁开了，摄影师抢下了一张老人睁开眼睛的镜头，给家人留下了永恒的纪念。这件事对常德胜触动很大，为了让全村的人不再出现这样的遗憾，必须带领大家致富！

写文章最难得的是有故事、有巧妙的故事，把道理寓于故事之中，通过故事的准确完整叙述，让受众得到启发、明白事理、通达意义。因此，采写新闻不仅要寻找故事在哪里，还要考虑故事的意义在哪里，也就是要学会以事明理、以理服人。《七个"怎么看"》特别善于通过讲故事破题，然后生发开来，达到以事明理、以理释义的目的。如谈到我国发展的不平衡，用长达36公里的杭州湾跨海大桥与云南省泸水县六库镇的滑索过江两个反差较大的故事作对比，直接切入主题、进入情景；谈到"招工难"，说"许多企业受国际金融危机影响时'没米下锅'，现在好不容易等来了定单又找不到'煮饭的人'"等，这些以小故事引出的话题言之有据、言之有物、言之有理。

用故事说理，以故事明理。不断提高记者发掘故事的能力，很大程度上既是方法问题，又是作风问题。故事就在基层，故事就在群众中。不用心采访，得不到故事；不深入生活，挖掘不到故事；不贴近群众，发现不了故事。因此，要发现故事、讲好故事，必须及时把生活中最精彩、最有时代特色的老百姓自己的故事原汁原味地见诸媒体，这应该作为记者的基本功长期磨炼。

（原载2011年第1期《新闻战线》）

"踩"出来的新闻最出彩

近一段时间，来自基层生活、贴近群众实践、反映发展实情的稿件明显多了起来，并且上了各种媒体的重要位置或黄金时段，《人民日报》仅在头版头条就刊发了10多组"一线见闻"专栏稿件，有些稿件反映了农民、村民小组乃至社区的"小事"。这些"活蹦乱跳"的新闻，读起来有如临现场、如闻其声、如见其人之感。基层群众普遍反映，这些记者们来到身边、用脚"踩"出来的新闻实在、真切、耐读！

路是"踩"出来的，新闻是"跑"出来的，"腿脚能奔跑"的传统不能忘。如今，社会发展了，采访手段先进了，获取材料的速度快捷了，但用脚采访的传统不仅不能丢，还应作为记者，特别是青年记者的基本功继续坚持下去。事实上，唯有用脚"踩"出来的新闻才更真切、更耐读。因此，既要用心去"采"，又要多用脚去"踩"；既要用笔去记录，又要用脚来丈量。切实沉下去，融入人民群众中，心里会更踏实，写起来也会胸有成竹、倚马可待。

不可否认，时下有的记者懒得抬脚，腿功明显退化，缺少"踩"的勇气和劲头，热衷于浮在上头点鼠标、打电话、传邮件、搞粘贴，生拼硬凑成文字；还有的记者根本没到现场采访，竟然在通讯员采写的现场感强的稿件上添上自己的大名。拼凑出来的稿子自然经不住推敲和检验，有时还会留下笑柄。

相比较而言，用嘴、用耳都不如用脚辛苦。用脚"踩"新闻需要花费一定的时间、精力去现场亲眼见证。必须到群众中，直接与群众面对面，虚心拜群众为师，倾听群众心声；必须到新闻发生地，甚至要冒着生命危险去获取原汁原味、没有经过任何加工修饰的第一手素材，捕捉原生态的材料，但这些都比"二传手"得来的新闻要来得真、来得活。

脚底板下出新闻，记者成才的路就在脚下。大力倡导"走基层、转作风、改文风"，不妨先从脚下做起，迈开步子，放下架子，亲自到改革发展的第一线、最前沿，因为唯有用脚去"踩"，才能塑造人品、拿出精品。

（原载2011年10月12日《中国新闻出版报》）

"徐州员工故事"

7月4日，国家主席习近平在韩国国立首尔大学发表演讲，称赞为韩国患者捐献骨髓的中国志愿者张宝，同时引用张宝的话，称"是中韩两国人民友谊的真实写照"。张宝是徐州市一家企业员工，他说他只是做了该做的事，获得习主席称赞倍感荣幸。

用真情讲述故事，用故事见证真情。研读习主席的讲话和文章，不难发现，他善于用举事例、摆事实、讲故事的方式同频共振、凝聚共识。让事实来说话，让事例来说明，让故事来讲理，这在习主席的讲话中经常运用，尤其是在国外的多次演讲，他都会讲一些故事，或者举一些具体事例，给受众留下了深刻的印象。"徐州员工故事"被习主席引用，是徐州的荣耀，也是对徐州人的激励。

弘扬主旋律，传播正能量，激发全社会团结奋进的强大力量，关键要提高宣传质量和传播水平，增强吸引力和感染力，让群众爱听爱看、产生共鸣。在海量信息时代，故事是新闻、演讲、宣讲乃至其他作品中的看点。

"讲述老百姓自己的故事"，我们应以积极的姿态走进普通百姓。近年来，徐州好故事很多，"徐州好人"层出不穷。作为徐州人，一要继续创造精彩的徐州新故事，向社会奉献更多的正能量，提供更多的徐州智慧，传递更多的徐州精神。二要充分挖掘身边的故事。现实中不是没有故事，而是没有被发现，应不断提高发掘故事的能力。三要讲好我们自己的故事，以情感人、以事明理、以理服人，采取各种方法、运用各种形式、借助各种平台，讲述更多更好的徐州故事。

用故事说理，以故事明理，很大程度上既是工作方法问题，又是工作作风问题。故事就在基层，故事就在群众中。走群众路线，贴近百姓，才能发现故事；扎进生活深处，才能挖掘故事，才能把最精彩、最有时代特色的老百姓自己的故事，原汁原味地展现出来。

（原载2014年7月10日《徐州日报》）

他上过"今日谈"

在一些聚会或应酬的场合，别人介绍我时，常常一句"他上过'今日谈'"，就让搞文字的同人刮目相看。可见，"今日谈"的影响力有多大！

"上'今日谈'真难！"这是许多作者，包括我对这个栏目的感慨。地市县报的新闻工作者，撰写的评论能在《人民日报》刊发，起码会产生两个效果：一是作者特别有面子，二是评省市好新闻有望。如果能破天荒地上一版"今日谈"栏目，那种风光会持续好长时间。可风光背后之"难"有谁知？只上过一回"今日谈"的我对此感受颇深。

一是难在号准脉搏。"今日谈"所发的言论，可视为社会进步发展的风向标，领时代风气之先，是最接地气的文章。如果作者心静不下来，浮在上面，脚不沾土，缺乏对生活的思考感悟，硬抠出来的文字怎么看都是干巴巴的。换句话说，趴在办公桌上、坐在电脑前，是想不出好题目的。要写"今日谈"，必须到社会实践中获取未被加工的素材，到人民群众中汲取养分，

到生活的最深处捕捉思想火花。因为"今日谈"重在时效、贵在鲜活、妙在角度、好在实打实。

二是难在持续学习。今天努力，明天就见效，是梦想；今日写言论，明天就要上"今日谈"，是愿望。初学者常常因为"今日谈"篇幅短小，就轻视它，其实写起来比千把字的文章并不少花功夫。写"今日谈"，实际上是逼着你自觉养成随时随地学习的习惯，先把言论写得上路才行。我曾购买过三种版本的"今日谈"集萃的书，研读借鉴经典范文。遇到不错的题目，写出来要精心修改、反复打磨后才拿出来。这个过程是很熬人的。

三是难在多次碰壁。看"今日谈"的多，瞄准"今日谈"写稿的人也不会少，据说以前一天收到过一麻袋多稿件，要想入编辑慧眼，从中脱颖而出，难度可想而知。有些作者投稿二三十次，甚至上百次，就打退堂鼓了。20世纪90年代初，我曾连续几年把年度目标定为上"今日谈"，但一次又一次独品失望的滋味。人说"十年磨一剑"，我接近20年才磨一剑。假如中间稍有气馁的话，恐怕就彻底放弃了。回过头来看，连我自己都说不清是怎么硬撑下来的。

一个言论栏目在一版坚持办34年，一批又一批编者付出了心血汗水；作为该栏目34年的忠实读者，一年又一年享受丰富的精神大餐。问题是现在已经"吃"上了瘾，实在是难舍难分。衷心祝愿"今日谈"成为党报旗舰的百年品牌！

（原载2014年第7期《新闻战线》）

公职人员要写好公文

一篇公文一定程度上代表一个机关的形象，反映出机关工作人员的文字功底，是机关公职人员劳动的具体体现形式和重要的工作内容，也是一个人综合能力和政策水平的集中体现。

在机关部门，大多不愿做文字工作。平心而论，写文章确实是个苦差事，费时费脑费神，还要把自己多年的阅历、沉淀的思想挖出来、搭进去，最能折磨人。不过，作为公职人员连公文都写不好，是说不过去的。

毛泽东同志说："用笔领导是领导的主要方法"。邓小平同志也说："不懂得用笔杆子，这个领导本身就是很有缺陷的。"机关公职人员写不好公文，有悖岗位职责"公理"，成为进步上台阶的软肋。因此要把提高公文水平作为一个非常重要的事来抓，积极发现、培养、支持善于"爬格子"的人，理解他们的甘苦。工作人员能够静下心来，甘于寂寞，坐得住冷板凳，熬得了时间，吃得下苦。平时要多注重学习、留意观察、刻意积累，从寻常中发现不寻常，从细节中发现其中的思想内涵，胸有成竹、心里有底，拿出来的文章才会"人人心中有、个个笔下无"。

"改进作风必须改进文风。"习近平总书记身体力行，讲话写文章透露出"短、实、新"的朴实风格，为我们作出了表率。写好公文关键要提高写作素养，在"发现"上多下苦功，在"表现"上多动脑筋，在"体现"上多一些创新。一位专家在公文写作培训班上讲到，一篇好的公文有三个标准：第一，要吸引人看得下去；第二，使人看得懂；第三，你的公文要能够说服人，要能够打动人。

自觉养成勤于动笔的习惯，尽心把公文写好、写精彩，益处多多：学习会更自觉，实践会更主动，看问题更深刻，思考更周密，表达更准确，行为更规范，工作更出色，生活更充实。一句话，能写一手好文章，也是一个人的美德。

（原载2015年2月6日《徐州日报》）

说"养稿"

7月8日，《人民日报》理论版刊发了拙稿《责问过后须问责》。拿到报

纸后感慨万分，这可是发过去好长时间的稿件啊！现在，经编辑精心斧正，巧借《中国共产党问责条例》这一新的"由头"，添加新的表述语言，成为贯彻中央最新精神、符合主旋律、贴近实际的时文。多少年来，界内同人都称人民日报大气，我觉得背后自然少不了大气的编辑在默默无闻地耕耘，单就编辑的"养稿"之功，就不难看出其良苦用心。

习近平总书记在2016年2月19日党的新闻舆论工作座谈会上指出："要抓住时机、把握节奏、讲究策略，从时度效着力，体现时度效要求。"对新闻要"抢"是本能，但有些新闻类作品，比如通讯、调查报告、评论等，会"养"是本领。有的文章若尚欠火候，就要放一放、养一养，瞅最佳的时机见报，效果更佳。时下的问题是，注重"抢"的多，而注意"养"的却较为鲜见；"抢"，抓到手，快出手，耽搁不了多少时间，而"养"则是个眼力活、慢性活，会牵扯不少精力，看得准不准，能养好养不好还很难说，"养稿"的做法难能可贵。

"养稿"反映出编辑甘作嫁衣的作风。编辑是无名英雄，长年累月为他人作嫁衣，永远躲在幕后。经过他们精心打扮的文章发出后，读者见到的是作者的名字，有几人知道编辑背后所付出的心血汗水和智慧？恐怕只有作者自己才能体味到。对每一篇稿件，从主题的提炼、立意的把握、结构的优化、文字的修饰等编辑都要进行再创作，这中间编辑所付出的心智并不比作者少。所以说，"养稿"这种甘为人梯的工作作风，只是长期坚持不懈的自然流露。

"养稿"体现编辑关爱作者的境界。编辑每天都要处理大量作者的稿件，繁重而烦琐，常常累得眼花缭乱、食不甘味，为的是沙里淘金，不让任何一篇有价值的稿件从自己手中滑落。如果没有对作者的关爱之情、对作者的尊重之心，就不可能达到这样的境界。想想看，对挑选来稿，只要第一眼没对上，或稍欠时效，就扔到一旁，怎么会留存？而一旦发现可用的稿件，自然是眼睛一亮、如获至宝。比较多的情况或许是，有些稿件可能在观点、思想、材料上有可取之处，若碰到好的"由头"即可起死回生，就先装入脑中，适时让稿件进一步升华。这无疑是尊重作者劳动，对稿件一把尺子量到底，对作者一视同仁，对未来新闻宣传的精准预测和思想准备。

美国报人泰勒说："编辑伏在办公桌上每天工作8小时，在脑力和体力上都是很疲乏的。因此，编辑除非从工作中找出兴趣和吸引力，否则，就不会把工作做好。"编辑工作说好做也好做，说不好做也很难做。但编辑的责任心、事业心尤为重要，关键是能坐得住冷板凳，耐得住寂寞，守得住心神。对工作是打主动仗，还是被动地应付；是干好当下、考虑长远，还是寅吃卯粮、勉强过得去，都直接影响到文章、栏目、版面乃至整张报纸的质量。作为一个栏目、一个版面的编辑，时时刻刻能有意识地"养稿"，说明有大局观念、长远眼光，深谙积累、积蓄之道，稿源富足了，手底宽裕了，一旦需要，伸把就来。这，唯有拥有对事业上心、专注的工匠精神，才能做得到。

"养稿"就是培养作者、涵养稿源，争取更广泛的支持。拥有好编辑，对报纸来说，是实力，对作者而言，是凝聚力。那么，作者所能回报的，就是竭力把稿件写得更对路、更扎实些，让编辑少花点时间、少劳累一点、少费点心血。

（原载2016年第8期《新闻战线》）

结缘35年，当过3个"角色"

作为《徐州日报》的铁杆读者，由于长期潜心读报、爱好写作，渐渐地变成了作者，成为最基层的媒体人。在报纸创刊70周年喜庆的日子里，想说的话不少，要讲的故事很多，与她毕竟有着35年的情缘，现仅撷出所当过的三个"角色"，谨表对《徐州日报》的敬意。

一、资深的"通讯员"

早在1984年8月22日，《徐州日报》一版就刊登了我写的消息《古城新

姿，扬名海外——〈人民中国〉杂志向海外介绍徐州》。自此，我成了《徐州日报》的通讯员，根据铜山县改革发展的变化及身边发生的新鲜事件，经过采访写成稿件发给报社，35年间曾好几次上过《徐州日报》的头版头条。

在长期的投稿中发现，报社编辑处理通讯员稿件有三个特点。

一是开门办报，保证作者的广泛性。市报的作者涵盖了所有行业人员，报道面也触及各个领域，编辑对自发投稿一视同仁，特别看重稿件质量。1988年8月，铜山县月工业产值实现10049万元，当时在市所属县区是第一家过亿的。为此，我写了《铜山县月工业产值过亿元》的消息。那时电力特别吃紧，但铜山县采取"死指标、活调度，压大户、保重点"的策略，保证了工业生产持续增长。没有想到，这则短消息竟在9月9日《徐州日报》头版头条加框刊出。尽管见报稿仅320字，但编辑不以作者论稿件，掂量出了新闻价值，作了突出处理。

二是迅速快捷，保证新闻的时效性。时效是新闻的生命，作者抓来"活鱼"，编辑立马烹饪上桌，才有味道。2005年1月4日，中共铜山县委召开十一届五次全委会，材料不少，2万多字；一年成绩，亮点不少，从何处下笔。仔细分析，有一句话引起我的兴趣：铜山GDP达128亿元，当时正好128万人，便以《铜山人均GDP首次突破万元》为题，当天下午4点多传给报社编辑部，第二天便在一版见报了，成了真正的硬新闻。

三是尊重原稿，保证稿件的个性化。2005年4月11日，《徐州日报》一版刊发我采写的新闻《铜山拆除50家吃"土"窑厂》，其导语是这样的：吃"土"的竞争不过吃"渣"的——从4月6日起，铜山县50家以吃"土"烧制黏土砖的窑厂，开始进入限期自行拆除或转产阶段。一些利用工业废渣作为生产原料的砖瓦窑厂，经进一步技改后予以保留。如此叙述编辑原封不动予以见报，足见编辑的胸怀与包容。

对编辑默默无闻、甘当人梯的奉献精神，我以徐州日报编辑的经典实例为由头，有感而发"编辑是把自己的心血融入别人的作品里，是敬业乐业精业的反映"，为此撰写了《让编辑有荣誉感》的言论，先后在2004年第7期

《新闻战线》、第8期《中国地市报人》、8月18日《中华新闻报》等新闻专业刊物上刊发。

二、偶尔的"本报评论员"

作为徐州日报的通讯员，我撰写的言论占了很大一部分，2009年7月一个月就刊发了5篇言论。2011年7月5日上午，我接到时任编委、评论部主任徐鹏同志的电话。他说："厚钢兄，你昨日传来的言论已被纳入本报系列评论之列，作为'本报评论员'的文章刊发。"我听了很兴奋，起码说言论的"级别"上去了，但还是担心质量上不去，说了些"请多多斧正"之类的话。徐主任还嘱我再写一篇系列言论。

7月8日我撰写的言论《一切依靠群众，一切为了群众——三论学习贯彻胡锦涛同志"七一"重要讲话》以"本报评论员"的名义刊发了。捧着散发着淡淡油墨味的报纸，我仔细看了两遍。趁着兴奋的劲头，我又反复润色了下一篇言论，看看以自己的能力确实没法改了，就传了过去。7月13日，徐州日报又刊发了我撰写的"本报评论员"文章《切实选好人，真正用对人——五论学习贯彻胡锦涛同志"七一"重要讲话》。

写了这么多年评论，不管怎么说，偶尔的机会，我竟当了两次《徐州日报》的"本报评论员"，这可是不低的荣誉！这也反映出报社始终坚持群众办报的宗旨，报纸自然接地气、有朝气。

三、临时的"评委"

2005年2月23日，徐州日报公布了"2005年度十大新闻评委"名单，我作为县区媒体代表成为20位评委的一员。第二天，我们在徐州日报会议室召开了首次评委会，经过集中筛选、反复比较、认真磋商，60件新闻推荐条目产生。市报在24日一版刊登了这一消息，所配发的图片竟是我做着手势正在发言的画面。对我来说，定格在那激情的瞬间，留下难忘的记忆，激动之情无以言表。

后来我们又对候选条目讨论争论、精心取舍、集体定夺，经过评委的努力和市领导的关怀及市民的投票，3月12日，2005年度徐州市十大新闻揭晓！我作为被推选出的10位点评评委之一，分别为"十大新闻"作了精练的点评。《徐州日报》刊发的新闻作了这样的描述——面对镜头个个情绪激昂、妙语连珠，评委田厚钢深有感触地告诉记者："新鲜出炉的'十大新闻'催人奋进，相信'十大新闻'一定会成为徐州人民建设美好家园的又一股精神力量！"

在与徐州日报的交往中，有一个细节挺让我感动。一次偶至报社，发现办公桌上的《徐州日报》与读者订的不一样：报纸边沿不是沾点色彩，就是有水墨浸过的痕迹和褶皱。编辑说，我们自个看的都是"机头报"。由此想到农民吃"滑碴饼"，头几张试鏊子的"滑碴饼"是留给自家人吃的。农民对此有着朴素的认识，煎饼烂一点、煳一点，厚薄不匀，卖出去明显不厚道，但自己吃照样能管饱。小算盘能算大账，一天几百份报纸，一年省下的纸张决不是个小数目。报社这种从细节着手，从小处做起，以身作则建设节约型社会的做法很难得。由此我撰写了言论《"机头报"与"滑碴饼"》，刊发在2009年6月12日《徐州日报》上，后来又在《中国新闻出版报》刊出。

从《徐州日报》上出现我的名字，至今已35年，但当读者可不止这些年头。我有幸见证了报纸从四开四版到对开十多版、从铅与火到电与光、从一报到多报集团化发展直至问鼎中国新闻奖的辉煌轨迹。得益于报社这个平台的历练，受编采人员的长期熏陶，我也跟着进步上台阶，从某种程度上说，也成就了自我：被评为徐州市首届"十佳新闻工作者"、徐州市"十佳阅读职工"。

（原载2018年12月8日《徐州日报》）

跋

《论坛拾贝》付梓出版了！本书收录作者1985年至2020年见诸报刊的400多篇作品，上卷为时政言论、理论文章，下卷为新闻专业言论、业务论文。

作品按发表时间先后顺序编排，这样便于触摸时代跳动的脉搏，领略改革开放、社会发展的精彩轨迹。例如一篇作品在多家报刊发表的，只选录一次，并在文后予以说明。

喜爱言论，30多年初心不改、激情不减，勤奋笔耕、潜心创作，涉猎了言论的诸多体例：短评、编者按、编余随笔、署名评论、本报评论员文章、社论、新年献词等等。由于办报业务的需要和长期实践的历练，撰写不少"急就章"，就当日上版的稿件配评论、或以媒体刊发的新闻作由头撰写评论，得以次日见报。

30多年来，作者仅发表的言论就有200多万字，基于体现思想性、贴近性、针对性、指导性和可读性的考虑，划定了一个大致的选稿范围：自己供职报纸所发的言论一篇不录，只选市级以上报刊发表的作品。特别是在新闻专业期刊发表的言论和论文占1/3的篇幅，成为本书一大特色。为尊重历史背景、保持作品原貌，在整理编辑过程中，对选录文章仅作极少数文字校正。

由于作者水平所限，书中不当之处，敬请指正。在整理书稿及校正出版期间，得到亲朋好友的大力支持与帮助，家人也付出了一定的心血和汗水，在此一并致谢！

田厚钢

2021年10月12日